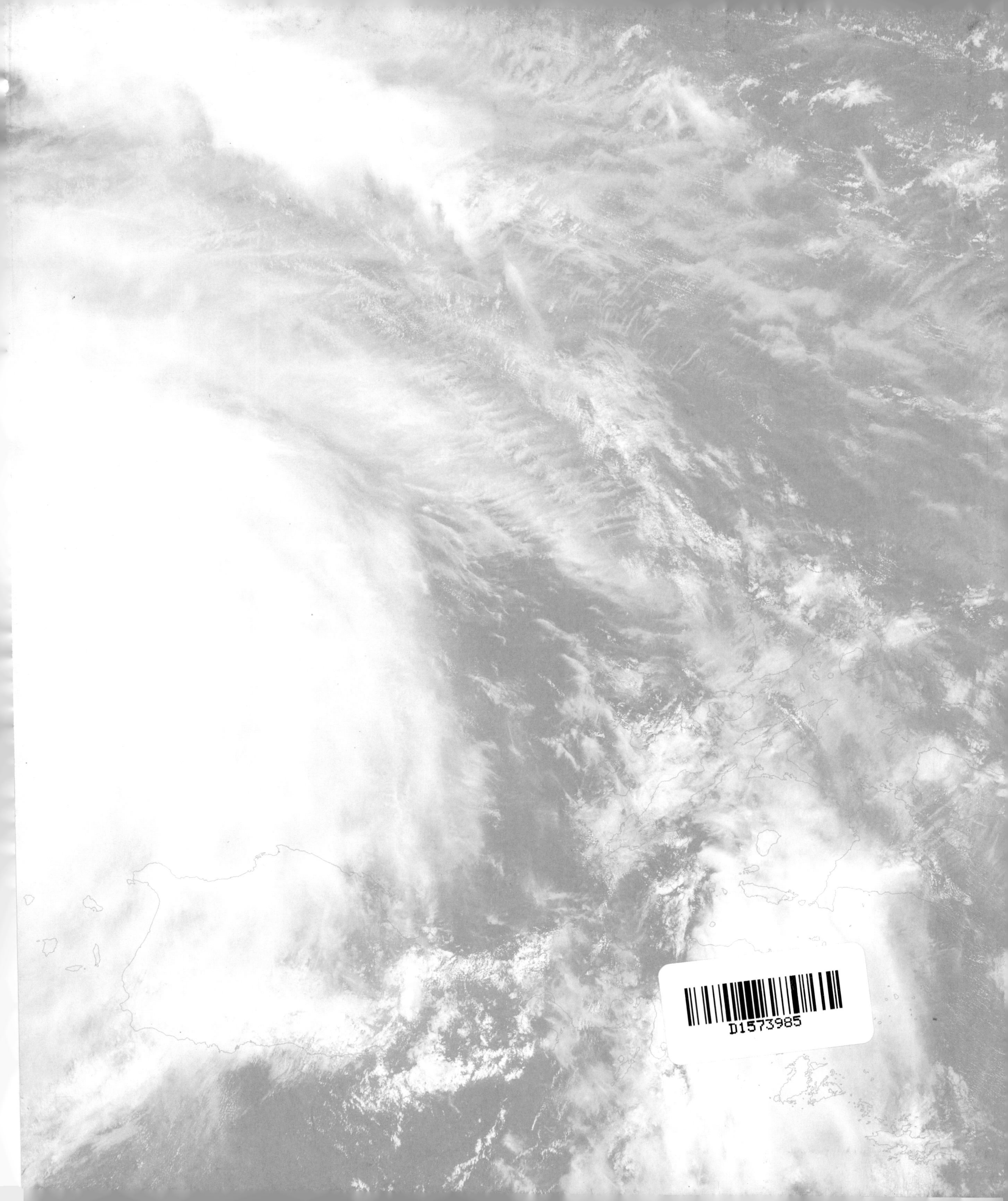

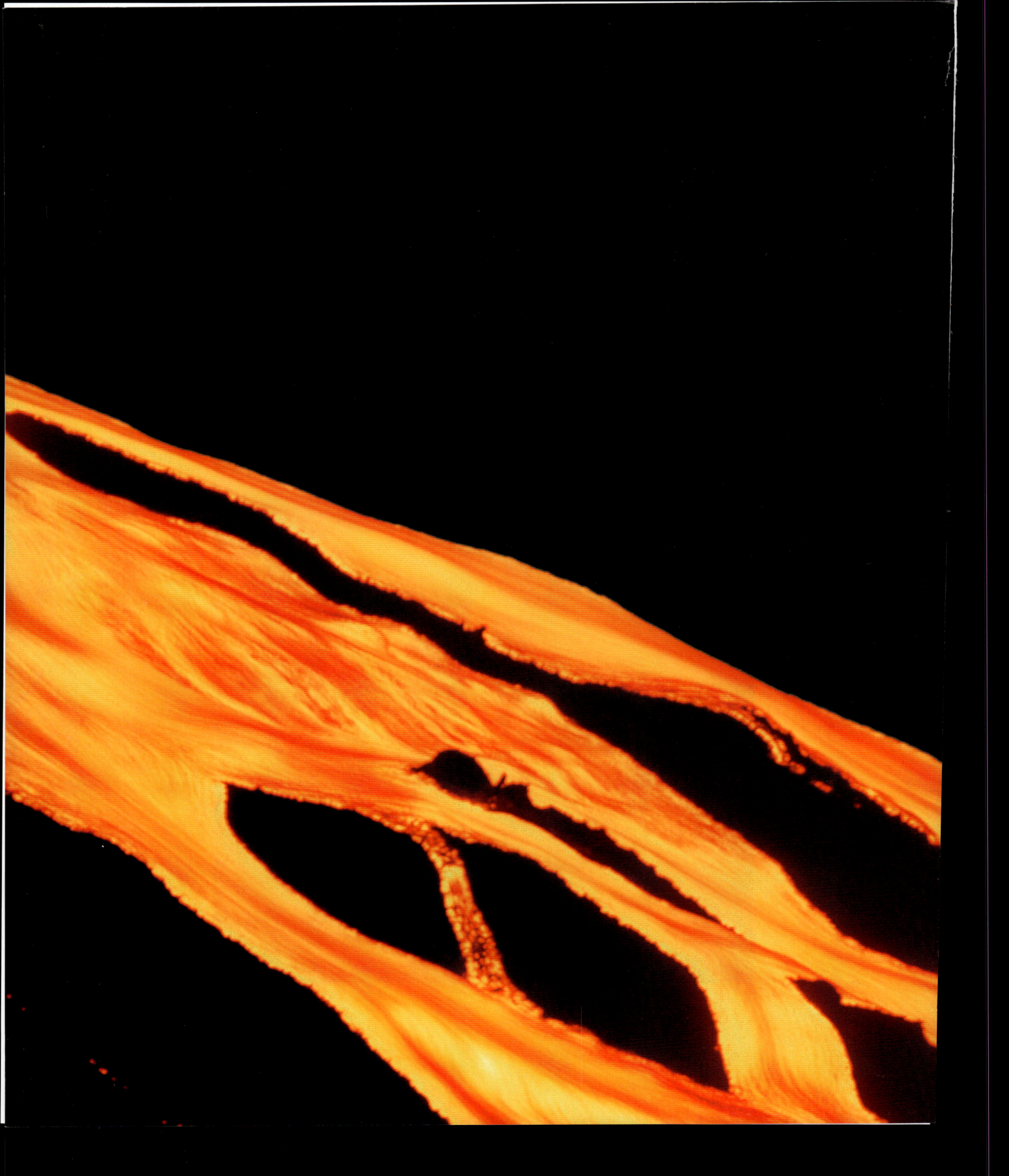

NATUR
GEWALTEN

VULKANE | ERDBEBEN | WETTEREXTREME

ROBERT DINWIDDIE | SIMON LAMB | ROSS REYNOLDS

INHALT

DK
DORLING KINDERSLEY
London, New York, Melbourne, München und Delhi

Programmleitung Jonathan Metcalf
Programmmanager Liz Wheeler
Cheflektorat Julie Ferris
Projektbetreuung Nicola Hodgson, Scarlett O'Hara
Redaktion Shaila Brown, Jenny Finch,
Wendy Horobin, Ashwin Khurana
Fachberatung David Rothery

Bildredaktion Owen Peyton Jones,
Owen Peyton Jones, Mandy Earey,
Richard Horsford, Clare Marshall
Gestaltung und Satz Daniela Boraschi, Vicky Short
Art Director Phil Ormerod
Bildrecherche Myriam Megharbi,
Roland und Sarah Smithies
Illustrationen Peter Bull Art Studio,
Berry Croucer / The Art Agency, Mike Garland,
Mick Posen / The Art Agency
Kartografie Encompass Graphics Ltd, Simon Mumford
Herstellung John Goldsmid, Erica Pepe

DK Delhi
Cheflektorat Rohan Sinha
Lektorat Kingshuk Ghoshal, Garima Sharma
Redaktion Megha Gupta,
Shatarupa Chaudhuri, Samira Sood
Gestaltung und Satz Shefali Upadhyay,
Arunesh Talapatra, Sudakshina Basu,
Arijit Ganguly, Amit Malhotra, Nidhi Mehra,
Kavita Dutta, Zaurin Thoidingjam
DTP Leitung Balwant Singh
DTP-Design Nand Kishor Acharya, Bimlesh Tiwary
Herstellung Pankaj Sharma

Für die deutsche Ausgabe:
Programmleitung Monika Schlitzer
Projektbetreuung Manuela Stern
Herstellungsleitung Dorothee Whittaker
Herstellung Kim Weghorn

Bibliografische Information der Deutschen Bibliothek
Die Deutsche Bibliothek verzeichnet diese Publikation in der Deutschen
Nationalbibliografie; detaillierte bibliografische Daten sind im Internet
über http://dnb.ddb.de abrufbar.

Titel der englischen Originalausgabe:
Violent Earth

© Dorling Kindersley Limited, London, 2011
Ein Unternehmen der Penguin-Gruppe

© der deutschsprachigen Ausgabe by
Dorling Kindersley Verlag GmbH, München, 2012
Alle deutschsprachigen Rechte vorbehalten

Übersetzung
Dr. Andrea Kamphuis, Dr. Stephan Matthiesen
Lektorat Ellen Astor

ISBN 978-3-8310-2231-1

Printed and bound in China by LEO

Besuchen Sie uns im Internet
www.dorlingkindersley.de

Hinweis
Die Informationen und Ratschläge in diesem Buch
sind von den Autoren und vom Verlag sorgfältig er-
wogen und geprüft, dennoch kann eine Garantie nicht
übernommen werden. Eine Haftung der Autoren bzw.
des Verlags und seiner Beauftragten für Personen-,
Sach- und Vermögensschäden ist ausgeschlossen.

1 DYNAMISCHER PLANET

Geburt der Erde	8
Erstes Land und Meere	10
Aufbau der Erde	12
Kern und Mantel	14
Die äußerste Schale	16
Tektonische Platten	20
Entstehung der Landmassen	22
Heutige Platten	26
Plattengrenzen	28
Hotspots	32
Geothermik & Erdwärme	34
Messung der Plattenbewegung	36
Die geologische Zeitskala	40

2 GEBIRGSBILDUNG

Gebirge der Welt	44
Die Wurzeln der Berge	46
Wie Berge entstehen	48
Berge in Bewegung	50
Lebenszyklus der Berge	52
Himalaja	56
Neuseeländische Alpen	58
Die Anden	60
Transverse Ranges	62
Basin and Range	66
Rocky Mountains	68
Ostafrikanischer Graben	70
Die Alpen	74
Der Ural	76
Transantarktisches Gebirge	80

3 VULKANE

Was ist ein Vulkan?	84
Vulkane der Welt	86
Vulkanausbrüche	88
Eruptionstypen	90
Vulkantypen	94
Lava	96
Auswurfmaterial	100
Pyroklastische Ströme	102
Schlammströme	106
Kontinentale Vulkanbögen	108
Vulkanische Inselbögen	110
Vulkanische Inselketten	112
Schildvulkane	114
Schlackenkegel	116
Schichtvulkane	120
Ätna	122
Ausbruch des Merapi 2010	124
Calderen	126
Supervulkane	128
Maare	130
Explodierende Seen	132
Tuffringe und -kegel	134
Staukuppen und Lavanadeln	136
Vulkanfelder	138
Vulkankomplexe	140
Spalteneruptionen	142
Hawaiianische Eruptionen	144

Strombolianische Eruptionen	148	
Vulkanianische Eruptionen	150	
Peleanische Eruptionen	152	
Plinianische Eruptionen	154	
Vesuv	156	
Novarupta 1912	158	
Mount St. Helens	160	
Phreatische Eruptionen	164	
Subglaziale Vulkane	166	
Eyjafjallajökull	168	
Vulkane in der Antarktis	172	
Afrikanische Riftvulkane	174	
Nyiragongo-Katastrophe	176	
Intrusivkörper	178	
Überwachung von Vulkanen	180	
Leben mit Vulkanen	182	
Thermalquellen	186	
Fumarolen	188	
Geysire	192	
Schlammvulkane	196	
Lusi-Katastrophe	198	

4 ERDBEBEN

Was ist ein Erdbeben?	202
Erdbebenzonen	204
Ursachen von Erdbeben	206
Haiti 2010	208
Bewegungen und Verwerfungen	210
Messung von Erdbeben	212
Erdbeben durch Subduktion	216
Concepción 2010	218

Sichuan 2008	220
Blattverschiebungen	224
Izmit 1999	226
Christchurch 2011	228
Erdbebenschäden	232
Bam 2003	234
Erdrutsche durch Beben	236
Mit Erdbeben leben	238

5 RUHELOSE MEERE

Wie ein Meer entsteht	242
Der Meeresboden	244
Tektonik des Meeresbodens	246
Hydrothermalquellen	250
Submarine Vulkane	252
Kurzlebige Inseln	254
Surtsey 1963	256
Atolle, Seamounts und Guyots	258
Monsterwellen & extremer Tidenhub	260
Tsunamis	262
Tsunami im Indischen Ozean 2004	264
Tsunami in Japan 2011	266

6 WETTEREXTREME

Was ist Wetter?	272
Luftdrucksysteme	274
Winde der Welt	276
Fronten und Jetstreams	278

Niederschläge	280
El Niño und La Niña	284
Queensland-Hochwasser 2010/2011	286
Monsun	288
Pakistan 2010	290
Tropische Wirbelstürme	292
Zyklon Nargis 2008	296
Hurrikan Katrina 2005	298
Außertropische Tiefs	302
Der »perfekte Sturm« 1991	304
Schnee und Schneetreiben	306
Lawinenkatastrophe von Galtür 1999	308
Eisstürme	310
Gewitter	312
Tornados	318
Oklahoma 1999	320
Sandstürme und Staubstürme	324
Staubsturm in China 2010	326
Flächenbrände	328
Buschfeuer in Victoria 2009	330
Klimawandel	332

7 ANHANG

Die Erde	336
Berge	338
Meere	339
Vulkane	340
Erdbeben	342
Wetter	344
Glossar	346
Register	349

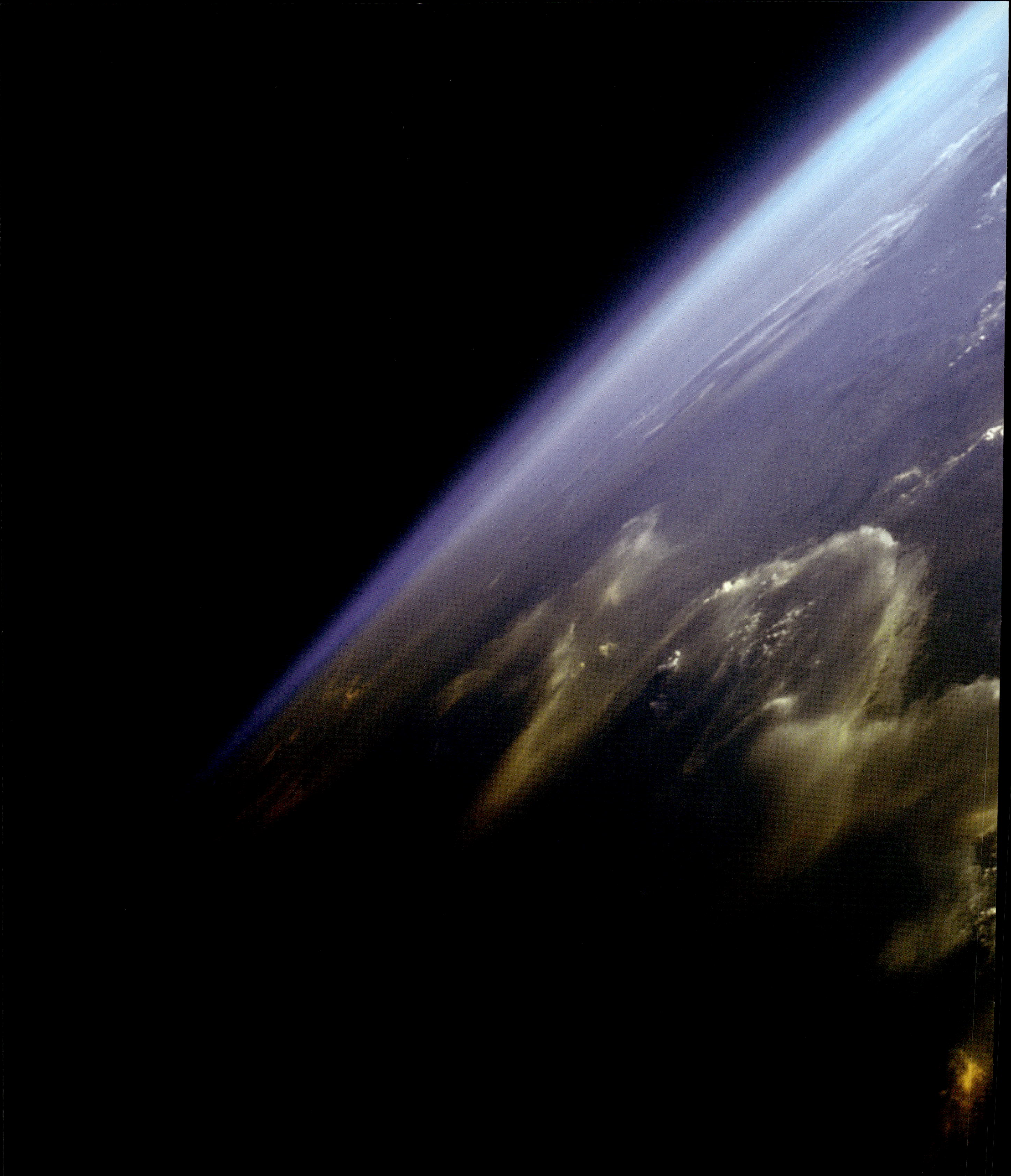

DYNAMISCHER PLANET

1

<< **Die Erde aus dem Weltall**
Die Sonne lässt Wellen von Wolken an der Ostseite der Anden in orangefarbenem Licht aufleuchten.

DYNAMISCHER PLANET

GEBURT DER ERDE

Vor etwa 4,6 Mrd. Jahren kollidierten in der rotierenden Scheibe aus Staub und Gas, die die entstehende Sonne umgab, kleinere Brocken aus Materie miteinander und verschmolzen, sodass größere Körper, die Protoplaneten, entstanden. Diese kollidierten wiederum miteinander. Dabei wurde eine enorme Menge an Energie als Wärme freigesetzt, sodass die Erde in ihrer Frühzeit heiß und geschmolzen war.

DIE ENTSTEHUNG UNSERES PLANETEN

Die Geburt unseres Heimatplaneten hängt eng mit der Entstehung des ganzen Sonnensystems zusammen, das die Sonne, die acht Planeten und viele andere Körper wie Kometen und Asteroiden umfasst. Wir gehen heute davon aus, dass sich das Sonnensystem vor 4,6 Mrd. Jahren aus einer langsam rotierenden Wolke aus Gas und Staub in unserer Galaxie, der Milchstraße, zu formen begann. Durch die Schwerkraft zog sich die Wolke immer mehr zusammen; ihr Zentralbereich verdichtete sich und formte die Sonne. Um den Zentralbereich herum befand sich eine rotierende Scheibe aus Gas, Staub und Eis. Darin stießen Eis- und Staubkörner zusammen und formten dabei immer größere feste Objekte. So entstanden die Planetesimale – Körper von einigen Metern bis hin zu Hunderten von Kilometern Durchmesser. Diese kollidierten weiter miteinander und bildeten größere Planetenembryos oder Protoplaneten, etwa so groß wie der heutige Mond. In gewaltigen Zusammenstößen entstanden aus ihnen die vier inneren Gesteinsplaneten, darunter die Erde, und die Kerne der Riesenplaneten wie des Jupiters im äußeren Sonnensystem.

Wir wissen nicht, aus wie vielen Protoplaneten die Erde entstand, aber es waren wohl etwa ein Dutzend. Bei jeder Kollision wurden große Mengen an Wärme frei, da die Bewegungsenergie der kollidierenden Massen in Wärmeenergie umgewandelt wurde. Während ihre Anzahl abnahm, wurden die einzelnen Protoplaneten größer und zogen sich durch ihre eigene Schwerkraft zusammen, wobei ebenfalls Wärmeenergie frei wurde. Man nimmt an, dass es zu einem letzten Zusammenstoß kam zwischen einem ungefähr erdgroßen Objekt – der Proto-Erde, dem Vorläufer unseres Planeten – und einem anderen Protoplaneten von der Größe des heutigen Mars, genannt Theia. Das Ergebnis dieser Kollision war das System aus der Erde und dem sie umkreisenden Mond.

DIE ENTSTEHUNG DES SONNENSYSTEMS

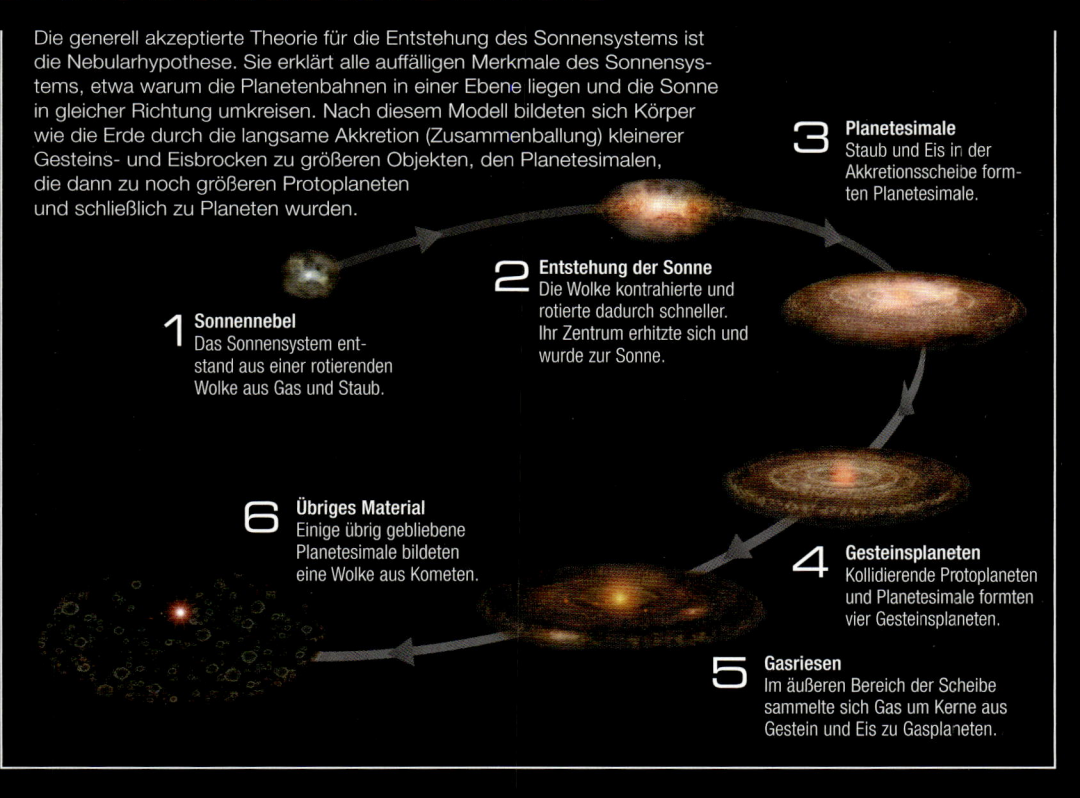

Die generell akzeptierte Theorie für die Entstehung des Sonnensystems ist die Nebularhypothese. Sie erklärt alle auffälligen Merkmale des Sonnensystems, etwa warum die Planetenbahnen in einer Ebene liegen und die Sonne in gleicher Richtung umkreisen. Nach diesem Modell bildeten sich Körper wie die Erde durch die langsame Akkretion (Zusammenballung) kleinerer Gesteins- und Eisbrocken zu größeren Objekten, den Planetesimalen, die dann zu noch größeren Protoplaneten und schließlich zu Planeten wurden.

1 Sonnennebel
Das Sonnensystem entstand aus einer rotierenden Wolke aus Gas und Staub.

2 Entstehung der Sonne
Die Wolke kontrahierte und rotierte dadurch schneller. Ihr Zentrum erhitzte sich und wurde zur Sonne.

3 Planetesimale
Staub und Eis in der Akkretionsscheibe formten Planetesimale.

4 Gesteinsplaneten
Kollidierende Protoplaneten und Planetesimale formten vier Gesteinsplaneten.

5 Gasriesen
Im äußeren Bereich der Scheibe sammelte sich Gas um Kerne aus Gestein und Eis zu Gasplaneten.

6 Übriges Material
Einige übrig gebliebene Planetesimale bildeten eine Wolke aus Kometen.

KOLLISION VON PROTOPLANETEN
Bald nach Bildung der Proto-Erde kollidierte sie mit einem anderen Protoplaneten von der Größe des Mars. Dabei entstanden Erde und Mond.

ENTSTEHUNG DES ERDKERNS

Vermutlich lief in jedem der größeren Protoplaneten, die sich zur Erde zusammenballten, ein Prozess ab, den man Differenziation nennt. Bei der Differenziation, die nur in geschmolzenen Körpern möglich ist, sinken schwerere Anteile wie Eisen und Nickel zum Zentrum und bilden den Kern. Bei jeder größeren Kollision von Protoplaneten entstand genug Wärme. So blieb der neu gebildete Körper flüssig und die beiden Kerne verschmolzen bald. Demnach dürfte die Erde schon kurz nach ihrer Entstehung einen Kern gehabt haben.

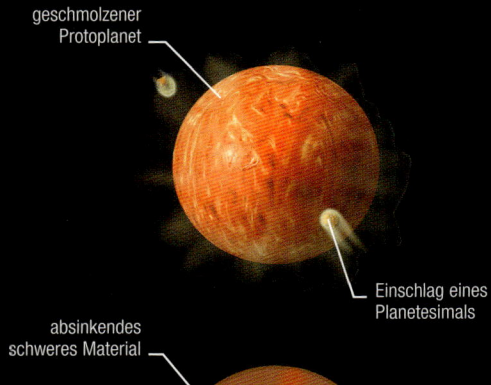

AKKUMULATION VON MATERIAL
Planetesimale kollidierten und formten Protoplaneten. Weitere Einschläge erzeugten Wärme, die die Protoplaneten flüssig hielt. Beim Wachsen zogen sie sich durch die Schwerkraft zusammen, was weitere Wärme freisetzte.

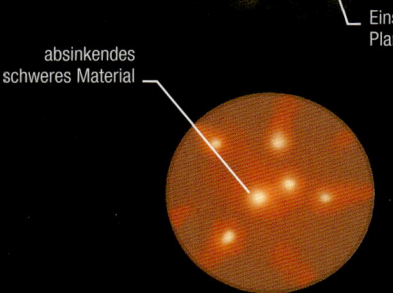

SCHWERE ANTEILE SINKEN
Schwere Anteile wie Eisen und Nickel, die im Protoplaneten vorhanden waren oder durch Einschläge zugefügt wurden, sanken zum Zentrum. Dieser Vorgang (manchmal »Eisenkatastrophe« genannt) erzeugte weitere Hitze aus Gravitationsenergie.

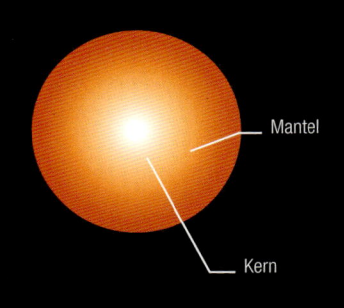

KERN VOLL AUSGEBILDET
Jeder große Protoplanet bildete einen Kern aus Eisen und Nickel; die leichteren Anteile formten eine äußere Schicht, den Mantel. Als Protoplaneten kollidierten, die Proto-Erde und schließlich die Erde bildeten, verschmolzen ihre Kerne.

ENTSTEHUNG DES MONDES

Etwa 20 bis 80 Mio. Jahre nach ihrer Bildung wurde die Proto-Erde zuletzt wohl von dem etwa marsgroßen Protoplaneten Theia getroffen. Das ausgeworfene Material bildete einen Ring um die neue Erde und formte schließlich einen einzelnen Körper, den Mond. Die Erde blieb noch lange flüssig und hatte durch die Kollision einen größeren Kern als zuvor erhalten. Der Abstand des Mondes von der Erde betrug nur etwa ein Zehntel des heutigen Abstands. So entstanden starke Gezeitenkräfte auf der Erde, die weitere Wärme erzeugten und wohl die Bildung von tektonischen Platten förderten.

ERSTES LAND UND MEERE

In den ersten 800 Mio. Jahren war der Großteil der Erdoberfläche eine flüssige Masse aus geschmolzenem Gestein. Langsam kühlte sie ab und bildete Inseln aus Land, die von heißen Ozeanen und einer giftigen Atmosphäre umgeben waren.

DIE ERSTEN LANDMASSEN

Aus den ersten 300 Mio. Jahren nach Bildung der Erde scheint kein Gestein erhalten zu sein, denn jedes Stück fester Kruste, das sich formte, wurde bald durch Kometen oder Asteroiden wieder zerstört. Das Erdinnere war viel heißer als heute, starker Vulkanismus erneuerte die Oberfläche ständig. Doch als das Bombardement nachließ und die Oberfläche abkühlte, begann sich eine stabile Kruste zu bilden. Teile der kontinentalen Kruste, der Basis der Landmassen, waren vor etwa 3,8 Mrd. Jahren ausgebildet, doch ozeanische Kruste gab es wohl schon vorher (siehe »Die ältesten Gesteine der Erde« unten). Die Bildung ozeanischer Kruste hängt mit dem Beginn der langsamen Konvektion im Erdmantel zusammen, die der Plattentektonik zugrunde liegt (siehe S. 20–21). Neue ozeanische Kruste entstand dort, wo die frühen Platten auseinanderdrifteten, doch die Konvektion zog ebenso viel Material auch wieder in den Mantel. Die absinkende, wasserreiche Kruste führte dort zur Gesteinsaufschmelzung. Das geschmolzene Mantelgestein stieg auf und bildete kontinentale Kruste. Zunächst formte sie wohl vulkanische Inselbögen. Durch Plattenbewegung kamen diese Landmassen zusammen und formten die alten Kerne der heutigen Kontinente. Man nennt sie Kratone.

DIE ÄLTESTEN GESTEINE DER ERDE

2008 wurden Gesteine von Fundstellen nahe Inukjuak an der Hudson Bay (Kanada) auf ein Alter von 4,28 Mrd. Jahre datiert, was sie zu den ältesten bekannten Gesteinen macht. Das Bild zeigt einen Schnitt durch eine der Gesteinsformationen. Ihr Alter deutet an, wann sich eine stabilere Kruste auf der Erde zu bilden begann. Vermutlich entstanden die Gesteine zunächst als vulkanische Lava am Grund eines Ozeans. Später wurden sie stark metamorphisiert, d.h. durch Hitze und Druck verändert.

ENTWICKLUNG DER ATMOSPHÄRE

Die erste Atmosphäre der Erde bestand überwiegend aus Wasserstoff und Helium. Sie wurde jedoch vom Sonnenwind – dem Strom geladener Teilchen von der Sonne – weggeblasen und durch eine zweite Atmosphäre aus Gasen von Vulkanausbrüchen ersetzt. Diese setzten Stickstoff, Kohlendioxid und Wasserdampf, etwas Wasserstoff und Helium (die überwiegend ins All entwichen) sowie kleine Mengen anderer Spurengase frei. Das Wasser kondensierte, regnete aus und bildete die ersten Ozeane. Zunächst gab es nur wenig freien Sauerstoff, doch der Anteil nahm über Milliarden von Jahren zu, als Mikroorganismen entstanden und Kohlendioxid durch Fotosynthese in Sauerstoff umwandelten.

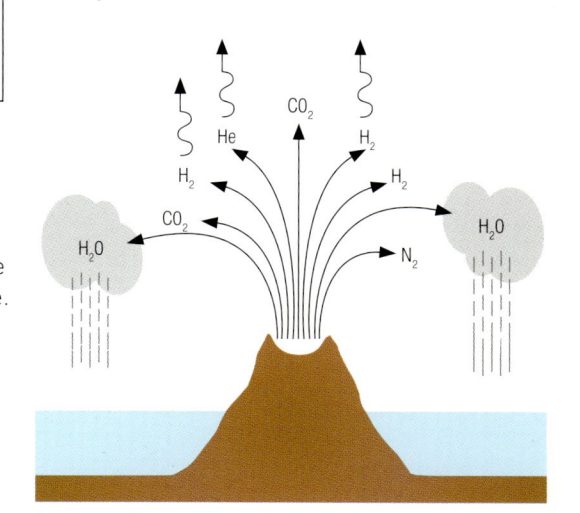

BILDUNG DER OZEANE

Etwa vor 4,3 bis 4,0 Mrd. Jahren hatte sich die Erde genug abgekühlt, dass Wasserdampf in der Atmosphäre – wohl überwiegend aus Vulkanausbrüchen stammend – kondensieren, zur Erde fallen und beständige Wasserkörper bilden konnte. Körner des Minerals Zirkon, die in wässriger Lösung gebildet wurden, sind über 4 Mrd. Jahre alt. Es muss also damals flüssiges Wasser gegeben haben. Kissenlava in Grönland, die bis zu 3,8 Mrd. Jahre alt ist, kann nur bei Eruptionen unter Wasser entstanden sein.

DER WASSERPLANET
Die Erde hatte wohl schon vor 4 Mrd. Jahren ausgedehnte Ozeane.

ZWEITE ATMOSPHÄRE
Vulkane setzten eine Reihe von Gasen frei, die zur zweiten Erdatmosphäre beitrugen, vor allem Stickstoff (N_2), Wasserdampf (H_2O), Kohlendioxid (CO_2) und kleine Mengen verschiedener anderer Gase.

METEORITENKRATER
Der Vredefort-Krater in Südafrika entstand durch einen Asteroiden, der im Kapvaal-Kraton vor über 2 Mrd. Jahren einschlug. Mit einem Durchmesser von 300 km ist der Vredefort-Krater der größte bekannte Meteoritenkrater der Erde.

AUFBAU DER ERDE

Die Erde war am Anfang geschmolzen, sodass eine Schalenstruktur im Inneren entstehen konnte. Sie hat drei Hauptschalen – Kruste, Mantel und Kern – mit unterschiedlicher chemischer Zusammensetzung und Dichte. Kern und Mantel waren von Anfang an da, die Kruste hat sich erst im Lauf der gesamten Erdgeschichte entwickelt.

AUFBAU IN DREI SCHALEN

Kruste, Mantel und Kern stehen in ähnlichem Verhältnis wie Eierschale, Eiweiß und Dotter beim Ei. Die dünne Kruste an der Oberfläche macht etwa 0,2 bis 1,1 Prozent des Erdradius aus. Sie besteht aus vielen verschiedenen Gesteinsarten, von denen die meisten relativ leicht und reich an Silikaten sind. Ihre mittlere Dichte beträgt 2,7 bis 3,0 g/cm³. Es gibt zwei Grundtypen: kontinentale und ozeanische Kruste. Die kontinentale Kruste ist dicker und besteht vor allem aus Gesteinen niedriger Dichte, etwa Granit. Die dünnere ozeanische Kruste besteht vor allem aus dichteren Gesteinen wie Basalt.

Der Mantel ist die nächste Schale. Er erstreckt sich von der Basis der Kruste bis zur Kern-Mantel-Grenze in einer Tiefe von etwa 2990 km. Man geht davon aus, dass er in zwei Hauptschichten, den oberen und den unteren Mantel, geteilt ist. Gesteinsproben aus dem oberen Mantel, die gelegentlich durch Vulkanismus an die Oberfläche gelangen, zeigen, dass er aus magnesiumreichen Silikatgesteinen besteht.

Der Kern schließlich erstreckt sich von der Kern-Mantel-Grenze bis zum Mittelpunkt der Erde, der etwa 6360 km unter der Oberfläche liegt. Die Dichte des Kerns liegt zwischen 10 g/cm³ und 13 g/cm³. Man weiß, dass er in einen festen inneren Kern und einen flüssigen äußeren Kern geteilt ist. Aus dem Kern hat man keine Gesteinsproben, aber er dürfte aus einer Eisen-Nickel-Legierung bestehen.

IM INNEREN DES PLANETEN
Die Hauptschalen der Erde sind Kern und Mantel – jeweils unterteilt in innere und äußere Schalen – sowie die Kruste, die ozeanische und kontinentale Bereiche hat. Sie unterscheiden sich in ihrer Zusammensetzung und Temperatur.

CHEMISCHE ZUSAMMENSETZUNG DER SCHALEN DER ERDE

- Siliziumdioxid
- Aluminiumoxid
- Eisen und Eisenoxide
- Kalziumoxid
- Magnesiumoxid
- Nickeloxid
- Sonstige

1. Kontinentale Kruste
2. Ozeanische Kruste
3. Mantel
4. Kern

Der Anteil verschiedener Bestandteile ist in jeder Schale unterschiedlich. Kruste und Mantel sind reich an Siliziumoxiden (die Silikatminerale bilden), der Kern besteht vor allem aus Eisen und Nickel.

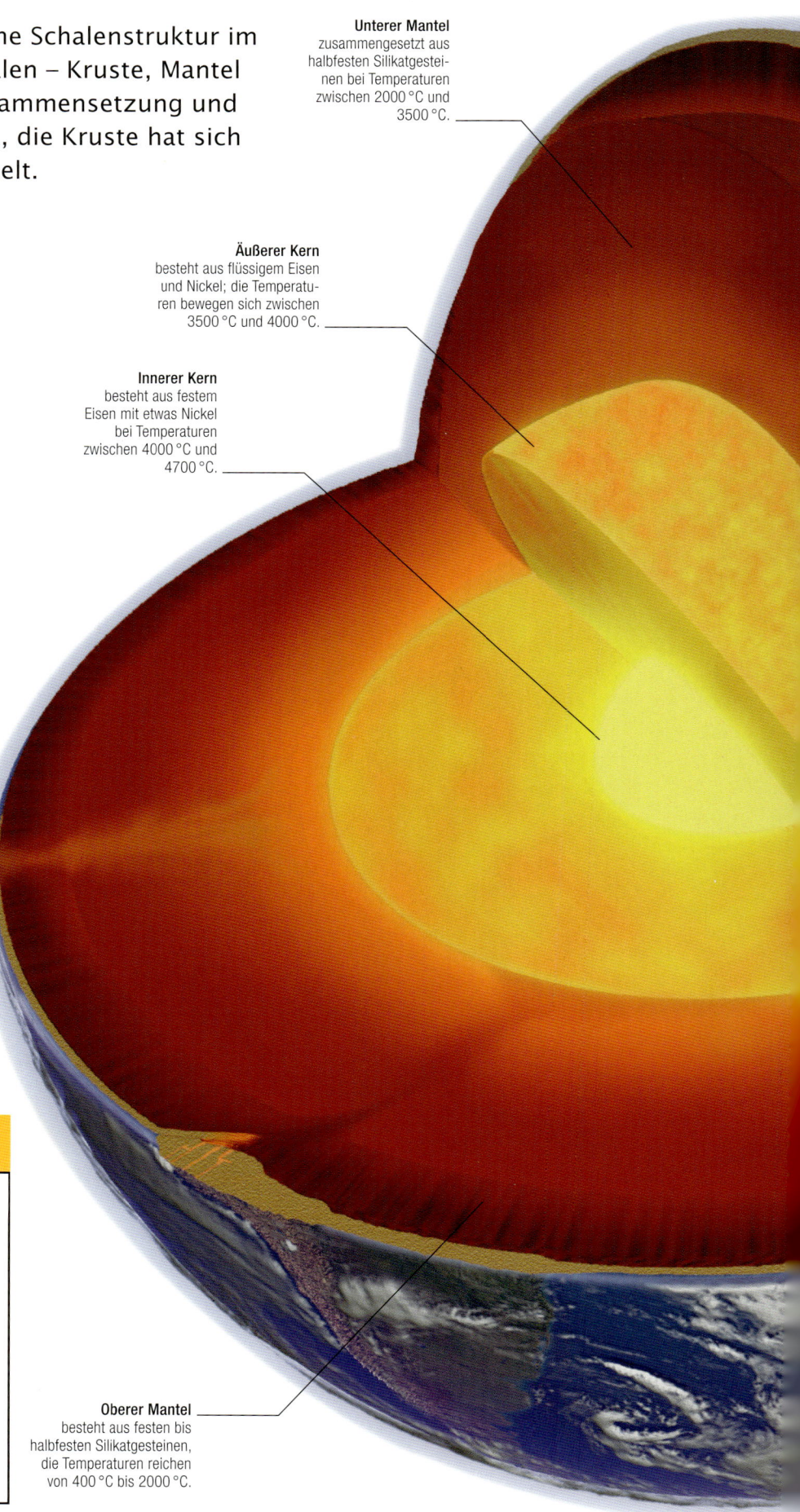

Unterer Mantel zusammengesetzt aus halbfesten Silikatgesteinen bei Temperaturen zwischen 2000 °C und 3500 °C.

Äußerer Kern besteht aus flüssigem Eisen und Nickel; die Temperaturen bewegen sich zwischen 3500 °C und 4000 °C.

Innerer Kern besteht aus festem Eisen mit etwas Nickel bei Temperaturen zwischen 4000 °C und 4700 °C.

Oberer Mantel besteht aus festen bis halbfesten Silikatgesteinen, die Temperaturen reichen von 400 °C bis 2000 °C.

AUFBAU DER ERDE

Ozeanische Kruste
besteht aus festem Gestein wie Basalt, mit Temperaturen von 0 °C bis 400 °C.

FORM UND GESTALT

Die Grundform der Erde wird durch die Wirkung der Gravitation und der Rotation bestimmt. Die Schwerkraft zieht die Erde zu einer fast perfekten Kugel zusammen, doch die Fliehkraft durch die Erddrehung – eine Umdrehung in 24 Stunden – verringert die Wirkung der Gravitation am Äquator. Daher ist die Erde am Äquator um mehrere Kilometer ausgebeult. Der Durchmesser der Erde beträgt daher am Äquator 12 756 km, von Pol zu Pol aber 12 713 km.

Andere Vorgänge an der Erdoberfläche führen ebenfalls zu Höhen- und Tiefenunterschieden, sodass derzeit zwischen den höchsten Bergen und den tiefsten Tiefseegräben etwa 20 km Höhenunterschied besteht. Noch größere Höhenunterschiede können nie sehr lange bestehen, da die Erdoberfläche durch die Schwerkraft und die Wirkung der Erosion ständig eingeebnet wird. Der Äquatorwulst der Erde macht die Geografie komplizierter. Z. B. ist der Mount Everest mit 8850 m der höchste Berg, wenn man die Höhe über dem Meeresspiegel misst. Doch vom Erdmittelpunkt aus betrachtet ist der Chimborazo in Ecuador der höchste Berg, da er näher am Äquator liegt, wo der Äquatorwulst höher ist. Der Gipfel des Chimborazo ist 6384 km vom Erdmittelpunkt entfernt, der des Mount Everest dagegen 6382 km.

Rotationsgeschwindigkeit von 1600 km/h am Äquator

Äquatorwulst der Erde

abgeflachte Pole

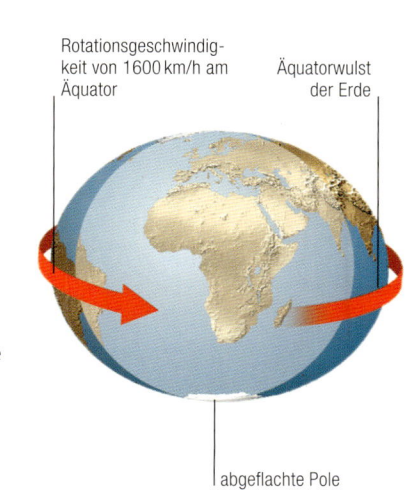

FORMVERÄNDERUNG
Die Umdrehung der Erde erzeugt Trägheits- oder Fliehkräfte, die ihre Form verändern, sodass sie am Äquator leicht ausgebeult und an den Polen abgeflacht ist. Die Form des Planeten weicht von der perfekten Kugelgestalt um etwa 0,3 Prozent ab.

ANDERE VORSTELLUNGEN ÜBER DAS ERDINNERE

Früher gab es allerlei seltsame Ideen über den Aufbau der Erde. Im 17. Jh. spekulierte der berühmte Astronom Edmond Halley, dass die Erde aus einer Reihe dünner, konzentrischer Kugelschalen besteht, deren Zwischenräume mit Gas gefüllt sind. Der Theologe Thomas Burnett nahm enorme Abgründe voller Wasser im Erdinneren an. Doch der Physiker Henry Cavendish zeigte 1798, dass die mittlere Dichte der Erde über fünfmal so groß ist wie die von Wasser – was es letztlich unmöglich macht, dass sie zum großen Teil aus Gas oder Wasser besteht.

Inneres Feuer
Der deutsche Jesuit und Gelehrte Athanasius Kircher stellte Zeichnungen her, die andeuten, dass es im Erdinnern mehrere miteinander verbundene Feuerkammern gibt.

ATHANASIUS KIRCHER

Kontinentale Kruste
wird von festen Gesteinen wie Granit gebildet; die Temperaturen liegen zwischen -90 °C und 900 °C.

KERN UND MANTEL

1866 vermutete der französische Geologe Gabriel Daubrée, dass im Erdinneren Schichten aus verschiedenen Gesteinen liegen, die mit der Tiefe immer dichter werden, bis zu einem Bereich aus Eisen und Nickel im Zentrum. Seine Ideen erwiesen sich als richtig. Heute wissen wir noch viel mehr über den Mantel und den Kern.

ERFORSCHUNG DES KERNS

Da der Erdkern nicht direkt beobachtbar ist, stammt unser Wissen vor allem aus der Analyse von seismischen Wellen, die durch Erdbeben entstehen. Neben den sog. Oberflächenwellen, die sich nur an der Erdoberfläche ausbreiten, gibt es zwei Typen, die durch das Erdinnere laufen, die Primär- und die Sekundärwellen (P- bzw. S-Wellen). Frühe Studien zeigten, dass P-Wellen langsamer werden, wenn sie einen Bereich im Zentrum der Erde durchlaufen: erste Hinweise auf die Existenz eines dichten Kerns. Man fand auch bei jedem Erdbeben »Schattenzonen« auf der Erdoberfläche, an denen keine P- oder S-Wellen auftraten. Die Analyse dieser Schattenzonen gab Hinweise auf die Größe des Kerns – der aktuelle Wert ist etwa 6940 km – und zeigte auch, dass zumindest der äußere Bereich des Kerns flüssig sein muss. Spätere Studien ergaben, dass der Kern einen festen inneren Teil hat, der vor allem aus Eisen besteht und einen Durchmesser von etwa 2440 km hat. Der innere Kern wächst langsam, da Material des flüssigen äußeren Kerns an der Grenzfläche erstarrt. Seine Temperatur beträgt etwa 4000–4700 °C, die des äußeren Kerns 3500–4000 °C.

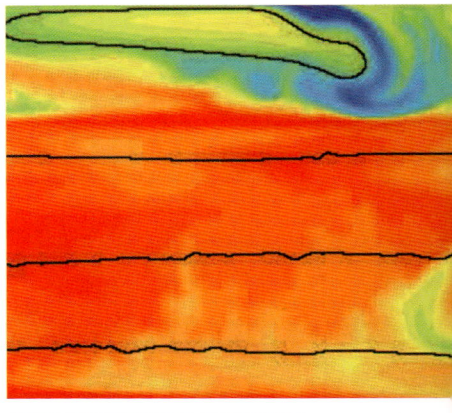

SEISMISCHES TOMOGRAMM
Die seismische Tomografie ist eine Technik, um Schnittbilder durch das Erdinnere zu erhalten, indem man die Ausbreitung seismischer Wellen analysiert. Mit ihr kann man Vorgänge wie etwa die Wärmekonvektion im Mantel verfolgen.

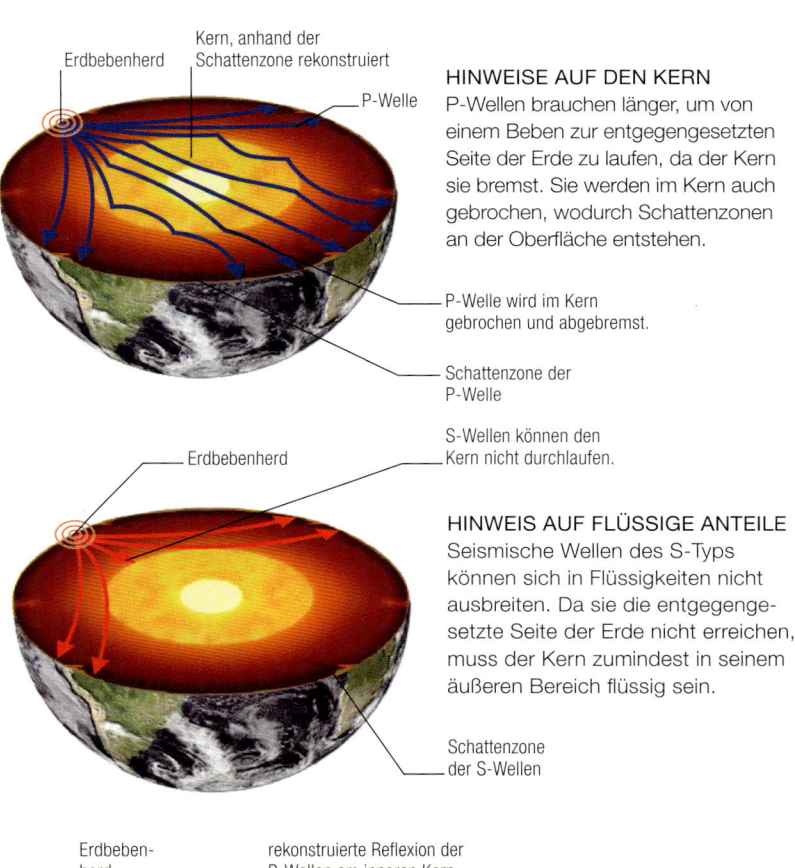

HINWEISE AUF DEN KERN
P-Wellen brauchen länger, um von einem Beben zur entgegengesetzten Seite der Erde zu laufen, da der Kern sie bremst. Sie werden im Kern auch gebrochen, wodurch Schattenzonen an der Oberfläche entstehen.

HINWEIS AUF FLÜSSIGE ANTEILE
Seismische Wellen des S-Typs können sich in Flüssigkeiten nicht ausbreiten. Da sie die entgegengesetzte Seite der Erde nicht erreichen, muss der Kern zumindest in seinem äußeren Bereich flüssig sein.

HINWEIS AUF INNEREN KERN
Eine schwache P-Welle kann nach einem Erdbeben in der Schattenzone gemessen werden. Als man dies nachweisen konnte, folgerte man, dass die P-Welle an der Oberfläche eines inneren Kerns reflektiert worden sein musste.

DAS MAGNETFELD DER ERDE

Man nimmt an, dass das Erdmagnetfeld durch enorme elektrische Ströme entsteht, die durch das flüssige Metall des äußeren Kerns laufen. Diese Ströme wiederum entstehen durch die zirkuläre Bewegung der Flüssigkeit in Konvektionszellen, durch die Wärme vom inneren Kern nach außen transportiert wird. Da diese Konvektionsströme recht unabhängig von der Erdrotation ablaufen, verändert sich die Lage der magnetischen Pole der Erde langsam. Manchmal wechselt das Magnetfeld seine Polarität – vielleicht aufgrund von Turbulenzen in dem flüssigen Metall –, sodass der magnetische Nordpol am geografischen Südpol zu liegen kommt.

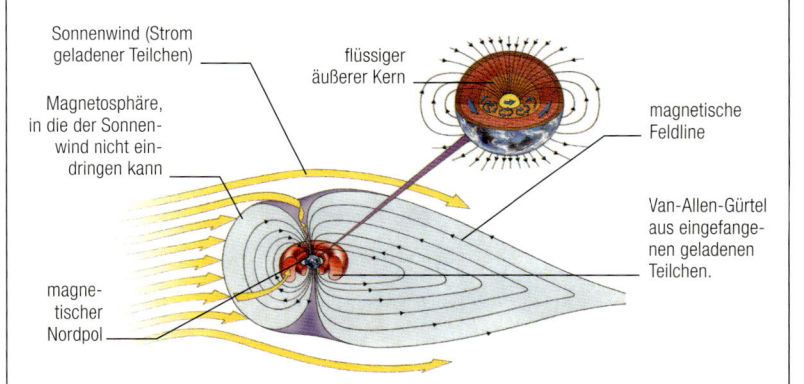

Magnetischer Schutzschild
Das Erdmagnetfeld erstreckt sich in den Weltraum, wo es den Planeten vor dem Sonnenwind schützt – dem Strom potenziell gefährlicher, energiereicher geladener Teilchen, die die Sonne ausstößt.

IM INNEREN KERN

Im Jahr 2008 gaben Wissenschaftler der Universität von Illinois (USA) bekannt, dass die Analyse seismischer Wellen, die durch den Kern laufen, vermuten lässt, dass er keine gleichförmige Kugel aus Eisen und Nickel ist, sondern zwei getrennte Bereiche hat, deren Kristallstruktur (d. h. die Anordnung der Metallatome) sich leicht unterscheidet. Der innere Bereich des inneren Kerns hat einen Durchmesser von 1180 km, macht also etwa 0,08 Prozent des Gesamtvolumens der Erde aus.

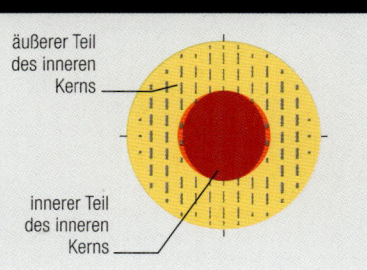

DER ERDMANTEL

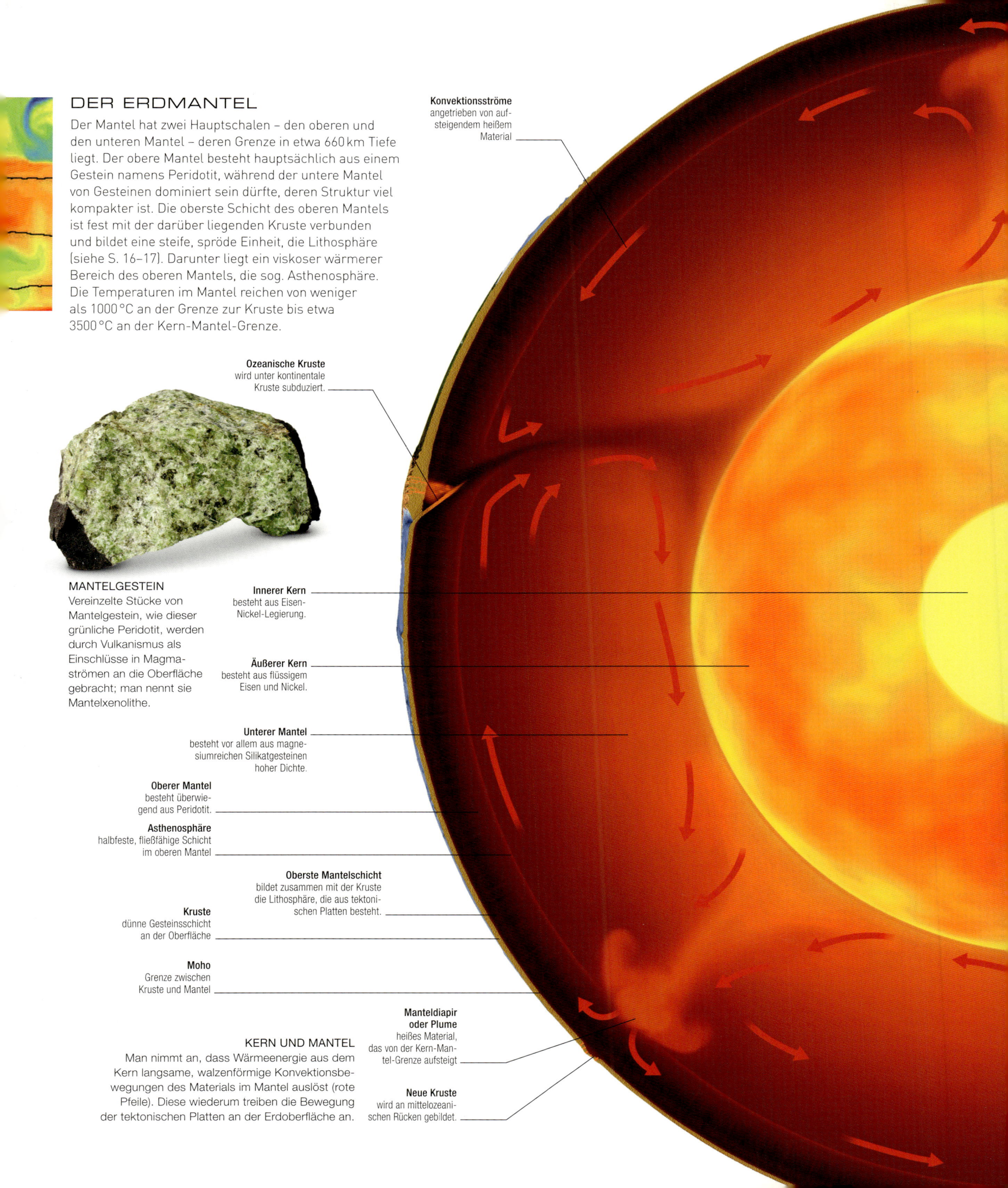

Der Mantel hat zwei Hauptschalen – den oberen und den unteren Mantel – deren Grenze in etwa 660 km Tiefe liegt. Der obere Mantel besteht hauptsächlich aus einem Gestein namens Peridotit, während der untere Mantel von Gesteinen dominiert sein dürfte, deren Struktur viel kompakter ist. Die oberste Schicht des oberen Mantels ist fest mit der darüber liegenden Kruste verbunden und bildet eine steife, spröde Einheit, die Lithosphäre (siehe S. 16–17). Darunter liegt ein viskoser wärmerer Bereich des oberen Mantels, die sog. Asthenosphäre. Die Temperaturen im Mantel reichen von weniger als 1000 °C an der Grenze zur Kruste bis etwa 3500 °C an der Kern-Mantel-Grenze.

Konvektionsströme angetrieben von aufsteigendem heißem Material

Ozeanische Kruste wird unter kontinentale Kruste subduziert.

MANTELGESTEIN
Vereinzelte Stücke von Mantelgestein, wie dieser grünliche Peridotit, werden durch Vulkanismus als Einschlüsse in Magmaströmen an die Oberfläche gebracht; man nennt sie Mantelxenolithe.

Innerer Kern besteht aus Eisen-Nickel-Legierung.

Äußerer Kern besteht aus flüssigem Eisen und Nickel.

Unterer Mantel besteht vor allem aus magnesiumreichen Silikatgesteinen hoher Dichte.

Oberer Mantel besteht überwiegend aus Peridotit.

Asthenosphäre halbfeste, fließfähige Schicht im oberen Mantel

Oberste Mantelschicht bildet zusammen mit der Kruste die Lithosphäre, die aus tektonischen Platten besteht.

Kruste dünne Gesteinsschicht an der Oberfläche

Moho Grenze zwischen Kruste und Mantel

Manteldiapir oder Plume heißes Material, das von der Kern-Mantel-Grenze aufsteigt

Neue Kruste wird an mittelozeanischen Rücken gebildet.

KERN UND MANTEL
Man nimmt an, dass Wärmeenergie aus dem Kern langsame, walzenförmige Konvektionsbewegungen des Materials im Mantel auslöst (rote Pfeile). Diese wiederum treiben die Bewegung der tektonischen Platten an der Erdoberfläche an.

DYNAMISCHER PLANET

DIE ÄUSSERSTE SCHALE

Die Erde hat eine steife äußere Schale, zu der nicht nur die Kruste an der Oberfläche, sondern auch eine dicke Schicht aus festem Gestein im oberen Mantel gehört, die mit der Kruste fest verschmolzen ist. Zusammen bilden Kruste und oberer Mantel eine stabile Einheit, die Lithosphäre.

KRUSTENTYPEN

Auf der Erde kommen zwei Arten von Krusten vor – kontinentale Kruste, die das feste Land und die Kontinentalschelfe bildet, sowie die dünnere ozeanische Kruste, die den Tiefseeboden formt. Kontinentale Kruste ist zwischen 25 und 70 km dick. Sie besteht aus magmatischen, metamorphen und sedimentären Gesteinen, wobei Magmatite wie Granit und Diorit vorherrschen. Ozeanische Kruste ist dichter, zwischen 6 und 11 km mächtig und besteht nur aus wenigen Arten von magmatischen Gesteinen. Ozeanische Kruste wird durch die Plattentektonik viel schneller erneuert als kontinentale Kruste. Sie enthält daher nur wenige Gesteinsarten und ist nicht älter als 200 Mio. Jahre, während einige kontinentale Gesteine über 4 Mrd. Jahre alt sind.

GRANIT
Granit ist ein weit verbreitetes plutonisches Gestein in der kontinentalen Kruste.

DIORIT
Dieses dunkelgraue Gestein bildet sich häufig dort, wo zwei tektonische Platten kollidieren.

KONTINENTALE LITHOSPHÄRE
Bei diesem Lithosphärentyp besteht die oberste Schicht aus kontinentaler Kruste mit einer Dicke von 20–70 km. Der untere Teil der Lithosphäre ist die etwa 80 km mächtige oberste Schicht des Mantels.

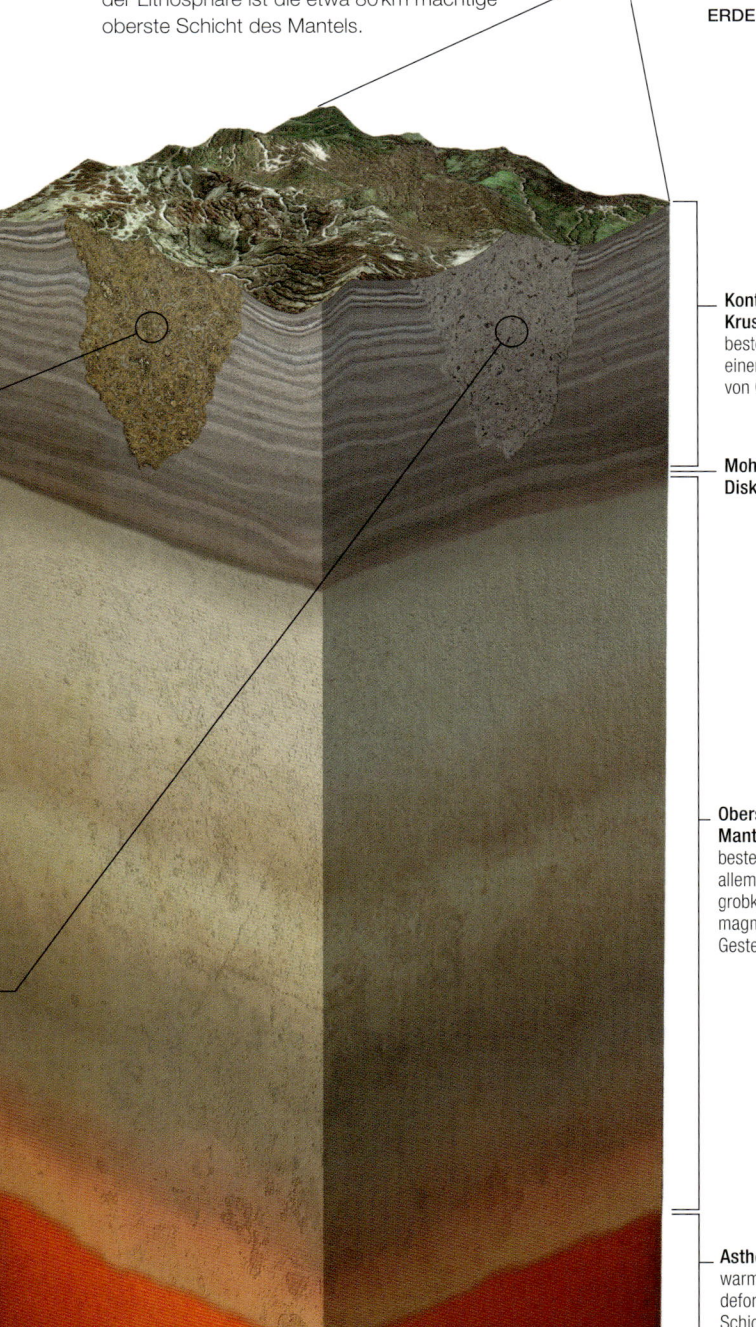

ERDE

Kontinentale Kruste besteht aus einer Vielzahl von Gesteinen.

Mohorovičić-Diskontinuität

Oberste Mantelschicht besteht vor allem aus dem grobkörnigen magmatischen Gestein Peridotit.

KONTINENTALE LITHOSPHÄRE

Asthenosphäre warme, deformierbare Schicht des oberen Mantels direkt unter der Lithosphäre

DIE MOHOROVIČIĆ-DISKONTINUITÄT

Die Grenze zwischen Kruste und Mantel heißt Mohorovičić-Diskontinuität oder kurz Moho. Entdeckt wurde sie von dem kroatischen Geophysiker Andrija Mohorovičić, der Messungen von seismischen Wellen eines Erdbebens im Jahr 1909 analysierte und erkannte, dass einige Wellen früher als andere in der Messstation eintrafen. Er schloss daraus, dass einige Wellen tief in eine dichtere Region im Erdinneren, den Mantel, eingedrungen sein mussten, wo sie sich schneller ausbreiten konnten, bevor sie wieder die Oberfläche erreichten. Seismische P-Wellen wandern im Mantel mit einer Durchschnittsgeschwindigkeit von 8 km/s, während sie in der Kruste im Allgemeinen weniger als 6 km/s erreichen.

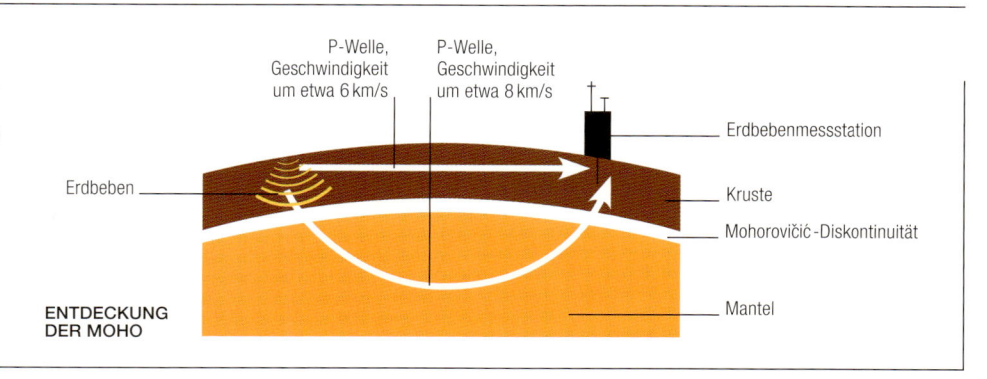

ENTDECKUNG DER MOHO

DIE LITHOSPHÄRE

Nach der chemischen Zusammensetzung sind Kruste und Mantel zwei getrennte Schalen der Erde. Für die mechanischen Eigenschaften und die Vorgänge an der Erdoberfläche ist die Lithosphäre aber die wichtigere Einheit, da tektonische Platten (siehe S. 20–21) Teile der Lithosphäre sind. Es gibt zwei Lithosphärentypen – kontinentale und ozeanische –, entsprechend den beiden Typen von Erdkruste. Die Lithosphäre schwimmt auf einer weniger starren Schicht des Mantels, der Asthenosphäre.

OZEANISCHE LITHOSPHÄRE
Die ozeanische Kruste hat eine Dicke zwischen 6 und 11 km. Zur Lithosphäre gehört zudem die darunter liegende, etwa 40–100 km dicke oberste Schicht des Mantels.

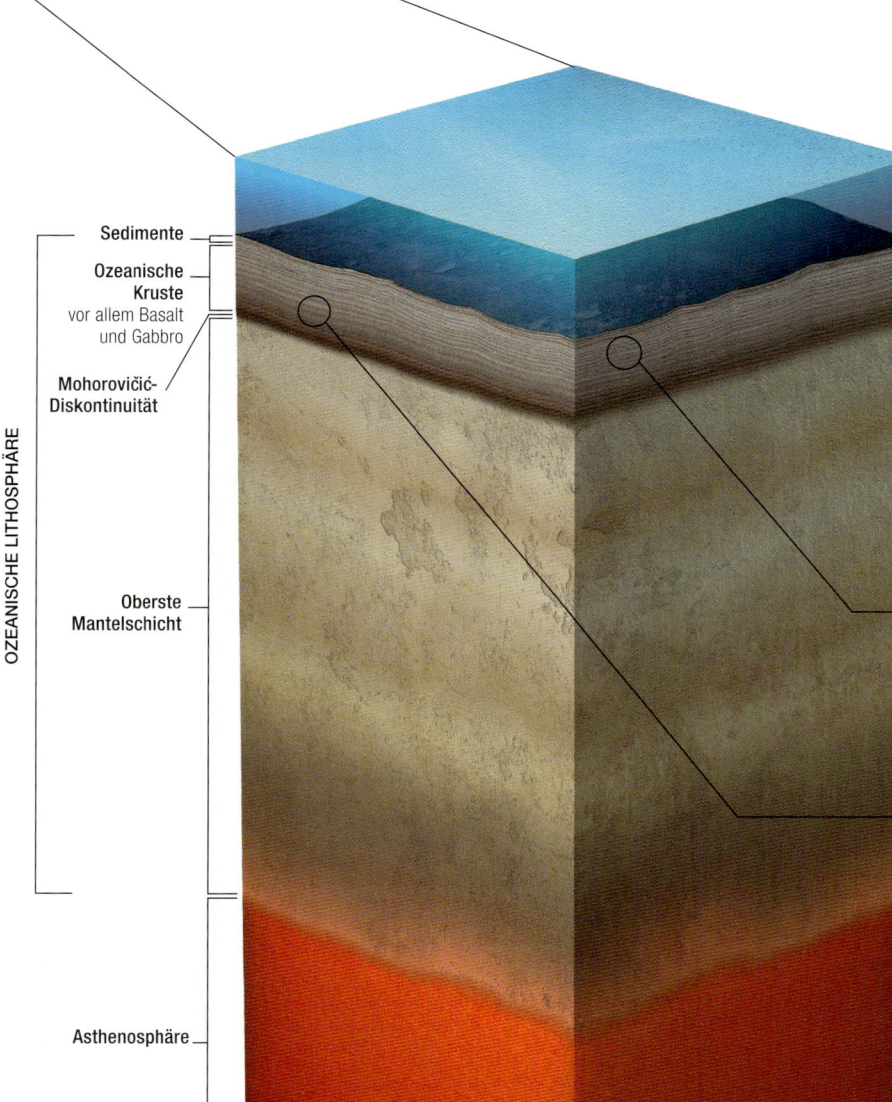

BASALT
Das dunkle, feinkörnige Gestein (hier mit weißen Mineraleinschlüssen) bildet den Großteil des oberen Bereichs der ozeanischen Kruste.

GABBRO
Gabbro ähnelt chemisch dem Basalt und bildet den Großteil der unteren zwei Drittel der ozeanischen Kruste.

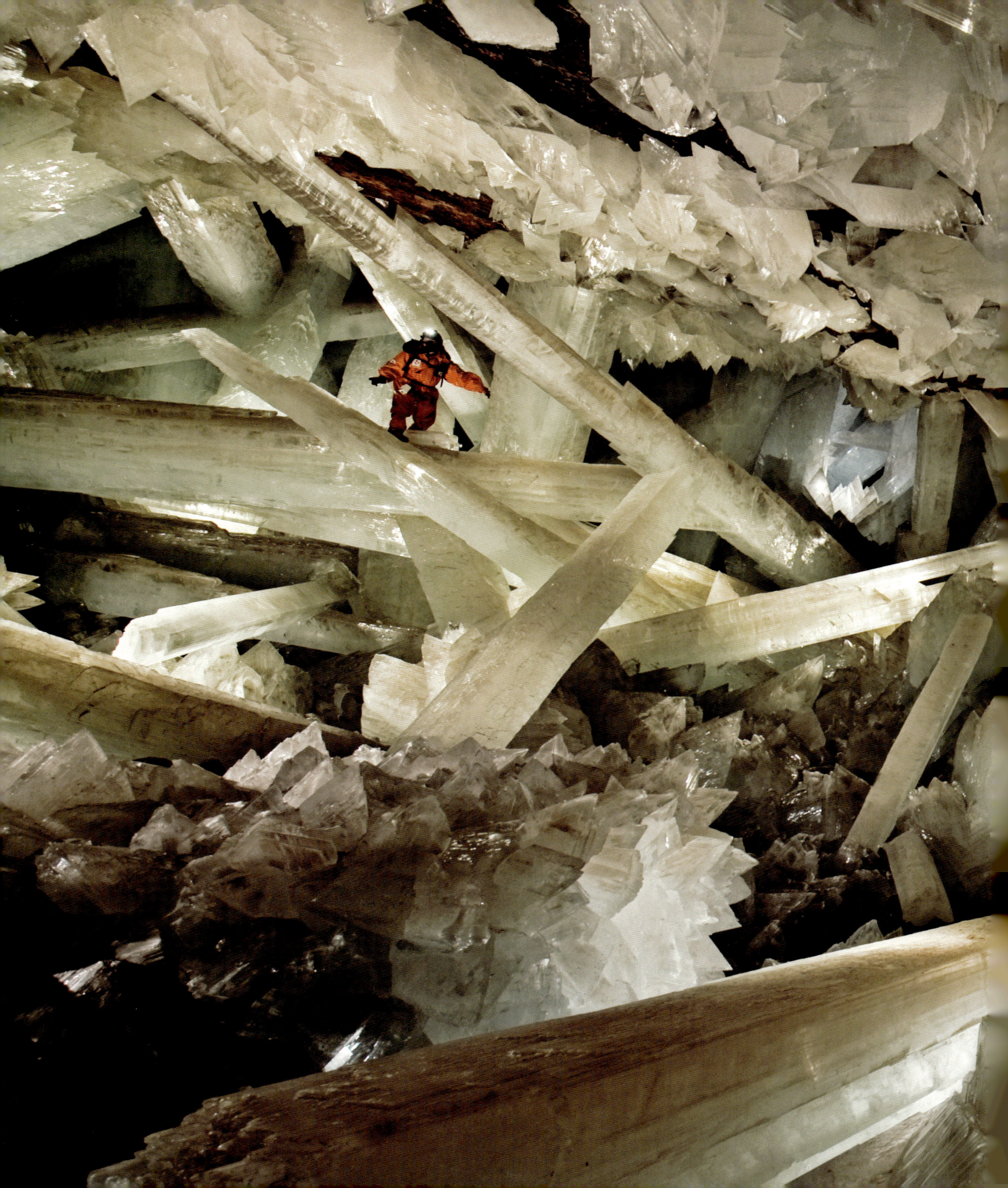

DIE HÖHLE DER KRISTALLE

Die kontinentale Erdkruste ist reich an Naturwundern. Hier erscheinen Forscher wie Zwerge neben den riesigen Kristallen aus Selenit (einer Gipsvarietät) in einer Höhle etwa 300 m unter der Erdoberfläche. Die »Höhle der Kristalle« wurde im Jahr 2000 in der Naica-Silbermine in Nordmexiko entdeckt und enthält die größten natürlichen Kristalle, die je entdeckt wurden.

DYNAMISCHER PLANET

TEKTONISCHE PLATTEN

Die äußerste Schale der Erde ist keine festgefügte Einheit, sondern in unregelmäßig geformte Stücke zerbrochen, die tektonischen Platten.

BEDEUTUNG DER PLATTEN

Die Oberfläche der Erde hat seit ihrer Abkühlung vor 4 Mrd. Jahren immer wie eine gesprungene Eierschale ausgesehen. Derzeit besteht sie aus acht bzw. neun großen Platten und mehreren Dutzend kleineren (siehe S. 26–27). Die Platten bewegen sich kontinuierlich und wandern um einige Zentimeter pro Jahr, angetrieben von den Wärmekonvektionsströmen im Mantel. Sie lässt einige Platten kollidieren und andere auseinanderdriften. Dabei kann enorme Energie bei Erdbeben und Vulkanausbrüchen freigesetzt werden, wenn die Platten sich aneinander reiben, sich ineinander schieben oder untereinander abtauchen (»subduziert werden«). Die Kontinente liegen ebenfalls auf Platten und so hat sich das Aussehen der Erde im Laufe der Jahrmillionen ständig verändert, während die Platten wandern, teils aufgeschmolzen und neu geformt werden. Die Theorie der Plattentektonik, die Erdbeben, Vulkanismus, Gebirgsbildung, Tiefseegräben und viele andere geologische Erscheinungen erklärt, ist eine Weiterentwicklung der früheren Theorie der Kontinentaldrift (siehe unten).

PLATTENGRENZEN
Dieser Grabenbruch in Island liegt an der Grenze zwischen Nordamerikanischer und Eurasischer Platte. Der Großteil der Grenze verläuft am Boden des Atlantiks.

ENTWICKLUNG DER THEORIE DER KONTINENTALDRIFT

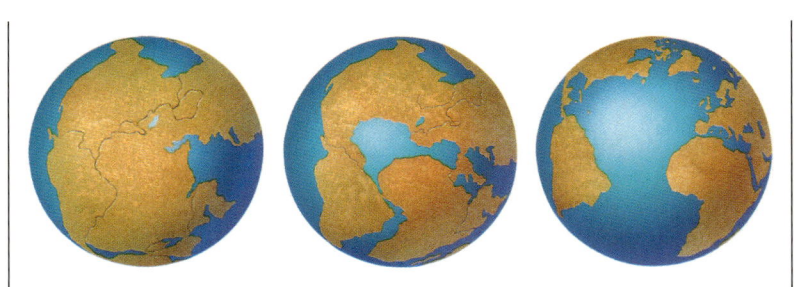

VOR 270 MIO. JAHREN   VOR 200 MIO. JAHREN   HEUTE

Schon im 16. bis 19. Jh. bemerkten Geografen, dass die Küstenlinie Afrikas genau zu der Südamerikas »passt«, als ob die beiden Kontinente einst zusammenhingen. 1912 veröffentlichte der deutsche Wissenschaftler Alfred Wegener die Theorie der Kontinentaldrift und legte Beweise vor, dass Südamerika einmal mit Afrika und Europa mit Nordamerika verbunden waren. Er konnte jedoch nicht erklären, warum sich die Kontinente getrennt hatten. Seine Theorie wurde zunächst abgelehnt, bis man in den späten 1920er-Jahren erkannte, dass Konvektion im Erdmantel die Bewegung erklären könnte. In den 1960er-Jahren wies man nach, dass ozeanische Lithosphäre an den ozeanischen Rücken ständig neu entsteht und vom mittelozeanischen Rücken weggedrückt wird. Dabei werden die Platten und damit auch die Kontinente verschoben.

TEKTONISCHE PLATTEN 21

BEWEGUNG AN DEN PLATTENGRENZEN

Plattengrenzen können nach dem Bewegungsmuster grob eingeteilt werden: Divergenzzonen, Konvergenzzonen und Transformstörungen. An divergenten (konstruktiven) Grenzen driften zwei Platten langsam auseinander (siehe S. 28). Sie finden sich meist auf dem Meeresboden, wo man sie mittelozeanische (Spreizungs-)Rücken nennt. Hier entsteht neue ozeanische Lithosphäre und lagert sich an die Ränder der beiden Platten an, die dabei auseinanderdriften (»Ozeanbodenspreizung«). Die Landmassen auf den Platten bewegen sich mit diesen.

An den konvergenten (destruktiven) Grenzen (siehe S. 30–31) bewegen sich Platten aufeinander zu. Wenn zwei Kontinentalplatten kollidieren, werden sie aufgefaltet und bilden Gebirgszüge. Bei einer Konvergenz zwischen ozeanischen und kontinentalen Platten taucht dagegen die dichte ozeanische Lithosphäre unter die weniger dichte kontinentale ab, sie wird »subduziert«. Subduktionszonen liegen stets am Meeresgrund und bilden tiefe Tiefseegräben. Die Subduktion führt zu intensiver Erdbeben- und Vulkanaktivität. Beim dritten Typ von Plattengrenzen, den Transformstörungen (siehe S. 29), schieben sich die beiden Platten seitlich aneinander vorbei. Wenn sie sich verhaken, entstehen häufig Erdbeben.

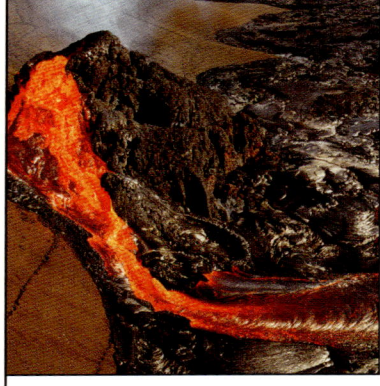

VULKANE
Der Großteil des Vulkanismus an Land und teils auch in den Meeren entsteht, wenn der Rand einer Platte unter einer anderen abtaucht. Dies führt zu einer Reihe von Prozessen im Erdinneren, die Magma (geschmolzenes Gestein) bilden.

GRABENBRÜCHE
Wenn eine Platte mitten in einem Kontinent auseinanderbricht, wird die Kruste gedehnt, Spalten erscheinen und Krustenblöcke sinken ein. Es entsteht ein Grabenbruch (auch Riftzone genannt), wie etwa das Ostafrikanische Grabensystem.

GEBIRGE
Viele große Gebirgsketten wie der Himalaja oder die Alpen entstanden als Folge von Kollisionen von Kontinenten, die auf verschiedenen konvergierenden (d. h. sich aufeinander zubewegenden) Platten lagen.

TIEFSEEQUELLEN
Wenn sich Magma (geschmolzenes Gestein) unter dem Meeresboden sammelt, können »hydrothermale Quellen« entstehen, aus denen heißes, mineralreiches Wasser oder Mengen von Gasblasen aus Spalten im Gestein aufsteigt.

ENTSTEHUNG DER LANDMASSEN

Vor etwa 3,8 Mrd. Jahren hatten die Prozesse eingesetzt, die zur Entstehung der heutigen Landmassen führten. Auf der Erde gab es einige kleinere Landgebiete, die sog. Kratone, und riesige Meeresflächen. Die tektonischen Platten waren damals vermutlich dünner als heute. Viele Kratone blieben erhalten und bilden die ältesten Kernbereiche der heutigen Kontinente.

AUFEINANDERFOLGE VON SUPERKONTINENTEN

Plattentektonik setzte ein, als die Mantelkonvektion – die langsame Bewegung des Materials im Inneren der Erde – anfing, die frühen Platten an der Oberfläche mit sich zu ziehen. Damit begannen auch die Kratone zu driften. Manchmal kollidierten sie und manchmal zerbrachen sie in kleinere Teile, sodass sich die Anordnung von Land und Meer ständig änderte. Mehrfach sammelten sie sich in »Superkontinenten«, die dann wieder zerfielen. Zu den Superkontinenten der Vergangenheit gehören Vaalbara (vor etwa 3 Mrd. Jahren), Kenorland (vor 2,6 Mrd. Jahren) und Columbia (vor 1,7 Mrd. Jahren). Über ihre Gestalt und Lage oder die Anordnung der Kratone ist wenig bekannt. Der erste Superkontinent, über den wir etwas mehr Informationen haben, ist Rodinia, das vor etwa 1,1 Mrd. Jahren entstand.

Laurentia ist der Kraton, der den Kern des heutigen Nordamerika bildet.

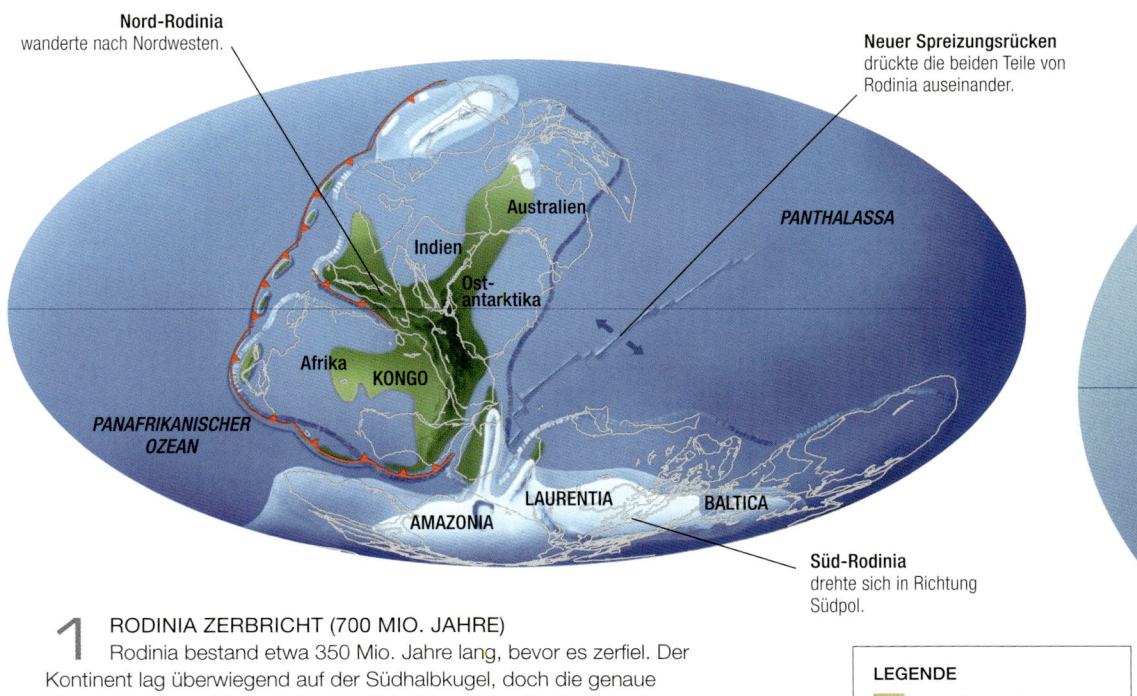

Baltica umfasste Krustenanteile, die heute Teile Nord- und Osteuropas sowie Russlands bilden.

Gondwana enthielt die Kerne der heutigen Südkontinente.

2 KAMBRISCHE KONTINENTE (515 MIO. JAHRE)
Der nächste Superkontinent war Pannotia. Er lag überwiegend auf der Südhalbkugel. Vor etwa 540 Mio. Jahren zerbrach er, wobei sich drei große Stücke abspalteten – Laurentia, Baltica und Sibiria. Vor etwa 515 Mio. Jahren wurden sie zu Inseln, die von den Ozeanen Panthalassa und Iapetus umgeben waren. Eine große südliche Landmasse, Gondwana, blieb bestehen.

Nord-Rodinia wanderte nach Nordwesten.

Neuer Spreizungsrücken drückte die beiden Teile von Rodinia auseinander.

Süd-Rodinia drehte sich in Richtung Südpol.

1 RODINIA ZERBRICHT (700 MIO. JAHRE)
Rodinia bestand etwa 350 Mio. Jahre lang, bevor es zerfiel. Der Kontinent lag überwiegend auf der Südhalbkugel, doch die genaue Anordnung seiner Bestandteile ist unklar. Das Bild zeigt die vermutete Lage etwa 50 Mio. Jahre nach dem Auseinanderbrechen. Gezeigt werden auch die Umrisse einiger heutiger Kontinente, um ihre Beziehung zu den damaligen Landmassen anzudeuten.

LEGENDE
- damalige Landmasse
- heutige Landmasse
- Subduktionszone
- Spreizungszone

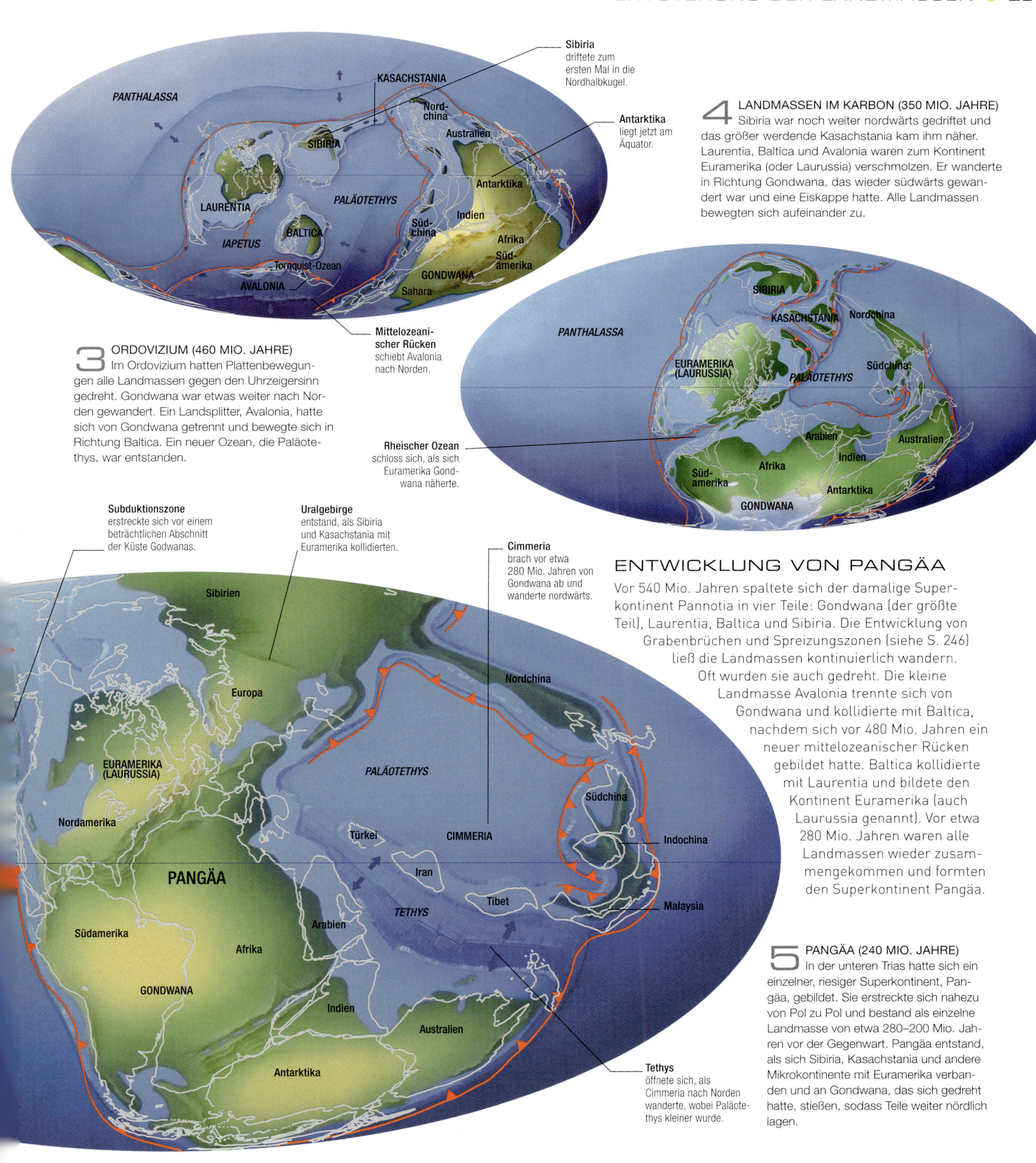

ENTSTEHUNG DER LANDMASSEN · 23

3 ORDOVIZIUM (460 MIO. JAHRE)
Im Ordovizium hatten Plattenbewegungen alle Landmassen gegen den Uhrzeigersinn gedreht. Gondwana war etwas weiter nach Norden gewandert. Ein Landsplitter, Avalonia, hatte sich von Gondwana getrennt und bewegte sich in Richtung Baltica. Ein neuer Ozean, die Paläotethys, war entstanden.

Sibiria driftete zum ersten Mal in die Nordhalbkugel.

Antarktika liegt jetzt am Äquator.

Mittelozeanischer Rücken schiebt Avalonia nach Norden.

Rheischer Ozean schloss sich, als sich Euramerika Gondwana näherte.

4 LANDMASSEN IM KARBON (350 MIO. JAHRE)
Sibiria war noch weiter nordwärts gedriftet und das größer werdende Kasachstania kam ihm näher. Laurentia, Baltica und Avalonia waren zum Kontinent Euramerika (oder Laurussia) verschmolzen. Er wanderte in Richtung Gondwana, das wieder südwärts gewandert war und eine Eiskappe hatte. Alle Landmassen bewegten sich aufeinander zu.

Subduktionszone erstreckte sich vor einem beträchtlichen Abschnitt der Küste Godwanas.

Uralgebirge entstand, als Sibiria und Kasachstania mit Euramerika kollidierten.

Cimmeria brach vor etwa 280 Mio. Jahren von Gondwana ab und wanderte nordwärts.

ENTWICKLUNG VON PANGÄA

Vor 540 Mio. Jahren spaltete sich der damalige Superkontinent Pannotia in vier Teile: Gondwana (der größte Teil), Laurentia, Baltica und Sibiria. Die Entwicklung von Grabenbrüchen und Spreizungszonen (siehe S. 246) ließ die Landmassen kontinuierlich wandern. Oft wurden sie auch gedreht. Die kleine Landmasse Avalonia trennte sich von Gondwana und kollidierte mit Baltica, nachdem sich vor 480 Mio. Jahren ein neuer mittelozeanischer Rücken gebildet hatte. Baltica kollidierte mit Laurentia und bildete den Kontinent Euramerika (auch Laurussia genannt). Vor etwa 280 Mio. Jahren waren alle Landmassen wieder zusammengekommen und formten den Superkontinent Pangäa.

Tethys öffnete sich, als Cimmeria nach Norden wanderte, wobei Paläotethys kleiner wurde.

5 PANGÄA (240 MIO. JAHRE)
In der unteren Trias hatte sich ein einzelner, riesiger Superkontinent, Pangäa, gebildet. Sie erstreckte sich nahezu von Pol zu Pol und bestand als einzelne Landmasse von etwa 280–200 Mio. Jahren vor der Gegenwart. Pangäa entstand, als sich Sibiria, Kasachstania und andere Mikrokontinente mit Euramerika verbanden und an Gondwana, das sich gedreht hatte, stießen, sodass Teile weiter nördlich lagen.

PANGÄA ZERBRICHT

Vor etwa 200 Mio. Jahren tauchten die ersten Anzeichen für Spannungen im Superkontinent Pangäa auf und kündigten seinen Zerfall an. Grabenbrüche entstanden in einem Gebiet, das dem heutigen nordwestlichen Küstengebiet der USA entspricht. Magma aus dem Erdinneren drang an Schwachstellen zwischen den Gesteinsschichten ein. Es erstarrte und bildete dicke Lagen von magmatischen Gesteinen. Doch erst vor etwa 180 Mio. Jahren öffnete sich ein ausgedehnteres Gewässer zwischen den Ländern, die heute die Ostküste der USA bzw. Nordwestafrika bilden. Dieser sich verbreiternde Meeresarm wurde schließlich zum zentralen Teil des Atlantischen Ozeans.

Vor etwa 130 Mio. Jahren begann sich auch der Südatlantik zu öffnen – in diesem Fall im Rahmen des Aufbrechens von Gondwana. Weiter im Norden blieben die Landmassen, die später Nordamerika und Nordwesteuropa bildeten, zunächst verbunden, bis sich vor 65 Mio. Jahren ein weiterer Meeresarm im heutigen Europäischen Nordmeer öffnete. Diese Grabenbildung trennte Grönland und Ostkanada von Westeuropa und Skandinavien.

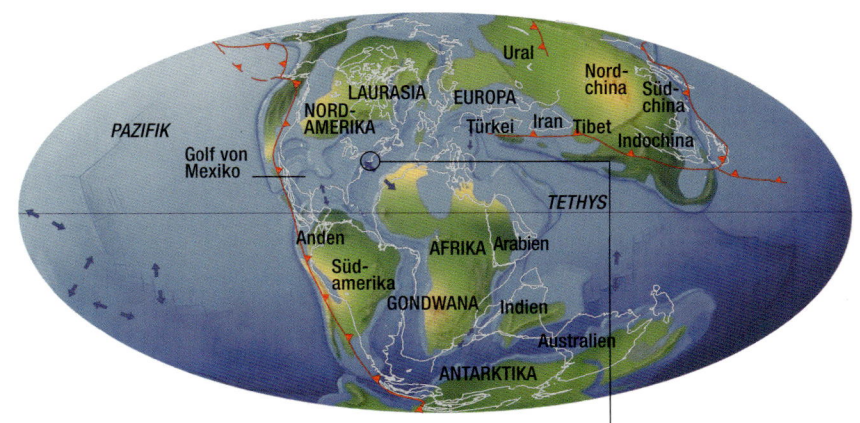

6 LANDMASSEN IM OBEREN JURA (150 MIO. JAHRE)
Im Oberen Jura war Pangäa auseinandergebrochen. In der ersten Phase der Atlantiköffnung entfernte sich Nordamerika vom späteren Westafrika. Auf der Südhalbkugel hatte die Spaltung von Gondwana ebenfalls begonnen.

PALISADES SILL (NEW JERSEY)
Diese vulkanische Gesteinsformation entstand, als sich vor etwa 200 Mio. Jahren Nordamerika vom heutigen Nordwestafrika trennte. Die Mächtigkeit der vulkanischen Schicht ist etwa 300 m.

7 LANDMASSEN DER KREIDE (95 MIO. JAHRE)
Die letzte Phase des Zerfalls von Gondwana war erreicht. Der Südatlantik entstand, als sich Südamerika von Afrika trennte. Der Nordatlantik wurde breiter. Indien war eine Insel, die nach Norden in Richtung Asien wanderte. Grönland lag noch nahe bei Europa.

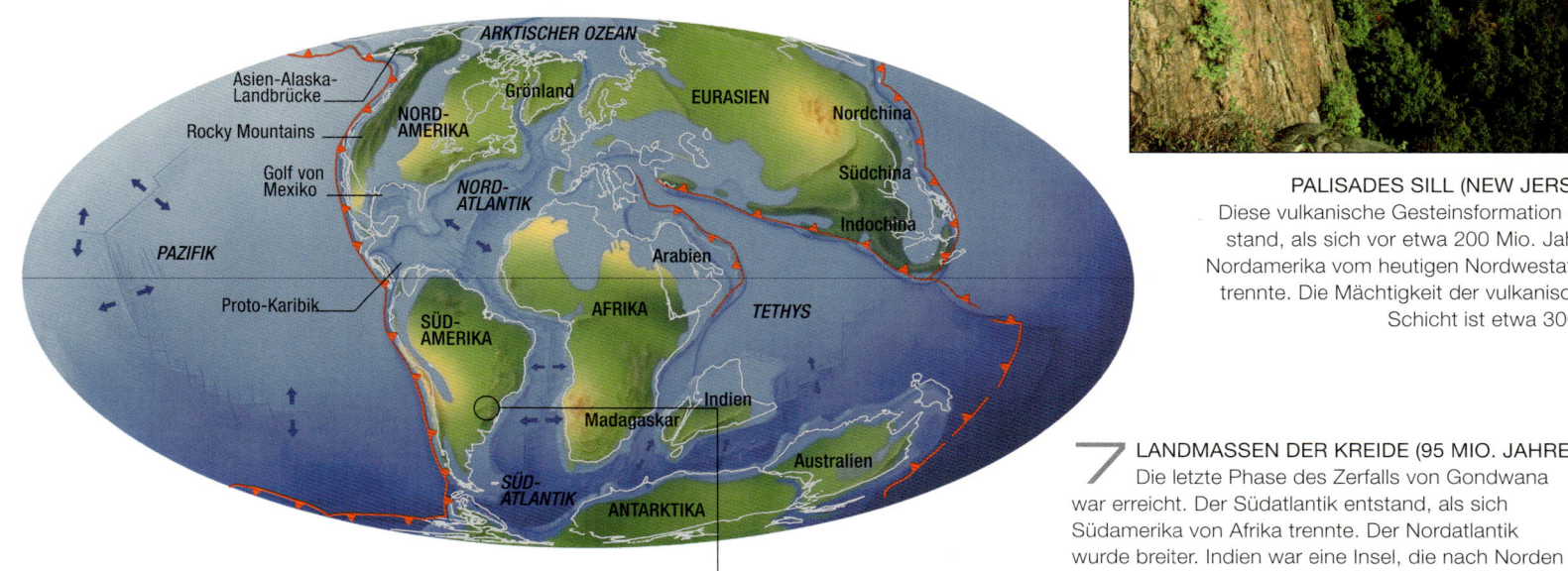

GONDWANA ZERBRICHT

Der alte Kontinent Gondwana, der alle heutigen Südkontinente (Afrika, Südamerika, Antarktika und Australien) sowie Indien und Madagaskar umfasste, begann vor etwa 180 Mio. Jahren zu zerbrechen. In der ersten Phase trennten sich die eng miteinander verbundenen Kontinente Afrika und Südamerika vom Rest Gondwanas, das eine separate Landmasse, Ostgondwana, bildete. Vor etwa 130 Mio. Jahren begann Südamerika sich von Afrika zu lösen. Nach rund 20 Mio. Jahren lag ein offener und sich ständig verbreiternder Ozean – der Südatlantik – zwischen ihnen. Ungefähr zu dieser Zeit begann auch Ostgondwana zu zerbrechen, als sich Indien von Antarktika und Australien löste und mit relativ hoher Geschwindigkeit nach Norden driftete. Die letzte Phase des Auseinanderbrechens begann vor etwa 90 Mio. Jahren, als sich Australien und Antarktika trennten und Australien nach Norden wanderte. In vielen Gebieten des früheren Gondwana erinnern auffallende vulkanische Formationen an die verschiedenen Phasen des Zerbrechens, etwa die Paraná-Flutbasalte in Brasilien.

PARANÁ-FLUTBASALTE IN SÜDBRASILIEN
Vor etwa 130 Mio. Jahren schuf der Spreizungsvorgang zwischen Südamerika und Afrika diese mächtigen Basaltschichten. Riesige Mengen flüssiger Lava ergossen sich aus dem Boden und formten treppenförmige Flutbasalte (»Trappe«).

ENTSTEHUNG DER LANDMASSEN | **25**

AUSBILDUNG DER HEUTIGEN KONTINENTE

Unzählige Plattenbewegungen trugen in den letzten 65 Mio. Jahren zur heutigen Verteilung der Landmassen auf der Erde bei. Die wichtigsten Veränderungen sind die Verbreiterung des Atlantiks, die Kollision von Indien mit Asien, bei der der Himalaja entstand, die Annäherung von Afrika und Europa, die Entstehung der Verbindung zwischen Nord- und Südamerika an der Landenge von Panama und die Trennung von Afrika und Arabien, gefolgt von der Kollision Arabiens mit Südwestasien. In Ost- und Südostasien führte eine Kombination von Vulkanismus und komplexen Plattenbewegungen zur heutigen Oberflächengestalt dieser Region.

UNTERSUCHUNG VON GESTEINEN

Um die Bewegung der Kontinente zu rekonstruieren, müssen Forscher enorme Mengen an Daten über Gesteine in aller Welt sammeln, etwa über das Alter des Gesteins, seine Ausrichtung und seine magnetischen Eigenschaften. Wenn Kontinente wandern, verändert sich damit die Lage der Gesteine. Magnetische Minerale, die einst nach Norden wiesen, zeigen nun woanders hin. Aus diesen Verschiebungen kann man die früheren Bewegungen rekonstruieren.

PYRENÄEN (SPANIEN)
Vor etwa 65 Mio. Jahren kollidierte ein Teil eines Kontinents namens Iberia – der sich von anderen Landmassen vor etwa 80 Mio. Jahren getrennt hatte – mit Südfrankreich, was zur Auffaltung des Gebirgszuges der Pyrenäen führte.

GIANT'S CAUSEWAY (NORDIRLAND)
Diese Basaltsäulen entstanden aus Lava, die sich aus vulkanischen Spalten ergoss, als sich in einem Spreizungsvorgang vor etwa 60 Mio. Jahren der nördlichste Teil des Atlantiks öffnete.

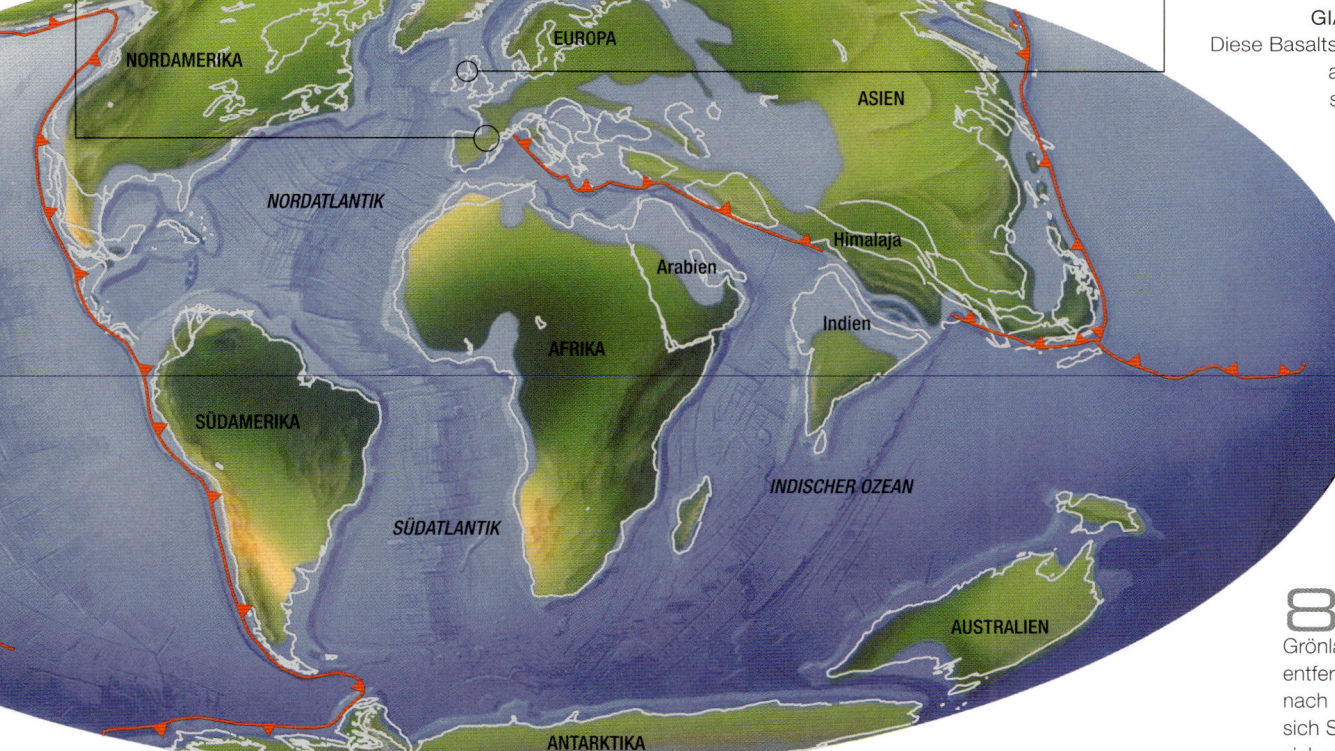

8 LANDMASSEN IM PALÄOGEN (50 MIO. JAHRE)
Grönland hatte sich ein Stück von Europa entfernt, während Indien weiterhin schnell nach Norden wanderte. Afrika näherte sich Südeuropa und Australien bewegte sich ebenfalls nach Norden.

LEGENDE

— konvergent
— divergent
— Transformstörung
-- entstehend
— unsicher

HEUTIGE PLATTEN

Heute besteht die Erdoberfläche aus acht bzw. neun großen Platten, sechs oder sieben mittelgroßen Platten und einer Vielzahl von Mikroplatten. Es gibt drei Typen von Plattengrenzen: Divergenzzonen (Platten driften auseinander), Konvergenzzonen (Platten wandern aufeinander zu) und Transformstörungen (Platten schieben sich aneinander vorbei).

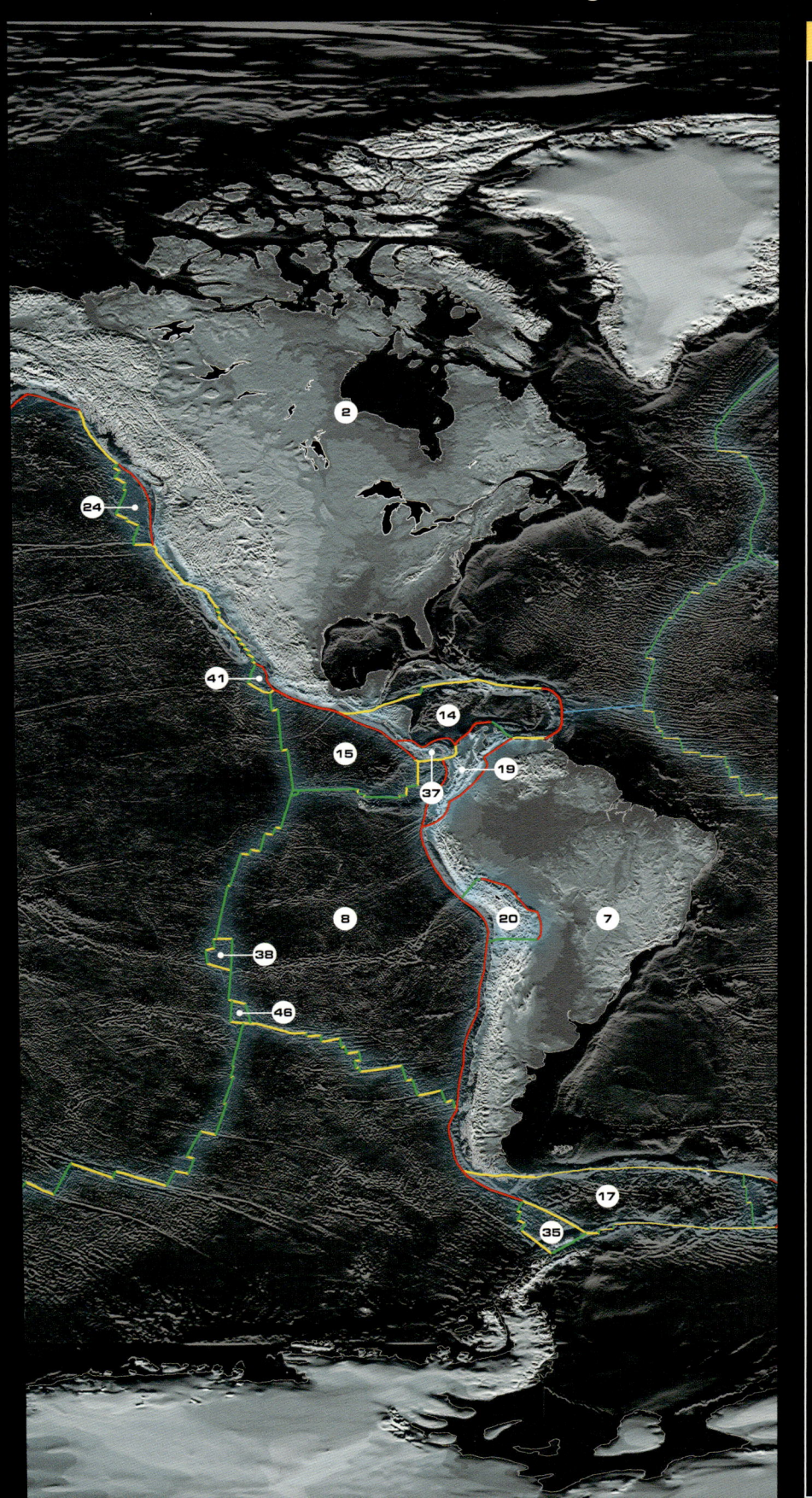

TEKTONISCHE PLATTEN NACH GRÖSSE GEORDNET

1	Pazifische Platte	25	Birma-Platte
2	Nordamerikanische Platte	26	Okinawa-Platte
3	Eurasische Platte	27	Woodlark-Platte
4	Afrikanische Platte	28	Marianen-Platte
5	Antarktische Platte	29	Neue-Hebriden-Platte
6	Australische Platte	30	Ägäische Platte
7	Südamerikanische Platte	31	Timor-Platte
8	Nazca-Platte	32	Bird's-Head-Platte
9	Indische Platte	33	Nord-Bismarck-Platte
10	Sunda-Platte	34	Süd-Sandwich-Platte
11	Philippinische Platte	35	Süd-Shetland-Platte
12	Arabische Platte	36	Tonga-Platte
13	Ochotskische Platte	37	Panama-Platte
14	Karibische Platte	38	Osterinsel-Platte
15	Kokos-Platte	39	Balmoral-Riff-Platte
16	Jangtse-Platte	40	Süd-Bismarck-Platte
17	Scotia-Platte	41	Rivera-Platte
18	Karolinen-Platte	42	Maoke-Platte
19	Nordanden-Platte	43	Conway-Riff-Platte
20	Altiplano-Platte	44	Salomonensee-Platte
21	Kermadec-Platte	45	Niuafo'ou-Platte
22	Anatolische Platte	46	Juan-Fernández-Platte
23	Banda-Platte	47	Futuna-Platte
24	Juan-de-Fuca-Platte		

Anmerkung: Einige der kleineren Platten, die hier gezeigt sind, werden manchmal nur als Teile von größeren Platten angesehen. Andere kleinere, unsichere Platten wurden weggelassen.

PLATTENGRENZEN

Plattengrenzen sind Zonen am Rand der tektonischen Platten. Sie sind tektonisch sehr aktiv, sodass es dort oft zu Erdbeben und Vulkanausbrüchen kommt. Es gibt drei Haupttypen: Divergenzzonen, Konvergenzzonen und Transformstörungen.

DIVERGENZZONEN

Divergenzzonen treten dort auf, wo Platten langsam auseinanderdriften. Es gibt zwei Typen: kontinentale Grabenbrüche (oder Riftzonen) und mittelozeanische Rücken (siehe S. 246). Ein Grabenbruch ist eine Divergenzzone in einer Landmasse, die zu deren Spaltung führt. Dadurch kann ein neuer Ozean entstehen und die Divergenz wird zum mittelozeanischen Rücken. Divergenzzonen sind stets aktive Erdbeben- und Vulkangebiete. Das Ostafrikanische Grabensystem ist eine junge kontinentale Divergenzzone, die Afrika spalten wird (siehe S. 174). Der Mittelatlantische Rücken ist ein mittelozeanischer Rücken, der im Nordatlantik die Eurasische von der Nordamerikanischen Platte und im Südatlantik die Afrikanische von der Südamerikanischen Platte trennt. An den Rücken wird durch aufsteigendes Magma ständig neue Lithosphäre gebildet.

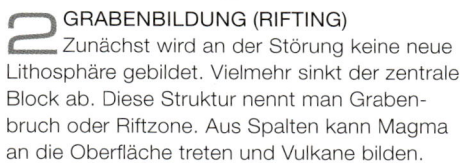

1 SCHWÄCHUNG DER KRUSTE
Eine neue Divergenzzone entsteht, wenn unter einem Bereich kontinentaler Kruste ein Körper mit flüssiger Magma (»Manteldiapir« oder »Plume«) aufsteigt. Sein Auftrieb dehnt und schwächt die Kruste. Langgestreckte Spalten entstehen, die zu Vulkanen werden können.

2 GRABENBILDUNG (RIFTING)
Zunächst wird an der Störung keine neue Lithosphäre gebildet. Vielmehr sinkt der zentrale Block ab. Diese Struktur nennt man Grabenbruch oder Riftzone. Aus Spalten kann Magma an die Oberfläche treten und Vulkane bilden.

3 EINDRINGEN DES MEERES
Wenn sich der Graben ausweitet, bewegen sich die Landmassen auseinander und das Meer kann eindringen. In der Mitte, am Grund des Meeres, entwickelt sich ein mittelozeanischer Rücken. Hier entsteht neue ozeanische Kruste.

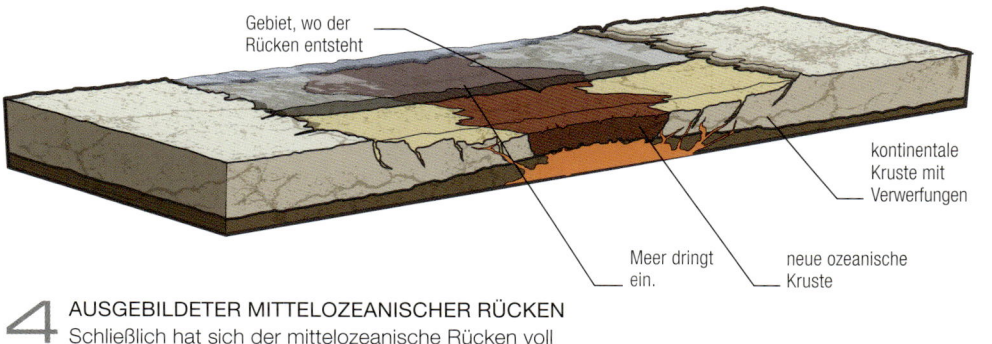

4 AUSGEBILDETER MITTELOZEANISCHER RÜCKEN
Schließlich hat sich der mittelozeanische Rücken voll entwickelt. Neue ozeanische Lithosphäre entsteht, wobei die Platten auseinanderdriften (Ozeanbodenspreizung). Diese Rücken bilden die längsten Gebirgsketten der Welt.

RIFTZONE
Das Suguta-Tal in Nordkenia ist Teil des Ostafrikanischen Grabensystems. Es ist eine trockene Tiefebene mit Salzpfannen, Salztümpeln und kleinen Vulkanen.

THINGVELLIR-RIFT (ISLAND)
Auf Island erhebt sich der Mittelatlantische Rücken über den Meeresspiegel und ist an mehreren Stellen als Spalte sichtbar.

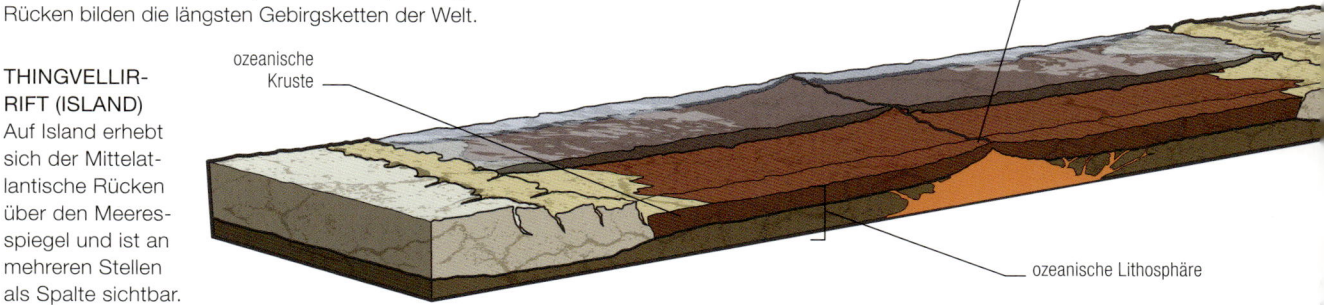

ROTES MEER
Das Rote Meer ist ein sich entwickelndes Meeresbecken an einer divergenten Plattengrenze, wo sich Afrika und Arabien seit etwa 40 Mio. Jahren voneinander entfernen.

ALPINE-VERWERFUNG (NEUSEELAND)
Diese Transformstörung, die Alpine-Verwerfung, die durch die Südinsel Neuseelands läuft, ist auf dem Satellitenbild als fast gerade horizontale Linie (am Rand der Berge) erkennbar. Sie trennt die Australische Platte (oben) von der Pazifischen Platte (unten).

TRANSFORMSTÖRUNGEN

Eine Plattengrenze, an der die beiden Platten horizontal seitwärts aneinander vorbeigleiten (»Blattverschiebung«), heißt Transformstörung. Die Bewegung läuft oft extrem sprunghaft ab, was zu Erdbeben führt. Transformstörungen an Land nennt man auch »intrakontinentale Scherzonen«. Die berühmteste ist die San Andreas Fault, die durch Kalifornien läuft. An dieser Grenze reiben Blöcke der Pazifischen und der Nordamerikanischen Platte aneinander und lösen dabei oft starke Erdbeben aus. Die Alpine-Verwerfung, die durch die Südinsel Neuseelands läuft, ist eine weitere kontinentale Transformstörung. An dieser Verwerfung verschieben sich Blöcke kontinentaler Lithosphäre der Pazifischen und der Australischen Platte mit etwa 4 cm pro Jahr gegeneinander, was zu vielen heftigen Erdbeben führt. Eine weitere Transformstörung verläuft in der Türkei. An dieser Nordanatolischen Verwerfung treten immer wieder verheerende Erdbeben auf.

Die meisten Transformstörungen verlaufen jedoch im Meeresboden als relativ kurze Verwerfungen in der ozeanischen Lithosphäre senkrecht zu den mittelozeanischen Spreizungsrücken. Sie verbinden die Abschnitte der mittelozeanischen Rücken miteinander, da die Rücken meist in kurze, gegeneinander versetzte Bereiche unterteilt sind. Entlang dieser Transformstörungen bewegen sich Blöcke der ozeanischen Lithosphäre in entgegengesetzter Richtung aneinander vorbei, was zu Seebeben führt.

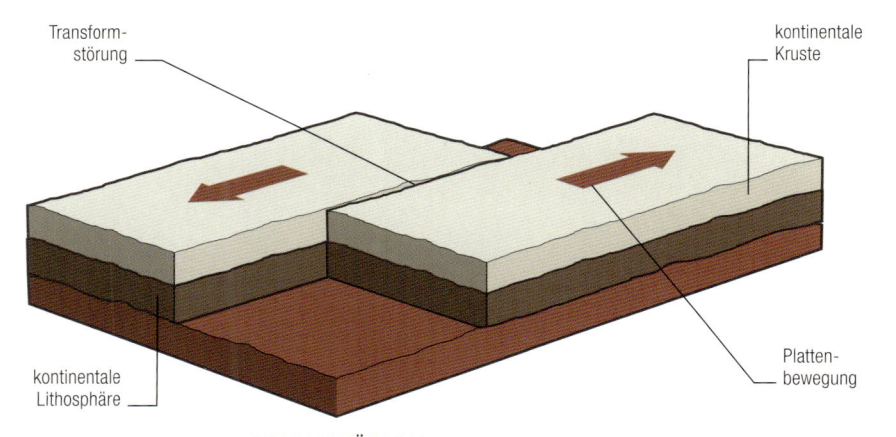

KONTINENTALE TRANSFORMSTÖRUNG
An Transformstörungen, die durch Kontinente laufen, wie bei der Alpine-Verwerfung (Neuseeland), gleiten Blöcke kontinentaler Lithosphäre aneinander vorbei (»Blattverschiebung«).

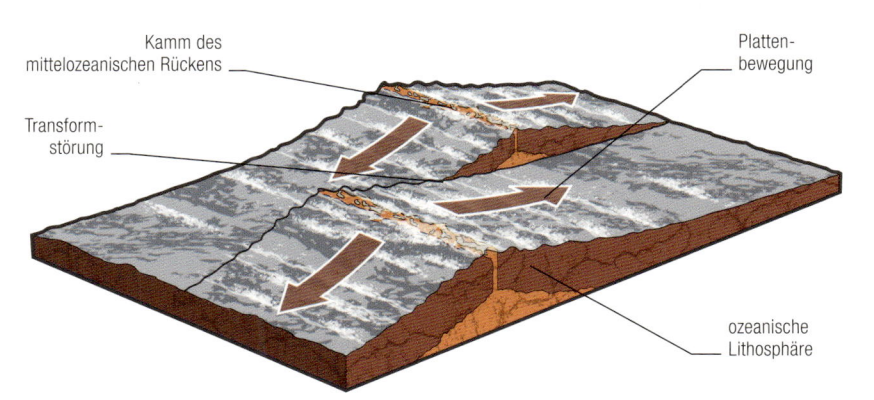

UNTERMEERISCHE TRANSFORMSTÖRUNG
Diese Plattengrenzen sind meist kurze Verwerfungen, die Abschnitte eines mittelozeanischen Rückens gegeneinander versetzen. Entlang der Transformstörungen gleiten Lithosphärenblöcke aneinander vorbei.

KONVERGENZZONEN

Konvergenzzonen liegen dann vor, wenn sich zwei Platten aufeinander zubewegen, angetrieben von der Wärmekonvektion im Mantel und der Ozeanbodenspreizung. An diesen Plattengrenzen werden große Abschnitte der Lithosphäre subduziert, d. h. sie tauchen tief in den Mantel ab, wo sie zerstört werden. Daher nennt man Konvergenzzonen auch destruktive Plattengrenzen. Sie sind Zentren starker Erdbeben- und Vulkantätigkeit. Man unterscheidet drei Typen, je nachdem, ob die Ränder der beiden konvergenten Platten beide aus kontinentaler Lithosphäre (Kontinent-Kontinent-Konvergenz), beide aus ozeanischer Lithosphäre (Ozean-Ozean-Konvergenz) oder aus verschiedenen Lithosphärentypen (Ozean-Kontinent-Konvergenz) bestehen.

KONTINENT-KONTINENT-KOLLISIONEN

Wenn beide Plattenränder aus kontinentaler Lithosphäre bestehen, wird der Mantelanteil der einen Platte unter die andere subduziert. Die kontinentale Kruste hat jedoch eine relativ geringe Dichte und kann daher nicht absinken. Vielmehr wird die Kruste der beiden Platten eingeengt, gefaltet und zerbrochen und zu Gebirgen aufgefaltet. An diesen Plattengrenzen wird in großer Tiefe Magma gebildet, es erreicht aber nur selten die Oberfläche, sodass es kaum zum Vulkanismus kommt. Erdbeben sind jedoch häufig.

DER HIMALAJA AUS DEM WELTRAUM
Diese klassische Kontinent-Kontinent-Kollision begann vor etwa 50 Mio. Jahren, als die Indische Platte durch die Plattenbewegung in die Eurasische Platte gedrückt wurde. Über Jahrmillionen wurde der Himalaja aufgefaltet und er wächst immer noch.

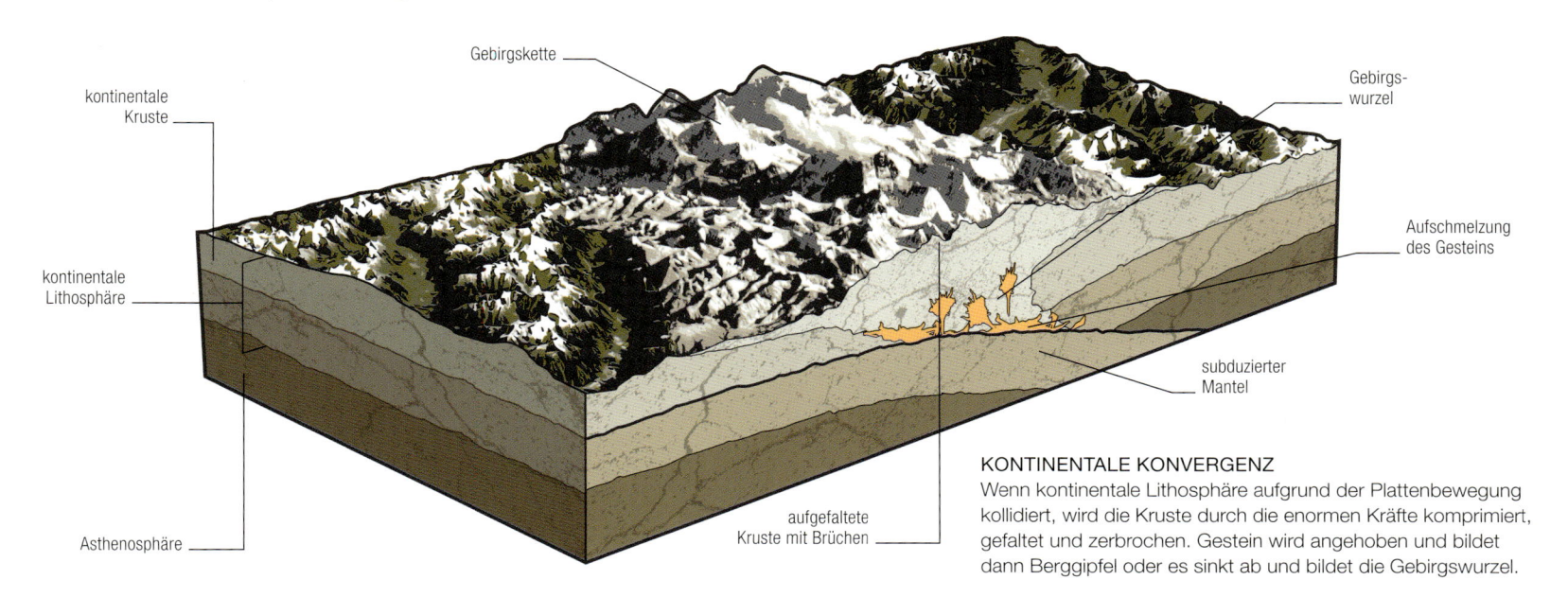

KONTINENTALE KONVERGENZ
Wenn kontinentale Lithosphäre aufgrund der Plattenbewegung kollidiert, wird die Kruste durch die enormen Kräfte komprimiert, gefaltet und zerbrochen. Gestein wird angehoben und bildet dann Berggipfel oder es sinkt ab und bildet die Gebirgswurzel.

APPALACHEN
Dieser Gebirgszug in Nordamerika, hier in einer Satellitenaufnahme, entstand in einer Reihe von Kollisionen von Landmassen vor 450–250 Mio. Jahren.

URAL
Der Gebirgszug in Russland wurde vor 310–220 Mio. Jahren aufgetürmt, als die alten Landmassen Sibiria, Kasachstania und Euramerika kollidierten.

ALPEN
Dieses hohe Faltengebirge in Europa entstand in mehreren Phasen vor 60–10 Mio. Jahren, als die Afrikanische und die Eurasische Platte konvergierten.

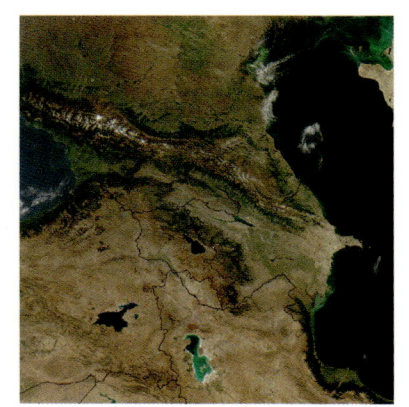

GROSSER KAUKASUS
Diese Berge in Südwestasien bildeten sich vor 28–24 Mio. Jahren bei einer kontinentalen Kollision der Arabischen und der Eurasischen Platte.

OZEAN-KONTINENT-KONVERGENZ

An einer Ozean-Kontinent-Grenze wird die Platte mit der ozeanischen Lithosphäre unter die kontinentale Platte subduziert. Dabei entstehen Tiefseegräben. Die subduzierte Platte taucht ruckartig ab, was häufig zu Erdbeben führt. Beim Abtauchen steigt die Temperatur der Platte, wobei flüchtige Substanzen wie Wasser freigesetzt werden, die in der ozeanischen Kruste enthalten sind. Sie setzen den Schmelzpunkt der Mantelgesteine herab, sodass Magma entsteht. Es steigt durch Spalten im Gestein auf und bildet Magmakammern. Durch Ausbrüche entstehen Ketten von Vulkanen, die man kontinentale Vulkanbögen nennt (siehe S. 108–109).

KAMTSCHATKA
Als die Pazifische Platte unter Teile der Ochotskischen Platte subduziert wurde, bildete sich eine Kette von Vulkanen auf der Halbinsel Kamtschatka im Osten Russlands. Dieser Vulkan mit blaugrünem Kratersee heißt Maly Semjatschik. Er brach zuletzt 1952 aus.

ANDEN
Die Anden bestehen aus mehreren Vulkanketten sowie Bergen, die durch die Subduktion der Nazca-Platte und der Antarktischen Platte unter die Südamerikanische Platte entstanden. Dieser Vulkan heißt Quilotoa.

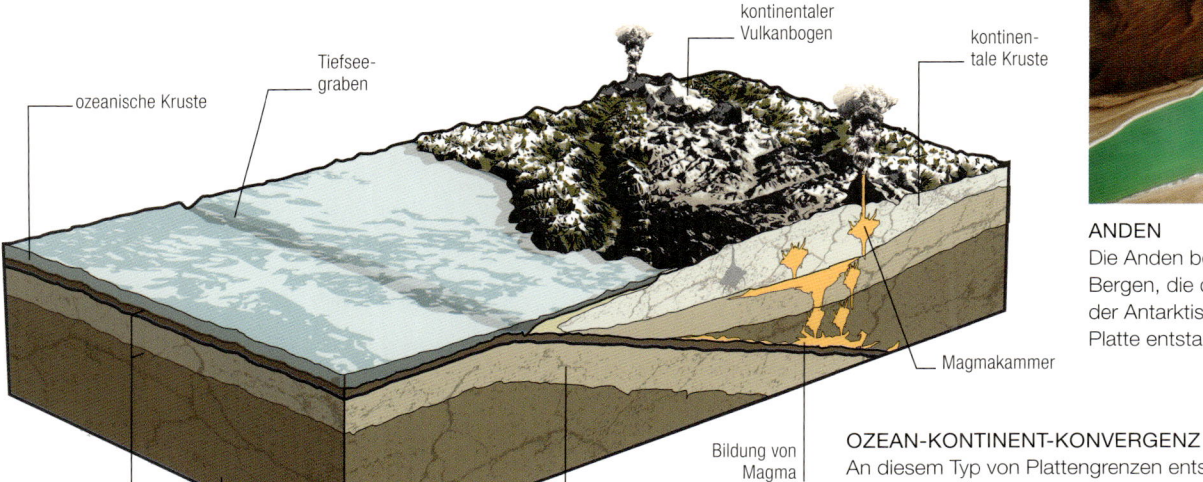

OZEAN-KONTINENT-KONVERGENZ
An diesem Typ von Plattengrenzen entsteht Magma in erheblicher Tiefe durch Aufschmelzen von Mantelgestein. Es steigt in die kontinentale Kruste, wo es Magmakammern bildet. Ausflüsse aus diesen Kammern lassen Vulkanbögen entstehen.

OZEAN-OZEAN-KONVERGENZ

In diesem Fall taucht der Rand einer Platte mit ozeanischer Lithosphäre unter den Rand einer anderen Platte, die ebenfalls aus ozeanischer Lithosphäre besteht. Die abtauchende Platte ist gewöhnlich die ältere. Wenn die Lithosphäre altert, wird sie dichter und damit schwerer und sinkt leichter. An der Grenze entsteht ein Tiefseegraben, über der subduzierten Platte wird Magma gebildet. Doch im Fall der Ozean-Ozean-Grenze bildet das aufsteigende Magma eine Kette vulkanischer Inseln in einer leicht gebogenen Reihe. Man nennt diese Anordnung einen vulkanischen Inselbogen (siehe S. 110–111). Ozean-Ozean-Konvergenzzonen werden häufig von starken Erdbeben heimgesucht.

MOUNT ST. AUGUSTINE
Dieser Vulkan vor der Küste Alaskas gehört zum Aleutenbogen – einer langen, gebogenen Kette von Vulkanen, oft auf Inseln, im Nordpazifik. Der Vulkanbogen entstand durch die Subduktion der Pazifischen unter die Nordamerikanische Platte.

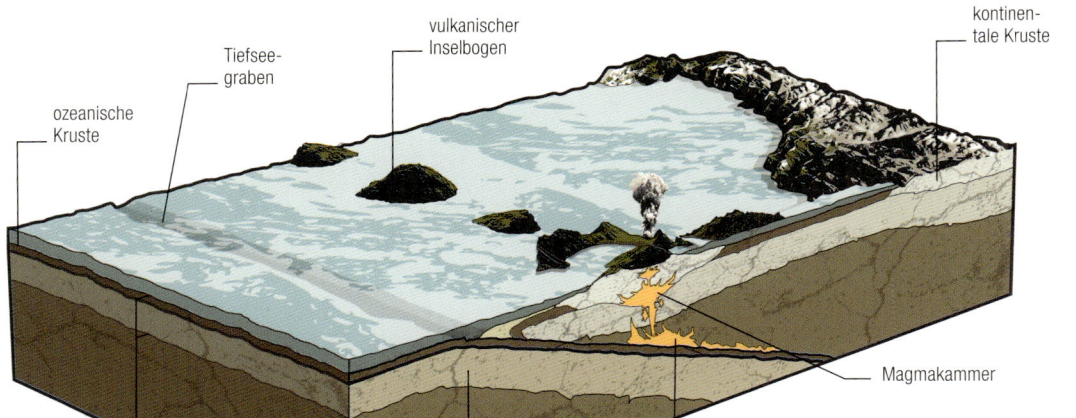

KURILEN
Die Kurilen sind ein vulkanischer Inselbogen im Nordwestpazifik. Sie entstanden dort, wo Teile der Pazifischen Platte unter die Ochotskische Platte subduziert wurden. Diese Vulkaninsel heißt Jankitscha.

OZEANISCHE KONVERGENZ
An dieser Art der Plattengrenze steigt das Magma auf, das durch Aufschmelzung von Mantelgestein entstanden ist, und erzeugt Magmakammern unter der ozeanischen Kruste. Das aus diesen Kammern aufsteigende Magma bildet einen vulkanischen Inselbogen.

32 DYNAMISCHER PLANET

HOTSPOTS

Einige Bereiche in der obersten Mantelschicht scheinen die Quelle für ungewöhnlich große Energiemengen zu sein. Wo diese Energie die Oberfläche erreicht, führt sie zu intensivem Vulkanismus. Diese Bereiche, die oft weitab von Plattengrenzen liegen, nennt man Hotspots.

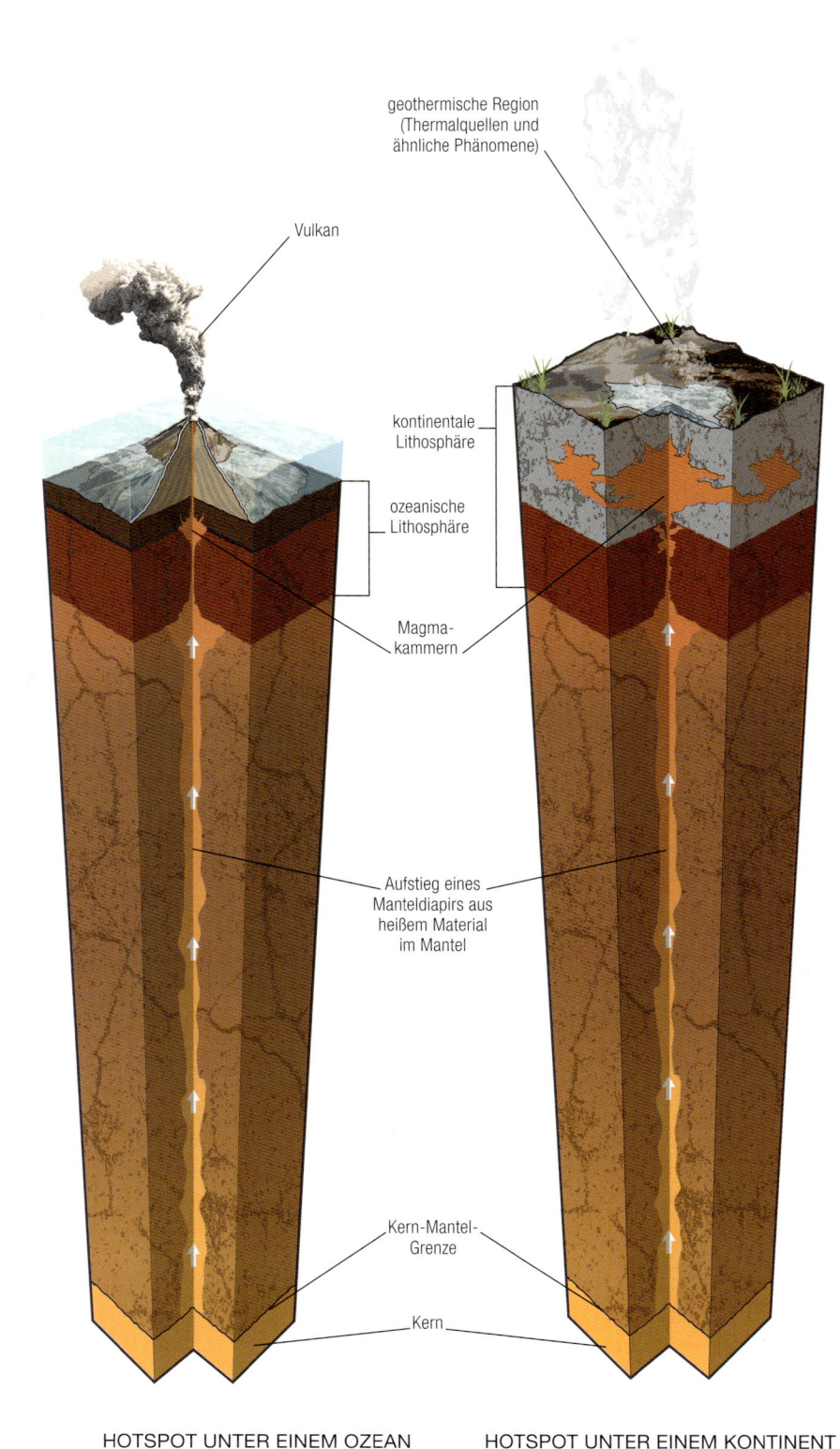

THEORIEN ÜBER HOTSPOTS

Es gibt zwei Hypothesen über die Entstehung von Hotspots. Nach der bekanntesten (und älteren) entstehen sie durch sog. Manteldiapire oder Plumes – schlauchartige Ströme heißen, halbflüssigen Gesteins, die von der Kern-Mantel-Grenze bis unter die Lithosphäre aufsteigen. Nach einer neueren Hypothese wird die Lithosphäre durch Faktoren, die mit solchen Manteldiapiren nichts zu tun haben, gedehnt, und an den gedehnten Stellen kann Magma aus weiträumigen Reservoirs im obersten Mantel in die Kruste sickern. Wie auch immer sie genau entstehen, die Kruste über Hotspots enthält jedenfalls mehr Magma als anderswo. Die Auswirkungen hängen davon ab, ob sich das Magma in ozeanischer oder kontinentaler Kruste befindet. Der Yellowstone-Hotspot in den USA, einer der bekanntesten Hotspots, hat eine große und tiefe Magmakammer, mit heißen Thermalquellen und Geysiren an der Oberfläche und großen, aber nicht häufigen Eruptionen. Andere kontinentale Hotspots haben Gruppen kleinerer Vulkane gebildet, andere ausgedehnte Flutbasalte. Die meisten Hotspots sind jedoch ozeanisch.

HOTSPOT UNTER EINEM OZEAN
Nach der Theorie der Manteldiapire (Plumes) entstehen viele Vulkaninseln durch das Aufsteigen von heißem Mantelmaterial.

HOTSPOT UNTER EINEM KONTINENT
Ein Manteldiapir unter einem Kontinent hat unterschiedliche Auswirkungen, von heißen Quellen bis zu Vulkanausbrüchen.

Beschriftungen: Vulkan; geothermische Region (Thermalquellen und ähnliche Phänomene); kontinentale Lithosphäre; ozeanische Lithosphäre; Magmakammern; Aufstieg eines Manteldiapirs aus heißem Material im Mantel; Kern-Mantel-Grenze; Kern

HEISSE QUELLEN
Geothermische Erscheinungen wie Thermalquellen oder Geysire sind über Hotspots häufig. Diese farbenreiche Quelle befindet sich im Norris Geyser Basin im Yellowstone-Park (USA), der über dem Yellowstone-Hotspot liegt.

EINIGE BEKANNTE HOTSPOTS

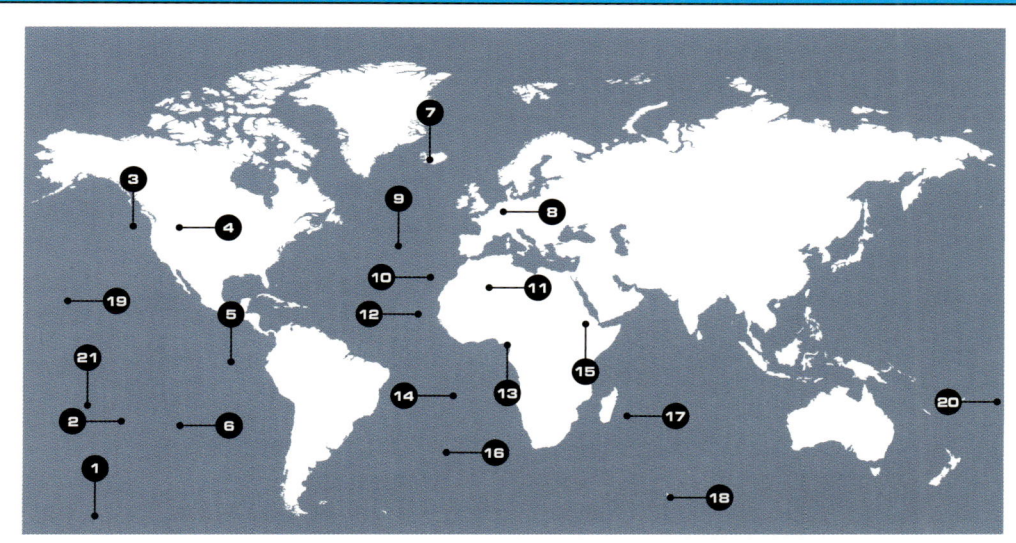

1. Louisville
2. Pitcairn
3. Cobb (USA)
4. Yellowstone (USA)
5. Galápagos
6. Osterinsel
7. Island
8. Eifel (Deutschland)
9. Azoren (Nordatlantik)
10. Kanaren
11. Hoggar (Algerien)
12. Kapverdische Inseln
13. Kamerunberg
14. St. Helena
15. Afarsenke
16. Tristan da Cunha
17. Réunion
18. Kerguelen
19. Hawaii
20. Samoa
21. Tahiti

HOTSPOTS IM OZEAN

Etwa drei Viertel der bekannten oder vermuteten Hotspots sind ozeanisch – sie befinden sich unter ozeanischer Lithosphäre, oft weit von Plattengrenzen entfernt. An diesen Hotspots führen große Mengen an Magma in der Kruste zu Ausbrüchen auf dem Meeresboden, wodurch untermeerische Vulkane und schließlich Vulkaninseln entstehen. In den 1960er-Jahren vermutete der kanadische Wissenschaftler John Tuzo Wilson, dass Plattenbewegungen, die ozeanische Lithosphäre langsam über Hotspots schieben, Ketten von aktiven Vulkaninseln sowie erloschenen, versunkenen Vulkanen, sog. Seamounts, entstehen lassen. Dies gilt immer noch als beste Erklärung für viele vulkanische Inselketten (siehe S. 112–113) und Rücken. Beispiele sind die Hawaii-Imperator-Kette von Hawaii zu den Imperator-Seamounts, die durch den Hawaii-Hotspot im Zentralpazifik entstanden, und die Louisville-Seamountkette. Ein Hotspot im Nordatlantik unter dem Mittelatlantischen Rücken (einer Plattengrenze) ist mitverantwortlich für die starke vulkanische Aktivität, durch die Island entstand.

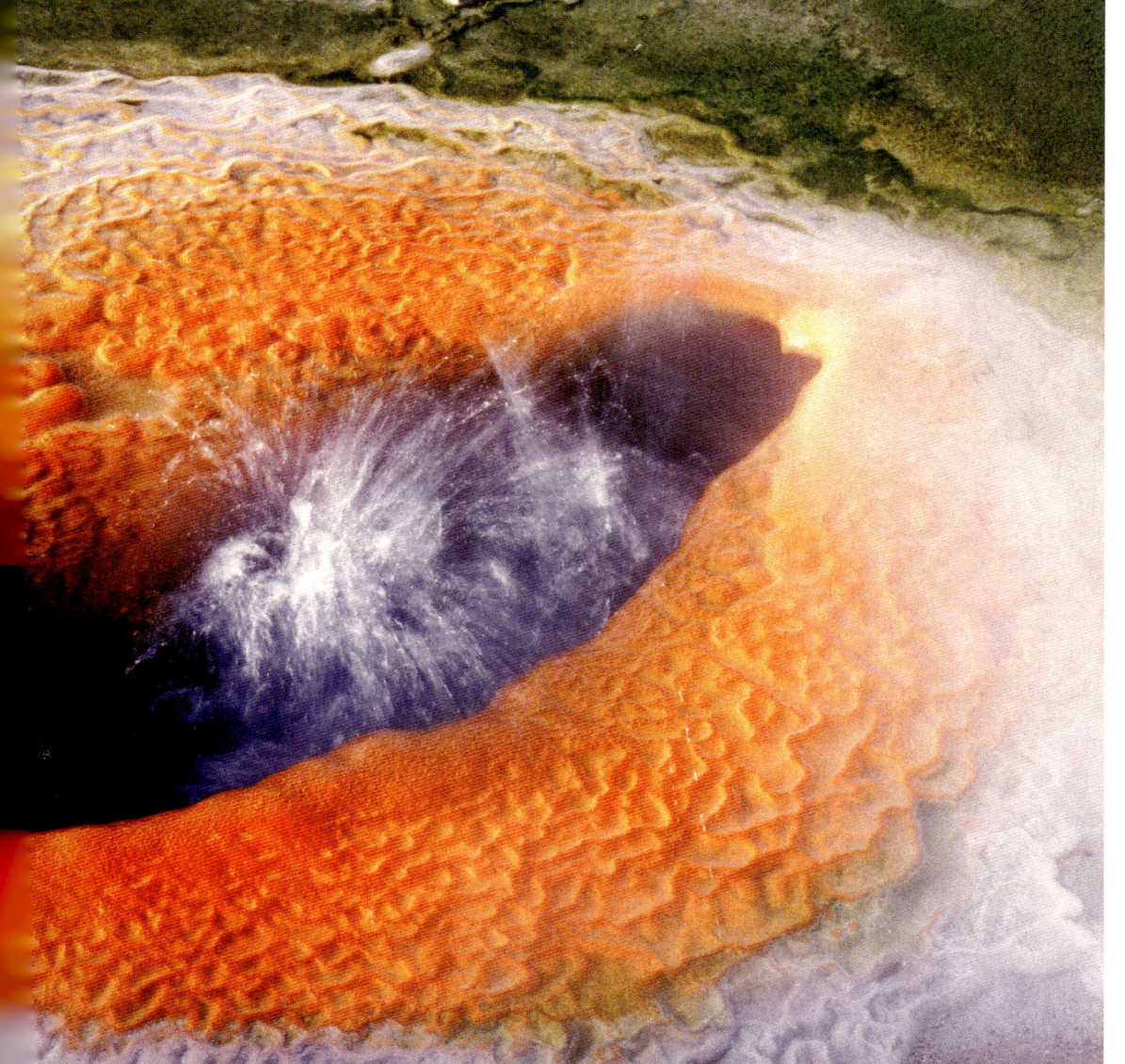

FERNANDINA (GALÁPAGOS)
Vermutlich entstanden die Galápagosinseln im Pazifik durch Plattenbewegungen über dem Galápagos-Hotspot. Der Vulkan, der die Insel Fernandina bildet, liegt wahrscheinlich genau über dem Hotspot.

60
Dies ist die ungefähre Anzahl von Vulkangebieten in der ganzen Welt, für deren Entstehung Hotspots verantwortlich sein sollen. Ob sie tatsächlich alle auf Hotspots zurückgehen, ist umstritten. Die meisten Geologen sind sich nur bei 20 oder 30 einig.

DYNAMISCHER PLANET

GEOTHERMIK & ERDWÄRME

Unser Planet enthält riesige Mengen an Wärme – geothermische Energie. Der Wärmefluss aus dem Inneren treibt an der Oberfläche die Plattentektonik, den Vulkanismus und Phänomene wie Geysire an.

QUELLEN DER ENERGIE

Ein Teil der Wärme im Erdinneren stammt noch aus der Entstehungszeit (siehe S. 8–9), doch ein großer Teil entsteht durch Zerfall der im Gestein verteilten radioaktiven Isotope – instabile Atome bestimmter Elemente wie Uran, Thorium oder Kalium. Wenn ein Atom Uran-238 zerfällt, wird eine Energie von einem Billionstel Joule frei. Das scheint vernachlässigbar wenig, doch allein in der Erdkruste zerfallen grob gerechnet 10^{24} (eine Trilliarde oder eine Billion Billionen) Uran-238-Atome pro Sekunde. Alleine diese Quelle erzeugt also eine Energie von einer Billion Watt (=Joule pro Sekunde) oder einem Terawatt (TW). Insgesamt erzeugt die natürliche Radioaktivität der Erde etwa 30–40 TW – etwa das Doppelte des globalen Energieverbrauchs des Menschen.

ENERGIE AUS RADIOAKTIVEM ZERFALL

Wenn ein instabiler Atomkern radioaktiv zerfällt, emittiert er ein schnelles Teilchen und (gewöhnlich) eine kleine Menge elektromagnetischer Strahlung. Beide tragen Energie, die die Wärme im Inneren der Erde erhöht. Die Hälfte der gesamten radioaktiven Wärmeerzeugung der Erde findet in der Kruste statt.

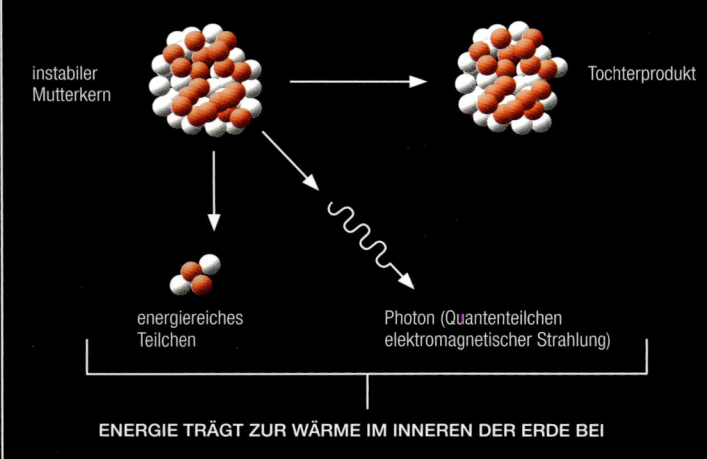

- instabiler Mutterkern → Tochterprodukt
- energiereiches Teilchen
- Photon (Quantenteilchen elektromagnetischer Strahlung)

ENERGIE TRÄGT ZUR WÄRME IM INNEREN DER ERDE BEI

WÄRMESTRÖME DER ERDE

Der Wärmetransport zur Oberfläche geschieht durch Wärmeleitung sowie durch Konvektionsströme von Mantelmaterial.

- Kruste
- äußerer Kern
- Wärmeleitung vom Kern nach außen
- Konvektionszelle im Mantel

AUSBRUCH EINES GEYSIRS

1 BILDUNG VON DAMPFBLASEN
Der Ausbruch des Geysirs Strokkur auf Island zeigt eindrucksvoll die Freisetzung geothermischer Energie an der Erdoberfläche. Zunächst wölbt sich das Wasser domartig auf, wenn Dampfblasen aus der Tiefe aufsteigen.

ENERGIETRANSPORT

Die Energie im Erdinneren wird vor allem durch zwei Mechanismen langsam vom Kern zur kühleren Kruste transportiert. Der erste ist die Wärmeleitung – die direkte Übertragung von Wärme von Teilchen zu Teilchen ohne Bewegung der Materie. Der andere, vorherrschende Mechanismus ist die Konvektion – langsame, walzenartig rotierende Bewegungen des fließfähigen Gesteins im Erdmantel. Wenn sie die Kruste erreicht, wird die Energie auf verschiedene Weise verteilt, vor allem an Plattengrenzen, wo sie durch Erdbeben und Vulkane freigesetzt wird, sowie an Hotspots, wo sie neben Vulkanismus zu geothermischen Phänomenen wie Geysiren führt. Ein Teil der Energie wird einfach durch Wärmeleitung in der Kruste transportiert und von der Oberfläche abgestrahlt.

GEOTHERMIK & ERDWÄRME 35

2 AUSBRUCH DES GEYSIRS
Plötzlich wird heißes Wasser und Wasserdampf mit einem fauchenden Geräusch ausgeworfen. Da durch den Wasserausstoß der Druck in der Tiefe nachlässt, kocht das Wasser dort auf und treibt die Fontäne hoch.

3 DER AUSBRUCH ERREICHT DIE VOLLE HÖHE
Der Strokkur-Geysir erreicht eine Höhe von etwa 20 m. Bei dem Ausbruch wird geothermische Energie in Form von Wärme und Schall freigesetzt, wobei der entstehende Dampf die umgebende Luft erwärmt.

NUTZUNG DER ERDWÄRME

Seit über hundert Jahren gibt es Kraftwerke, die geothermische Energie nutzen. Dazu legt man gewöhnlich eine Bohrung an, um das heiße Wasser in der Tiefe zu erreichen; an der Oberfläche verwandelt es sich teils zu Dampf. Mit dem heißen Wasser kann man Wohnungen heizen, der Dampf treibt Turbinen zur Stromgewinnung an. Heute erzeugen geothermische Kraftwerke etwa 40 GW an nutzbarer, umweltfreundlicher Energie. Dies entspricht etwa 0,25 Prozent des globalen Bedarfs. Dies ist nur ein winziger Bruchteil (etwa 0,1 Prozent) der gesamten Energie, die die Erde abgibt. Der Großteil dieser Energie ist auf bestimmte Regionen konzentriert – um die Ränder der tektonischen Platten und an Hotspots. Dort lassen sich geothermische Kraftwerke bauen.

BLAUE LAGUNE
Am Svartsengi-Kraftwerk auf Island können Badende die geothermische Energie direkt genießen, denn ein Teil des Warmwassers aus dem Kraftwerk wird in die nahe gelegene Lagune gepumpt.

MESSUNG DER PLATTENBEWEGUNG

Forscher haben unterschiedliche Methoden entwickelt, um zu messen, wie schnell die tektonischen Platten wandern und wo sie früher lagen. Sie können auch zukünftige Bewegungen vorhersagen.

BEWEGUNGEN IN DER GEGENWART

Die Interferometrie ist eine Methode, mit der man heutige Plattenbewegungen misst. Man vergleicht die Zeit, zu der Radioteleskope auf verschiedenen Platten Signale von Galaxien empfangen und berechnet die Distanz zwischen den Teleskopen. Wiederholt man dies über mehrere Jahre, erhält man die relative Bewegung. Man kann die Entfernung auch durch Reflexion von Laserstrahlen an Satelliten oder mit satellitengestützten Navigationssystemen wie GPS messen. Um Bewegungen relativ zum Mantel zu bestimmen, misst man die Plattenpositionen relativ zu Hotspots (siehe S. 32–33).

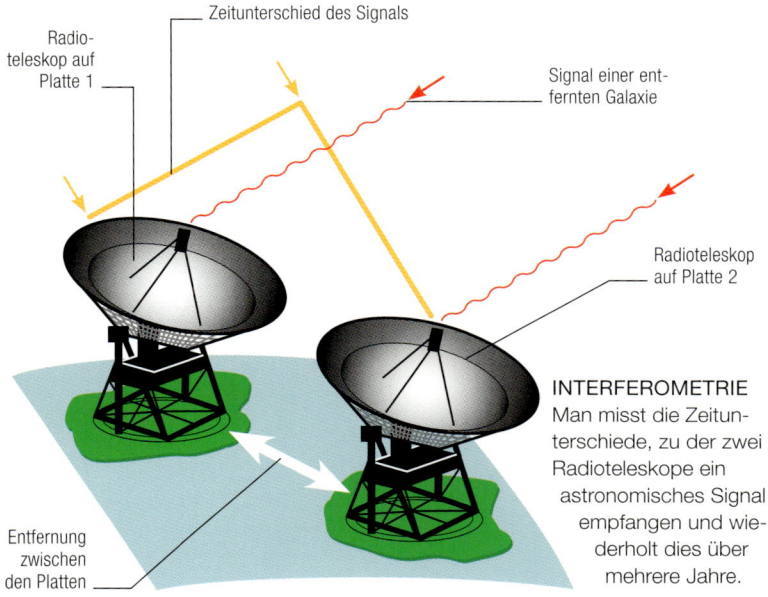

INTERFEROMETRIE
Man misst die Zeitunterschiede, zu der zwei Radioteleskope ein astronomisches Signal empfangen und wiederholt dies über mehrere Jahre.

SAN ANDREAS FAULT
Die mittlere Bewegung an dieser Plattengrenze in Kalifornien beträgt 3,5 cm pro Jahr. Sie ist jedoch sprunghaft. In den meisten Jahren bewegen sich die Ränder gar nicht, in anderen verschieben sie sich im Rahmen von Erdbeben erheblich.

NAHAUFNAHME
Bei Erdbeben können an einer Störung Verschiebungen um einige Meter auftreten. Meist ist der Versatz horizontal, es kann aber auch zu vertikalem Versatz kommen, wie hier bei der San Andreas Fault. Die Beobachtung der Bewegungen kann helfen, Erdbeben vorherzusagen.

MESSUNG DER PLATTENBEWEGUNG

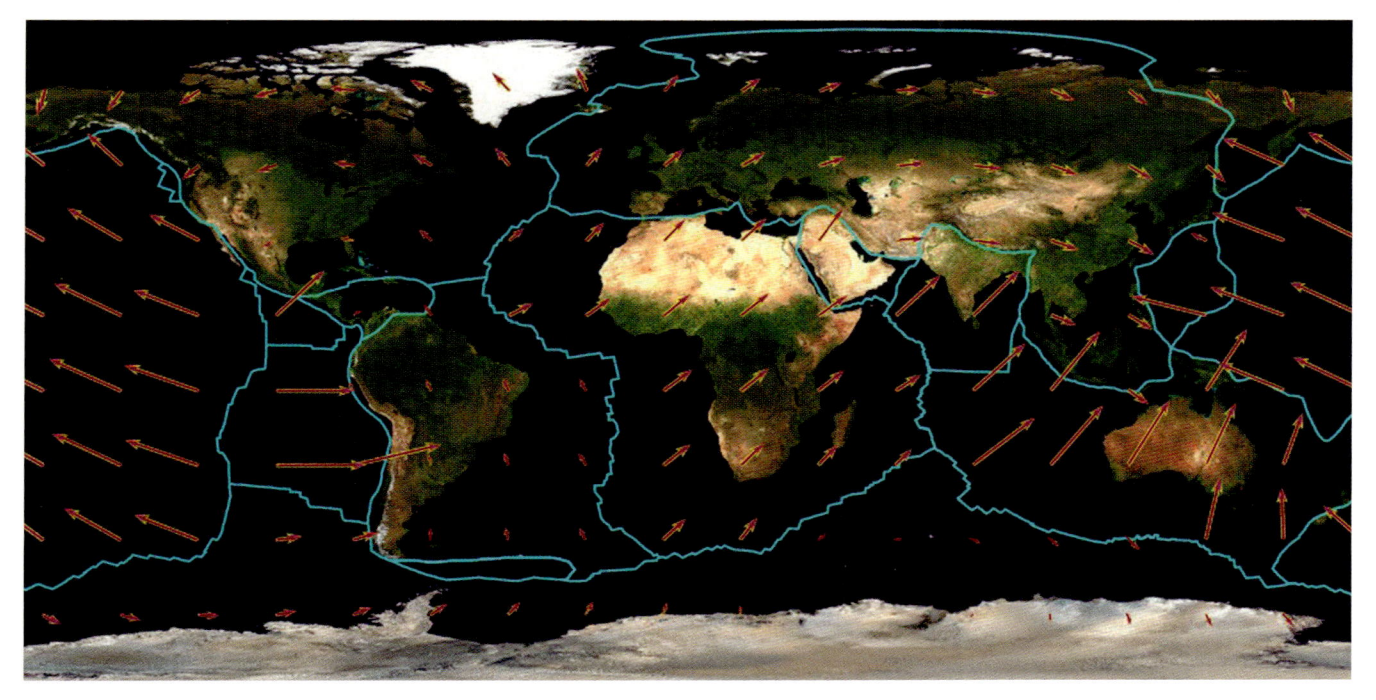

DERZEITIGE GESCHWINDIGKEITEN
Die Karte zeigt Richtung und Geschwindigkeit der heutigen Bewegungen relativ zum globalen Durchschnitt. Generell wandern Platten, die vor allem aus ozeanischer Lithosphäre bestehen (z. B. Pazifische Platte, Australische Platte und Nazca-Platte) schneller als die kontinentalen Platten (z. B. Eurasische Platte).

LEGENDE
➡ Plattenbewegung
― Plattengrenzen

BEWEGUNG IN DER VERGANGENHEIT

Man kann nicht nur heutige Plattenbewegungen messen, sondern auch die Drift in der Vergangenheit. Eine Methode nutzt die magnetischen Eigenschaften der Gesteine im Meeresboden. Als sich Gestein an einem mittelozeanischen Rücken bildete, hielt es den magnetischen »Fingerabdruck« des damaligen Erdmagnetfeldes fest, das sich in Stärke und Richtung mit der Zeit ändert. Wenn man also magnetische Karten des Meeresbodens erstellt, kann man das Alter jedes Bodenbereichs und damit auch die Geschwindigkeit rekonstruieren, mit der sich die Platten vom Rücken entfernt haben. Eine andere Methode analysiert die Lage von Inselketten, die durch die Bewegung einer Platte über einem Hotspot im Erdmantel entstehen. So fand man heraus, dass die Pazifische Platte seit einigen Zehnmillionen Jahren mit etwa 7 cm pro Jahr nach Nordwesten wandert. Allerdings gibt es keinen Meeresboden, der älter als 200 Mio. Jahre alt ist. Um ältere Bewegungen zu rekonstruieren, muss man kontinentale Gesteine analysieren. Wurden Kontinente gedreht, änderte sich auch die Lage der Gesteine in ihnen, und magnetische Minerale im Gestein, die bei ihrer Entstehung nach Norden wiesen, zeigen nun in andere Richtungen. Magnetische Messungen der Gesteine helfen somit, die Rotationsbewegungen der Kontinente zu rekonstruieren.

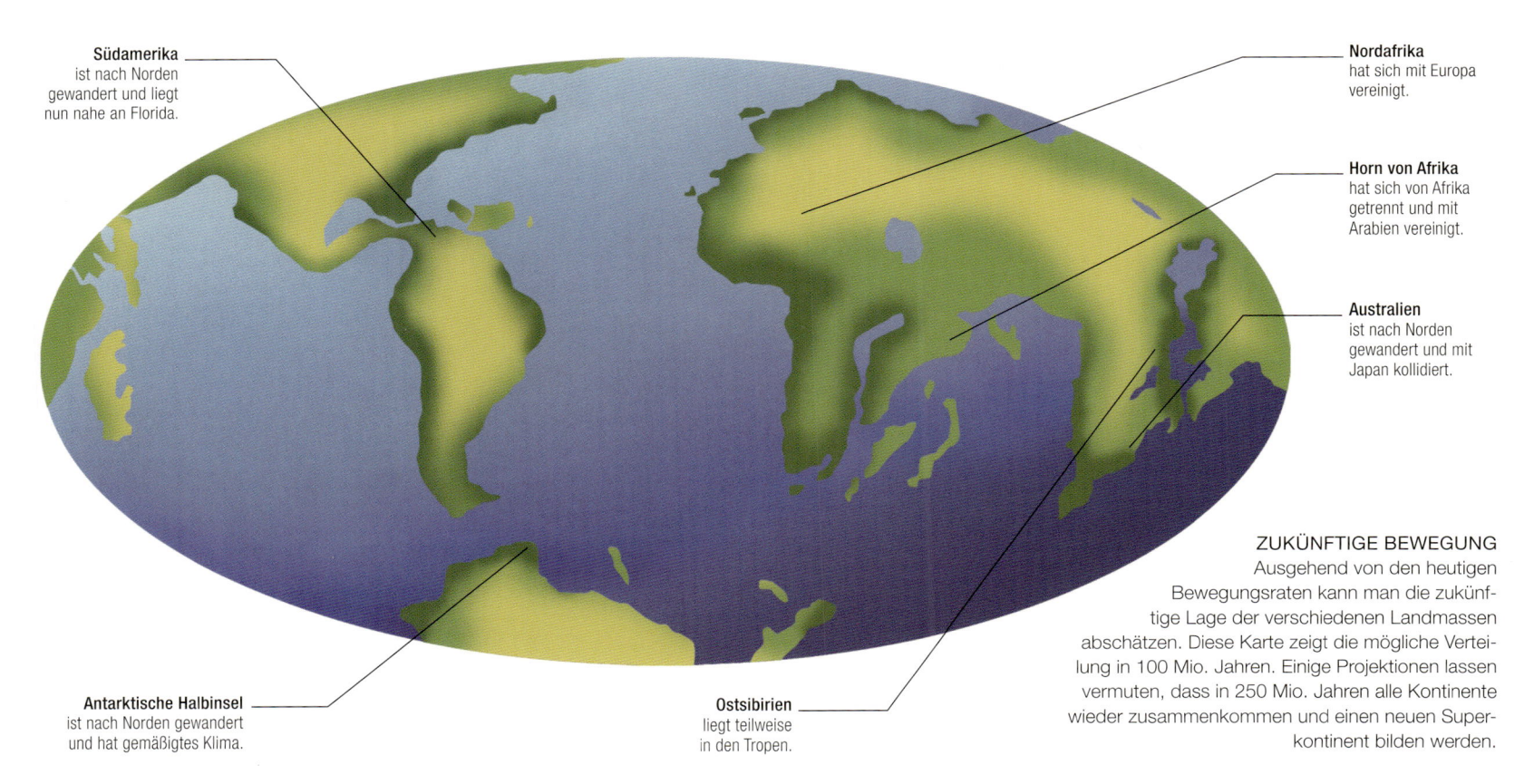

Südamerika
ist nach Norden gewandert und liegt nun nahe an Florida.

Nordafrika
hat sich mit Europa vereinigt.

Horn von Afrika
hat sich von Afrika getrennt und mit Arabien vereinigt.

Australien
ist nach Norden gewandert und mit Japan kollidiert.

Antarktische Halbinsel
ist nach Norden gewandert und hat gemäßigtes Klima.

Ostsibirien
liegt teilweise in den Tropen.

ZUKÜNFTIGE BEWEGUNG
Ausgehend von den heutigen Bewegungsraten kann man die zukünftige Lage der verschiedenen Landmassen abschätzen. Diese Karte zeigt die mögliche Verteilung in 100 Mio. Jahren. Einige Projektionen lassen vermuten, dass in 250 Mio. Jahren alle Kontinente wieder zusammenkommen und einen neuen Superkontinent bilden werden.

GIANT'S CAUSEWAY
Als sich Forscher im späten 18. Jh. stritten, durch welche natürlichen Vorgänge diese etwa 40 000 hexagonalen Basaltsäulen in Nordirland entstanden waren und wie alt sie waren, halfen sie mit, die moderne Wissenschaft der Geologie zu gründen. Heute wissen wir, dass sie sich beim Abkühlen von Lava formten, die sich vor 60 Mio. Jahren in riesigen Mengen ergoss.

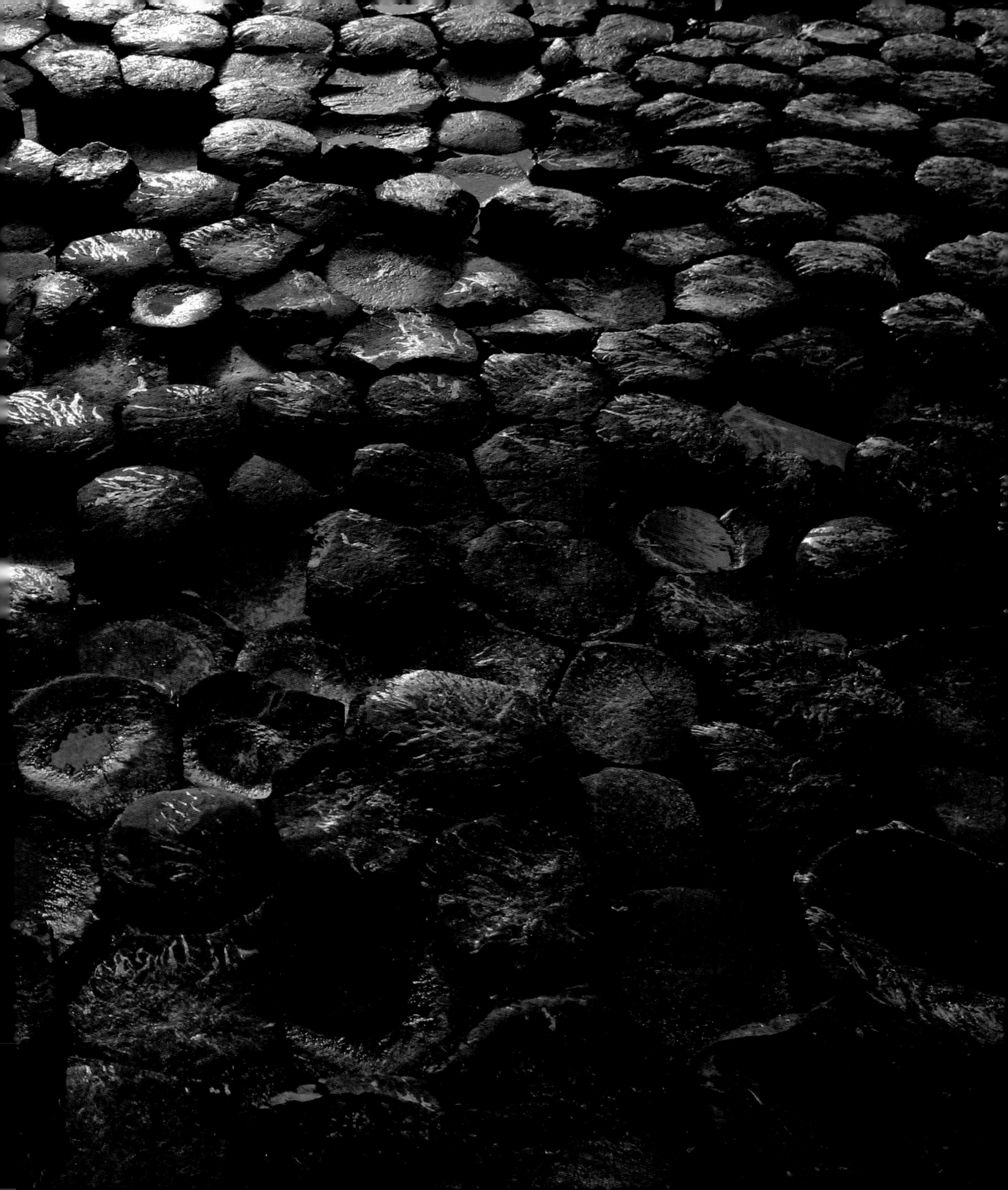

DIE GEOLOGISCHE ZEITSKALA

Ein System zur Gliederung der Erdgeschichte – eine geologische Zeitskala – und Methoden, das Alter der Erde zu bestimmen, wurden schon vor Jahrhunderten gesucht. Doch die intensive wissenschaftliche Beschäftigung mit diesen Problemen begann vor etwa 200 Jahren.

GLIEDERUNG DER ERDGESCHICHTE

Im späten 18. Jh. hatten Wissenschaftler bereits erkannt, dass Schichten von Sedimentgestein zu verschiedenen Zeiten abgelagert worden waren, wobei ältere Schichten unter jüngeren liegen. Indem man Gesteinsabfolgen (Formationen) an verschiedenen Orten miteinander verglich, konnte man langsam verstehen, in welcher Reihenfolge die verschiedenen Formationen in größeren Gebieten der Erde entstanden waren. Dabei halfen auch Fossilien, mit denen man oft belegen konnte, dass Schichten an verschiedenen Orten gleich alt sind, sodass man überlappende Abfolgen identifizieren konnte. Beispielsweise zeigt ein Vergleich der Schichtfolgen in drei Cañons im Westen der USA, dass bestimmte Formationen des Zion Canyons auch im Grand Canyon auftreten, andere aber im Bryce Canyon. So ließ sich eine Abfolge rekonstruieren, die alle drei Stellen umfasste.

ZION CANYON
In diesem Cañon sind Gesteinsschichten aufgeschlossen, die vom Perm bis zum Jura reichen.

Als das Wissen über die gesamte Schichtabfolge zunahm, begannen Geologen, einzelnen Abschnitten Namen zu geben. So nannten sie eine recht weit unten auftretende Abfolge »Devon«, da sie einige Formationen umfasste, die in der Grafschaft Devon (England) auftraten. Eine höher liegende Abfolge, die im Schweizer Jura auftritt, wurde »Jura« genannt, und eine noch jüngere, kreidereiche Schicht wurde »Kreide« genannt. Die Forscher, die diese Namen vergaben, hatten jedoch nur eine vage Vorstellung von dem wahren Alter der Schichten.

HORSESHOE BEND IM GRAND CANYON
Die Gesteinsschichten im Grand Canyon (Arizona) reichen von präkambrischen Schiefern am Grund bis zu den Sedimentgesteinen des Perms an der oberen Kante.

DIE GEOLOGISCHE ZEITSKALA 41

GEOLOGISCHE SYSTEME UND PERIODEN

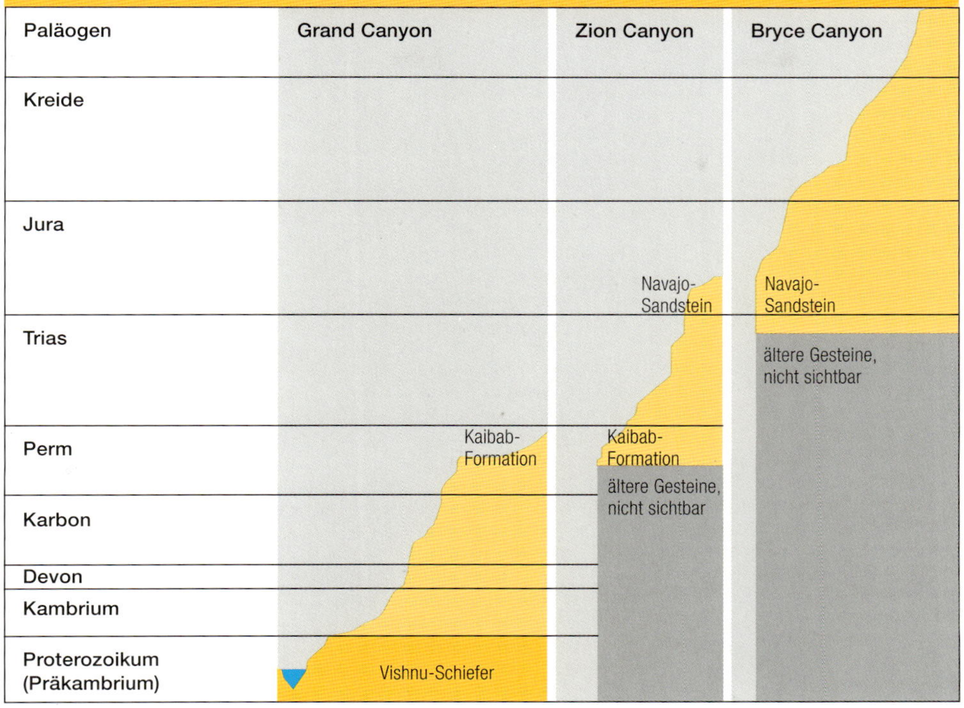

	Grand Canyon	Zion Canyon	Bryce Canyon
Paläogen			
Kreide			
Jura			
Trias		Navajo-Sandstein	Navajo-Sandstein
			ältere Gesteine, nicht sichtbar
Perm	Kaibab-Formation	Kaibab-Formation	
Karbon		ältere Gesteine, nicht sichtbar	
Devon			
Kambrium			
Proterozoikum (Präkambrium)	Vishnu-Schiefer		

GEOLOGISCHE PERIODEN

Als immer mehr Sedimentabschnitte benannt waren, begannen Geologen, formale Regeln für die Gliederung der geologischen Zeitskala aufzustellen. Wesentliche Abschnitte der Schichtfolge nannte man Perioden. Sie wurden später in Systeme unterteilt. Andererseits wurden einige Perioden zu längeren Intervallen, den Ären, und diese wiederum zu Äonen zusammengefasst. Heute sind vier Äonen der Erdgeschichte offiziell anerkannt – das Hadaikum, das Archaikum, das Proterozoikum und das Phanerozoikum. Die drei Äonen vor dem Phanerozoikum nennt man auch Präkambrium.

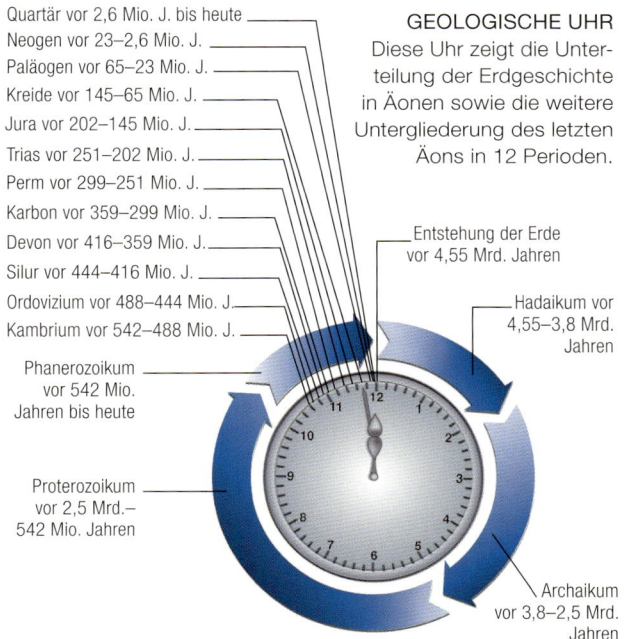

Quartär vor 2,6 Mio. J. bis heute
Neogen vor 23–2,6 Mio. J.
Paläogen vor 65–23 Mio. J.
Kreide vor 145–65 Mio. J.
Jura vor 202–145 Mio. J.
Trias vor 251–202 Mio. J.
Perm vor 299–251 Mio. J.
Karbon vor 359–299 Mio. J.
Devon vor 416–359 Mio. J.
Silur vor 444–416 Mio. J.
Ordovizium vor 488–444 Mio. J.
Kambrium vor 542–488 Mio. J.
Phanerozoikum vor 542 Mio. Jahren bis heute
Proterozoikum vor 2,5 Mrd.–542 Mio. Jahren

GEOLOGISCHE UHR
Diese Uhr zeigt die Unterteilung der Erdgeschichte in Äonen sowie die weitere Untergliederung des letzten Äons in 12 Perioden.

Entstehung der Erde vor 4,55 Mrd. Jahren
Hadaikum vor 4,55–3,8 Mrd. Jahren
Archaikum vor 3,8–2,5 Mrd. Jahren

ÜBERLAPPENDE GESTEINSABFOLGEN
Die überlappenden Abfolgen im Grand Canyon, Zion Canyon und Bryce Canyon erstrecken sich über viele geologische Perioden, wobei es einige Schichtlücken gibt (so fehlt etwa die Periode des Silurs) – in diesen Zeiten wurden keine neuen Gesteine abgelagert oder sie haben sich nicht erhalten.

DAS ALTER DER ERDE

Mitte des 19. Jhs. verstanden Geologen zwar die relativen Altersbeziehungen zwischen verschiedenen Gesteinen, doch ihr absolutes Alter oder das Alter der Erde selbst waren unbekannt. Doch im frühen 20. Jh. wurde eine Methode zur Datierung von Gestein entwickelt, die auf dem Zerfall radioaktiver Substanzen im Gestein beruht. Mit dieser radiometrischen Datierung konnte man bald die geologischen Perioden mit genauen Altersangaben versehen. Das Alter der Erde selbst zu bestimmen, war jedoch schwieriger, da aus ihrer Entstehungszeit keine Gesteine erhalten sind. In den 1920er-Jahren berechnete Arthur Holmes, ein Pionier der radiometrischen Datierung, das Erdalter auf 3 Mrd. Jahre. Schließlich konnte man in den 1950er-Jahren Meteoriten datieren – also Gesteine, die bei der Bildung des Sonnensystems entstanden waren und später zur Erde fielen. Nimmt man an, dass sie gleich alt wie die Erde sind, ergibt sich ein Alter von 4,55 Mrd. Jahren, ein Wert, der auch heute noch gültig ist.

BRYCE CANYON
Die in den Wänden des Bryce Canyons (Utah) aufgeschlossenen Gesteinsschichten reichen von der Trias bis ins Paläogen.

METEORIT »CANYON DIABLO«
Das Alter unseres Planeten wurde schließlich ermittelt, indem man das Alter von Meteoriten und damit das Alter des Sonnensystems bestimmte, etwa des Meteoriten »Canyon Diablo«, von dem hier ein Fragment zu sehen ist.

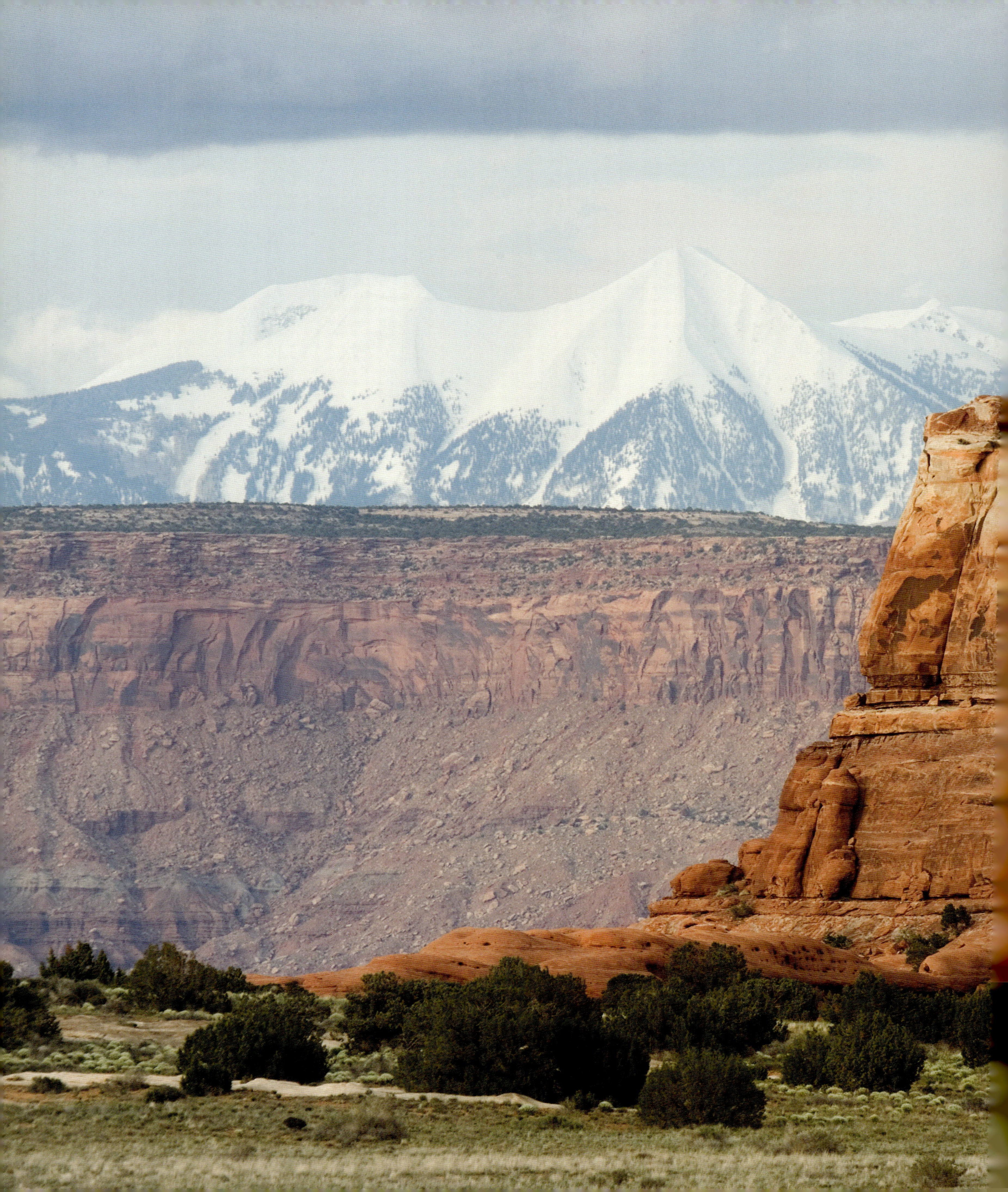

GEBIRGS-BILDUNG

2

<< La Sal Mountains
Die Bergkette mit ihren schneebedeckten Gipfeln gehört zu den Rocky Mountains. Im Vordergrund die Sandsteinformationen des Arches-Nationalpark in Utah, USA.

44 GEBIRGSBILDUNG

GEBIRGE DER WELT

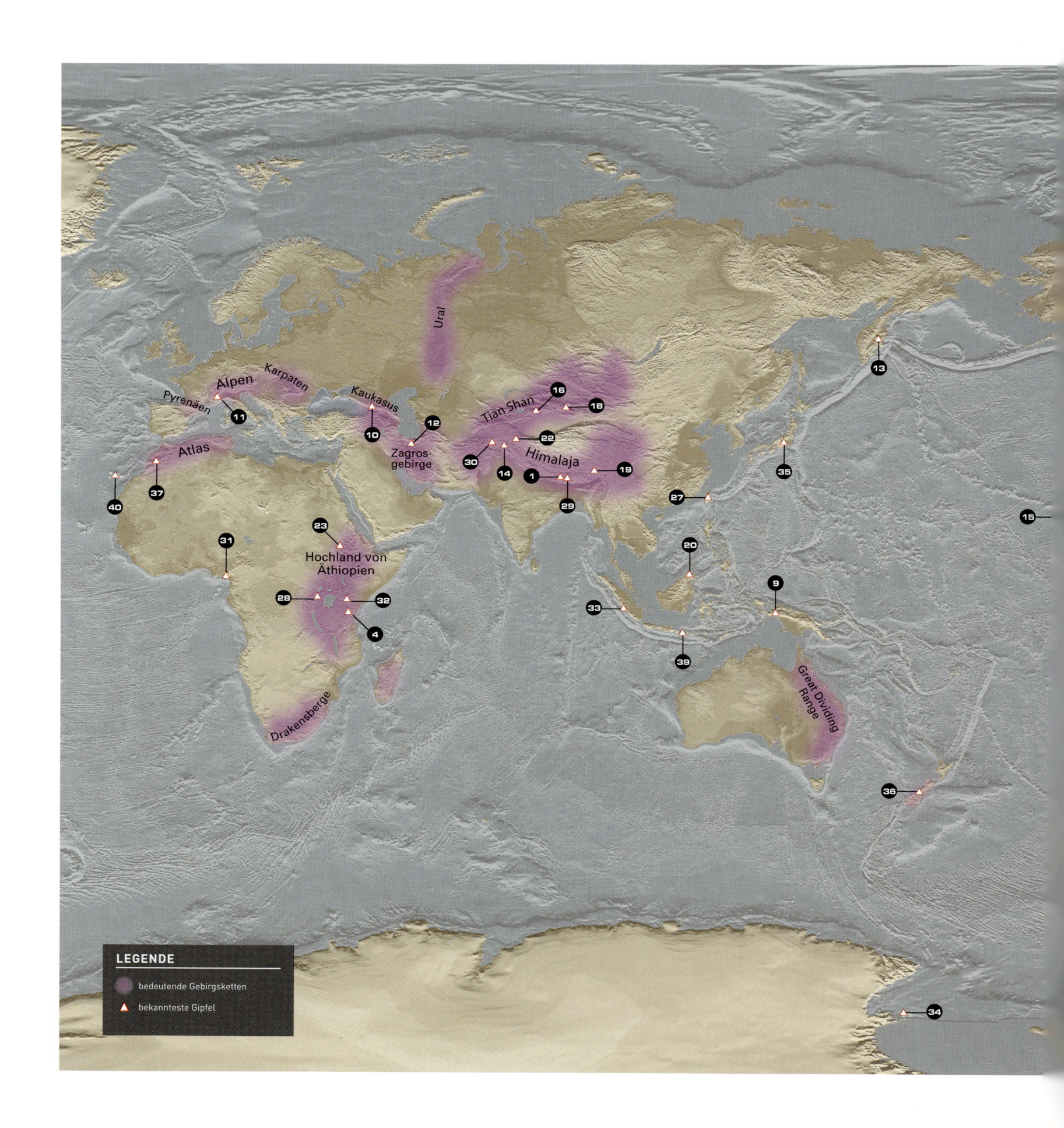

GEBIRGE DER WELT

Hohe Berggipfel sind über die ganze Erde verteilt; die höchsten ragen beinahe 10 km über den Meeresspiegel empor. Einige dieser Berge sind Vulkane, die durch Eruptionen entstanden sind. Viele andere wurden dort in die Höhe geschoben, wo die Erdkruste zusammengefaltet wurde.

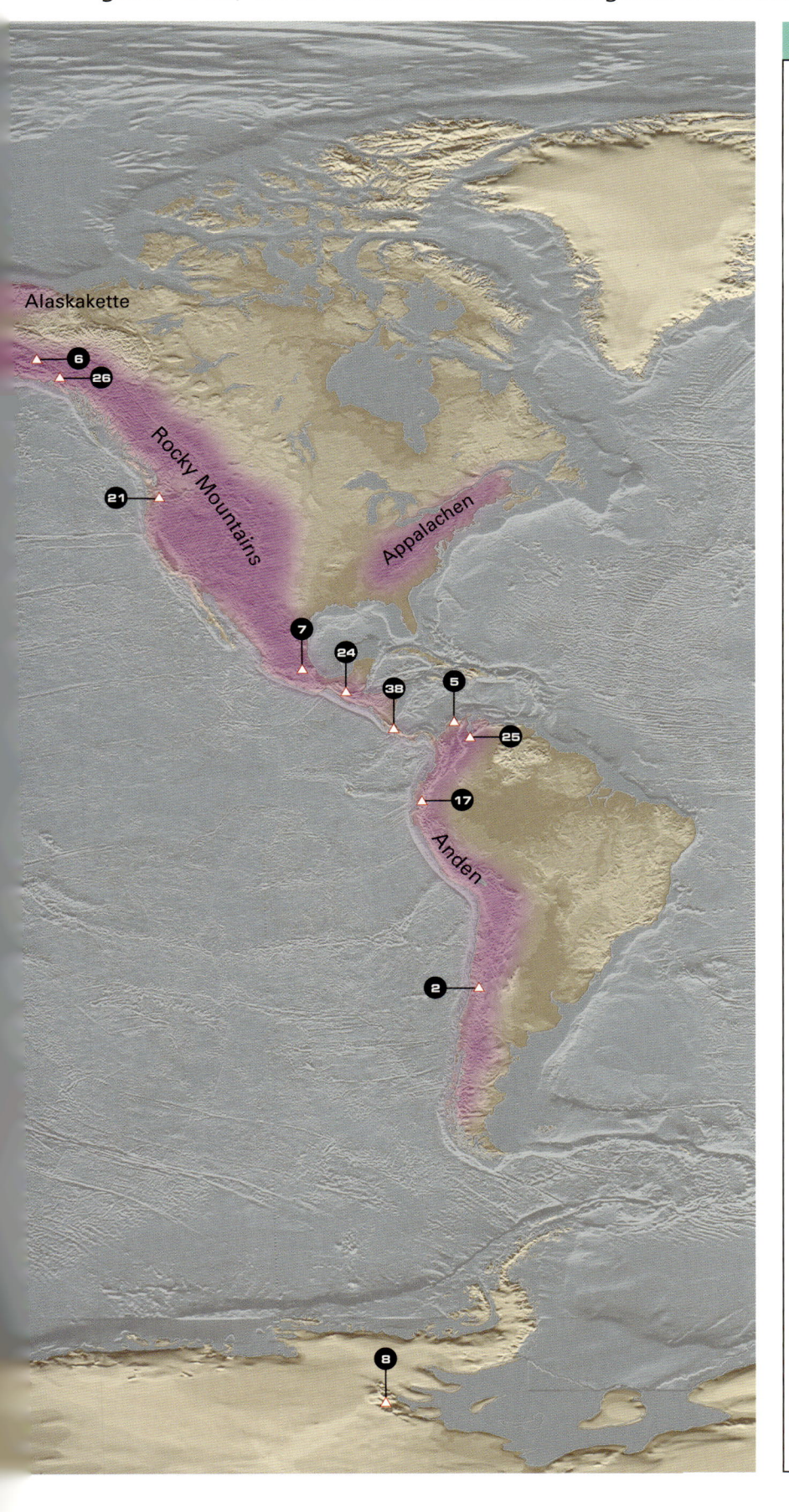

DIE 40 BEKANNTESTEN GIPFEL DER WELT

1. Mount Everest, Nepal/Tibet — Höhe 8850 m ü. NN
2. Aconcagua, Argentinien — Höhe 6962 m ü. NN
3. Mount McKinley, USA — Höhe 6194 m ü. NN
4. Kilimandscharo, Tansania — Höhe 5895 m ü. NN
5. Pico Cristóbal Colón, Kolumbien — Höhe 5700 m ü. NN
6. Mount Logan, Kanada — Höhe 5959 m ü. NN
7. Citlaltépetl, Mexiko — Höhe 5675 m ü. NN
8. Mount Vinson, Antarktika — Höhe 4892 m ü. NN
9. Puncak Jaya, Indonesien — Höhe 4884 m ü. NN
10. Elbrus, Russland — Höhe 5642 m ü. NN
11. Mont Blanc, Frankreich/Italien — Höhe 4810 m ü. NN
12. Demawend, Iran — Höhe 5610 m ü. NN
13. Kljutschewskaja Sopka, Russland — Höhe 4835 m ü. NN
14. Nanga Parbat, Pakistan — Höhe 8125 m ü. NN
15. Mauna Kea, USA — Höhe 4205 m ü. NN
16. Pik Pobedy, Kirgisistan — Höhe 7439 m ü. NN
17. Chimborazo, Ecuador — Höhe 6310 m ü. NN
18. Bogda Shan, China — Höhe 5445 m ü. NN
19. Namjagbarwa, China — Höhe 7782 m ü. NN
20. Kinabalu, Malaysia — Höhe 4095 m ü. NN
21. Mount Rainier, USA — Höhe 4392 m ü. NN
22. K2, Pakistan/China — Höhe 8611 m ü. NN
23. Ras Dashen, Äthiopien — Höhe 4533 m ü. NN
24. Tajumulco, Guatemala — Höhe 4220 m ü. NN
25. Pico Bolívar, Venezuela — Höhe 4981 m ü. NN
26. Mount Fairweather, USA/Kanada — Höhe 4671 m ü. NN
27. Yu Shan, Taiwan — Höhe 3952 m ü. NN
28. Margherita Peak, DR Kongo — Höhe 5109 m ü. NN
29. Kangchendzönga, Nepal — Höhe 8586 m ü. NN
30. Tirich Mir, Pakistan — Höhe 7708 m ü. NN
31. Kamerunberg, Kamerun — Höhe 4095 m ü. NN
32. Mount Kenia, Kenia — Höhe 5199 m ü. NN
33. Kerinci, Indonesien — Höhe 3805 m ü. NN
34. Mount Erebus, Antarktika — Höhe 3794 m ü. NN
35. Fuji, Japan — Höhe 3776 m ü. NN
36. Mount Cook, Neuseeland — Höhe 3755 m ü. NN
37. Toubkal, Marokko — Höhe 4167 m ü. NN
38. Cerro Chirripó, Costa Rica — Höhe 3820 m ü. NN
39. Rinjani, Indonesien — Höhe 3726 m ü. NN
40. Pico de Teide, Spanien — Höhe 3718 m ü. NN

DIE WURZELN DER BERGE

Berge sind nicht einfach Gebilde an der Erdoberfläche. Eine der wichtigsten geologischen Entdeckungen des 19. und frühen 20. Jhs. waren die tiefen Gebirgswurzeln, jene Stellen, an denen die Erdkruste viel dicker ist als dies sonst der Fall ist.

DIE ERDKRUSTE

Die Gesteine, aus denen sich die Kontinente zusammensetzen, bestehen vorwiegend aus den Mineralien Quarz und Feldspalt. Diese liegen in Sandsteinen als Sandkörner vor und in den einstmals geschmolzenen Graniten, die für die Erdkruste typisch sind, als miteinander verbundene Kristalle. In alten Gebirgsgürteln treten solche Gesteine aus den Tiefen der Kruste zutage und erodieren. Vulkanausbrüche transportieren einen ganz anderen Gesteinstyp aus Dutzenden von Kilometern Tiefe ans Licht: Peridotit, der größtenteils aus den dunklen Mineralien Olivin und Pyroxen besteht. Dieses Gestein stammt aus dem Erdmantel, der Schicht unterhalb der Kruste. Die Grenze zwischen Kruste und Mantel wird als Mohorovičić-Diskontinuität oder Moho bezeichnet – zu Ehren des kroatischen Geophysikers Andrija Mohorovičić, der sie entdeckte, als er untersuchte, wie sich die Schwingungen bei einem Erdbeben durch Kruste und Mantel fortpflanzen.

GESTEINSKARTIERUNG

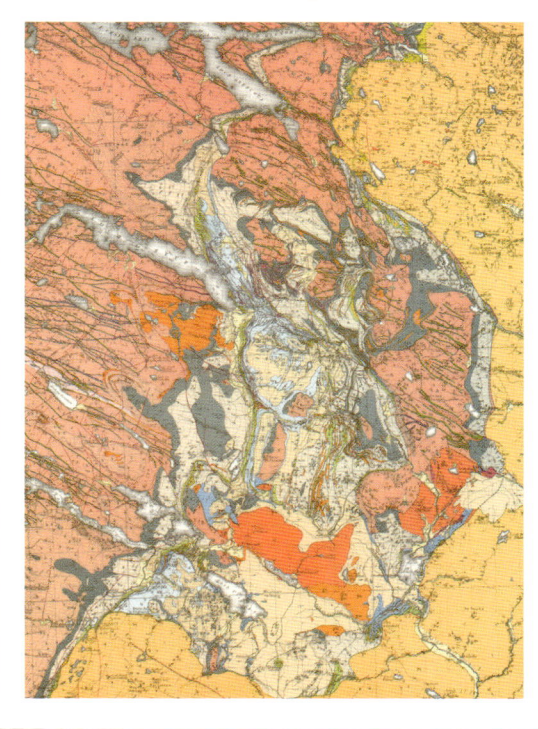

GEOLOGISCHE KARTE
Geologen haben die Verteilung der Gesteine auf den Kontinenten sorgfältig erfasst und in geologische Karten eingetragen, in denen jedes Gestein eine andere Farbe hat. Diese Karte des schottischen Bezirks Assynt wurde Ende des 19. Jhs. angefertigt und dokumentierte erstmals akribisch die Natur der Gesteine im Zentrum einer alten Gebirgskette. Die Rottöne stehen für Gesteine, die vor Jahrmilliarden tief in der Erdkruste entstanden. Gelb, blau und grün sind jene Gesteine gekennzeichnet, die durch geologische Bewegungen während der Gebirgsentstehung in diesem Teil Schottlands vor über 400 Mio. Jahren verlagert wurden.

ALTE WURZELN
Die von der Erosion zerfurchte Landschaft der schottischen Insel Lewis in den Äußeren Hebriden wird von Gesteinen geprägt, die vor beinahe 3 Mrd. Jahren bei hohen Temperaturen und Drücken tief an der Basis einer alten Gebirgskette auskristallisiert sind.

DIE WURZELN DER BERGE 47

GEBIRGE WIE EISBERGE

Eine wichtige Theorie in der Geophysik besagt, dass Gesteine in Erdkruste und -mantel je nach Dichte absinken oder aufsteigen. Die relativ leichten Gesteine, aus denen die Erdkruste besteht, treiben demnach regelrecht auf den dichteren Mantelgesteinen. So, wie von einem Eisberg nur ein Teil aus dem Wasser ragt, so muss die Kruste auch unter einer Gebirgskette weit in die Tiefe reichen. Folglich wird die Höhe einer Gebirgskette durch die Mächtigkeit der Kruste unter ihr festgelegt – eine Theorie, die als »Isostasie« bezeichnet wird. Der englische Astronom George Airy äußerte diese Idee 1854, als er das Schwerkraftfeld an den Rändern des Hochhimalaja untersuchte: Das relativ leichte Krustengestein in den Bergen und in ihren tiefen Wurzeln verringert die seitliche Anziehungskraft des Himalaja im Vergleich zum indischen Tiefland, in dem das schwerere Mantelgestein bereits in geringer Tiefe zu finden ist.

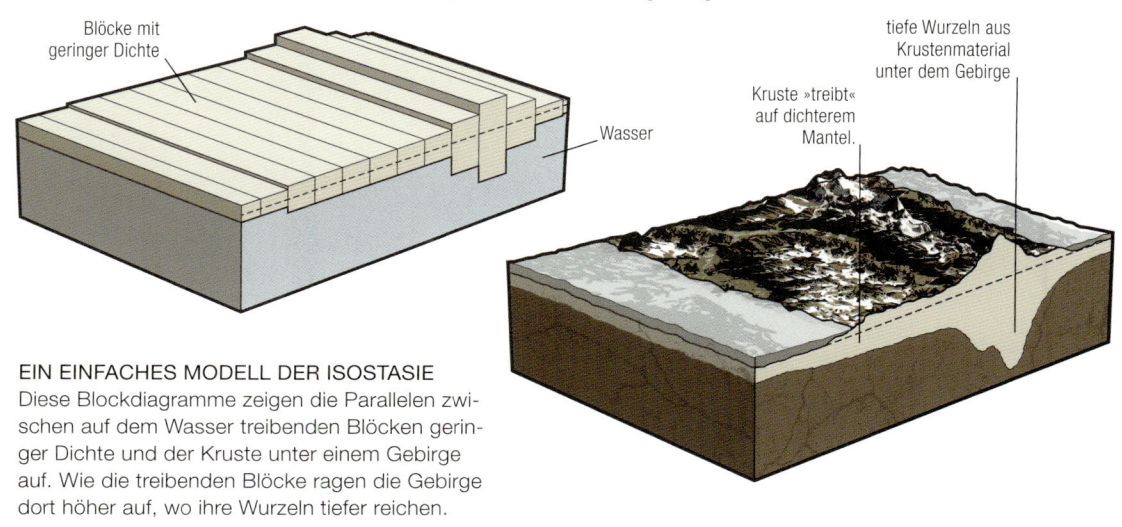

EIN EINFACHES MODELL DER ISOSTASIE
Diese Blockdiagramme zeigen die Parallelen zwischen auf dem Wasser treibenden Blöcken geringer Dichte und der Kruste unter einem Gebirge auf. Wie die treibenden Blöcke ragen die Gebirge dort höher auf, wo ihre Wurzeln tiefer reichen.

GRAVIMETER
Durch Messungen der Fallbeschleunigung kann man in das Erdinnere hineinsehen. Ein Gravimeter zeigt winzige Abweichungen in der Erdanziehung und damit Variationen in der Gesteinsdichte auf.

ERKUNDUNG DER ERDKRUSTE

Geophysiker können tief in die Erdkruste hineinblicken, indem sie kleine Änderungen in der Fallbeschleunigung messen. Diese wird von der Dichte des Gesteins beeinflusst: Ist der Fels weniger dicht als im Durchschnitt, so ist sie dort reduziert. Für die Messung braucht man Hochpräzisionsgeräte, sog. Gravimeter, die aus sorgsam ausbalancierten Gewichten und Federn bestehen. Damit kann man sehr kleine Veränderungen erfassen. Die Werte, die man in großen Gebirgsgürteln wie den Anden oder dem Himalaja misst, lassen sich nur durch tiefe Wurzeln der Kruste erklären, die bis zu 80 km unter die Oberfläche reichen, während es im umliegenden Tiefland normalerweise nur etwa 35 km sind.

WIE BERGE ENTSTEHEN

Berge sind nicht einfach nur Erhebungen an der Erdoberfläche. Sie sind das Ergebnis von Vorgängen, die zu einer Deformation der Erdkruste in verschiedenen Tiefen unter der Oberfläche geführt haben, insbesondere in der Nähe der Konvergenzzonen zwischen den Platten.

VERWERFUNGEN

Schon den ersten Geologen, die das Gestein in Bergregionen untersuchten, fiel auf, dass es verdreht und gebrochen, von Verwerfungsflächen durchzogen und zu Wellen und Falten aufgeworfen ist. Die höchsten Gebirge der Welt, die Anden und der Himalaja, entstanden dort, wo die Kruste stark zusammengedrückt wurde. Die Berge bildeten sich durch Auf- oder Überschiebung, bei der Gesteinsschichten übereinandergelagert werden. Im Laufe solcher Verwerfungsvorgänge verändert sich die Kruste stark: Da die Schichten horizontal zusammengedrückt werden, wird die Kruste in der Vertikalen dicker. Diese Verdickung ist es, durch die hohe Gebirgsketten entstehen.

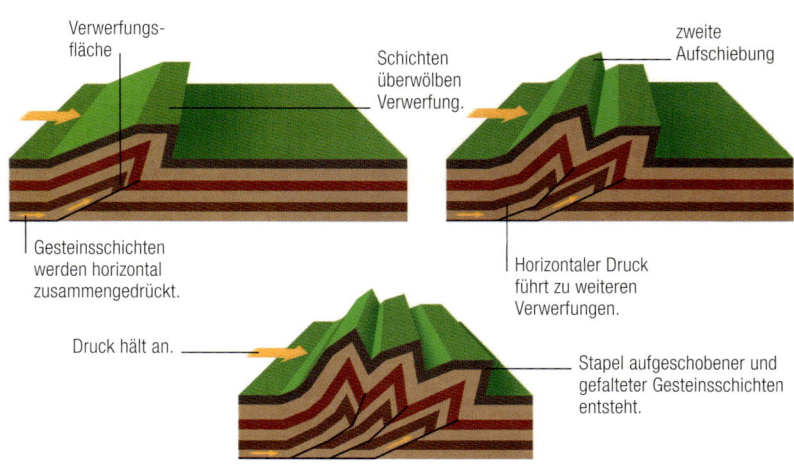

AUFSCHIEBUNG
Werden Gesteinsschichten zusammengedrückt, brechen sie meist an flach geneigten Verwerfungsflächen und wölben sich zu Falten auf. Hält der Druck an, werden sie immer weiter übereinandergeschoben. Durch die Erosion sind die Bergkämme nicht immer mit den Faltensätteln identisch.

DER AUFSCHLUSS BEI PALMDALE
Gefaltete und aufgeschobene Sandstein- und Tonsteinschichten treten am Antelope Valley Freeway in der Nähe der San Andreas Fault in Kalifornien spektakulär zutage.

GRABENBILDUNG
Werden Gesteinsschichten horizontal gestreckt, bilden sich normale Abschiebungen: Ein Block senkt sich, der Nachbarblock erhebt sich steil, sodass eine Landschaft aus schmalen, angehobenen Bergen und breiten, abgesenkten Tälern entsteht.

GRABENBRÜCHE

Schmale Gebirge können auch angehoben werden, wenn die Kruste gestreckt wird und bricht, weil die tektonischen Platten auseinanderdriften. An einer Seite der steil geneigten Verwerfungsflächen wird ein Block emporgehoben, an der anderen Seite sinkt ein Block ab, sodass ein tiefes Tal oder ein Grabenbruch entsteht. Da dieser Vorgang die Kruste streckt und dünner macht, senkt sich die ganze Region. So ist z. B. die Ägäis zwischen Griechenland und der Türkei entstanden.

DREI ZINNEN, ALPEN
Diese zerklüfteten Kalksteingipfel in den italienischen Dolomiten sind durch Überschiebungen entstanden, als sich die Alpen bildeten.

AUFFALTUNG

Wenn Gesteinsschichten zusammengedrückt werden, bilden sie Falten; die sog. Synklinalen bilden die Mulden, die Antiklinalen treten als Sättel oder Kämme zutage. Faltungen finden für gewöhnlich gleichzeitig mit Verwerfungen statt. Der horizontale Abstand zwischen zwei benachbarten Sätteln bzw. Mulden ist die Wellenlänge der Faltung, die in einem typischen Gebirgsgürtel zwischen wenigen Millimetern und Hunderten von Kilometern variieren kann. Sehr große Wellenlängen führen zu einer kaum wahrnehmbaren Neigung oder Wölbung der Oberfläche. Geologen halten dies für eine Folge des Aufwallens heißen, leichten Mantelgesteins in der Tiefe.

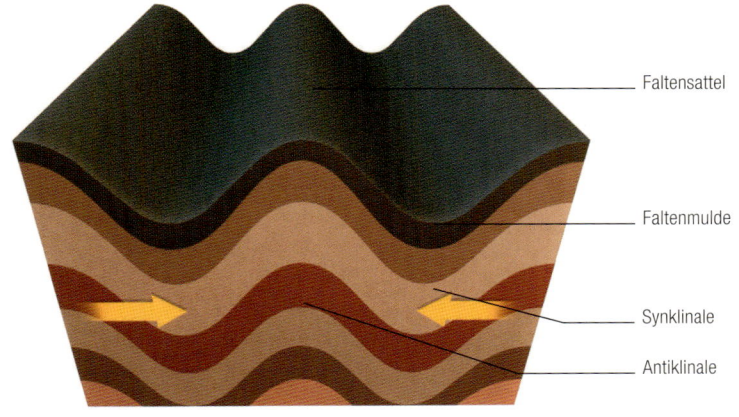

FALTUNG
Ruhen Gesteinsschichten auf weicherem Gestein in der Tiefe, so falten sie sich, wenn sie seitlich zusammengedrückt werden. Manchmal wird auch die Oberfläche gefaltet, aber oft trägt die Erosion die Sättel ab.

SIERRA NEVADA
Die spanische Sierra Nevada mit ihren schneebedeckten Gipfeln entstand durch Brüche in der Kruste. Man vermutet, dass unter den Bergen heißes, leichtes Mantelgestein aufwallt, das die Gipfel emporgehoben hat.

EROSION UND VERWITTERUNG

Wo eine Bergkette entsteht, tritt das Gestein in direkten, intensiven Kontakt mit der Atmosphäre. In großen Höhen sammelt sich Schnee und bildet schließlich Gletscher. Wenn diese abwärts fließen, schaben sie Täler aus dem Grundgestein. In geringeren Höhen fließt das Wasser über reißende Wildbäche ab, wobei es Teile des Gebirges in die umliegenden Ebenen und schließlich ins Meer abtransportiert. Diese Vorgänge bringen Gestein, das einst tief im Inneren vergraben war, an die Oberfläche, wo es verwittert und sich dabei chemisch verändert. Weichere Zwischenschichten werden abgetragen, sodass eine Landschaft aus zerklüfteten Graten entsteht – vor allem in vegetationsarmen Trockenregionen.

KUQA-TAL, CHINA
Diese steil geneigten Sandsteinschichten sind Teile großer Falten in der Kruste, die von den Erosionskräften rasch zu einer Landschaft aus Ebenen und Kämmen abgetragen wurden.

BERGE IN BEWEGUNG

An den Grenzen zwischen den tektonischen Erdplatten ist viel geologische Aktivität zu verzeichnen; die Erde bebt, die Platten verschieben sich entlang von Transformstörungen. Das führt zu massiven Veränderungen der Erdoberfläche mit tiefen Senken oder Hochgebirgsketten.

AKTIVE TEKTONIK

Gebirgsketten werden von jenen Kräften erschaffen, die die tektonischen Platten bewegen: Wo diese zusammenstoßen, werden Berge aufgeschoben. Auch die Berge selbst sind in Bewegung, was permanent zu Spannungen im Gestein führt. Irgendwann bersten die Gesteine an Verwerfungsflächen, was zu Erdbeben führt. Geologen können diese Bewegungen untersuchen, indem sie Anzeichen in der Landschaft beobachten, beispielsweise Verlagerungen von Flussbetten oder Strände, die im Lauf von Jahrtausenden angehoben werden.

MESSUNG DER PLATTENBEWEGUNG
Messinstrumente in der Türkei und der Ägäis offenbaren Krustenbewegungen in einem riesigen Gebiet zwischen der Eurasischen, der Arabischen und der Afrikanischen Platte.

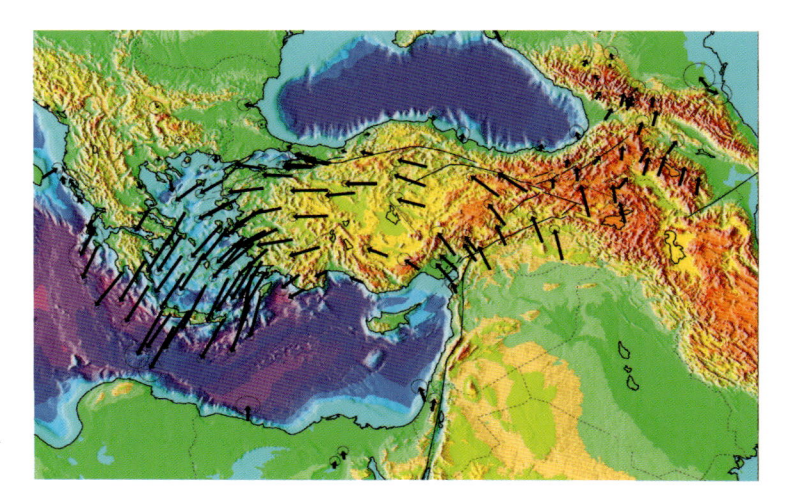

DIE KÜSTE NEUSEELANDS
Diese nahezu ebene Landzunge ist der Überrest eines alten Strandes, der vor Zehntausenden von Jahren existierte. Seither wurde das Land während einer Reihe von Erdbeben um etwa 20 m angehoben, wodurch in diesem Teil Neuseelands eine zerklüftete Landschaft entstanden ist.

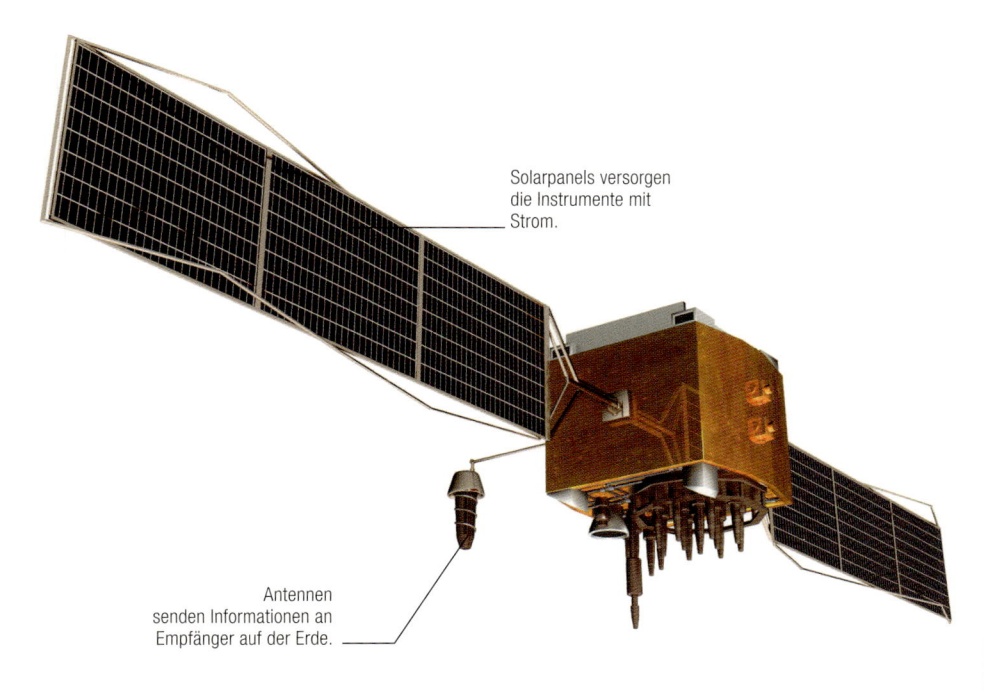

BERGE IN BEWEGUNG 51

VERMESSUNG PER GPS

Seit den 1980er-Jahren ist die Erdoberfläche mithilfe des Global Positioning Systems (GPS) genau vermessen worden. GPS wird heute von vielen Wanderern und Autofahrern zur Orientierung eingesetzt. Mit einem kleinen Handgerät lässt sich die eigene Position auf wenige Meter genau bestimmen. Mit einer besseren Antenne und einem präziseren Instrument, das über Stunden viele Messungen vornimmt, kann man die Genauigkeit stark erhöhen. Solche Messungen, über Jahre hinweg wiederholt, werden heute vorgenommen, um die langfristigen Bewegungen der Erdoberfläche zu erfassen, also die Verschiebungen der Kruste in den tektonisch aktiven Regionen. Nach Erdbeben und Tsunamis wird ermittelt, wie stark das Land sich verlagert hat. So versucht man künftige Bewegungen vorherzusagen.

Solarpanels versorgen die Instrumente mit Strom.

Antennen senden Informationen an Empfänger auf der Erde.

GPS-SATELLIT
Das Global Positioning System beruht auf einem Netzwerk von Satelliten, die um die Erde kreisen und Radiosignale an Empfänger auf der Erdoberfläche senden. Gemessen wird die Zeit, die solche Radiosignale unterwegs sind, und damit der Abstand zwischen einem Empfänger und mehreren Satelliten.

VERMESSUNG EINER VERWERFUNG
Diese Geophysikerin platziert die Antenne eines GPS-Empfängers, um die Position der Bodenstation genau zu bestimmen und die vertikale und horizontale Verschiebung des Landes nach dem Northridge-Erdbeben (1994, Kalifornien) zu ermitteln.

BEWEGUNGEN MESSEN

Die in den 1990er-Jahren verfeinerte Interferometrie ist eine Methode zur genauen Vermessung der Bewegung der Landoberfläche mithilfe von Radarbildern aus dem All. Ein Satellit umkreist die Erde und sendet bzw. empfängt exakt getimte Radarsignale. Daraus wird ein Mosaikbild von der Oberflächenstruktur zusammengesetzt. Durch den Vergleich der Radarbilder aus unterschiedlichen Jahren kann man Verschiebungen von wenigen Zentimetern erfassen und im Interferogrammbild farblich hervorheben.

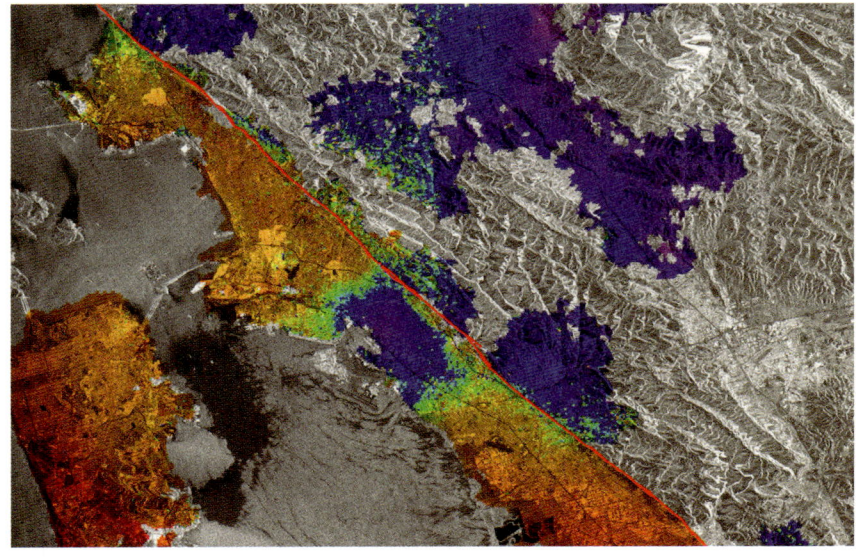

INTERFEROGRAMM VON KALIFORNIEN
Die Farben in diesem Bild verdeutlichen das Ausmaß der Verlagerung der Kruste (von Blau nach Rot zunehmend) an der Hayward-Verwerfung in Kalifornien (dünne rote Linie) über einen Zeitraum von mehreren Jahren.

DAS WACHSTUM VON GEBIRGEN MESSEN

Eine Möglichkeit, den Anstieg einer Gebirgskette über die Jahrmillionen zu erfassen, ist die Untersuchung versteinerter Pflanzen aus dem Sedimentgestein weit oben in den Bergen. Wenn man weiß, wie Pflanzen heute auf unterschiedliche Höhen reagieren, kann man die Höhe abschätzen, in der die versteinerte Pflanze einst wuchs. Temperatur und Feuchtigkeit nehmen im Allgemeinen nach oben ab; Pflanzen passen die Form und Größe ihrer Blätter daran an. Geologen können so bestimmen, wie sich die Höhe eines Gebirgszugs mit der Zeit verändert hat. Solche Untersuchungen haben gezeigt, dass die Zentralkordillere der Anden in den letzten 10 Mio. Jahren etwa 2 km höher geworden ist.

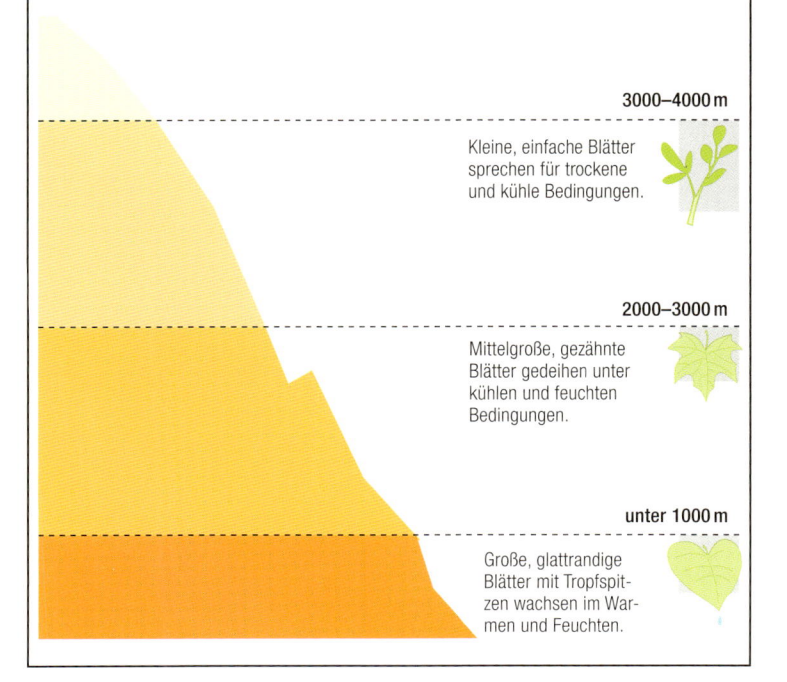

3000–4000 m — Kleine, einfache Blätter sprechen für trockene und kühle Bedingungen.

2000–3000 m — Mittelgroße, gezähnte Blätter gedeihen unter kühlen und feuchten Bedingungen.

unter 1000 m — Große, glattrandige Blätter mit Tropfspitzen wachsen im Warmen und Feuchten.

LEBENSZYKLUS DER BERGE

Die Gebirgsketten der Erde sind keine starren, statischen Gebilde. Fast wie Lebewesen kennen sie Geburt, Wachstum, Alterung und Tod. Die typische Lebensspanne eines Gebirges beträgt einige Dutzend Jahrmillionen. Sie ist Teil eines grundlegenderen Zyklus, der von der Bewegung der tektonischen Platten bestimmt wird.

GEBIRGE IM LAUF DER ZEIT

Der Lebenszyklus eines Gebirges ist Teil des längeren Kreislaufs des Werdens und Vergehens der Meere, der von den Bewegungen der tektonischen Platten gesteuert wird. Dieser Zyklus wurde erstmals von dem kanadischen Geophysiker John Tuzo Wilson beschrieben. Die Kontinente sind Teile der Platten und driften mit ihnen mit. Daher beinhaltet der Wilson-Zyklus auch das Auseinanderbrechen und Kollidieren der Kontinente, die Verdickung der Kruste und das Aufschieben der Gebirge.

OUTBACK VON AUSTRALIEN
Der Ayers Rock (Uluru) ist die stark erodierte Wurzel eines uralten und längst vergangenen Gebirges. Die vergleichsweise ebene Landschaft in Westaustralien wurde über Hunderte von Jahrmillionen geformt, ungestört von Gebirgsbildungen, und durch Erosionskräfte geglättet.

NEUSEELÄNDISCHE ALPEN
Die zerklüfteten Gipfel auf der Südinsel Neuseelands gehören zu einem sehr jungen Gebirge, das in den letzten 10 Mio. Jahren entstand. Dieses Gebirge ist noch aktiv. Häufig erschüttern Erdbeben, die von den vielen Verwerfungslinien ausgehen, die Landschaft.

1 ZERBRECHEN VON KONTINENTEN
Driften Platten auseinander, kann manchmal ein Kontinent zerbrechen. Das beginnt mit einer Bruchzone, oft dort, wo der Kontinent durch den Aufstieg eines heißen Manteldiapirs zu einem breiten Dom aufgeworfen wurde. In der Frühphase entsteht in der gestreckten Kruste ein tiefer Graben wie der Ostafrikanische Graben.

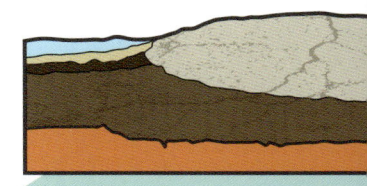

6 ÄLTERER KONTINENT
Ein neuer Kontinent entsteht, wenn die alten Kontinentalränder sich fest zusammenfügen und die Platten sich nicht weiter aufeinanderzubewegen. Mit der Zeit trägt Erosion das Gebirge ab, sodass sich die Höhe im Inneren dem Meeresspiegel annähert.

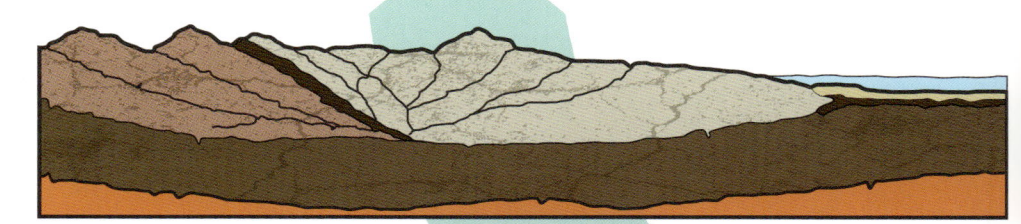

5 KONTINENTALKOLLISION
Wenn kein Meeresboden mehr übrig ist, kollidieren die Ränder der beiden Kontinente. Die Kruste wird in einem großen Gebiet zusammengequetscht und verdickt, wodurch Hochgebirge wie der Himalaja entstehen.

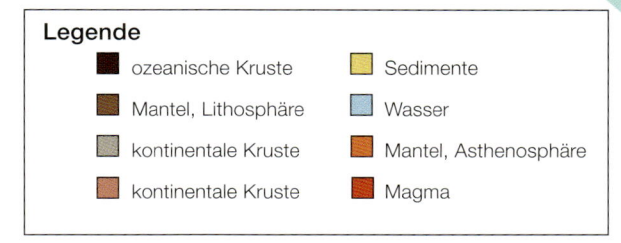

Legende
- ozeanische Kruste
- Mantel, Lithosphäre
- kontinentale Kruste
- kontinentale Kruste
- Sedimente
- Wasser
- Mantel, Asthenosphäre
- Magma

LEBENSZYKLUS DER BERGE 53

AFARSENKE
Die Landschaft der vulkanisch aktiven Afarsenke in Äthiopien ist der Frühphase der Entstehung eines neuen Ozeans zuzuordnen: Die tektonischen Platten beginnen gerade auseinanderzudriften. Der ungwöhnlich hohe Anteil an Vulkangestein in der Senke ist wohl darauf zurückzuführen, dass unter der Kruste dieses Gebiets ein tiefer Manteldiapir aufsteigt.

KREISLAUF DER GESTEINE
Im Laufe der Jahrmilliarden haben wiederholte Wilson-Zyklen die Kontinente geschaffen, die wir heute kennen. Ihr altes Binnenland, das weit von den heutigen Hochgebirgen entfernt liegt, entstand tief in den Wurzeln längst vergangener Gebirge, die von den Kräften der Erosion vollständig abgetragen und auf dem Meeresgrund abgelagert wurden. Später kann die Konvergenz der Platten diese Sedimente über den Meeresspiegel drücken, wo sie erneut der Erosion ausgesetzt und ins Meer transportiert werden. Insofern ist der Wilson-Zyklus zugleich der Kreislauf der Gesteine im äußeren Teil der Erde: Hier entstehen sie und werden sie tief in die Kruste eingearbeitet, nur um schließlich wieder nach oben getragen zu werden und erneut zu erodieren.

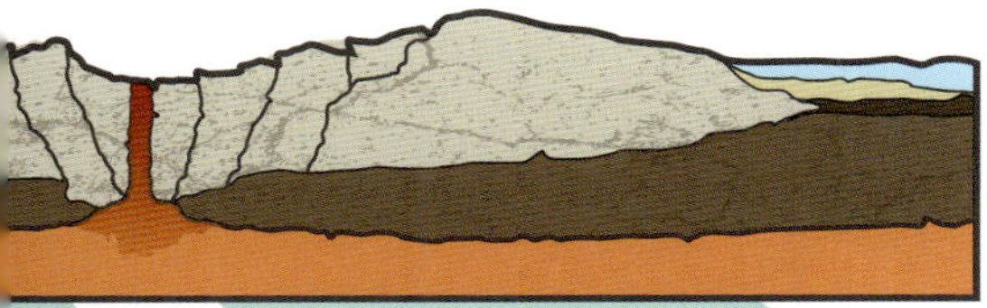

2 JUNGER OZEAN
Wenn die Platten weiter auseinanderdriften, sinkt der Boden des Grabensystems schließlich unter den Meeresspiegel und wird überflutet. Intensive vulkanische Aktivität erschafft den Meeresboden: Mantelmaterial steigt auf und bricht am mittelozeanischen Rücken durch. Mit der Zeit wird aus einem schmalen Meer wie dem Roten Meer ein Ozean wie der Atlantik, von den Hälften des zerborstenen Kontinents gesäumt.

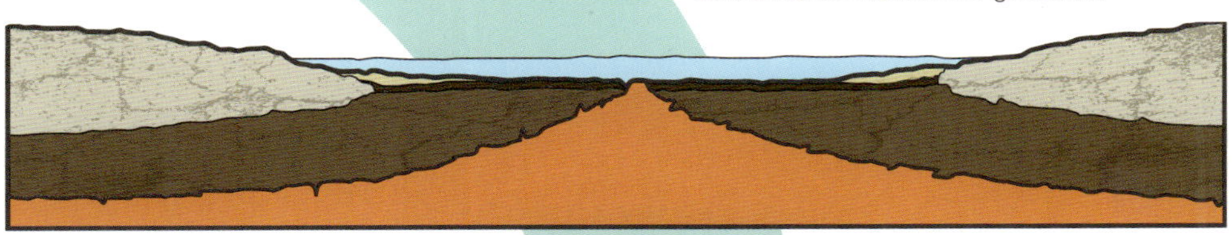

KÜSTE DES ROTEN MEERES
Das lange, schmale Rote Meer ist durch die Divergenz der Arabischen und der Afrikanischen Platte entstanden. Wenn Platten auseinanderdriften, senkt sich die Grabenzone, bis sie vom benachbarten Meer geflutet wird. Der Meeresgrund wird aus aufsteigendem und schmelzendem Mantelgestein gebildet, das unterseeische Vulkane ausspeien. Bisher misst das Rote Meer an seiner breitesten Stelle erst 355 km.

3 ALTER OZEAN
Wenn der Meeresgrund sich abkühlt, löst er sich von einem oder beiden Kontinentalrändern, eine Subduktionszone entsteht. Hier setzt die abgetauchte ozeanische Kruste Wasser in den Mantel frei, wodurch dieser schmilzt und Vulkane entstehen. Die sinkende Platte reibt sich auch am darüberliegenden Kontinent, drückt ihn zusammen, löst Erdbeben aus und leitet die Entstehung von Gebirgen wie den Anden ein.

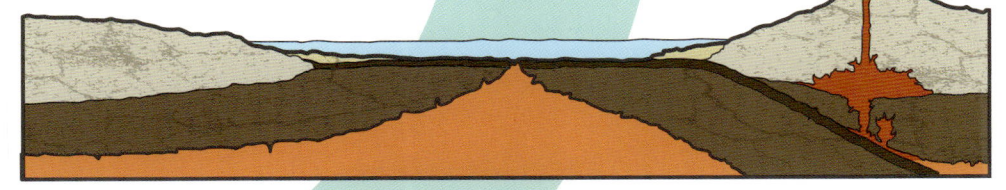

4 SUBDUKTION
Ändert sich die Plattenbewegung aufgrund der Kräfte im Erdinneren, konvergieren die Ränder des Ozeans. Die Subduktionszone verschlingt den Meeresboden einschließlich des mittelozeanischen Rückens.

OSTKÜSTE NORDAMERIKAS
Wenn die tektonischen Platten weiter auseinanderdriften, tut sich ein breiter Ozean wie der Atlantik auf. Dessen Rand senkt sich langsam ab, während die Flüsse Gesteinsreste aus dem Binnenland herbeischaffen, auf den Kontinentalschelfen ablagern und ins Meer tragen.

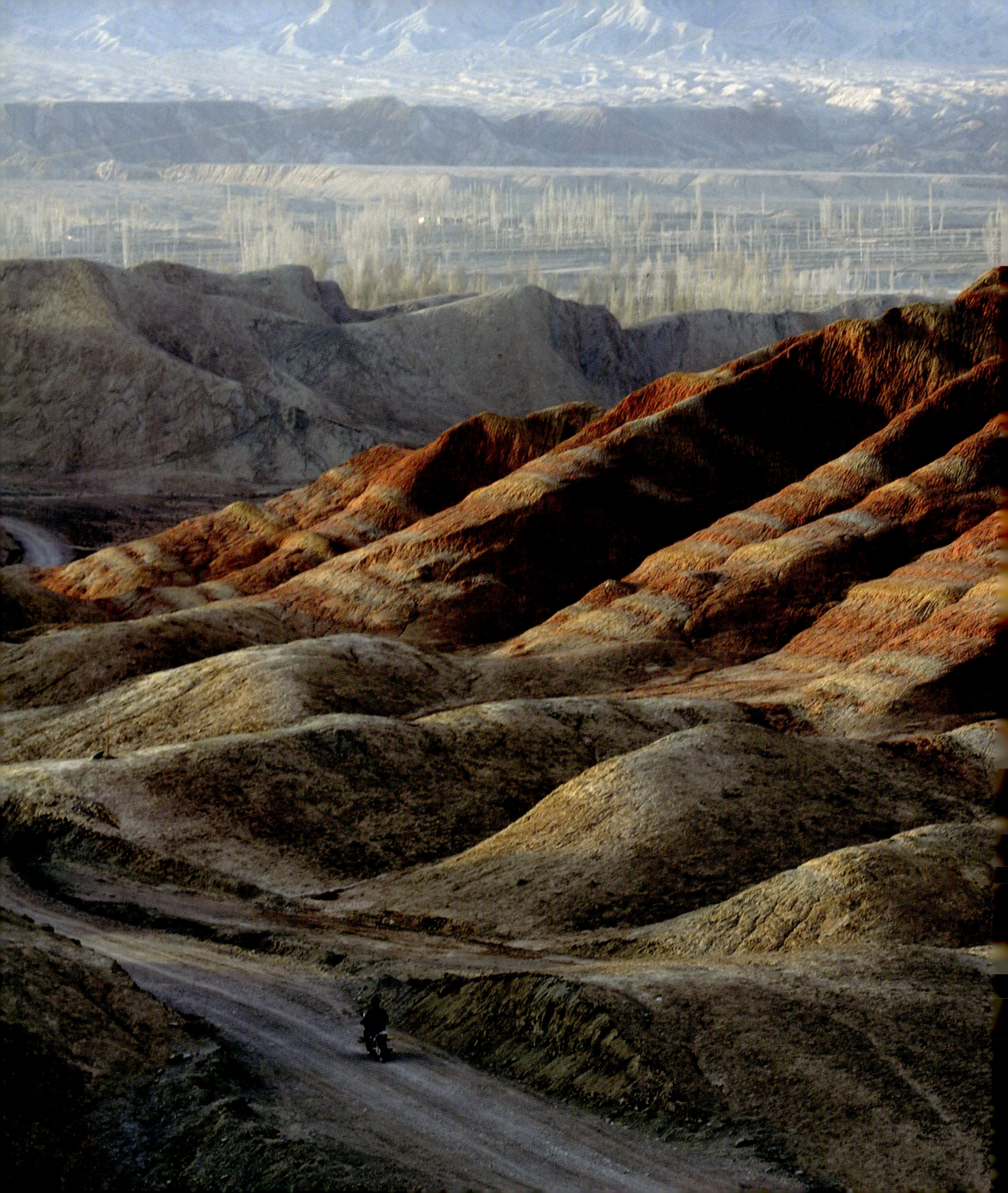

RÖTLICHER SCHIMMER
In der Provinz Gansu in China steht rötlicher Sandstein an, der mit der Zeit zu gewellten Hängen oder vereinzelten Säulen und Türmen erodiert ist. Diese in ganz Südchina verbreitete Landschaftsform wird *danxia*, »rötliche Wolken«, genannt, weil das Gestein zahlreiche intensive Rottöne aufweist.

GEBIRGSBILDUNG

HIMALAJA

Im Himalaja finden sich einige der höchsten Gipfel der Erde. Die Gebirgskette bildet den Südrand einer riesigen Bergregion, die sich über Tausende von Kilometern durch Tibet und weite Teile Zentralasiens erstreckt und in den letzten 55 Mio. Jahren durch die Nordbewegung Indiens aufgeschoben wurde.

GEBURT EINER GEBIRGSKETTE

Vor 125 Mio. Jahren lag der indische Kontinent Tausende von Kilometern weiter südlich am anderen Rand der Tethys, wo es einen kleinen Teil des Superkontinents Gondwana bildete. Als Gondwana auseinanderbrach, schrumpfte die Tethys und Indien driftete nach Norden. Vor 55 Mio. Jahren berührte Indien den Südrand vom heutigen Zentralasien. Seither hat sich Indien noch weitere 2000 km nordwärts geschoben und dabei die Kruste des Kontinents Asien zusammengedrückt und verdickt. Auf diese Weise ist die riesige Bergregion in Zentralasien entstanden. Der Himalaja ist der Südrand dieser »Knautschzone«. Hier kollidiert der indische Subkontinent entlang einer langen Störungslinie mit der Eurasischen Platte und wird unter diese gedrückt, wodurch die Gebirge weiter wachsen. Gletscher haben viele der charakteristischen Ketten in der zerbrochenen Kruste über dieser Störung herausgemeißelt.

BERGGIPFEL

Die Berge im Hohen Himalaja ragen bis über 8800 m über dem Meeresspiegel auf. Sie bestehen aus Gestein des jüngeren Paläozoikums, Scheiben vom Tethys-Meeresboden und Granitintrusionen, die über Sedimente des frühen Känozoikums geschoben wurden. Die höchsten Gipfel sind ständig von Schnee und Gletschern bedeckt.

Gletscher formten die Gipfel des Hohen Himalaja.

Stücke von Granit und metamorphem Gestein werden an schwach geneigten Verwerfungsflächen nach oben gedrückt.

Die Indische Platte schiebt sich unter den Himalaja.

Hauptverwerfung an der Oberseite der Indischen Platte

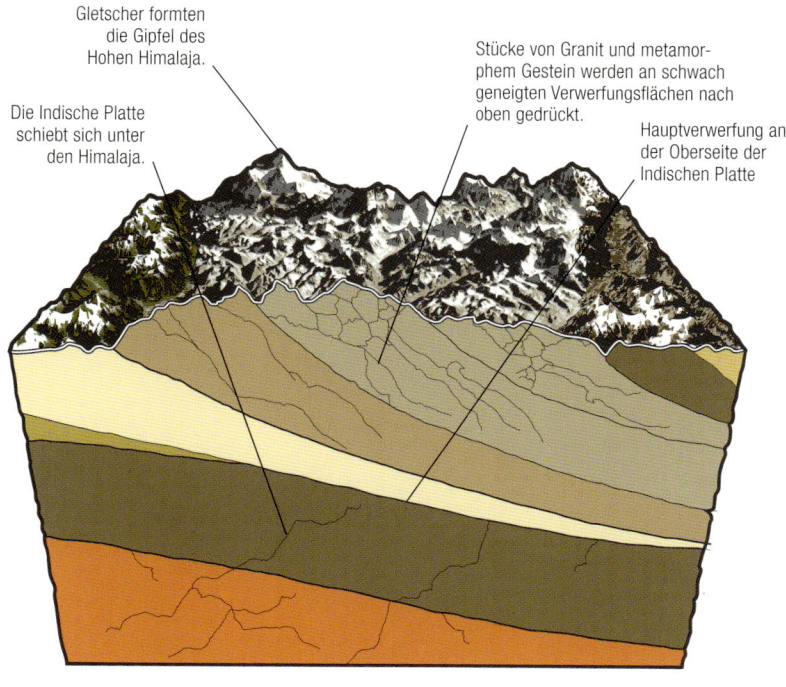

KOLLIDIERENDE KONTINENTE
Am Südrand des Himalaja verläuft eine riesige Störungslinie. Unter den höchsten Gipfeln fällt die Verwerfung nach Norden hin sanft ab.

BLICK VON OBEN
Der Makalu, der vierthöchste Berg des Himalaja, erhebt sich an der Grenze zwischen Nepal und China über die Wolken. Am Horizont ist der zweithöchste Gipfel, der Kangchendzönga, zu sehen.

HIMALAJA 57

HOCHLAND VON TIBET

Nördlich des Himalaja liegen das Hochland von Tibet und zentralasiatische Gebirge wie Karakorum und Tian Shan, die viele der höchsten Gipfel der Welt beherbergen. Diese Gebirge entstanden während derselben Kontinentalkollision, die auch den Himalaja in die Höhe gedrückt hat. Dabei wurde Gestein, das tief in der Kruste ruhte, so weit nach oben befördert, dass es jetzt an der Oberfläche liegt. Das Hochland hat eine Fläche von 2,5 Mio. km² und eine bemerkenswert gleichmäßige Höhe von etwa 5 km. Das Gebiet ist von Hunderten bis Tausenden von Kilometern langen Blattverschiebungen durchzogen.

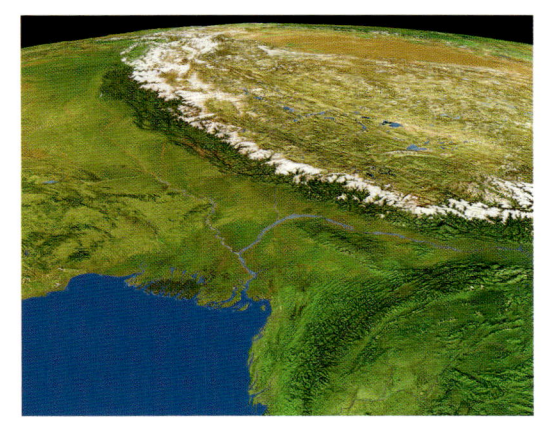

HIMALAJA AUS DEM ALL
Dieses Satellitenbild des Himalaja (weiß) zeigt auch Teile des riesigen Hochlands von Tibet, das sich im Norden an das Hochgebirgssystem anschließt.

Lage	von Nordostpakistan und Indien durch Nepal und Bhutan nach Südosten
Alter	55 Mio. Jahre (Känozoikum)
Länge	2500 km
Entstehungstyp	Kontinent-Kontinent-Kollision

Hohe Gipfel
1. Mount Everest 8850 m
2. Kangchendzönga 8586 m
3. Lhotse 8516 m
4. Makalu 8462 m
5. Cho Oyu 8188 m

GEBIRGSBILDUNG

NEUSEELÄNDISCHE ALPEN

Die Neuseeländischen Alpen, die an der Westseite der Südinsel verlaufen, sind relativ jung. Erst vor 10 Mio. Jahren entstanden, wachsen diese Berge rasch, da hier zwei tektonische Platten aufeinandertreffen und aneinander entlang gleiten.

RASCHER AUFSTIEG

Die Inseln Neuseelands liegen an der Grenze zwischen zwei riesigen tektonischen Platten – der Pazifischen und der Australischen Platte –, die sich jedes Jahr 4 cm aufeinanderzubewegen. Die Landschaft verschiebt sich hier entlang vieler Verwerfungslinien, die sich über Hunderte von Kilometern erstrecken.

Auf der Südinsel schrammen die beiden Platten an der Alpine-Verwerfung, die die ganze Westküste entlangläuft, aneinander vorbei. Dabei wird das Gestein östlich der Alpine-Verwerfung um etwa 10 mm im Jahr nach oben gedrückt, sodass die Gipfel der Neuseeländischen Alpen schneebedeckt sind. Zugleich bildet sich durch das Zusammendrücken der Kruste eine tiefe Gebirgswurzel. Im sehr feuchten Klima schneiden sich Flüsse tief in die Berge ein. Große Mengen Geröll werden an die Westküste verfrachtet und dort in der Tasmansee abgelagert. Auf diese Weise gelangen Gesteine an die Oberfläche, die einst 20 km unter ihr lagerten.

Für Geologen sind die Neuseeländischen Alpen so etwas wie Kleinkinder, da sie durch Veränderungen in der Plattentektonik während der letzten 10 Mio. Jahre entstanden. In dieser Zeit sind die Platten einige hundert Kilometer aneinander vorbeigeglitten. Die zerklüfteten Gipfel dokumentieren den ständigen Kampf zwischen den Kräften im Erdinneren, die das Gestein aufschieben, und der Erosion, die es wieder abträgt.

MOUNT COOK
Der höchste Berg in den Neuseeländischen Alpen ist der Mount Cook mit seinen 3754 m. In Maori heißt er Aoraki.

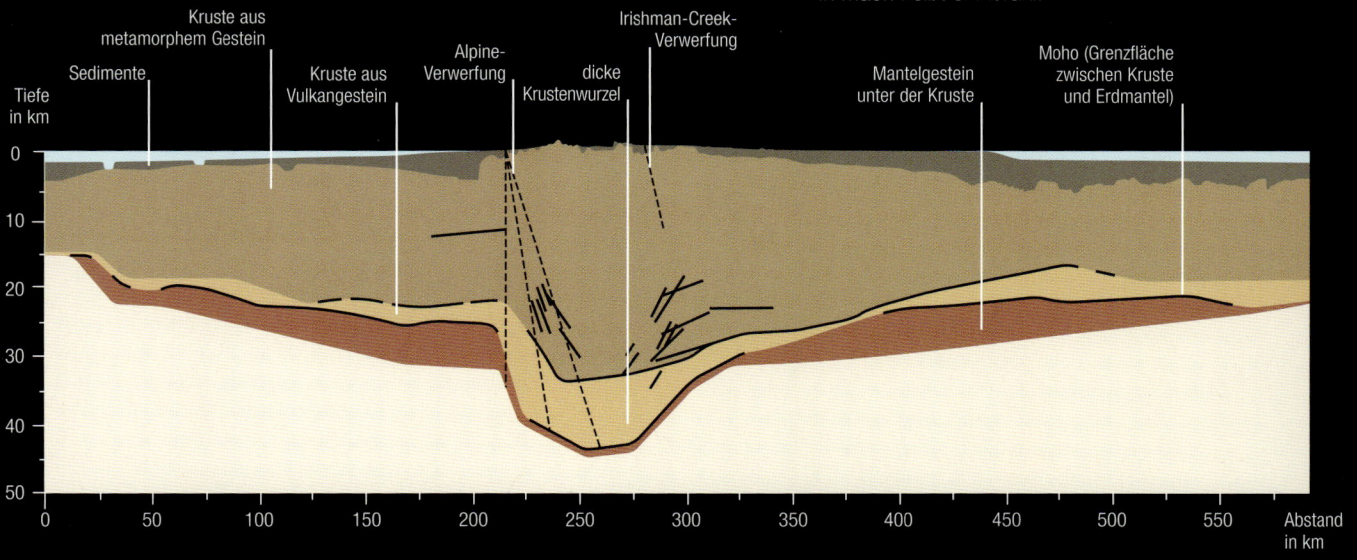

DICKE KRUSTE

Geophysiker haben die Kruste unter den Neuseeländischen Alpen studiert, indem sie seismische Schwingungen bei Erdbeben oder Explosionen aufzeichneten. Aus den genauen Ankunftszeiten an verschiedenen Stellen in Neuseeland lässt

SCHICHTEN IN DER KRUSTE

Die Geschwindigkeit, mit der seismische Wellen vordringen, zeigt, dass die Kruste hier Schichten aus Sediment-, metamorphem und vulkanischem Gestein enthält (im Bild verschieden eingefärbt). Diese Struktur der Kruste weist auf die komplexe

NEUSEELÄNDISCHE ALPEN

Lage	Südinsel, Neuseeland
Alter	10 Mio. Jahre
Länge	700 km
Entstehungstyp	Kontinentalkollision und Transformstörung

Hohe Gipfel
1. Mount Cook 3754 m
2. Mount Tasman 3497 m
3. Mount Dampier 3440 m
4. Silberhorn 3279 m
5. Mount Lendenfeld 3201 m

SCHNEEBEDECKTE GIPFEL
Auf diesem Satellitenbild der Südinsel von Neuseeland sind die Gipfel der Neuseeländischen Alpen tim Winter tief verschneit.

GEBIRGSBILDUNG

DIE ANDEN

Die Anden, die den Westen Südamerikas durchziehen, sind die längste zusammenhängende Gebirgskette der Welt. Erdbeben und intensive vulkanische Aktivitäten zeigen, dass hier gigantische geologische Kräfte am Werk sind, die noch heute Berge höher wachsen lassen.

ENTSTEHUNG

Auf der geologischen Zeitskala sind die Anden relativ jung: Zu Lebzeiten der letzten Dinosaurier war die Region noch ein riesiger See bzw. ein Binnenmeer. Seither sind die Berge über 60 Mio. Jahre hinweg gewachsen und sie wachsen weiter: In den letzten 10 Mio. Jahren haben sie ihre Höhe fast verdoppelt. Ihre Existenz verdanken sie dem Pazifikboden, der sich in einer Subduktionszone an der Südamerikanischen Platte reibt und im Erdinneren verschwindet. Diese Plattenkonvergenz hat die Kruste zusammengedrückt und verdickt und die Berge an flach geneigten Verwerfungen aufgeschoben. Intensive Vulkantätigkeit zeigt, dass in der Tiefe geschmolzenes Gestein vorliegt, das die Kruste beim Abkühlen und Erstarren weiter verdickt.

183

aktive Vulkane gibt es in den Anden, die sich über sieben Länder erstrecken und in Süd-, Zentral- und Nordanden unterteilt werden.

DIE ANDEN	
Lage	Westrand Südamerikas
Länge	7200 km
Alter	60 Mio. Jahre
Typ	Subduktion

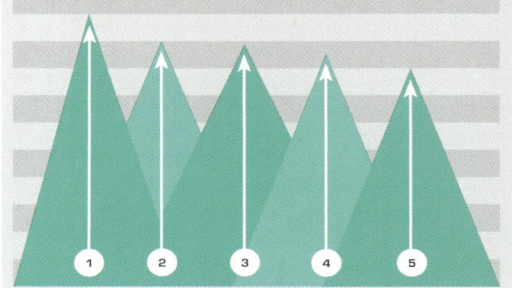

Hohe Gipfel
1. Aconcagua, Argentinien 6962 m
2. Ojos del Salado, Argentinien/Chile 6887 m
3. Pissis, Argentinien 6795 m
4. Cerro Bonete, Argentinien 6759 m
5. Tres Cruces Sur, Argentinien/Chile 6748 m

DIE WÜSTE ATACAMA
Die kahle und trockene Atacama erstreckt sich an den Westflanken der Hochanden in Nordchile. Sie ist so trocken, weil sie im Regenschatten der Hochanden liegt.

PLATEAU IN DEN ANDEN
Der Altiplano, eine Hochebene innerhalb des breitesten Teils der Anden, ist 600 km lang und 130 km breit. Der Titicacasee (in diesem Satellitenbild dunkelblau und teils wolkenbedeckt zu sehen) ist der höchstgelegene schiffbare See der Welt.

DIE ANDEN 61

CORDILLERA REAL
Der schneebedeckte Gipfel des Illimani blickt aus über 6400 m Höhe auf La Paz, die größte Stadt Boliviens, herab. Er gehört zur Cordillera Real, einer Gebirgskette der Anden, und besteht aus einstmals flüssigem Granit, der vor etwa 25 Mio. Jahren erstarrt ist.

DER ALTIPLANO

Die Anden ragen zwischen klimatischen Extremen auf: Im Osten grenzen sie an das üppige Tiefland am Amazonas, an der Westküste an die trockene Atacama. Das Innere der Zentralanden ist eine riesige Hochebene, etwa 4000 m über Normalnull, umgeben von den schnee- und eisbedeckten Gipfeln der Kordilleren. In diesem rauen Lebensraum gibt es nur halb so viel Sauerstoff wie am Meeresspiegel. Doch hier findet man auch den strahlend blauen Titicacasee, den höchstgelegenen schiffbaren See der Welt.

MINERALREICHTUM

Die Anden gehören zum »Feuerring« (siehe S. 86–87). Zahlreiche heiße Quellen und Fumarolen belegen die Gegenwart sehr heißen Gesteins nicht weit unter der Oberfläche. Die vulkanische Aktivität wird durch Meerwasser verursacht, das in der Subduktionszone vor der Küste tief in den Erdmantel hinabtransportiert wird und das Gestein schmelzen lässt. Das wasserreiche Magma eruptiert schließlich an der Oberfläche. Wenn das Magma abkühlt, wird das Wasser an das umliegende Gestein abgegeben, das Gold, Silber und Kupfer mit sich führt. Auf diese Weise sind die Anden zu ihrem immensen Mineralreichtum gekommen.

HEISSE QUELLEN
Der Dampf, der bei El Tatio aus dem heißen Wasser aufsteigt, wurde durch vulkanische Aktivität tief unter den Andenvulkanen Chiles erhitzt.

> **» DIE GEGENWART IST DER SCHLÜSSEL ZUR VERGANGENHEIT. «**
> **CHARLES LYELL**, GEOLOGE, IN *PRINCIPLES OF GEOLOGY*, 1830–1833

GEBIRGSBILDUNG

TRANSVERSE RANGES

Gleich nördlich der Megacity Los Angeles schieben komplexe Bewegungen in der Kruste Bergketten in die Höhe: Die Transverse Ranges sind im Grenzraum zwischen Pazifischer und Nordamerikanischer Platte gefangen.

KALIFORNISCHE BERGKETTEN

Kalifornien liegt an der Grenze zwischen zwei tektonischen Platten: Die Pazifische Platte gleitet ungefähr nach Nordwesten und bewegt sich in Relation zur Nordamerikanischen Platte etwa 45 mm im Jahr. Überwiegend wird diese Bewegung an langen Verwerfungslinien aufgenommen, die ganz Kalifornien durchziehen, z. B. an der San Andreas Fault, einer rechtsseitigen Blattverschiebung der Pazifischen Platte. Doch nördlich von Los Angeles hat die San Andreas Fault einen deutlichen Knick; die Verwerfungslinien laufen hier nahezu in Ost-West-Richtung. Hier wurden Krustenstücke, die die großen Blattverschiebungen weiter nördlich und südlich überspannen, über 20 Mio. Jahre hinweg zusammengepresst, aufgeschoben und verdreht. So entstanden die Transverse Ranges, darunter die San Gabriel Mountains und die San Bernardino Mountains. Das Grundgestein ist überwiegend Granit, der vor über 65 Mio. Jahren in die Kruste eingedrungen ist, aber auch Sandstein und Schiefer, vor wenigen Jahrmillionen abgelagert, werden gefaltet und aufgeworfen. Das zeigte sich dramatisch beim Northridge-Beben, das 1994 die nördlichen Vororte von Los Angeles erschütterte.

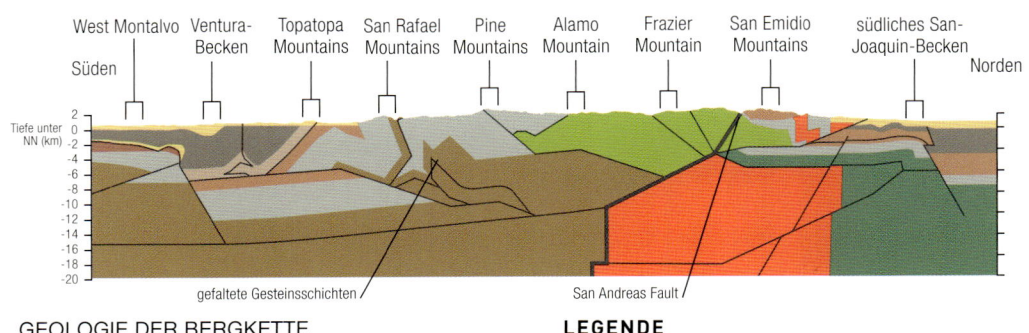

GEOLOGIE DER BERGKETTE

Ein Querschnitt durch das Gestein in den Transverse Ranges zeigt die sanft ansteigenden Verwerfungen, an denen die Berge aufgeschoben werden. Das Gestein besteht überwiegend aus Sandsteinen, Schiefern und Graniten. Die ältesten Sedimentgesteine im Querschnitt sind über 100 Mio. Jahre alt, die Eruptivgesteine überwiegend noch älter.

LEGENDE

Eruptivgesteine
- mesozoische Ophiolithe
- mesozoische Tonalite, mafische Gneise
- mesozoische/präkambrische Granite und Gneise

Sedimentgesteine
- Quartär
- Pliozän
- Obermiozän
- Untermiozän
- Eozän
- Kreide

QUERTREIBER

Den Geologen ist es schon lange ein Rätsel, warum die Transverse Ranges quer zu den Hauptverwerfungslinien in Kalifornien verlaufen. Eine Möglichkeit ist, dass unter den Bergen eine alte Subduktionszone liegt, die eine Art Steuerruder bildet. Vor 20 Mio. Jahren lag dieses Ruder noch in etwa parallel zu den anderen Hauptverwerfungen. Aber die Bewegung der tektonischen Platten hat es herumgedreht. Es hat Blöcke der darüberliegenden Kruste mitgenommen, die heute ostwestlich ausgerichtet sind.

GRANODIORIT

Dieses Gestein ist charakteristisch für große Teile der San Gabriel Mountains. Es besteht v. a. aus miteinander verzahnten Quarz- und Feldspat-Kristallen und entstand lange vor den Transverse Ranges, als die Kruste noch heiß genug war, um zu schmelzen.

TRANSVERSE RANGES

Lage	Kalifornien, USA
Alter	bis zu 250 Mio. Jahre, immer noch aktiv
Länge	250 km
Entstehungstyp	Kompression in einer Transformstörung

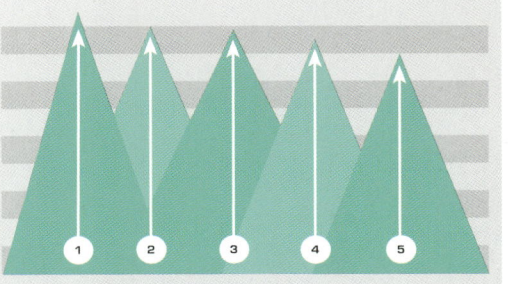

Hohe Gipfel
1. San Gorgonio Mountain 3503 m
2. San Bernardino Mountain 3250 m
3. Mount San Antonio 3068 m
4. Mount Pinos 2692 m
5. Frazier Mountain 2446 m

TRANSVERSE RANGES 63

MOUNT MCKINLEY

Der auch als Denali bekannte Mount McKinley ist als einziger Berg in Nordamerika über 6000 m hoch und ragt über der Landschaft Alaskas auf. Wie die Transverse Ranges wird er noch heute durch örtliche Kompression aufgeschoben, denn er ist in der riesigen, aktiven Denali-Blattverschiebung gefangen. Diese läuft in einem breiten Bogen quer durch Alaska; die Verschiebung beträgt etwa 10 mm im Jahr. Zuletzt entlud sich die Spannung 2002 bei einem Erdbeben der Stärke 7,9. Diese Bewegungen schieben das Granitfundament des Mount McKinley, das vor etwa 60 Mio. Jahren als Magma in die Kruste eindrang, rasch nach oben.

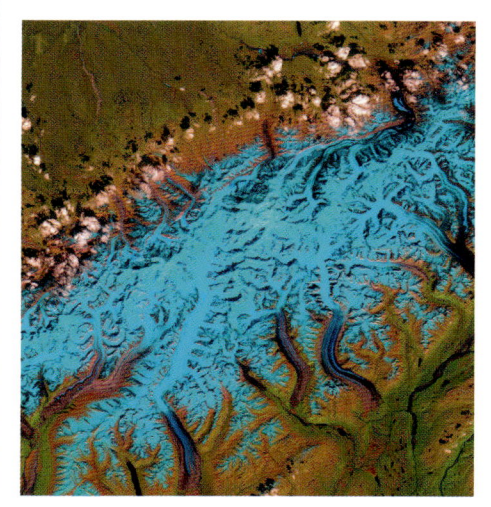

Mount McKinley aus dem All
In der Mitte dieses Satellitenbilds sieht man den Mount McKinley, an den sich im Süden die vergletscherten Gipfel der Alaskakette anschließen. Mit 6194 m über dem Meeresspiegel ist er der höchste Berg Nordamerikas.

Denali National Park
Im Denali National Park heben sich die Polychrome Hills stark gegen die verschneiten Gipfel der Alaskakette ab. Die eindrucksvollen Farben kommen durch verwittertes Vulkangestein zustande, das in diesem Teil der Alaskakette das Hauptgrundgestein bildet.

SAN BERNARDINO MOUNTAINS
Die südlich der Mojavewüste aufragenden San Bernardino Mountains haben eine Länge von etwa 100 km. Der größte Teil der Bergkette gehört zum San Bernardino National Forest.

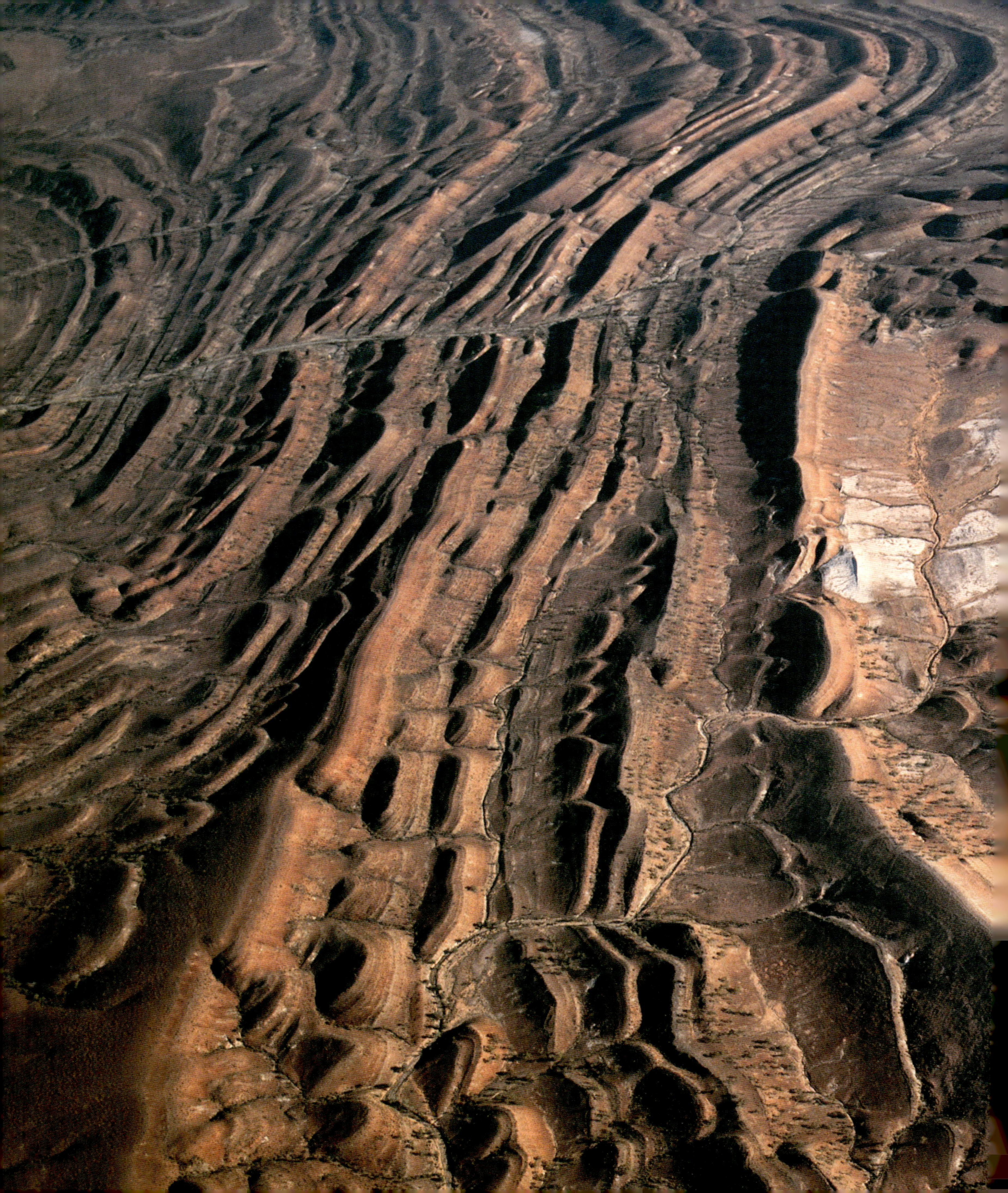

ERODIERTE SCHICHTEN
Das Gestein, das die Tektonik zu diesem Berg in den südaustralischen Flinders Ranges aufgeschoben hat, ist anschließend erodiert, sodass die Schichtgrenzen zu Kämmen wurden. Das Oval im Zentrum ist der erodierte letzte Rest vom Kern des Berges.

BASIN AND RANGE

Die Basin and Range Province ist eine außergewöhnliche Landschaft im Westen Nordamerikas, die aus Hunderten schmaler Bergketten besteht, zwischen denen sich weite, flache Senken erstrecken, die teils unter dem Meeresspiegel liegen. Aktive Verwerfungen und Vulkane zeigen, dass die Erdkruste in dieser großen Region auseinandergezerrt wird, was zu einem Aufsteigen heißen Mantelgesteins führt.

BASIN AND RANGE	
Lage	Nordamerika
Alter	20 Mio. Jahre
Länge	800 km
Entstehungstyp	Grabenbruch

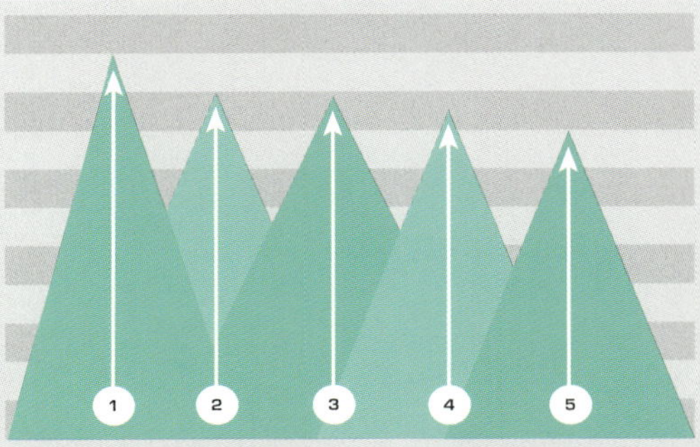

Hohe Gipfel
1. White Mountain Peak 4342 m
2. Wheeler Peak 3982 m
3. Mount Jefferson 3640 m
4. Mount Charleston 3632 m
5. Arc Dome 3588 m

ENTSTEHUNG DER LANDSCHAFT

Die Basin and Range Province liegt zwischen den pazifischen Küstenketten und dem Coloradoplateau und hat ihr Zentrum in Nevada. Hier wird die Kruste ungefähr in Ostwestrichtung gestreckt und ist an nordsüdlich orientierten Verwerfungslinien gebrochen. Das hat zu normalen Abschiebungen geführt, bei denen ein Block auf einer Seite der Verwerfung absackt und einen tiefen Graben schafft, während der andere Block zu einem Horst, einer hohen, schmalen Bergkette, ansteigt. Einige der Berge erheben sich gut 4000 m über den Meeresspiegel. Ihr Gestein stammt aus dem späten Präkambrium und dem Paläozoikum und erodiert leicht; das Sediment lagert sich in den Tälern ab. Die Berge steigen an den großen Verwerfungsflächen neben ihren steil geneigten Flanken weiterhin an.

Kleine Basalt- und Rhyolith-Vulkankegel zeigen an, dass in der Tiefe geschmolzenes Gestein vorliegt, das ab und zu an die Oberfläche dringt. Diese geologische Aktivität begann vor etwa 20 Mio. Jahren und wird, wie Geologen glauben, vom Aufstieg heißen, leichten Mantelgesteins in großer Tiefe unter der Kruste angetrieben, der die Oberfläche anhebt, die Kruste verdünnt und sie in die benachbarten Regionen abgleiten lässt.

HORSTE UND GRÄBEN
Steil geneigte normale Verwerfungsflächen lassen die Kruste in der Basin and Range Province in eine Reihe paralleler Horste oder Bergketten und flacher Täler oder Gräben zerbrechen.

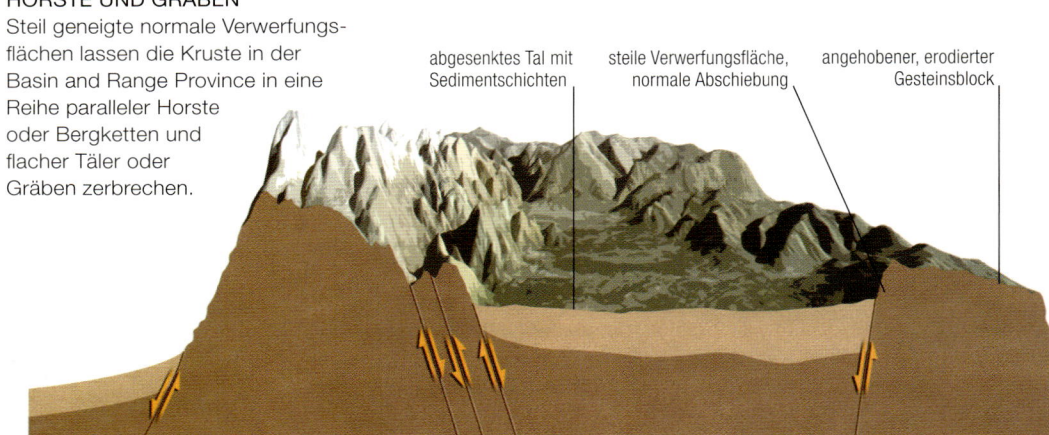

abgesenktes Tal mit Sedimentschichten — steile Verwerfungsfläche, normale Abschiebung — angehobener, erodierter Gesteinsblock

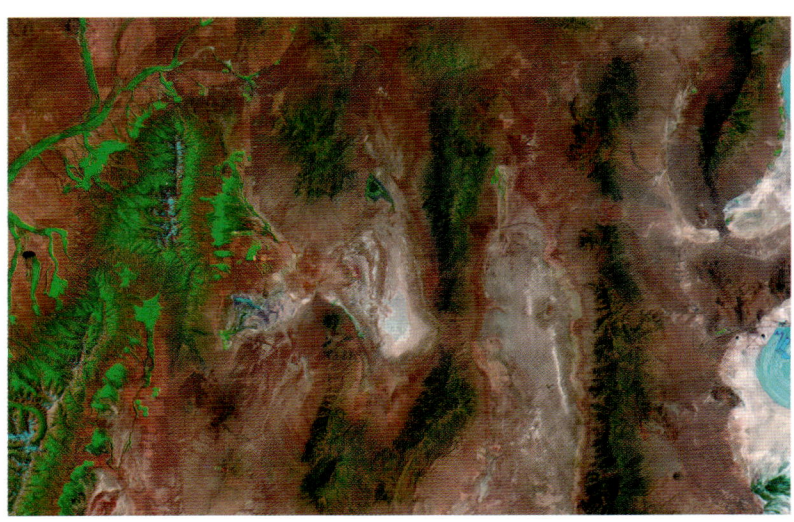

BASIN AND RANGE AUS DEM ALL
Dieses Falschfarbenbild zeigt ein klassisches Horst-und-Graben-System, dessen schmale Bergketten (zum Teil mit grüner Vegetation bedeckt) von breiteren Wüstenbecken getrennt sind, die oft trockene Salzseen enthalten.

PANAMINT RANGE
Auf diesem Panoramabild der Panamint Range am Rande der Mojavewüste blickt man über das Death Valley – eines der beeindruckendsten topografischen Reliefs in den Vereinigten Staaten, das von 80 m unter dem Meeresspiegel bis zu Berggipfeln von fast 3500 m Höhe reicht.

BASIN AND RANGE · **67**

EINE REGION DER EXTREME

Die Basin and Range Province hat einige der größten Höhenunterschiede Nordamerikas zu bieten. Das Death Valley ist die niedrigste Stelle des Kontinents; es liegt bis zu 86 m unter dem Meeresspiegel. Aber nur einige Dutzend Kilometer weiter westlich, an der angehobenen Seite einer der Verwerfungslinien, die das Tal säumen, ragt die Panamint Range bis zu 3368 m über den Meeresspiegel auf. Dieser gigantische Höhenkontrast schlägt sich auch in Klimaextremen nieder. Im Sommer können die Nachttemperaturen im Death Valley 30 °C erreichen, während sie gleichzeitig auf dem Gipfel des Telescope Peak unter den Gefrierpunkt sinken können.

DEATH VALLEY
Ungewöhnlich niedrige Wintertemperaturen im Death Valley haben den Talgrund und die umgebenden Hügel mit Raureif überzuckert.

HORST-GRABEN-STRUKTUR IN GRIECHENLAND

In der Kreide und im frühen Tertiär wurden große Teile der Kruste in Griechenland und der Ägäis von derselben Nordbewegung Afrikas nach Europa angehoben, die auch die Alpen geschaffen hat (siehe S. 74–75). Doch in den letzten 20 Mio. Jahren sank Griechenland ab. Die angestiegene Landmasse rutschte nach Süden weg, auf die Hellenische Subduktionszone zu. Die untergegangene Landschaft der Ägäis und der Süden Griechenlands entstanden aus einer Reihe von Horsten und Gräben, die sich an steilen Verwerfungsflächen nach oben bzw. unten schoben. Auch im Norden Griechenlands strebt die Kruste auseinander, aber hier bilden die angehobenen Blöcke hohe Gebirgsmassive wie den Olymp.

Olymp
Dieses Bild des Olymp wurde aus der Internationalen Raumstation ISS aufgenommen. Mit 2917 m über dem Meeresspiegel ist der Olympgipfel Mytikas der höchste Berg Griechenlands.

GEBIRGSBILDUNG

ROCKY MOUNTAINS

Der Westen Nordamerikas wird von den nordamerikanischen Kordilleren, zu denen die Rocky Mountains gehören, beherrscht, die bis zu 4400 m über den Meeresspiegel aufragen und sich etwa 4500 km vom Nordwesten Kanadas bis nach New Mexico erstrecken. Für die Entdecker und Siedler im 19. Jh. waren sie eine erhebliche Hürde auf dem Weg zur Westküste. Doch sie ziehen seit langem Geologen an, die versuchen, die Entstehung der Gebirge der Erde zu verstehen.

AUFSTIEG DER ROCKIES

Die Rockies wuchsen vor allem vor 80–50 Mio. Jahren in die Höhe. Ihre starken Falten und Verwerfungen sind die Folge von Kompression. Schichten von Sedimentgestein, das sich in den vorangegangenen Hunderten von Millionen Jahren abgelagert hatte, wurde entlang riesiger, schwach geneigter Überschiebungen zu einer Reihe von Schollen aufgestapelt. Die Gebirgsregion westlich der Rockies hat eine komplexere Vorgeschichte, die vor über 100 Mio. Jahren begann, als die Pazifische Platte Krustenblöcke oder Terrane mitführte und sie entlang großer Transformstörungen nebeneinander schob. All diese Bewegungen sind Folgen der Subduktion des Meeresbodens unter den Westrand Nordamerikas.

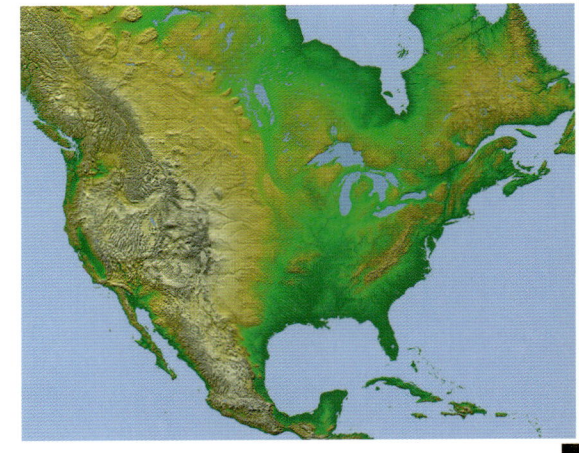

EIN RAUER KONTINENT
Die Rocky Mountains im Westen Nordamerikas sind auf dieser Schummerungskarte klar auszumachen.

ROCKY MOUNTAINS

Lage	Westen Nordamerikas
Alter	50–170 Mio. Jahre
Länge	etwa 4500 km (ohne die Küstenkordillere)
Entstehungstyp	Subduktion

Hohe Gipfel
1. Mount Elbert, Colorado 4401 m
2. Mount Massive, Colorado 4398 m
3. Mount Harvard, Colorado 4396 m
4. La Plata Peak, Colorado 4379 m
5. Blanca Peak, Colorado 4374 m

CASTLE MOUNTAIN, BANFF, KANADA
Diese Gipfelbastion besteht aus 500 Mio. Jahre alten Kalk- und Tonsteinen, die während der Geburt der kanadischen Rockies an Aufschiebungen angehoben wurden.

ROCKY MOUNTAINS 69

DIE LANDSCHAFT IN DER UMGEBUNG

Östlich der Rocky Mountains liegen die Great Plains. Sie erheben sich nur wenige hundert Meter über den Meeresspiegel und bestehen aus dem Schutt, der in den Rocky Mountains durch Erosion entstand und von Flüssen aus dem Gebirge herausgespült wurde. In Kanada lagen auf diesen Ebenen große Eisdecken, die während der letzten Eiszeit nach Süden vordrangen. Das Gewicht des Eises drückte die Landoberfläche nach unten, schuf die Hudson Bay und formte und glättete die Landschaft.

TETON RANGE, WYOMING
Die Tetons werden durch eine junge Verwerfung begrenzt und erheben sich ohne jedes Vorgebirge direkt aus der Ebene. Die Kette hat etwa ein Dutzend Gipfel, die bis zu gut 3650 m aufragen.

GRANDE RONDE RIVER, WASHINGTON
Westlich der Rocky Mountains schufen Flüsse, die sich tief in die vor 16 Mio. Jahren durch Eruptionen entstandenen Basaltschichten hineinfraßen, diese gestreifte Landschaft.

GEOLOGISCHER QUERSCHNITT

Dieser Querschnitt durch die Gesteine in den Teilen der Rockies, die in Idaho und Wyoming liegen, zeigt das Alter der Gesteine (siehe Legende) und die riesigen Überschiebungen. Die Bewegung an den Verwerfungsflächen vor 120–50 Mio. Jahren hat die Gesteine übereinandergestapelt und gefaltet und so das Gebirge erschaffen: ein Paradebeispiel für »dünnhäutige« Falten- und Überschiebungsgürtel. Die wichtigsten Verwerfungen und Falten haben eigene Namen.

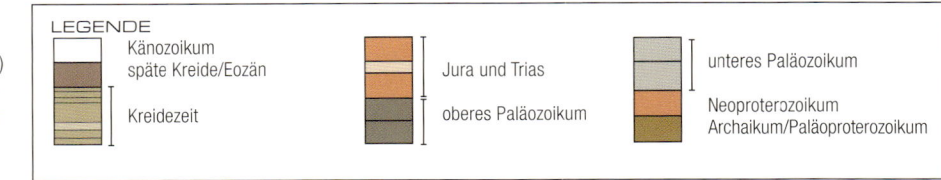

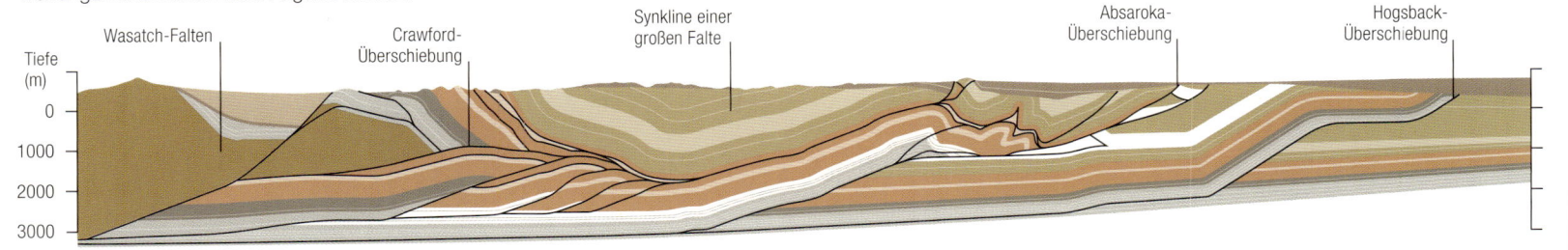

LEGENDE
- Känozoikum
- späte Kreide/Eozän
- Kreidezeit
- Jura und Trias
- oberes Paläozoikum
- unteres Paläozoikum
- Neoproterozoikum
- Archaikum/Paläoproterozoikum

Wasatch-Falten · Crawford-Überschiebung · Synkline einer großen Falte · Absaroka-Überschiebung · Hogsback-Überschiebung

Tiefe (m): 0, 1000, 2000, 3000

GEBIRGSBILDUNG

OSTAFRIKANISCHER GRABEN

Beginnt eine kontinentale Kruste sich zu spalten, so bilden sich lange Rinnen oder Senken, aus denen Grabenbrüche werden. Oft heben sich zudem die Ränder der Gräben an und bilden Gebirge, die zum Graben hin steil abfallen. Die größte Bruchzone (oder Rift Valley), das Ostafrikanische Grabensystem, ist noch aus dem All klar zu erkennen.

DAS GROSSE RIFT VALLEY IN OSTAFRIKA

An der Ostseite Afrikas, vom Afar-Dreieck im Norden bis zur Kalahari im Süden, zieht sich ein riesiger Graben durch den Kontinent, der sich stellenweise in zwei Äste aufspaltet. Viele der großen Seen Afrikas liegen in ihm. Erdbeben und vulkanische Aktivität zeigen an, dass der Kontinent weiterhin auseinanderdriftet – bis zu 10 mm im Jahr. Im Grunde ist der Graben ein »gescheiterter Ozean«, dessen Entstehung vor etwa 35 Mio. Jahren begann. Abseits der Bruchzone, im ostafrikanischen Hochland, finden sich die Überreste einer großen Aufwölbung, die bis zu 2000 m über den Meeresspiegel aufragen. Geologen glauben, dass diese Kuppel von einem Manteldiapir aus heißem und leichtem Mantelmaterial aufgewölbt wurde, die tief aus dem Inneren kam. Die Aufwölbung dehnte die darüberliegende Kruste, die daraufhin auseinanderdriftete.

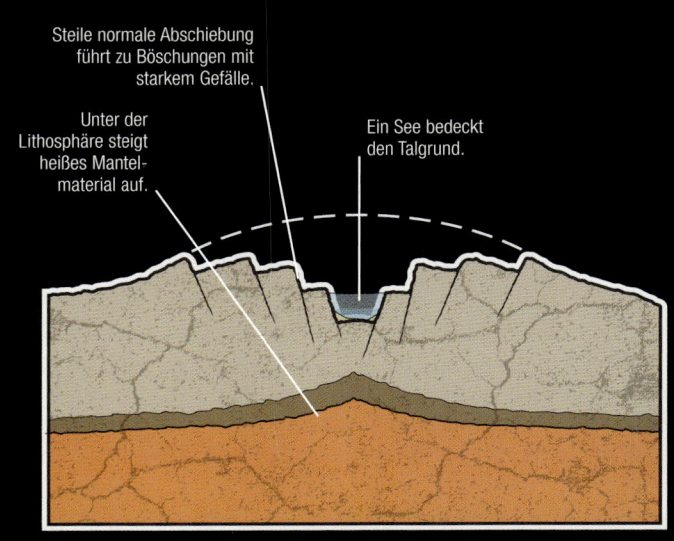

Steile normale Abschiebung führt zu Böschungen mit starkem Gefälle.

Unter der Lithosphäre steigt heißes Mantelmaterial auf.

Ein See bedeckt den Talgrund.

ENTSTEHUNG EINES RIFTS
Ein Rift oder Großgraben entsteht oft, wenn die Lithosphäre zu einer breiten Aufwölbung aufgeworfen wird, die an ihrem Scheitel entlang steiler Verwerfungsflächen aufbricht. Bei solchen Abschiebungen sinkt eine Seite ein, während an der anderen Gebirge aufsteigen. Flüsse führen Regenwasser aus dem Hochland ins Tal und füllen es mit einem See.

LUFTBILD DES OSTAFRIKANISCHEN GRABENS
Dieses Bild zeigt drei der großen Seen Ostafrikas: den Edwardsee, den Kiwusee und den Tanganjikasee. Sie liegen in der Demokratischen Republik Kongo, Ruanda, Burundi, Uganda und Tansania und füllen den westlichen Arm des Ostafrikanischen Grabensystems. Die Ränder des Grabens wurden aufgeworfen. Das relativ flache Hochland in der weiteren Umgebung war einst Teil einer gewaltigen Aufwölbung der Erdkruste.

OSTAFRIKANISCHER GRABEN

OSTAFRIKANISCHER GRABEN	
Lage	Ostafrika
Alter	35 Mio. Jahre, noch aktiv
Länge	3500 km
Entstehungstyp	Grabenbruch

50 — MITTLERE BREITE DES OSTAFRIKANISCHEN GRABENS IN KILOMETERN

WIEGE DER MENSCHHEIT

Der Ostafrikanische Graben scheint unseren Vorfahren genau die richtige Umwelt geboten zu haben. Fossilien belegen, dass Hominiden diese Landschaft mit dem milden Klima, den Seen und Ebenen bevölkerten und unter Felsen in den steilen Talhängen Schutz suchten. Dank der vulkanischen Aktivität am Grabenbruch wurden diese Fossilien konserviert. Das gut erhaltene bekannte Skelett von Lucy, die zur Art *Australopithecus afarensis* gehörte, wurde im äthiopischen Abschnitt des Grabensystems gefunden und belegt, dass Hominiden vor rund 3,2 Mio. Jahren aufrecht gingen. Etwa gleich alt sind die weiter im Süden, in Tansania, gefundenen Fußabdrücke, die eine Hominidenfamilie hinterließ, als sie nahe der Olduvai-Schlucht eine schlammige Ebene durchwanderte.

> » AUS AFRIKA IMMER ETWAS NEUES. «
>
> **PLINIUS DER ÄLTERE**, RÖMISCHER SCHRIFTSTELLER UND NATURKUNDLER, 23–79 N. CHR.

ÄTHIOPISCHER GRABEN
Das horizontal geschichtete Gestein, das an den steilen, erodierten Flanken der Schluchten zutage tritt, stammt aus riesigen Vulkanausbrüchen vor etwa 30 Mio. Jahren, die sich über einem Manteldiapir abspielten, während die Kruste auseinanderzubrechen begann.

WEITERE GRABENBRÜCHE

Der Baikalsee ist die tiefste Stelle auf einer Kontinentalplatte: Der Seegrund liegt bis zu 1637 m unter dem Meeresspiegel. Er ist ein Grabenbruch, der entstand, als die sibirische Region vor etwa 25 Mio. Jahren auseinanderzubrechen begann. Ein Teil dieser Bewegung kam durch Blattverschiebungen und auch normale Abschiebungen zustande, an denen sich die Kruste nach Osten verlagerte und dem herandrängenden Indien auswich.

Baikalsee aus dem All
In diesem Satellitenbild sind die geraden Uferränder des eisbedeckten Baikalsees gut zu erkennen. Der See ist über 600 km lang und bis 80 km breit und folgt Verwerfungslinien, an denen die Kruste auseinanderbricht. Die Gebirge zu beiden Seiten des Sees sind bis zu 2800 m ü. NN hoch.

Das Tote Meer im Jordangraben
Eine Reihe von Grabenbrüchen entlang einer Transformstörung, an der die Arabische Platte nach Norden an der Afrikanischen Platte vorbeischrammt, hat tiefe Täler erschaffen, in denen sich Seen wie das Tote Meer bilden. Hier liegt das Ufer etwa 400 m unter dem Meeresspiegel.

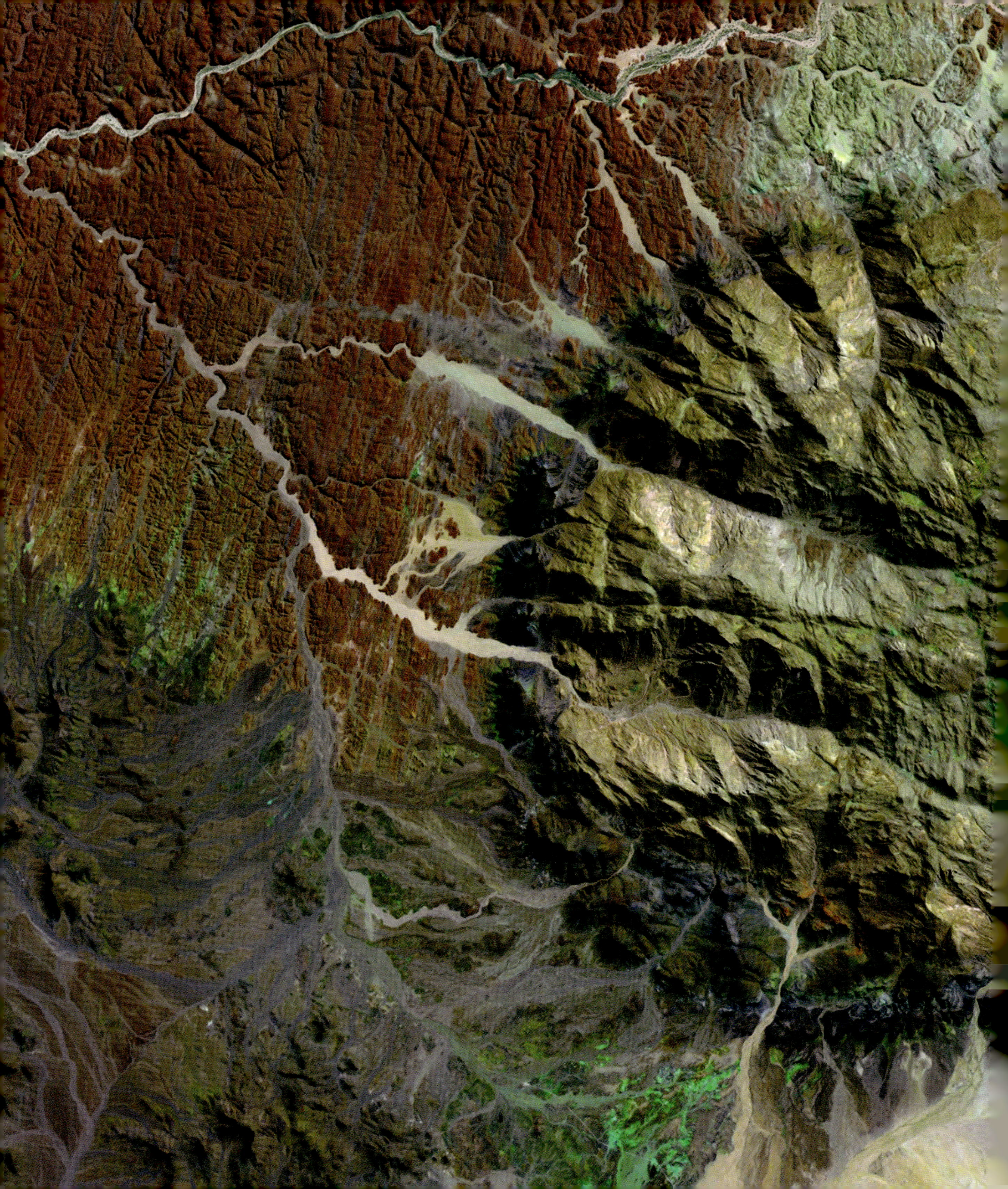

GRANITRIESE

Der Brandberg erhebt sich aus der umliegenden Namib. Diese Granit-Intrusion bildete sich vor über 120 Mio. Jahren. Das Massiv hat einen Durchmesser von 15 km und eine Höhe von 2573 m ü. NN. Der dunkle Ring auf diesem Satellitenbild ist der steile Felsabhang, der den Berg umgibt.

DIE ALPEN

Vielen gelten die Alpen mit ihren schneebedeckten Gipfeln geradezu als Inbegriff aller Gebirge. Die Geologen haben dennoch beinahe 100 Jahre benötigt, um die komplexe Abfolge geologischer Ereignisse nachzuvollziehen, die zu ihrer Entstehung führten.

DIE ALPEN	
Lage	Europa
Alter	140–20 Mio. Jahre
Länge	1200 km
Entstehungstyp	Subduktion und Kontinentalkollision

Hohe Gipfel
1. Mont Blanc 4810 m
2. Monte Rosa, Dufourspitze 4634 m
3. Dom 4545 m
4. Weisshorn 4505 m
5. Matterhorn 4478 m

AUFSTIEG DER ALPEN

Die Alpen wurden durch die Konvergenz der Europäischen und der Afrikanischen Platte erschaffen, die zum Schrumpfen und zur Subduktion des Urmeeres Tethys führte, das sie einst trennte. Die Berge bestehen aus Gestein, das ursprünglich teils der europäischen Kruste, teils der afrikanischen Kruste und teils dem Meeresboden entstammt.

Das Gebirge entstand in mindestens zwei Phasen. Zunächst kollidierten in der Kreide vor etwa 100 Mio. Jahren die Afrikanische Platte und die kleine Apulische Platte und schoben die Ostalpen auf. Anschließend wurde der schmale Penninische Ozean im Norden subduziert. Dies leitete die Hauptphase der Gebirgsbildung im Tertiär vor 60–20 Mio. Jahren ein.

All diese Bewegungen schoben eine Reihe von Gesteinskörpern, die tektonischen Decken, aus den Tiefen der Krusten beider Platten auf. So kamen Gesteine an die Oberfläche, die bei teils hohen, teils niedrigen Temperaturen und Drücken umgewandelt wurden, und so erklärt sich auch die deutliche Krümmung der Gebirgskette. Zusätzlich wurden große Mengen an mesozoischem Kalkstein und anderen Sedimenten aus dem Nordrand der Tethys aufgehäuft; sie bilden heute die Nord- und die Südalpen. Erosion durch Flüsse und Gletscher hat sich in den Zentralalpen tief ins Gestein gefressen; das Geröll wurde an den Rändern in mächtigen Schichten abgelagert, die heute Öl- und Gasfelder enthalten.

ENTSTEHUNG DER ALPEN
Die letzten Schritte vollzogen sich vor 30 Mio. Jahren und schufen eine markante Landschaft aus emporgehobenen Bergen.

Vorgebirge Gefaltete und aufgeschobene Schichten liegen unter diesem Hügelland.

Berggipfel Unter den hohen Bergen liegt metamorphes Gestein.

Verwerfungslinie Furchen in der Landschaft folgen der Hauptverwerfung.

Krustenschmelze steigt unter der Bergkette auf.

Metamorphes Gestein ist hohen Temperaturen und Drücken ausgesetzt.

DIE ALPEN AUS DEM ALL
Dieses Bild aus dem Weltraum zeigt die markante Form der Alpen. Die hohen Teile sind stark erodiert, sodass metamorphes Krustengestein aus Dutzenden Kilometern Tiefe zutage tritt.

AIGUILLE DU MIDI
Diese spitzen Felsnadeln sind die vom Frost zersprengten Überreste einstmals geschmolzener kristalliner Gesteine, die tief in der kontinentalen Kruste entstanden. Sie wurden während der Erschaffung der Alpen an Überschiebungen nach oben transportiert.

DIE ALPEN 75

GESTEINSTYPEN

Ein bekanntes metamorphes Gestein der Alpen ist Blau- oder Glaukophanschiefer, reich an den Mineralien Glaukophan, Lawsonit und Epidot. Es entstand, als Sediment- oder Ergussgestein an den Rändern der Tethys in einer Subduktionszone in eine Tiefe von Dutzenden von Kilometern hinabtransportiert wurden. Bei sehr hohem Druck, aber mäßiger Temperatur kristallisierten Lawsonit und Glaukophan; das Gestein wurde umgewandelt. Während späterer alpiner Bewegungen gelangten die Gesteine wieder an die Oberfläche. Weitere metamorphe Gesteine der Alpenregion enthalten das Mineral Chlorit und Granatkristalle.

metamorphes Gestein

Granatkristall

Lawsonitkristalle

BLAUSCHIEFER
Dieses metamorphe Gestein wurde tief im Erdinneren stark komprimiert und hat daher eine blättrige Struktur.

GRANAT
Die österreichischen Alpen sind berühmt für ihre großen roten und perfekt geformten Granatkristalle, die langsam im Gestein herangewachsen sind.

CHLORIT
Chlorit ist ein grünliches, geschichtetes Mineral, das oft in metamorphem Gestein gefunden wird. Diese Probe stammt vom Matterhorn im schweizerischen Zermatt. Chlorit entstand in einer späteren Phase der Anhebung.

ÜBERSCHIEBUNGS-DECKEN
In diesem Berg ist eine große Falte zu erkennen. In der Frühphase der Plattenkollision, als die Kruste nach Norden geschoben wurde, wurden Gesteine vom Südrand Europas von den tektonischen Kräften aufgeschoben und verbogen.

DER URAL

Der Ural wird als natürliche Grenze zwischen Europa und Asien angesehen. Er erstreckt sich über mehr als 2000 km in Nord-Süd-Richtung und reicht vom Nordpolarmeer bis nach Kasachstan. Er ist eine der wichtigen Quellen für den Reichtum Russlands an Bodenschätzen.

ENTSTEHUNG

Die Geburt des Ural fällt in die letzten Phasen der Schließung eines Ozeans, der durch das Auseinanderbrechen des Superkontinents Pangäa vor 400–500 Mio. Jahren entstanden war. Reste dieses Ozeans, darunter vulkanische Inselketten, gerieten bei der endgültigen Kollision zwischen dem heutigen Europa und dem heutigen Sibirien vor 220–300 Mio. Jahren zwischen die Fronten und wurden zu einem Gebirge aufgeschoben. Geologisch hat sich seither nicht viel getan, abgesehen von der Erosion durch Flüsse und Gletscher, die die einst hohen Berge auf ihre heutige Mittelgebirgshöhe zurechtgestutzt hat. Dadurch trat Grundgestein aus Quarzit, Schiefer und Gabbro mit reichhaltigen Gold-, Platin-, Chromit-, Magnetit- und Kohlelagerstätten zutage. Auch Edel- und Halbedelsteine wie Smaragde und Diamanten gibt es hier.

DER URAL	
Lage	Russland
Alter	250–300 Mio. Jahre
Länge	mehr als 2000 km
Entstehungtyp	Kontinentalkollision

Hohe Gipfel
1. Narodnaja 1895 m
2. Karpinski 1878 m
3. Manaraga 1820 m
4. Jamantau 1640 m
5. Telpos-Is 1617 m

SATELLITENBLICK AUF NOVAJA SEMLJA
Die gebirgige Insel Novaja Semlja, die wie eine nördliche Fortsetzung des Ural im Meer wirkt, kam durch eine Kontinentalkollision zustande, die sich vor etwa 220 Mio. Jahren zutrug. Die Erosion hat Gestein aus der tiefen Erdkruste an die Oberfläche gebracht.

SUBPOLARER URAL
Der Subpolare Ural bildet den höchsten Teil des Gebirges. Als die Eisdecke sich am Ende der letzten Eiszeit zurückzog, kam eine erodierte, kahle Landschaft aus anstehendem Sediment- und metamorphem Gestein ans Licht.

DER URAL

MOINE THRUST

Eine weitere alte Bergkette findet sich in den North West Highlands in Schottland, unter denen Gesteine aus dem Proterozoikum sowie aus den Systemen Kambrium und Ordovizium liegen. Diese Gesteine wurden an Verwerfungsflächen aufgeschoben und bildeten eine große Bergkette. Einer dieser Überschiebungsgürtel, der Moine Thrust in der Nähe des Westrands der schottischen Highlands, entstand, als die Urkontinente Laurentia, Baltica und Avalonia vor etwa 400–500 Mio. Jahren kollidierten und damit das Schicksal des Urozeans Iapetus endgültig besiegelten. Seither sind die Berge durch Flüsse und Gletscher weitgehend abgetragen worden, sodass Eruptivgestein, metamorphes Gestein und Sedimentgestein vom ehemaligen Meeresrand zutage treten.

Der Moine-Thrust-Gürtel wurde gegen Ende des 19. Jhs. von den britischen Geologen Ben Peach und John Horne entdeckt. Ihre Forschung enthüllte das immense Ausmaß der Bewegungen in der Erdkruste, die zur Gebirgsbildung führen.

Die Verwerfungsfläche ist sanft nach Südosten geneigt und trennt die Torridon-Sandsteine und Lewis-Gneise in der Tiefe von den verbackenen Überresten des Sedimentgesteins aus den Rändern des Ozeans Iapetus, die sich darübergeschoben haben. Die Gesteine haben sich zum Teil einige Dutzend Kilometer an der Verwerfungsfläche entlangbewegt.

Cul Mor
Dieser Berg im schottischen Wester Ross besteht aus markanten roten Torridon-Sandsteinen, die von Flüssen im Proterozoikum abgelagert wurden. Vor etwa 400 Mio. Jahren lagen diese Gesteine tief im Erdinneren und metamorphes Gestein, das heute den Großteil der Highlands ausmacht, wurden am Moine-Thrust-Gürtel aufgeschoben. Die Erosion brachte die Sandsteine wieder ans Licht.

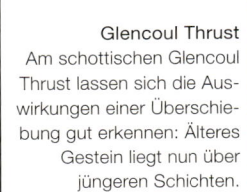

Glencoul Thrust
Am schottischen Glencoul Thrust lassen sich die Auswirkungen einer Überschiebung gut erkennen: Älteres Gestein liegt nun über jüngeren Schichten.

NARODNAJA

Der höchste Berg des Ural, die Narodnaja, besteht aus schwach metamorphen Sedimentgesteinen wie Quarziten und Schiefern, die ursprünglich im Proterozoikum und Kambrium abgelagert wurden.

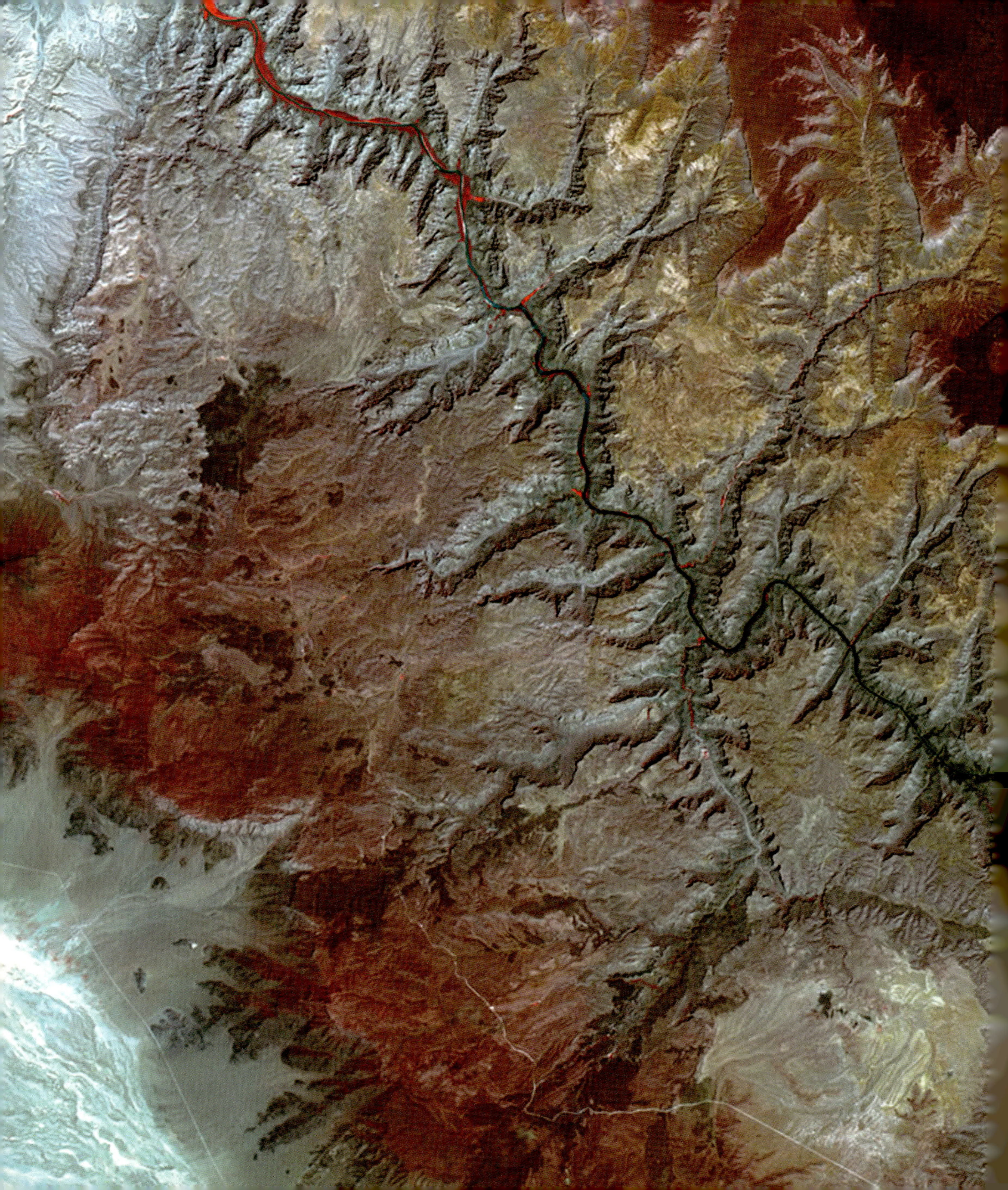

GRAND CANYON

BRIGHT ANGEL POINT
Im Cañon hat der Colorado River auf einer Länge von 440 km tiefe Steilwände in den roten Sandstein geschnitten, die man von diesem Aussichtspunkt gut überblickt.

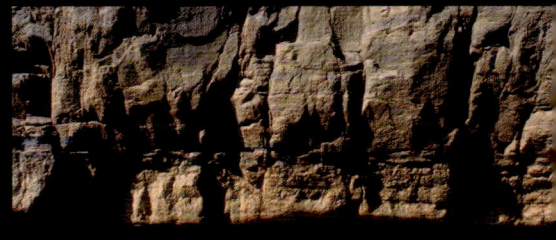

SEDIMENTGESTEIN
Viele Gesteine im Grand Canyon sind Sedimente aus der Zeit, als die Region unter dem Meer lag. Hier sieht man die Grenze zwischen zwei Sedimentformationen.

COLORADO RIVER
Der Fluss schlängelt sich durch den Grand Canyon. Auf diesem Falschfarben-Satellitenbild sind die steilen Wände des Cañons gelb und grau, die bewachsenen Plateaus rot eingefärbt.

GRAND CANYON
Der Toroweap Point liegt 914 m über dem Colorado River. Dieser Aussichtspunkt präsentiert in den Gesteinsschichten 1,7 Mrd. Jahre Erdgeschichte.

GEBIRGSBILDUNG

TRANSANTARKTISCHES GEBIRGE

Am südlichen Ende der Welt erhebt sich, teils unter Eis verborgen, das abgelegenste Gebirge der Welt: das Transantarktische Gebirge, das Antarktika zweiteilt. Es wurde zu Beginn des 20. Jhs. entdeckt und seine Ursprünge sind den Geologen immer noch ein Rätsel.

EIN GROSSES HINDERNIS

Vor etwa 100 Jahren mussten die frühen Antarktis-Entdecker feststellen, dass ihr Weg zum Südpol vom Transantarktischen Gebirge verstellt war. Robert Scott überquerte die Berge auf seiner schicksalhaften Terra-Nova-Expedition (1911/1912): Seine Leute kämpften sich den von tiefen Rissen durchzogenen Beardmore-Gletscher hinauf. Dort hatte das Eis, das aus dem Inlandeis abfloss, ein großes Tal in das Gebirge geschnitten. Scotts Team nahm sich sogar die Zeit, Gesteinsproben von den Gletscherrändern einzusammeln: Kohlestücke, Sandstein und Eruptivgestein. Sie stammen, wie man heute weiß, aus dem Paläozoikum und dem Mesozoikum und lagerten sich ab, als Antarktika eisfrei war. Solches Gestein bildet den Großteil des Hauptgebirgszugs. Unter ihm liegen ältere metamorphe Gesteine, aus denen die tiefen Wurzeln älterer, längst von den Kräften der Erosion abgetragener Gebirge bestanden.

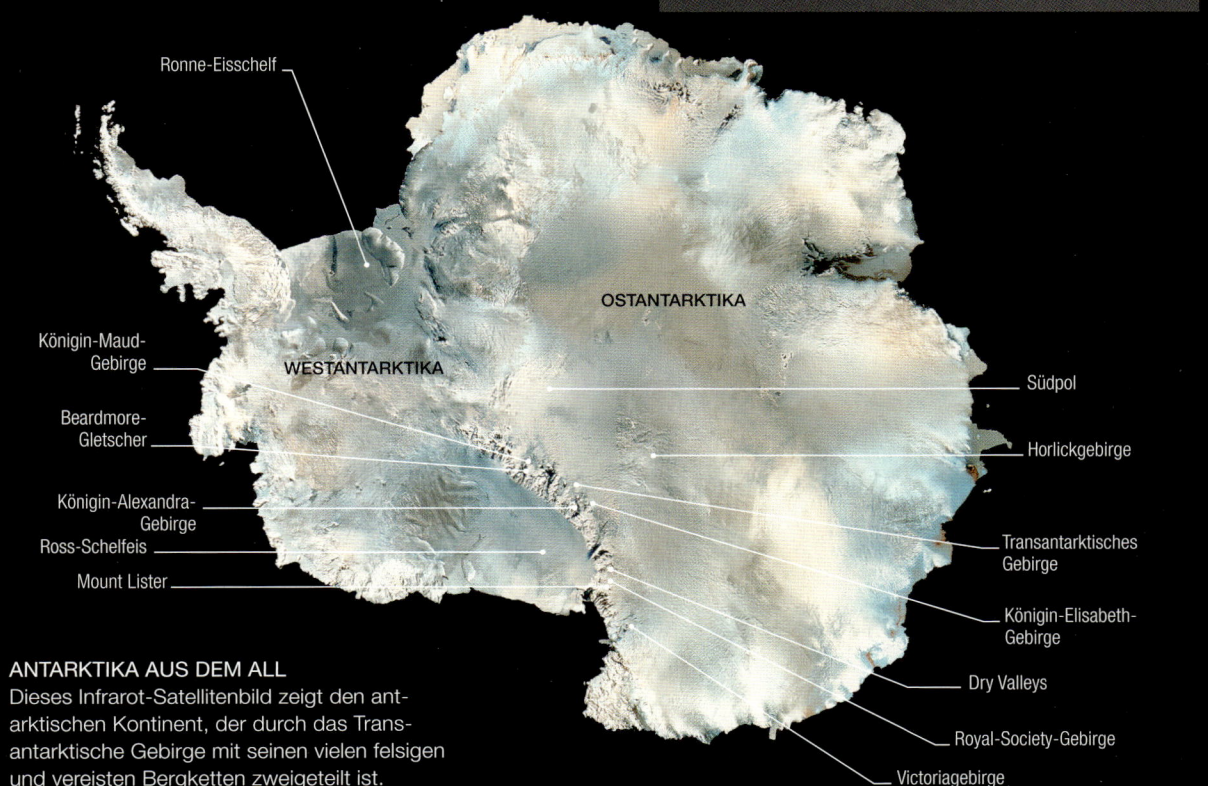

TRANSANTARKTISCHES GEBIRGE	
Lage	Antarktika
Alter	etwa 60 Mio. Jahre
Länge	3200 km
Entstehungstyp	Grabenbruch

Hohe Gipfel
1. Mount Kirkpatrick, Königin-Alexandra-Gebirge 4528 m
2. Mount Kaplan, Königin-Maud-Gebirge 4230 m
3. Mount Minto, Viktoriagebirge 4166 m
4. Mount Lister, Prince-Albert-Gebirge und McMurdo-Gebirge 4023 m
5. Faure Peak, Horlickgebirge 2810 m

ANTARKTIKA AUS DEM ALL

Dieses Infrarot-Satellitenbild zeigt den antarktischen Kontinent, der durch das Transantarktische Gebirge mit seinen vielen felsigen und vereisten Bergketten zweigeteilt ist.

TRANSANTARKTISCHES GEBIRGE   81

KÖNIGIN-ALEXANDRA-GEBIRGE
Diese Gebirgskette, die sich über Schnee und Eis erhebt, enthält die höchsten Gipfel des Transantarktischen Gebirges.

ROYAL-SOCIETY-GEBIRGE
Im Rossmeer-Abschnitt liegt das Royal-Society-Gebirge, von Scott nach den Geldgebern der Discovery-Expedition so benannt.

DRY VALLEYS
Alte Täler, die sich in das Transantarktische Gebirge eingeschnitten haben, machen nahezu waagerechte Sediment- und Eruptivgesteinsschichten aus dem Paläozoikum und Mesozoikum sichtbar.

KÖNIGIN-MAUD-GEBIRGE
Die steile Front des Transantarktischen Gebirges ist eine Grabenböschung. Hier fließen Gletscher wie der Beardmore-Gletscher aus dem Inlandeis ab und schaffen tiefe Täler.

ENTSTEHUNG

Das Transantarktische Gebirge ist zugleich die Grenze zwischen zwei Krustenblöcken mit ganz unterschiedlicher geologischer Vorgeschichte am Rande des Superkontinents Gondwana. Während des Paläozoikums und des Mesozoikums lagerten Flüsse aus den Hochländern Ost- wie Westantarktikas Sedimente in einem riesigen Inlandbecken ab, aus dem später das Transantarktische Gebirge wurde. Noch heute sind die angehobenen Schichten dieses Sedimentgesteins nahezu eben. Sie wurden nie gefaltet oder aufgeschoben, wie es bei Gebirgszügen sonst häufig der Fall ist. Doch bei neueren geologischen Kartierungen wurden normale Abschiebungen gefunden, an denen steile Verwerfungsflächen das Gestein durchschneiden. Demnach nahm das Gebirge vor mehr als 60 Mio. Jahren seinen Anfang, als Gondwana auseinanderbrach. Dieser Prozess hielt bis ins Tertiär an, als die Berge an den Rändern eines Grabens noch höher wurden. Aber das erklärt die große Höhe der heutigen Berge nur zum Teil. Vielleicht liegt unter dem Gebirge ungewöhnlich heißes und leichtes Mantelgestein, das die Berge weiter anhebt.

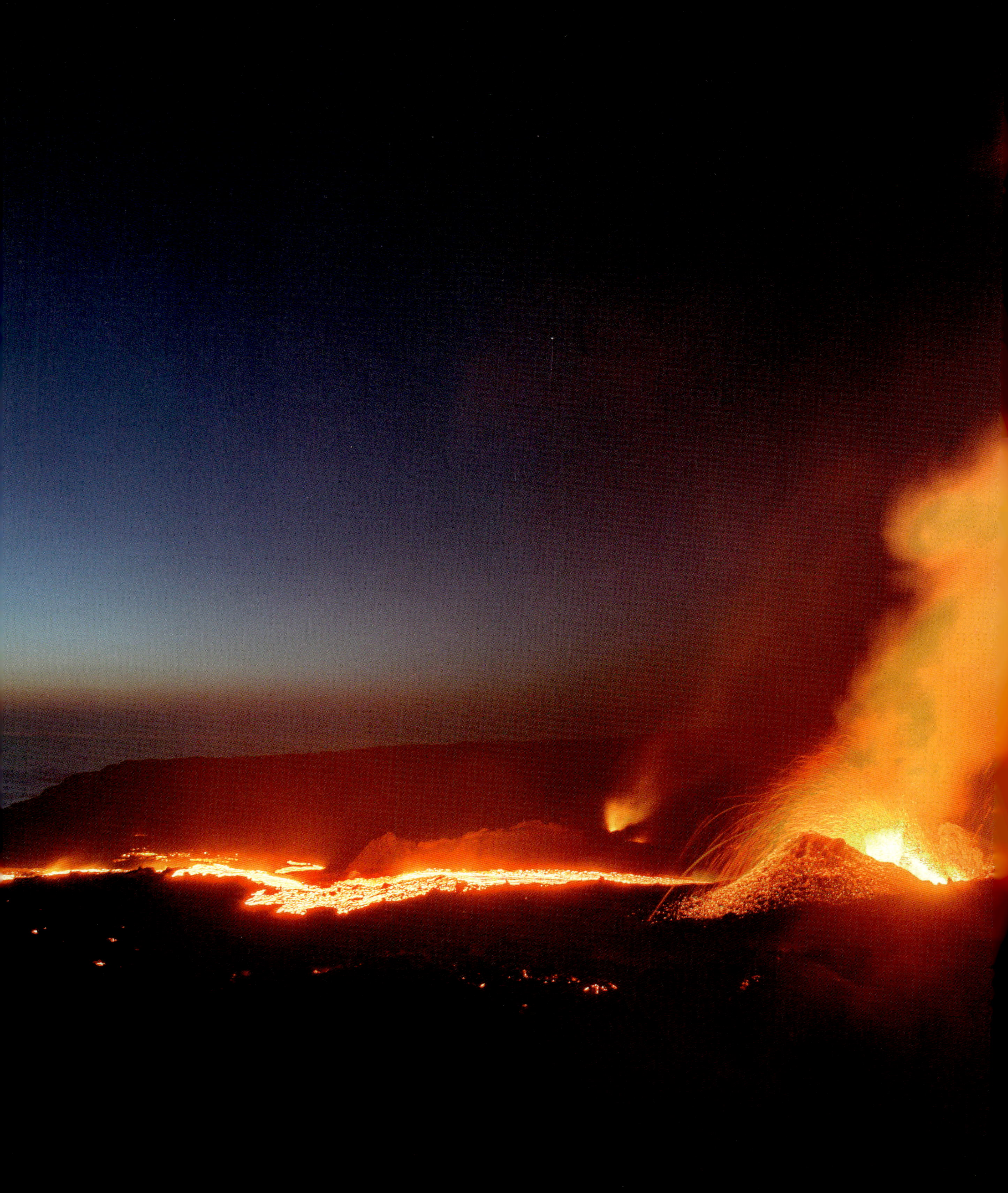

3

VULKANE

<< Eruption
Diese dramatische Eruption fand am Hang des Piton de la Fournaise statt, einem Schildvulkan auf der Insel Réunion im Indischen Ozean.

WAS IST EIN VULKAN?

Ein Vulkan ist eine Öffnung in der Erdkruste, durch die Magma – eine Mischung aus rotglühendem, geschmolzenem Gestein, Gesteinsfragmenten und gelösten Gasen – aus dem Inneren des Planeten an der Oberfläche ausbricht. Magmatische Vulkane sind der bekannteste Typ, aber es gibt auch die weniger bekannten Schlammvulkane (siehe S. 197–197).

ENTSTEHUNG EINES VULKANS

Magma wird durch die Aufschmelzung von Gestein im oberen Mantel und der unteren Kruste gebildet. Dies geschieht nur an bestimmten Stellen, an konvergenten und divergenten Plattengrenzen oder Hotspots (siehe S. 32–33). Magma ist gewöhnlich weniger dicht als das umgebende Gestein, da es heißer ist (Materie dehnt sich beim Erhitzen aus). Daher steigt es an Schwachstellen oder Spalten in der Kruste auf, wobei es kleinere oder größere Mengen des umgebenden anstehenden Gesteins als Einschlüsse, sog. lithische Fragmente, mitnimmt. Schließlich sammelt es sich in großen Magmakammern einige Kilometer unter der Erdoberfläche. Aus ihnen steigt es durch Förderkanäle auf, bis es die Erdoberfläche bzw. den Meeresboden erreicht. Dort tritt das Magma durch Spalten oder röhrenförmige Öffnungen, die Schlote, aus. Dieses Austreten nennt man Eruption. Ein Vulkanausbruch kann unterschiedlich ablaufen: von einem ruhigen, stetigen Ausfließen – in Form einer Fontäne oder eines Lavastroms – bis zu einem hochexplosiven Ereignis, bei dem das Magma und darin eingeschlossene Gase gewaltsam in die Luft gesprengt werden. Oder es läuft den Hang mit großer Geschwindigkeit als sog. pyroklastischer Strom hinab – einer Mischung aus heißem Gestein, Gas und Asche.

WACHSTUM EINES VULKANS

Vulkane wachsen vor allem durch ihre eigenen Auswurfprodukte – verfestigte Lava, Schlacke und Asche. Lava wird das Magma genannt, das aus dem Vulkan ausfließt. Dieses geschmolzene Material kühlt ab und verfestigt sich schließlich zu Gestein. Schlacke und Asche entstehen aus Magma, das in die Luft geschleudert wurde, dort abkühlte und in festem Zustand zu Boden fiel. Je nach Typ wachsen Vulkane aus einem Grundmaterial wie Lava oder Schlacke oder aus einer Mischung verschiedener Auswurfmaterialien. Vulkane können auch zum Teil durch Intrusionen wachsen – dabei steigt Magma im Vulkan auf und verfestigt sich unter der Oberfläche, wobei es die darüberliegenden Gesteine anhebt. Beim Wachsen nehmen viele Vulkane die klassische Vulkanform eines steilwandigen Kegels an. Doch nicht alle Vulkane sind Kegel: Manche sind breite, flach abfallende, schildförmige Strukturen, andere enorme flache Krater oder wassergefüllte Senken. Vulkane variieren erheblich in ihrer Aktivität, sodass auch das Wachstum sehr sporadisch ist. Manche wachsen Jahrmillionen lang, bis der Zufluss von Magma abbricht und sie erlöschen.

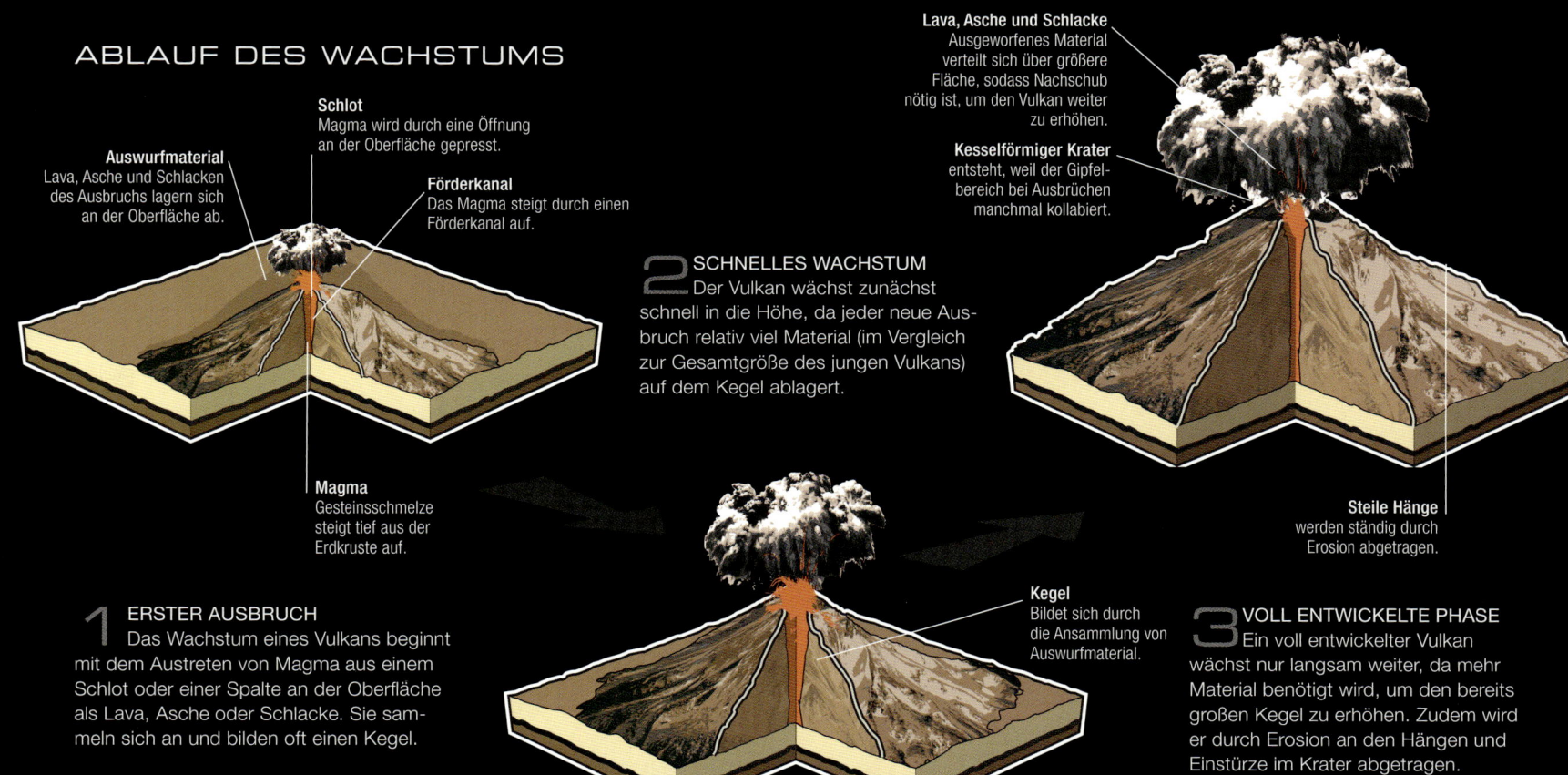

ABLAUF DES WACHSTUMS

Auswurfmaterial
Lava, Asche und Schlacken des Ausbruchs lagern sich an der Oberfläche ab.

Schlot
Magma wird durch eine Öffnung an der Oberfläche gepresst.

Förderkanal
Das Magma steigt durch einen Förderkanal auf.

Magma
Gesteinsschmelze steigt tief aus der Erdkruste auf.

1 ERSTER AUSBRUCH
Das Wachstum eines Vulkans beginnt mit dem Austreten von Magma aus einem Schlot oder einer Spalte an der Oberfläche als Lava, Asche oder Schlacke. Sie sammeln sich an und bilden oft einen Kegel.

2 SCHNELLES WACHSTUM
Der Vulkan wächst zunächst schnell in die Höhe, da jeder neue Ausbruch relativ viel Material (im Vergleich zur Gesamtgröße des jungen Vulkans) auf dem Kegel ablagert.

Kegel
Bildet sich durch die Ansammlung von Auswurfmaterial.

Lava, Asche und Schlacke
Ausgeworfenes Material verteilt sich über größere Fläche, sodass Nachschub nötig ist, um den Vulkan weiter zu erhöhen.

Kesselförmiger Krater
entsteht, weil der Gipfelbereich bei Ausbrüchen manchmal kollabiert.

Steile Hänge
werden ständig durch Erosion abgetragen.

3 VOLL ENTWICKELTE PHASE
Ein voll entwickelter Vulkan wächst nur langsam weiter, da mehr Material benötigt wird, um den bereits großen Kegel zu erhöhen. Zudem wird er durch Erosion an den Hängen und Einstürze im Krater abgetragen.

WAS IST EIN VULKAN? 85

Aschewolke
aus heißem Gas und winzigen Magmastücken, die in die Luft geblasen werden

pyroklastischer Strom
Lawine aus Asche und heißen Gasen aus dem Vulkanausbruch

Kegel
Körper des Vulkans, entstanden aus den Ablagerungen des Auswurfmaterials

Lavastrom
flüssiges Magma, das die Hänge des Vulkans herabfließt

Spalt
Spalte an der Oberfläche, aus der Magma austritt

Dyke (Quergang)
vertikaler Gang (ausgefüllte Spalte) aus Magma

Hauptschlot
größte Öffnung, durch die das Magma austritt

Krater
kesselförmige Senke am Gipfel des Kegels

Hauptförderkanal
transportiert Magma zum Hauptschlot.

Nebenschlot
kleinere Öffnung, durch die Magma austritt

Nebenkegel
Kegel aus Auswurfmaterial, der an einem Nebenschlot wächst

Sekundärer Förderkanal
transportiert Magma zu einem Nebenschlot.

Lakkolith
Magmakörper, der die darüberliegenden Gesteinsschichten anhebt

Sill (Lagergang)
flacher Magmakörper zwischen Gesteinsschichten

Erloschene Magmakammer
enthält Magma, das abgekühlt und erstarrt ist.

Magmakammer
Hohlraum voller Gesteinsschmelze und darin gelösten Gasen

anstehendes Gestein
Gesteinsschichten, die älter als der Vulkan sind

IM INNEREN EINES SCHICHTVULKANS

Die Ursache für die Aktivität eines Vulkans ist eine Magmakammer – ein Hohlraum voll Gesteinsschmelze und Gasen 1–10 km unter der Oberfläche. Ein Vulkan hat gewöhnlich einen Hauptförderkanal zur Oberfläche, doch das Magma kann auch aus Spalten oder aus Nebenschloten ausbrechen und parasitäre Krater oder Nebenvulkane bilden. Magma kann auch in das anstehende Gestein eindringen und dort Intrusionen wie horizontale Lagergänge (Sills), Quergänge (Dykes) oder Lakkolithe bilden, die nach dem Abkühlen zu festen Gesteinskörpern werden.

VULKANE

VULKANE DER WELT

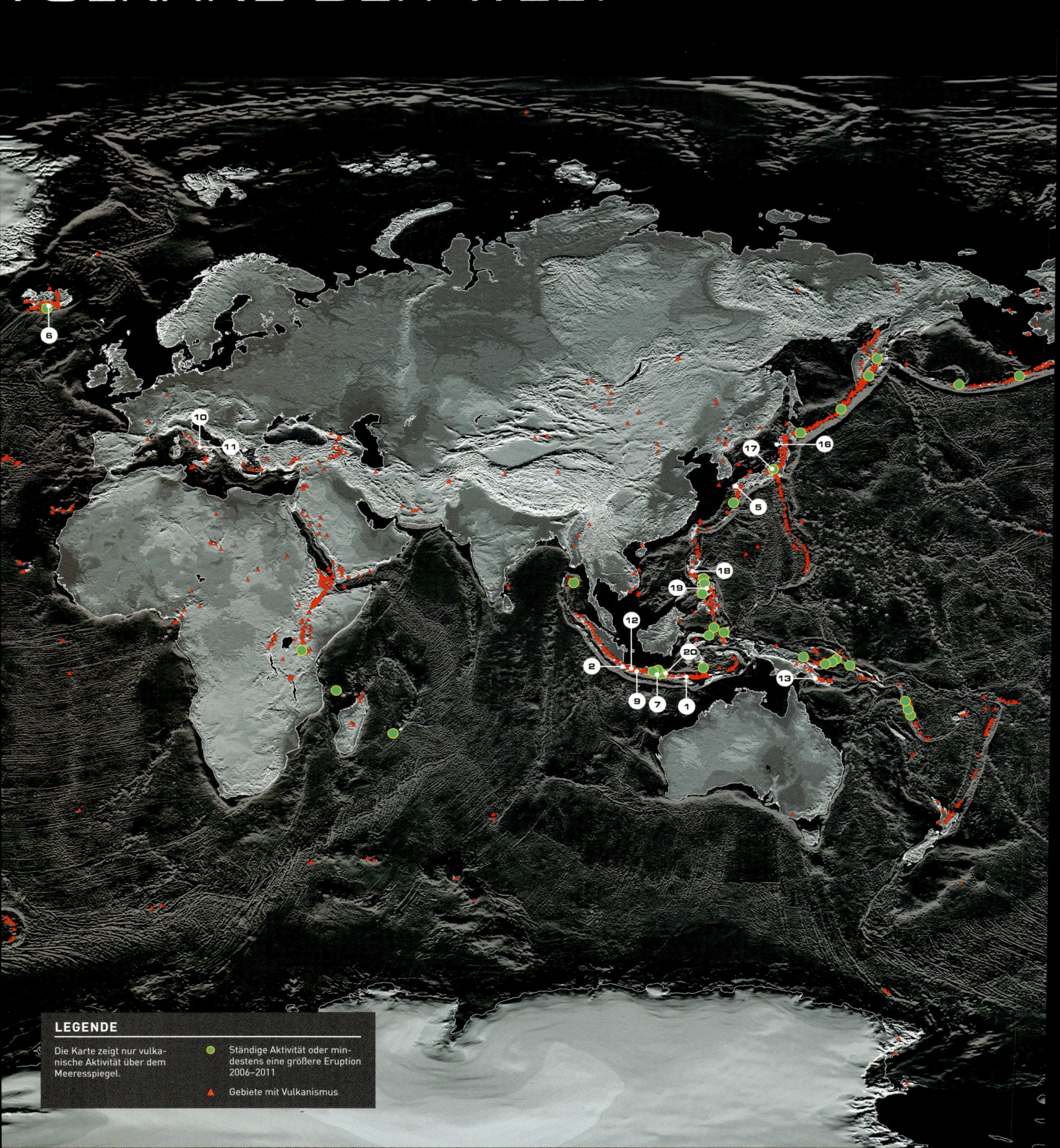

LEGENDE

Die Karte zeigt nur vulkanische Aktivität über dem Meeresspiegel.

○ Ständige Aktivität oder mindestens eine größere Eruption 2006–2011

▲ Gebiete mit Vulkanismus

VULKANE DER WELT

Vulkane konzentrieren sich in bestimmten Gebieten der Erde, meist in der Nähe von Plattengrenzen, insbesondere im »pazifischen Feuerring« um den Pazifischen Ozean. Andere Zentren des Vulkanismus sind Island, Ostafrika, die östliche Karibik sowie die Hotspots von Hawaii im zentralen Pazifik und von Galápagos im Ostpazifik.

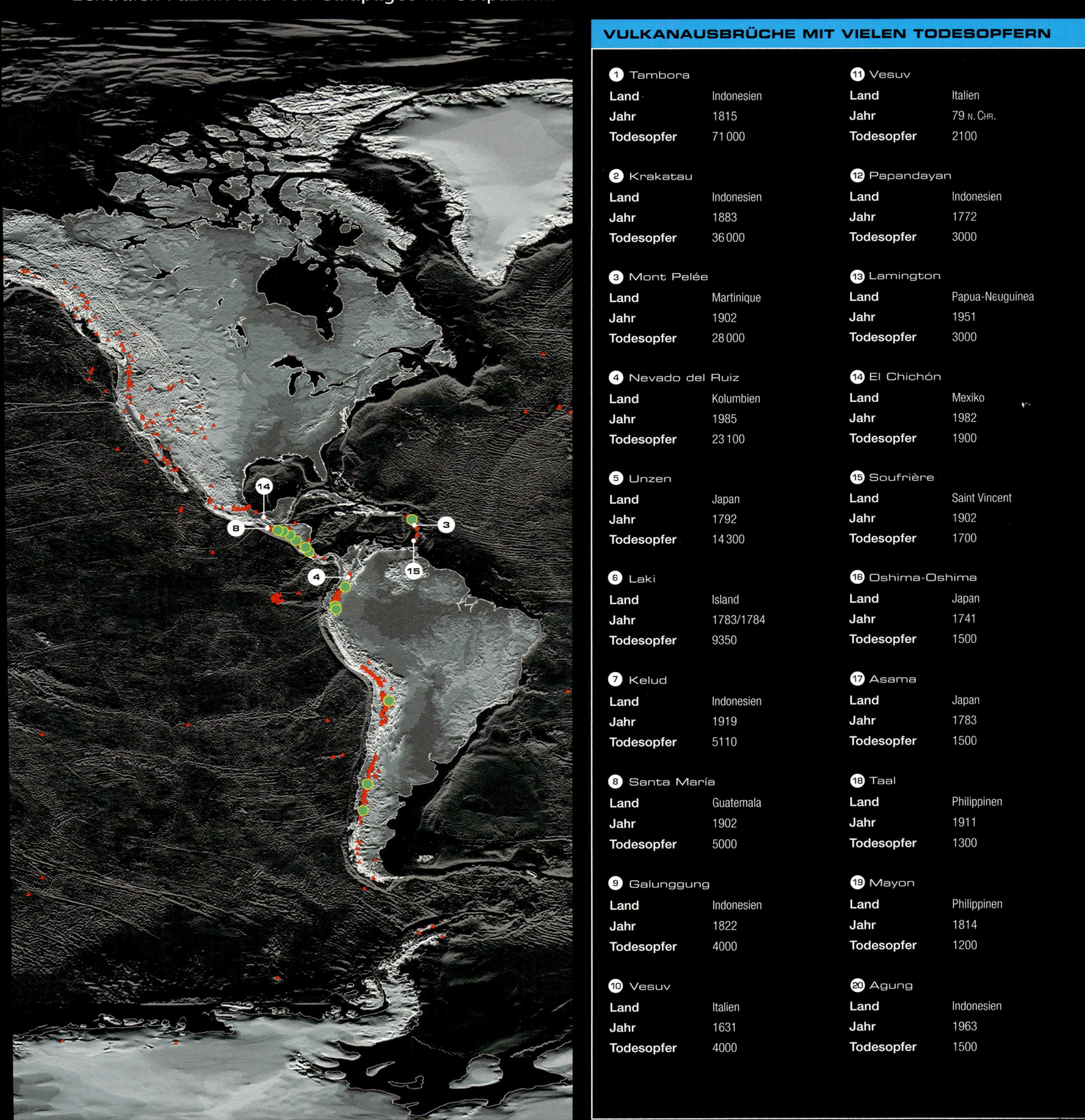

VULKANAUSBRÜCHE MIT VIELEN TODESOPFERN

① Tambora
- Land: Indonesien
- Jahr: 1815
- Todesopfer: 71 000

② Krakatau
- Land: Indonesien
- Jahr: 1883
- Todesopfer: 36 000

③ Mont Pelée
- Land: Martinique
- Jahr: 1902
- Todesopfer: 28 000

④ Nevado del Ruiz
- Land: Kolumbien
- Jahr: 1985
- Todesopfer: 23 100

⑤ Unzen
- Land: Japan
- Jahr: 1792
- Todesopfer: 14 300

⑥ Laki
- Land: Island
- Jahr: 1783/1784
- Todesopfer: 9350

⑦ Kelud
- Land: Indonesien
- Jahr: 1919
- Todesopfer: 5110

⑧ Santa María
- Land: Guatemala
- Jahr: 1902
- Todesopfer: 5000

⑨ Galunggung
- Land: Indonesien
- Jahr: 1822
- Todesopfer: 4000

⑩ Vesuv
- Land: Italien
- Jahr: 1631
- Todesopfer: 4000

⑪ Vesuv
- Land: Italien
- Jahr: 79 n. Chr.
- Todesopfer: 2100

⑫ Papandayan
- Land: Indonesien
- Jahr: 1772
- Todesopfer: 3000

⑬ Lamington
- Land: Papua-Neuguinea
- Jahr: 1951
- Todesopfer: 3000

⑭ El Chichón
- Land: Mexiko
- Jahr: 1982
- Todesopfer: 1900

⑮ Soufrière
- Land: Saint Vincent
- Jahr: 1902
- Todesopfer: 1700

⑯ Oshima-Oshima
- Land: Japan
- Jahr: 1741
- Todesopfer: 1500

⑰ Asama
- Land: Japan
- Jahr: 1783
- Todesopfer: 1500

⑱ Taal
- Land: Philippinen
- Jahr: 1911
- Todesopfer: 1300

⑲ Mayon
- Land: Philippinen
- Jahr: 1814
- Todesopfer: 1200

⑳ Agung
- Land: Indonesien
- Jahr: 1963
- Todesopfer: 1500

VULKANAUSBRÜCHE

Vulkane sind wegen ihrer Ausbrüche interessant, aber oft gefährlich. Sie werden grob in zwei Kategorien eingeteilt: effusiv und explosiv. Bei effusiven Eruptionen kommt es zum relativ ruhigen Ausfluss von Lava. Explosive Ausbrüche sind dagegen von Explosionen geprägt, bei denen heiße Gase und Magma hoch in die Luft geschleudert werden.

URSACHEN UND AUSLÖSER

Viele Faktoren bestimmen, wann ein Vulkan ausbricht und wie die Eruption abläuft. Dazu gehören die Menge des vorhandenen Magmas (d. h. der Gesteinsschmelze), seine Zusammensetzung und Viskosität (Zähflüssigkeit) sowie der Druck in der Magmakammer. Oft ist der Auslöser einer Eruption das Aufsteigen neuen Magmas. Beim Aufsteigen lässt der Druck nach, sodass die gelösten Gase Blasen bilden können, die sich ausdehnen und das Magma weiter nach oben schieben. Wenn das Magma wenig Gas enthält, kann es einfach an der Oberfläche ausfließen, besonders wenn es ein nicht-viskoser (dünnflüssiger) Magmatyp ist. Doch in vielen Vulkanen enthält das Magma große Mengen an Gas und ist zudem sehr viskos. So kann das Gas nicht entweichen, bis der Druck von außen fast auf Null gesunken ist. Wenn Magma von diesem Typ die Oberfläche erreicht und der Druck rapide nachlässt, entweicht alles in ihm enthaltene Gas plötzlich auf einmal. Dadurch kommt es zu einem höchst explosiven Ausbruch und die Gase im Magma bilden eine Menge von sich ausdehnenden Blasen. Dies wiederum zerreißt das Magma in Schlacke- und Aschefragmente und treibt sie hoch in die Luft. Wenn das aufsteigende Magma mit Grund- oder Oberflächenwasser in Kontakt kommt, kann es zu einer gewaltigen Dampfexplosion kommen, bei der Asche aus der plötzlichen Fragmentierung von Magma entsteht. Dies nennt man phreatomagmatische Eruption.

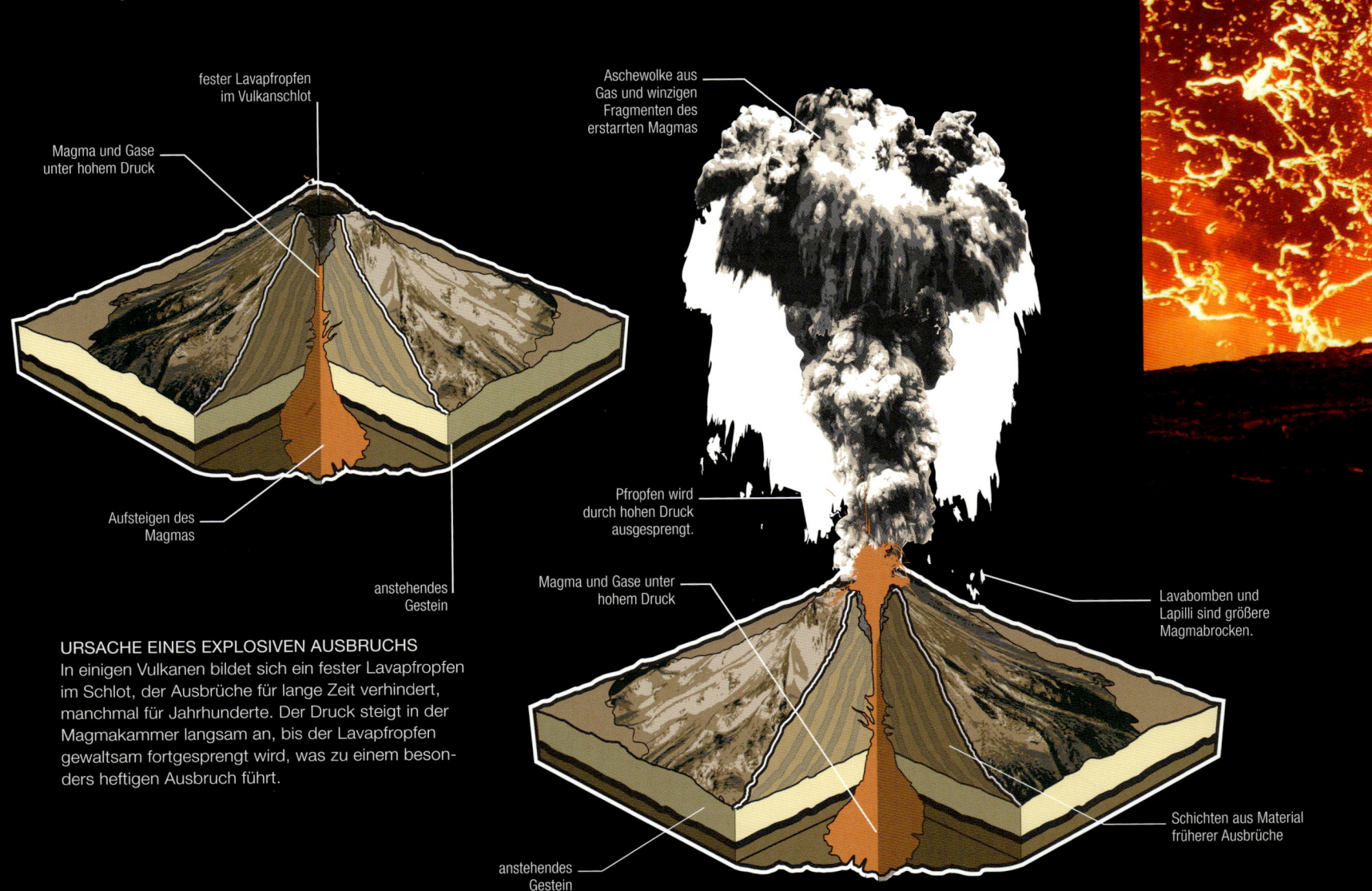

fester Lavapfropfen im Vulkanschlot

Magma und Gase unter hohem Druck

Aufsteigen des Magmas

anstehendes Gestein

URSACHE EINES EXPLOSIVEN AUSBRUCHS

In einigen Vulkanen bildet sich ein fester Lavapfropfen im Schlot, der Ausbrüche für lange Zeit verhindert, manchmal für Jahrhunderte. Der Druck steigt in der Magmakammer langsam an, bis der Lavapfropfen gewaltsam fortgesprengt wird, was zu einem besonders heftigen Ausbruch führt.

Aschewolke aus Gas und winzigen Fragmenten des erstarrten Magmas

Pfropfen wird durch hohen Druck ausgesprengt.

Magma und Gase unter hohem Druck

Lavabomben und Lapilli sind größere Magmabrocken.

Schichten aus Material früherer Ausbrüche

anstehendes Gestein

VULKANAUSBRÜCHE 89

> **DER GRUND FÜR DIESE FEUER IST DAS ÜBERMASS AN SCHWEFEL UND BRENNSTEIN … IM SCHOSS DES BERGES.**
>
> **SIR THOMAS POPE BLOUNT,** EINE NATURGESCHICHTE: BEINHALTEND VIELE NICHT GELÄUFIGE BEOBACHTUNGEN (1693).

VULKANTÄTIGKEIT

Früher teilte man Vulkane in drei Gruppen, aktive, nicht aktive und erloschene Vulkane – je nach Ausbruchshäufigkeit. Doch Vulkanologen verwenden diese Kategorien heute nicht mehr. Manche Vulkane klassifiziert man auch heute noch als erloschen, wenn sie eindeutig nicht mehr mit Magma versorgt werden. Alle anderen Vulkane gelten als aktiv (oder tätig), wobei man zwischen Vulkanen unterscheidet, die wenigstens einmal in historischer Zeit ausgebrochen sind (historisch tätige Vulkane), und jenen, für die Ausbrüche in den letzten 10 000 Jahren belegt sind (im Holozän tätige Vulkane). Es gibt mehr als 1600 im Holozän tätige Vulkane, von denen 573 in historischer Zeit ausbrachen.

AUSBRUCHSSTÄRKE

Die Stärke von Vulkanausbrüchen wird mit dem Vulkanexplosivitätsindex (VEI) angegeben (siehe unten). Der Wert des VEI wird durch die Höhe der Aschewolke oder -säule sowie das geschätzte Volumen an Auswurfmaterial definiert. Bestimmte Eruptionstypen (siehe S. 90–91) haben oft ähnliche VEI-Werte. So haben strombolianische Ausbrüche meist einen VEI von 1 oder 2, während plinianische Eruptionen oft einen VEI von 5 oder 6 haben.

MAGMA-EXPLOSION
Der explosive Ausbruch von Magma am Vulkanschlot – wie hier am Kilauea (Hawaii) – entsteht, weil sich Gase bei plötzlichem Druckabfall rapide ausdehnen.

STÄRKE VON VULKANAUSBRÜCHEN
Der Vulkanexplosivitätsindex (VEI) hat eine ähnliche Funktion wie die Richter-Skala für Erdbeben. Eruptionen mit einem kleinen VEI-Wert sind häufig, solche mit größeren Werten seltener. Seit 1800 gab es nur fünf Eruptionen mit einem VEI von 6 oder 7. Ein Aubruch mit einem VEI von 8 kommt nur etwa alle 100 000 Jahre vor.

VULKANEXPLOSIVITÄTSINDEX (VEI)

VEI	BESCHREIBUNG	HÖHE DER ASCHESÄULE	VOLUMEN DES AUSWURFMATERIALS	BEISPIEL	JAHR
0	Effusiv	bis 100 m	bis 10 000 m^3	Mauna Loa	mehrfach
1	Leicht	100–1 000 m	über 10 000 m^3	Stromboli	mehrfach
2	Explosiv	1–5 km	über 1 Mio. m^3	Tristan da Cunha	1961
3	Schwer	3–15 km	über 10 Mio. m^3	Ätna	2003
4	Kataklysmisch	10–25 km	über 0,1 km^3	Eyjafjallajökull	2010
5	Paroxysmal	über 25 km	über 1 km^3	Mount St. Helens	1980
6	Kolossal	über 25 km	über 10 km^3	Krakatau	1883
7	Super-kolossal	über 25 km	über 100 km^3	Tambora	1815
8	Mega-kolossal	über 25 km	über 1 000 km^3	Toba	vor 70 000 Jahren

ERUPTIONS-TYPEN

Man stellt sich Vulkanausbrüche oft als plötzliche, verheerende Explosionen vor, die große Mengen an Lava, Asche und anderem Material erzeugen. Tatsächlich sind Eruptionen recht unterschiedlich. Schon ein einzelner Vulkan kann auf verschiedene Arten ausbrechen und sogar in den Phasen eines einzelnen Ausbruchs den Charakter ändern.

PLINIANISCH

Diese extrem explosiven Ausbrüche erzeugen riesige Wolken aus Gasen und Asche. Die seltenen, besonders großen Ausbrüche heißen ultra-plinianisch. Siehe auch plinianische Eruptionen auf S. 154–155.

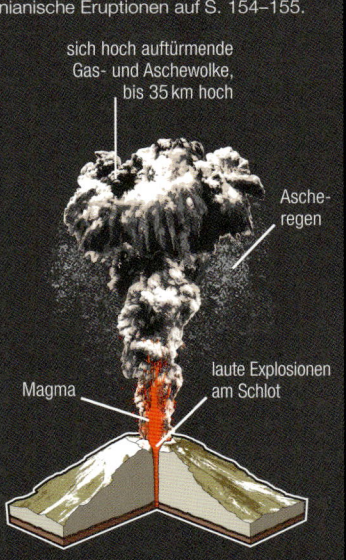

- sich hoch auftürmende Gas- und Aschewolke, bis 35 km hoch
- Ascheregen
- Magma
- laute Explosionen am Schlot

AUSBRUCH DES PINATUBO 1991
Der Ausbruch des Pinatubo auf den Philippinen im Juni 1991 (oben) war eine von nur wenigen plinianischen Eruptionen des 20. Jhs. Er erzeugte eine 34 km hohe Aschesäule, mehr als 800 Menschen kamen ums Leben.

VULKANIANISCH

Diese Ausbrüche beginnen mit einer lauten Explosion. Sie erzeugen Lavabomben und eine Aschewolke, oft gefolgt von Lavaströmen. Siehe auch vulkanianische Eruptionen auf S. 150–151.

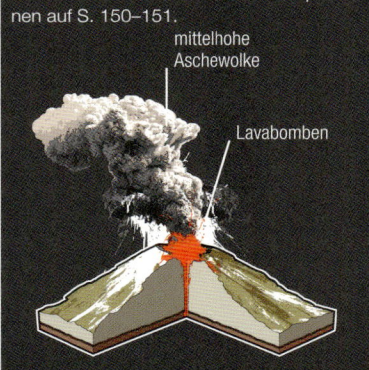

- mittelhohe Aschewolke
- Lavabomben

SURTSEY-TYP

Bei Ausbrüchen vom Surtsey-Typ hat der Gipfel eines Unterwasservulkans die Oberfläche erreicht, was zu heftigen Explosionen führt. Siehe auch Surtsey S. 256–257.

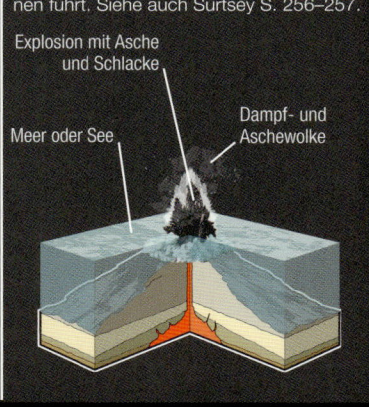

- Explosion mit Asche und Schlacke
- Meer oder See
- Dampf- und Aschewolke

PHREATISCH

Phreatische Ausbrüche entstehen beim Kontakt von heißem Gestein mit kaltem Grund- oder Oberflächenwasser. Es kommt zu Dampfexplosionen mit Auswurf von Asche, Lavabomben und Gestein. Eine ähnliche Form, bei der Wasser mit Magma in Kontakt kommt, heißt phreatomagmatisch. Beide Arten produzieren keine glühende Lava oder Lavaströme. Siehe auch phreatische Eruptionen auf S. 164–165.

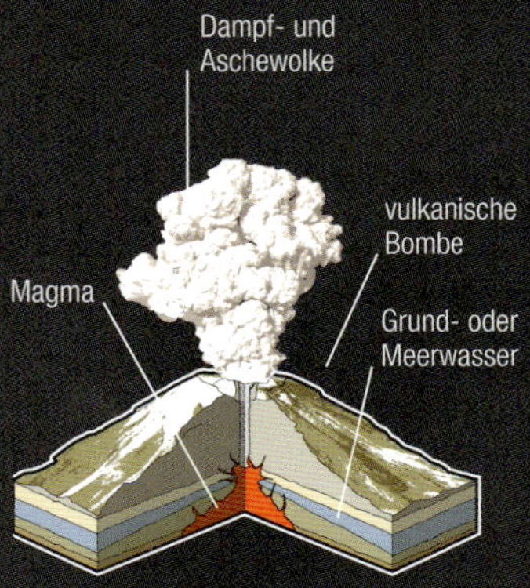

- Dampf- und Aschewolke
- Magma
- vulkanische Bombe
- Grund- oder Meerwasser

PHREATISCHER AUSBRUCH
Eine große Pilzwolke aus Dampf und Asche steigt im Jahr 1999 vom Guagua Pichincha (Ecuador) auf.

ASCHE- UND GASSTROM, MONTSERRAT
Ein pyroklastischer Strom – heißes Gas mit Asche und Gesteinsbrocken – strömt die Soufrière Hills auf der Karibikinsel Montserrat hinunter. Solche Ereignisse charakterisieren peléeanische Ausbrüche.

LAVAFONTÄNE AM KILAUEA
Hawaiianische Eruptionen werden so genannt, weil die großen Vulkane auf Hawaii wie der Mauna Loa oder der Kilauea (rechts) oft auf diese Weise ausbrechen.

PELEANISCH

Ein wichtiges Merkmal dieses Typs ist ein pyroklastischer Strom (»Glutwolke«, eine Mischung aus heißen Gasen und Asche), der mit bis zu 160 km/h den Hang herabströmt. Siehe auch peleanische Eruptionen auf S. 152–153.

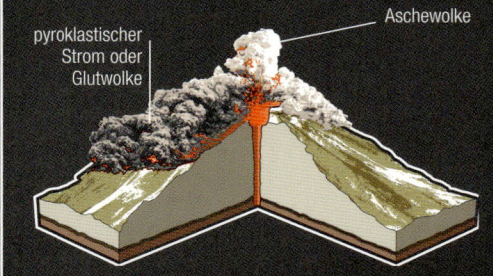

- pyroklastischer Strom oder Glutwolke
- Aschewolke

ERUPTIONSTYPEN 91

SPALTE AN DER KRAFLA
Spalteneruptionen bezeichnet man auch als Island-Typ, da sie auf Island häufig sind, so auch beim Ausbruch des Vulkans Krafla (links).

STROMBOLI BEI NACHT
Strombolianische Ausbrüche sind nach dem kleinen Schichtvulkan Stromboli (unten) vor der Küste Siziliens benannt, der fast kontinuierlich auf diese Weise ausbricht.

SPALTENERUPTION ODER ISLAND-TYP
Das Hauptmerkmal dieses Eruptionstyps ist das Auftreten einer langgestreckten Spalte im Boden. Große Mengen dünnflüssiger Lava fließen ruhig aus der Spalte, manchmal in einer Reihe kleiner Lavafontänen. Siehe auch Spalteneruptionen auf S. 142–143.

- langgestreckte Spalte
- erstarrte Lava
- heiße, dünnflüssige Lava

SUBGLAZIAL
Wenn Vulkane unter einer Eiskappe oder einem Gletscher ausbrechen, spricht man von subglazialen Eruptionen. Siehe auch subglaziale Eruptionen auf S. 166–167.

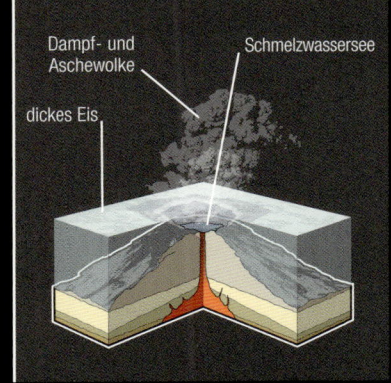

- Dampf- und Aschewolke
- Schmelzwassersee
- dickes Eis

STROMBOLIANISCH
Ausbrüche dieses Typs produzieren in regelmäßigen Abständen Lavafontänen und kleine Lavabomben, dazwischen auch Lavaströme. Siehe auch strombolianische Eruptionen auf S. 148–149.

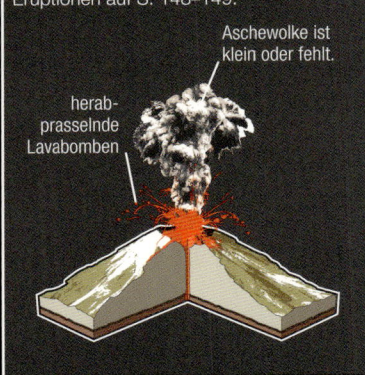

- Aschewolke ist klein oder fehlt.
- herabprasselnde Lavabomben

HAWAIIANISCH
Hawaiianische Ausbrüche zeigen relativ ruhige Ausflüsse von Lava in Form von Lavaströmen und Lavafontänen, meist aus Spalten an den Vulkanhängen. Manchmal fließt Lava auch aus einem Lavasee im Krater am Gipfel aus. Siehe auch hawaiianische Eruptionen auf S. 144–145.

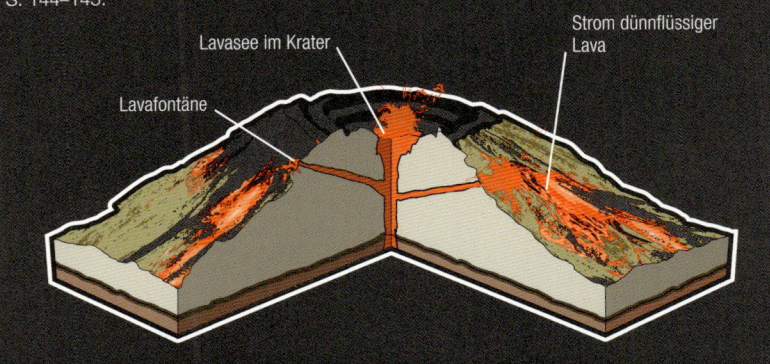

- Lavasee im Krater
- Strom dünnflüssiger Lava
- Lavafontäne

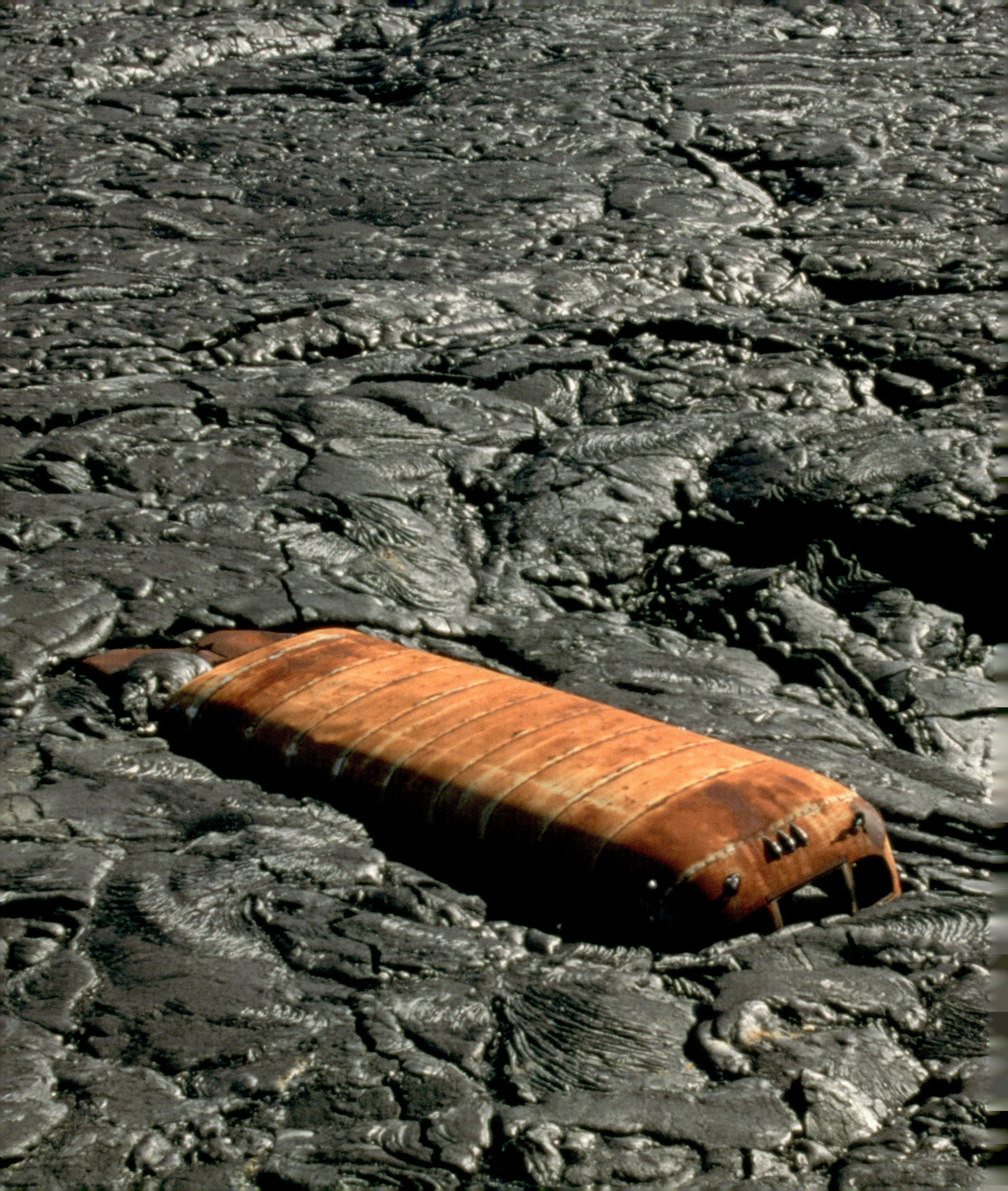

UNTER LAVA BEGRABEN
Das rostige Dach eines Schulbusses ragt aus einer Decke erstarrter Pahoehoe-Lava heraus, die 1990 aus dem hawaiianischen Schildvulkan Kilauea floss. Der Lavastrom, der auch die kleinen Städte Kalapana und Kaimu fast völlig unter sich begrub, war nur eine Phase eines Ausbruchs, der über 30 Jahre anhielt.

VULKANTYPEN

Vulkane unterscheiden sich nicht nur nach Eruptionstyp, sondern auch durch ihre Gestalt. Am bekanntesten sind große, steile Kegel, doch es gibt andere Formen, die von viel kleineren Kegeln bis hin zu ausgedehnten, flach abfallenden Lavaflächen oder wassergefüllten Senken reichen. Die Form der Vulkane, die in einer Region vorherrschen, hängt von verschiedenen Faktoren ab, etwa der Art des Magmas, das sich in dieser Gegend in der Erdkruste bildet.

SCHILDVULKANE

Die Riesen der Vulkanwelt sind die Schildvulkane, deren breite Form an einen umgekehrten Schild erinnert. Sie bestehen aus Schichten von Lava, die über die Oberfläche floss und dann erstarrte. Schildvulkane bilden sich gewöhnlich über Hotspots. Siehe auch S. 114–115.

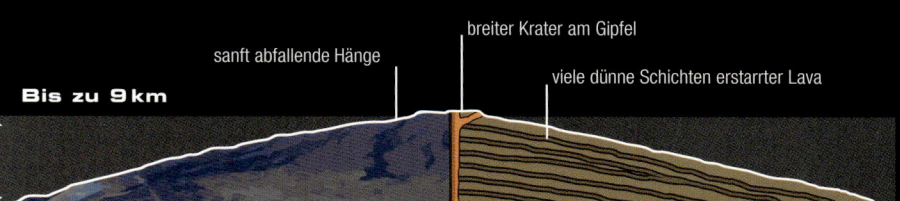

PITON DE LA FOURNAISE
Hier sieht man einen kleinen Nebenkegel auf dem Hang des massiven Schildvulkans Piton de La Fournaise, der einen Teil der Insel Réunion im Indischen Ozean bildet.

- sanft abfallende Hänge
- breiter Krater am Gipfel
- viele dünne Schichten erstarrter Lava
- Bis zu 9 km

REDOUBT
Der an der Küste Alaskas liegende Redoubt ist ein großer Schichtvulkan, der in spektakulärer Weise 1989–1990 ausbrach und dann nochmals 2009. Dabei stieß er jeweils enorme Aschewolken aus.

SCHICHTVULKANE

Hohe, steilwandige Vulkane, die aus sich abwechselnden Schichten verschiedener Auswurfprodukte bestehen, heißen Schicht- oder Stratovulkane. Dies ist ein häufiger Typ, der dort auftritt, wo viskose (zähflüssige) Lava die Erdoberfläche erreicht. Ihre Ausbrüche sind oft extrem explosiv. Viele berühmte Vulkane der Welt, etwa der Mount St. Helens oder der Ätna, gehören zu diesem Typ. Siehe auch S. 120–123.

- Kegelform mit steilen, auslaufenden Hängen
- Krater am Gipfel
- Schichten von erstarrter Lava, Asche, Bimsstein und Schlacke
- Bis zu 5,5 km

CALDEREN

Wenn der obere Teil eines Schichtvulkans nach einem gewaltigen Ausbruch kollabiert, entsteht eine Caldera – ein weiter, tiefer Krater, unter dem (bei noch tätigen Vulkanen) eine Magmakammer liegt. Viele Calderen sind mit Wasser gefüllt. Einige enthalten jüngere Vulkankegel oder andere vulkanische Strukturen, die in ihnen wachsen. Siehe auch S. 126–127.

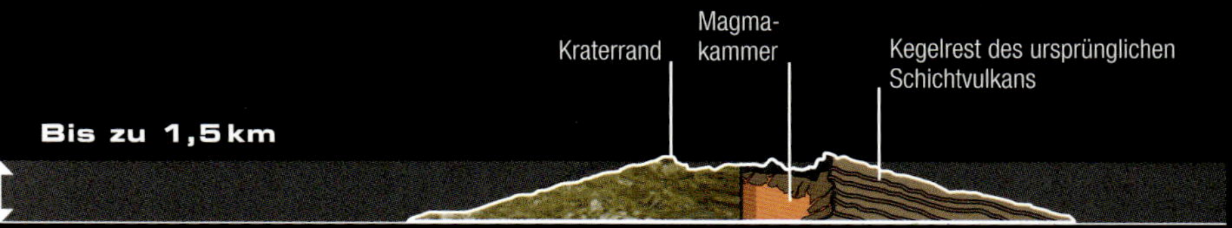

QUILOTOA-CALDERA
Diese Caldera in den ecuadorianischen Anden entstand vor rund 800 Jahren nach dem teilweisen Kollaps eines Schichtvulkans. Heute enthält sie einen tiefen See, der durch gelöste Minerale grün gefärbt ist.

- Kraterrand
- Magmakammer
- Kegelrest des ursprünglichen Schichtvulkans
- Bis zu 1,5 km

VULKANTYPEN 95

ZUNI-SALZSEE
Der in New Mexico liegende Zuni-Salzsee füllt den unteren Teil eines Maars, das einen Durchmesser von etwa 2000 m hat und 120 m tief ist. Der See, ein heiliger Ort der amerikanischen Ureinwohner, trocknet oft zur Salzpfanne aus. Am Rand liegen zwei kleinere Schlackenkegel.

MAARE

Als Maare bezeichnet man relativ kleine, flache, kesselförmige Krater, die als leichte Senken in der Erdoberfläche erscheinen. Oft sind sie mit Wasser gefüllt und bilden einen See, doch es gibt auch einige trockene Maare in Wüstengegenden. Sie entstehen durch Explosionen, wenn Magma beim Aufsteigen mit Grundwasser oder Permafrost in Kontakt kommt. Siehe auch S. 130–131.

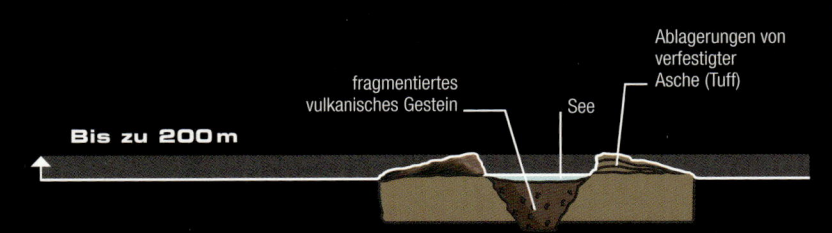

Bis zu 200 m

fragmentiertes vulkanisches Gestein
See
Ablagerungen von verfestigter Asche (Tuff)

KEGEL AUF HAWAII
Dieser Tuffkegel auf Oahu (Hawaii) heißt Koko Crater. Wie viele Tuffringe und -kegel entstand er in einer einzelnen Ausbruchsphase und sollte nicht nochmals tätig werden.

TUFFKEGEL UND TUFFRINGE

Dies sind kleine Vulkane mit kesselförmigem Zentralkrater. Sie entstehen – ähnlich wie Maare – beim Kontakt von aufsteigendem Magma mit Grund- oder Meerwasser. Dabei bilden sich große Aschemengen, die sich zu einem Kegel oder Wall ablagern und im Lauf der Zeit zu Tuffgestein verfestigen. Siehe auch S. 134–135.

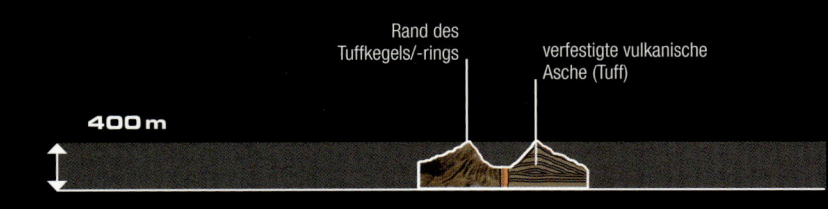

400 m

Rand des Tuffkegels/-rings
verfestigte vulkanische Asche (Tuff)

SCHLACKENKEGEL

Die relativ kleinen Schlackenkegel bestehen vor allem aus loser Schlacke (größeren, porösen Fragmenten erstarrter Lava) und Asche. Die Schlacken- oder Aschenkegel bilden sich manchmal neben größeren Vulkanen. Siehe auch S. 116–119.

DOPPELKEGEL
Diese beiden Schlackenkegel sind Teil der Feuerberge, einer Vulkanregion auf Lanzarote, einer der Kanarischen Inseln.

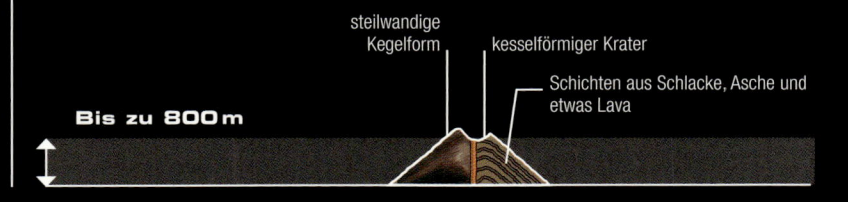

Bis zu 800 m

steilwandige Kegelform
kesselförmiger Krater
Schichten aus Schlacke, Asche und etwas Lava

LAVA

Gesteinsschmelze (Magma), die sich aus einem Vulkan auf die Erdoberfläche ergießt, nennt man Lava. Beim Ausbruch glüht sie rot und hat Temperaturen zwischen 700 °C und 1200 °C. Obwohl sie viel zähflüssiger als Wasser ist, fließt sie unter dem Einfluss der Schwerkraft am Boden entlang, solange ihre Temperatur hoch genug ist. Irgendwann kühlt sie weit genug ab und erstarrt zu festem Gestein.

EIGENSCHAFTEN

Verschiedene Vulkane stoßen unterschiedliche Arten von Lava aus, die sich in Temperatur und Zusammensetzung – vor allem dem Anteil an Kieselsäure (bzw. Silikat) – unterscheiden. Die heißesten, kieselsäurearmen Laven sind basaltische Laven, die ziemlich dünnflüssig sind. Sie können selbst bei nur geringem Gefälle Dutzende von Kilometern weit fließen, bevor sie zu Basalt erstarren. Diese Lava gibt es in zwei Formen: Pahoehoe-Lava und Aa-Lava (siehe unten). Andesitische Laven sind kühler und zähflüssiger; sie fließen nur kurze Strecken, bevor sie erstarren. Dazitische und rhyolithische Laven sind am zähflüssigsten und fließen nur sehr langsam. Nach dem Abkühlen bilden sie die Gesteine Dazit bzw. Rhyolith.

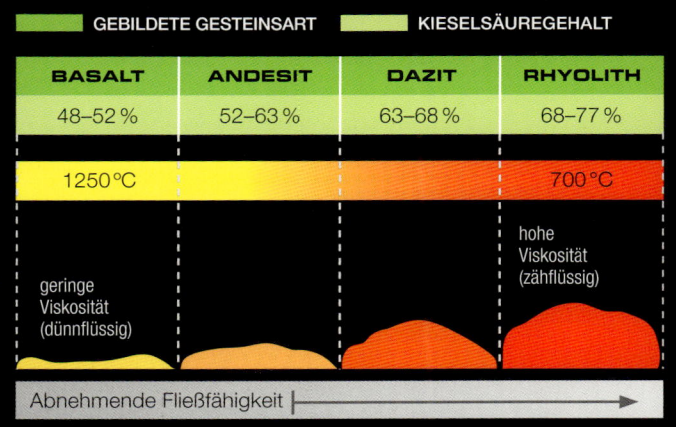

	GEBILDETE GESTEINSART			KIESELSÄUREGEHALT	
	BASALT	ANDESIT	DAZIT	RHYOLITH	
	48–52 %	52–63 %	63–68 %	68–77 %	
	1250 °C			700 °C	
	geringe Viskosität (dünnflüssig)			hohe Viskosität (zähflüssig)	

Abnehmende Fließfähigkeit →

SPEKTRUM AN EIGENSCHAFTEN
Von links nach rechts zeigt diese Grafik Lava mit zunehmendem Gehalt an Kieselsäure, wobei auch die Viskosität (Zähflüssigkeit) zunimmt. Da sie relativ dünnflüssig ist, kann die basaltische Lava links über größere Entfernungen fließen als die Lavatypen rechts.

VULKANISCHE GESTEINE
Olivinkristall — kleine Pyroxenkristalle — Feldspatkristall

Gesteine aus erstarrter Lava (»Vulkanite«) wie dieser Basalt sind meist feinkörnig. Ihre Kristalle sind klein, da sie schnell abkühlten.

PLUTONISCHE GESTEINE
Pyroxenkristall — Olivinkristall

Gesteine, die in der Tiefe aus Magma entstehen (»Plutonite«), hier ein Peridotit, sind eher grobkörnig, da beim langsamen Abkühlen die Kristalle größer werden.

LAVAFONTÄNE
Lavaströme, die kraftvoll, aber nicht explosiv in die Höhe spritzen, heißen Lavafontänen. Sie treten oft bei hawaiianischen Eruptionen auf (siehe S. 144–145).

PAHOEHOE-LAVA

Temperatur	1090–1200 °C
Zusammensetzung	basaltisch
Geschwindigkeit des Vordringens	bis 10 km/h, höher in Kanälen
Vulkantyp	Schildvulkane

Pahoehoe fließt in fladenartigen Formen (»Fladenlava«). Beim Abkühlen entsteht eine dünne, flexible Haut. Unter ihr fließt die Lava weiter und staucht bzw. faltet die Haut zu strangartigen Texturen (»Stricklava«).

AA-LAVA

Temperatur	980–1090 °C
Zusammensetzung	basaltisch
Geschwindigkeit des Vordringens	5–100 m/h
Vulkantyp	Schildv., Schichtv.

Aa-Lava (Brockenlava) ist kühler und zähflüssiger als Pahoehoe-Lava. Aa-Lavaströme haben eine raue, zerbrochene Oberfläche. Sie kann schnell vordringen und Häuser oder Wälder unter sich zerdrücken.

KISSENLAVA

Temperatur	870–1200 °C
Zusammensetzung	basaltisch, andesitisch
Geschwindigkeit des Vordringens	1–9 m/h
Vulkantyp	Unterwasservulk.

Kissenlava entsteht beim Ausbruch eines Vulkans unter Wasser. Beim Kontakt mit Wasser erstarrt die Lava zu kissenförmigen Blöcken. Durch Hebung des Meeresbodens kann sie (wie hier) auch an Land auftreten.

BLOCKLAVA

Temperatur	760–930 °C
Zusammensetzung	andesitisch, rhyolitisch
Geschwindigkeit des Vordringens	1–5 m/h
Vulkantyp	Schichtv., Lavakuppe

Die relativ kühle und unbewegliche Blocklava dringt nur langsam in kurzen, gestauchten Strömen vor. Beim Erstarren bildet sie (wie oben) grob würfelförmige Gesteinsblöcke mit relativ glatten Oberflächen.

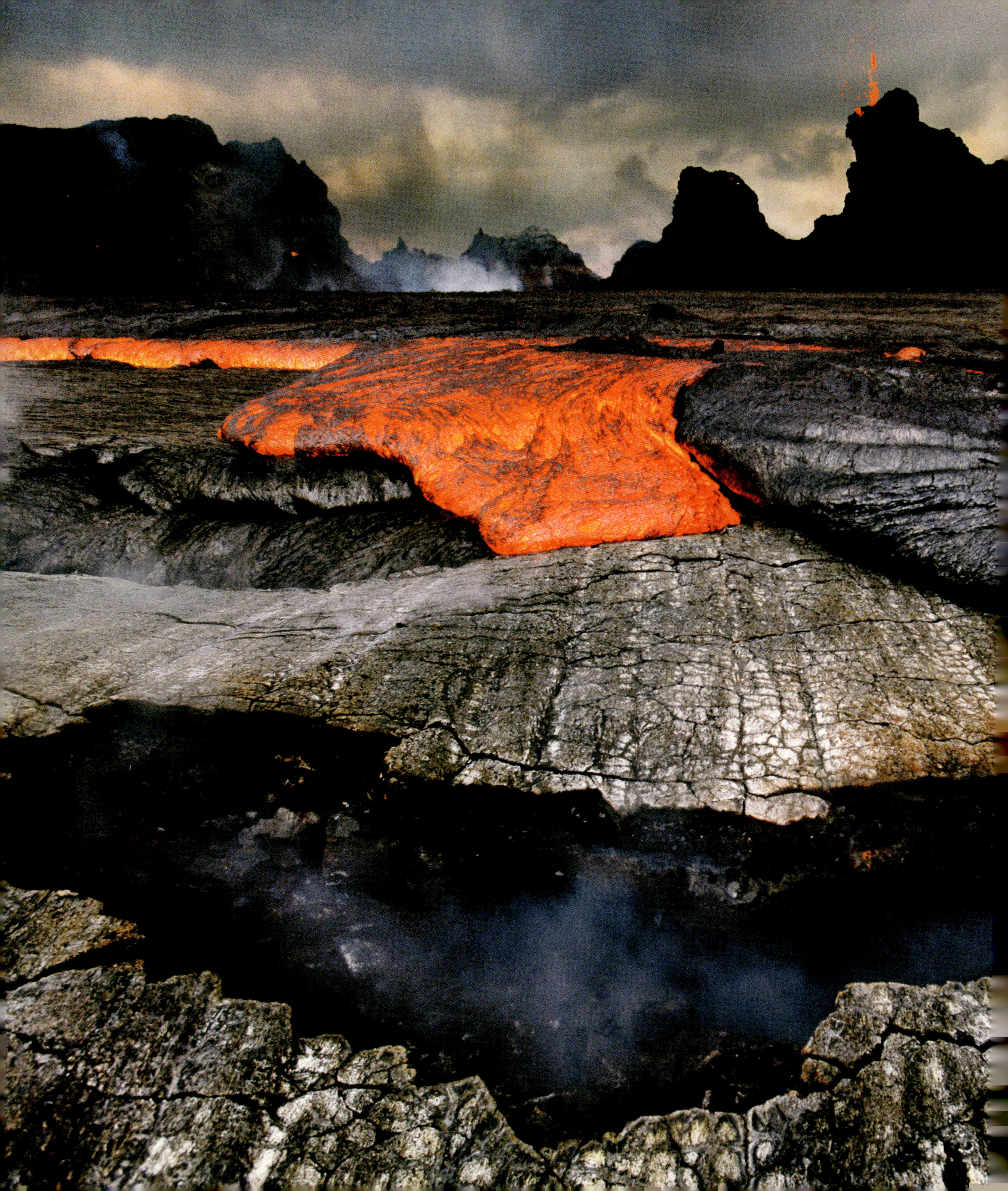

LAVA 99

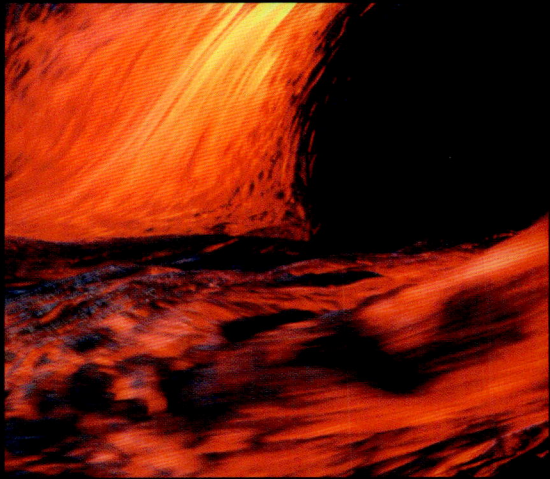

SCHNELL FLIESSENDER STROM
Diese lang belichtete Aufnahme zeigt schnell fließende Pahoehoe-Lava. Auf mittelsteilen Hängen, wie hier, kann sie eine Geschwindigkeit von über 50 km/h erreichen.

VORSTOSS INS MEER
Dampf steigt auf, wo Lava die Küste von Big Island, Hawaii, erreicht. Alles Land hier besteht aus schwarzer, erstarrter Lava, deren Ströme die Insel ständig vergrößern.

JUNGER LAVASTROM
Ströme von junger, flüssiger Lava – an der Oberfläche teils erstarrt (schwarz) – fließt über einen Krater auf dem Vulkan Kilauea (Hawaii). Darunter liegt eine ältere Lavadecke (grau), von der ein Teil im Vordergrund gerade eingebrochen ist.

ERSTARRTE PAHOEHOE-LAVA
Diese Lava aus dem Vulkan Piton de la Fournaise auf der Insel Réunion im Indischen Ozean bildete beim Erstarren die typische strangartige Oberflächentextur (»Stricklava«).

AUSWURFMATERIAL

Neben der flüssigen Lava, die am Boden ausfließt, erzeugen Ausbrüche vor allem teils giftige Gase und feste Teilchen, die sich aus dem in die Luft geworfenen Magma und Gestein bilden. Sie alle können für Menschen in der Nähe oder der Ferne gefährlich sein.

FESTES MATERIAL

Die festen Produkte, die von einem Vulkan in die Luft geschleudert werden, nennt man Tephra. Die einzelnen Partikel (Pyroklasten) haben ganz unterschiedliche Größen. Am größten sind die Lavabomben – Magmabrocken, die beim Fallen erstarrt sind – und Bimssteine, die entstehen, wenn Magma durch Gasblasen aufschäumt. Mittelgroße Pyroklasten heißen Lapilli, die kleinsten Teilchen nennt man vulkanische Asche. Das feinkörnige Material entsteht vor allem aus Magma, das beim Ausbruch in kleinste Stücke zerrissen wird und so erstarrt. Bei heftigen explosiven Ausbrüchen können auch Bruchstücke von fester Lava oder Nebengestein nahe des Schlots zusammen mit dem heißen Magma in die Luft gesprengt werden.

Tephra birgt für Menschen unterschiedliche Gefahren. Lavabomben sind wegen ihrer Größe gefährlich. Große Mengen von Asche können Menschen ersticken, bei Regenfällen kommt es zu gefährlichen Schlammströmen. Asche kann auch Hausdächer so stark belasten, dass sie einstürzen. Das Einatmen selbst kleiner Aschemengen ist besonders für Menschen mit Atemwegsproblemen gefährlich. Lapilli sind weniger gefährlich, allerdings kann man in der Fallout-Zone von Lapilli getroffen werden, was zu Verbrennungen oder Kopfverletzungen führen kann.

VULKANISCHE GASE

Gase, die von Vulkanen freigesetzt werden, sind Wasserdampf und Stickstoff sowie erstickende, giftige oder reizende Gase wie Kohlendioxid, Kohlenmonoxid und Schwefeldioxid. Diese Gase sind nahe am Schlot, wo ihre Konzentration besonders hoch ist, am gefährlichsten. Aber selten stellen sie für Menschen, die weiter entfernt leben, eine direkte Gefahr dar. In einzelnen Fällen sind jedoch durch den Ausstoß von Kohlendioxid aus Vulkanen viele Menschen erstickt. Zudem verschmutzen vulkanische Gase die Luft. Schwefeldioxid reagiert mit der Luftfeuchtigkeit zu saurem Regen, der die Vegetation schädigt und eine Gesundheitsgefahr vor allem für alte und kranke Menschen darstellt.

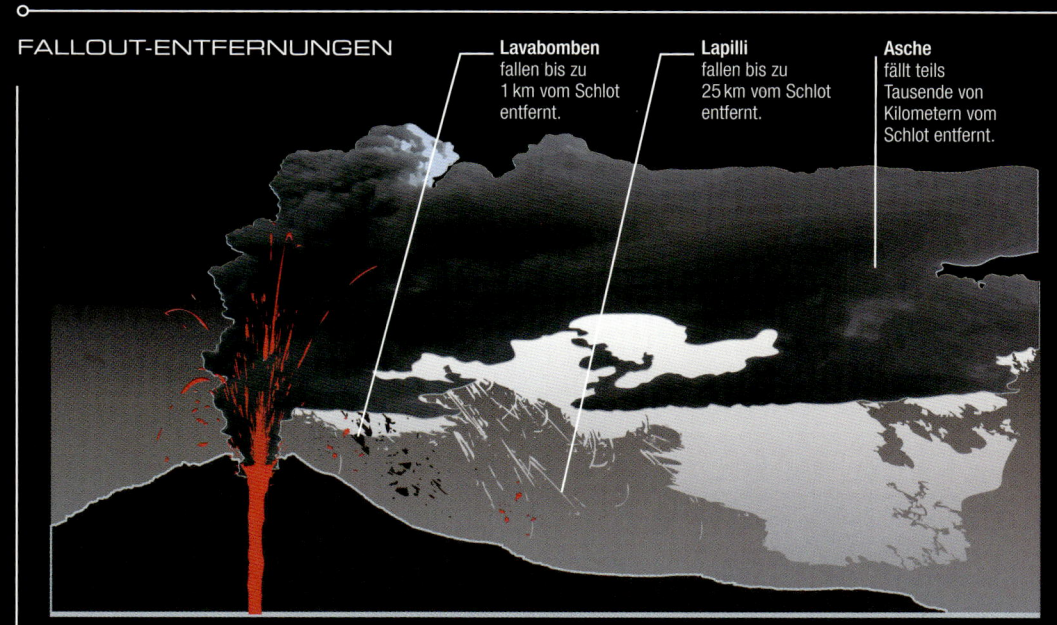

FALLOUT-ENTFERNUNGEN

Lavabomben fallen bis zu 1 km vom Schlot entfernt.

Lapilli fallen bis zu 25 km vom Schlot entfernt.

Asche fällt teils Tausende von Kilometern vom Schlot entfernt.

Verschiedene Arten von Tephra fallen typischerweise unterschiedlich weit vom Ort des Ausbruchs entfernt zu Boden, da kleinere Teilchen in der Luft langsamer fallen und daher vom Wind weitertransportiert werden können. Die schwersten Partikel, die Lavabomben, fallen nahe am Schlot, gewöhnlich weniger als einen Kilometer entfernt. Lapilli fallen weiter entfernt. Die kleinsten Partikel, vulkanische Asche, können bis zu Tausenden von Kilometern entfernt fallen, je nach Windstärke. 1883 fiel die Asche vom Ausbruch des Krakatau im heutigen Indonesien schließlich auf der ganzen Erde zu Boden.

HEISSE ASCHE

Beim Ausbruch des Eyjafjallajökull 2010 auf Island wurde der Flugverkehr eingestellt, da der Vulkan große Mengen an winzigen Fragmenten von Vulkanglas in die Atmosphäre einbrachte.

AUSWURFMATERIAL 101

LAPILLI
Lapilli sind feste Magmateilchen zwischen 2 mm und 6,4 cm Größe. Oft sind sie tropfen- oder knopfförmig. Sie fallen in Schauern und können miteinander verschmelzen, wenn sie am Boden auftreffen.

LAVABOMBEN
Diese abgerundeten Lavabrocken können Durchmesser von 6,4 cm bis zu Findlingsgröße haben. Die größeren sind an der Oberfläche erstarrt, können aber im Inneren noch geschmolzen sein.

ASCHE
Die kleinsten Teilchen – unter 2 mm im Durchmesser – werden in die Atmosphäre als Wolke eingebracht, die den Flugverkehr stören kann. Wenn die Asche schließlich ausfällt, bildet sie eine staubartige Schicht.

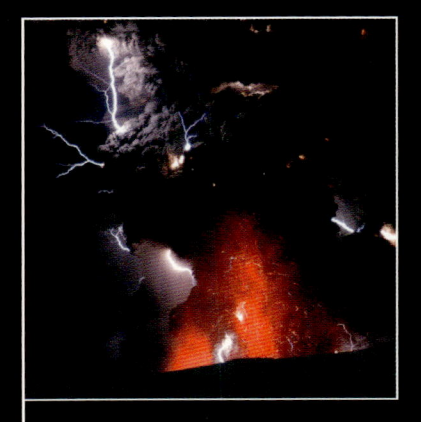

BLITZE
Blitze treten in vulkanischen Aschewolken häufig auf, da es zu statischer Aufladung durch Reibung zwischen der Aschewolke und der übrigen Atmosphäre kommt. Die Verbindung von Asche und Blitzen nennt man auch »schmutziges Gewitter«.

GASE
Beim Ausbruch werden Gase freigesetzt, die im Magma gebunden waren. Diese Gase haben meist eine Temperatur über 400 °C. Gase stammen auch aus Magma, das unter der Erdoberfläche verbleibt.

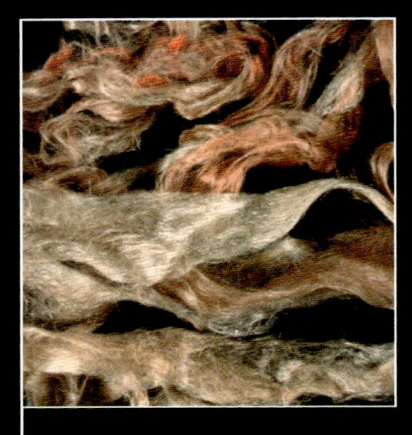

PELES HAARE
Dieses seltsame, gelbe Material bildet sich, wenn Magma vom Wind in glasige, haarähnliche Stränge geblasen wird. Es ist nach Pele, der hawaiianischen Vulkangöttin, benannt.

PYROKLASTISCHE STRÖME

Eines der gefährlichsten Phänomene bei Vulkanausbrüchen ist die Entstehung von pyroklastischen Strömen – heiße, schnell am Boden strömende Mischungen aus Asche, Gesteinsbrocken und heißen Gasen. Besonders schnell sind turbulente Gas-Asche-Ströme, die Surges.

PYROKLASTISCHE STRÖME

Die auch Glutlawinen oder *nuées ardentes* (»Glutwolken«) genannten pyroklastischen Ströme zerdrücken, verbrennen, ersticken und begraben alles in ihrem Weg. Die meisten laufen 5–10 km weit. Meist entstehen sie durch den Kollaps einer Aschesäule nach einem großen Ausbruch. Normalerweise erwärmt die Asche die umgebende Luft, das Gemisch aus Asche und Gas steigt durch Konvektion auf. Wenn aber die Luft nicht genügend erwärmt wurde, dann fällt das schwere Asche-Gas-Gemisch wieder nach unten und strömt die Hänge herab. Andere Ursachen sind Ausbrüche mit starken Explosionen am Hang des Vulkans, der Kollaps eines großen Lavadoms am Schlot oder der Kollaps einer langsam fließenden hohen Lavafront.

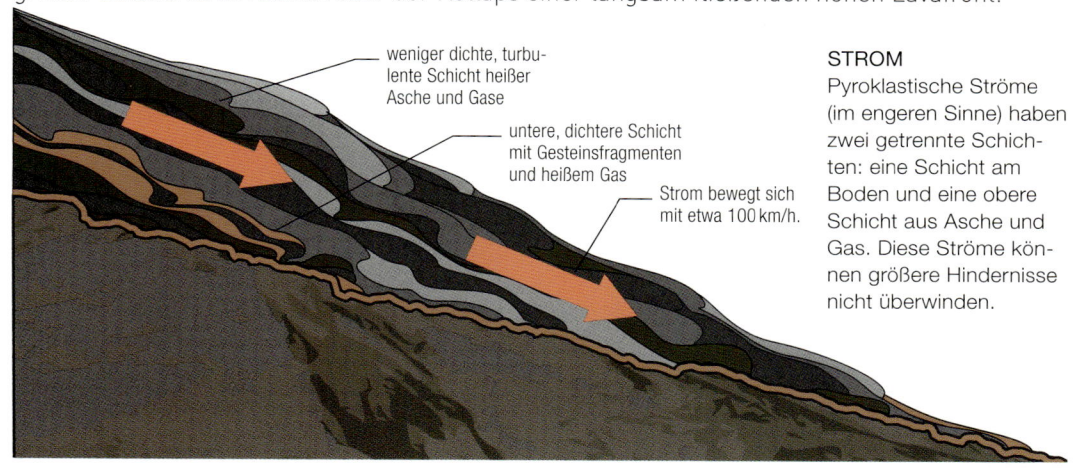

- weniger dichte, turbulente Schicht heißer Asche und Gase
- untere, dichtere Schicht mit Gesteinsfragmenten und heißem Gas
- Strom bewegt sich mit etwa 100 km/h.

STROM
Pyroklastische Ströme (im engeren Sinne) haben zwei getrennte Schichten: eine Schicht am Boden und eine obere Schicht aus Asche und Gas. Diese Ströme können größere Hindernisse nicht überwinden.

SURGES

Surges (»Wogen, Wellen«) sind eine Form von pyroklastischen Strömen mit einem höheren Anteil von Gas gegenüber den Gesteinsfragmenten. Sie laufen besonders schnell. Heiße Surges bestehen aus Gas und Dampf von 100–800 °C. Kalte Surges haben Temperaturen unter 100 °C und entstehen, wenn Magma bei einer sog. phreatomagmatischen Eruption mit großen Mengen von Wasser in Kontakt kommt. Sie enthalten oft giftige Gase.

- Gas mit etwas Asche strömt hangabwärts.
- Surge bewegt sich mit bis zu 350 km/h.

SURGE
Pyroklastische Surges enthalten vor allem Gas mit etwas Asche und kleineren Gesteinspartikeln. Sie sind ungeschichtet und turbulenter als die gewöhnlichen Ströme.

NACH DEM PYROKLASTISCHEN STROM
Diese Häuser auf Montserrat wurden von einem pyroklastischen Strom beim Ausbruch des Vulkans in den Soufrière Hills im Juni 1997 zerstört und begraben.

UMWELTSCHÄDEN

Pyroklastische Ströme verbrennen auf ihrem Weg jede Vegetation und zerstören riesige Gebiete. 1980 ergoss sich ein pyroklastischer Strom vom Mount St. Helens über eine Fläche von 600 km² dichten Waldes und ließ keine einzige Pflanze übrig. Tausende von Säugetieren und Millionen von Vögeln und Fischen starben. Die betroffenen Flächen brauchen oft Jahrzehnte, um sich zu erholen, aber glücklicherweise regenerieren sie sich irgendwann.

GEFAHR FÜR MENSCHEN

Pyroklastische Ströme des Lamington in Papua-Neuguinea töteten 1951 fast 3000 Menschen, die des El Chichón 1982 forderten 2000 Todesopfer. Pyroklastische Ströme töten nicht nur durch die Zerstörung von Häusern, sondern direkt durch Verbrennungen, Erstickungen und Gasvergiftungen. Sie sind verantwortlich für einige der höchsten Opferzahlen in der Geschichte bei Vulkanausbrüchen, etwa für die 4000 Opfer beim Ausbruch des Vesuv 1631 oder für die 30 000 Menschen, die 1902 innerhalb von Minuten auf Martinique umkamen (siehe S. 153). Neben vielen Todesopfern führen pyroklastische Ströme auch zu enormen Verletztenzahlen: von schweren Verbrennungen bis zu Atemproblemen durch das Einatmen von Asche.

KOLLABIERENDE ASCHEWOLKE
Eine sengend heiße Mischung aus Gas und Asche tobt bei einem Ausbruch des Vulkans in den Soufrière Hills auf der Karibikinsel Montserrat den Hang hinunter.

PYROKLASTISCHER STROM
Fotografen, die den Ausbruch des Pinatubo auf den Philippinen 1991 beobachteten, flüchten vor einem pyroklastischen Strom, der auf sie zu rast. Der Ausbruch tötete mehrere hundert Menschen, doch die Insassen dieses Wagens – und die Person, die sie fotografierte – kamen mit dem Leben davon.

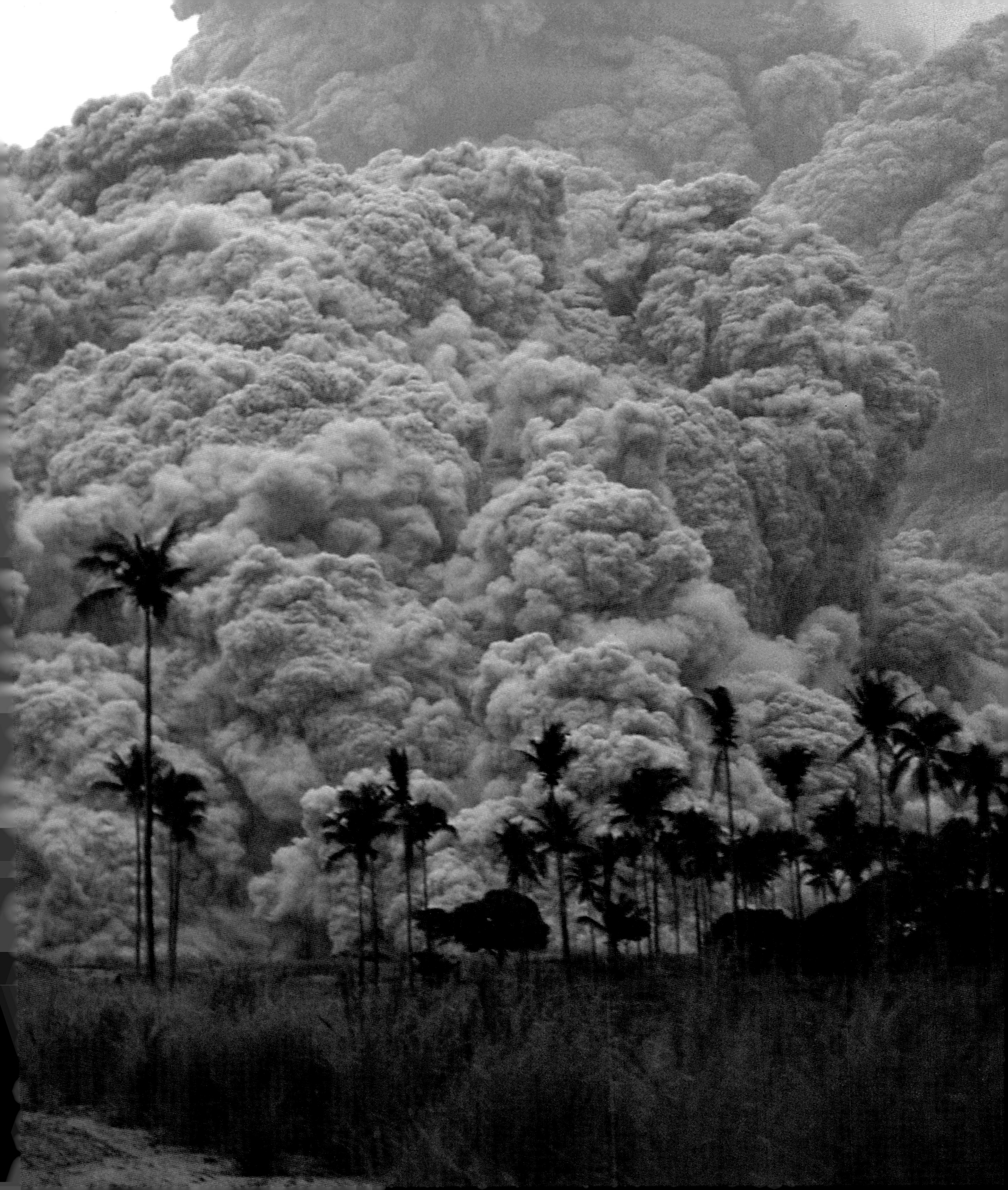

SCHLAMMSTRÖME

Vulkanische Schlammströme, auch Lahare genannt, sind heftige, schnell fließende Lawinen aus Wasser, Asche, Gestein und anderem Schutt mit der Konsistenz von flüssigem Beton, die – aufgrund verschiedener Auslöser – den Vulkanhang hinabstürzen. Große Lahare können Bäume ausreißen, hausgroße Felsbrocken transportieren, Gebäude und Menschen fortschwemmen und große Gebiete unter dickem Schlamm begraben.

ENTSTEHUNG

Lahare können durch Ereignisse ausgelöst werden, bei denen große Wassermengen mit Asche und Schutt auf einem Vulkankegel durchmischt werden. Dazu gehören Ausbrüche aus einem mit Wasser gefüllten Krater, ergiebige Niederschläge auf unverfestigte Ascheablagerungen sowie Ausbrüche oder Beben, bei denen sich Gletscher auf einem Vulkangipfel auflösen und schmelzen. Lahare können auch entstehen, wenn pyroklastische Ströme (siehe S. 102–103) in Bergseen oder schmelzendes Gletschereis stürzen. Große Lahare können bis zu 100 km/h schnell sein. In Flusstälern können sie Dutzende von Kilometern weit laufen und mehrere Meter dicke Schlammablagerungen hinterlassen. Diese Ablagerungen verfestigen sich schnell, sodass es schwer ist, sich aus ihnen zu befreien.

In der Vergangenheit hat es an vielen Orten tödliche Lahare gegeben. Im Mai 1919 z. B. töteten Lahare vom Vulkan Kelud in Indonesien über 5000 Menschen. Ein anderes Beispiel ist ein Lahar vom Vulkan Casita in Nicaragua 1998 mit über 1500 Todesopfern, den stundenlange intensive Regenfälle ausgelöst hatten.

> » WIR WURDEN FORTGESCHWEMMT, IM AUTO, FÜNF MINUTEN LANG, IN DEM WARMEN SCHLAMM. «
>
> **AUGENZEUGE,** DER VON EINEM LAHAR BEIM AUSBRUCH DES MOUNT ST. HELENS IM JAHR 1980 MITGERISSEN WURDE

SCHLAMMSTROM IN DEN SOUFRIÈRE HILLS
Diese Schlammablagerungen am Westhang des Vulkans in den Soufrière Hills auf der Karibikinsel Montserrat entstanden nach einem Ausbruch im Jahr 2006. Der Vulkan war seit 1995 immer wieder tätig, wobei es mehrfach zu pyroklastischen Strömen und Laharen kam.

NOTHILFE
Neben Todesopfern gibt es nach Laharen oft sehr viele Verletzte und Obdachlose – 24 000 etwa bei der Katastrophe am Nevado del Ruiz. Die schnelle Versorgung mit Hilfsgütern ist lebenswichtig.

NEVADO DEL RUIZ

Die tödlichsten, bisher bekannten Lahare folgten einem Ausbruch des Vulkans Nevado del Ruiz in Kolumbien im November 1985. Pyroklastische Ströme trafen auf ausgedehnte Gletscher am Gipfel des Vulkans und bildeten enorme Schlammströme, die die Hänge herabstürzten. Kurz zuvor hatte es in der ganzen Region heftig geregnet, sodass die Lahare riesige Mengen von Wasser und Gestein aus den Flusstälern mitreißen konnten. So wuchs ihr Volumen und ihre Energie. Am schlimmsten war die Stadt Armero betroffen, in der über 23 000 Menschen ertranken oder unter den Schlammmassen erstickten. Armero wurde zum Zentrum der Katastrophe, weil es in einer Senke gerade unter der Stelle liegt, wo zwei Lahare zusammenflossen. Der ökonomische Schaden des Unglücks wurde auf 7,7 Mrd. Dollar geschätzt. Heute gibt es in diesem Gebiet ein Lahar-Warnsystem.

SCHLAMMSTRÖME 107

GEFAHR AM MOUNT RAINIER

Bei einigen Vulkanen konnte man die Spuren großer vergangener Lahare identifizieren. Dort drohen auch in Zukunft wieder Schlammströme. Mount Rainier, ein großer Schichtvulkan im Staat Washington (USA), ist ein Beispiel. Er ist zwar seit 1894 nicht mehr ausgebrochen, doch auf seinen oberen Hängen liegen mehrere große Gletscher, die, wenn sie instabil werden und schmelzen, katastrophale Lahare verursachen können. Vor etwa 5600 Jahren floss der größte bekannte Lahar, der Osceola-Schlammstrom, mehr als 100 km weit durch den heutigen Staat Washington bis in Gebiete, auf denen jetzt Teile der Stadt Tacoma und andere Gemeinden südlich von Seattle stehen. Sedimente dieses Lahars erstrecken sich über 500 km², die Schlammablagerungen sind stellenweise 80 m mächtig. Auch später gab es einige kleinere Schlammströme vom Mount Rainier, insgesamt etwa 150 000 Menschen leben auf Sedimenten, die von alten Laharen stammen. Wenn – was durchaus möglich ist – ein Lahar von ähnlicher Größe wie der Osceola-Schlammstrom auftritt, würde er mehrere dieser Orte begraben und vielleicht sogar das Zentrum von Seattle erreichen.

Zum Schutz der Bevölkerung wurde 1998 ein Warnsystem eingeführt. An mehreren Stellen um den Vulkan wurden Seismometer installiert, um leichte Beben zu erkennen, die den Beginn großer Schlammströme anzeigen können. Sirenen alarmieren dann die Menschen, aus den Tälern zu flüchten.

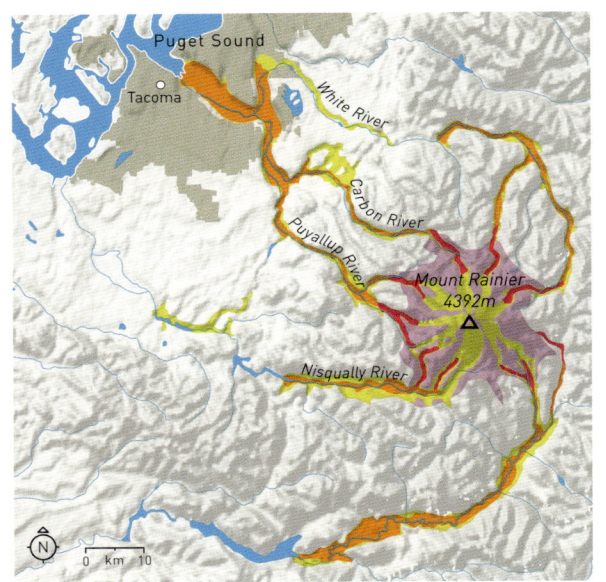

Legende

- Kleine Lahare mit einem Wiederkehrintervall unter 100 Jahren
- Mittelgroße Lahare mit Wiederkehrintervallen von 100–500 Jahren
- Große Lahare mit Wiederkehrintervallen von 500–1000 Jahren
- Gebiete mit Gefährdung durch Lavaströme oder pyroklastische Ströme
- Städtische Gebiete

WEG DER LAHARE
Diese Karte des Mount Rainier zeigt die Verbreitung einiger Lahare in der Vergangenheit. Dies dürften auch die wahrscheinlichsten Bahnen für zukünftige Schlammströme sein.

ZERSTÖRUNG VON ARMERO
1985 zerstörten Lahare vom Nevado del Ruiz 5000 Häuser in der Stadt Armero (Zentralkolumbien). Tausende kamen in der hohen Wand aus Schlamm um, die den Ort mitten in der Nacht überrollte.

KONTINENTALE VULKANBÖGEN

Um den gesamten Ost- und Nordrand des Pazifiks, an dem ozeanische Lithosphärenplatten unter kontinentale Platten abtauchen, haben sich auf der kontinentalen Seite der Plattengrenzen auf dem Festland eindrucksvolle Anordnungen von Vulkanen gebildet. Man nennt sie kontinentale Vulkanbögen.

ZENTRALAMERIKANISCHER BOGEN

Der pazifische Küstenstreifen Zentralamerikas ist von einer Kette von über 50 tätigen Vulkanen geprägt. Sie erstreckt sich über 1500 km von Guatemala bis ins westliche Panama. Wie bei allen kontinentalen Vulkanbögen liegen die Vulkane über Dutzende von Kilometern parallel zur Küste. Sie entstanden durch die Subduktion der Kokos-Platte im Westen unter die Karibische Platte im Osten. In diesem Vulkanbogen kam es in der Vergangenheit zu einigen spektakulären Ausbrüchen, etwa dem Ausbruch des Vulkans Santa María (Guatemala) im Jahr 1902, der zu den vier größten Ausbrüchen des 20. Jhs. gehört.

ANDEN-VULKANGÜRTEL

Im westlichen Südamerika liegt, zwischen vielen nicht-vulkanischen Bergen, eine lückenhafte Kette von fast 200 Vulkanen, die durch das Abtauchen der Nazca-Platte und der Antarktischen Platte unter die Südamerikanische Platte entstand. Die sehr unterschiedlichen Vulkane bilden vier Bögen oder Zonen. Der erste liegt in Kolumbien und Ecuador (nördlicher Bogen), der zweite zwischen Südperu, Südwestbolivien und Nordchile (zentraler Bogen), der dritte in Chile (südlicher Bogen) und der vierte in Südchile und Argentinien (Australbogen). Viele dieser Vulkane sind sehr gefährlich, da sie in dicht besiedelten Gebieten liegen.

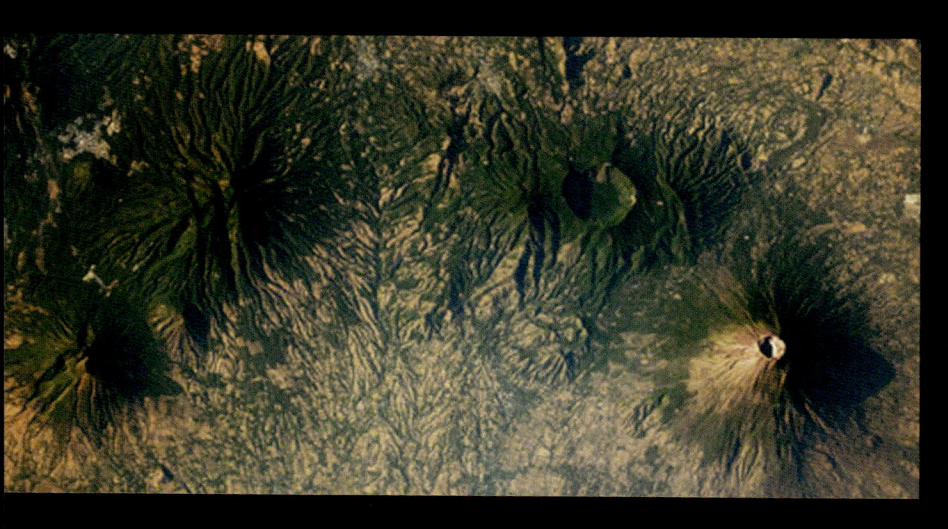

VIER SCHICHTVULKANE
Die Vulkane Usulután, El Tigre, Chinameca und San Miguel (von links nach rechts) in El Salvador liegen mittig zum zentralamerikanischen Bogen. San Miguel brach zuletzt 2002 aus.

AN DER GRENZE
Diese beiden Schichtvulkane, der Licancabur und der Juriques, liegen nahe des Südendes der chilenisch-bolivischen Grenze, in der zentralen Zone des Anden-Vulkangürtels.

KAMTSCHATKA-VULKANBOGEN

Etwa 30 aktive Vulkane liegen auf der Halbinsel Kamtschatka in Ostrussland. Hier taucht die Pazifische Platte unter die Ochotskische Platte ab. Wie alle kontinentalen Vulkanbögen besteht der Kamtschatka-Bogen vor allem aus Schichtvulkanen, deren Ausbrüche sehr heftig sein können. Doch wegen der geringen Bevölkerungsdichte der Region stellen sie keine große Gefahr dar. Auf der Halbinsel liegt die Kljutschewskaja Sopka, der höchste tätige Vulkan in Eurasien. Sie stößt regelmäßig Aschewolken bis in Höhen von über 6000 m aus. Der aktivste Vulkan dort ist der Karymski, der seit 1996 kontinuierlich ausgebrochen ist.

KLJUTSCHEWSKAJA SOPKA UND NACHBARN
Der symmetrische Vulkan im Vordergrund ist die Kljutschewskaja, dahinter liegen links der Kamen und rechts der Uschkowski.

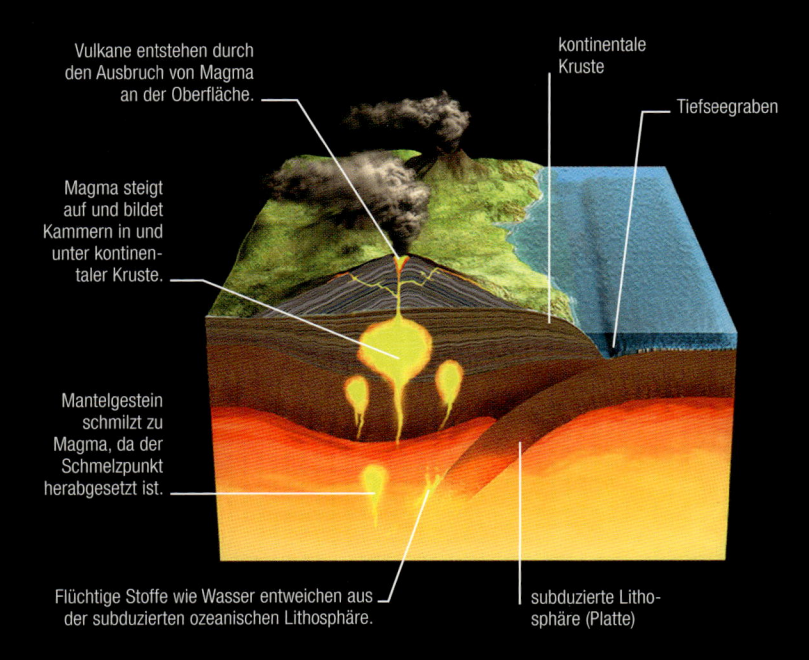

KONTINENTALE VULKANBÖGEN

Vulkane entstehen durch den Ausbruch von Magma an der Oberfläche.

Magma steigt auf und bildet Kammern in und unter kontinentaler Kruste.

Mantelgestein schmilzt zu Magma, da der Schmelzpunkt herabgesetzt ist.

Flüchtige Stoffe wie Wasser entweichen aus der subduzierten ozeanischen Lithosphäre.

kontinentale Kruste

Tiefseegraben

subduzierte Lithosphäre (Platte)

ENTSTEHUNG VON VULKANEN

An Plattengrenzen, an denen ozeanische Lithosphäre unter kontinentale Lithosphäre abtaucht (»subduziert wird«), entsteht Magma, was zur Bildung von Vulkanen führt. Man nimmt an, dass dieser Prozess stets gleich abläuft. In der Tiefe entweichen Wasser und andere flüchtige Substanzen aus der subduzierten ozeanischen Lithosphäre in die Mantelregion unter dem benachbarten Kontinent. Dort wirken diese flüchtigen Substanzen als Flussmittel, d. h. sie setzen den Schmelzpunkt des Mantelgesteins herab. Daher kann das Gestein schmelzen und bildet Magma, eine Gesteinsschmelze mit darin gelösten Gasen. Sie steigen auf und bilden Magmakammern in der darüberliegenden kontinentalen Erdkruste. Aus diesen Kammern steigt das Magma an die Oberfläche, bricht dort aus und bildet Vulkane.

MAGMABILDUNG
Der zentrale Prozess bei der Entstehung von kontinentalen Vulkanbögen ist die Aufschmelzung von Mantelgestein in der Tiefe, die auftritt, wenn flüchtige Substanzen aus der subduzierten Platte entweichen.

CASCADE RANGE

Einer der Vulkanbögen Nordamerikas ist die Cascade Range. Diese Gebirgskette mit etwa 20 schneebedeckten Vulkanen erstreckt sich über mehr als 1100 km von Nordkalifornien durch Oregon und Washington bis nach British Columbia (Kanada). Zu ihr gehören so bekannte Gipfel wie Mount St. Helens und Mount Rainier in den USA und Mount Garibaldi in Kanada. Viele dieser Vulkane stellen eine große Gefahr dar, da sie in der Nähe dicht besiedelter Gebiete liegen, etwa Portland, Seattle oder Vancouver. Sie entstanden über der Zone, wo die Juan-de-Fuca-Platte, eine kleine tektonische Platte im Nordostpazifik, unter die Nordamerikanische Platte subduziert wird. Von diesen Vulkanen ist der Mount St. Helens am häufigsten ausgebrochen, zuletzt im Jahr 2008 (siehe S. 160–161).

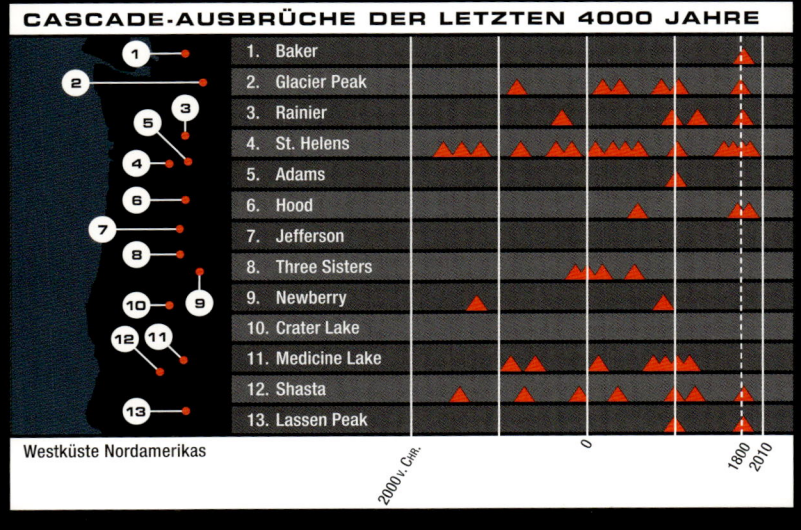

CASCADE-AUSBRÜCHE DER LETZTEN 4000 JAHRE

1. Baker
2. Glacier Peak
3. Rainier
4. St. Helens
5. Adams
6. Hood
7. Jefferson
8. Three Sisters
9. Newberry
10. Crater Lake
11. Medicine Lake
12. Shasta
13. Lassen Peak

Westküste Nordamerikas

AUSBRÜCHE IN DER CASCADE RANGE
Diese Grafik der Vulkane des US-Teils der Cascade Range zeigt, dass zwar nur Mount St. Helens und der Lassen Peak in der jüngsten Vergangenheit große Ausbrüche hatten, doch viele weitere Vulkane sind in den letzten 4000 Jahren mehrfach ausgebrochen.

VULKANISCHE INSELBÖGEN

An vielen Plattengrenzen treffen Plattenzonen mit ozeanischer Lithosphäre aufeinander – sie konvergieren –, wobei der Rand der einen Platte unter die andere subduziert wird. Die Folgen sind ein Tiefseegraben sowie eine leicht gekrümmte, bogenförmige Kette von vulkanischen Inseln, die parallel zum Tiefseegraben verläuft, etwa 200 km von ihm entfernt. Solche Inselketten nennt man vulkanische Inselbögen.

BILDUNG VON INSELBÖGEN

Ähnlich wie kontinentale Vulkanbögen entstehen vulkanische Inselbögen dann, wenn sich in der Tiefe nahe der abtauchenden Platte Magma bildet (siehe S. 109). Wenn nur ozeanische Platten beteiligt sind, ist der einzige Unterschied, dass das Magma auf dem Meeresboden ausbricht und schließlich einen Bogen vulkanischer Inseln bildet. Ein klassisches Beispiel sind die Kleinen Antillen, die durch die Subduktion der Südamerikanischen Platte unter die Karibische Platte entstanden. Einige Vulkane der Inselkette sind in den letzten 200 Jahren mit tödlichen Folgen ausgebrochen. Ein anderer Inselbogen, der Sundabogen, bildete sich durch das Abtauchen der Australischen Platte unter die Eurasische Platte. Zu diesem Inselbogen gehören viele der größten Inseln Indonesiens. Hier sind über 70 einzelne tätige Vulkane zu zwei großen Inseln, Java und Sumatra, sowie einer Reihe kleinerer zusammengewachsen. Zum Sundabogen gehören auch die berüchtigten Vulkane Tambora und Krakatau, deren Ausbrüche zu den heftigsten Eruptionen in historischer Zeit mit den meisten Todesopfern gehören.

> **» VULKANE SIND KEINE AUSNAHME VON DEN PRINZIPIEN UNIVERSELLER ORDNUNG. «**
>
> **JOHN KENNEDY**, VULKANE: GESCHICHTE, PHÄNOMENE UND URSACHEN, 1852

INSELKETTE
Dieser Blick aus dem Weltraum zeigt einige Inseln der Kurilen vor der japanischen Insel Hokkaido im Hintergrund. Sie alle gehören zu vulkanischen Inselbögen.

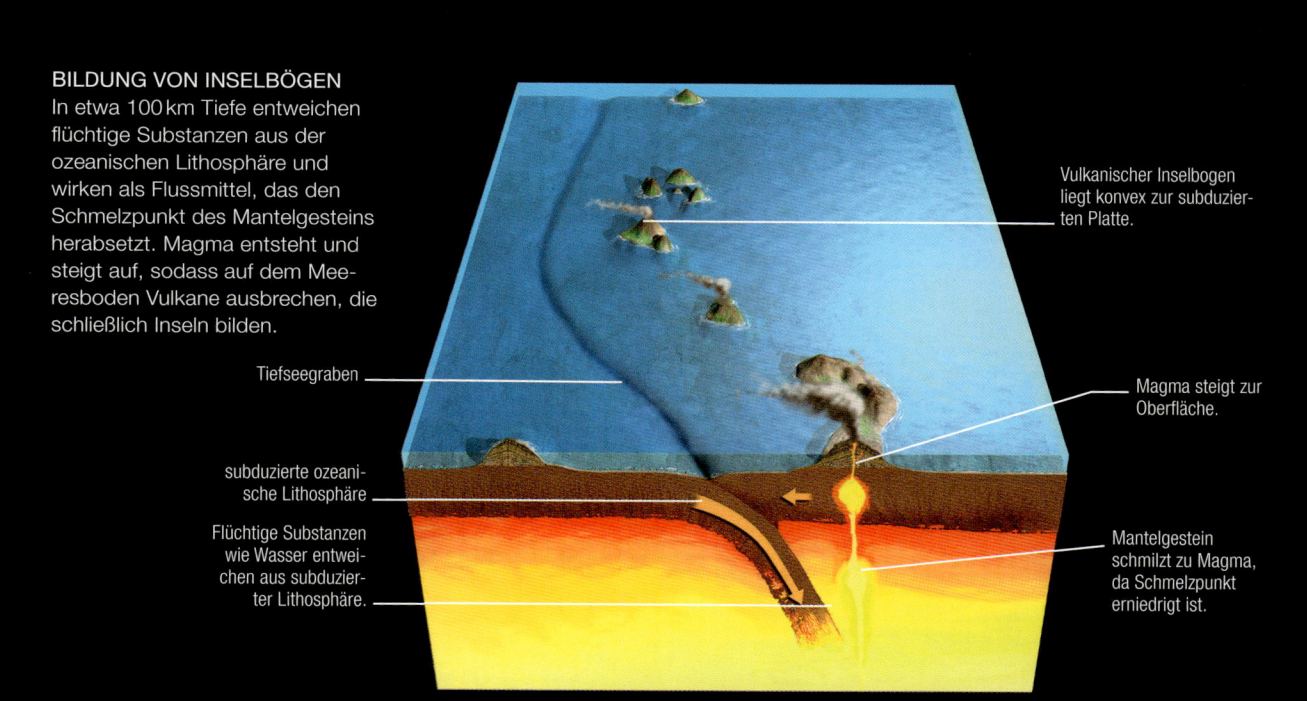

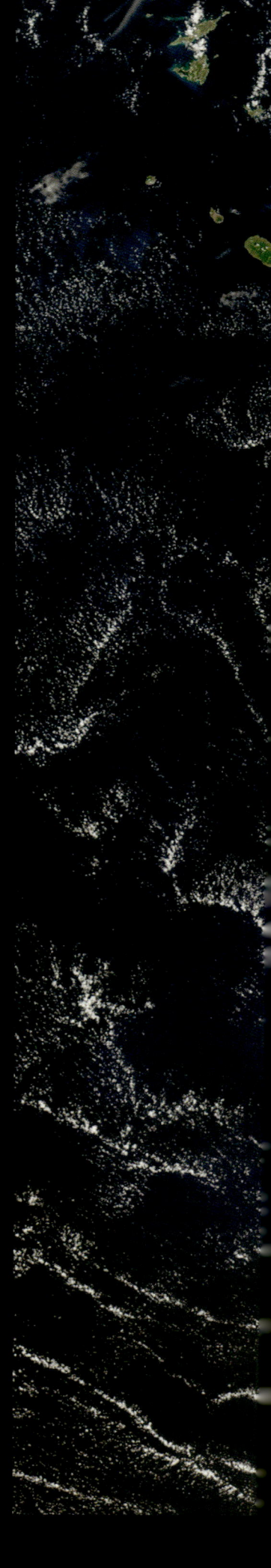

BILDUNG VON INSELBÖGEN
In etwa 100 km Tiefe entweichen flüchtige Substanzen aus der ozeanischen Lithosphäre und wirken als Flussmittel, das den Schmelzpunkt des Mantelgesteins herabsetzt. Magma entsteht und steigt auf, sodass auf dem Meeresboden Vulkane ausbrechen, die schließlich Inseln bilden.

- Tiefseegraben
- subduzierte ozeanische Lithosphäre
- Flüchtige Substanzen wie Wasser entweichen aus subduzierter Lithosphäre.
- Vulkanischer Inselbogen liegt konvex zur subduzierten Platte.
- Magma steigt zur Oberfläche.
- Mantelgestein schmilzt zu Magma, da Schmelzpunkt erniedrigt ist.

VULKANISCHE INSELBÖGEN | 111

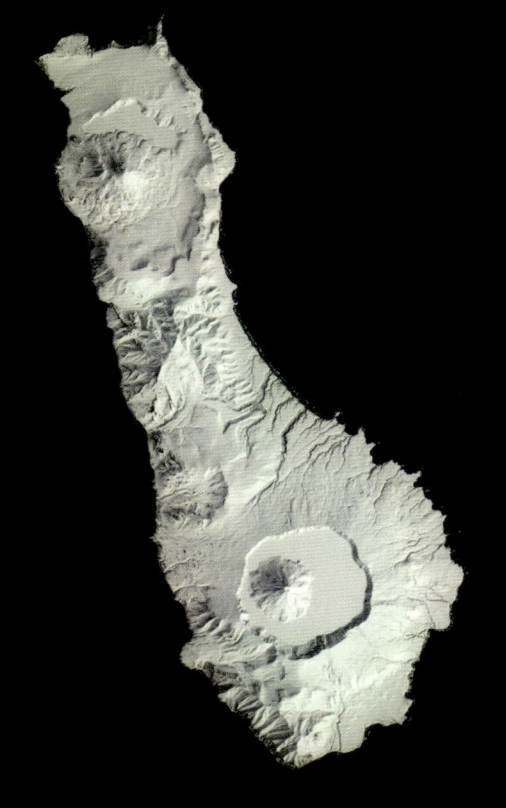

INSEL ONEKOTAN
Onekotan gehört zum Inselbogen der Kurilen, der sich von Hokkaido zur Halbinsel Kamtschatka erstreckt. Sie besteht aus zwei verbundenen Vulkanen. Der größere, Tao-Rusyr, hat eine Caldera mit einem Kratersee, in dem ein kleiner Schichtvulkan wächst. Der andere Vulkan heißt Nemo und brach zuletzt 1938 aus.

PAZIFISCHE INSELBÖGEN

Mit Ausnahme der Kleinen Antillen und dem Sundabogen liegen die meisten vulkanischen Inselbögen um den Pazifik herum – sie bilden einen großen Teil des pazifischen Feuerrings (siehe S. 204–205). Einer der längsten Bögen, der Aleutenbogen, liegt im Nordpazifik, wo die Pazifische Platte unter die Nordamerikanische Platte subduziert wird. Südwestlich davon liegen die Kurilen, daran anschließend die Inseln Japans, die selbst einen vulkanischen Inselbogen bilden. Noch weiter südlich liegt die 750 km lange Inselgruppe der Marianen, etwa 180 km westlich des Marianengrabens, dem tiefsten Tiefseegraben der Welt. Zu den zahlreichen anderen pazifischen Inselbögen gehören die japanischen Izu- und Ryukyu-Inseln, die Philippinen, die Salomonen sowie Vanuatu. Ein weiteres Beispiel ist der Bismarckarchipel vor der Nordostküste Papua-Neuguineas mit den gefährlichen Vulkanen Ulawun und Rabaul.

KLEINE ANTILLEN
Der karibische Inselbogen ist etwa 850 km lang. Fast jede Insel trägt einen Vulkan, Dominica sogar neun.

DIE RABAUL-CALDERA
Rabaul, der östlichste Vulkan des Bismarckbogens, ist eine geflutete Caldera. An ihrem inneren Rand liegen zwei Schichtvulkane, von denen hier der Tavurvur zu sehen ist. Ein Ausbruch beider Schichtvulkane tötete 1937 über 500 Menschen.

VULKANISCHE INSELKETTEN

Wenn eine Platte aus ozeanischer Lithosphäre langsam über einen Hotspot im oberen Mantel driftet (siehe S. 32–33), kann dabei eine Inselkette entstehen. Gewöhnlich bildet ein tätiger Vulkan – oder mehrere – mit intensiver Aktivität eine Insel direkt über dem Hotspot, während sich auf den übrigen Inseln der Kette Anzeichen für vergangenen Vulkanismus desselben Hotspots finden.

HAWAII-KETTE

Die Kette der Inseln von Hawaii im Zentralpazifik ist ein klassisches Beispiel einer vulkanischen Inselkette. Die Hauptinsel Hawaii – insbesondere ihre beiden tätigen Vulkane Mauna Loa und Kilauea, sowie der junge untermeerische Vulkan Loihi vor der Südküste – liegt über einem starken, aktiven und beständigen Hotspot unter der Pazifischen Platte. Von der Hauptinsel aus erstreckt sich eine Kette weiterer großer Inseln nach Nordwesten. Danach folgen kleinere Inseln, Atolle, Riffe und Seamounts – untermeerische Berge, meist versunkene Vulkane. Sie erstrecken sich über 2500 km bis zum Kure-Atoll. Die gesamte Kette dürfte über einen Zeitraum von 30 Mio. Jahren entstanden sein, in dem die Pazifische Platte über den Hotspot gewandert ist. Eine Reihe anderer Vulkanketten im zentralen und südlichen Pazifik, etwa die Tuamotoinseln, zeigen ein ähnliches Muster.

> **» ... DASS SICH HIER NOCH IN EINER IM GEOLOGISCHEN SINNE JUNGEN PERIODE DER ENDLOSE OZEAN AUSGEBREITET HAT. «**
>
> **CHARLES DARWIN**, IN *DIE REISE MIT DER BEAGLE*, 1845, IN BEZUG AUF DAS RELATIV JUNGE ALTER DER GALÁPAGOSINSELN

GALÁPAGOSINSELN

Der Galápagosarchipel ist eine Gruppe vulkanischer Inseln, die auf der Nazca-Platte im Ostpazifik liegen. Man geht davon aus, dass sie durch die Bewegung der Nazca-Platte ostwärts über einen beständigen Hotspot entstanden sind. Anders als das einfache Muster der Hawaii-Inseln hat der Galápagos-Hotspot mehrere Ketten von Vulkanen erzeugt, die in den letzten 5–10 Mio. Jahren gebildet wurden. Für dieses komplexe Entstehungsmuster könnte die Lage des Hotspots verantwortlich sein – er liegt nahe des mittelozeanischen Spreizungsrückens, wo neues Plattenmaterial gebildet wird. Die variierende Aktivität an diesem Rücken könnte zur ungewöhnlichen Anordnung der Inseln geführt haben.

KRATER AUF GALÁPAGOS
Anzeichen von Vulkanismus in der jüngsten Vergangenheit aufgrund der Lage über dem Galápagos-Hotspot finden sich überall auf den Galápagosinseln. Der Krater in der Mitte des Bildes heißt Beagle und wurde nach dem Schiff benannt, mit dem Charles Darwin 1835 die Inseln besuchte.

Niihau entstand vor 6–4 Mio. Jahren.

Kauai entstand vor 5,5–3,8 Mio. Jahren.

Oahu entstand vor 3,3–2,2 Mio. Jahren.

Molokai entstand vor 1,8–1,3 Mio. Jahren.

Maui entstand vor weniger als 1 Mio. Jahren.

Hauptinsel Hawaii entstand im Laufe der letzten 500 000 Jahre bis zur Gegenwart und besteht aus 5 Schildvulkanen.

Mauna Loa Einer der tätigen Schildvulkane Hawaiis und der größte Vulkan der Erde

Hotspot unter der Lithosphäre

Manteldiapir transportiert heißes Mantelgestein zur Oberfläche.

ALTER DER INSELN HAWAIIS
Wie die Hotspot-Theorie erwarten lässt, sind die Inseln Hawaiis zunehmend älter, je weiter sie von der Position des Hotspots entfernt sind.

Ozeanische Lithosphäre bildet Teil der Pazifischen Platte.

Richtung der Plattenbewegung

INSELKETTE HAWAII
Dieses dreidimensionale Modell zeigt fünf Inseln Hawaiis, darunter Maui und Oaho, die die sichtbaren Gipfel eines zusammenhängenden Vulkanmassivs sind, das großteils unter Wasser liegt.

VULKANISCHE INSELKETTE IM INDISCHEN OZEAN

Eine der bemerkenswertesten vulkanischen Inselketten, bei der man eine Entstehung durch einen Hotspot annimmt, liegt im Indischen Ozean. Vor etwa 67 Mio. Jahren dürfte Indien durch die Plattenbewegung über den Hotspot gewandert sein, was zum Ausfluss dicker Lavadecken führte, die die Dekhantrappe bilden. Später, als die Indische Platte nach Nordosten driftete, entstanden mehrere vulkanische Inseln im Indischen Ozean. Vor etwa 30 Mio. Jahren wanderte ein mittelozeanischer Rücken über diesen Hotspot. Seither liegt der Hotspot unter der Afrikanischen Platte, die relativ zum Hotspot in ungefähr östlicher Richtung wandert. Nach einer inaktiven Ruhezeit schuf der Hotspot weitere Inseln, darunter Mauritius und zuletzt Réunion.

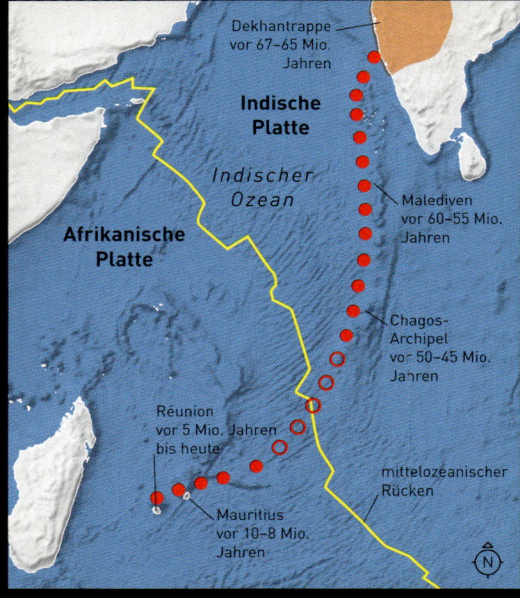

LEGENDE
— mittelozeanischer Rücken
● Spur des Hotspots
○ vermutete Bahn des Hotspots in der Ruhephase

SPUR DES HOTSPOTS
In den letzten 67 Mio. Jahren dürften Plattenbewegungen über dem Hotspot, der heute unter Réunion liegt, die Dekhantrappe, die Malediven, den Chagos-Archipel, Mauritius sowie Réunion gebildet haben.

MORNE BRABANT (MAURITIUS)
Der große Basaltfels Le Morne Brabant auf Mauritius deutet auf früheren Vulkanismus hin, der wohl durch den Réunion-Hotspot entstand.

SCHILDVULKANE

Schildvulkane sind breitflächige, schildförmige Vulkane, die aus Schichten dünnflüssiger Lava bestehen, die aus dem Schlot ausbrach, die Hänge herabfloss und erstarrte. Es gibt relativ wenige Schildvulkane. Sie kommen weltweit vor, vor allem aber in Vulkangebieten wie Hawaii, Island, den Galápagosinseln und dem Ostafrikanischen Grabensystem.

AUFBAU UND ENTSTEHUNG

Schildvulkane entstehen dort, wo Magma basaltischer Zusammensetzung aufsteigt und als Lava austritt. Dies geschieht typischerweise über einem Hotspot (siehe S. 32–33) – solche Hotspots kommen unter ozeanischer Kruste, unter mittelozeanischen Rücken oder unter kontinentalen Riftzonen vor. Basaltische Lava ist sehr dünnflüssig und kann weite Strecken fließen, bevor sie erstarrt. Dies erklärt die ausgedehnte Form dieser Vulkane. Viele Schildvulkane sind erloschen, andere haben fast ununterbrochen Eruptionen vom hawaiianischen Typ. Dabei fließen große Mengen an Lava ruhig aus. Nur in seltenen Fällen kam es auch zu heftigen Explosionen oder Aschewolken.

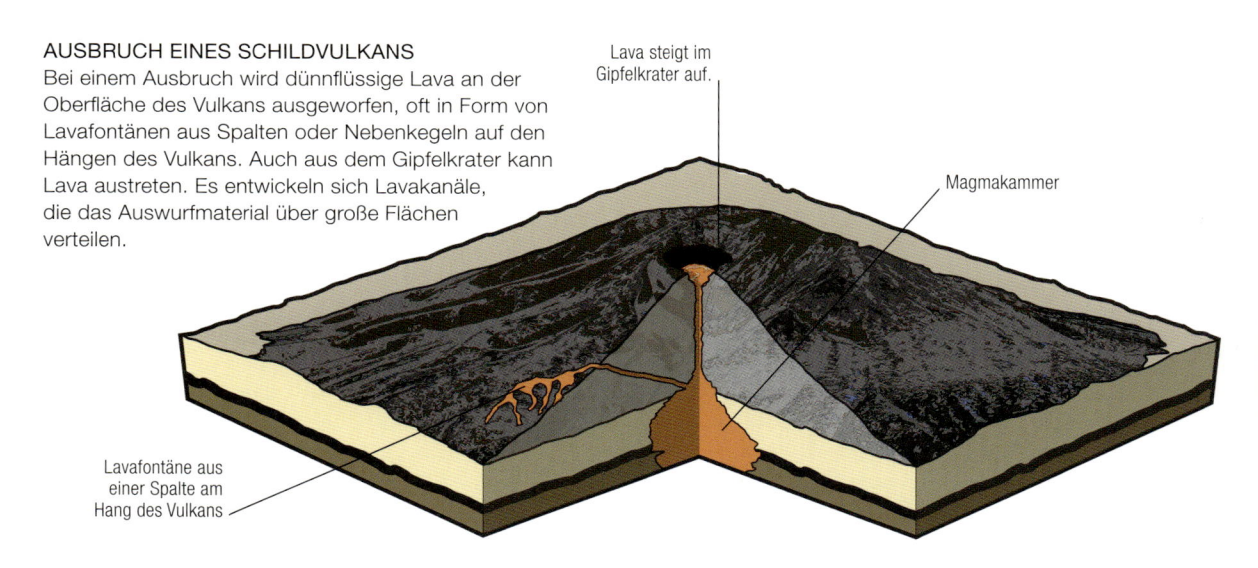

AUSBRUCH EINES SCHILDVULKANS
Bei einem Ausbruch wird dünnflüssige Lava an der Oberfläche des Vulkans ausgeworfen, oft in Form von Lavafontänen aus Spalten oder Nebenkegeln auf den Hängen des Vulkans. Auch aus dem Gipfelkrater kann Lava austreten. Es entwickeln sich Lavakanäle, die das Auswurfmaterial über große Flächen verteilen.

Lava steigt im Gipfelkrater auf.

Magmakammer

Lavafontäne aus einer Spalte am Hang des Vulkans

FERNANDINA
Dieser riesige Schildvulkan nimmt fast ganz Fernandina ein, die jüngste und vulkanisch aktivste der Galápagosinseln. An seinem Gipfel befindet sich eine teilweise eingebrochene Caldera von etwa 6 km Durchmesser und mehreren Hundert Metern Tiefe. Der letzte große Ausbruch von Fernandina fand 2009 statt.

ERUPTIONSKEGEL AUF KILAUEA
Hier sieht man eine Lavafontäne aus einem parasitären Krater (Nebenkrater) auf dem Hang des Kilauea, eines Schildvulkans auf Hawaii. Er ist einer der aktivsten Vulkane der Welt – seit 1983 war er ununterbrochen tätig.

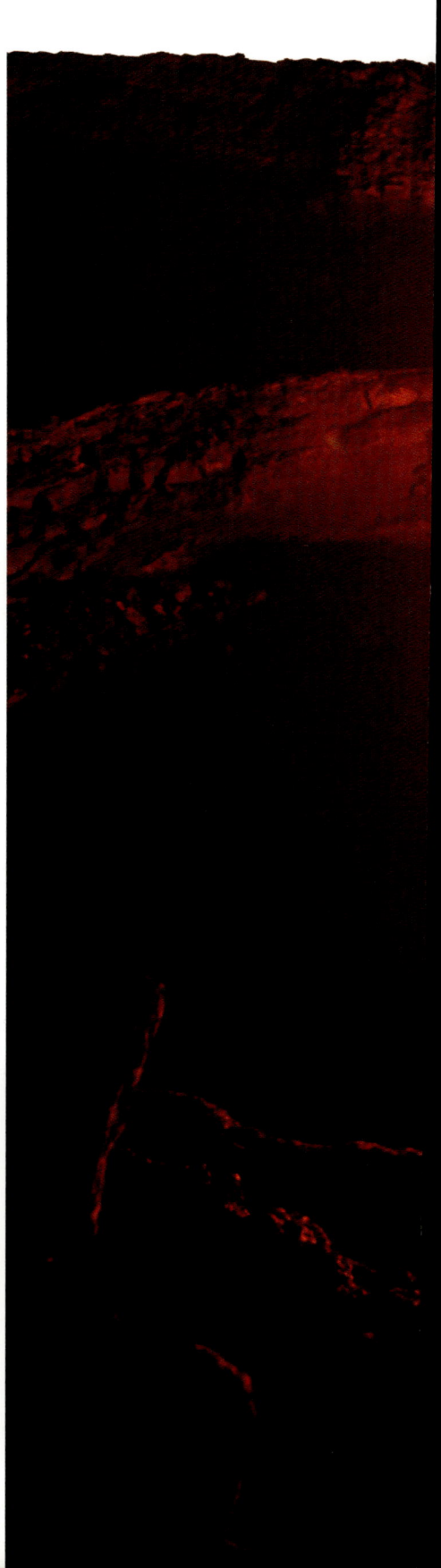

SCHILDVULKANE 115

LAVASEE
Am Gipfel des Erta Ale in Äthiopien liegen einige mit Seen aus flüssiger Lava gefüllte Senken. Die Oberfläche dieses Lavasees hat eine dunkle Haut aus fester Lava. Durch die Risse, die sich auf ihr gebildet haben, kann man die heiße, glühende, geschmolzene Lava darunter sehen.

BESONDERE MERKMALE

Am Gipfel eines Schildvulkans befindet sich ein breiter Krater, manchmal in Form einer Caldera, die auch kollabiert sein kann. Bei einigen Vulkanen liegen im Krater eine oder zwei Senken, in denen sich Seen aus rotglühender flüssiger Lava bilden. Wenn der Vulkan eine Weile nicht tätig war, kann sich der Krater auch mit Wasser füllen. Die meist flachen Hänge des Vulkans sind von dunklen, erstarrten Lavaflüssen bedeckt. Man sieht auch Spalten und Nebenkrater, aus denen Lava ausbricht oder früher ausgebrochen ist. Auf manchen Schildvulkanen können Kanäle aus fließender Lava von fester Lava bedeckt werden und bilden dann Lavaröhren. Ist die Lava aus ihnen ausgeflossen, entstehen lange, tunnelartige Lavahöhlen unter der Oberfläche.

SCHWEISSSCHLACKENKEGEL
Diese eruptierenden steilwandigen Kegel, aufgenommen 2010 am Schildvulkan Piton de la Fournaise (Réunion), nennt man Schweißschlackenkegel. Sie bestehen aus Lavabrocken, die in die Luft geblasen wurden und nach dem Herunterfallen zu einem Haufen verschmolzen.

DIE GRÖSSTEN AKTIVEN SCHILDVULKANE			
ORT	PROFIL	GIPFEL-HÖHE	BREITE AN DER BASIS
Mauna Loa (Hawaii)		4169 m	95 km
Erta Ale (Äthiopien)		613 m	80 km
Sierra Negra (Galápagos)		1500 m	50 km
Nyamuragira (Demokratische Republik Kongo)		3058 m	45 km
Kilauea (Hawaii)		1247 m	50 km

SCHLACKENKEGEL

Die auch pyroklastische Kegel genannten Schlackenkegel sind relativ kleine Vulkane, die vor allem aus Schlacken (poröse, glasige Brocken erstarrter Lava) bestehen. Einige enthalten auch größere Mengen an Asche oder Lava. Sie bilden sich oft auf den Hängen größerer Vulkane, entweder einzeln oder in Gruppen.

BILDUNG UND AUSBRUCH

Schlackenkegel entwickeln sich oft aus kleinen Spalten, die plötzlich im Boden aufreißen und Schlacken sowie Lavabomben auswerfen. Sie wachsen schnell im Laufe einiger Monate oder Jahre, wobei sie Ausbrüche vom strombolianischen oder vulkanianischen Typ (siehe S. 148–149 und S. 150–151) mit Bomben- und Lapillischauern und Lavaströmen zeigen. Nach einer Zeit intensiver Tätigkeit erlöschen sie wieder. Ein typisches Beispiel ist der Parícutin in Mexiko. 1943 öffnete sich in einem Maisfeld eine Spalte, nach einem Jahr war der Kegel 300 m hoch. 1952, bei einer Höhe von 424 m, endeten die Ausbrüche.

einfache Kegelform
kesselförmiger Krater
einzelner Schlot
Schlacken mit einigen Asche- und Lavaschichten

AUFBAU

Ein Schlackenkegel hat steile Hänge und besteht aus vulkanischen Schlacken, teils mit Schichten aus Asche und Lava. Am Gipfel liegt ein Krater, aus dem Schlacke und Asche ausgeworfen werden. Wenn Lava ausbricht, fließt sie meist aus einem Durchbruch am Kraterrand.

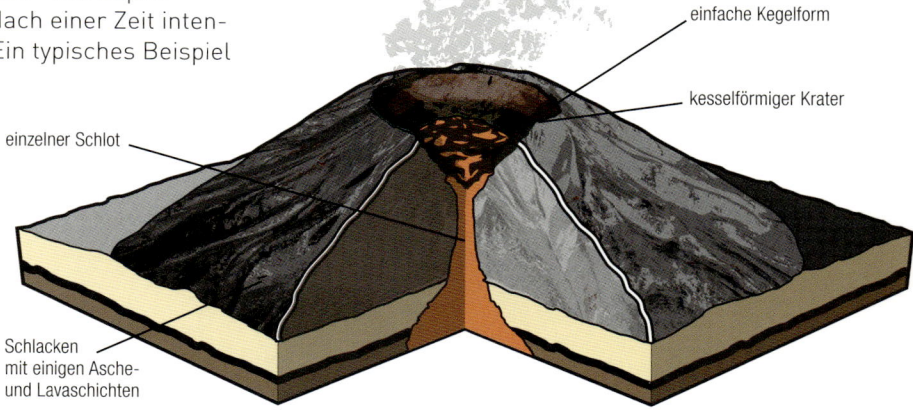

TÄTIGKEIT

Die meisten Schlackenkegel tauchen auf, brechen aus und wachsen nur einige Jahre, bis sie wieder erlöschen. Solche Vulkane mit nur einer einzigen Ausbruchsphase nennt man monogenetisch. Andere sind polygenetisch, d. h. sie haben mehrere Eruptionsphasen. Ein großer Schlackenkegel in Nicaragua, der Cerro Negro, ist beispielsweise seit 1850 über 23-mal ausgebrochen und stellt für die in der Umgebung lebenden Menschen heute noch eine große Gefahr dar.

PROBENENTNAHME
Ein Wissenschaftler in Schutzkleidung nimmt eine Lavaprobe vom Rande des Schlots Puu Oo auf dem Vulkan Kilauea auf Hawaii.

SYMMETRISCHER KEGEL
Der Vulkan Eve ist ein nahezu symmetrischer Schlackenkegel. Er ist einer in einer Gruppe von 30 Kegeln auf den Hängen eines Schildvulkans in British Columbia (Kanada). Er entstand vor etwa 1300 Jahren, was in geologischen Zeiträumen sehr jung ist. Er ist 172 m hoch und ungefähr 450 m breit.

KEGELGRUPPE
Diese Gruppe befindet sich in einer vulkanisch aktiven Region im Nordwesten Saudi-Arabiens, im Harrat Lunayyir. Das Gebiet liegt nahe einer divergenten Plattengrenze, der kontinentalen Riftzone, an der sich die Arabische Halbinsel von Afrika entfernt. In Zukunft dürfte es zu weiteren Ausbrüchen kommen.

SCHLACKENKEGEL PUU OO
Der parasitäre Kegel liegt auf den Hängen des viel größeren Schildvulkans Kilauea auf Hawaii. Der Puu Oo ist seit 1983 kontinuierlich ausgebrochen und hat Schlacken, Lavafontänen, Lavaströme und Gase gefördert.

KEGEL AUF MADAGASKAR
Dieser erloschene, stark erodierte und landwirtschaftlich intensiv genutzte Schlackenkegel gehört zum Itasy-Vulkanfeld auf Madagaskar. Es liegt nahe des Lake Itasy in einer Vulkanregion, die reich an heißen Quellen ist. Zu Ausbrüchen kam es dort zuletzt vor 8000 Jahren.

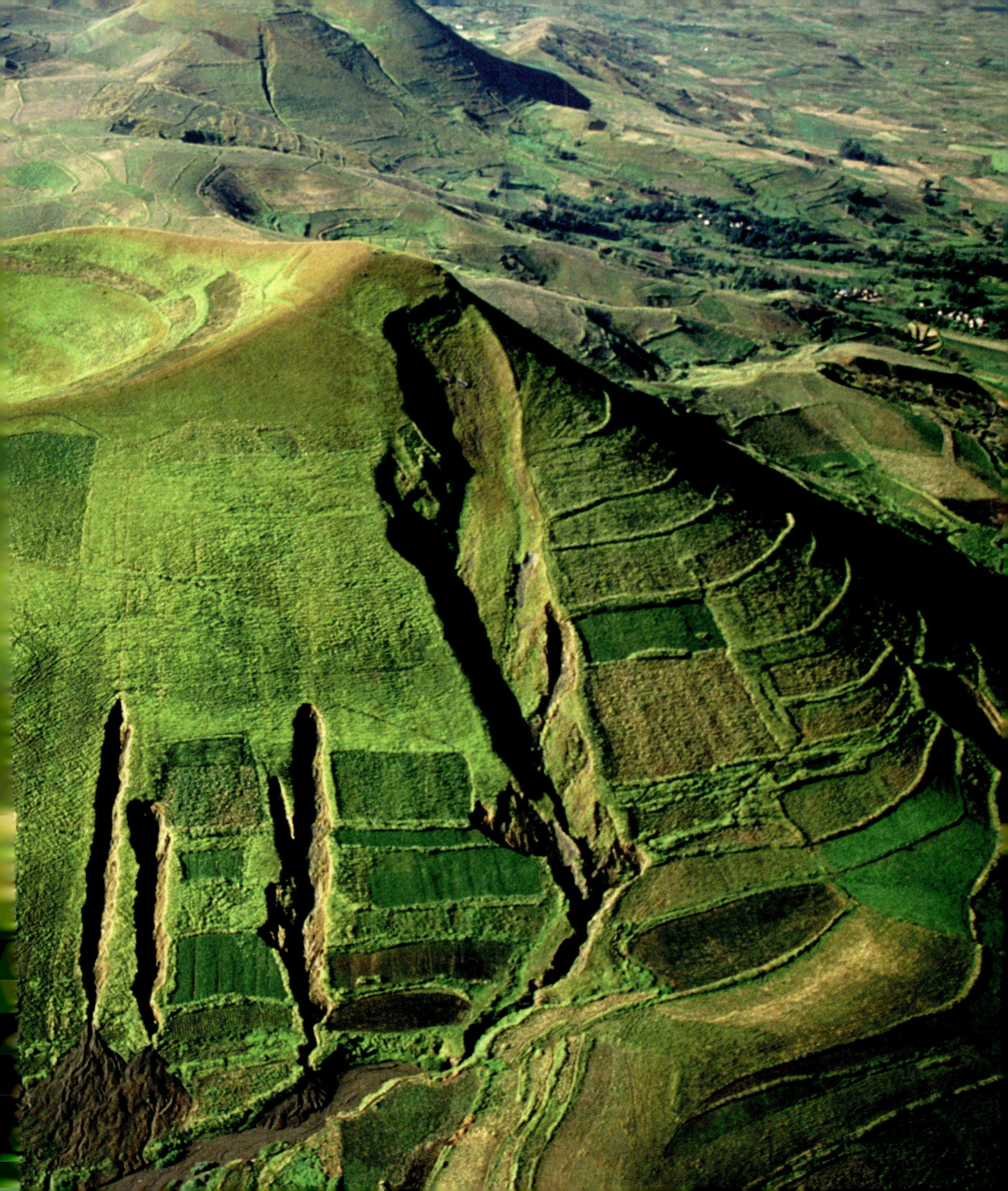

SCHICHTVULKANE

Schichtvulkane, auch Stratovulkane oder gemischte Vulkane genannt, sind große, kegelförmige Vulkane aus Schichten erstarrter Lava und aus Materialien wie Asche oder Schlacken, die entstehen, wenn Magma in die Luft geschleudert wird. Zu ihnen gehören einige der bekanntesten und eindrucksvollsten – aber auch gefährlichsten – Vulkane der Welt.

BILDUNG UND TÄTIGKEIT

Zwar entstehen einige Schichtvulkane über Hotspots, aber die meisten bilden sich nahe konvergenter Plattengrenzen des Ozean-Kontinent- und Ozean-Ozean-Typs. Im Gegensatz zu der dünnflüssigen Lava der Schildvulkane ist die Lava, die aus Schichtvulkanen ausbricht, zähflüssig und neigt dazu, nahe oder innerhalb des Hauptschlots zu erstarren und ihn dabei gelegentlich zu verstopfen. Daher ist das Hauptprodukt von Schichtvulkanen nicht flüssige Lava, die an der Oberfläche ausfließt, sondern Tephra (Asche, Lapilli, Bimsstein, Lavabomben, Schlacken), die bei heftigen Explosionen freigesetzt wird, wenn der Hauptschlot freigesprengt wird. Dies erklärt nicht nur den Aufbau der Schichtvulkane, sondern auch ihr Aktivitätsmuster: Phasen heftiger Tätigkeit werden von langen Ruhezeiten unterbrochen, die einige Jahre bis hin zu mehreren Jahrtausenden dauern können.

AUFBAU

Schichtvulkane haben eine Kegelform mit steil auslaufenden Hängen. Sie bestehen aus abwechselnden Schichten verschiedener Auswurfprodukte wie Asche oder erstarrter Lava.

- Gipfelkrater
- Schichten erstarrter Lava, Asche, Schlacken und Bims

COTOPAXI

Dieser fast perfekt geformte Schichtvulkan in den Anden Ecuadors erhebt sich bis auf eine Höhe von 5911 m. Er ist seit 1738 über 50-mal ausgebrochen, zuletzt 1940. Die größte Gefahr bei einem heftigen Ausbruch sind die Eis- und Schneemassen am Gipfel, die beim Schmelzen zu katastrophalen Laharen führen können.

SCHICHTVULKANE

KRAKATAU: BERÜHMT-BERÜCHTIGTER SCHICHTVULKAN

Einer der tödlichsten Ausbrüche der Geschichte war die Eruption eines Schichtvulkans auf der Insel Krakatau (Indonesien) im August 1883. Eine Explosion am Ende der Ausbruchsphase zersprengte Krakatau völlig. Riesige Mengen Gestein und Asche wurden in die Atmosphäre geschleudert oder fielen als pyroklastische Ströme auf umliegende Inseln, eine Reihe mächtiger Tsunamis folgte. Nach offiziellen Angaben wurden 165 Städte und Dörfer zerstört, 36 000 Menschen starben, vor allem durch die Tsunamis. Die letzte Krakatau-Explosion ist berühmt dafür, das lauteste jemals vernommene Geräusch erzeugt zu haben: Es war noch in Perth (Australien), 3100 km entfernt, zu hören.

△ Vulkan | Asche- und Schlackeablagerungen | Fläche 300 m unter dem Meeresspiegel

1880 Der Krakatau bestand aus drei miteinander verschmolzenen Vulkankegeln (Dreiecke), von denen mindestens einer, Rakata, ein Schichtvulkan war.

1883 Ein Großteil der ursprünglichen Insel war durch die Explosion zerrissen worden. Die Trümmer hatten neue Inseln und Unterwasserbänke gebildet.

1927 Ein neuer Schichtvulkan war an der Stelle entstanden, wo die ursprünglichen Kegel Krakataus lagen. Man nennt ihn Anak Krakatau (»Kind des Krakatau«).

MERKMALE

Schichtvulkane können auf verschiedene Art ausbrechen, von relativ leichten strombolianischen bis hin zu den gefährlichen vulkanianischen, peléeanischen oder plinianischen Eruptionen. Dabei zeigen sie unterschiedliche Phänomene, die von Lavabomben- und Schlackeschauern, begleitet von lauten Explosionen, bis zu riesigen Aschewolken und pyroklastischen Strömen reichen. Auf den oberen Hängen liegende Gletscher oder Schneefelder können bei Ausbrüchen zu Laharen (Schlammströmen) führen. Eruptionen können wenige Stunden oder Tage, aber auch viele Jahrzehnte dauern. Viele der zerstörerischsten historischen Ausbrüche ereigneten sich an Schichtvulkanen wie etwa dem Krakatau.

AUSBRUCH DES ARENAL
Dieser junge Schichtvulkan in Costa Rica bricht seit 1968 regelmäßig aus – nach Jahrhunderten der Untätigkeit. In den letzten Jahren waren fast jede Nacht glühende Lavafontänen und -ströme sichtbar.

AUSBRUCH DES RUAPEHU
Der größte tätige Vulkan in Neuseeland, Ruapehu, brach 1996 auf spektakuläre Art aus und erzeugte eine hohe, dunkle Aschewolke. Ein weiterer Ausbruch 2007 löste einen mächtigen Lahar aus.

ÄTNA

Europas mächtigster Vulkan, der Ätna, bedeckt eine Fläche von 1190 km³ in Ostsizilien. Mit einer Höhe von 3350 m ist er ein komplex gebauter Schichtvulkan mit vier separaten Gipfelkratern und über 300 kleineren parasitären Schloten und Nebenkegeln auf den Hängen. Er begann vor 500 000 Jahren auf dem Grund des Mittelmeers zu wachsen und erreichte vor etwa 100 000 Jahren die Meeresoberfläche. In den letzten paar Tausend Jahren war er fast ständig aktiv. Spektakuläre explosive Ausbrüche in einem oder in mehreren Gipfelkratern erzeugen Schauer von Lavabomben und Lapilli sowie große Aschewolken. Der Ätna zeigt auch hawaiianische und strombolianische Ausbrüche (siehe S. 144–149) aus den Schloten und Spalten auf den Hängen, typischerweise mit Lavafontänen und ausgedehnten Strömen dünnflüssiger basaltischer Lava vom Pahoehoe- als auch vom Aa-Typ (siehe S. 97).

2008-2009	
Ort	Ostsizilien, Italien
Vulkantyp	Schichtvulkan
Eruptionstyp	hawaiianisch/strombolianisch
Explosivitätsindex	1–2

417 ANZAHL DER TAGE, AN DENEN KONTINUIERLICH LAVA AUS DEM SCHLOT AUSGEWORFEN WURDE

GIPFELKRATER

Ungewöhnlich sind die vier separaten Gipfelkrater des Ätna, von denen drei hier zu sehen sind: von links der Nordostkrater, La Voragine (»der Schlund«) und die Bocca Nuova (»neuer Schlot«). Diese Krater haben einen Durchmesser von 300–400 m. Zudem gibt es Hunderte von kleineren Kegeln und Kratern auf den Hängen des Vulkans.

ÄTNA 123

DER ÄTNA BRICHT AUS
In dieser Nachtaufnahme sieht man eine helle Lavafontäne und Lavaströme am Nordhang des Ätna. Im Hintergrund liegt die Stadt Catania, die bei früheren Ausbrüchen von Lavaströmen betroffen war.

LAVASTRÖME
Die Karte zeigt die Phasen, in denen Lavaströme den Fuß des Ätna erreicht haben oder noch weiter vordrangen.

△ Gipfel des Ätna

Lava im Gipfelbereich

Lavaströme an den Flanken
- 21. Jahrhundert
- 20. Jahrhundert
- 19. Jahrhundert
- 18. Jahrhundert
- 17. Jahrhundert
- vor 1600
- in der Vorgeschichte
- nicht vulkanische Sedi…

CHRONIK DER AUSBRÜCHE

> **… SCHRECKLICHER BERG, AUF DESSEN KOHLIGER UND BEBENDER KRUSTE ICH STEHE – DER DOCH VON LEBEN WIMMELT!**
>
> MATTHEW ARNOLD, BRITISCHER DICHTER, IN *EMPEDOKLES AUF DEM ÄTNA*, 1852

1637 ANHALTENDE ERUPTION
Ein Ausbruch, der von 1634–1638 anhielt, produzierte schätzungsweise 150 Mio. m³ Lava. Dieser Stich stammt aus einem Buch des deutschen Gelehrten Athanasius Kircher, der die Eruption 1637 miterlebte.

1766 UMFORMUNG DES ÄTNA
Dieser Ausbruch produzierte um die 115 Mio. m³ Lava, die den Ätna zum Teil stark umformte und die Stadt Nicolosi am Südhang bedrohte. Das Bild stammt von dem französischen Kupferstecher Jean-Baptiste Chapuy.

RAUCHRINGE
Die Gipfelkrater des Ätna stoßen gelegentlich »Rauchringe« aus, die eigentlich Ringe aus Wasserdampf sind. Im Februar 2002 konnten Schweizer Vulkanologen eine Reihe dieser seltenen Ringe aus dem Krater Bocca Nuova miterleben. Einige bestanden bis zu 10 Minuten lang, während sie langsam aufstiegen und davondrifteten.

»Rauchender« Ätna
Dies ist einer der Dampfringe, die im Februar 2002 vom Gipfel des Ätna aufstiegen. Der Durchmesser des Rings wurde auf 200 m geschätzt.

2002 ALLSEITIGE ZERSTÖRUNG
Lava spritzte aus Schloten auf zwei Seiten des Vulkans, Erdbeben erschütterten den Osthang und eine 4 km hohe Aschewolke stieg von einem Krater auf der Südseite auf. Lavaströme zerstörten Teile eines Waldes sowie einen Touristenkomplex und eine Skistation.

2008 MASSIVE LAVASTRÖME
Im Mai kam es zu einem mächtigen Ausbruch aus einer Spalte nahe des Gipfels. Mehrere Lavaströme flossen auf die Stadt Riposto zu. Tage später leiteten über 200 Erdbeben eine neue Eruption aus einer Spalte am Hang ein, die 14 Monate andauerte.

124 VULKANE

AUSBRUCH DES MERAPI 2010

Der Ausbruch des Merapi, eines großen Schichtvulkans (siehe S. 120–121) auf der indonesischen Insel Java, im Herbst 2010 gilt als einer der heftigsten Ausbrüche des frühen 21. Jhs. Es kam zu einer Reihe von Erdbeben, Explosionen, Aschewolken, glühenden Lavalawinen, Feuerkugeln, Laharen (Schlammströmen) und pyroklastischen Strömen, die über 300 Menschen töteten. Mehrere Hundertmillionen Kubikmeter Asche und anderes Auswurfmaterial wurden über die Umgebung verteilt. Als aktivster Vulkan Indonesiens liegt der Gunung Merapi (»Feuerberg«) in einer der dichtbesiedeltsten Regionen der Welt. Mit einer Höhe von 2968 m beherrscht er das Gebiet direkt nördlich der Großstadt Yogyakarta. Besondere Probleme bereitet der steilwandige Lavadom (Stau- oder Stoßkuppe) auf dem Gipfel des Merapi, der manchmal einstürzt. Beim Kollaps der Kuppe bilden die dabei entstehenden pyroklastischen Ströme und Lahare eine enorme Gefahr für die Menschen, die auf den Hängen des Vulkans leben und den fruchtbaren Boden bestellen. Der Ausbruch des Merapi hielt 2010 drei Monate an, von den ersten Warnzeichen im September bis zur Beruhigung des Vulkans Anfang Dezember. Die gefährlichste Phase des Ausbruches begann um den 25. und 26. Oktober.

OKTOBER-NOVEMBER 2010

Ort	Zentraljava, Indonesien
Vulkantyp	Schichtvulkan
Todesopfer	353

350 000
ZAHL DER VERTRIEBENEN MENSCHEN

AUSBRUCH
Auf dem Höhepunkt des Ausbruchs, im November 2010, strahlte der Gipfel des Merapi in glühendem Licht, als sich riesige Mengen heißer Asche und Lava auf die unteren Hänge zu bewegten.

DIE ZERSTÖRUNG NIMMT IHREN LAUF

1 BEGINN DES AUSBRUCHS
Glühende Lavalawinen aus dem Lavadom am Gipfel des Merapi waren am 25. Oktober 2010 sichtbar.

2 GAS- UND ASCHESTRÖME
Am 26. Oktober stürzten eine Reihe von pyroklastischen Strömen die südwestlichen und südöstlichen Hänge des Merapi herab.

3 GROSSRÄUMIGE EVAKUIERUNG
In den folgenden Tagen wurden Tausende von Menschen evakuiert, während riesige Aschewolken vom Vulkan in die Atmosphäre aufstiegen.

AUSBRUCH DES MERAPI 2010 | **125**

UNTER BEOBACHTUNG
Ein Wissenschaftler der Regierung verfolgt am 25. Oktober 2010 im Vulkanbeobachtungszentrum in Yogyakarta die Aktivität des Merapi. Am gleichen Tag empfahlen die Vulkanologen die Evakuierung des Gebiets in der Nähe des Vulkans und riefen die höchste Alarmstufe aus.

SCHÄDEN UND TODESOPFER

Gegen Ende Oktober, als man eine starke Zunahme kleinerer Erdbeben nahe des Vulkans und eine Aufwölbung des Lavadoms feststellte, wurde den Bewohnern im Umkreis von 10 km um den Merapi empfohlen, die Gegend zu verlassen und in Schutzunterkünften Zuflucht zu suchen. Am 5. November wurde die Evakuierungszone auf 20 km ausgeweitet. Leider folgten viele Bewohner der Empfehlung nicht und blieben bei ihren Häusern oder kehrten zurück, während die Eruptionen noch andauerten. Als die Ausbrüche aufhörten, war die Zahl der Todesopfer auf 353 gestiegen, die meisten waren verbrannt oder erstickt. Große Waldgebiete, Farmen und Plantagen lagen unter vulkanischer Asche begraben, Aschewolken hatten den Flugverkehr über ganz Java erheblich gestört.

> » VULKANISCHE ASCHE REGNET HERUNTER, ES IST DUNKEL UND MAN KANN NUR ZWEI METER WEIT SEHEN. «
>
> **BAGYO SUGITO,** EIN 39-JÄHRIGER FAHRER AUS YOGYAKARTA

4 SUCH- UND HILFSMASSNAHMEN
Anfang November waren viele Menschen verletzt oder umgekommen, als die Eruption ihren

5 DIE ZERSTÖRUNG
Mit die schlimmsten Schäden entstanden durch Lahare, die bis zu 16 km weit flossen und Dör-

6 DIE FOLGEZEIT
Angehörige beten im Dorf Umbulharjo (Distrikt Sleman) bei einer Bestattungsfeier für die Opfer des

CALDERA ANIAKCHAK
Diese Crater-Lake-Caldera auf den Aleuten (Alaska) entstand bei einem gigantischen Ausbruch vor 3400 Jahren und misst 10 km im Durchmesser.

CALDEREN

Das spanische Wort Caldera bedeutet »Kessel« und bezeichnet eine 1–100 km weite, meist kreisförmige Senke, die durch den Austritt von gewaltigen Magmamengen entstand. Es wird für zwei Arten vulkanischer Strukturen verwendet, einerseits für einen bestimmten Vulkantyp selbst, andererseits für ein Merkmal eines großen Schicht- oder Schildvulkans. Calderen können gigantische Ausmaße haben – der Vulkan Aniakchak auf den Aleuten (Alaska) hat beispielsweise eine 10 km weite Caldera, deren tiefste Stelle 408 m unter dem Calderarand liegt.

ARTEN VON CALDEREN

Die Landschaftsform, für die der Begriff »Caldera« meist verwendet wird, ist der Überrest eines großen Schichtvulkans (siehe S. 120–121), der bei einer katastrophalen plinianischen Eruption ausbrach und kollabierte, meist vor Jahrtausenden. Es gibt keinen anerkannten Fachbegriff für diesen Typ, manche Geologen nennen sie Calderen vom Crater-Lake-Typ, nach einer Caldera in Oregon (USA). Wenn ihre Form vor allem durch Explosionsprozesse entstand, spricht man von einer Explosionscaldera. Der zweite Typ, die Einsturzcaldera, entsteht durch die langsame Senkung des Gipfels eines Schildvulkans (siehe S. 114–115). Einige Forscher definieren einen dritten Typ von riesigen Calderen, die nicht beim Kollaps eines einzelnen Vulkans entstanden sein konnten. Die wenigen, die es gibt, nennt man auch »Supervulkane« (siehe S. 128–129). Sie entstanden durch kataklysmische Eruptionen in der Vergangenheit

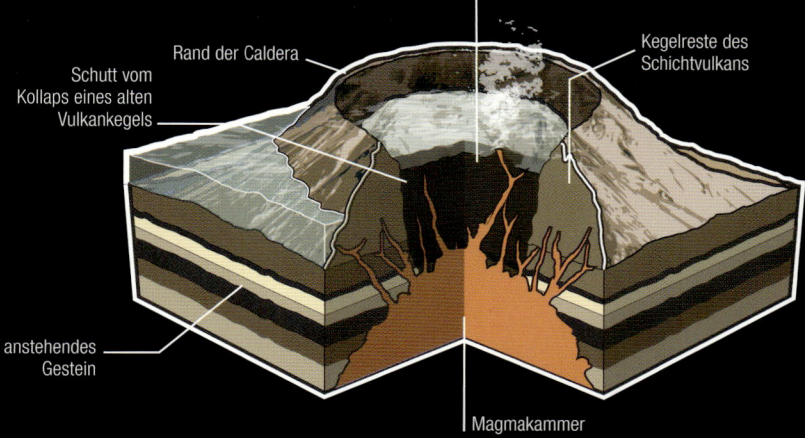

AUFBAU EINER CALDERA
Eine Caldera des Crater-Lake-Typs ist eine tiefe, weite Struktur, die einen See enthalten kann. Der Boden besteht

- neu entstandener Vulkankegel
- Rand der Caldera
- Schutt vom Kollaps eines alten Vulkankegels
- Kegelreste des Schichtvulkans
- anstehendes Gestein
- Magmakammer

CALDEREN

CALDEREN VOM CRATER-LAKE-TYP

Diese Calderen sind weite, oft kreisförmige Senken mit einem Durchmesser von 5–20 km. Die Ränder erheben sich meist Hunderte von Metern über die Umgebung. Das namengebende Beispiel, der Crater Lake selbst, ist bis in eine Tiefe von 600 m mit Wasser gefüllt und damit der tiefste Süßwassersee Nordamerikas. Nicht alle Calderen dieses Typs enthalten Seen. Einige Calderen vom Crater-Lake-Typ sind mit Sicherheit erloschen, wie der Ngorongoro-Krater in Tansania, aber unter vielen erstrecken sich noch große Magmakammern, sodass sie wieder ausbrechen könnten. In vielen entstehen wieder junge Schichtvulkane oder Schlackenkegel.

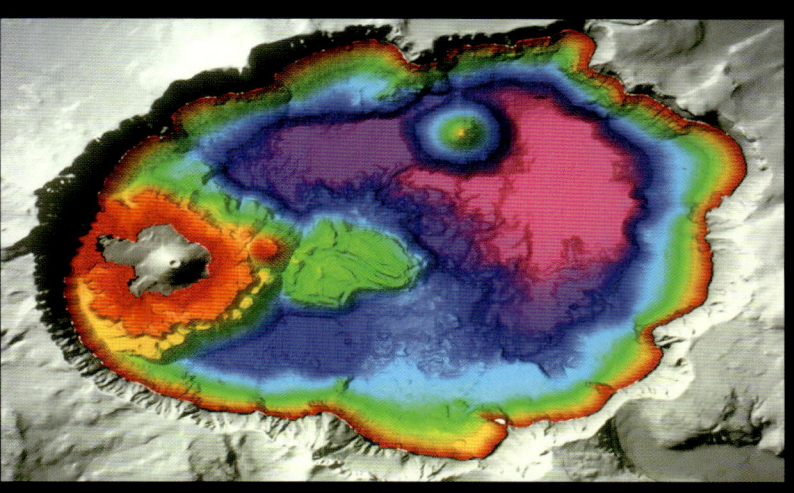

CRATER LAKE (OREGON, USA)
Dieses 3-D-Relief zeigt den Crater Lake. Die Tiefe des Seebodens ist durch Farben dargestellt, die von Rot (flachste Stellen) über Grün und Blau zu Violett (tiefste Stellen) reichen. Der Crater Lake entstand bei einer heftigen Explosion und dem Einsturz eines riesigen Schichtvulkans, des Mount Mazama, vor etwa 6850 Jahren.

BILDUNG EINER CALDERA VOM CRATER-LAKE-TYP

Calderen dieses Typs entstehen meist beim Einsturz eines Schichtvulkans. Dies kann infolge einer einzelnen kataklysmischen plinianischen Eruption oder etappenweise durch viele kleinere Ausbrüche geschehen. Die Einsturzfläche kann Hunderte von Quadratkilometern betragen.

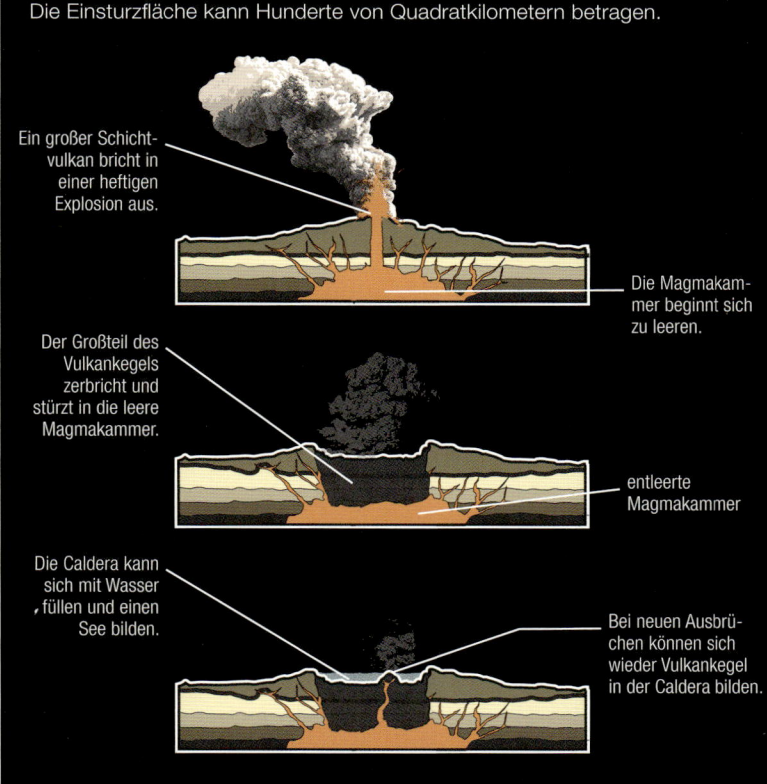

- Ein großer Schichtvulkan bricht in einer heftigen Explosion aus.
- Die Magmakammer beginnt sich zu leeren.
- Der Großteil des Vulkankegels zerbricht und stürzt in die leere Magmakammer.
- entleerte Magmakammer
- Die Caldera kann sich mit Wasser füllen und einen See bilden.
- Bei neuen Ausbrüchen können sich wieder Vulkankegel in der Caldera bilden.

EINSTURZCALDEREN

Dieser Caldera-Typ ist kein eigenständiger Vulkan, sondern markiert nur den Gipfelbereich eines Schildvulkans, der sich mit der Zeit gesenkt hat. Ein Beispiel sieht man auf dem Kilauea in Hawaii. Einstürze seines Gipfelbereichs haben eine kreisförmige Senke geschaffen, die 165 m tief ist und 5 km im Durchmesser misst. Ihre Oberfläche aus Lava ist flach und rau. Im Kessel liegt ein viel kleinerer, runder Krater namens Halemaumau, der sich gelegentlich mit einem Lavasee füllt oder explosiv Gase, Lava oder Asche ausstößt.

DIE CALDERA VON THIRA

Die Insel Thira in der Ägäis, südöstlich vom griechischen Festland, besteht aus einer Reihe sich überlappender Schildvulkane, die wiederum von mindestens vier überlappenden Calderen durchschnitten wird. Der letzte große Ausbruch vor etwa 3600 Jahren war eines der größten vulkanischen Ereignisse der Geschichtsschreibung: Über 60 km^3 Auswurfmaterial wurde in die Atmosphäre gesprengt. Der Ausbruch löste einen zerstörerischen Tsunami aus, der wohl mit zum Zusammenbruch der minoischen Zivilisation auf der Nachbarinsel Kreta beigetragen hat.

ÄGÄISCHE CALDERA
Die Caldera von Thira, hier aus dem Weltraum aufgenommen, ist etwa 7 km mal 12 km groß. Die Insel, die etwa zwei Drittel ihres Randes ausmacht, heißt auch Thira.

KILAUEA-CALDERA
Vom Rand der Caldera auf dem Gipfel des Kilauea schweift der Blick zur gegenüberliegenden Steilwand.

SUPERVULKANE

Einige wenige Vulkane, populärwissenschaftlich »Supervulkane« genannt, hatten in der Vergangenheit wahrhaft kataklysmische Eruptionen. Auch in der Zukunft sind sie zu gigantischen Ausbrüchen fähig, die Landschaften radikal verändern und das Weltklima stark beeinflussen können.

MERKMALE

Ein Supervulkan ist ein Vulkangebiet, das mindestens einen Ausbruch mit einem Vulkanexplosivitätsindex von 8 (siehe S. 89) hervorgebracht hat, und bei dem man auch in Zukunft ähnliche Eruptionen für möglich hält. Ausbrüche dieser Größenordnung sind etwa tausendmal so stark wie alles, was wir in der jüngsten Vergangenheit erlebt haben, wie etwa der Ausbruch des Mount St. Helens 1980. Nur wenige Vulkangebiete werden als Supervulkane eingestuft; alle sind große Calderen (siehe S. 126–127) mit darunterliegenden, aktiven Magmakammern. Ein typisches Beispiel ist die Yellowstone-Caldera, die den größten Teil des Yellowstone Parks in Wyoming (USA) ausmacht. Der letzte große Ausbruch von Yellowstone vor etwa 640 000 Jahren sprengte schätzungsweise 1000 km^3 an Gestein und Magma in die Luft und bedeckte einen großen Teil im Westen der USA mit Vulkanasche. Weitere große Ausbrüche aus dieser Caldera, mit katastrophalen Folgen sowohl für die Region als auch das Weltklima, gelten als wahrscheinlich, auch wenn Geologen nicht glauben, dass ein Ausbruch unmittelbar bevorsteht. Zwei weitere Supervulkane sind Calderen, die von großen Seen erfüllt sind – der Tauposee auf der Nordinsel Neuseelands und der Tobasee auf Sumatra. Der größte bekannte Ausbruch des Taupo, der vor etwa 22 600 Jahren stattfand, blies etwa 1170 km^3 an Auswurfmaterial in die Luft und führte zum Einsturz von mehreren Hundert Quadratkilometern Landfläche, doch die Eruption des Toba war noch gigantischer (siehe oben rechts).

TOBASEE
Der hier in Falschfarben aus dem Weltraum aufgenommene Tobasee ist 100 km lang und 35 km breit. Er liegt in einem Vulkanbogen über einer konvergenten Plattengrenze, an der die Australische Platte unter die Sundaplatte subduziert wird.

AUFBAU DER YELLOWSTONE-CALDERA
Eine große Magmakammer liegt 8 km unter der Caldera. Eine domförmige Hebung des Gesteins über der Magmakammer (»Quellkuppe«) oder eine starke Zunahme von Erdbeben könnten einen neuen Ausbruch ankündigen.

- Rand der Caldera
- Störung
- Calderaboden
- Quellkuppe (Dom)
- heiße Quellen und Geysire
- gelegentliche kleinere Erdbeben
- Dehnung der Kruste
- spröde Kruste
- eher plastische, verformbare Krustenregion
- Wasserkreislauf
- Magmakammer
- Mantel

SUPERVULKANE   129

DER AUSBRUCH DES TOBA

Vor etwa 74 000 Jahren war der heutige Tobasee auf Sumatra der Schauplatz des größten Vulkanausbruchs der letzten 2 Mio. Jahre. Dieser Ausbruch lässt sich aus den dicken Ablagerungen von Vulkanasche in einem riesigen Gebiet Südasiens rekonstruieren – er sprengte schätzungsweise 2800 km^3 pulverisierten Gesteins in die Luft. Die Aschewolke breitete sich über die ganze Erde aus, blockierte das Sonnenlicht und führte wohl zu einer globalen Abkühlung um 3–5 °C. Genetische Studien lassen vermuten, dass dies die damalige Weltbevölkerung auf etwa 10 000 Menschen reduzierte. Noch immer liegt eine riesige Magmakammer unter dem Tobasee und in der Gegend sind im letzten Jahrhundert zahlreiche Erdbeben aufgetreten. Der Vulkan wird wohl irgendwann in der Zukunft erneut spektakulär ausbrechen.

MALERISCH
In dieser sanften Landschaft am Tobasee deutet nichts auf die Katastrophe der Vergangenheit hin oder lässt die Gefahr zukünftiger Kataklysmen vermuten.

AIRA-CALDERA (JAPAN)
Vor etwa 22 000 Jahren wurden 40 km^3 an Auswurfmaterial aus dem Boden gesprengt. Dabei entstand diese Caldera, ein Kandidat für die Kategorie Supervulkan.

VERTEILUNG DER SUPERVULKANE

Die drei Vulkangebiete, die man am ehesten als Supervulkane bezeichnen kann, sind die Yellowstone-Caldera, der Tobasee und der Tauposee. Yellowstone sitzt über einem kontinentalen Hotspot (siehe S. 32–33), während Toba und Taupo an Plattengrenzen liegen. Einige weitere Regionen erfüllen fast die Kriterien für Supervulkane, wobei der größte Ausbruch einen Vulkanexplosivitätsindex von 7 und nicht den Maximalwert 8 hatte. Dazu gehören die Caldera im Long Valley (Kalifornien) und die Aira-Caldera (Japan). Andere Gebiete waren früher Supervulkane, sind nun aber wohl erloschen.

1. Yellowstone-Caldera (Wyoming)
2. Tobasee (Sumatra)
3. Tauposee (Neuseeland)
4. Long Valley (Kalifornien)
5. Valles-Caldera (New Mexico, USA)
6. Phlegräische Felder (Italien)
7. Aira-Caldera (Japan)
8. Kikai-Caldera (Ryukyu-Inseln, Japan)

YELLOWSTONE-CALDERA
Rechts sieht man den Rand der Caldera, in der Bildmitte den Grund. Geologen kontrollieren den Boden ständig auf Aufwölbungen, die einen bevorstehenden Ausbruch ankündigen können.

MAARE

Maare sind flache, schüsselförmige Vertiefungen, die durch vulkanische Gasexplosionen entstanden sind. Diese relativ kleinen vulkanischen Formen sind oft mit Wasser gefüllt und bilden kreisrunde Seen. Das Wort »Maar« ist ein volkstümlicher Ausdruck aus der Eifel und stammt ursprünglich vom lateinischen »mare« (Meer) ab.

BILDUNG UND GRÖSSE

Maare entstehen, wenn Magma (Gesteinsschmelze) die Erdoberfläche erreicht und mit Grundwasser oder in Polarregionen mit Permafrost (Dauerfrostboden) in Kontakt kommt. Dabei kommt es zu einer Dampfexplosion, die einen flachen Krater aussprengt, der Größen ab 60 m Durchmesser hat, aber auch wesentlich größer sein kann. Die größten bekannten – auf der Halbinsel Seward in Westalaska – sind bis zu 2 km groß. Sie entstanden durch den Kontakt von Magma mit dem Permafrostboden, was zu besonders großen Explosionen führte. Es gibt zwar auch Trockenmaare in Regionen wie der Eifel, aber die Mehrzahl der Maare wird von einem Maarsee, der zwischen 10 und 200 m tief sein kann, erfüllt.

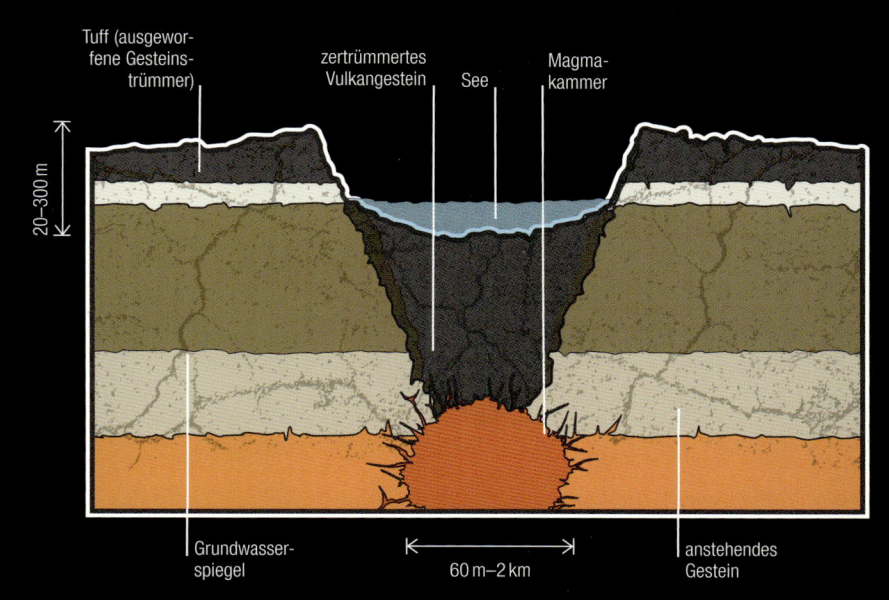

AUFBAU EINES MAARS
Ein Maar enthält eine Masse zertrümmerter Gesteinsbrocken in einer umgekehrten Kegelform. Darunter liegt eine erloschene (manchmal aber noch aktive) Magmakammer. Um das Maar liegt ein Tuffwall, ein niedriger Wall aus Asche und Gestein, das bei der Explosion aus dem Boden gesprengt wurde.

VORKOMMEN UND TÄTIGKEIT

Maare können überall dort auftreten, wo Magma mit Grundwasser oder Permafrost in Kontakt kommt. Einige liegen in Vulkangebieten nahe der Plattengrenzen, andere an Orten mit vergangener oder gegenwärtiger Hotspot-Aktivität (siehe S. 32–33). Die Maare in der Eifel beispielsweise entstanden durch den Eifel-Hotspot. Viele Maare sind erloschen, bei anderen ist eine zukünftige vulkanische Tätigkeit nicht ausgeschlossen. Zwei Maare, die wegen der Gefahr von Gasaustritten besonders gefährlich sind, liegen in Kamerun und werden auch »explodierende Seen« genannt (siehe S. 132–133).

> » WIR VERGESSEN LEICHT, IN DIESEN KÜHLEN GEGENDEN DER ERDE, DASS UNTER UNS DIE GEFAHR UNTERIRDISCHER FEUER LAUERT. «
>
> **ARTIKEL IM NATIONAL MAGAZINE,** »EIN MÖGLICHES EREIGNIS – GEFAHREN UNSERES PLANETEN«, 1854

LAC D'EN HAUT (FRANKREICH)
Dieses Maar ist ein Teil der Chaîne des Puys, einer Gruppe erloschener Vulkane in Zentralfrankreich, die vor 70 000–7000 Jahren entstand. Der Name bezieht sich auf die Lage in großer Höhe (1239 m) im Zentralmassiv.

PULVERMAAR (EIFEL, DEUTSCHLAND)
Das Pulvermaar, dessen Rand völlig bewaldet ist, ist eines der Maare in den Vulkanfeldern der Eifel im Westen Deutschlands. Zwar endeten die Ausbrüche dort vor 11 000 Jahren, doch die Region wird immer noch als potenziell aktiv angesehen.

VITI-MAAR (ISLAND)
Das etwa 150 m große Maar auf Island entstand 1875 während eines Ausbruchs des benachbarten Vulkansystems Krafla. Das Wasser des Maarsees ist 35 m tief und stets warm, was auf eine aktive Magmakammer deutet.

DALLOL-KRATER (ÄTHIOPIEN)
Dieses farbenreiche Maar in der Afarsenke entstand 1926. Mit einer Lage von 45 m unter dem Meeresspiegel sind der Krater und seine Nachbarn die tiefstgelegenen Vulkanschlote des Festlandes.

EXPLODIERENDE SEEN

Im Hochland von Kamerun in Westafrika liegen in den Kratern vulkanischer Maare (siehe S. 130–131) zwei ungewöhnliche Seen: Nyos und Monoun. In den 1980er-Jahren wurden sie als »explodierende Seen« bekannt – nach Katastrophen, bei denen sie plötzlich riesige Wolken von Kohlendioxid ausstießen.

DIE KATASTROPHE VON NYOS

Die verhängnisvollere der beiden Katastrophen, die man limnische Ausbrüche nennt, geschah am 21. August 1986 am größeren der beiden Seen, dem Nyos-See. An diesem Tag starben plötzlich über 1750 Menschen in den umliegenden Dörfern, offenbar durch ein Gas, bei dessen Entstehung man den See in Verdacht hatte. Nach wissenschaftlichen Untersuchungen konnte man schließlich das Ereignis rekonstruieren. Tief unter dem in einer Vulkanregion liegenden See sitzen kleinere Magmataschen, die Kohlendioxid (CO_2) und andere Gase freisetzen. Diese lösen sich im Grundwasser, sodass im Seewasser in der Tiefe große Mengen CO_2 lagen. Als der Druck des darüberliegenden Wassers nicht mehr ausreichte, begannen sich Gasblasen zu bilden. Die Gasblasen-Wasser-Mischung, die eine geringere Dichte als Wasser hatte, stieg auf und löste eine Umwälzung des Sees aus, was zur plötzlichen Ausgasung von CO_2 an der Oberfläche führte. Der Nyos-See stieß wohl etwa 1 km^3 des Gases aus, das schwerer als Luft ist und daher am Boden bleibt. Am Rand des Maars lief es über und strömte die Täler hinab, wobei es alle Menschen und Tiere auf seinem Weg erstickte.

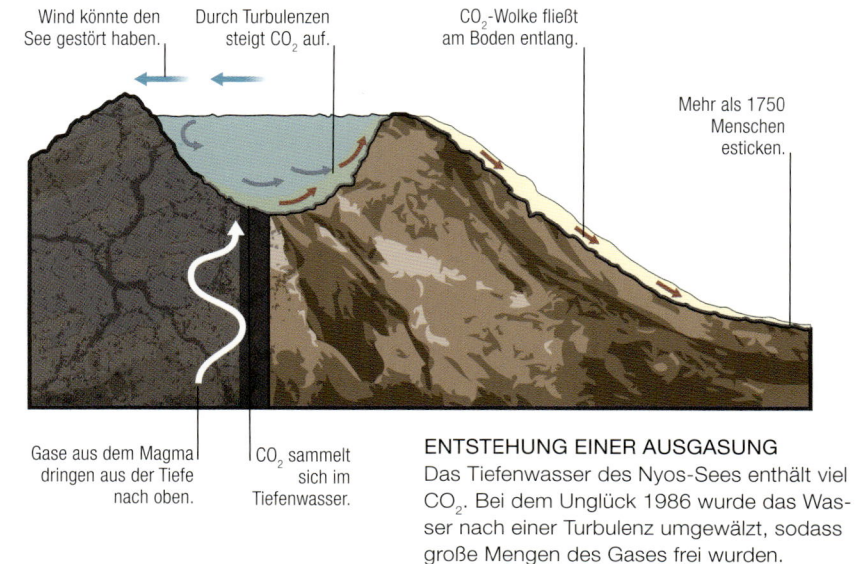

ENTSTEHUNG EINER AUSGASUNG
Das Tiefenwasser des Nyos-Sees enthält viel CO_2. Bei dem Unglück 1986 wurde das Wasser nach einer Turbulenz umgewälzt, sodass große Mengen des Gases frei wurden.

- Wind könnte den See gestört haben.
- Durch Turbulenzen steigt CO_2 auf.
- CO_2-Wolke fließt am Boden entlang.
- Mehr als 1750 Menschen ersticken.
- Gase aus dem Magma dringen aus der Tiefe nach oben.
- CO_2 sammelt sich im Tiefenwasser.

NYOS-SEE (KAMERUN)
Was den See besonders gefährlich macht ist seine Lage in einem Krater hoch über dem Umland. Wenn also eine CO_2-Wolke ausgast, strömt sie die umgebenden Täler hinunter.

EXPLODIERENDE SEEN | 133

ENTGASUNG DES NYOS-SEES

Das Magma unter dem Nyos-See reichert das Wasser weiter mit CO_2 an, sodass ähnliche Unglücksfälle drohen, wenn man die Gasansammlung im See nicht verhindert. 1995 begannen erste Tests für ein Entgasungsverfahren. Dazu wurde ein kräftiges Plastikrohr zwischen dem Seeboden und der Oberfläche installiert. Dann wurde zunächst durch eine Pumpe Wasser nach oben gefördert, was einen sich selbst regulierenden Vorgang anstößt, bei dem das gasgesättigte Tiefenwasser von selbst aufsteigt, weil es von expandierenden Gasblasen angetrieben wird. An der Oberfläche entweicht das Gas. Die Entgasung des Nyos-Sees läuft seit 2001, nach einem Jahrzehnt war die CO_2-Konzentration erheblich gesunken. Es gibt aber noch keine Entwarnung, denn ein Erdbeben könnte das Maar teils zerstören und zu katastrophalen Fluten sowie zur Freisetzung des restlichen Gases führen.

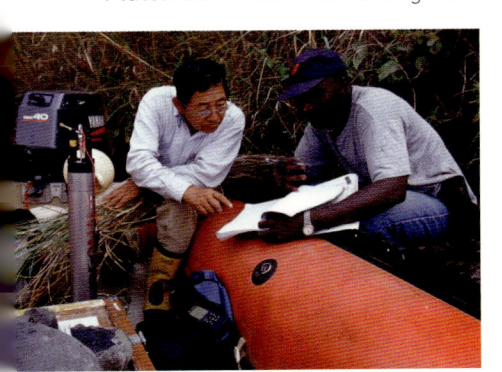

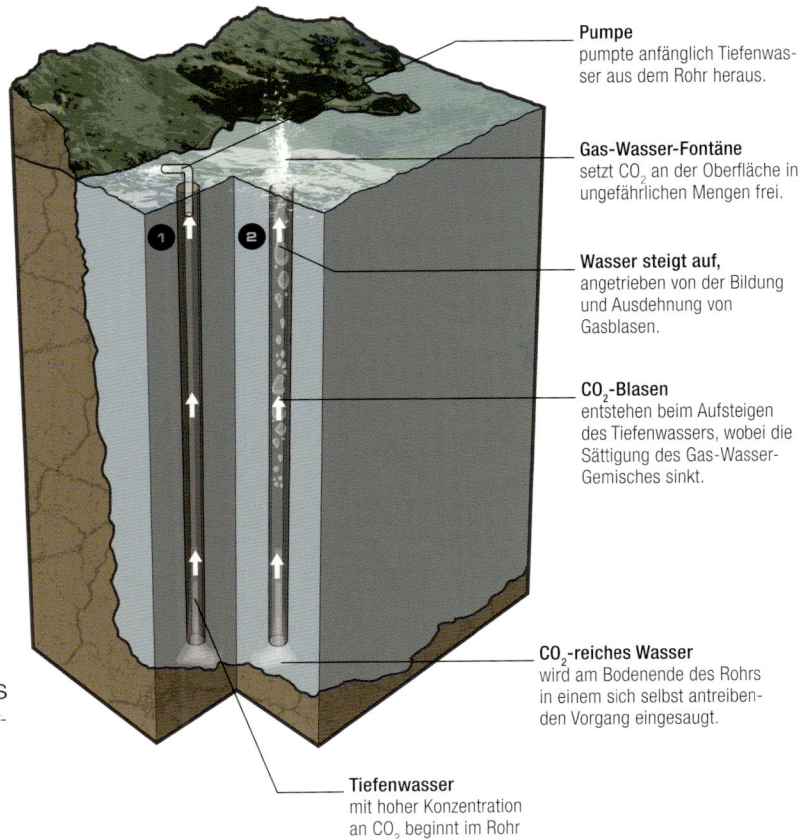

Pumpe
pumpte anfänglich Tiefenwasser aus dem Rohr heraus.

Gas-Wasser-Fontäne
setzt CO_2 an der Oberfläche in ungefährlichen Mengen frei.

Wasser steigt auf,
angetrieben von der Bildung und Ausdehnung von Gasblasen.

CO_2-Blasen
entstehen beim Aufsteigen des Tiefenwassers, wobei die Sättigung des Gas-Wasser-Gemisches sinkt.

CO_2-reiches Wasser
wird am Bodenende des Rohrs in einem sich selbst antreibenden Vorgang eingesaugt.

Tiefenwasser
mit hoher Konzentration an CO_2 beginnt im Rohr aufzusteigen.

ENTGASUNGSMETHODE
Ein Plastikrohr wird installiert (1) und Wasser herausgepumpt, sodass Tiefenwasser aufsteigt. Die aufsteigende Strömung reguliert sich selbst (2) durch die Bildung und Ausdehnung von Gasblasen im aufsteigenden Wasser.

WISSENSCHAFTLER STUDIEREN NYOS
Ein internationales Forschungsteam untersuchte Geologie und chemische Zusammensetzung des Sees und konnte die Katastrophe von 1986 erklären.

MONOUN- UND KIVUSEE

Als man die Gründe für die Nyos-Katastrophe untersucht hatte, konnte man sich ein ähnliches, kleineres Unglück mit 37 Todesopfern am Monoun-See im Jahr 1984 erklären. Seit 2003 laufen dort Entgasungsarbeiten, 2008 war er praktisch entgast. Wissenschaftler untersuchten auch andere Seen auf ähnliche Gefahren hin. Die wichtigste Neuentdeckung ist der Kivusee. Er liegt nicht in einem Maar, sondern in einer ausgedehnten Vulkanregion im Westafrikanischen Graben (siehe S. 174–175). Es gibt Hinweise, dass es im Kivusee früher zu großen limnischen Ausbrüchen kam. 2 Mio. Menschen in der Umgebung sind von einer solchen Katastrophe bedroht. Bisher wurde noch kein Entgasungssystem installiert, doch ein Verfahren, mit dem man seit 2010 Methan aus dem See fördert, führte auch zu einer Ausgasung von CO_2.

ENTGASUNG DES MONOUN-SEES
Japanische Wissenschaftler führen die letzten Tests an einem neuen Floß durch, bevor sie eines der drei Entgasungsrohre installieren, die jetzt erfolgreich im Monoun-See arbeiten.

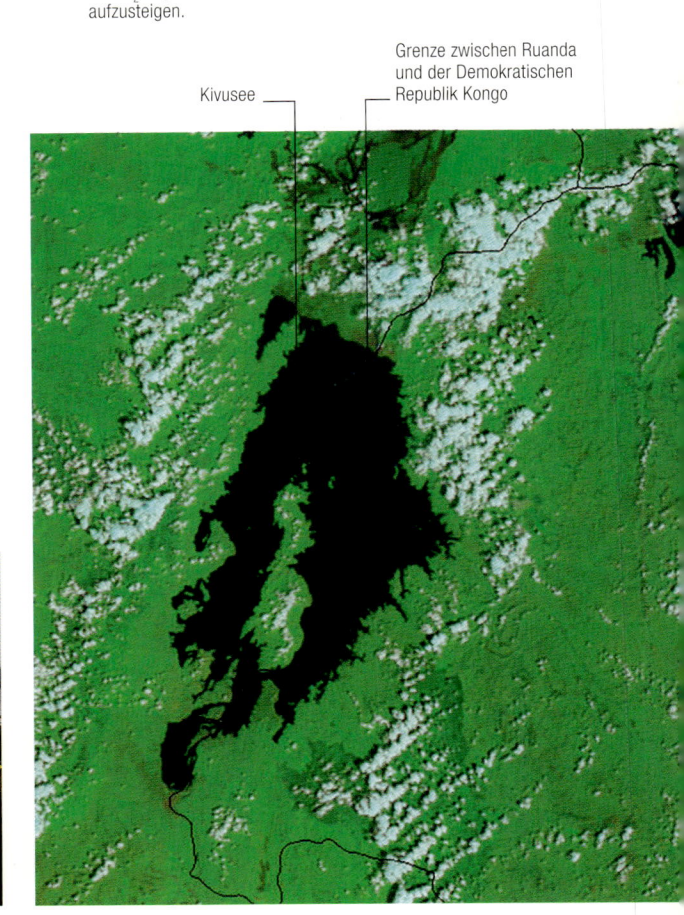

KIVUSEE
Dieser große See liegt im Ostafrikanischen Grabensystem – einem Gebiet, wo die Erdkruste gedehnt wird und Magmakörper in die Kruste eindringen.

Kivusee

Grenze zwischen Ruanda und der Demokratischen Republik Kongo

VULKANE

TUFFRINGE UND -KEGEL

Zwei relativ kleine und einfache vulkanische Landschaftsformen sind Tuffringe und Tuffkegel. Ähnlich wie eine andere vulkanische Form, die Maare, entstehen sie bei einer heftigen Reaktion zwischen Magma (Gesteinsschmelze) und Wasser. Tuffkegel sind kompakter als Tuffringe und besitzen höhere Wälle.

ENTSTEHUNG UND AUFBAU

Tuffringe und Tuffkegel finden sich in Regionen, die vulkanisch aktiv sind (oder es früher waren) – also in der Nähe von Plattengrenzen und über Hotspots – und wo aufsteigendes Magma mit Grundwasser oder Bodenwasser wie Seen, Sümpfen oder Flachmeeren in Kontakt kam. Dies führt zu heftigen Ausbrüchen mit einer starken Ascheentwicklung, die ringförmig um den Eruptionsschlot niederfällt und sich später zu einem festen Gestein, dem sog. Tuff, verfestigt. Das Gewässer, das diesen Vorgang auslöste, kann später wieder verschwinden. Tuffringe haben breite, niedrige Wälle und einen Durchmesser von 1–2 km. Tuffkegel sind kleiner, höher und haben steilere Wälle. Sie haben eine ähnliche Entstehungsgeschichte wie Maare, doch Tuffringe und -kegel sind meist nicht eingetieft oder mit Wasser gefüllt.

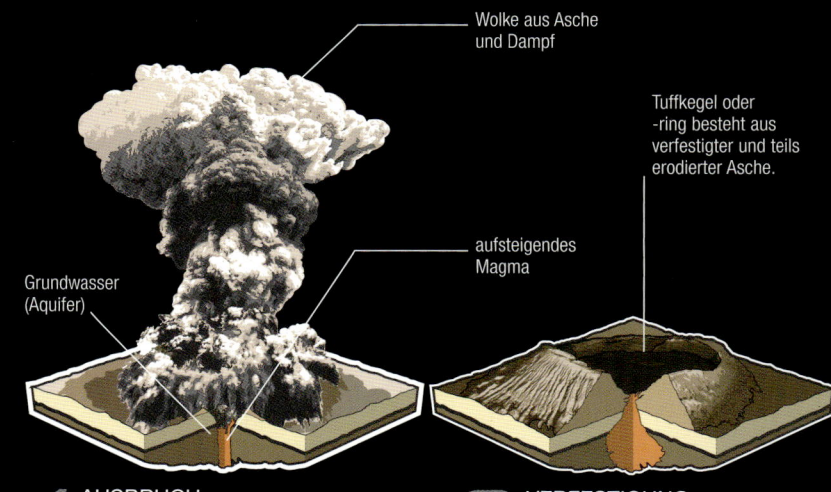

1 AUSBRUCH
Wo Magma auf Grundwasser trifft, wird eine Dampf-Asche-Wolke in die Luft geblasen. Die Asche regnet um den Schlot herunter und bildet einen Ring oder Kegel.

- Wolke aus Asche und Dampf
- Grundwasser (Aquifer)

2 VERFESTIGUNG
Mit der Zeit verfestigen sich die Ascheablagerungen zu einem Tuffring bzw. Tuffkegel. Später verwittert und erodiert er durch Wind und Wasser.

- Tuffkegel oder -ring besteht aus verfestigter und teils erodierter Asche.
- aufsteigendes Magma

DAPHNE MAYOR
Diese kleine Insel, eine der Galápagosinseln im Ostpazifik, ist ein stark erodierter Tuffkegel, dessen Wall sich heute 120 m über den Meeresspiegel erhebt. Er dürfte vor etwa 1,8 Mio. Jahren entstanden sein.

FORT ROCK (OREGON)
Dieser Tuffring entstand vor Zehntausenden von Jahren, als aufsteigendes Magma auf feuchten Schlamm am Boden eines damaligen Sees traf. Später erodierten die Wellen des Sees die Außenseite des Walls zu Klippen und Terrassenstufen.

KEGEL IN DER WÜSTE
Dieser Tuffkegel im Nordosten der Sonorawüste in Mexiko hat einen Krater von 1 km Durchmesser. Der Cerro Colorado gehört zu einer Gruppe kleiner Vulkane.

KRATER KOKO (HAWAII)
Dieser Tuffkegel auf der Insel Oahu (Hawaii) ist 368 m hoch. In seinem Krater befindet sich heute ein botanischer Garten. Ausbrüche auf Oahu gab es seit über 10 000 Jahren nicht mehr, zukünftige Eruptionen sind aber durchaus möglich.

STAUKUPPEN UND LAVANADELN

Eine Staukuppe (Lavadom) ist eine schroffe, kuppelförmige, langsam wachsende Masse erstarrter Lava, die an einem Vulkanschlot entsteht, aus dem zähflüssige Lava austritt. Die eher bizarr geformte Lavanadel (Stoßkuppe) wächst manchmal senkrecht aus dem Schlot heraus.

ENTSTEHUNG EINER STAUKUPPE

Staukuppen oder Lavadome entstehen an Vulkanschloten, aus denen hochviskose Lava austritt, etwa rhyolithische oder dacitische Lava (siehe S. 97). Derartige Lava fließt nicht vom Schlot weg, aus dem sie herausgepresst wird, sondern türmt sich auf und formt einen langsam wachsenden Pfropfen, der den Schlot verstopft. Staukuppen entstehen meist am Hauptschlot innerhalb des Gipfelkraters größerer Vulkane. Sie können aber auch aus Nebenschloten wachsen oder eigenständige große Vulkane sein. Das Wachstum einer Kuppe zur Maximalgröße kann wenige Wochen bis mehrere Jahrtausende dauern.

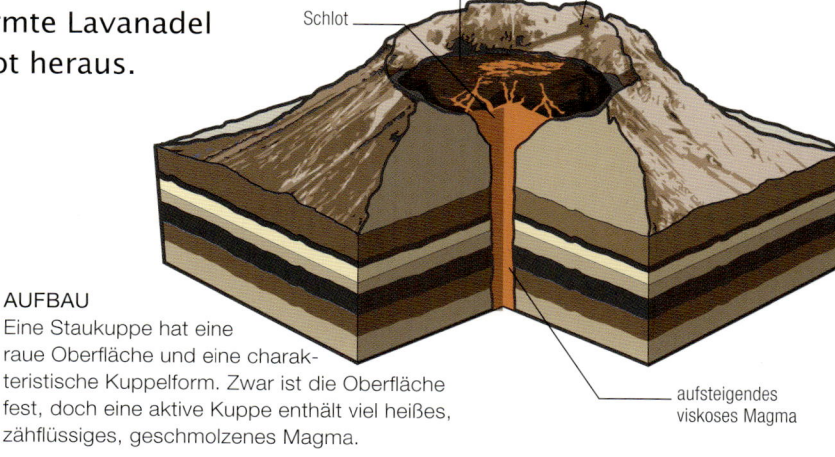

AUFBAU
Eine Staukuppe hat eine raue Oberfläche und eine charakteristische Kuppelform. Zwar ist die Oberfläche fest, doch eine aktive Kuppe enthält viel heißes, zähflüssiges, geschmolzenes Magma.

NEU ENTSTANDENE STAUKUPPE
2008 erschien diese neue, etwa 120 m hohe Staukuppe in der Caldera Chaitén in Chile, als der Vulkan nach 9500-jähriger Ruhepause wieder aktiv wurde.

GEFÄHRLICHE STAUKUPPEN

Einige Staukuppen sind die Überreste erloschener Vulkane, andere sind aktive, sich ändernde Strukturen, die wachsen, erodiert werden, gelegentlich zusammenbrechen und erneut wachsen. Beim Aufsteigen werden die Ränder des Doms langsam nach außen gedrückt. Wenn eine Wand dabei zu steil wird, kann sie einstürzen und gefährliche heiße Schuttlawinen, pyroklastische Ströme, auslösen. Nach einem Erdbeben im Jahr 1792 führte der teilweise Einsturz einer Staukuppe auf dem Unzen in Japan zu einem gewaltigen Erdrutsch. Er löste einen Tsunami aus, der etwa 15 000 Menschen tötete. Eine solche Vulkankatastrophe hatte Japan noch nie erlebt.

FEURIGE KUPPE
Diese glühende Staukuppe erschien in der Mitte eines Kratersees bei einem Ausbruch des Vulkans Kelud in Indonesien im Jahr 2007. Er wuchs zu einer Höhe von 120 m an, bevor die Oberfläche aufbrach. Heiße Lava quoll in den See und erzeugte riesige Dampfwolken.

LAVANADELN (STOSSKUPPEN)

Diese fantastisch aussehenden, meist zylinderförmigen Türme oder Finger aus erstarrter Lava wachsen manchmal aus den Staukuppen großer Schichtvulkane (siehe S. 120–121) heraus. Lavanadeln entstehen aus hoch viskoser, teigartiger Lava, die im Schlot teilweise erstarrt und dann herausgepresst wird – ähnlich wie eingetrocknete Zahnpaste, die man aus der Tube drückt. Stoßkuppen können erhebliche Höhen erreichen. Eine Nadel auf dem Gipfel des Mont Pelée auf Martinique (siehe S. 152–153) erreichte nach seinem Ausbruch 1902 eine Höhe von 300 m. Ihr Volumen entsprach dem der Großen Pyramide in Giseh (Ägyptens größter Pyramide).

In den letzten 30 Jahren entstanden bemerkenswerte Nadeln auf verschiedenen Vulkanen, etwa dem Mount St. Helens in den USA, dem Unzen in Japan und dem Pinatubo in den Philippinen. Nach einem wochen- oder monatelangen Aufsteigen wird eine Stoßkuppe instabil und bricht unter ihrem eigenen Gewicht zu einem Haufen Schutt zusammen.

FINGERFÖRMIGE NADEL
Diese kurzlebige Lavanadel wurde 1994 aus einer Staukuppe auf dem dreigipfligen Schichtvulkan Unzen in Japan herausgepresst.

HOHE LAVANADELN
Eine Reihe von Lavanadeln, einige bis zu 90 m hoch, wuchsen zwischen 2004 und 2008 aus einer Staukuppe auf dem Mount St. Helens (USA).

PUY DE DÔME
Diese große erloschene Staukuppe im Zentralmassiv in Frankreich, der Puy de Dôme (wörtlich: »domförmiger Hügel«), ist 841 m hoch. Der letzte Ausbruch fand vor etwa 10 700 Jahren statt. 1875 wurde auf dem Gipfel ein physikalisches Labor errichtet, 1956 folgte ein Fernsehsender.

COLIMA-STAUKUPPE
Diese Staukuppe auf dem Gipfel des Vulkans Colima in Mexiko wächst seit etwa einem Jahrhundert. Im Frühjahr 2010 füllte sie den Gipfelkrater fast völlig aus. Gelegentlich kommt es zu explosiven Ausbrüchen von Magma, die pyroklastische Ströme und Aschewolken auslösen.

VULKANFELDER

Vulkanfelder sind Gebiete mit aktivem oder erloschenem Vulkanismus, in denen sich Gruppen kleiner Vulkane gebildet haben. Aus der Luft oder aus dem Weltraum sehen sie fast wie Pocken in der Landschaft aus. Wie andere Vulkane auch liegen sie gewöhnlich auf oder nahe von Plattengrenzen oder über Hotspots.

ENTSTEHUNG

Vulkanfelder entstehen dort, wo Magma unter der Erdkruste aufsteigt, jedoch die Förderkanäle über eine zu große Fläche ausgedehnt sind oder der Nachschub an Magma zu gering ist, um einen einzelnen großen Vulkan zu bilden. Stattdessen entstehen viele kleinere vulkanische Erscheinungen, wenn auch nicht unbedingt zur gleichen Zeit. Je nach Beschaffenheit des Magmas und vieler anderer Faktoren (etwa der Menge des vorhandenen Grund- oder Oberflächenwassers) können die einzelnen Vulkane als Schlackenkegel (siehe S. 116–117), Maare (siehe S. 130–131), Staukuppen (siehe S. 136–137) oder kleine Schichtvulkane (siehe S. 120–121) ausgebildet sein oder eine Mischung mehrerer dieser verschiedenen Vulkantypen bilden.

PINACATE-VULKANFELD
Im Bundesstaat Sonora in Mexiko, hier in einer Satellitenaufnahme, liegen über 300 kleine Vulkane, darunter Schlackenkegel, Maare, Tuffringe und kleine Lavaströme.

VULKANFELDER

EINIGE WICHTIGE VULKANFELDER

1. Hopi Buttes (Arizona)
2. Nationalpark Timanfaya (Lanzarote)
3. Kraterfelder von Marsabit (Kenia)
4. Chaîne des Puys (Frankreich)
5. Harrat Khaybar (Saudiarabien)
6. Michoacán-Guanajuato (Mexiko)
7. Pinacate-Vulkanfeld (Mexiko)
8. Westeifel (Deutschland)

TÄTIGKEIT

In den meisten Vulkanfeldern sind die einzelnen Vulkane monogenetisch – sie brechen nur ein einziges Mal für eine kurze Zeit (einige Tage oder ein paar Jahre) aus und erlöschen dann. Wenn im gleichen Gebiet wieder ein Ausbruch stattfindet, entsteht ein neuer Vulkankegel mit neuen vulkanischen Landschaftsformen. Viele monogenetische Vulkanfelder sind erloschen und es werden keine weiteren Ausbrüche erwartet, etwa bei der Chaîne des Puys in Frankreich. Andere dagegen sind immer noch aktiv, etwa das Feld im Nationalpark Timanfaya auf Lanzarote. An einigen Stellen in diesem Nationalpark kann die Temperatur des Gesteins nur 13 m unter der Erdoberfläche schon 600 °C erreichen. Dies ist ein Hinweis darauf, dass es dort immer noch Reservoirs mit heißem Magma gibt.

KRATER AUF LANZAROTE
Im Nationalpark Timanfaya auf der Kanareninsel Lanzarote liegen über 100 Vulkane, vor allem Schlackenkegel, die zwischen 1730 und 1736 ausbrachen.

HARRAT KHAYBAR
Das hier aus der Internationalen Raumstation fotografierte Vulkanfeld Harrat Khaybar (Saudiarabien) enthält einen kleinen Schichtvulkan, Tuffkegel und Staukuppen. Ausbrüche fanden zuletzt vor 1400 Jahren statt.

CHAÎNE DES PUYS
Dieser bewachsene Schlackenkegel ist Teil einer Gruppe von mehr als 60 erloschenen Vulkanen in der Chaîne des Puys (»Kette von Vulkanhügeln«) im französischen Zentralmassiv.

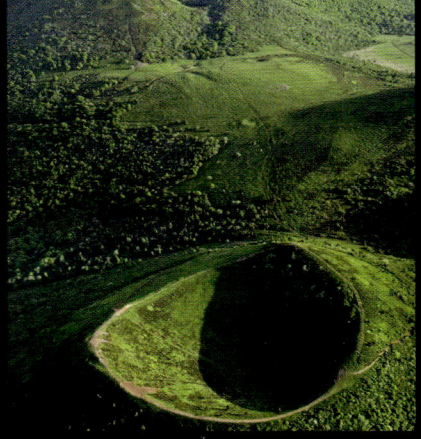

ÜBERRESTE ALTER VULKANE

Das Vulkanfeld Hopi Buttes besteht aus etwa 300 Vulkanformen, die der Erosion widerstanden. Es erstreckt sich über eine Fläche von 2500 km² im Nordosten Arizonas. Das Vulkanfeld entstand vor 8–4 Mio. Jahren. Die auffälligste Erscheinung sind dunkle, vulkanische Lavapfropfen, die in der Landschaft verteilt sind. Dazwischen liegen zahllose Maare (flache Explosionskrater, die durch den Kontakt von Magma mit Grundwasser entstehen).

Dunkle Lavapfropfen
Diese Hügel waren ursprünglich Pfropfen erstarrter Lava oder verbackene Fragmente vulkanischer Gesteine, die unterirdisch entstanden. Sie liegen nun frei, weil das weichere umgebende Gestein wegerodiert wurde.

VULKANE

VULKANKOMPLEXE

Während viele Vulkane eine einfache Form mit einem einzelnen Hauptschlot und einem Krater am Gipfel haben, sind andere viel komplizierter aufgebaut. So gibt es Vulkane mit sich überschneidenden Kegeln oder mehreren Kratern, bei manchen entsteht auch ein neuer Kegel in den Resten älterer Schichtvulkane.

ZUSAMMENGESETZTE VULKANE

Zusammengesetzte oder komplexe Vulkane bestehen aus zwei oder mehr Vulkanen, meist Schichtvulkanen (siehe S. 121–122), die sich aus getrennten Förderkanälen und Hauptschloten so nahe beieinander gebildet haben, dass sich die Kegel teilweise überlappen. Dies kann geschehen, wenn sich die Stelle, an der aufsteigendes Magma die Erdoberfläche erreicht, etwas verschiebt. Meist sind die einzelnen Kegel zu verschiedenen Zeiten entstanden. Komplexe Vulkane haben typischerweise mehrere Gipfelkrater. Einer der seltsamsten ist der Kelimutu auf der Insel Flores (Indonesien). Er besitzt drei Gipfelkrater, jeder mit einem Kratersee in einer anderen Farbe.

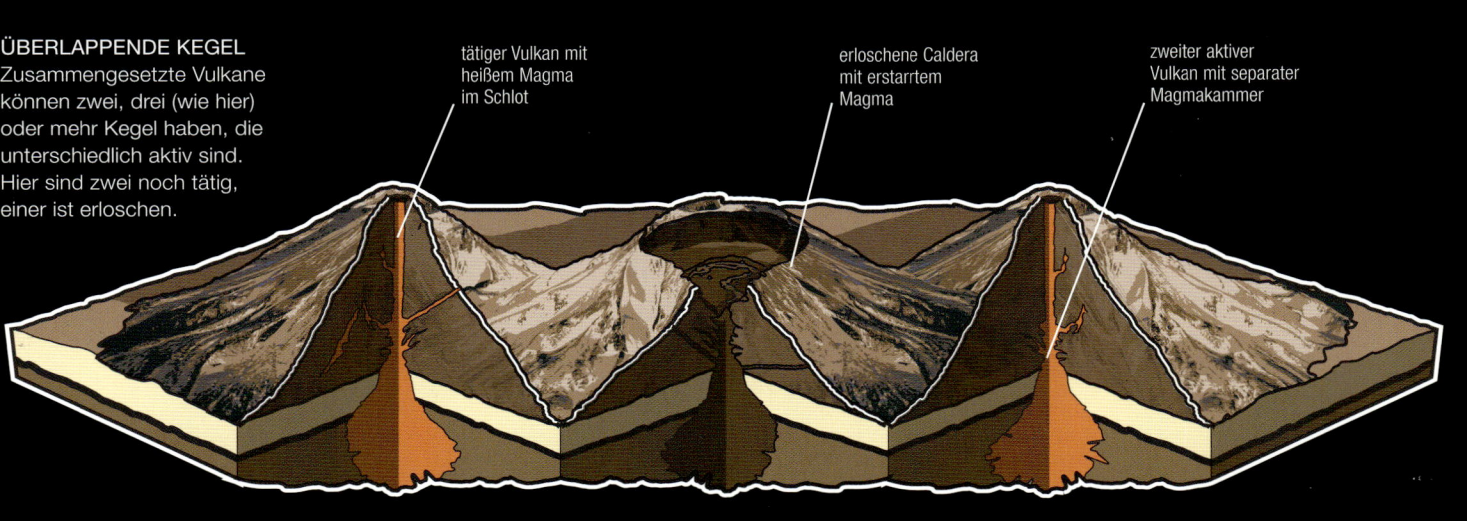

ÜBERLAPPENDE KEGEL
Zusammengesetzte Vulkane können zwei, drei (wie hier) oder mehr Kegel haben, die unterschiedlich aktiv sind. Hier sind zwei noch tätig, einer ist erloschen.

- tätiger Vulkan mit heißem Magma im Schlot
- erloschene Caldera mit erstarrtem Magma
- zweiter aktiver Vulkan mit separater Magmakammer

SOMMA-VULKANE

Ein Somma-Vulkan besteht aus einem oder mehreren Schichtvulkanen, die einen größeren Teil einer Caldera ausfüllen, die von einem älteren, kollabierten Schichtvulkan übrig blieb. Der Vesuv-Somma-Vulkankomplex in Süditalien (siehe S. 156–157) ist das bekannteste Beispiel. Er besteht aus dem Vesuv, einem Schichtvulkan, der sich innerhalb der Caldera eines größeren, älteren Vulkans gebildet hat, dem Monte Somma – daher der Name für diesen Typ von Vulkankomplexen. Somma-Vulkane kommen nicht häufig vor. Die meisten uns bekannten Vulkane dieses Typs liegen auf den Kurilen im Nordwestpazifik oder der ostrussischen Halbinsel Kamtschatka. Ein anderes klassisches Beispiel ist der Komplex Teide/Pico Viejo/Las Gañadas auf Teneriffa, einer der kanarischen Inseln. In diesem Somma-Vulkan entstanden zwei Schichtvulkane, Teide und Pico Viejo, in den letzten 150 000 Jahren innerhalb der alten Caldera Las Cañadas, die ursprünglich vor mindestens 3,5 Mio. Jahren entstand.

TEIDE (TENERIFFA)
In diesem auf Satellitendaten beruhenden Bild der Insel Teneriffa liegen die Vulkane Teide und Pico Viejo im Zentrum der ungefähr elliptischen Caldera Las Cañadas. Teneriffa besteht vollständig aus vulkanischem Gestein und ist – volumenmäßig – die drittgrößte Vulkaninsel der Welt.

CALDERAKOMPLEXE

Calderakomplexe bestehen aus einer oder mehreren großen Calderen, in denen neue, jüngere Vulkanstrukturen gewachsen sind. Wenn es sich um mehrere Calderen handelt, können sie überlappen. Die jüngeren Vulkane – Schichtvulkane, Schlackenkegel (siehe S. 116–117) oder Staukuppen (siehe S. 136–137) – können zusammengewachsen sein, so wie in der Taal-Caldera auf den Philippinen. Einer der größten Calderakomplexe der Welt ist der Masaya-Calderakomplex in Nicaragua. Er besteht aus mehreren, sich teils überschneidenden, grubenförmigen Kratern am Gipfel eines doppelten Vulkankegels, der in der Masaya-Caldera liegt.

SCHLACKENKEGEL IM TAALSEE (PHIILIPPINEN)
Dieser Kegel gehört zum Taal-Calderakomplex, einer Gruppe von Vulkanen in einer großen, mit einem See gefüllten Caldera. Der Kegel ist mit anderen verbunden und bildet eine vulkanisch aktive Insel im See.

TENGGER-KOMPLEX
Dieser große Vulkankomplex auf Java (Indonesien) besteht aus fünf Schichtvulkanen innerhalb einer älteren Caldera. Am Rand des Komplexes liegt der aktive Schichtvulkan Semeru, hier im Hintergrund zu sehen.

SPALTENERUPTIONEN

Spalteneruptionen oder Ausbrüche vom Island-Typ sind Ergüsse großer Mengen von Lava und giftiger Gase entlang von Spalten, die im Boden erscheinen. Sie laufen meist recht ruhig ab, ohne heftige Explosionen, aber ihre Auswirkungen können dramatisch sein. In der Vergangenheit haben sie wohl Klimawandel und Massensterben verursacht.

ENTSTEHUNG VON FLUTBASALTEN

Spaltenausbrüche finden hauptsächlich in Gebieten statt, in denen die Erdkruste gedehnt wird oder auseinanderdriftet, meist an divergenten Plattengrenzen (siehe S. 28–29) oder dort, wo die Kruste über einem Manteldiapir an einem Hotspot (siehe S. 32–33) liegt. Die austretende Lava ist gewöhnlich dünnflüssige basaltische Lava, die erhebliche Strecken fließen kann, bevor sie erstarrt – bis zu Dutzenden von Kilometern. In den letzten 300 Mio. Jahren haben Spalteneruptionen mehrfach ausgedehnte, mächtige Decken aus erstarrter Lava in verschiedenen Regionen der Erde entstehen lassen. Das größte Beispiel dieser sog. Flutbasalte sind die Sibirischen Trappe, die vor 250 Mio. Jahren entstanden und eine Fläche von 2 Mio. km² in Nordrussland bedecken. Weitere Flutbasalte sind die 2000 m mächtigen Dekhantrappe im Westen des indischen Subkontinents (entstanden vor 68–60 Mio. Jahren), die Columbia-River-Basaltgruppe im Nordwesten der USA (entstanden vor etwa 15 Mio. Jahren), die Basalte des Chilcotin Plateaus in British Columbia (Kanada) und das Antrim Plateau in Nordirland.

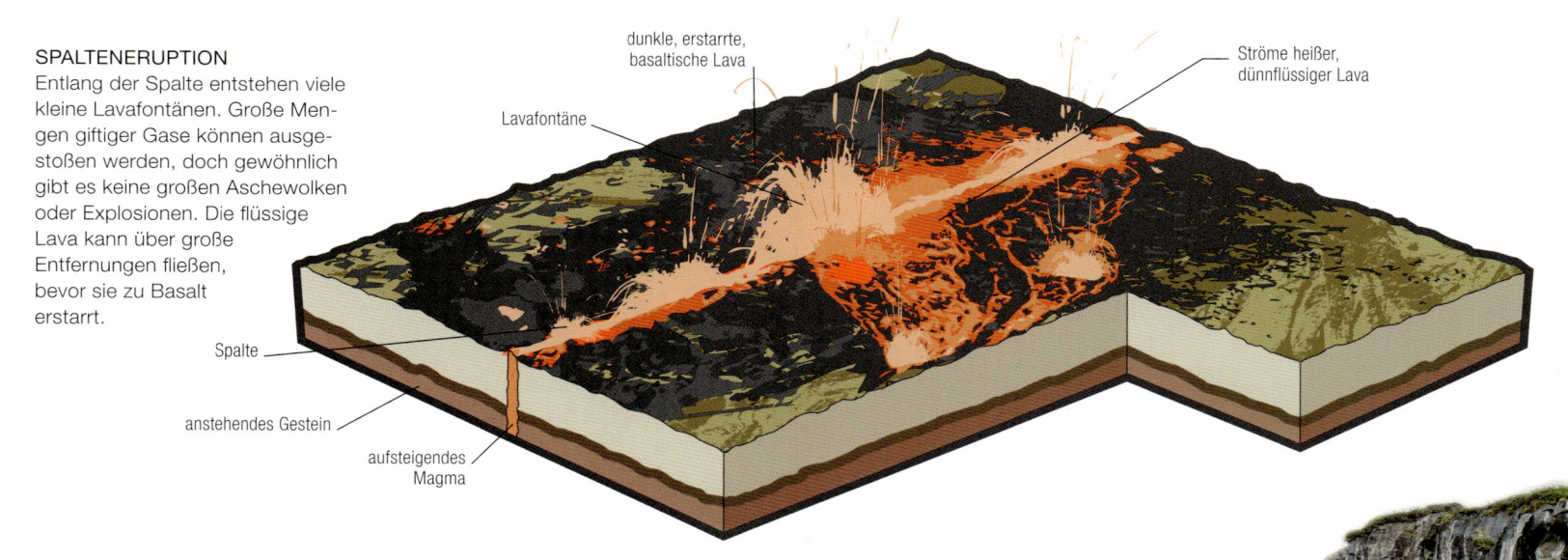

SPALTENERUPTION
Entlang der Spalte entstehen viele kleine Lavafontänen. Große Mengen giftiger Gase können ausgestoßen werden, doch gewöhnlich gibt es keine großen Aschewolken oder Explosionen. Die flüssige Lava kann über große Entfernungen fließen, bevor sie zu Basalt erstarrt.

- dunkle, erstarrte, basaltische Lava
- Lavafontäne
- Ströme heißer, dünnflüssiger Lava
- Spalte
- anstehendes Gestein
- aufsteigendes Magma

RATHLIN
Diese kleine Insel vor der Küste von Antrim (Nordirland) ist ein Teil von Flutbasalten, die vor 60–50 Mio. Jahren im Rahmen der Grabenbildung entstanden, die zur Öffnung des Nordatlantiks führte.

CHILCOTIN-BASALTE
In den letzten 10 Mio. Jahren erzeugten Spaltenausbrüche großflächige Flutbasalte in British Columbia, das Chilcotin Plateau. Diese Schlucht entstand, als sich ein Fluss in das Plateau einschnitt.

SVARTIFOSS
Dieser Wasserfall auf Island ist berühmt für die dunklen, polygonalen Basaltsäulen, die wie Orgelpfeifen an der Klippe hängen. Sie entstanden, als sich die Lava vor 15 Mio. Jahren abkühlte.

SPALTENERUPTIONEN 143

DER LAKI-AUSBRUCH

Die Eruption von 1783–1784 aus einem Spaltenvulkan auf Island, dem Laki, gilt als einer der verheerendsten Vulkanausbrüche der jüngeren Geschichte. Er könnte den Tod von über 6 Mio. Menschen herbeigeführt haben. Giftige Gaswolken töteten fast die Hälfte des Viehbestands in Island; bei der folgenden Hungersnot kam etwa ein Viertel der Bevölkerung Islands ums Leben. Dunstschleier aus Asche und Gas verbreiteten sich über Teile der Nordhalbkugel. Viele Menschen starben an Atemwegserkrankungen, die Temperaturen sanken, es kam zu Missernten und Hungersnöten. Der Zusammenbruch der Landwirtschaft in Frankreich und die daraus resultierende Armut gelten als einer der Auslöser der französischen Revolution von 1789.

DIE LAKISPALTE
Diese Reihe von Vulkankegeln in Südisland, die Lakispalte Lakagígar, markiert die Stelle, aus der 1783–1784 der Laki-Lavastrom ausbrach. Über einen Zeitraum von acht Monaten ergossen sich schätzungsweise 14 km³ Lava in die Umgebung.

FIMMVÖRDUHÁLS-AUSBRUCH
Ein Lavastrom fließt aus der 300 m langen Spalte, die im März 2010 auf der Hochebene Fimmvörduháls in Island erschien. Der Spaltenausbruch war ein Vorspiel für den Ausbruch des Eyjafjallajökull im April.

>> DER SELTSAME DUNST ODER RAUCHIGE NEBEL, DER AUF DIESER INSEL VORHERRSCHTE, WAR EINE AUSSERORDENTLICHE ERSCHEINUNG. <<

GILBERT WHITE, NATURFORSCHER, ÜBER DIE FOLGEN DER LAKI-ERUPTION IN GROSSBRITANNIEN

HAWAIIANISCHE ERUPTIONEN

Hawaiianische Ausbrüche sind gewöhnlich eher ruhige Ereignisse, gekennzeichnet durch Fontänen und Ströme aus dünnflüssiger Lava. Ausbrüche diesen Typs finden auf der ganzen Welt statt, nicht nur auf Hawaii. Dieselben Vulkane können auch explosivere Ausbrüche zeigen – in der jüngeren Geschichte sind die drei Vulkane auf der Hauptinsel Hawaiis meist auf diese Weise ausgebrochen.

MERKMALE

Hawaiianische Eruptionen fördern basaltische (dünnflüssige) Lava, die kaum gelöste Gase und Wasser enthält. Dies ist häufig der Fall, wenn das Magma aus einem Hotspot oder Manteldiapir unter der Erdkruste stammt und nicht von einer konvergenten Plattengrenze. Hawaiianische Ausbrüche bilden breite Schildvulkane wie den Mauna Loa oder den Kilauea auf Hawaii. Vor der Eruption kann sich der Vulkan etwas aufwölben. Dann entweicht oft Gas. Der eigentliche Ausbruch beginnt meist damit, dass eine Spalte am Hang aufreißt und Lava in kleinen Fontänen herausschleudert. Danach können größerer Fontänen aus den Nebenkratern folgen. Die heiße Lava fließt in Strömen hangabwärts. Dabei können sich Lavaröhren bilden, die den Fluss geschmolzener Lava über viele Kilometer ermöglichen.

HAWAIIANISCHE INSELKETTE
Das Satellitenbild zeigt sechs der Vulkaninseln Hawaiis. Der auffälligste Vulkan auf der Hauptinsel, unten rechts, ist der Mauna Loa.

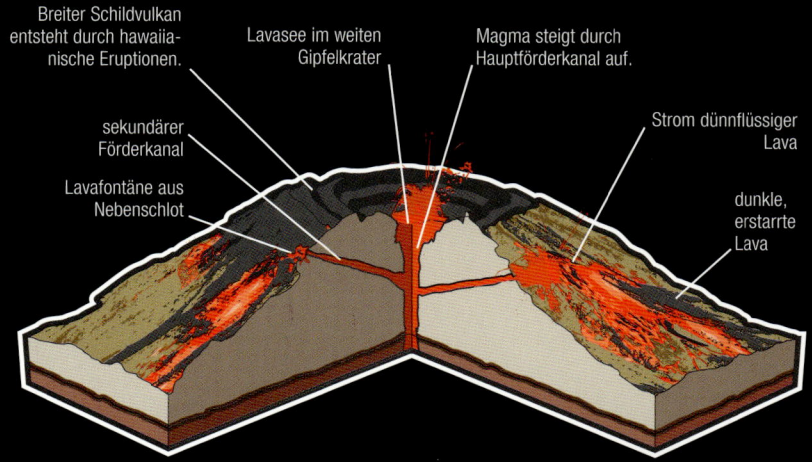

MERKMALE DES AUSBRUCHS
Bei hawaiianischen Eruptionen fließt Lava kontinuierlich in Fontänen aus Spalten und kleinen Kegeln auf den Hängen des Vulkans. Seltener wird Lava aus dem Zentralkrater in die Luft geschleudert oder läuft aus dem Krater über.

- Breiter Schildvulkan entsteht durch hawaiianische Eruptionen.
- Lavasee im weiten Gipfelkrater
- Magma steigt durch Hauptförderkanal auf.
- sekundärer Förderkanal
- Strom dünnflüssiger Lava
- Lavafontäne aus Nebenschlot
- dunkle, erstarrte Lava

AUSBRUCH DES MAUNA LOA
Heiße Lava sprudelt aus einem großen Schlot auf dem hawaiianischen Schildvulkan Mauna Loa und fließt dann den Hang hinunter. Bei diesem Ausbruch im Jahr 1984 produzierte der Vulkan etwa 220 Mio. m³ Lava in nur drei Wochen.

ENTWICKLUNG EINES AUSBRUCHS

1 LAVAFONTÄNE
Großvolumige Lavafontänen wie hier aus dem Schlot Puu Oo auf dem Kilauea sind das Kennzeichen hawaiianischer Eruptionen. Die Fontänen entstehen meist kurz nach Beginn des Ausbruchs. Sie können in kurzen Stößen ausbrechen oder kontinuierlich über Stunden hinweg.

2 BREITER LAVASTROM
Ein Teil der Lava fließt in breiten Strömen vom Schlot weg. Die Lavaströme bestehen meist aus dem heißesten, dünnflüssigsten Lavatyp, der sog. Pahoehoe-Lava. Sie kann selbst bei dem flachen Gefälle, das bei Schildvulkanen üblich ist, über große Strecken fließen.

3 LAVARÖHREN
Breite und tiefe Lavaströme entwickeln sich manchmal zu Kanälen, die von erstarrter Lava umschlossen sind. Dabei können sich im Dach dieser Lavaröhren Öffnungen bilden, durch die man den glühenden Lavastrom im Inneren sehen kann. Lavaröhren können bis zu 15 m unter der Oberfläche liegen.

MÖGLICHE GEFAHREN

Wegen der dünnflüssigen Lava und dem geringen Gasgehalt in dem Magmatyp, der bei hawaiianischen Eruptionen vorliegt, kommt es nur selten zu Explosionen, Lavabomben oder pyroklastischen Strömen. Daher gelten sie für Beobachter als recht sicher. Auf Hawaii gibt es nur wenige Todesfälle als direkte Folge der Ausbrüche von Mauna Loa und Kilauea, obwohl viele Häuser zerstört wurden.

FLUSS INS MEER
Lava auf Hawaii und anderen Inselvulkanen fließt manchmal direkt ins Meer. Wenn die heiße Lava ins Wasser eintritt, entstehen riesige Dampfwolken.

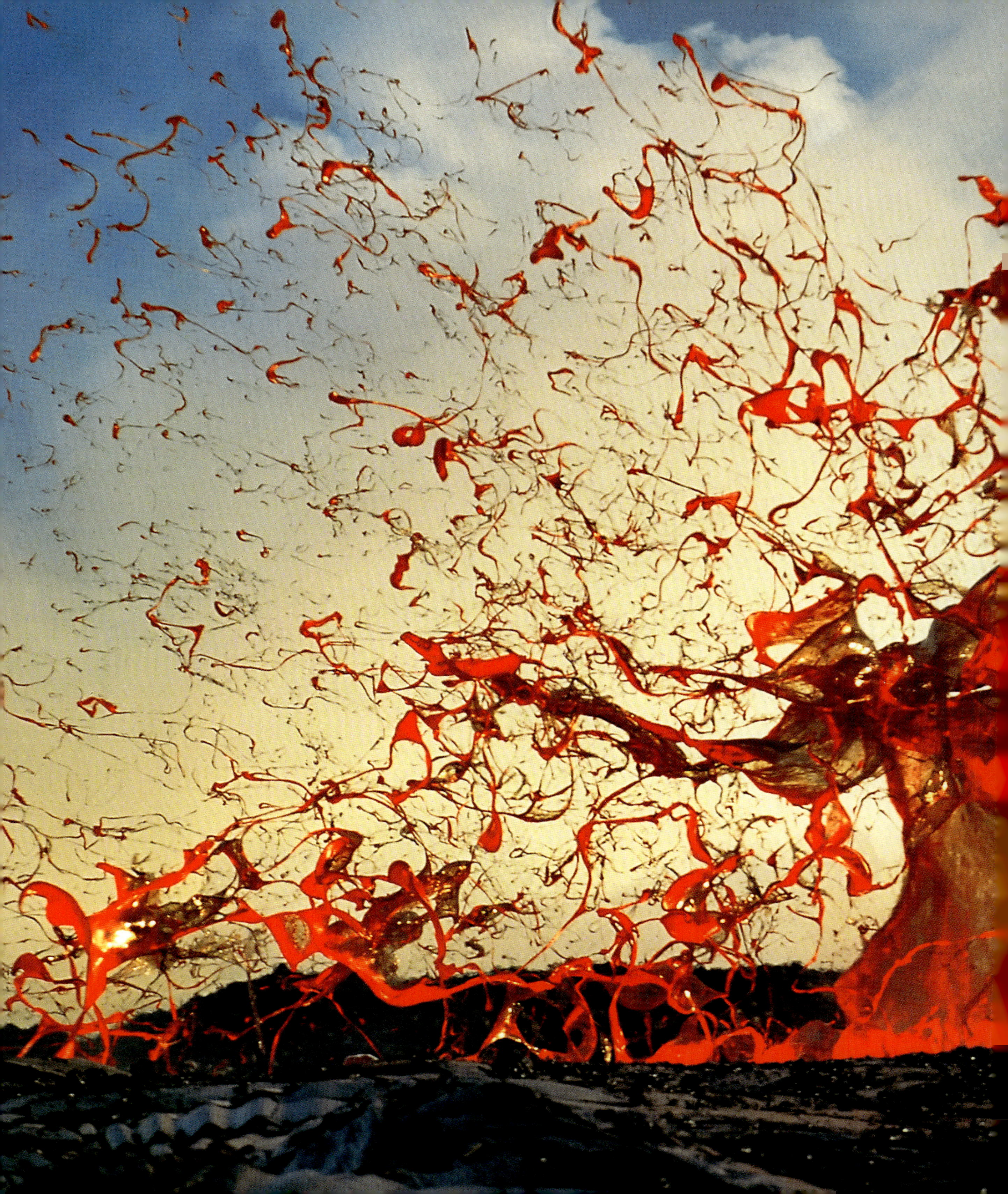

ZERPLATZENDE LAVABLASE
Eine Blase aus rotglühender Lava zerplatzt in einem Schlot auf dem Schildvulkan Kilauea auf der Hauptinsel von Hawaii. Man erkennt strangartige Magmatropfen, die vom Gas zur Seite verweht werden. Vom Wind werden sie zu langen, glasigen Fasern gesponnen, die man Peles Haar nennt.

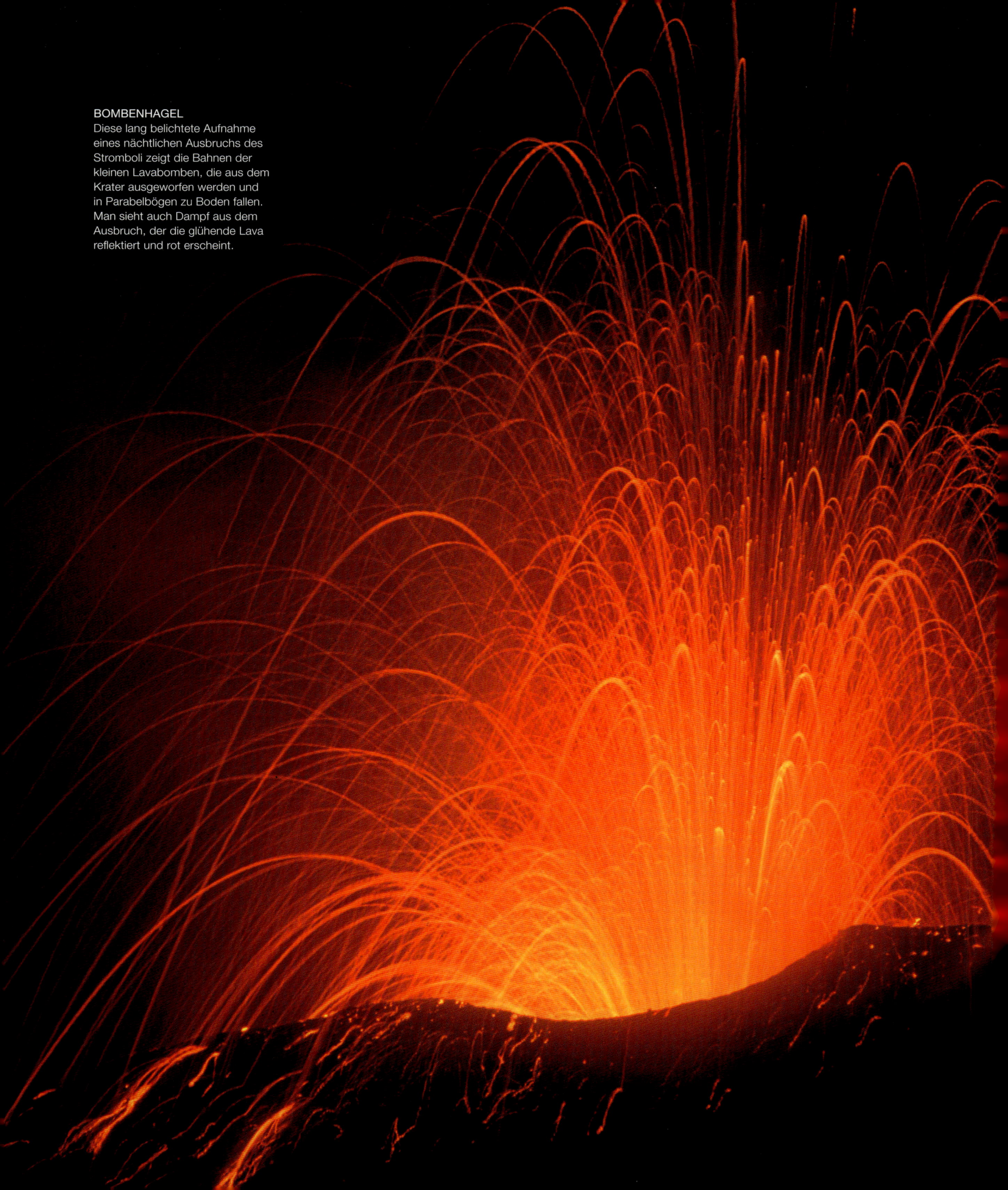

BOMBENHAGEL
Diese lang belichtete Aufnahme eines nächtlichen Ausbruchs des Stromboli zeigt die Bahnen der kleinen Lavabomben, die aus dem Krater ausgeworfen werden und in Parabelbögen zu Boden fallen. Man sieht auch Dampf aus dem Ausbruch, der die glühende Lava reflektiert und rot erscheint.

STROMBOLIANISCHE ERUPTIONEN

Episodische Ausbrüche von geringer Intensität, bei denen Lava als Hagel kleiner »Bomben« in die Luft geworfen wird, heißen strombolianische Eruptionen. Namengebend ist der kleine Schichtvulkan Stromboli vor der Nordküste Siziliens.

MERKMALE

Strombolianische Ausbrüche kommen oft bei Schlackenkegeln (siehe S. 116–117) und bestimmten Schichtvulkanen (siehe S. 120–121) vor, etwa beim Stromboli selbst, dem »Leuchtturm des Mittelmeers«. Die Eruptionen sind eine Reihe kurzer, explosiver Ausbrüche, bei denen Lavafragmente in die Luft geschleudert werden. Jeder Auswurf kann von lauten Knallgeräuschen begleitet sein, doch es gibt keine wirklich großen Explosionen. Vermutlich entstehen strombolianische Eruptionen durch das Aufsteigen großer Gasblasen im zähflüssigen Magma im Förderkanal des Vulkans, die dann an der Oberfläche zerplatzen. Dies kann durch Schwankungen des Gasdrucks im Schlot ausgelöst werden. Strombolianische Tätigkeit kann sehr lange anhalten, weil das Eruptionsschema immer wieder zum Ausgangszustand zurückkehrt.

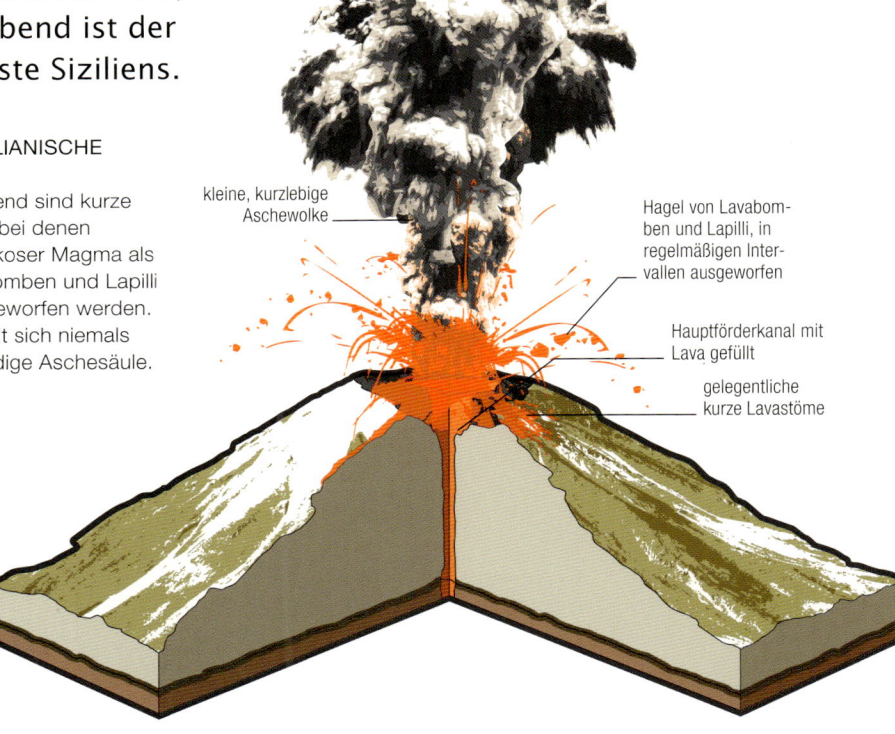

MÖGLICHE GEFAHREN

Obwohl strombolianische Eruptionen viel geräuschvoller sind als hawaiianische Eruptionen (siehe S. 144–145), sind sie nicht gefährlicher. Allerdings sollten Beobachter außerhalb der Zone bleiben, in der Lavabomben fallen können. Zwar sind die Bomben meist nicht sehr groß, aber einige fallen aus mehreren Hundert Metern Höhe, sodass sie mit hoher Geschwindigkeit den Boden erreichen und Menschen verletzen können. Im Gegensatz zu hawaiianischen Eruptionen kommt es selten zu anhaltenden Lavaströmen am Boden, was die Gefahr in der Umgebung verringert. Der Stromboli selbst zeigt gelegentlich auch heftigere und gefährlichere vulkanianische Eruptionen (siehe S. 150–151) und hat dabei Menschen getötet. Bei einem Ausbruch im Jahr 1930 zerstörten große Lavabomben mehrere Häuser und ein pyroklastischer Strom tötete vier Menschen.

STROMBOLIANISCHE ERUPTION
Kennzeichnend sind kurze Ausbrüche, bei denen Schauer viskoser Magma als glühende Bomben und Lapilli in die Luft geworfen werden. Es entwickelt sich niemals eine beständige Aschesäule.

erhebliche Mengen vulkanischer Gase

kleine, kurzlebige Aschewolke

Hagel von Lavabomben und Lapilli, in regelmäßigen Intervallen ausgeworfen

Hauptförderkanal mit Lava gefüllt

gelegentliche kurze Lavaströme

VERDREHTE BOMBE
Die meisten Lavabomben aus strombolianischen Ausbrüchen sind nicht größer als 20 cm.

YASUR (VANUATU)
Dieser Vulkan auf der Insel Tanna (Vanuatu) im Südwestpazifik zeigt seit Jahrhunderten strombolianische Eruptionen. Sein rot glühender Gipfel machte Kapitän Cook 1774 auf Tanna aufmerksam.

STROMBOLI BEI TAG
Der etwa 900 m hohe Stromboli bricht seit Tausenden von Jahren alle 5–20 Minuten aus. Er ist eine vielbesuchte Touristenattraktion im westlichen Mittelmeerraum.

VULKANIANISCHE ERUPTIONEN

Vulkanianische Eruptionen sind mäßig heftige Ereignisse, die stets mit einer kanonenschussartigen Explosion beginnen. Sie wurden nach der kleinen Vulkaninsel Vulcano im Mittelmeer benannt, die 1890 auf diese Weise ausbrach. Sie war Namengeber für das Wort »Vulkan« in vielen Sprachen Europas.

MERKMALE

Vulkanianische Ausbrüche erreichen gewöhnlich Werte von 2 oder 3 des Vulkanexplosivitätsindex (siehe S. 89), was explosiv bis schwer bedeutet. Nur Schichtvulkane (siehe S. 120–121), die mittel- bis hochviskose Lava produzieren, brechen auf diese Weise aus. Die Explosionen, die einen vulkanianischen Ausbruch stets einleiten, entstehen, weil der zunehmende Druck einen Lavapfropfen im Vulkanschlot wegsprengt. Nach der ersten Salve von Explosionen und dem Entstehen einer Aschewolke kommt es zu weiteren heftigen Explosionen in Abständen von einigen Minuten bis zu einem Tag. Dabei werden auch viele große Lavabomben erzeugt – man findet sie nach dem Ausbruch oft als »Brotkrustenbomben« am Boden. Sie heißen so, weil ihre rissige Oberfläche wie die Kruste mancher Brotsorten aussieht.

Meist klingen vulkanianische Eruptionen nach einigen Stunden oder Tagen wieder ab, teils mit einem Ausfluss zäher Lava. In anderen Fällen halten sie jahrelang an. Gelegentliche Explosionen unterbrechen längere ruhigere Perioden, in denen nur Dampf ausgestoßen wird.

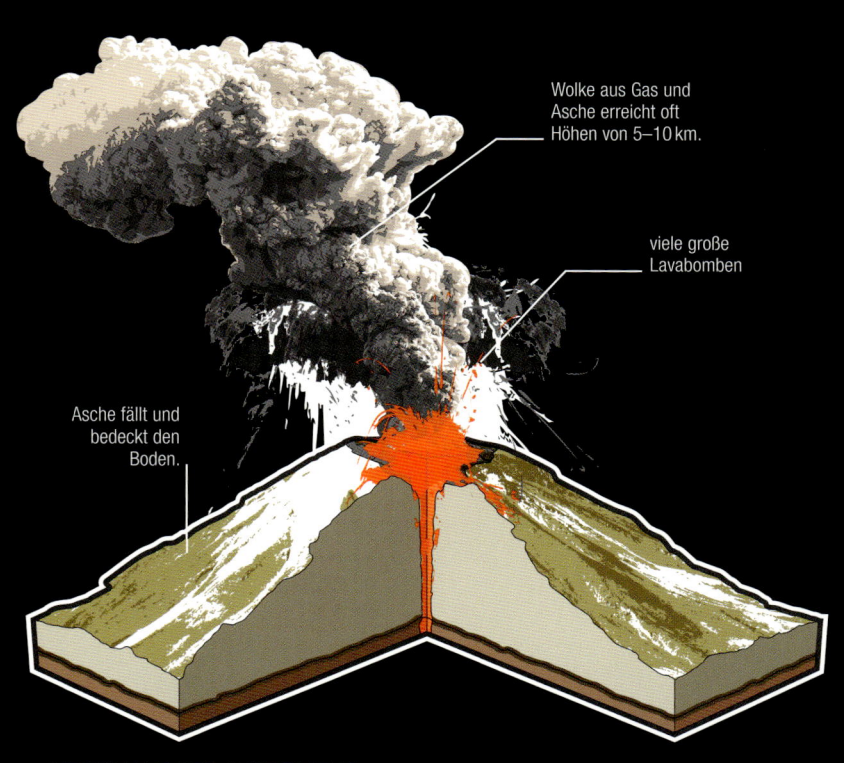

Wolke aus Gas und Asche erreicht oft Höhen von 5–10 km.

viele große Lavabomben

Asche fällt und bedeckt den Boden.

MERKMALE DES AUSBRUCHS
Bei jeder Explosion wird eine dichte Wolke von mit Asche beladenem Gas aus dem Krater gestoßen und steigt über dem Gipfel auf. Die Asche bildet eine hohe Eruptionssäule, bevor sie über einer große Fläche zu Boden fällt. Zudem werden viele große Lavabomben mit großer Wucht ausgestoßen.

VULKANIANISCHE ERUPTIONEN 151

MÖGLICHE GEFAHREN

Vulkanianische Eruptionen sind extrem gefährlich für jeden, der sich näher als mehrere Hundert Meter vom Schlot entfernt aufhält, und zwar wegen der ausgeworfenen Lavabomben, die bis zu zwei oder drei Meter groß werden können. Trotz ihres Namens explodieren diese Lavabomben selten oder gar nicht. Dennoch können sie beim Fall schwere Schäden anrichten. Weil sie oft noch heiß oder sogar glühend sind, können sie Gebäude und die Vegetation in Brand setzen. In Vulkanen, die zu vulkanianischen Ausbrüchen neigen, wächst auch oft eine Staukuppe (siehe S. 136–137), die beim Kollaps gefährliche pyroklastische Ströme an den Hängen auslöst. Aus diesem Grund sollte, wer vulkanianische Ausbrüche untersuchen oder beobachten will, mehrere Kilometer vom Schlot entfernt bleiben. So darf sich jeder, der den Anak Krakatau in Indonesien während einer Ausbruchsphase besucht, dem tätigen Kegel höchstens bis auf 3 km nähern. Man darf auch nicht auf der Insel Anak Krakatau landen.

IRAZÚ
Diese große Aschewolke wurde von dem höchsten Vulkan Costa Ricas, dem Irazú, bei einem vulkanianischen Ausbruch 1963 ausgestoßen. Eine große Menge Asche fiel später auf San José, der Hauptstadt von Costa Rica, 24 km entfernt.

BROTKRUSTENBOMBE
Die aufgerissene Oberfläche einer Bombe diesen Typs entsteht durch die Ausdehnung der Gase im noch flüssigen Inneren, nachdem sie zu Boden gefallen ist.

ANAK KRAKATAU
Dieser Vulkan in Indonesien hat seit 2007 spektakuläre vulkanianische Eruptionen gezeigt. Er wuchs auf den Resten der Vulkaninsel Krakatau, die 1883 auf dramatische Weise explodierte.

KOLUMBIANISCHER KILLERVULKAN

Der Vulkan Galeras in Kolumbien ist in den letzten 40 Jahren vielfach in vulkanianischen Eruptionen ausgebrochen. Ein plötzlicher Ausbruch im Jahr 1993 produzierte Lavabomben und giftige Gase, die neun Menschen töteten, darunter sechs Wissenschaftler. Zudem wird der Galeras als hochgefährlich angesehen, weil er nur 8 km von der Stadt Pasto liegt, die 400 000 Einwohner hat.

Radarbild des Galeras
Auf diesem Satelliten-Radarbild sieht man den Galeras (grünes Gebiet) in der Mitte und die Stadt Pasto (orange) unten rechts.

PELEANISCHE ERUPTIONEN

Bei einigen Ausbrüchen ist das Hauptereignis eine Lawine aus heißem Gas, Gestein und Asche nach dem Kollaps einer Staukuppe, die zu einem pyroklastischen Strom wird, der den Hang herabstürzt. Die Ausbrüche wurden nach der Eruption des Mont Pelée auf Martinique 1902 benannt.

MERKMALE

Peleanische Eruptionen gehören zu den gefährlichsten und zerstörerischsten Vulkanausbrüchen. Sie haben gewöhnlich einen Vulkanexplosivitätsindex (siehe S. 89) von 3–4. Der größte Schaden entsteht durch pyroklastische Ströme aus heißem Gas, Gestein und Asche an den Hängen, die zu noch gefährlicheren pyroklastischen Surges werden können, die höhere Gasanteile enthalten und schneller fließen.

Nur Schichtvulkane mit hochviskoser Lava brechen auf diese Weise aus. Gewöhnlich wächst vor einer peleanischen Eruption eine Staukuppe auf dem Vulkangipfel. Wenn sie kollabiert, kann Magma zur Seite herausgeschleudert werden, was einen pyroklastischen Strom auslöst, der alles auf seinem Weg verbrennt. Oft bildet sich eine neue Kuppe, sodass erneut ein Kollaps und ein pyroklastischer Strom drohen.

ENTWICKLUNG EINER PELEANISCHEN ERUPTION
Ein Ausbruch dieses Typs wird gewöhnlich ausgelöst, wenn steigender Druck im Vulkan oder Ereignisse wie Erdbeben zu einem teilweisen Zusammenbruch einer Staukuppe auf einem Vulkangipfel führen.

PYROKLASTISCHER STROM AUF DEM UNZEN
Das Bild zeigt einen kleinen pyroklastischen Strom, der 1993 den Unzen in Japan herabströmt. Der Vulkan hatte 1991–1994 einige heftige peleanische Ausbrüche.

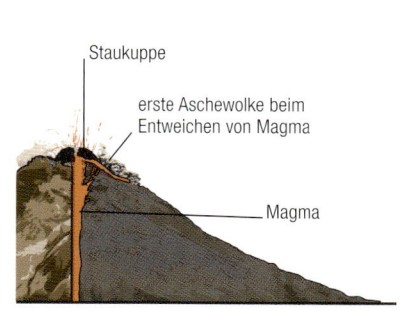

1 TEILWEISER KOLLAPS
Druck presst Gas und Magma unter einer kollabierenden Staukuppe heraus. Magma wird als Asche ausgestoßen.

2 AUSBRUCH
Plötzlich zerfällt die Kuppe und große Mengen von Magma, Gas und Gestein werden herausgesprengt.

3 ASCHEWOLKE
Die Aschewolke kann bis in Höhen von 5–10 km aufwallen, während ein pyroklastischer Strom zum Fuß des Vulkans strömt.

PELEANISCHE ERUPTIONEN

1. Mont Pelée (Martinique) 1902
2. Hibok Hibok (Philippinen) 1948–1951
3. Lamington (Neuguinea) 1951
4. Besymjanny (Kamtschatka) 1956, 1985
5. Mayon (Philippinen) 1968, 1984
6. Soufrière Hills (Montserrat) 1995–1999
7. Unzen (Japan) 1991–1995

Mayon (Philippinen)

Soufrière Hills (Montserrat)

DAS UNGLÜCK AM MONT PELÉE

Ein verheerender Vulkanausbruch geschah an dem Schichtvulkan Mont Pelée auf der Karibikinsel Martinique am 8. Mai 1902. Dabei kam es zu einem pyroklastischen Strom, der sich mit einer Geschwindigkeit von über 600 km/h ausbreitete und zu einem pyroklastischen Surge entwickelte, der die Hafenstadt Saint-Pierre, etwa 6,5 km vom Gipfel des Mont Pelée entfernt, in Sekundenschnelle einhüllte und fast die gesamte Bevölkerung (etwa 40 000 Menschen) tötete. Es gab nur drei Überlebende im direkten Weg des Stroms, einer davon in einer kerkerartigen Gefängniszelle. Der französische Vulkanologe Alfred Lacroix, der Martinique kurz danach besuchte, beschrieb diese Ereignisse als *nuée ardente* (»Glutwolke«). 1929 kam es zu einem weiteren Ausbruch am Mont Pelée. Weitere Ausbrüche werden in Zukunft erwartet, weshalb der Vulkan heute von Vulkanologen genau überwacht wird.

KARTE VON MARTINIQUE
Auf dieser Karte, die kurz nach dem Unglück erstellt wurde, sind die verschiedenen Ablagerungen von Lava und pyroklastischem Material in Rot dargestellt. Saint-Pierre liegt in einer kleinen Bucht am Fuß des Südhangs des Vulkans.

ASCHE-GAS-STROM
Das Bild vom Dezember 1902 zeigt einen pyroklastischen Surge vom Mont Pelée – ähnlich dem, der Saint-Pierre im Mai 1902 mit tragischen Folgen einhüllte. Er war einer von mehreren pyroklastischen Strömen in den Monaten nach der Katastrophe.

>> ICH SAH SAINT PIERRE ZERSTÖRT. DIE STADT WAR VON EINEM FEUERBLITZ AUSGELÖSCHT. <<

EIN UNTERZAHLMEISTER AUF DER SS *RORAIMA*, DIE IM HAFEN VON SAINT-PIERRE IN BRAND GERIET, DOCH EINE WEILE ÜBER WASSER BLIEB

RUINEN VON SAINT-PIERRE
Die Stadt brannte noch mehrere Tage nach dem Unglück, fast jedes Gebäude wurde zerstört. Heute hat Saint-Pierre nur knapp über 4500 Einwohner und obwohl die Stadt ihren alten Glanz nicht mehr erreichte, stehen viele Häuser auf den Fundamenten von Gebäuden aus der Zeit vor dem Ausbruch.

PLINIANISCHE ERUPTIONEN

Die explosivsten und heftigsten Vulkanausbrüche sind plinianische und ultraplinianische Eruptionen. Sie blasen einen anhaltenden, mächtigen Strom aus Gas und Magmafragmenten in die Luft und bilden eine Asche-Gas-Wolke, meist in Form eines riesigen Pilzes oder Blumenkohls.

AUFTRETEN

Die nach dem tragischen Ausbruch des Vesuv 79 v. Chr. auch vesuvianisch genannten plinianischen Eruptionen heißen nach dem römischen Gelehrten Plinius dem Älteren, der damals umkam, und seinem Neffen Plinius dem Jüngeren, der das Ereignis miterlebte und in einem Brief beschrieb. Diese Ausbrüche haben meist einen Vulkanexplosivitätsindex (VEI, siehe S. 89) zwischen 4 und 6, bei einem VEI über 6 heißen sie ultraplinianisch. Sie treten nur bei Schichtvulkanen oder Calderen mit hochviskoser, meist rhyolithischer Lava auf (siehe S. 96–97). Nur wenige Vulkane sind durchgängig so ausgebrochen, so der Vesuv mit etwa einem Dutzend Ausbrüchen seit 79 v. Chr. und der Mount St. Helens mit vier oder fünf Ausbrüchen in den letzten 600 Jahren. Meist brechen so jedoch Vulkane aus, die seit Hunderten oder Tausenden von Jahren untätig waren. Der Chaitén in Chile, der 2008 ausbrach, war 7000 Jahre lang nicht aktiv gewesen. Dies zeigt, dass sich für solche Ausbrüche über lange Zeit riesige Magmamengen und Druck im oder unter dem Vulkan aufstauen müssen. Bei manchen plinianischen Eruptionen ist die ausgeworfene Magmamenge so groß, dass der Vulkan kollabiert und zur Caldera wird (siehe S. 126–127).

PLINIANISCHE ERUPTIONEN

VULKAN	JAHR	VEI
Vesuv (Italien)	79 v. Chr.	5
Tambora (Indonesien)	1815	7
Novarupta (USA)	1912	6
Hekla (Island)	1947	4
Mount St. Helens (USA)	1980	5
Pinatubo (Philippinen)	1991	6
Chaitén (Chile)	2008	4
Sarytschew (Russland)	2009	4
Eyjafjallajökull (Island)	2010	4

AUSBRUCH DES SARYTSCHEW
Im Juni 2009 konnten Astronauten auf der Internationalen Raumstation diesen Blick auf den Ausbruch des Sarytschew auf den Kurilen (Russland) genießen. Die Aschewolke erreichte eine Höhe von bis zu 12 km.

PLINIANISCHE ERUPTIONEN 155

ENTWICKLUNG DES AUSBRUCHS

Kennzeichen plinianischer Eruptionen sind Gas- und Aschesäulen, die bis hoch in die Stratosphäre reichen. In mächtigen Explosionen wird fragmentierte Magma durch sich ausdehnendes Gas ausgesprengt und es werden große Mengen an Bims (erstarrtes, schaumiges Magma) ausgeworfen. Kurze Ausbrüche können weniger als einen Tag, längere Wochen dauern.

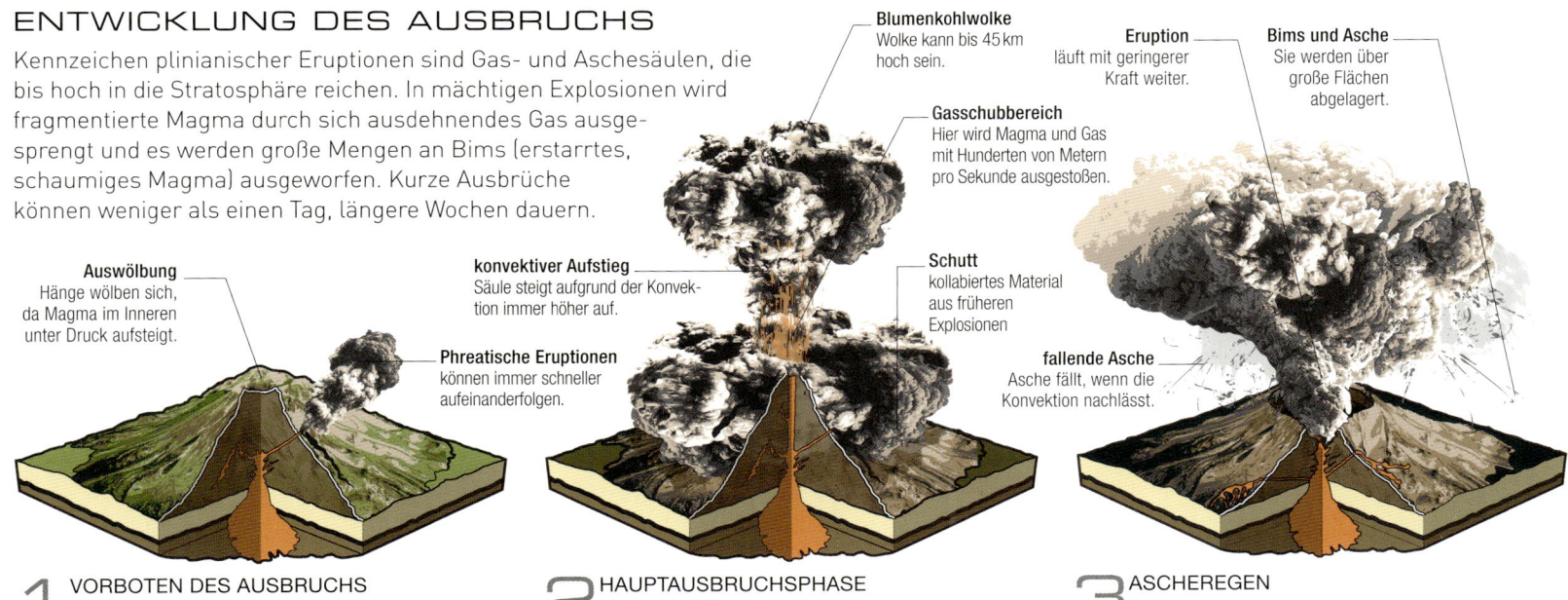

Auswölbung
Hänge wölben sich, da Magma im Inneren unter Druck aufsteigt.

Phreatische Eruptionen
können immer schneller aufeinanderfolgen.

Blumenkohlwolke
Wolke kann bis 45 km hoch sein.

konvektiver Aufstieg
Säule steigt aufgrund der Konvektion immer höher auf.

Gasschubbereich
Hier wird Magma und Gas mit Hunderten von Metern pro Sekunde ausgestoßen.

Schutt
kollabiertes Material aus früheren Explosionen

Eruption
läuft mit geringerer Kraft weiter.

Bims und Asche
Sie werden über große Flächen abgelagert.

fallende Asche
Asche fällt, wenn die Konvektion nachlässt.

1 VORBOTEN DES AUSBRUCHS
Aufsteigendes Magma und Druckanstieg im Vulkan können zu Bodenverformungen, lauten Gas- oder Dampfausstößen oder kleinen Aschewolken führen.

2 HAUPTAUSBRUCHSPHASE
Die explosive Eruption beginnt mit der Aussprengung großer Magmamengen, oft mit lauten Detonationen. Asche und Bims werden seitwärts verweht.

3 ASCHEREGEN
Während sich die Eruption mit verringerter Kraft fortsetzt, verdriftet der Wind die Asche über Hunderte von Kilometern, sodass sie über große Flächen fällt.

DER AUSBRUCH DES TAMBORA

Der Ausbruch des Tambora in Indonesien im Jahr 1815 gilt als größter Vulkanausbruch der letzten 1800 Jahre und als tödlichster Ausbruch in historischer Zeit, bezogen auf die Zahl der Todesopfer in der Umgebung. Die Eruption war so groß, dass sie als ultraplinianisch eingestuft wird. In der Hauptausbruchsphase sah man drei Feuersäulen, die aufstiegen und sich vereinten. Geschätzte 160 km³ Asche und Gestein wurden in die Atmosphäre gesprengt, dann folgten pyroklastische Ströme. Fast 12 000 Menschen starben direkt beim Ausbruch, weitere 60 000–80 000 dürften in der nachfolgenden Hungersnot durch den Verlust von Ernten und Vieh umgekommen sein. Die Asche in der Erdatmosphäre bedingte weltweit eine Abkühlung. Auf der Nordhalbkugel starb das Vieh und es gab Missernten, was zur schlimmsten Hungersnot des 19. Jhs. führte.

CALDERA DES TAMBORA
Der Tambora auf der Insel Sumbawa ist wieder in den Zustand der Ruhe zurückgekehrt, in dem er sich 5000 Jahre lang vor dem Ausbruch von 1815 befand. Die Caldera misst 6 km im Durchmesser und ist 1,1 km tief. In ihr befinden sich noch aktive Fumarolen (Dampfschlote).

VESUV

Einer der gefährlichsten Vulkane der Welt, der Vesuv, liegt in einer Vulkanregion in Italien, die durch das Abtauchen der Afrikanischen unter die Eurasische Platte entsteht. Der Vesuv selbst ist ein Schichtvulkan, der in der erodierten Caldera (dem Einsturzkrater) eines älteren, viel größeren Vulkans, des Monte Somma sitzt. Der nahe der Bucht von Neapel liegende Vesuv zeigte in den letzten Jahrtausenden mehrere Phasen der Aktivität und der Ruhe. Viele heftige Ausbrüche fanden zwischen 1631 und 1944 statt, doch seither war er kaum noch tätig. Heute wird er genau beobachtet, denn ein großer Ausbruch könnte trotz vorausgehender Warnung Hunderttausende von Menschen töten.

AUSBRUCH 79 V. CHR

Der größte Ausbruch des Vesuv in den letzten 3500 Jahren – und der berühmteste – fand 79 v. Chr. statt. Der Vulkan produzierte eine riesige Aschewolke. Der Ascheregen und ein pyroklastischer Surge (siehe S. 102–103) töteten etwa 5000 Menschen in den römischen Städten Pompeji, Herculaneum und Stabiae. Ausgrabungen in den letzten 200 Jahren haben uns viele Erkenntnisse über das Leben der Römer zu dieser Zeit geliefert.

> **DIE WOLKE STIEG VOM VESUV AUF. ICH KANN IHRE FORM AM BESTEN ALS ÄHNLICH DER EINES KIEFERBAUMS BESCHREIBEN.**
>
> PLINIUS DER JÜNGERE, IN DER BESCHREIBUNG DES AUSBRUCHS VON 79 V. CHR., BEI DEM SEIN ONKEL, PLINIUS DER ÄLTERE, UMKAM

AUSBRUCH 79 V. CHR.
Ort	Bucht von Neapel (Italien)
Vulkantyp	Schichtvulkan
VEI	5

2100
ANZAHL DER GEFUNDENEN LEICHEN

VESUV AUS DEM WELTRAUM
In dieser Falschfarben-Satellitenaufnahme erscheinen der Kegel und der Krater des Vesuv türkisfarben. Die darumliegende rote Region ist der Rest des Vesuv-Somma-Komplexes. Die hellblauen Flächen sind bebaute Stadtgebiete, die Bucht von Neapel erscheint schwarz.

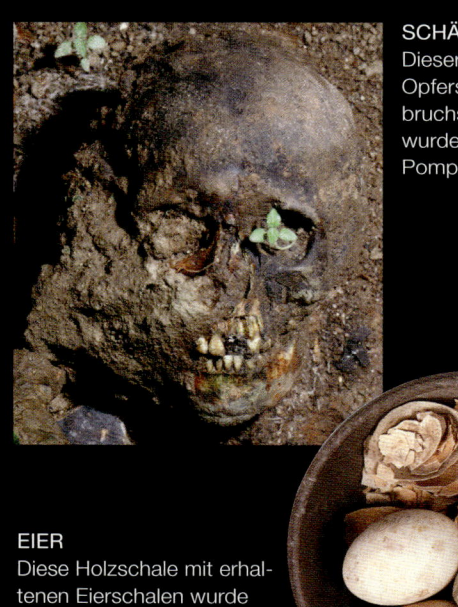

SCHÄDEL AUS POMPEII
Dieser Schädel eines Opfers des Vesuvausbruchs von 79 v. Chr. wurde bei Ausgrabungen in Pompeji gefunden.

EIER
Diese Holzschale mit erhaltenen Eierschalen wurde bei den Grabungen in Pompeji gefunden. Andere noch erhaltene Lebensmittel sind Nüsse und Feigen.

ABGUSS EINES MENSCHEN
Dies ist der Abguss eines Mannes, der in Pompeji umkam, liegend mit einem Arm vor dem Gesicht – vermutlich als Schutzhaltung gegen die enorme Hitze des pyroklastischen Stroms, der ihn begrub.

VESUV | **157**

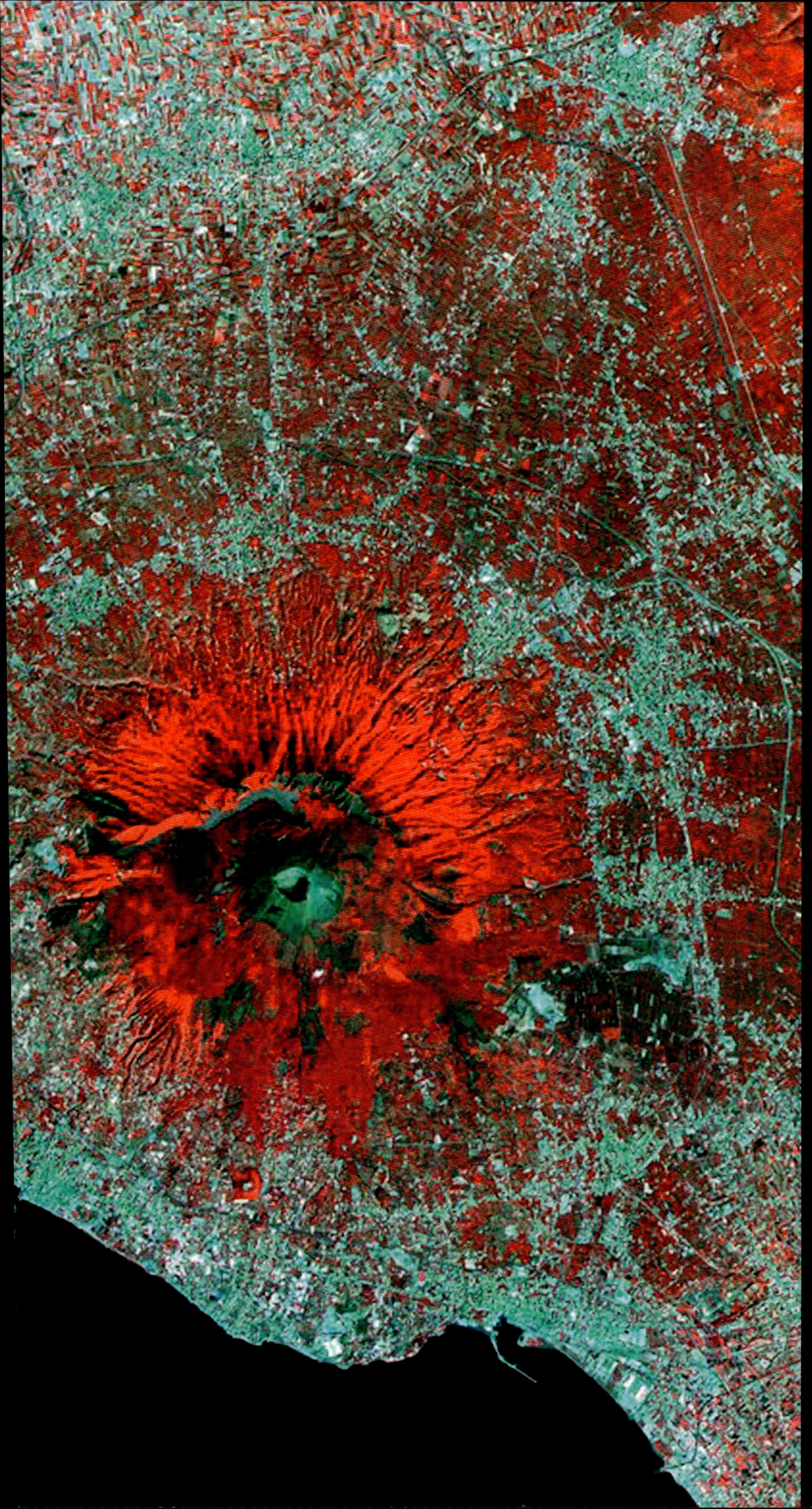

CHRONIK

1631 ENORME LAVASTRÖME
Es kam zu einem plötzlichen, großen Ausbruch mit riesigen Lavaströmen und pyroklastischen Strömen, die bis zu 4000 Menschen töteten. Später nutzte man die Lava als Steinbruch.

1906 ASCHEWOLKE
Ein heftiger Ausbruch, begleitet von Erdbeben, erzeugte eine 13 km hohe Aschesäule. Es floss mehr Lava aus als man je zuvor gesehen hatte. Mindestens 200 Menschen kamen ums Leben.

1944 FLUGZEUG ZERSTÖRT
Dieser Ausbruch schuf eine 5 km hohe Aschewolke und Lavaströme, die mehrere Dörfer erreichten. Heftiger Ascheregen zerstörte US-Flugzeuge auf einem nahegelegenen Flugplatz.

VULKANE

NOVARUPTA 1912

Im Juni 1912 kam es zum heftigsten Vulkanausbruch des 20. Jhs. in einer dünn besiedelten Region Alaskas. Aus einem zuvor unbekannten, vermutlich neu entstandenen Schlot, den man später Novarupta (»neue Eruption«) nannte, wurden über einen Zeitraum von 60 Stunden etwa 13 km³ Magma in die Luft geblasen. Eine dicke Ascheschicht fiel über Hunderte von Quadratkilometern auf der Alaskahalbinsel, drei Tage lang herrschte in der ganzen Region völlige Dunkelheit. Bemerkenswerterweise gab es, soweit man weiß, keine Todesopfer und nur wenige Augenzeugen, da das Gebiet so abgelegen ist, obwohl die Explosion noch 1200 km entfernt zu hören war. Der Novarupta-Schlot liegt nahe des Schichtvulkans Katmai. Das Magma des Ausbruchs dürfte überwiegend aus der Magmakammer unter dem Katmai stammen, was dazu führte, dass dessen Gipfelregion einstürzte. Der Novarupta-Schlot selbst ist nun mit einer großen Staukuppe verschlossen.

EREIGNISSE NACH DEM AUSBRUCH

1 WOLKEN ÜBER DEM KATMAI
Ein Foto einige Monate nach dem Ausbruch zeigt, wie noch immer Dampfwolken und Asche aus dem teilweise kollabierten Vulkan Katmai aufsteigen.

2 FORSCHER BEI DER ARBEIT
Zwischen 1916 und 1921 wurden das Valley of Ten Thousand Smokes und die Umgebung vermessen.

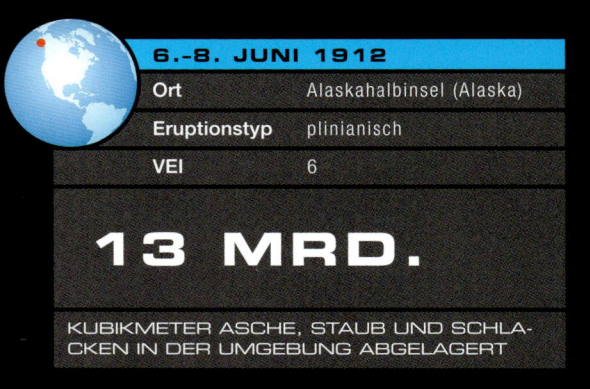

6.–8. JUNI 1912
Ort	Alaskahalbinsel (Alaska)
Eruptionstyp	plinianisch
VEI	6

13 MRD.
KUBIKMETER ASCHE, STAUB UND SCHLACKEN IN DER UMGEBUNG ABGELAGERT

VALLEY OF TEN THOUSAND SMOKES

Ein wichtiges Ereignis des Novarupta-Ausbruchs war ein enormer pyroklastischer Strom. Er ergoss sich in ein Tal nordwestlich der Ausbruchsstelle und bedeckte eine Fläche von etwa 100 km² mit bis zu 200 m dicker Asche. Tausende von zischenden Dampffahnen stiegen aus der Masse heißer Asche auf. Als vier Jahre später die erste wissenschaftliche Expedition eintraf, waren diese Dampffahnen immer noch sehr aktiv, weshalb einer der Wissenschaftler, Robert Griggs, das Gebiet Valley of Ten Thousand Smokes (»Tal der Zehntausend Rauchsäulen«) nannte.

ZUGEFRORENE KATMAI-CALDERA
Diese Caldera mit einem See, etwa 4,5 km im Durchmesser, ist der Überrest des Schichtvulkans Katmai, der im Laufe der Novarupta-Eruption auf wohl dramatische Weise einstürzte.

NOVARUPTA 1912

3 DAMPFENDE STAUKUPPE
Ein heißer, aber untätiger Lavadom mit Dampffahnen wurde zwischen dem Schichtvulkan Katmai und dem aschebedeckten Tal entdeckt. Später erkannte man, dass er als Lavapfropfen den Schlot verschloss.

4 FREIGELEGTE ASCHEABLAGERUNGEN
Im Laufe der Jahrzehnte schnitten sich Flüsse in die dicken rötlichen Aschesedimente ein. Das Tal auf diesem Bild ist 40 m tief.

5 DIE STAUKUPPE HEUTE
Die Staukuppe, die den Schlot des Novarupta-Ausbruchs verstopft, besteht aus einer schwarzen, zerklüfteten Masse, die 90 m hoch und 360 m breit ist.

>> ALS WIR DEN KATMAI-PASS ERREICHTEN, LAG DAS TAL DER 10 000 RAUCHSÄULEN VOR UNS... MEIN ERSTER GEDANKE: WIR HABEN DAS MODERNE INFERNO ERREICHT. <<

JAMES HINE, ZOOLOGE DER ERSTEN EXPEDITION, DIE DEN AUSBRUCHSORT ERREICHTE

VULKANE

MOUNT ST. HELENS

Im Mai 1980 kam es im US-Bundesstaat Washington zum wohl berühmtesten Vulkanausbruch des 20. Jhs., bei dem der Schichtvulkan Mount St. Helens den Großteil seines Nordhangs verlor. Ein Ausbruch war erwartet worden. Seit mehreren Wochen war durch das Einströmen von Magma eine enorme Auswölbung nahe des Gipfels gewachsen, begleitet von Dampfexplosionen. Doch was dann geschah, überraschte alle. Um 8:32 am Morgen des 18. Mai ließ ein Erdstoß einen riesigen Bereich des Gipfels und des Nordhangs plötzlich kollabieren und als größten historisch bislang belegten Erdrutsch den Hang herabstürzen. Dabei wurde der Magmakörper freigelegt, der in einer katastrophalen, seitwärts gerichteten Detonation explodierte.

18. MAI 1980

Ort	Cascade Range (Staat Washington, USA)
Vulkantyp	Schichtvulkan
Eruptionstyp	plinianisch

1600

VIELFACHE STÄRKE DER ENERGIE DER ATOMBOMBE VON HIROSHIMA 1945, WURDE BEI DER EXPLOSION DES VULKANS FREIGESETZT

VORHER UND NACHHER
Als Folge des Ausbruchs von 1980 wurde der einst perfekte Kegel des Mount St. Helens (oben) durch einen riesigen Krater auf dem Nordhang verunstaltet (unten).

MOUNT ST. HELENS | 161

EIN BERGHANG EXPLODIERT
Auf dem Höhepunkt des Ausbruchs stieg eine riesige Aschewolke etwa 24 km in die Höhe, angetrieben von dem sich ausdehnenden Gas im Schlot. Die Asche setzte sich schließlich in weiten Bereichen im Nordwesten der USA ab.

DIE BEOBACHTUNG DES MOUNT ST. HELENS

Seit dem Ausbruch im Mai 1980 zeigte der Mount St. Helens einige weitere aktive Perioden, ist aber seit 2008 untätig. Er wird von Forschern des US Geological Survey und anderen Organisationen überwacht. Besonders wird jede Erdbebentätigkeit nahe des Vulkans aufgezeichnet, die neue Magmabewegungen anzeigen könnte, sowie jede Verformung der Oberfläche. Dies geschieht durch automatische Sensoren, die auf und um den Vulkan installiert wurden.

ÜBERWACHUNG
Eine Möglichkeit, Veränderungen am Mount St. Helens aus der Ferne zu beobachten, ist die Messung des Abstands von einem festen Punkt zu Geräten, die auf den Vulkanhängen installiert wurden. Hier bereitet ein Geologe eine solche Messung vor.

>> **ICH WAR GERADE AUF EINE STRASSENÜBERFÜHRUNG GEFAHREN UND DA WAR ES … ES WAR, ALS OB ICH DIE WELT LANGSAM UNTERGEHEN SAH.** <<

LEE HARRIS, DER SICH ZUM ZEITPUNKT DES AUSBRUCHS BEI AUBURN (US-STAAT WASHINGTON), 120 KM VOM MOUNT ST. HELENS ENTFERNT, BEFAND

DIE AUSWIRKUNGEN

Die Druckwelle der ersten Explosion legte sofort alle Bäume innerhalb einer trichterförmigen Fläche um, die sich etwa 30 km nordwärts vom Vulkangipfel erstreckte. Währenddessen lösten der Erdrutsch und explodierendes Magma einen gigantischen pyroklastischen Strom aus, der mit einer Geschwindigkeit von 1000 km/h alles in einem Gebiet von 600 km² zertrümmerte und verbrannte. Als er auf einen See traf, verdampfte dessen Wasser explosionsartig, was noch Tausende von Kilometern entfernt, in Nordkalifornien, zu hören war. Innerhalb von Minuten vermischten sich Millionen Tonnen Schmelzwasser von den Gletschern am Gipfel mit Asche und zertrümmertem Gestein zu zerstörerischen Laharen (Schlammströmen). Sie stürzten die Flusstäler der Umgebung entlang und zerstörten alles in ihrem Weg, auch Brücken, Bäume und Gebäude. 57 Menschen waren umgekommen – die meisten waren im pyroklastischen Strom erstickt oder verbrannt. Der Sachschaden belief sich auf über eine Milliarde Dollar.

SCHLAMMSTRÖME
Die vulkanischen Schlammströme oder Lahare, die die Täler der Umgebung entlangstürzten und alles auf ihrem Weg mitrissen, hinterließen dicke Ablagerungen von Schlamm und Asche.

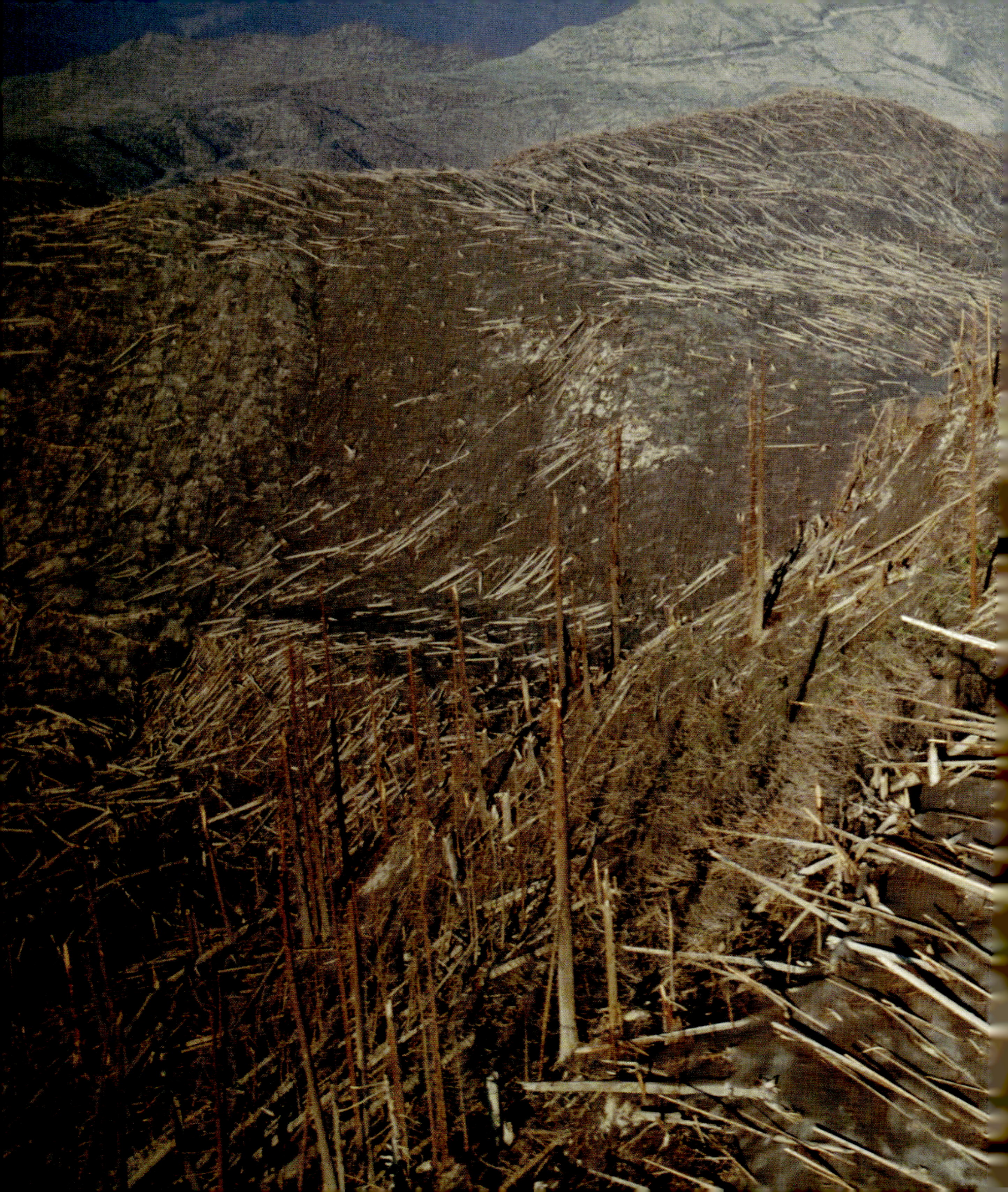

MOUNT ST. HELENS
Zerschmetterte, verbrannte und umgeknickte Bäume bedeckten das Gebiet um den Mount St. Helens nach dem Ausbruch am 18. Mai 1980. Die bei der seitwärts gerichteten ersten Explosion herausgesprengten Gase, Asche und Steine vernichteten etwa 600 km² Wald und ließen jeden Baum innerhalb von 60 Sekunden absterben.

PHREATISCHE ERUPTIONEN

Wenn heißes Vulkangestein auf Grund- oder Oberflächenwasser stößt, kann es zu einer phreatischen Eruption kommen – einer Explosion von Dampf und Gesteinsfragmenten. Ein spezieller Typ, die phreatomagmatischen Ausbrüche, entstehen beim Kontakt von Magma mit Wasser.

MERKMALE

Phreatische Ausbrüche oder Eruptionen von Wasserdampf können immer dann auftreten, wenn Grund- oder Oberflächenwasser mit vulkanisch erhitztem Gestein oder frisch abgelagerter Asche in Kontakt kommt. Diese Ausbrüche können in Größe und Stärke erheblich differieren. Einige kündigen größere Ausbrüche an – so gingen mehrere phreatische Eruptionen dem berühmten plinianischen Ausbruch des Mount St. Helens (USA) im Mai 1980 voraus. Gewöhnlich ist die Ausbruchssäule wegen des hohen Dampfgehalts eher weiß. Phreatische Ausbrüche werden nicht von Lavafontänen oder Lavaströmen (siehe S. 96–99) begleitet, aber Lavabomben (siehe S. 100–101) treten recht häufig auf.

Phreatomagmatische Ausbrüche entstehen, wenn eine gewisse Menge von Grundwasser oder Oberflächenwasser mit Magma in Kontakt tritt. Ein typischer Fall ist, wenn Magma in eine Gesteinsschicht aufsteigt, die mit Grundwasser gesättigt ist. Beim Ausbruch des Krakatau (Indonesien) im Jahr 1883, einem der größten der Geschichte, wird oft eine phreatomagmatische Eruption als Ursache vermutet: Eine Wand des Vulkans könnte aufgebrochen sein, sodass Meerwasser die Magmakammer fluten konnte.

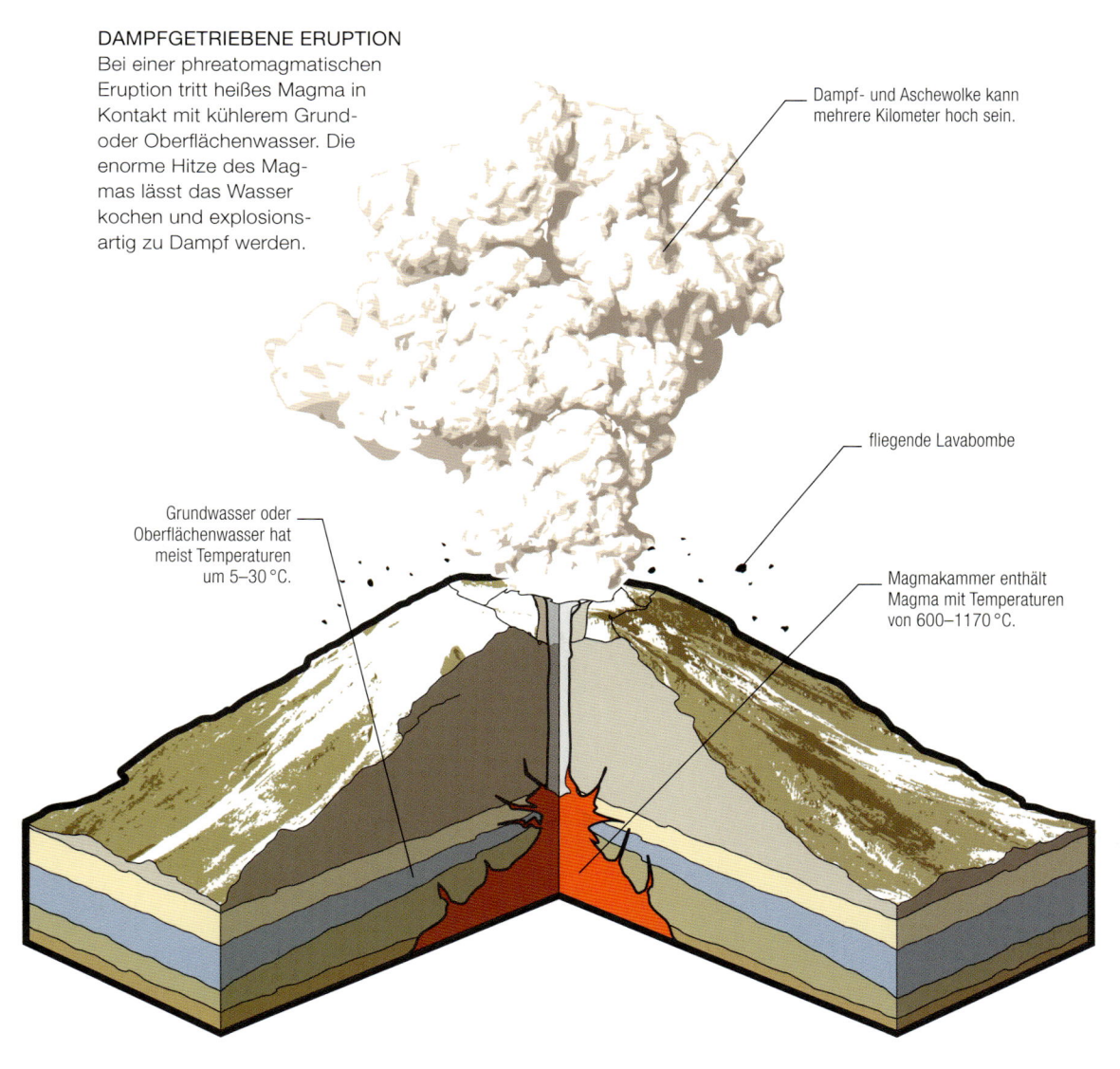

DAMPFGETRIEBENE ERUPTION
Bei einer phreatomagmatischen Eruption tritt heißes Magma in Kontakt mit kühlerem Grund- oder Oberflächenwasser. Die enorme Hitze des Magmas lässt das Wasser kochen und explosionsartig zu Dampf werden.

- Dampf- und Aschewolke kann mehrere Kilometer hoch sein.
- fliegende Lavabombe
- Grundwasser oder Oberflächenwasser hat meist Temperaturen um 5–30 °C.
- Magmakammer enthält Magma mit Temperaturen von 600–1170 °C.

GIFTIGES WASSER
In diesem Kratersee – dem größten säurehaltigen Vulkansee der Erde – im indonesischen Ijen-Vulkankomplex entstehen häufig phreatische Eruptionen.

GUAGUA PICHINCHA
Dieser Vulkan bei Quito, der Hauptstadt Ecuadors, hatte in den letzten Jahrzehnten mehrere große phreatische Eruptionen. Beim Ausbruch im Oktober 1999 (im Bild) traf Quito ein beachtlicher Ascheregen.

GEFAHREN

Phreatische und phreatomagmatische Eruptionen bergen eine Reihe von Gefahren. Eine große Bedrohung ist der Ausstoß großer Mengen von Kohlendioxid, das in hohen Konzentrationen erstickend wirkt, und von giftigem Schwefelwasserstoff. Im Februar 1979 beispielsweise tötete eine phreatische Eruption am Vulkan Dieng im zentralen Hochland von Java (Indonesien) 149 Menschen durch Kohlendioxid. Kraterseen auf Vulkanen, die wiederholt zu phreatischen Eruptionen neigen, haben oft einen hohen Anteil an Schwefelsäure, die durch Reaktion schwefliger Vulkangase mit dem Wasser entsteht. Bei Ausbrüchen unter einem solchen See kann saurer Regen in der Umgebung fallen. Eine weitere Gefahr sind Lavabomben. 1924 katapultierte ein Ausbruch des Kilauea auf Hawaii riesige Bomben in die Luft, die bis zu 1 km vom Krater entfernt fielen.

VULKANE MIT PHREATISCHEN AUSBRÜCHEN

POÁS
Ein hochaktiver Schichtvulkan in Costa Rica, der Vulkan Poás, produziert häufig phreatische Eruptionen, zuletzt 2009. Sein Krater enthält einen der säurereichsten Seen der Welt.

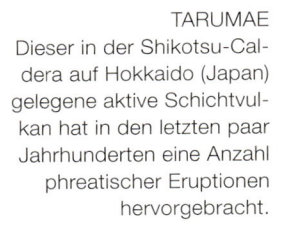

TARUMAE
Dieser in der Shikotsu-Caldera auf Hokkaido (Japan) gelegene aktive Schichtvulkan hat in den letzten paar Jahrhunderten eine Anzahl phreatischer Eruptionen hervorgebracht.

SUBGLAZIALE VULKANE

Subglaziale Vulkane liegen unter enormen Gletschern, sog. Eiskappen oder Eisschilden begraben. Die meisten befinden sich auf Island unter einer der großen Eiskappen der Insel oder in Antarktika. Ausbrüche dieser Vulkane sind spektakulär und haben teils katastrophale Auswirkungen.

AUSBRÜCHE UNTER EIS

Zwar liegen unter dem Eis der Westantarktis (siehe S. 172–173) einige riesige Vulkane, doch waren sie seit Jahrtausenden nicht aktiv, sodass subglaziale Eruptionen in jüngerer Zeit nur aus Island bekannt sind. Heiße Gase und Magma, die im Vulkan aufsteigen, schmelzen das darüberliegende Eis. Das Schmelzwasser kühlt das ausbrechende Magma schnell ab, sodass Kissenlava (siehe S. 96–97) entsteht. Wenn ein Loch bis zur Gletscheroberfläche aufgeschmolzen ist, wird der Ausbruch als riesige Dampf- und Aschewolke sichtbar – entstanden durch die explosive Reaktion von heißem Magma mit Wasser.

VULKAN GRÍMSVÖTN
Der Grímsvötn ist ein großer Calderavulkan, der unter Islands ausgedehntestem Plateaugletscher, dem Vatnajökull, liegt. Ein Teil des Südwalls, hier sichtbar, liegt knapp außerhalb der Eiskappe.

Asche

Vulkan

VATNAJÖKULL
Diese Satellitenaufnahme zeigt eine Aschewolke, die 2004 aus der Westhälfte des Plateaugletschers nach dem Ausbruch des Grímsvötn aufsteigt.

WOLKE VOM GRÍMSVÖTN
Die Dampf- und Aschewolke beim Ausbruch des Grímsvötn 2004 stieg bis in eine Höhe von 10 km. Die Eruption begann vermutlich an einer Spalte in der subglazialen Caldera. Innerhalb weniger Tage hatte sie ein Loch in die 200 m dicke Eisdecke geschmolzen.

AUSBRUCH UND GLETSCHERLAUF

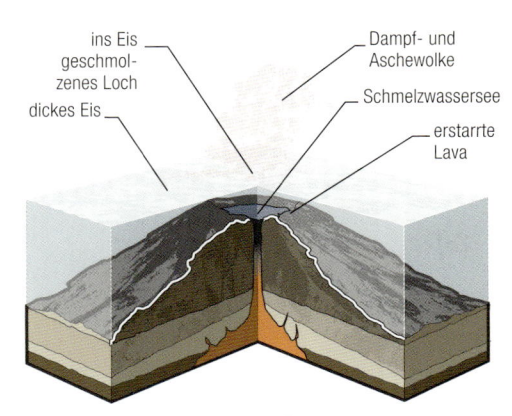

1. SUBGLAZIALE ERUPTION
Heiße Gase und Magma, die im Vulkan aufsteigen, schmelzen ein Loch in das darüberliegende Eis. Das Schmelzwasser kühlt das Magma, wodurch Kissenlava entsteht.

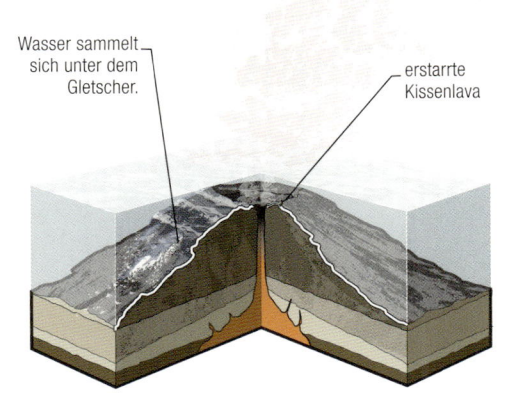

Beschriftungen: ins Eis geschmolzenes Loch; dickes Eis; Dampf- und Aschewolke; Schmelzwassersee; erstarrte Lava

2. WASSERANSAMMLUNG
Das Schmelzwasser kann als See unter dem Gletscher eingeschlossen bleiben. Im Lauf der Eruption wächst der See und kann den Gletscher heben, auch wenn er Milliarden von Tonnen wiegen kann.

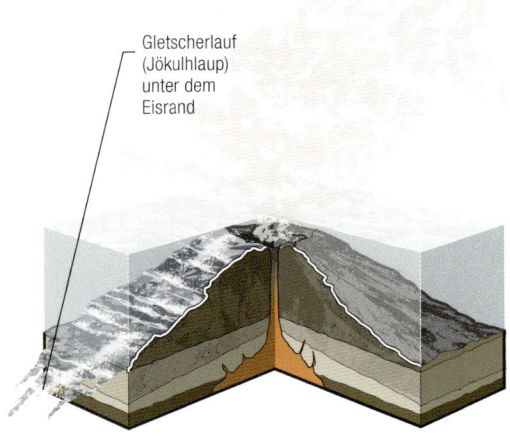

Beschriftungen: Wasser sammelt sich unter dem Gletscher; erstarrte Kissenlava

3. GLETSCHERLAUF
Schließlich wird der See so groß und der Druck steigt soweit an, dass das Wasser plötzlich ausbricht. Entweder fließt es unter dem Gletscher heraus (wie hier) oder bricht seitlich durch das Eis.

Beschriftung: Gletscherlauf (Jökulhlaup) unter dem Eisrand

JÖKULHLAUPS – GLETSCHERLÄUFE

Bei den meisten subglazialen Ausbrüchen bleibt das Wasser, das beim Aufschmelzen des Eises entsteht, zunächst als See zwischen dem Vulkan und dem Gletscher eingeschlossen. Irgendwann kann es in einer heftigen und gefährlichen Sturzflut ausbrechen. Derartige Ereignisse sind auf Island so häufig, dass Isländer ein eigenes Wort dafür haben: Jökulhlaup oder Gletscherlauf. Einer der dramatischsten Gletscherläufe aller Zeit auf Island fand 1996 nach einem Ausbruch des Grímsvötn statt. Über drei oder vier Wochen sammelten sich mehr als 3 km³ Schmelzwasser unter dem Gletscher Vatnajökull. Der subglaziale See entleerte sich plötzlich, wobei ein Teil des Wassers unter der Eiskappe ausfloss, der andere Teil durch eine Spalte im Eis brach. Der Jökulhlaup war kurzzeitig der zweitgrößte Wasserstrom der Erde (nach dem Amazonas). Er richtete einen Schaden von 14 Mio. Dollar an und schob zahlreiche, bis 10 m große Eisberge – Teile des Vatnajökull – auf die Küstenebene.

TAFELVULKAN

HERDUBREID (ISLAND)
Ein subglazialer Vulkan bildet steile Hänge und eine unter der Last des Eises tafelförmige Hochebene aus. Wenn der Vulkan erlischt und die Eisbedeckung verschwindet, bleibt eine solche Landschaftsform übrig, die man Tafelvulkan oder Tuya nennt.

SCHMELZWASSERSTRÖME
Während des Ausbruchs des Eyjafjallajökull auf Island im Jahr 2010 strömte Schmelzwasser unter den Rändern der Eiskappe über dem Vulkan hervor, bildete Seen und löste einige Jökulhlaups (Gletscherläufe) aus.

VULKANISCHES GEWITTER
Die Aschewolke des Eyjafjallajökull wurde häufig durch elektrische Entladungen erleuchtet, die durch die unzähligen Kollisionen zwischen Asche- und Eisteilchen entstanden sind.

EYJAFJALLAJÖKULL

Über mehrere Wochen wurde im April und Mai 2010 ein zuvor kaum bekannter Vulkan auf Island zum Gesprächsthema in Europa, als er riesige Mengen von Asche in die Luft blies. Das Ereignis brachte den Flugverkehr über großen Teilen des Kontinents zum Erliegen. Der Ausbruch des Vulkans, der zum Teil unter der Eiskappe Eyjafjallajökull (»Inselberggletscher«) liegt, hatte wenig spektakulär mit dem Auftreten einer Spalte an einem Bergpass nahe des Gletschers, aus der einige Lavafontänen sprudelten, begonnen. Doch ein paar Wochen später, am 14. April, verlagerte sich der Ausbruch zum Gipfelkrater unter dem Eis selbst und es begann eine neue, explosive Phase mit dem Ausstoß feiner, glasreicher Asche bis in Höhen von 8 km in die Atmosphäre. Die plinianische Eruption wurde in Island nur als mittelgroß eingestuft im Vergleich zu einigen gewaltigen Ausbrüche in der Vergangenheit. Was die Isländer und ihre Nachbarn beunruhigte, war die Vermutung, dass auch der größere und gefährlichere Nachbarvulkan, der riesige Calderavulkan Katla, aktiv werden könnte.

APRIL-MAI 2010	
Ort	Südisland
Vulkantyp	Schichtvulkan
Eruptionstyp	plinianisch
VEI	4
Evakuierte	500 Familien

95 000
ZAHL DER AUSGEFALLENEN LINIENFLÜGE

STÖRUNGEN DES FLUGVERKEHRS

Wegen der Wetterlage trieb die Asche in den verkehrsreichen Luftraum über Nordwesteuropa. Ab dem 15. April 2010 sperrten die Behörden den größten Teil des Luftraums in dieser Region. Die Situation hielt die nächsten acht Tage an; 10 Mio. Passagiere waren gestrandet, einige Länder erlitten wirtschaftliche Einbußen. Nach dem 23. April wurde der Luftraum freigegeben, doch Flüge waren zeitweise weiterhin in verschiedenen Gebieten Europas nicht möglich, als man die Ascheverteilung mit Techniken wie Lidar (siehe rechts) beobachtete. Auf Island war der Ausbruch des Eyjafjallajökull Ende Juni 2010 beendet. Ein großer Ausbruch des Katla ist bislang (Februar 2012) ausgeblieben.

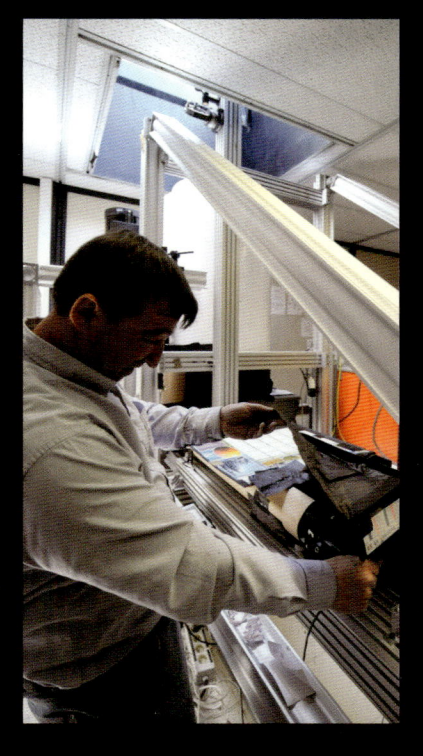

ASCHEMESSUNGEN
Ein Techniker führt ein Lidargerät (light detecting and ranging, »Lichtmessung und -ortung«) vor, das mit einem Laser Daten über atmosphärische Partikel sammeln kann. Lidar erwies sich als besonders praktisch bei der Untersuchung der Aschewolke.

LUFTVERKEHR
Selbst wenn Vulkanasche so fein verteilt ist, dass man sie nicht sieht, ist sie für Flugzeuge sehr gefährlich. Asche kann in den Turbinen schmelzen und sie zum Stillstand bringen. Sie schmirgelt auch die Cockpitfenster ab und verstopft wichtige Sensoren.

>> PLÖTZLICH ... VERSTEHT IHR, DASS IHR DIE GANZE ZEIT DIE ERDE BEWOHNT HABT. <<

BRUNO LATOUR, SOZIOLOGE, *PLÄDOYER FÜR IRDISCHE WISSENSCHAFTEN*, REDE VOR DER BRITISCHEN SOZIOLOGISCHEN GESELLSCHAFT 2007

DIE WOLKE BREITET SICH AUS

1 15. APRIL 2010
Die Wolke hatte sich über große Teile Norwegens und Nordenglands ausgebreitet und näherte sich anderen skandinavischen Ländern. Der Luftraum über den Britischen Inseln, Norwegen und Teilen Schwedens wurde gesperrt.

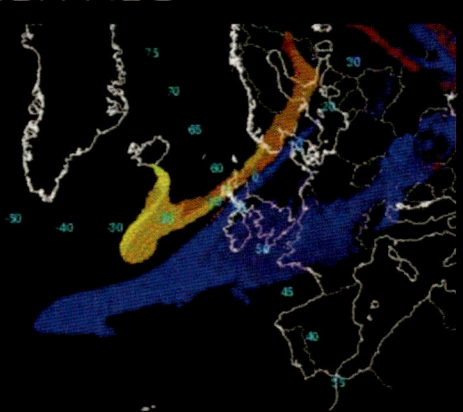

2 18. APRIL 2010
Über den Britischen Inseln, Frankreich und Mitteleuropa lag nun eine Wolke von zwei bis drei Tage alter Asche, frische Asche strömte nach. Der Luftraum war nun in 20 Ländern vollständig oder teilweise gesperrt.

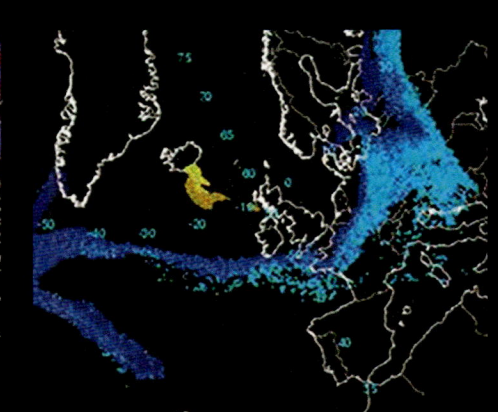

3 20. APRIL 2010
Nach einer Zeit mit geringerer Vulkanaktivität war das Gebiet mit neuer Asche viel kleiner, doch über Osteuropa lag eine Wolke älterer Asche. Einige Tage später wurde der gesperrte Luftraum größtenteils wieder geöffnet.

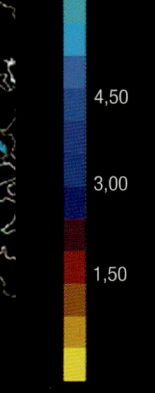

MITTLERES ALTER DER ASCHEPARTIKEL IN TAGEN: 4,50 / 3,00 / 1,50

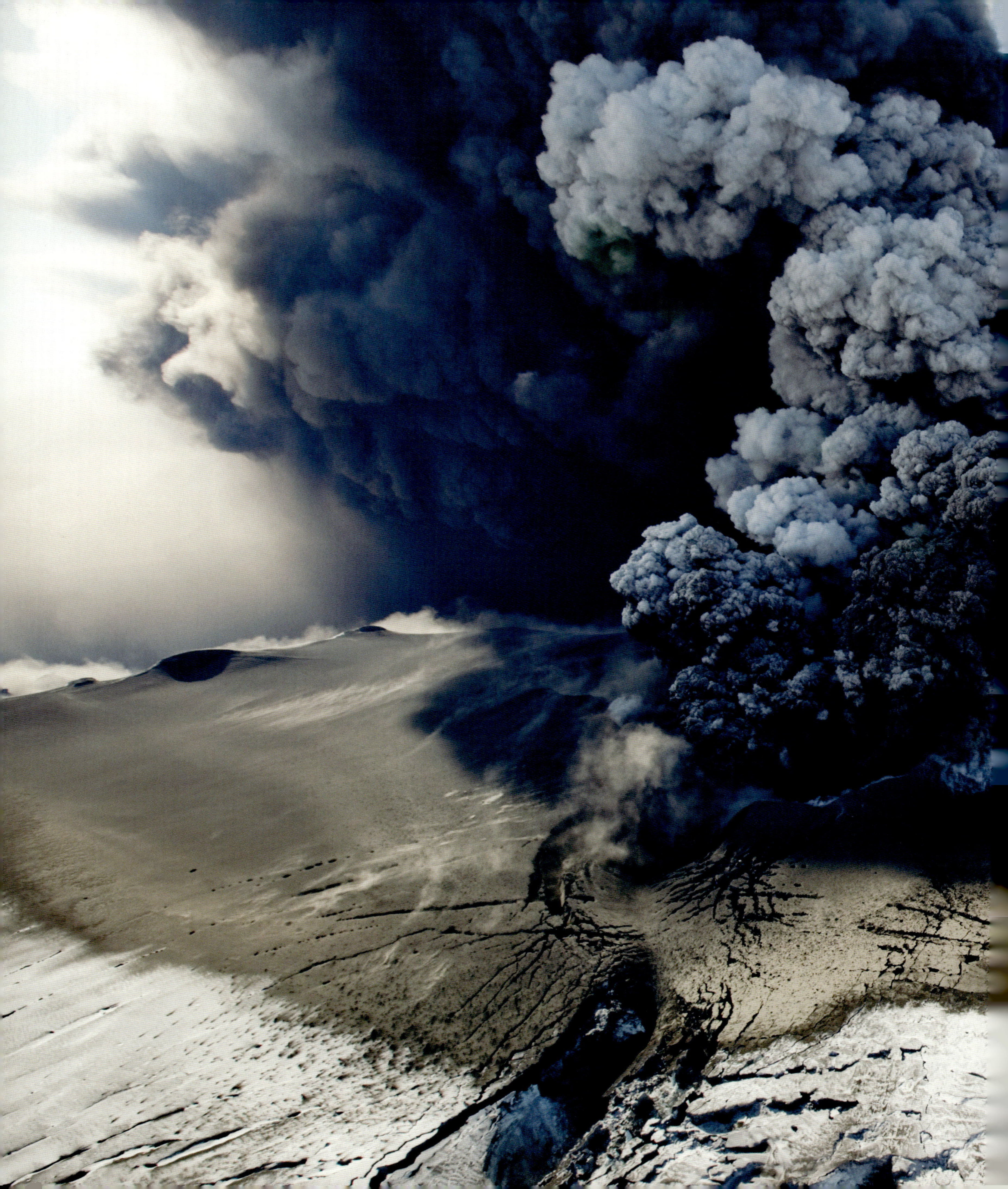

AUSBRUCH DES EYJAFJALLAJÖKULL

Eine beängstigende Wolke aus heißer Asche und Dampf steigt aus einer Spalte in der Eiskappe des Eyjafjallajökull auf und wird waagrecht zum Meer verweht. Um die Spalte hat sich auf dem Eis eine schmutzige Ascheschicht abgelagert. Die Asche hatte eine feine, glasartige und abschleifende Struktur, was sie für den Flugverkehr so gefährlich machte.

VULKANE IN DER ANTARKTIS

Es mag seltsam erscheinen, dass es an einem so kalten Ort wie der Antarktis Vulkane gibt, aber für glühendes Magma, das aus dem Erdinneren aufsteigt, ist die Kälte kein Hindernis. Der Kontinent hat etwa 30 Vulkane, von denen nur wenige in letzter Zeit aktiv waren.

MOUNT EREBUS

Der aktivste Vulkan der Antarktis, Mount Erebus, ist der südlichste Vulkan, der in historischer Zeit ausgebrochen ist. Der 3794 m hohe Schichtvulkan liegt auf der Rossinsel vor Ostantarktika neben drei weiteren, offenbar inaktiven Vulkanen. Alle vier sitzen wohl über einem Hotspot unter der Antarktischen Platte. Mount Erebus ist einer der wenigen Vulkane mit einem Lavasee im Krater. Er war aktiv, als er erstmals 1841 von James Ross gesichtet wurde, und ist es noch heute. Er zeigt häufig kleine Ausbrüche aus dem Lavasee, gelegentlich auch größere strombolianische Eruptionen (siehe S. 148–149).

TÜRME AUS EIS
Auf den Hängen des Mount Erebus liegen Fumarolen, die bizarre Türme aus Eis gebildet haben. Ein Teil des Wasserdampfs, der aus einem Schlot kommt, kondensiert zu Wasser, das sofort gefriert. So wächst der Turm weiter.

DAMPFWOLKE
Eine kleine Dampfwolke steigt vom Gipfel des Mount Erebus auf, der fast völlig von Eis bedeckt ist. An aktiveren Tagen können strombolianische Ausbrüche viele kleine Lavabomben auf die oberen Hänge schleudern.

VULKANE IN DER ANTARKTIS

VULKANE IN WESTANTARKTIKA

In einem Gebiet namens Marie-Byrd-Land in Westantarktika liegt eine Gruppe großer Vulkane, die fast völlig unter dem Eis begraben sind. Vermutlich gehen sie auf eine 3200 km lange kontinentale Grabenzone zurück, die sich unter der westantarktischen Eisdecke öffnet. Einige westantarktische Vulkane, etwa der Mount Hampton, sind wohl erloschen, andere, wie der Takahe, der vermutlich vor 7000 Jahren ausgebrochen ist, gelten als potenziell noch tätig. Im Jahr 2008 fanden Wissenschaftler Hinweise auf eine relativ junge Eruption vor etwa 2000 Jahren in den Hudson Mountains in Westantarktika. Mit Eisradar entdeckten sie eine Ascheschicht in der Eisdecke, die von Ausbrüchen stammt.

MOUNT HAMPTON
Der einzige im Eis sichtbare Teil dieses riesigen Schildvulkans ist die Gipfelregion. Sie besteht vor allem aus einem 6 km großen Krater, der völlig mit Eis gefüllt ist.

VULKANE AUF DEM EISIGEN KONTINENT

Die Vulkane der Antarktis bilden drei Hauptgruppen – eine um die Spitze der Antarktischen Halbinsel, eine zweite in Westantarktika und eine dritte an der Küste Ostantarktikas. Der große Schichtvulkan Mount Melbourne ist der einzige in jüngerer Zeit aktive Vulkan auf dem Festland; Erebus liegt auf einer Insel. Die Seal Nunataks, eine Gruppe von Nunataks (aus dem Eis herausragende Bergspitzen) nahe der Antarktischen Halbinsel gelten als separate Vulkane oder Reste eines großen Schildvulkans.

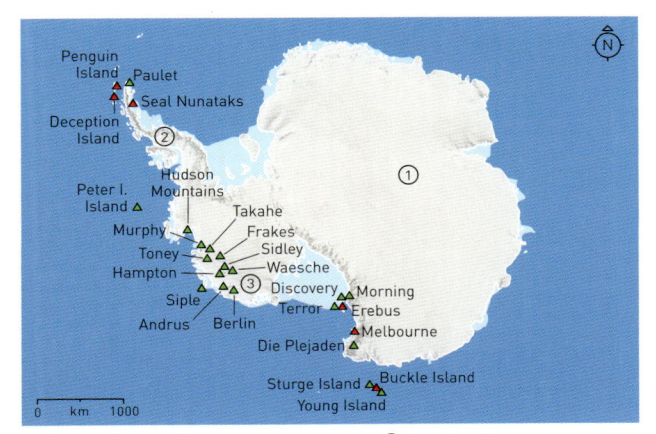

▲ Vulkane, die seit 1600 ausgebrochen sind
▲ Andere wichtige Vulkane

① Ostantarktika
② Antarktische Halbinsel
③ Westantarktika

DECEPTION ISLAND
Die hufeisenförmige Insel, eine geflutete Caldera (siehe S. 126–127), brach zuletzt 1967–1970 aus, wobei zwei Forschungsstationen geräumt werden mussten. Die Insel gehört zu den Südlichen-Shetland-Inseln, einem vulkanischen Inselbogen an einer konvergenten Plattengrenze nahe der Antarktischen Halbinsel.

AFRIKANISCHE RIFTVULKANE

In kontinentalen Grabenzonen oder Verwerfungen wird die Erdoberfläche auseinandergerissen. Dabei kommt es zum Aufsteigen heißen Mantelmaterials aus dem Erdinneren, was zu Vulkanismus führt. Die Vulkane des Ostafrikanischen Grabensystems gehören zu den spektakulärsten der Welt.

ÖSTLICHE RIFTVULKANE

Im östlichen Arm des Grabenbruchsystems, dem Ostafrikanischen Graben, liegen einige Vulkane, darunter der Ol Doinyo Lengai. Er ist der einzige Vulkan auf der Erde, der Natrokarbonatitlava fördert – die dünnflüssigste und kühlste aller Lavatypen mit Temperaturen um 500 °C. Frisch ist sie schwarz, wird aber beim Kontakt mit Wasser weiß. Nahe des Lengai liegt der Kilimandscharo, ein Komplex aus drei Schichtvulkanen. Es sind zwar keine Ausbrüche bekannt, doch liegt 400 m unter dem Krater eine Magmakammer, sodass zukünftige Eruptionen nicht auszuschließen sind. Andere Vulkane sind der Barrier in Kenia, ein Komplex aus vier überlappenden Schildvulkanen, und der Schichtvulkan Meru.

LEGENDE
— Störungszonen
▲ Große Vulkane, die seit 1800 ausgebrochen sind
▲ Andere wichtige Vulkane
········ Afarsenke

OSTAFRIKA-GRABENSYSTEM
Sowohl der Ostafrikanische als auch der Zentralafrikanische Graben und die Afarsenke im Norden sind vulkanisch aktive Gebiete.

OL DOINYO LENGAI (TANSANIA)
Der Ol Doinyo Lengai – »Berg Gottes« in der Sprache der Massai – produziert eine einzigartige Form von Lava, die nachts in leuchtendem Orange glüht. Hier sieht man einen Lavaaustritt aus einem der steilwandigen Kegel, die im Gipfelkrater des Vulkans gewachsen sind.

GIPFELKRATER
Der Krater des Ol Doinyo Lengai ist mit erstarrter Lava gefüllt, die am Tag weiß erscheint. Die Ausbruchsaktivität beschränkt sich meist auf kleine Lavaströme aus den Kegeln auf dem Kraterboden. Gelegentlich kommt es auch zu heftigen Ausbrüchen mit Aschewolken und größeren Lavaströmen.

AFRIKANISCHE RIFTVULKANE

DIE VIRUNGA-VULKANE

Im Zentralafrikanischen Graben liegen in der Gruppe der Virunga-vulkane westlich des Victoriasees zwei gefährliche Vulkane, die für 40 Prozent der Vulkanausbrüche in Afrika und die meisten Todesopfer verantwortlich sind. Der Nyamuragira, der aktivste Vulkan Afrikas, ist ein Schildvulkan, der seit 1885 über 40-mal ausgebrochen ist, zuletzt 2011. Er stößt große Mengen an Schwefeldioxid und giftige Asche aus. Der nahe gelegene Nyiragongo besitzt einen Lavasee am Gipfel, den »Kochtopf der Hölle«. Gelegentlich sprudelt Lava aus dem Gipfel oder bricht durch Spalten an den Hängen. Sie fließt mit hoher Geschwindigkeit talwärts und vernichtet alles in ihrem Weg. Einer der schlimmsten Ausbrüche fand 2002 statt (siehe S. 176–177).

VULKAN NYIRAGONGO
Dieser 3470 m hohe Schichtvulkan in der DR Kongo hat einen 2 km großen Gipfelkrater, den man auf diesem Satellitenbild sieht. Er ist seit 1892 mindestens 34-mal ausgebrochen und gilt wegen seiner steilen Hänge und dünnflüssigen Lava als sehr gefährlich.

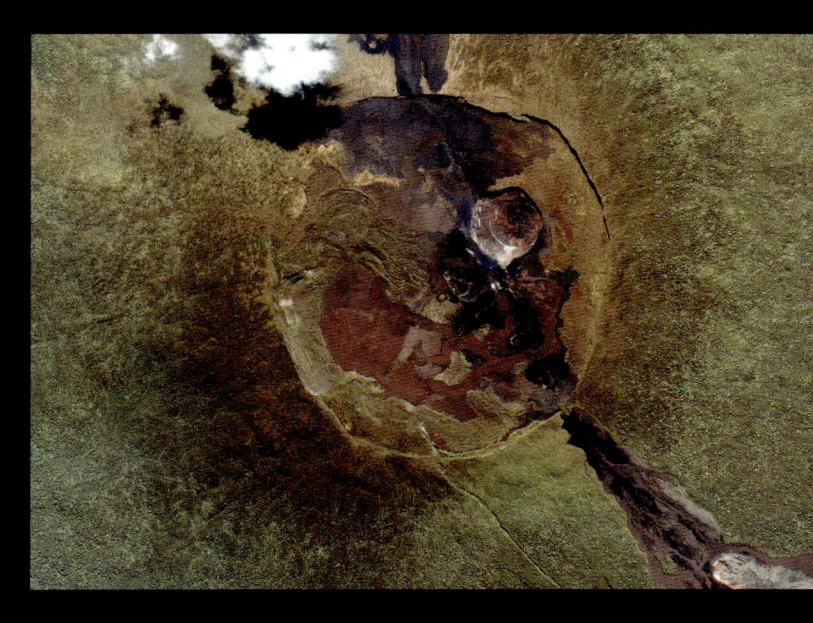

VULKANE DES AFARDREIECKS

Das Afardreieck oder die Afarsenke ist eine trockene Region in Nordostafrika. Sie liegt ein ganzes Stück unter dem Meeresspiegel und ist einer der heißesten und lebensfeindlichsten Orte der Erde. Hier gibt es einige wichtige Vulkane, von denen der Erta Ale (»Rauchender Berg« oder »Teufelsberg«) der bekannteste ist. Er ist ein riesiger tätiger Schildvulkan. Am Gipfel liegt ein großer, elliptischer Krater mit einer Größe von 700 m mal 1600 m. In ihm liegen zwei kleinere, steilwandige »Grubenkrater«, von denen einer einen spektakulären Lavasee enthält. In diesem Lavasee kommt es gelegentlich zu gefährlichen Ausbrüchen, aber da die Gegend so abgelegen ist, ist der Vulkan nur schwer zu beobachten. Andere Vulkane und Vulkanregionen des Afardreiecks umfassen einen weiteren großen Schildvulkan, den Alayta, sowie ein Gebiet mit heißen Quellen und kleinen Vulkankratern namens Dallol. Nahe der Küste des Roten Meers liegt der Schichtvulkan Dubby, der spektakulär im Jahr 1861 ausbrach. Er erzeugte Lavaströme, die 22 km weit flossen, und Asche, die bis zu 300 km weit transportiert wurde. Afrikas größter Vulkanausbruch in den letzten Jahrhunderten tötete mehr als 100 Menschen.

ERTA ALE (ÄTHIOPIEN)
Das außergewöhnlichste Merkmal des Erta Ale ist ein feuriger, runder Lavasee mit einem Durchmesser von 150 m. Wenn er ganz geschmolzen ist, produziert er Lavafontänen und gibt enorme Hitze ab. Zu anderen Zeiten bildet sich eine feste Kruste auf der Oberfläche.

VULKAN ALAYTA (ÄTHIOPIEN)
Dieser große Schildvulkan im westlichen Teil der Afarsenke bedeckt eine Fläche von über 2700 km². Auf diesem Satellitenbild erscheint der Großteil seiner Oberfläche wegen der Lava schwarz. Ein Ausbruch 1907 führte zu Sachschäden und verletzte Menschen. Er brach zuletzt 1915 aus.

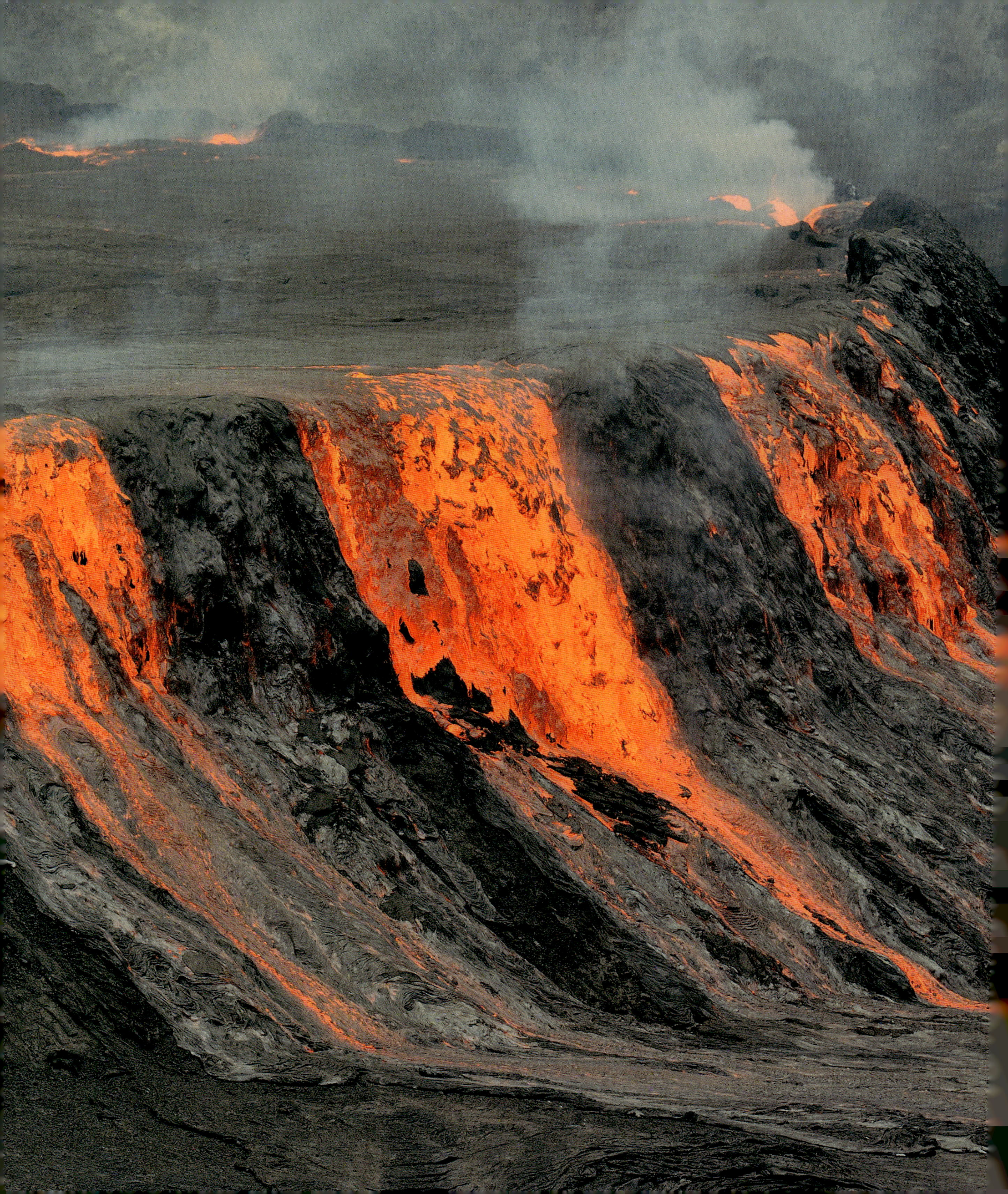

NYIRAGONGO-KATASTROPHE

Dem Ausbruch des Nyiragongo 2002 folgte der zerstörerischste Lavastrom der jüngeren Geschichte. Die Lava des Nyiragongo ist extrem dünnflüssig. Wenn sie aus einem großen Lavasee am Gipfel austritt, stürzt sie schnell die steilen Hänge des Vulkans herab. 2002 öffneten sich Spalten am Rand des Vulkankraters und Ströme von Lava, 200–1000 m breit und bis zu 2 m tief, quollen in die Stadt Goma, wo sie Feuer und Explosionen auslösten. 45 Menschen kamen um, einige erstickten durch Vulkangase, andere starben bei der Explosion einer Tankstelle. Etwa 12 000 Menschen wurden obdachlos.

JANUAR 2002	
Ort	DR Kongo
Vulkantyp	Schichtvulkan
Eruptionstyp	hawaiianisch
Explosivitätsindex	1

350 000 ANZAHL DER EVAKUIERTEN PERSONEN

ABLAUF DES AUSBRUCHS
Lavaströme brachen aus Spalten auf dem Nyiragongo. Einer floss über die Landebahn des Flughafens Goma und setzte Treibstoff in Brand, andere erreichten die Stadt und den Kivusee.

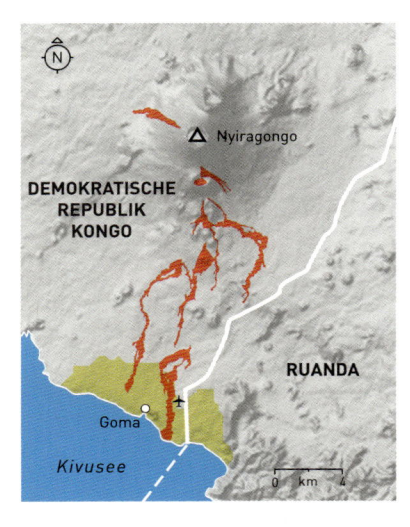

LEGENDE
- Lavaströme
- Stadtgebiet
- Flughafen

DAS UNGLÜCK VON 2002

1 LAVASEE
Der Nyiragongo ist ein steilhangiger Vulkan mit einem See aus rotglühender, extrem dünnflüssiger Lava am Gipfel. Bei diesem Ereignis entleerte sich die Lava plötzlich aus dem See durch Spalten, die am Kraterrand erschienen.

2 FLUGHAFEN GOMA
Ströme heißer, flüssiger Lava erreichten den Flughafen, bedeckten das Nordende der Startbahn und kamen dann nach Goma, wo sie 45 000 Gebäude zerstörten, vor allem im Geschäftsviertel der Stadt.

3 KIVUSEE
Lava floss in den Kivusee. Man befürchtete, dass dies zum Aufsteigen von gasgesättigtem Tiefenwasser und der Freisetzung tödlicher Mengen Kohlendioxids führen könnte. Zum Glück drang die Lava nicht weit genug vor.

> »AN DIESEM MORGEN, EINE APOKALYPTISCHE SZENE. ES IST, ALS SEI EIN GROSSER BULLDOZER DURCH GOMA GEFAHREN. DIE DÄMPFE ... ÜBERWÄLTIGEND.«
>
> **ANDREW HARDING**, BBC-KORRESPONDENT, BEOBACHTETE DIE KATASTROPHE

LAVAKASKADEN
In diesem Foto von 2010 strömen Lavakaskaden die Hänge des Nyiragongo herab, in einer ähnlichen, wenn auch etwas ruhigeren Form, wie es bei dem Ausbruch von 2002 geschah.

INTRUSIVKÖRPER

Der Vulkanismus hinterlässt viele Spuren auf unserem Planeten. Neben den Vulkanen selbst und deren Auswurfmaterial findet man auch die Überreste uralter Magmakörper, die in einem Vulkan oder tief in der Erde erstarrten und später durch Erosion freigelegt wurden.

SCHLOTFÜLLUNG

Diese Landschaftsform entsteht, wenn Magma im Schlot oder einer Kammer im Vulkaninneren erstarrt. Dabei entsteht ein Pfropfen aus hartem Magmatitgestein. Wenn der Rest der Erosion zum Opfer gefallen ist, bleibt er an der Oberfläche zurück. Ein klassisches Beispiel ist der Ship Rock in New Mexico (USA), der Überrest eines vor 27 Mio. Jahren tätigen Vulkans. Als das Magma erstarrte, befand es sich wohl 850 m unter der Erdoberfläche. Später wurden die Lava- und Ascheschichten des Vulkans sowie die umgebenden weichen Schiefer durch Verwitterung und Erosion abgetragen und legten den Ship Rock so frei, wie wir ihn heute sehen.

linsenförmiger Lakkolith

INTRUSIVKÖRPER

Wenn Magma in Spalten oder andere Hohlräume im vorhandenen Nebengestein eindringt und es wegpresst, spricht man von einer Intrusion. Beim Abkühlen erstarrt das Magma zu festen Intrusivkörpern. Durch Erosion können sie freigelegt und in unterschiedlichen Formen sichtbar werden.

SHIP ROCK
Der aus einer harten Minette (einem Gestein aus der Gruppe der Lamprophyre) und vulkanischer Brekzie gebildete Ship Rock ist eine Schlotfüllung mit radialen Gängen. Er erhebt sich 482 m über die Umgebung.

GESTEINSGÄNGE

Zwei relativ kleine Intrusionsformen, die oft an der Oberfläche freiliegen, sind Gesteinsgänge, die Quergänge oder Dykes und die Lagergänge oder Sills. Beide entstehen aus dünnflüssigem basaltischem Magma, das in Spalten des anstehenden Nebengesteins eindringt. Es erstarrt meist zu dem Gestein Dolerit. Dykes sind steil liegende dünne plattenförmige Körper, die die flach gelagerten Nebengesteinsschichten schneiden. Teils strahlen sie radial vom Vulkanzentrum aus, teils bilden sie mehrere parallele Gänge (Gangschwärme) oder Ringgänge, die entstehen, wenn um den Vulkan ringförmige Spalten aufreißen, in die Magma eindringt. Sills dagegen liegen parallel zur Schichtung des Nebengesteins, also meist horizontal. Ein Beispiel ist Whin Sill in England, der stellenweise als etwa 30 m mächtige Schicht ausstreicht.

WHIN SILL (NORDOSTENGLAND)
Der Hadrianswall wurde auf Teilen dieses Lagergangs errichtet. Die Intrusion des Magmas fand vor etwa 295 Mio. Jahren statt.

INTRUSIVKÖRPER 179

BATHOLITHE UND LAKKOLITHE

Zu den massiveren Magmaintrusionen (Plutone) gehören Batholithe, Lakkolithe und einige kleinere Formen wie Lopolithe und Stöcke. Sie alle bestehen meist aus granitischen Magmen, die eine andere Zusammensetzung haben und viskoser (zähflüssiger) sind als basaltische Magmen. Daher dringen sie nicht in Spalten und Klüfte des Nebengesteins ein, sondern bilden massive Gesteinskörper im Untergrund. Batholithe sind die größten Plutone und bestehen typischerweise aus Granit oder ähnlichen Gesteinen. Wenn sie an der Erdoberfläche aufgeschlossen sind, füllen sie eine Fläche von mindestens 100 km², viele sind noch größer. Ein anderes Beispiel ist der Sierra-Nevada-Batholith in Kalifornien, der rund 600 km lang ist und aus über 100 einzelnen Intrusivkörpern besteht. Sie entstanden aus separaten Magmaklumpen, die irgendwann vor 225–80 Mio. Jahren eindrangen. Ähnliche Strukturen mit einer Ausdehnung unter 100 km² heißen Stöcke. Andere Intrusionen sind Lakkolithe: große, linsenförmige Körper, die das Nebengestein aufwölben und oft aus Gabbro bestehen. Lopolithe sind ähnlich, aber eher schüsselförmig nach unten durchgebogen. Einer der größten Lakkolithe sind die Pine Valley Mountains in Utah (USA).

EL CAPITAN
Der zum Sierra-Nevada-Batholith gehörende El Capitan ist eine 910 m hohe Gesteinsformation aus Granit im Yosemite Nationalpark in Kalifornien (USA). Er entstand unter der Erde vor etwa 100 Mio. Jahren.

- Schlotfüllung mit radialen Dykes
- kreisförmiger Aufschluss erodierter Ringgänge
- Batholith an der Oberfläche aufgeschlossen
- Dyke in einem parallelen Schwarm
- Magma, das unter hohem Druck eindringt, kann einen Sill mit vertikal aufsteigenden Dykes bilden.
- massiver Batholith
- Stöcke sind kleine, unregelmäßige Intrusionen oder aufragende Teile von Batholithen.
- Nebengestein
- Lagergang (Sill) zwischen Nebengesteinsschichten
- Quergang (Dyke) vertikal zur Schichtung

ARRIGETCH PEAKS
Der Ursprung dieser schroffen Berglandschaft in Alaska (USA) ist ein Lakkolith, der in das Kalkgestein eindrang. Später wurde er freigelegt und von Gletschern erodiert, die die heute sichtbaren Spitzen formten.

ÜBERWACHUNG VON VULKANEN

Viele der gefährlichsten Vulkane der Welt, vor allem die in der Nähe von Städten, werden wissenschaftlich überwacht. Zwar können Vulkanologen Ausbrüche nicht genau vorhersagen, aber sie können warnen, wenn das Risiko steigt, und die Auswirkungen abschätzen.

METHODEN

Vulkanologen nutzen verschiedene Methoden, um vulkanische Aktivität zu überwachen. Sie analysieren die ausgestoßenen Gase, messen Beben im Gestein unter dem Vulkan mit Seismometern und verwenden Neigungsmesser, um eine mögliche Auswölbung der Vulkanhänge zu erkennen. Der Ausstoß bestimmter Gase, stärkere und häufigere Beben und Bodenaufwölbungen können alle darauf hindeuten, dass Magma im Inneren des Vulkans aufsteigt. Sie sind relativ zuverlässige Anzeichen für einen bevorstehenden Ausbruch. Die Fernerkundung durch Satelliten ergänzt bodengestützte Messungen von Bodenverformungen. Man misst auch Veränderungen des Magnetfelds und der Schwerkraft nahe des Vulkans, die Magmabewegung wiedergeben können. Wenn Forscher einen Vulkan genau studiert haben, erstellen sie Gefahrenkarten, die z. B. die wahrscheinlichsten Wege von Lavaströmen oder Laharen (Schlammströmen) zeigen. Wenn das Risiko eines Ausbruchs deutlich ansteigt, kann man Empfehlungen aussprechen, die Gefahrenzone zu meiden, oder das Gebiet evakuieren.

BEOBACHTUNGSSTATION
Techniker bauen Geräte auf, um Bodenverformungen nahe des Vulkans Soufrière Hills auf der Karibikinsel Montserrat zu messen. Der Vulkan ist einer der am sorgfältigsten beobachteten Vulkane der Welt.

FERNERKUNDUNG
Mit Satelliten kann man Ausbrüche beobachten, hier die Explosion des St. Augustine (Alaska). Sie verfolgen Größe und Bewegung von Aschewolken, die die Luftfahrt gefährden könnten.

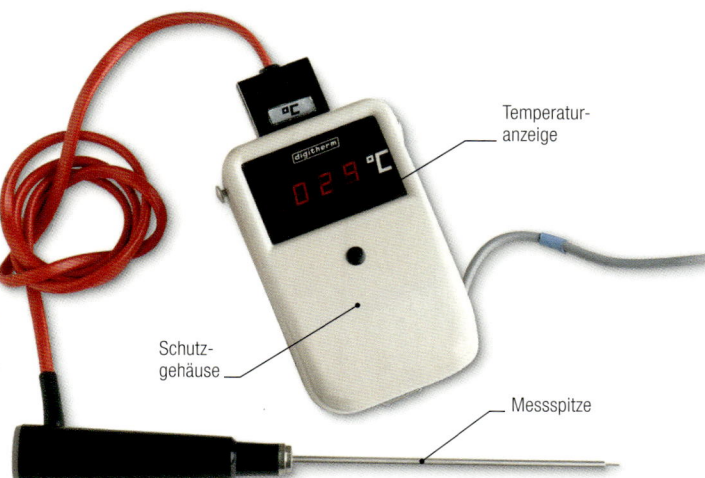

GASPROBENENTNAHME
Vulkanologen analysieren die Gase, die aus einem Vulkan austreten. Viele dieser Gase sind gesundheitsschädlich, sodass man Gasmasken tragen muss.

SPEZIALTHERMOMETER
Thermometer mit Thermoelementen werden zur Bestimmung der Temperatur von Boden, Lava oder Gasen am Vulkan eingesetzt. Sie können Temperaturen von -200 °C bis 1500 °C messen.

- Temperaturanzeige
- Schutzgehäuse
- Messspitze

FELDFORSCHUNG
Dieser Vulkanologe im Hitzeschutzanzug nimmt Proben aus einem Lavastrom am Ätna. Änderungen der Temperatur oder Zusammensetzung der Lava liefern Hinweise auf die Entwicklung des Ausbruchs.

VULKANE UNTER STRENGER ÜBERWACHUNG

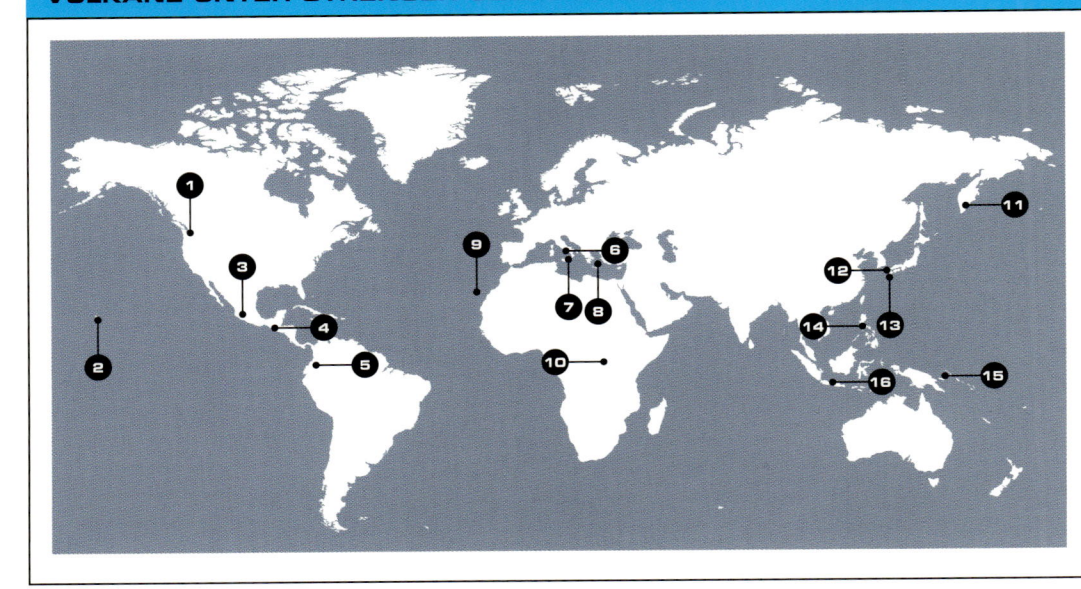

Die Internationale Vereinigung für Vulkanologie und Chemie des Erdinneren hat 16 Vulkane identifiziert, die »Dekadenvulkane«, die besonders genau erforscht und überwacht werden sollten, da sie in der Vergangenheit katastrophale Ausbrüche hatten und nahe dicht besiedelter Gebiete liegen. Weitere Kriterien waren etwa das Risiko von pyroklastischen Strömen und Laharen oder der Einsturz von Hängen. Bislang werden noch nicht alle mit speziellen Geräten überwacht, vor allem aus Geldmangel.

1. Mount Rainier
2. Mauna Loa
3. Colima
4. Santa María
5. Galeras
6. Vesuv
7. Ätna
8. Thira
9. Teide
10. Nyiragongo
11. Awatschinski-Korjakski
12. Unzen
13. Sakurajima
14. Taal
15. Ulawun
16. Merapi

LEBEN MIT VULKANEN

Etwa 8 Prozent der Weltbevölkerung leben in Vulkannähe, was angesichts der Gefahren überrascht. Doch Millionen von Menschen nehmen das Risiko hin, vor allem aus wirtschaftlichen Gründen.

GEFAHREN

Eine Analyse der Todesursachen durch Vulkane zeigt, dass die größte Gefahr von pyroklastischen Strömen (siehe S. 102–103) und bei einigen Vulkanen von Schlammströmen (siehe S. 106–107) ausgeht. Manchmal kommt es zu Gasvergiftungen, große Ausbrüche in Küstennähe können Tsunamis auslösen. Auch Ascheregen kann gefährlich sein. Lavaströme verursachen oft sehr große wirtschaftliche Schäden.

WIEDERAUFBAU AUS DEN TRÜMMERN
Ein Mann birgt ein Stück Zinkdach drei Tage nach dem Ausbruch des Nyiragongo (siehe S. 176–177), der große Verwüstungen verursachte.

POSITIVE EFFEKTE

Den Gefahren durch Vulkane steht oft ein wirtschaftlicher Nutzen gegenüber. In Vulkanregionen ist der Wärmestrom aus dem Erdinneren sehr hoch (geothermische Energie), was als (kohlendioxidfreie) Energiequelle genutzt werden kann (siehe S. 34–35). Einige Vulkane liefern Rohstoffe wie Schwefel oder Diamanten. Vulkane können auch als Touristenattraktion wirtschaftlich wichtig sein. Die Schönheit und der Nervenkitzel von aktiven Vulkanen ziehen Tausende Schaulustige an.

SCHWEFELABBAU
Am Ijen auf Java (Indonesien) entstand eine Industrie, die Schwefeldämpfe sammelt und abkühlen lässt, wobei Schwefel ausfällt. Dieser kann per Hand am Krater abgebaut werden. Dies schafft Arbeitsplätze, doch die Arbeit ist mühsam und gesundheitsschädlich.

LEBEN MIT VULKANEN

LANDWIRTSCHAFT

Ein Vulkanausbruch erzeugt meist große Mengen an Asche und Lava oder beides. Kurzzeitig kann dies die Umgebung schädigen, doch langfristig verwittern sie zu sehr fruchtbaren Böden, die reich an wichtigen Mineralstoffen sind. Um aktive Vulkane leben oft erstaunlich viele Menschen, die den Boden bebauen. Selbst nach großen und todbringenden Ausbrüchen kehren sie zurück und richten ihr Leben wieder neu ein. Dies erklärt die hohe Bevölkerungsdichte auf Vulkaninseln wie Java und die Siedlungen um gefährliche Vulkane wie den Merapi in Indonesien.

FRUCHTBARER VULKAN
Terrassen mit Weizenfeldern schmücken die Hänge eines kleinen, vermutlich erloschenen Vulkankegels in Ruanda. Dass jedes Stück der Oberfläche genutzt wird, zeigt deutlich, wie fruchtbar der Boden ist.

VULKAN MAYON
Um den perfekten Kegel des Mayon (Philippinen) liegt fruchtbares Ackerland. Menschen leben neben dem gefährlichen Vulkan, da er ihnen ein Auskommen ermöglicht, und auch wegen der schönen Landschaft.

BEOBACHTUNG EINES AUSBRUCHS
Touristen bewundern und fotografieren den Ausbruch des Eyjafjallajökull (Island) im April 2010. Über 100 000 Menschen, viele aus anderen Ländern, besuchten den Vulkan. Der Touristenstrom gab der Wirtschaft Islands Aufschwung.

PIONIERPFLANZEN AUF ASCHE UND LAVA

Trotz der Zerstörungen werden Lavaströme und Aschefelder gewöhnlich sehr schnell wieder von Pflanzen besiedelt. Die Wiederbesiedlung beginnt meist innerhalb von 10 Jahren bei Lavaströmen und 3–4 Jahren bei Asche, was deren Fruchtbarkeit zeigt.

Farne in der Lava
Der Riss in der Pahoehoe-Lava, in dem sich Farnpflanzen ansiedeln, wurde an der Küste von Puna auf der Hauptinsel Hawaiis aufgenommen.

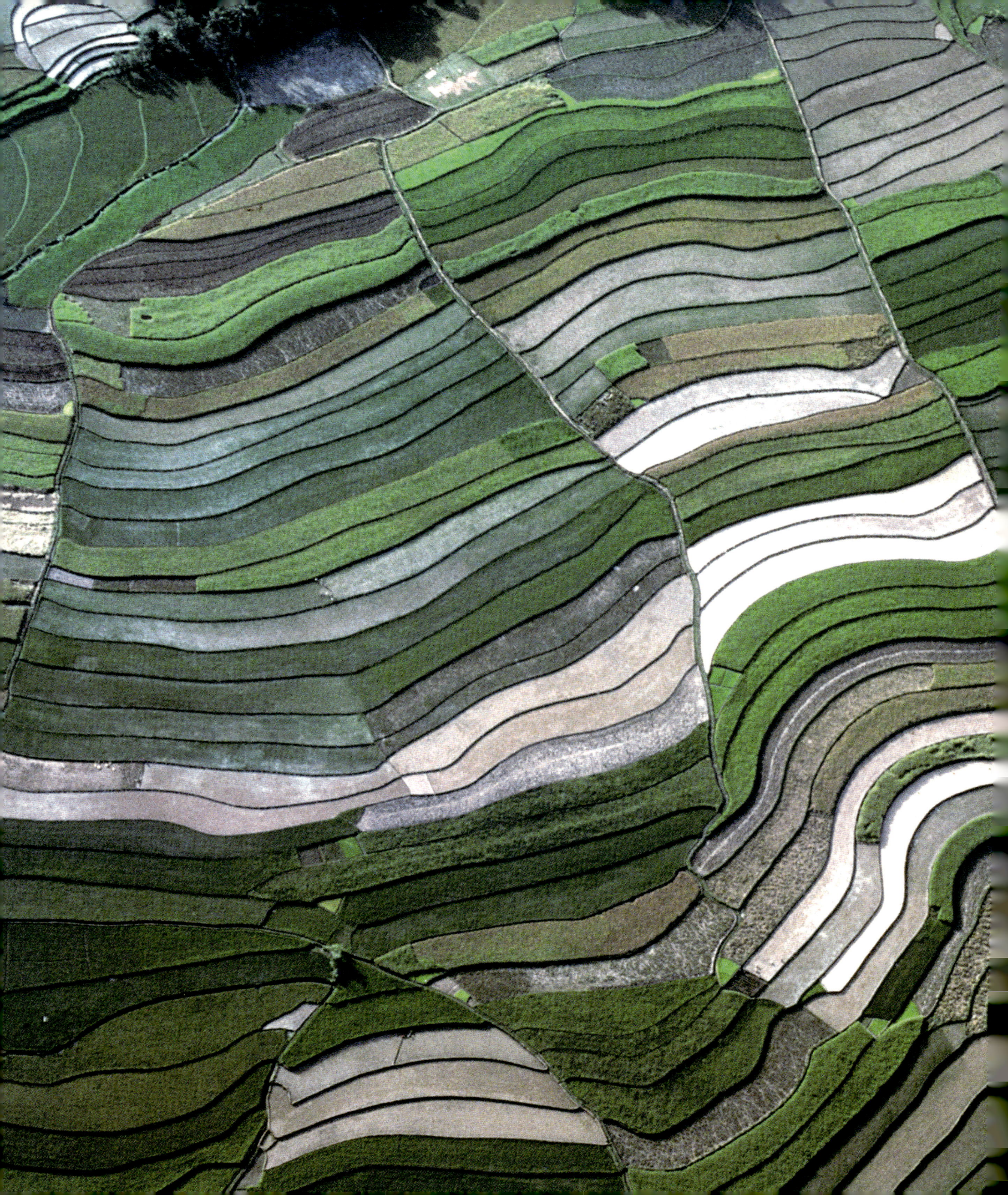

FRUCHTBARER KEGEL
Reisterrassen und Gemüsefelder bedecken die Hänge dieses Schlackenkegels in Zentraljava (Indonesien). Dank des fruchtbaren Bodens, der durch die Verwitterung der vulkanischen Auswurfprodukte entsteht, tragen die Felder drei Ernten pro Jahr.

// VULKANE

THERMALQUELLEN

Heiße Quellen entstehen, wenn große Mengen von Grundwasser vom Magma unter einem Vulkan erwärmt werden. Minerale und Mikroorganismen können das Wasser prachtvoll färben, aber oft hat es wegen der vulkanischen Gase einen extremen pH-Wert.

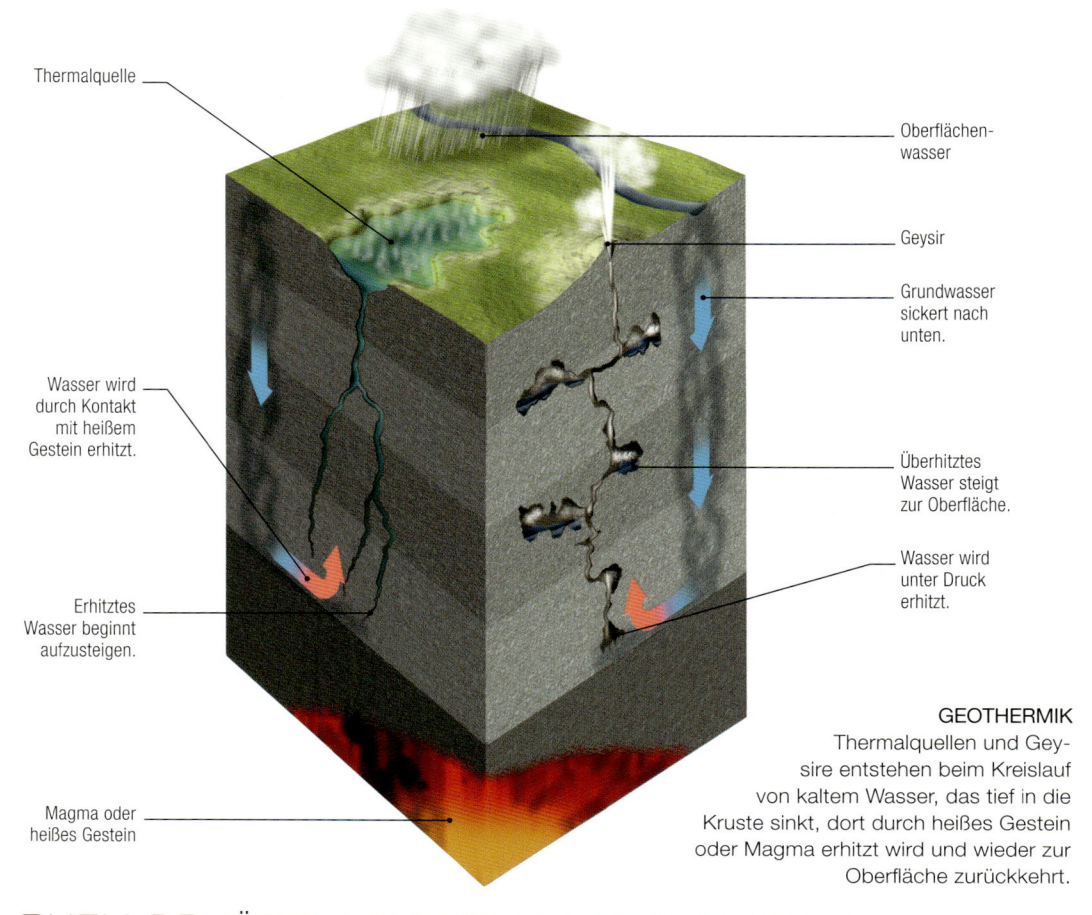

Thermalquelle
Oberflächenwasser
Geysir
Grundwasser sickert nach unten.
Wasser wird durch Kontakt mit heißem Gestein erhitzt.
Überhitztes Wasser steigt zur Oberfläche.
Wasser wird unter Druck erhitzt.
Erhitztes Wasser beginnt aufzusteigen.
Magma oder heißes Gestein

GEOTHERMIK
Thermalquellen und Geysire entstehen beim Kreislauf von kaltem Wasser, das tief in die Kruste sinkt, dort durch heißes Gestein oder Magma erhitzt wird und wieder zur Oberfläche zurückkehrt.

ENTSTEHUNG

Vulkanische Thermalquellen entstehen, wenn Oberflächenwasser durch die Kruste sickert und mit dem Gestein um eine Magmakammer oder sogar mit dem Magma selbst in Kontakt kommt. Das Wasser wird erhitzt, meist bis nahe des Siedepunkts, wird weniger dicht und steigt durch Klüfte und Hohlräume im Gestein auf, bis es die Oberfläche erreicht und ein Becken mit heißem Wasser bildet. Oft ist die Temperatur in einer solchen Thermalquelle sehr hoch – viele Quellen haben Temperaturen um 70 °C bis hin zu 95 °C.

THERAPEUTISCHE NUTZUNG

Einige Thermalquellen enthalten warmes, aber nicht heißes Wasser, sodass man in ihnen sicher baden kann. Der Badesee der »Blauen Lagune« auf Island nutzt das Wasser des nahe gelegenen geothermischen Kraftwerks und hat Durchschnittstemperaturen um 37–39 °C. Das Baden in der Thermalquelle soll therapeutische Wirkungen zeigen, z. B. einige Hautkrankheiten lindern, und es erhöht das Wohlbefinden.

QUELLSCHÜTTUNG UND MINERALGEHALT

Thermalquellen haben normalerweise eine kontinuierliche Schüttung bei mittleren Temperaturen von 97 °C. Es gibt eher unbedeutende Sickerquellen und Quellen mit sehr hoher Schüttung wie etwa die Quellenansammlung von Deildartunguhver auf Island, die pro Sekunde 180 Liter ausschütten. Bei seinem Weg im Untergrund löst das Wasser Minerale aus dem Gestein. Diese färben viele Quellen ein und fallen oft als Feststoff aus, wenn das Wasser an der Oberfläche abkühlt. Diese Mineralablagerungen können sich zu spektakulären Formationen entwickeln, etwa die Travertine bei den Mammoth Hot Springs in Wyoming (USA).

BOILING LAKE (DOMINICA)
Dieser kochend heiße See auf der Karibikinsel Dominica ist eine der größten Thermalquellen der Welt. Über der Oberfläche liegt ständig eine Dampfwolke.

CHAMPAGNE POOL (NEUSEELAND)
Der vor 900 Jahren in der Thermalregion Wai-O-Tapu entstandene »Champagner-Teich« enthält Arsen- und Antimonsalze, die ihm das farbige Aussehen geben.

DALLOL-THERMALQUELLEN (ÄTHIOPIEN)
Die in der heißen und stark vulkanisch geprägten Afarsenke liegenden Quellen sind für ihre seltsam geformten Mineralablagerungen berühmt.

FARBENSPIEL
Thermalquellen können leuchtende Farben zeigen, die durch Mikroben entstehen. Verschiedenfarbige Mikroben, die unterschiedliche Temperaturen bevorzugen, führen zu einem Farbspektrum in einem Pool, wie im Grand Prismatic Spring im Yellowstone Park.

FUMAROLEN

Fumarolen, die in vielen Vulkangebieten der Erde vorkommen, sind Spaltenöffnungen und Löcher, aus denen Dampf und vulkanische Gase wie Kohlendioxid, Schwefeldioxid und Schwefelwasserstoff strömen. Das Entweichen von Dampf und oft übelriechenden Gasen führt oft zu lauten zischenden Geräuschen.

MERKMALE

Fumarolen ähneln in ihrer Entstehung Thermalquellen (siehe S. 186–187), doch bei ihnen wird das Wasser so stark erhitzt, dass es verdampft, bevor es die Erdoberfläche erreicht. Der Dampf entsteht, wenn Grundwasser von dicht unter der Oberfläche befindlichem Magma erhitzt wird. Das Magma selbst setzt zudem Gase wie Kohlendioxid, Schwefeldioxid, Schwefelwasserstoff und kleine Mengen Wasser frei. Fumarolen entstehen oft auf aktiven Vulkanen in Zeiten relativer Ruhe zwischen Ausbrüchen. Sie können Jahrzehnte oder Jahrhunderte bestehen, wenn sie über einer beständigen Hitzequelle liegen, oder innerhalb von Wochen verschwinden, wenn sie auf frischen vulkanischen Ablagerungen liegen, die schnell abkühlen.

FUMAROLENFELD IN DEN ANDEN
Das Fumarolenfeld Sol de Mañana in Bolivien ist ein Irrgarten aus Dampf und Schwefelablagerungen. Es liegt in einer Höhe von 4870 m in den Anden nahe der Grenze zu Chile, erstreckt sich über 10 km² und enthält auch Seen aus kochendem Schlamm.

FUMAROLEN 189

SOLFATAREN

Eine Fumarole, die hohe Anteile des nach faulen Eiern riechenden Schwefelwasserstoffs hat oder beißendes Schwefeldioxid ausstößt, nennt man Solfatare. Schwefelwasserstoff reagiert oft mit anderen Gasen zu festem Schwefel, der am Boden in Form gelber Kristalle abgelagert wird. Dampf und Schwefelgase verbinden sich auch zu schwacher Schwefelsäure. An manchen Orten löst sie Nebengestein zu einer heißen Schlammmasse auf (siehe S. 190–191). Die Dämpfe können durchaus gesundheitsgefährdend sein.

ASAHIDAKE (JAPAN)
Unzählige Fumarolen durchbrechen den Schnee auf den Hängen des Schichtvulkans Asahidake auf Hokkaido (Japan). Sie sind im Winter ein bemerkenswerter Anblick, wenn der Hang als Skigebiet genutzt wird.

GASE VON FUMAROLEN

Das Diagramm zeigt die Anteile verschiedener Gase von Fumarolen in einer großen Studie in Taiwan; die Ergebnisse gelten als aussagefähig. Zwar dominieren die geruchlosen Gase Wasser und Kohlendioxid, doch es ist ein anderer wichtiger Anteil, das giftige Gas Schwefelwasserstoff, das den Fumarolen ihren unangenehmen Geruch gibt.

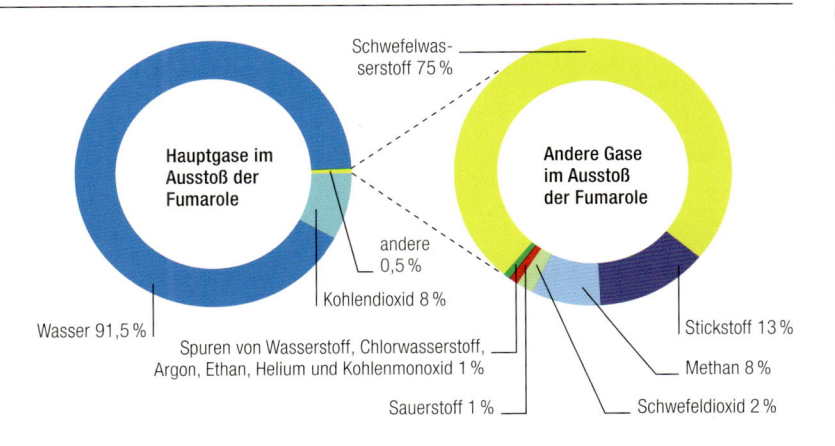

Hauptgase im Ausstoß der Fumarole
- Wasser 91,5 %
- Kohlendioxid 8 %
- andere 0,5 %

Andere Gase im Ausstoß der Fumarole
- Schwefelwasserstoff 75 %
- Stickstoff 13 %
- Methan 8 %
- Schwefeldioxid 2 %
- Sauerstoff 1 %
- Spuren von Wasserstoff, Chlorwasserstoff, Argon, Ethan, Helium und Kohlenmonoxid 1 %

FUMAROLEN UND SÄURESEE IM DALLOL
Dallol (Äthiopien) ist einer der tiefstgelegensten und heißesten Orte der Erde. Es ist reich an Thermalquellen, kegelförmigen Fumarolen und Schwefelablagerungen. Die Flüssigkeit besteht aus schwacher Schwefelsäure.

SCHWEFELKRISTALLE

GRAN CRATERE, VULCANO
Umfangreiche Schwefelablagerungen bedecken den Rand des Gran Cratere (»Großer Krater«) auf der kleinen Vulkaninsel Vulcano nördlich von Sizilien. Im Krater sind Fumarolen und Solfataren aktiv. Besuchern wird empfohlen, die übelriechenden Gase nicht einzuatmen.

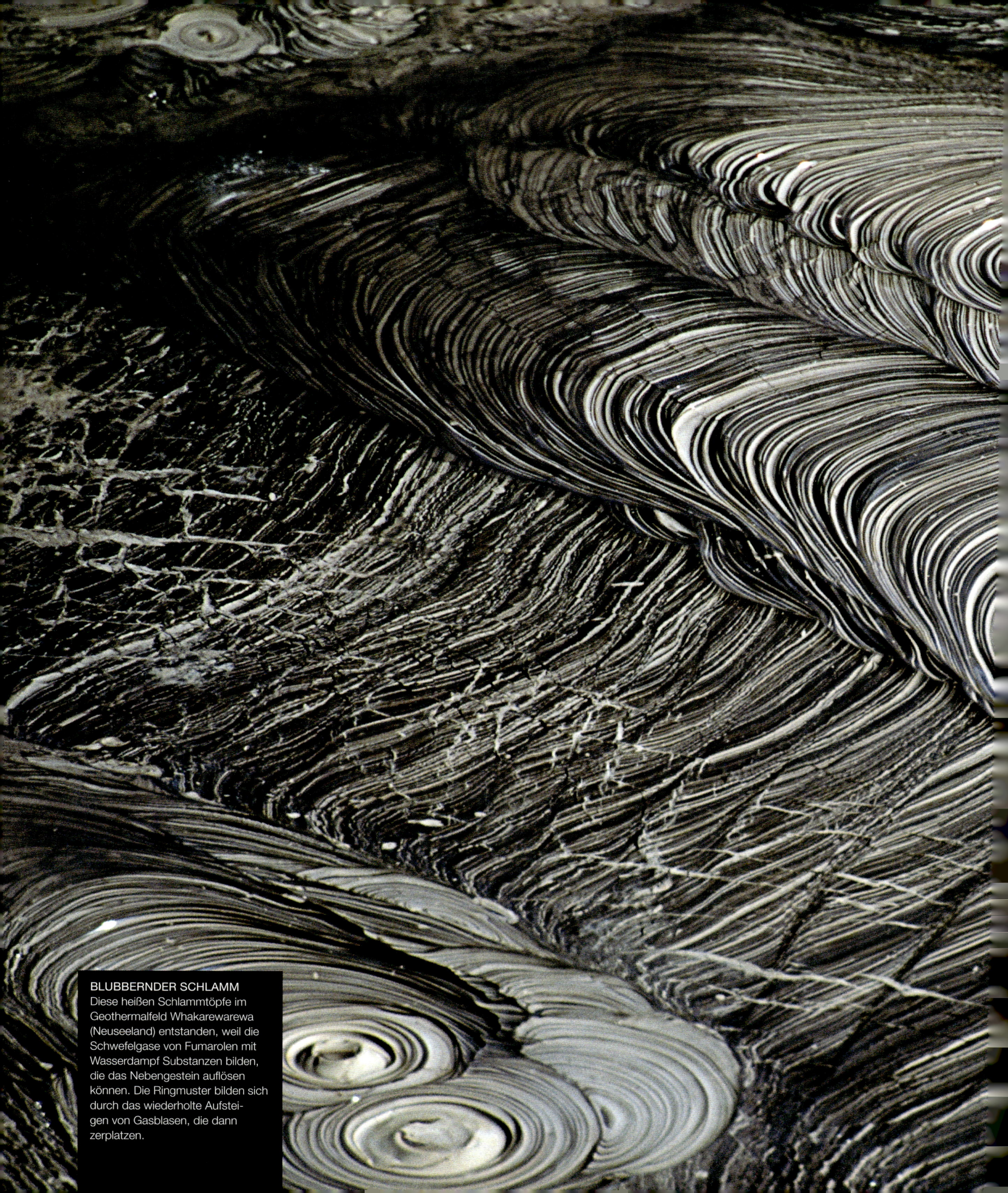

BLUBBERNDER SCHLAMM
Diese heißen Schlammtöpfe im Geothermalfeld Whakarewarewa (Neuseeland) entstanden, weil die Schwefelgase von Fumarolen mit Wasserdampf Substanzen bilden, die das Nebengestein auflösen können. Die Ringmuster bilden sich durch das wiederholte Aufsteigen von Gasblasen, die dann zerplatzen.

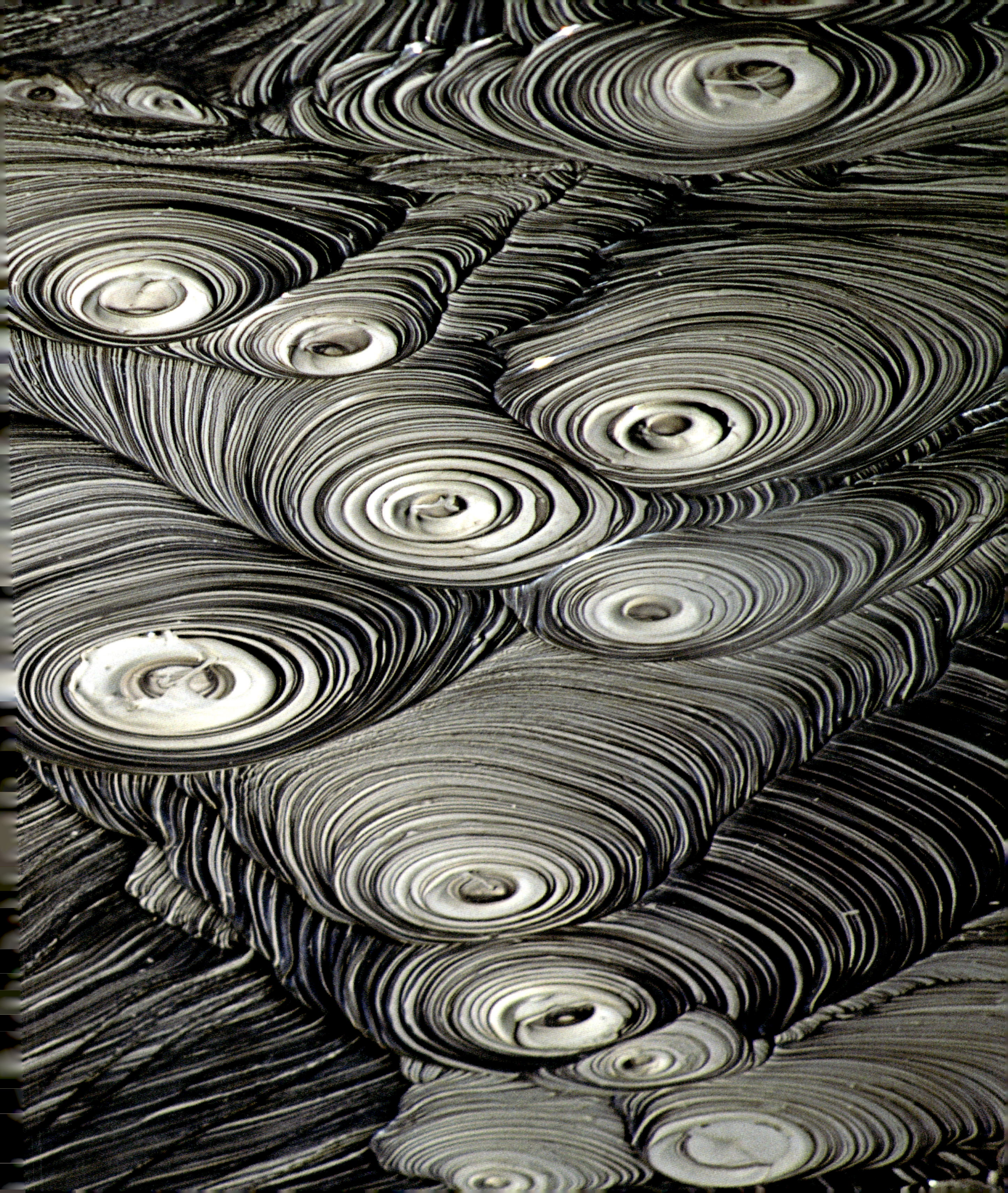

GEYSIRE

Geysire sind besondere natürliche Springbrunnen, die periodisch kochendes Wasser und Dampf in die Luft schleudern. Sie entstehen unter Voraussetzungen, die nur an wenigen Orten auftreten.

AKTIVITÄT UND TYPEN

Ebenso wie Thermalquellen (siehe S. 186–187) entstehen Geysire durch erhöhten Wärmefluss aus dem Erdinneren, der Wasser in porösem oder klüftigem Gestein erhitzt. Es gibt jedoch einen wesentlichen Unterschied. In einer Thermalquelle kann das Wasser frei zirkulieren und an der Oberfläche austreten, sodass sich kein Druck aufbaut. Ein Geysir dagegen hat im oberen Bereich seines Kanalsystems nur eine kleine Öffnung, die den Wasserfluss einschränkt. Daher baut sich in der Tiefe immer wieder Druck auf. Zudem sind die Kammern und Gänge im Untergrund durch das Kieselgestein Geyserit abgedichtet. Es ist ein Sinter, also eine mineralische Ablagerung, die aus dem heißen Wasser abgeschieden wird.

Wenn der Druck in den unterirdischen Kammern durch die Erhitzung ansteigt, kann das Wasser nicht zu Dampf werden, auch wenn seine Temperatur bis 250 °C steigt. Irgendwann sprengt der hohe Druck jedoch das Wasser durch die einengende Öffnung. Dadurch sinkt der Druck auch in der Tiefe und ein Teil des überhitzten Wassers verdampft explosionsartig und dehnt sich rapide aus. Dies hält den Ausbruch in Gang, bis der Druck im Geysir abgefallen ist. Dann beginnt der Zyklus erneut.

Es gibt zwei Haupttypen von Geysiren: düsenartige oder Kegelgeysire und fontänenartige Geysire. In einem Kegelgeysir bildet der Geyserit eine kegelförmige »Düse« an der Oberfläche, die das Wasser in eine Richtung bläst. Dagegen ist die Öffnung eines fontänenartigen Geysirs ein wassergefüllter Krater, sodass die Ausbrüche diffuser sind. Geysire unterscheiden sich sehr in ihrem Verhalten – manche brechen oft und regelmäßig aus, andere nicht. Die meisten Ausbrüche dauern nur Minuten, aber manche halten Stunden an.

CASTLE GEYSIR
Der Kegelgeysir im Yellowstone National Park bricht alle 10–12 Stunden aus und stößt 20 Minuten lang eine 27 m hohe Wassersäule aus. Nach Radiokarbondatierungen ist er 5000–15 000 Jahre alt.

> »DAS, WAS DER SPRINGBRUNNEN AUSSENDET, KEHRT WIEDER ZU IHM ZURÜCK.«
>
> **HENRY WADSWORTH LONGFELLOW**, US-AMERIKANISCHER DICHTER, ÜBER ZYKLISCHE PHÄNOMENE

540

Ungefähre Zahl der aktiven Geysire im Yellowstone National Park, was etwa der Hälfte der weltweit bekannten entspricht. Die meisten anderen Geysire liegen auf der Nordinsel Neuseelands, in Nordchile, Island oder einem kleinen Gebiet Kamtschatkas.

DIE HÖCHSTEN GEYSIRE DER WELT

NAME	ORT	HÖHE (MAX)	PERIODE
Steamboat	Yellowstone (USA)	90 m	unregelmäßig
Giant	Yellowstone (USA)	75 m	unregelmäßig
Splendid	Yellowstone (USA)	75 m	unregelmäßig
Geysir	Island	70 m	unregelmäßig
Great Fountain	Yellowstone (USA)	67 m	9–15 Stunden
Beehive	Yellowstone (USA)	60 m	8–24 Stunden
Grand	Yellowstone (USA)	60 m	7–15 Stunden
Giantess	Yellowstone (USA)	60 m	unregelmäßig

STROKKUR
Eines der berühmtesten Naturwunder Islands ist der Strokkur, ein fontänenartiger Geysir, der alle 4–8 Minuten Wasser und Dampf bis 30 m hoch schleudert. Ausbrüche wurden zuerst 1789 nach einem Erdbeben beobachtet.

FLY GEYSER
Diese faszinierende Struktur in der Black Rock Desert in Nevada besteht aus drei farbigen Kegeln, die ständig Wasser spucken. Der Geysir ist nicht natürlichen Ursprungs, sondern entstand 1916 als Folge von Ölbohrungen.

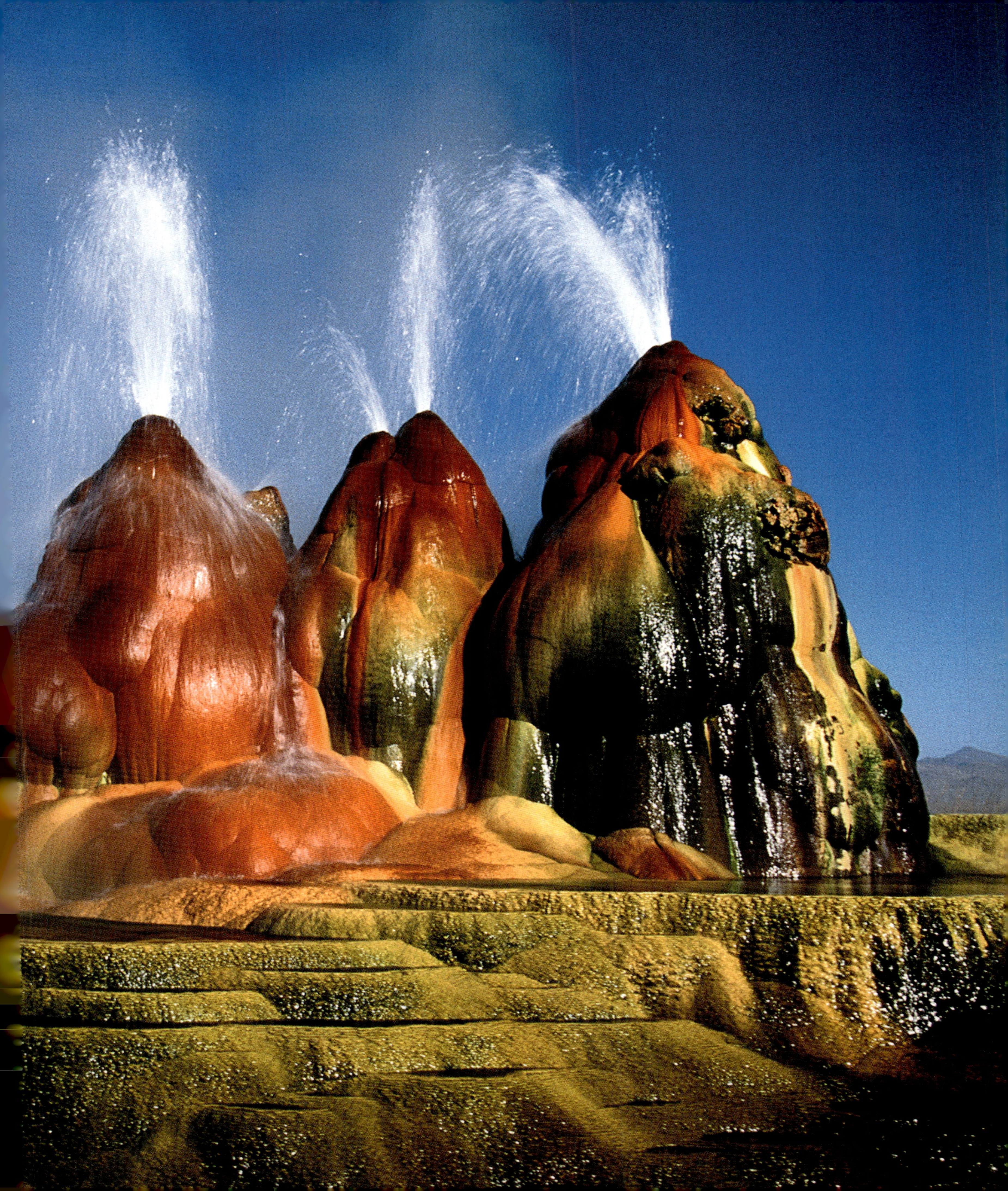

SCHLAMMVULKANE

Die weniger berühmten Verwandten der Lava und Asche ausstoßenden Magmavulkane sind die Schlammvulkane. Aus Kanälen fördern sie große Mengen von Gas, Schlamm und salzreiches Wasser unter Druck tief aus dem Erdinneren an die Oberfläche. Getrocknet kann sich der Schlamm zu Kegeln formen, die mehrere Hundert Meter hoch sind.

ENTSTEHUNG UND VORKOMMEN

Schlammvulkane entstehen durch Druckanstieg im Untergrund von Gebieten, in denen Gas und Wasser eingeschlossen sind. Wenn Gas und Wasser durch Schwachzonen in der Kruste nach oben gedrückt werden, können sie auf ihrem Weg manche Gesteine lösen und so Schlamm produzieren. Der Druck durch Gaslagerstätten tief in der Kruste kann ein wichtiger Auslöser sein, weshalb viele Schlammvulkane nahe von Gasfeldern auftreten. Sie können auch an tektonischen Plattengrenzen und Störungszonen entstehen. Über 1000 Schlammvulkane sind an Land und in flachem Wasser bekannt – im Osten Aserbaidschans, in Rumänien, Venezuela und anderen Orten. Etwa 10 000 werden auf den Kontinentalschelfen und dem Tiefseeboden vermutet.

GEOTHERMISCHER VULKAN
Schlammvulkane entstehen zwar auf andere Art als die Schlammtöpfe (siehe S. 190–191) in Geothermalgebieten, treten manchmal aber auch dort auf, hier in Rotorua (Neuseeland).

ÖDE LANDSCHAFT
Schlammvulkane schaffen seltsame, an Mondlandschaften erinnernde Gegenden. Die Vegetation ist dünn oder fehlt ganz, da die meisten Pflanzen die hohe Konzentration von Salzen im Schlamm nicht vertragen können.

FLACHER SCHLAMMVULKAN
Dieser ungewöhnliche kleine Schlammvulkan mit flachen, mineralgefärbten Hängen entstand im Glen Canyon (Utah). Er stößt wässrigen Schlamm aus und hat einen flachen Gipfelkrater gebildet.

SCHLAMMKEGEL
In Aserbaidschan bilden Schlammvulkane oft Reihen von Kegeln. Sie produzieren fast kontinuierlich kalten Schlamm, Wasser und Gas aus einem Reservoir tief im Untergrund.

GRÖSSENORDNUNGEN
Dieser Schlammvulkan in Berca (Rumänien) hat eine ähnliche Kegelform wie ein typischer Magmavulkan, ist aber von viel kleinerem Ausmaß.

GASKOCHTOPF
Im Yellowstone National Park (USA) liegt ein dampfendes, schlammgefülltes Loch, das als Schlammvulkan bezeichnet wird. Es ist aber tatsächlich eine Fumarole (siehe S. 188–189) – eine Öffnung, durch die Dampf und Gase austreten.

ERUPTIONSMERKMALE

Der Schlamm hat je nach Schlammvulkan eine andere Temperatur und Viskosität (Zähflüssigkeit). Meist ist er kalt, da er aus der Kruste und nicht aus dem Mantel kommt. Manche Schlammvulkane fördern aber auch warmen Schlamm. Wenn der Druck im Untergrund sehr hoch ist, kann er das Nebengestein brechen, sodass er auch Gesteinsbrocken ausstößt. Schlammvulkane können große Mengen von Gasen, meist Kohlenwasserstoffe wie Methan, produzieren, die sich am Schlot entzünden können. In Aserbaidschan kam es zu explosiven Ausbrüchen mit lodernden Methanflammen, die Hunderte von Metern hoch waren, wobei Tonnen von Schlamm auf die Umgebung niedergingen.

LUSI-KATASTROPHE

Im Mai 2006 kam es zu dem größten bisher bekannten Ausbruch eines Schlammvulkans in der Region Sidoarjo in Ostjava (Indonesien). Die Eruption, die man Lumpur Sidoarjo (*lumpur* heißt im Indonesischen »Schlamm«), kurz Lusi nennt, hält noch immer an und könnte bis etwa 2040 weitergehen. Sie hat bereits eine Fläche von 10 km^2 mit Schlamm überflutet und mehr als 40 000 Menschen aus ihren Häusern vertrieben. Zudem starben 13 Menschen im November 2006, als eine Bodensenkung eine Gasleitung beschädigte und zur Explosion führte. Fehlerhaftes Vorgehen beim Erbohren einer Gasquelle wurde für die Katastrophe verantwortlich gemacht. Experten denken, dass dabei eine wasserführende Schicht, ein Aquifer, in der Tiefe angebohrt wurde, sodass heißes Wasser unter hohem Druck austrat, aufstieg und sich mit einer Schicht Vulkanasche mischte, was zu dem Ausbruch führte. Die Bohrgesellschaft dagegen sieht ein Erdbeben als Auslöser. Die Gerichtsprozesse um das Desaster dauern noch an.

29. MAI 2006 BIS HEUTE	
Ort	Ostjava (Indonesien)
Typ	Schlammvulkan
Todesopfer	13

40 000
ANZAHL DER EVAKUIERTEN MENSCHEN

68
Die Anzahl der Schwimmbecken von Olympiagröße, die der Schlamm zum Höhepunkt des Ausbruchs jeden Tag gefüllt hätte. Die Schüttung erreichte zeitweise 7000 m^3 pro Stunde in den ersten 18 Monaten des Ausbruchs.

KATASTROPHENVERLAUF

1 AUSBRUCH
Einen Tag nach der Bohrung eines neuen Gasbrunnens erschienen plötzlich Dampfwolken und heißer schwefelhaltiger Schlamm aus einer Spalte beim Dorf Porong.

LUSI-KATASTROPHE | 199

NOTMASSNAHMEN

Bisher sind alle Versuche, den Schlammstrom einzudämmen, fehlgeschlagen, wobei jedoch die Fördermenge von selbst nachgelassen hat. Riesige Deiche wurden gebaut, um die betroffenen Gebiete zu begrenzen, aber gelegentlich kam es zu Dammbrüchen. Außerdem besteht die Gefahr, dass die gesamte überflutete Fläche sich aufgrund des ständig zunehmenden Gewichts des Schlamms um bis zu 150 m senken könnte.

Abpumpen des Schlamms
Man versucht, den Schlamm aus der gefluteten Fläche in einen nahen Fluss zu pumpen. Doch wenn der Fluss den Schlamm zur Küste transportiert und dort ablagert, könnte dies weitere Auswirkungen auf die Ökosysteme der Küste haben.

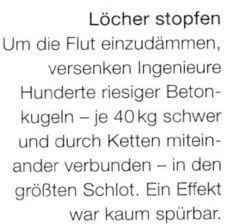

Löcher stopfen
Um die Flut einzudämmen, versenken Ingenieure Hunderte riesiger Betonkugeln – je 40 kg schwer und durch Ketten miteinander verbunden – in den größten Schlot. Ein Effekt war kaum spürbar.

DER GRÖSSTE SCHLAMMVULKAN
Dampf steigt aus einem der Schlote des Schlammvulkans auf, der im Wesentlichen ein kreisrundes Loch im Boden ist. Versuche, den Fluss einzudämmen, ließen nur neue Schlote entstehen, die weiter Schlamm förderten.

>> ... ES DAUERT 26 JAHRE, BIS DER AUSBRUCH SOWEIT NACHLÄSST, DASS ER BEHERRSCHBAR IST UND DER LUSI ZU EINEM LEICHT BLUBBERNDEN VULKAN WIRD. <<

RICHARD DAVIES, DIREKTOR, DURHAM ENERGY INSTITUTE (GROSSBRITANNIEN), 2011

2 SCHLAMMBEDECKUNG
Innerhalb von zwei Jahren waren ein Dutzend Dörfer mit vielen Tausenden von Häusern in bis zu mehrere Meter dickem Schlamm versunken.

3 VERSCHLUNGENES LAND
Dieses in Infrarot aufgenomme Falschfarben-Satellitenbild vom November 2008 zeigt deutlich die fast rechteckige Fläche, die von den Schutzdeichen gebildet wird. Die umliegende Vegetation erscheint rot.

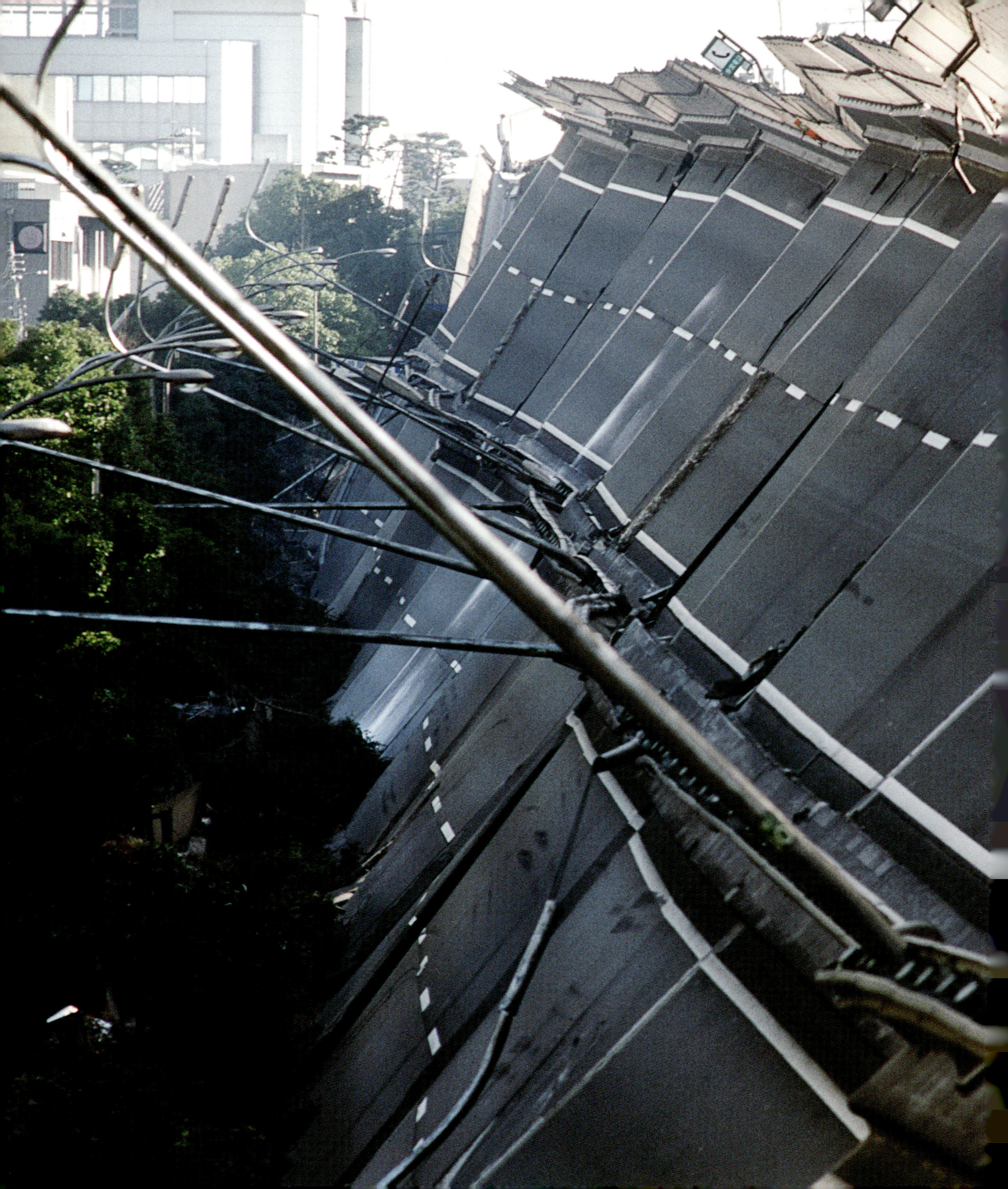

ERDBEBEN

04

<< Erdbebenschaden
Das Beben der Magnitude 6,9, das 1995 das japanische Kobe traf, brachte mehrere Abschnitte einer Hochstraße zum Einsturz.

WAS IST EIN ERDBEBEN?

Der Grund, auf dem wir stehen, erscheint uns fest, doch Erdbeben zeigen, dass dem nicht so ist: Die Erde kann so stark erschüttert werden, dass Bauten einstürzen, sich im Boden Risse auftun und Bergflanken abrutschen. Solche nicht vorhersagbaren Katastrophen gehören zur normalen Dynamik der Erde.

WARUM ERDBEBEN AUFTRETEN

Ein Erdbeben (kurz: Beben) ist eine Schwingung des Gesteins aufgrund einer abrupten Freisetzung von Energie im Erdinneren. An der Oberfläche äußert sie sich als heftige Erschütterung, die einige Sekunden bis Minuten anhält. Fast alle Erdbeben werden durch ein plötzliches Aufbrechen oder Zerreißen des Gesteins ausgelöst. Am häufigsten ereignen sie sich in tektonisch aktiven Regionen in der Nähe der Plattengrenzen. Während eines Bebens kann es zu starken Ab- oder Aufschiebungen sowie Blattverschiebungen kommen, die eine Landschaft noch lange nach dem Ereignis prägen. Der Ort im Erdinneren, von dem ein Beben ausgeht, wird Hypozentrum genannt; seine Projektion auf die Oberfläche ist das Epizentrum. Liegt ein Epizentrum im Meer, kann sich der Meeresboden so stark bewegen, dass ein Tsunami entsteht. Erdbeben können auch Erdrutsche und sogar Vulkanausbrüche auslösen. Aber es sind vor allem die verheerenden Auswirkungen auf Bauten in der Nähe des Epizentrums, die viele Menschen das Leben kosten.

BRUCHFLÄCHE EINES BEBENS
Erdbeben können unter Verwerfungslinien entstehen, die vor allem in der Nähe von Plattengrenzen die Landschaft durchziehen. Da die Platten in verschiedene Richtungen driften, baut sich im Gestein Spannung auf. Deren Entladung geht vom Hypozentrum tief im Krusteninneren aus: Seismische Wellen, die von ihm ausstrahlen, erschüttern die Erdoberfläche und verlagern Stücke der Kruste entweder waagerecht oder senkrecht.

Verwerfungslinie
An einem Riss in der Erdkruste verschieben sich zwei Platten gegeneinander.

Verwerfungsfläche
Das Beben verschiebt das Land horizontal oder vertikal.

Epizentrum
Das Epizentrum liegt exakt über dem Hypozentrum an der Erdoberfläche.

Hypozentrum
Von diesem Erdbebenherd geht die Bewegung aus; hier wird die meiste Energie freigesetzt.

GEBÄUDESCHÄDEN
Die Beschleunigung des Bodens kann selbst bei Erdbeben mit kleiner Magnitude die Fallbeschleunigung übersteigen und Gebäude zum Einsturz bringen — vor allem Häuser und andere Bauwerke ohne stabilisierende Streben oder mit schwachen Wänden und Dächern.

TSUNAMI
Wenn sich der Meeresboden aufgrund von Bewegungen in der Kruste abrupt hebt oder senkt, werden große Wassermassen verlagert, sodass ein Tsunami einsteht: eine Reihe von Wellen, die sich mit mehr als 700 km/h ausbreiten. Diese Wellen können bis zu 30 m hoch werden.

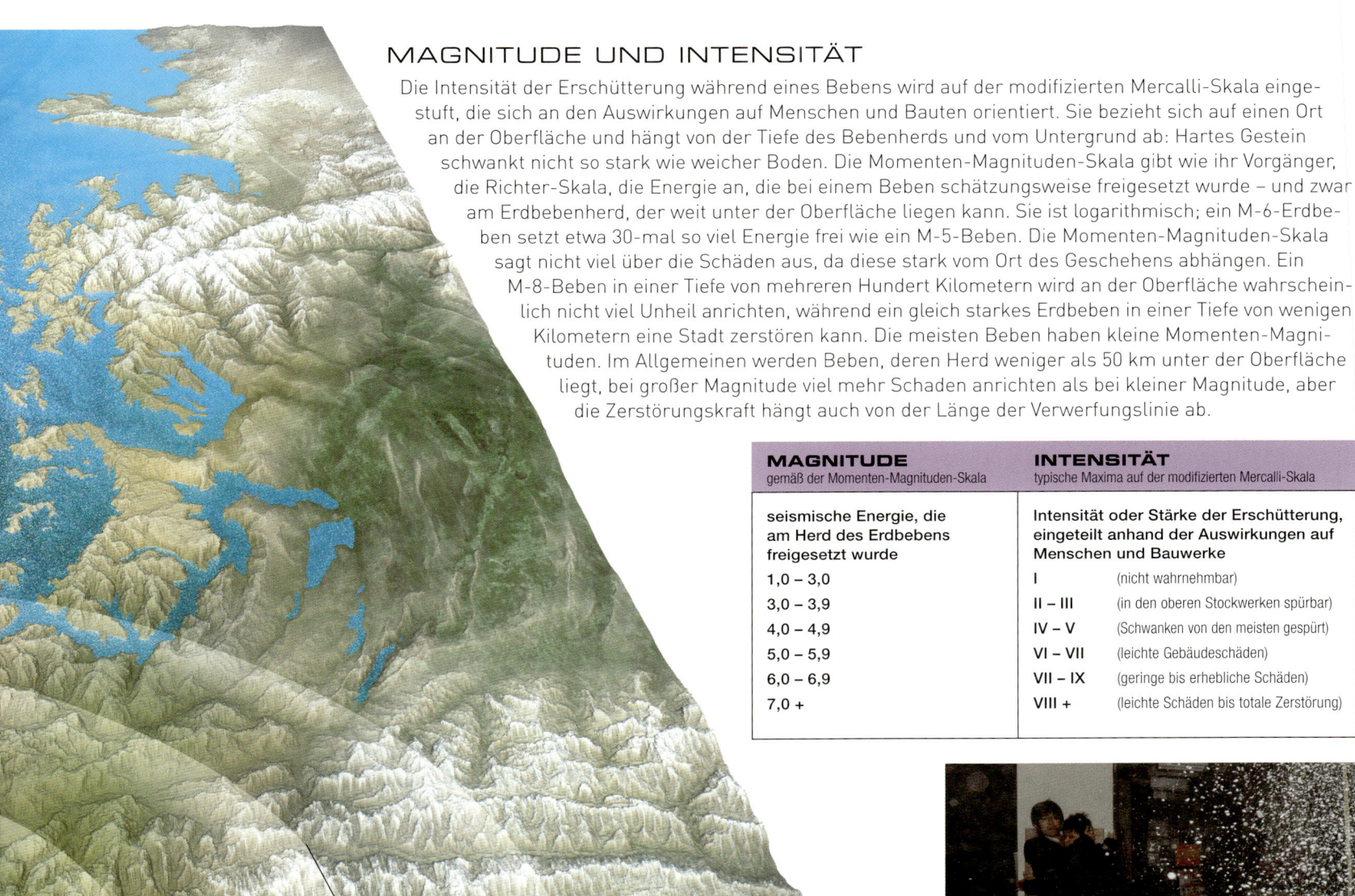

MAGNITUDE UND INTENSITÄT

Die Intensität der Erschütterung während eines Bebens wird auf der modifizierten Mercalli-Skala eingestuft, die sich an den Auswirkungen auf Menschen und Bauten orientiert. Sie bezieht sich auf einen Ort an der Oberfläche und hängt von der Tiefe des Bebenherds und vom Untergrund ab: Hartes Gestein schwankt nicht so stark wie weicher Boden. Die Momenten-Magnituden-Skala gibt wie ihr Vorgänger, die Richter-Skala, die Energie an, die bei einem Beben schätzungsweise freigesetzt wurde – und zwar am Erdbebenherd, der weit unter der Oberfläche liegen kann. Sie ist logarithmisch; ein M-6-Erdbeben setzt etwa 30-mal so viel Energie frei wie ein M-5-Beben. Die Momenten-Magnituden-Skala sagt nicht viel über die Schäden aus, da diese stark vom Ort des Geschehens abhängen. Ein M-8-Beben in einer Tiefe von mehreren Hundert Kilometern wird an der Oberfläche wahrscheinlich nicht viel Unheil anrichten, während ein gleich starkes Erdbeben in einer Tiefe von wenigen Kilometern eine Stadt zerstören kann. Die meisten Beben haben kleine Momenten-Magnituden. Im Allgemeinen werden Beben, deren Herd weniger als 50 km unter der Oberfläche liegt, bei großer Magnitude viel mehr Schaden anrichten als bei kleiner Magnitude, aber die Zerstörungskraft hängt auch von der Länge der Verwerfungslinie ab.

MAGNITUDE gemäß der Momenten-Magnituden-Skala	INTENSITÄT typische Maxima auf der modifizierten Mercalli-Skala
seismische Energie, die am Herd des Erdbebens freigesetzt wurde	Intensität oder Stärke der Erschütterung, eingeteilt anhand der Auswirkungen auf Menschen und Bauwerke
1,0 – 3,0	I (nicht wahrnehmbar)
3,0 – 3,9	II – III (in den oberen Stockwerken spürbar)
4,0 – 4,9	IV – V (Schwanken von den meisten gespürt)
5,0 – 5,9	VI – VII (leichte Gebäudeschäden)
6,0 – 6,9	VII – IX (geringe bis erhebliche Schäden)
7,0 +	VIII + (leichte Schäden bis totale Zerstörung)

tektonische Platten
Riesige Blöcke der Erdkruste gleiten aneinander vorbei oder übereinander hinweg. Die Bewegung führt zu Beben.

seismische Wellen
Die Energie strahlt in Wellen vom Hypozentrum aus – sowohl an der Oberfläche als auch im Erdinneren.

ALLES SCHWANKT
Eine der offensichtlichsten Auswirkungen der seismischen Wellen, in denen sich die Energie ausbreitet, ist die Erschütterung der Erdoberfläche. Unter einem Türsturz oder einem stabilen Tisch kann man sich vor herabstürzenden Trümmern in Sicherheit bringen.

ERDRUTSCH
Stark erdbebengefährdete Regionen liegen oft in Gebirgen. Die Erschütterungen während eines Bebens können Berghänge destabilisieren und zu Felsstürzen und Erdrutschen führen (siehe S. 236–237). Erdrutsche können die Zahl der Todesopfer eines Bebens stark in die Höhe treiben.

FEUERSBRUNST
Feuer sind keine unmittelbaren Erdbebenfolgen, aber wenn ein Beben den Boden unter einer Stadt stark erschüttert, können Stromkabel, Gasleitungen und Öltanks beschädigt oder zerstört werden. Kurzschlüsse oder Überhitzung führen dann oft zu Explosionen oder Großbränden.

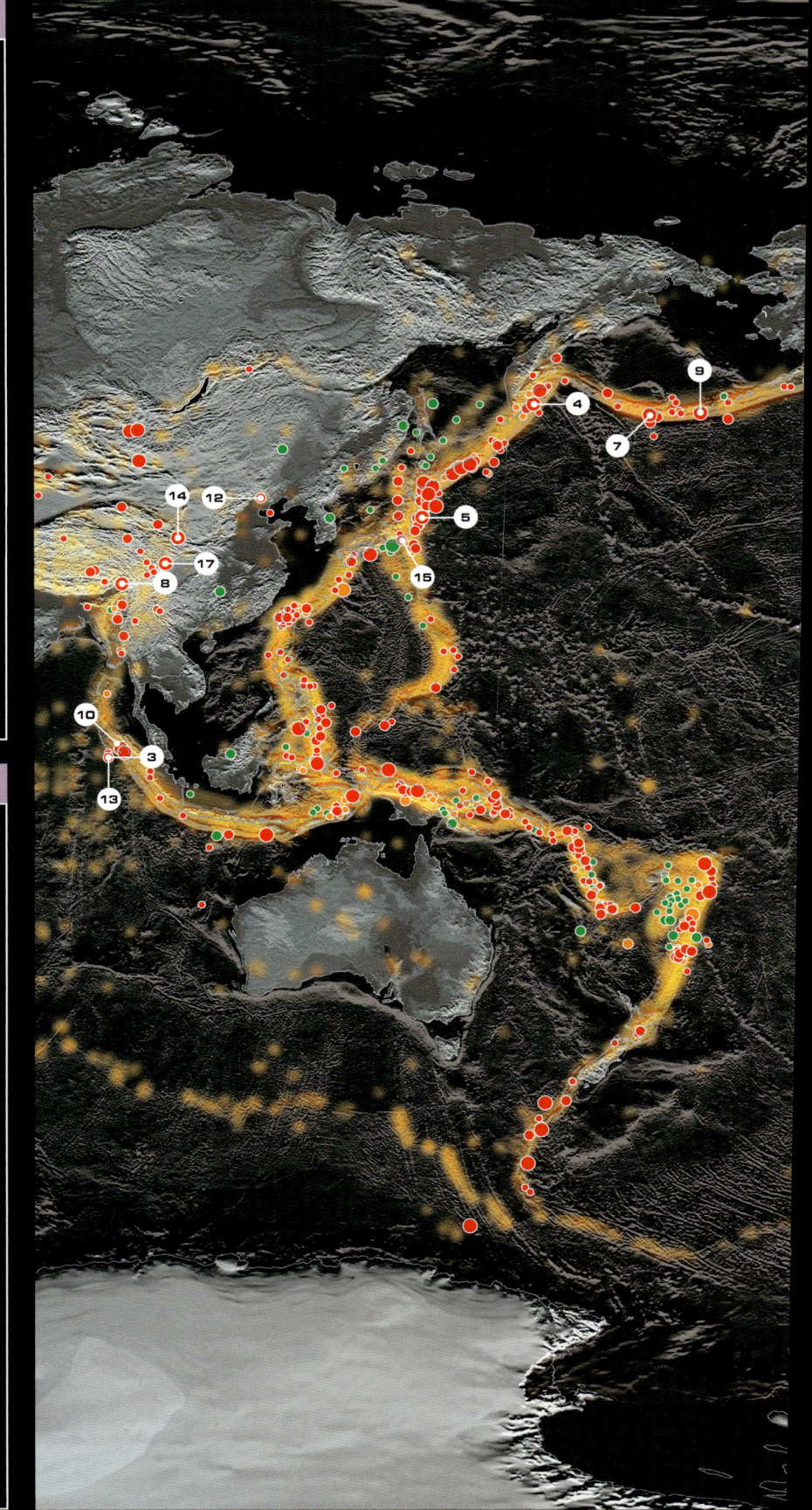

ERDBEBEN

ERDBEBENZONEN

DIE 10 STÄRKSTEN ERDBEBEN SEIT 1950

1 Valdivia
Land Chile
Jahr 1960
Magnitude 9,5

2 Prince William Sound
Land Alaska, USA
Jahr 1964
Magnitude 9,2

3 Indischer Ozean
Land vor der Küste Sumatras
Jahr 2004
Magnitude 9,1

4 Kamtschatka
Land Russland
Jahr 1952
Magnitude 9,0

5 Tohoku
Land Japan
Jahr 2011
Magnitude 9,0

6 Concepción
Land Chile
Jahr 2010
Magnitude 8,8

7 Ratinseln
Land Alaska, USA
Jahr 1965
Magnitude 8,7

8 Assam
Land Indien
Jahr 1950
Magnitude 8,6

9 Andreanofinseln
Land Alaska, USA
Jahr 1957
Magnitude 8,6

10 Sumatra
Land Indonesien
Jahr 2005
Magnitude 8,5

ERDBEBEN SEIT 1900 MIT DEN MEISTEN TODESOPFERN

11 Haiti
Land Haiti
Jahr 2010
Todesopfer 316 000

12 Tangshan
Land China
Jahr 1976
Todesopfer 242 769

13 Indischer Ozean
Land vor der Küste Sumatras
Jahr 2004
Todesopfer 227 898

14 Gansu
Land China
Jahr 1920
Todesopfer 200 000

15 Kanto
Land Japan
Jahr 1923
Todesopfer 142 800

16 Aschchabad
Land Turkmenistan
Jahr 1948
Todesopfer 110 000

17 Sichuan
Land China
Jahr 2008
Todesopfer 69 000

18 Azad Kashmir
Land Pakistan
Jahr 2005
Todesopfer 86 000

19 Messina
Land Italien
Jahr 1908
Todesopfer 72 000

20 Chimbote
Land Peru
Jahr 1970
Todesopfer 70 000

ERDBEBENZONEN

Eine der wichtigsten geologischen Erkenntnisse ist die, dass Erdbeben zur normalen Dynamik unseres Planeten gehören. Fast alle ereignen sich in relativ schmalen Streifen entlang der tektonischen Plattengrenzen. Die meisten starken Beben entfallen auf den pazifischen Feuerring.

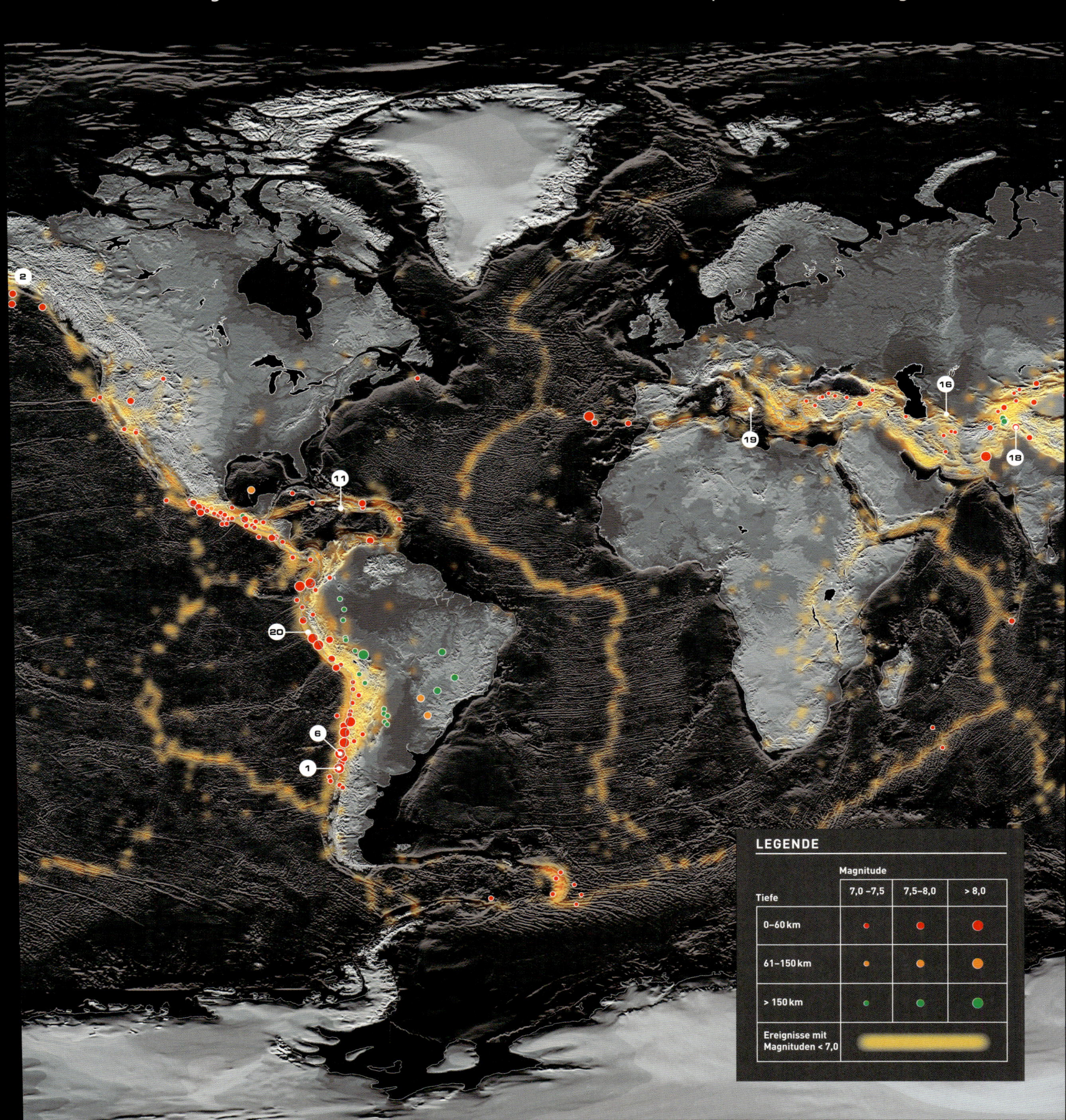

LEGENDE			
	Magnitude		
Tiefe	7,0–7,5	7,5–8,0	> 8,0
0–60 km	•	•	•
61–150 km	•	•	•
> 150 km	•	•	•
Ereignisse mit Magnituden < 7,0			

URSACHEN VON ERDBEBEN

An den Rändern von tektonischen Platten wird das Gestein von den immensen Kräften im Erdinneren wie eine Feder zusammengedrückt oder gedehnt. Nahe der Oberfläche ist das Material so kalt und fest, dass es irgendwann an Verwerfungslinien aufbricht. Geschieht dies ruckartig, so entstehen heftige Schwingungen: ein Beben.

VERWERFUNGSLINIEN

Den Geologen fiel früh auf, dass die Erdkruste vielfach aufgebrochen und von Verwerfungslinien durchzogen ist. Einige dieser Störungen erstrecken sich über Hunderte oder gar Tausende von Kilometern quer durch die Kontinente. Andere sind nur unter dem Mikroskop zu erkennen. Ende des 19. Jhs. erkannte man den Zusammenhang zwischen den Bewegungen entlang dieser Linien und Erdbeben, aber erst nach dem großen Beben, das 1906 San Francisco erschütterte, untersuchte man dies genauer: Viele Bauwerke wie Eisenbahngleise oder Straßen waren an den Linien auseinandergerissen und verschoben worden.

Gestein wird gestreckt und verdichtet.

P-WELLEN
P-Wellen durchdringen jedes Material, selbst flüssige Gesteinsschmelze.

Gestein bewegt sich auf und ab.

S-WELLEN
S-Wellen breiten sich nur in festem Gestein aus. Ihr Fehlen im äußeren Kern belegt, dass dieser flüssig ist.

HIMALAJA
Das Gebirgssystem liegt über einer riesigen, sanft geneigten Verwerfungsfläche, die alle paar Jahrhunderte bei Beben aufbricht. Bewegungen an dieser Fläche drücken die Berge nach oben.

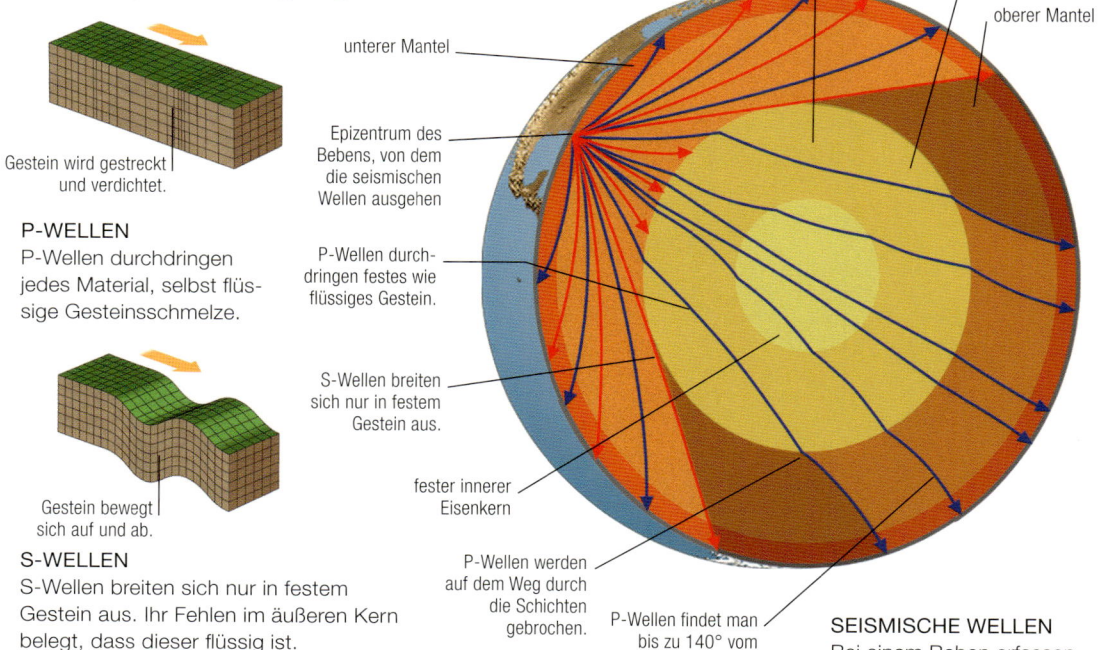

- flüssiger äußerer Kern
- hier keine S-Wellen
- oberer Mantel
- unterer Mantel
- Epizentrum des Bebens, von dem die seismischen Wellen ausgehen
- P-Wellen durchdringen festes wie flüssiges Gestein.
- S-Wellen breiten sich nur in festem Gestein aus.
- fester innerer Eisenkern
- P-Wellen werden auf dem Weg durch die Schichten gebrochen.
- P-Wellen findet man bis zu 140° vom Ursprung entfernt.

P-WELLEN UND S-WELLEN

Die Schwingungen während eines Erdbebens haben charakteristische Muster. Die seismischen Wellen, die sich durch das Innere der Erde ausbreiten, werden nach der Art der Bewegung weiter unterteilt. Als Erstes treffen an einem Seismometer die P- oder Primärwellen ein, longitudinale Verdichtungswellen, die sich mit etwa 6 km/s durch die Kruste ausbreiten. Sie schwingen in Ausbreitungsrichtung, wie Sprungfedern oder Schallwellen. (Wegen ihrer niedrigen Frequenz können wir sie allerdings nicht hören.) S- oder Sekundärwellen sind dagegen Transversalwellen; sie bewegen sich schlangenförmig und breiten sich in der Kruste meist mit etwa 4 km/s aus, sodass sie nach den P-Wellen eintreffen.

SEISMISCHE WELLEN
Bei einem Beben erfassen Seismometer in unterschiedlichen Weltgegenden die Wellen. Seismologen können anhand der Aufzeichnungen die Ereignisse rekonstruieren, u. a. Richtung und Betrag der Verschiebung an der Verwerfung, von der das Beben ausging. Aus dem Zeitversatz zwischen P- und S-Wellen ermitteln sie den Ursprungsort.

VERWERFUNGEN UND LANDSCHAFTSFORMEN

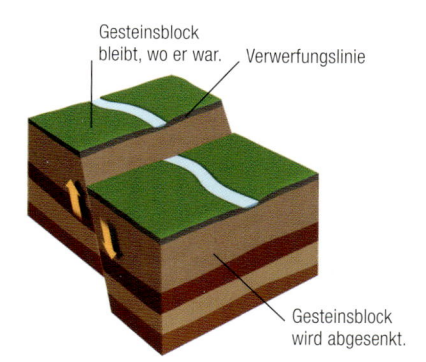

NORMALE ABSCHIEBUNG
Wird Gestein waagerecht gedehnt, so bricht es zu einer normalen Abschiebung auf. Die oberen Schichten gleiten an der Verwerfungsfläche nach unten.

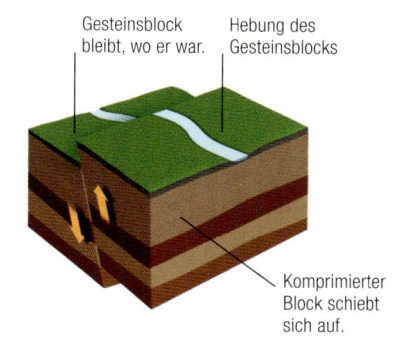

- Gesteinsblock bleibt, wo er war.
- Verwerfungslinie
- Gesteinsblock wird abgesenkt.

AUFSCHIEBUNG
Die oberen Schichten werden angehoben und bilden Horste oder Gebirgsketten. Aufschiebungen mit weniger als 45° Neigung heißen Überschiebungen.

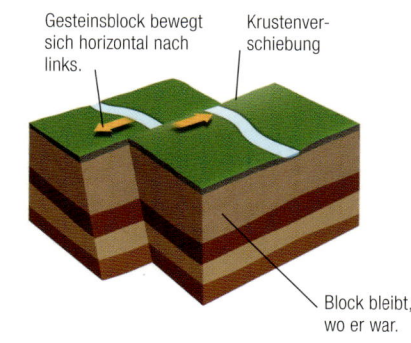

- Gesteinsblock bleibt, wo er war.
- Hebung des Gesteinsblocks
- Komprimierter Block schiebt sich auf.

BLATTVERSCHIEBUNG
Die beiden Seiten einer Verwerfung gleiten waagerecht aneinander vorbei. Man unterscheidet rechtsseitige und linksseitige Blattverschiebungen.

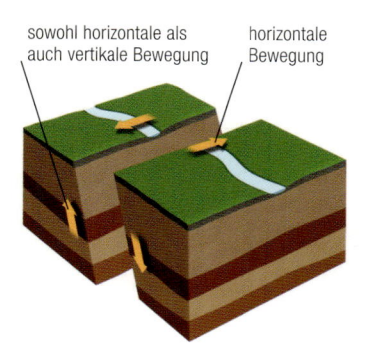

- Gesteinsblock bewegt sich horizontal nach links.
- Krustenverschiebung
- Block bleibt, wo er war.

SCHRÄGE AUFSCHIEBUNG
Wenn eine Blattverschiebung mit einer Dehnung oder Kompression einhergeht, können sich die Blöcke diagonal gegeneinander verschieben.

- sowohl horizontale als auch vertikale Bewegung
- horizontale Bewegung

URSACHEN VON ERDBEBEN | **207**

ELASTISCHER RÜCKSCHLAG

Der US-Geologe Harry Fielding Reid untersuchte 1906 das Beben in San Francisco und meinte, das Gestein verhalte sich wie ein Stück Gummi. Vor dem Beben bewegte sich an der Verwerfung selbst nichts, aber das umgebende Gestein wurde allmählich verformt. Sobald die Verformung eine Grenze überschritt, brach das Gestein an der Verwerfung auf. Dieses Zurückschnellen (»elastic rebound«) führte zu heftigen Erschütterungen. Die Bewegung beim 1906er-Beben war eine Blattverschiebung (siehe S. 224–225). Dieses Schema – erst elastische Verformung, dann abrupte Entladung in einem Beben – tritt bei allen Verwerfungstypen auf und führt zu den typischen Bodenbewegungen, die die Geologen als Spannungsmuster bezeichnen.

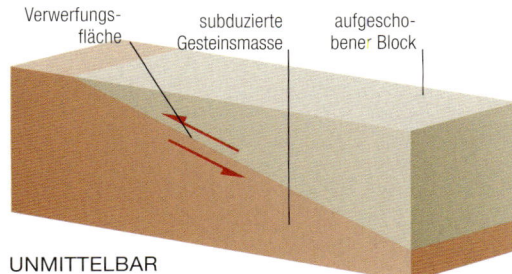

VERBOGENE SCHIENEN
zeugen von elastischen Rückschlägen beiderseits der Verwerfung bei einem Beben der Magnitude 6,3 in Edgecombe, Neuseeland (1987).

UNMITTELBAR NACH EINEM ERDBEBEN
Nach einer plötzlichen Verschiebung an der Verwerfung setzt das Spannungsmuster bald wieder ein: Die Gesteine und die Oberfläche setzen sich.

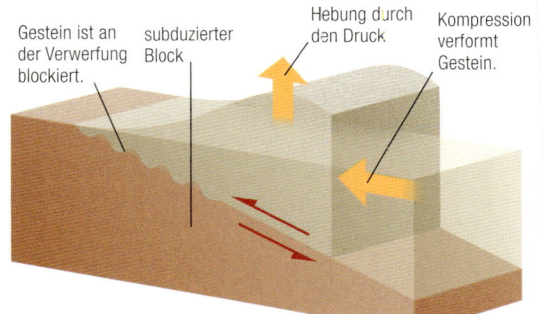

ZWISCHEN ZWEI ERDBEBEN
Durch die Bewegung der tektonischen Platten baut sich Spannung auf. An der Verwerfung bewegt sich nichts, aber das Gestein wird zunehmend verformt.

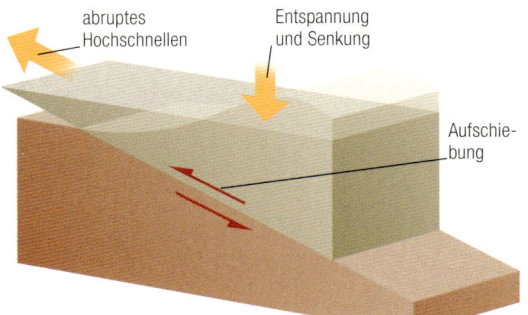

WÄHREND DES ERDBEBENS
Die Spannung, die sich entlang der Verwerfung aufgestaut hat, übersteigt schließlich die Kräfte des Gesteins und reißt dieses los. Die Gesteinsplatten entspannen sich schlagartig, die Erde bebt.

HAITI 2010

Am Dienstag, dem 12. Januar 2010, ereignete sich um 16.53 Uhr Ortszeit in der Nähe von Port-au-Prince, der Hauptstadt von Haiti, im Karibischen Meer ein Erdbeben der Magnitude 7. Das Beben war noch in großer Entfernung zu spüren, so auf Teilen der Bahamas, in Puerto Rico, auf den zu den USA zählenden Virgin Islands, ja selbst im Süden Floridas, im Norden Kolumbiens und im Nordwesten Venezuelas. Die Region ist geologisch aktiv; sie liegt an der Grenze zwischen der Karibischen und der Nordamerikanischen Platte. Die Karibische Platte wandert hier etwa 20 mm pro Jahr an Nordamerika entlang, vor allem an linksseitigen Blattverschiebungen. Doch der Hauptstoß hat an den wichtigsten Verwerfungslinien der Region, darunter der Enriquillo-Plaintain-Garden-Verwerfung, keinerlei erkennbare Verschiebung hervorgerufen; diese spielten sich vielmehr an bis dahin unbekannten Verwerfungen ab. Dem Hauptbeben folgten vom 12.–14. Januar 52 Nachbeben mit Magnituden von 4,5 oder mehr.

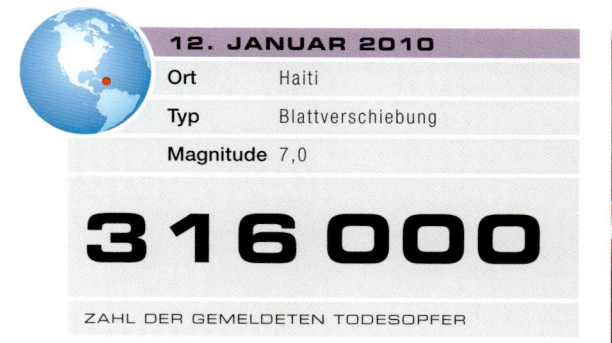

12. JANUAR 2010

Ort	Haiti
Typ	Blattverschiebung
Magnitude	7,0

316 000
ZAHL DER GEMELDETEN TODESOPFER

INTERNATIONALE HILFE
Rettungsmannschaften aus aller Welt, darunter aus den USA, Großbritannien und Deutschland, kamen den Haitianern zur Hilfe.

DER PRÄSIDENTENPALAST VOR UND NACH DEM BEBEN
Ein großer Teil der Stadt Port-au-Prince wurde durch das Erdbeben zerstört, darunter der Präsidentenpalast, das Parlamentsgebäude und die Kathedrale von Port-au-Prince. Haiti ist ein armes Land und ein großer Teil der Schäden geht auf unzureichende Bauvorschriften für erdbebensichere Gebäude zurück.

NACH DEM BEBEN
Der Bevölkerung von Port-au-Prince mangelte es an sauberem Trinkwasser; Durchfallerkrankungen breiteten sich rasch aus. Die Hilfsorganisationen lieferten so schnell wie möglich Wasserfiltersysteme.

SCHÄDEN UND OPFERZAHLEN

Offiziellen Angaben zufolge kamen 316 000 Menschen ums Leben, mehr als 300 000 wurden verletzt und 1,3 Mio. obdachlos. In Port-au-Prince und Umgebung im Süden Haitis wurden fast 100 000 Häuser zerstört und viele weitere beschädigt. Mindestens vier Menschen kamen bei einem Tsunami um. Das Beben zerstörte in Port-au-Prince, einer Stadt mit fast 750 000 Einwohnern, wichtige Infrastruktur – vor allem das Trink- und das Abwassersystem. In den überfüllten Notunterkünften führten schlechte hygienische Bedingungen und der Mangel an sauberem Wasser zur Ausbreitung von Cholera und Ruhr.

> **BEI UNS GAB ES VIELE ZERSTÖRTE HÄUSER, VIELE TOTE ... VIELE PROBLEME.**
>
> **JEAN**, BÜRGERMEISTER IN SÜDHAITI

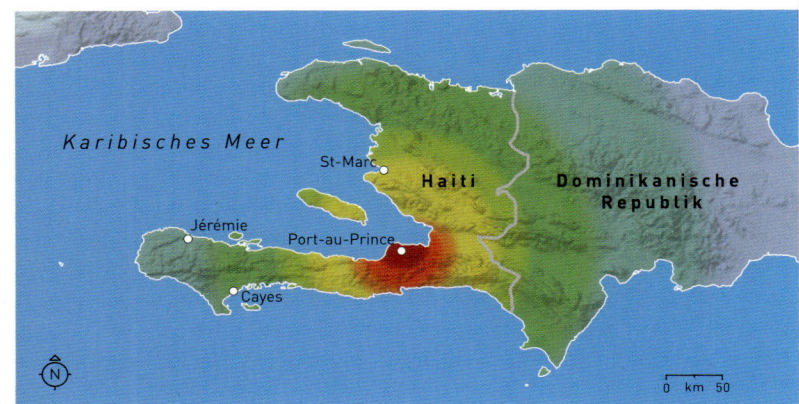

Erschütterung	un-merklich	leicht	mäßig	ziemlich stark	stark	sehr stark	zerstörend	verwüstend	vernichtend
mögliche Schäden	keine	keine	keine	sehr leicht	leicht	moderat	mittelschwer	schwer	sehr schwer
Intensität	1	2–3	4	5	6	7	8	9	10+

HAITI-ERDBEBENKARTE

Diese Karte zeigt die wahrgenommene Intensität des Bebens; Rot steht für die stärksten, Grau für die schwächsten Erschütterungen. Am stärksten waren sie in der Nähe des Epizentrums, wo in der Tiefe eine Verwerfung aufriss. Doch auch die Beschaffenheit der Sedimente unter Port-au-Prince trug zur hohen Intensität bei.

WASSERREINIGUNG

Durch Schäden an den Trink- und Abwassersystemen in Port-au-Prince wurden Brunnen und Hauptwasserleitungen mit Schmutz- und Abwasser verunreinigt, was zu Krankheiten wie Ruhr und Cholera führte, die sich über Wasser ausbreiten. Um das Problem einzudämmen, verteilten Helfer Wasserreinigungsgeräte. Das einfache, für den persönlichen Gebrauch gedachte Röhrengerät LifeStraw besteht aus einer Reihe von mechanischen und chemischen Filtern. Siebe halten Partikel zurück und eine Jodschicht zerstört die meisten Bakterien und Viren. Aktivkohlekörner binden Schadstoffe durch Adsorption und befreien das Wasser auch vom unangenehmen Jodgeschmack.

LifeStraw

Diese Röhre enthält mehrere Filter und kann Leben retten. Man saugt daran wie an einem Strohhalm. Keimverseuchtes Wasser wird so unschädlich gemacht.

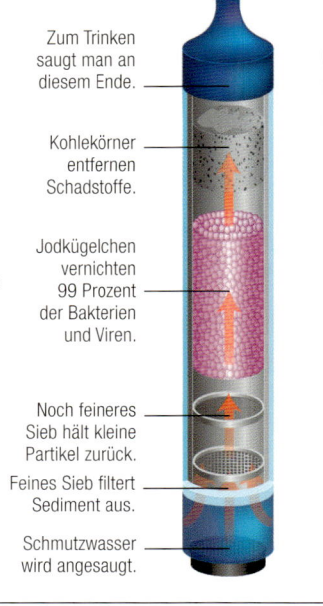

- Zum Trinken saugt man an diesem Ende.
- Kohlekörner entfernen Schadstoffe.
- Jodkügelchen vernichten 99 Prozent der Bakterien und Viren.
- Noch feineres Sieb hält kleine Partikel zurück.
- Feines Sieb filtert Sediment aus.
- Schmutzwasser wird angesaugt.

BEWEGUNGEN UND VERWERFUNGEN

Erdbeben sind Ausdruck eines tiefer gehenden Prozesses, nämlich der allmählichen Verlagerung von Gesteinen und Landschaften durch die Bewegung der tektonischen Platten. Geologen messen und überwachen diese Bewegungen – direkt mit GPS-Geräten oder durch Beobachtung von Veränderungen in der Landschaft.

SEITWÄRTS ODER AUF UND AB

Durch Erdbeben kommt es zu dauerhaften Landschaftsveränderungen in großen Gebieten, teils mehrere Hundert Kilometer von den Epizentren entfernt. Liegt das Hypozentrum dicht unter der Oberfläche, bricht der Boden in der Nähe des Epizentrums abrupt auf, sodass eine beim Beben entstandene Verwerfung sichtbar wird. Bei sehr starken Erdbeben (Magnitude 8 und mehr auf der Momenten-Magnituden-Skala) werden Verschiebungen von bis zu knapp 20 m beobachtet, aber bei einer Magnitude von 6 oder mehr sind eher wenige Meter typisch. Solche waagerechten oder senkrechten Verlagerungen gestalten über geologische Zeiträume hinweg die gesamte Erdoberfläche um.

2,5–15 cm
Ausmaß der jährlichen Verschiebung der tektonischen Platten gegenüber dem Erdinneren

VERTIKALE BEWEGUNG
An der Hanning-Bay-Verwerfung auf Montague Island im Prince William Sound, Alaska, USA, hat eine vertikale Bewegung um etwa 4 m 1964 während des Karfreitagsbebens mit der Magnitude 9,2 diese Böschung geschaffen. Im Verlauf zahlreicher Beben können auf diese Weise Gebirgsketten entstehen.

KRIECHENDE VERWERFUNGEN
Manche Verwerfungen sind auch zwischen zwei Beben aktiv. Selbst wenn man an der Oberfläche keine Vibrationen spürt, kann sich die Verwerfung bewegen. Etliche Verwerfungslinien in Kalifornien und der Türkei »kriechen« ständig. In einigen Fällen scheinen diese langsamen Bewegungen mit der Zeit nachzulassen; es sind wohl langfristige Anpassungen der Verwerfungen nach einem Erdbeben. Die Hayward-Verwerfung in Kalifornien bewegt sich immer noch und beschädigt Gebäude, Gräben und Straßen, die sie queren. In der Türkei ist ein Teil der Nordanatolischen Verwerfung in der Nähe von İzmit in den 1970er- und 1980er-Jahren gekrochen und hat dabei ständig eine Eisenbahnstrecke deformiert, die quer über sie hinwegläuft. In einigen Dutzend Kilometern Tiefe ist das Gestein jedoch so heiß und weich, dass alle Verwerfungen ständig entlang nicht seismischer, duktiler Scherzonen kriechen. Die Beben entstehen im kälteren, brüchigeren Gestein in geringeren Tiefen, in denen sich die Verwerfungen ruckhaft bewegen. Zwischen den Erdbeben wird die Bewegung in dieser Tiefe durch die großflächige Deformation des Gesteins absorbiert.

STADION IN BEWEGUNG
Die Außenwände des Memorial Football Stadium in Berkeley, Kalifornien, sind leicht versetzt. Die Hayward-Verwerfung läuft quer durch das Spielfeld, die Hälften des Stadions haben sich seit dem Bau gegeneinander verschoben.

>> IMMENSE SPANNUNGEN BAUEN SICH AUF. WERDEN SIE ZU GROSS, SO SPRINGT DAS GESTEIN AUSEINANDER WIE EINE ... FEDER. <<

PROFESSOR GEOFFREY KING, INSTITUT DE PHYSIQUE DE GLOBE

BEWEGUNGEN UND VERWERFUNGEN   211

VERWERFUNGSLINIEN IN ALLER WELT

Als Anfang der 1970er-Jahre die ersten Satellitenbilder von Kontinenten veröffentlicht wurden, staunten die Forscher über lange, messerschnittartige Narben in der Landschaft, die sich zuweilen über Hunderte oder gar Tausende von Kilometern erstreckten. Der französische Geologe Paul Tapponnier, der Bilder Mittelasiens auswertete, erkannte als Erster, dass es sich um Verwerfungslinien in der Erdkruste handelte, an denen sich die Landschaft großflächig verschiebt. Tapponnier entdeckte eine der längsten Verwerfungslinien auf dem Festland: die Altun-Shan-Verwerfung im Norden Tibets. Heute kennt man viele weitere riesige Störungen wie die San Andreas Fault in Kalifornien, die Denali-Verwerfung in Alaska und die Alpine-Verwerfung in Neuseeland. An all diesen Verwerfungen gleiten tektonische Platten aneinander vorbei. Ein Beispiel ist die Nordbewegung der kalifornischen Küste an der San Andreas Fault, einer rechtsseitigen Blattverschiebung der Pazifischen Platte relativ zur Nordamerikanischen Platte. Unter den Ozeanen liegen noch größere Störungen – an den Divergenz- und Subduktionszonen. Erdbeben weisen auf die Bedeutung dieser Verwerfungen hin: Die seismischen Wellen, die entstehen, wenn eine Verwerfung aufreißt, geben Auskunft über die Stärke und Richtung der Bewegungen.

KOMPLEXE VERWERFUNGEN IN DER TÜRKEI

Die östliche Mittelmeerregion ist geologisch sehr aktiv. Viele Erdbeben werden von Bewegungen entlang zahlreicher Störungen in der Region ausgelöst. Die Afrikanische und die Arabische Platte schieben sich nach Norden und kollidieren mit Eurasien. Die Türkei bildet zwischen ihnen eine Mikroplatte, die entlang zweier großer Blattverschiebungen – der Nordanatolischen und der Ostanatolischen Verwerfung – westwärts auf die Subduktionszone am Hellenischen Bogen zugeschoben wird. Es gibt noch zahlreiche kleinere Störungen, vor allem in der griechischen Ägäis. Hier ist man nirgends vor tödlichen Beben sicher.

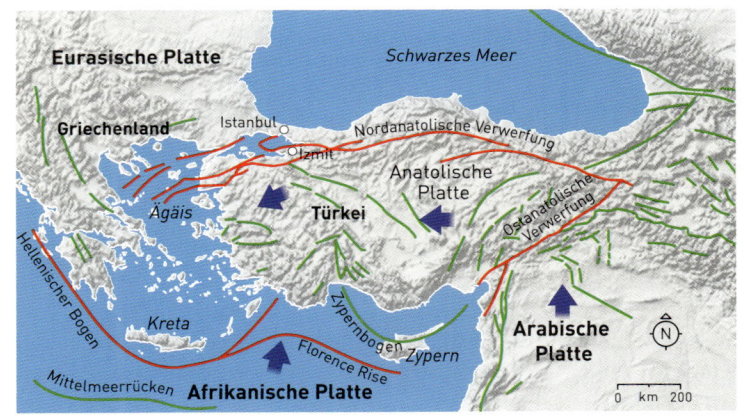

Störungen in der östlichen Mittelmeerregion
Die roten Linien zeigen die wichtigsten aktiven Verwerfungen. Es gibt aber viele weitere (grüne Linien), die entweder aktiv oder inaktiv sein können. Alle Aktivitäten resultieren aus der Nordverschiebung der Afrikanischen Platte, die sich etwa 10 mm im Jahr auf Eurasien zubewegt.

LEGENDE
- aktive Störungen
- weitere Verwerfungen
- Plattentektonik

Kaynaslı, Türkei
Ein Bergungsteam durchsucht Häuser und Fahrzeuge, die unter zusammengestürzten Gebäuden begraben wurden, als am 12. November 1999 ein starkes Beben (7,2 auf der Richterskala) die Nordtürkei erschütterte.

KASHIWAZAKI, JAPAN
Diese rechtsseitige Blattverschiebung auf einem Acker im japanischen Kashiwazaki entstand 1995 nach dem Kobe-Erdbeben.

MESSUNG VON ERDBEBEN

Wer sich in der Nähe eines Erdbebenherds aufhält, spürt den Boden heftig schwanken. Diese Vibrationen sind nur ein Teil des Musters der seismischen Wellen, die mit einem Beben einhergehen und von empfindlichen Instrumenten in aller Welt, den Seismometern oder Seismografen, aufgezeichnet werden. Die Details dieses Wellenmusters sind für Seismologen wertvolle Daten, anhand derer sie sowohl den Ursachen als auch den Folgen von Beben auf den Grund gehen.

MAGNITUDENSKALEN

Seismologen haben mehrere Methoden entwickelt, um die Energiemenge zu beschreiben, die bei einem Beben freigesetzt wird. Die ursprüngliche Richter-Skala ging vom Ausmaß der Verlagerung aus, die in einem bekannten Abstand vom Epizentrum von einem bestimmten Seismometertyp aufgezeichnet wurde. Heute spricht man stattdessen von einer Momenten-Magnitude, die ähnlich ist, aber aus den seismischen Schwingungen beliebiger Seismometer errechnet werden kann. Die Momenten-Magnitude kann als Produkt aus dem Betrag der Verschiebung an der auslösenden Verwerfung und der Größe oder Fläche dieser Verwerfung interpretiert werden. Sowohl die Richter- als auch die Momenten-Magnituden-Skala sind logarithmisch: Eine Erhöhung um eine Skaleneinheit entspricht etwa der 30-fachen Energie.

> **» DIE GRÖSSTEN BISLANG BESTIMMTEN MAGNITUDEN … SIND ETWA 9, ABER DAS IST EINE BEGRENZUNG DURCH DIE ERDE UND NICHT DURCH DIE SKALA. «**
>
> **CHARLES RICHTER,** US-AMERIKANISCHER SEISMOLOGE, 1980

DIGITALE SEISMOGRAMME
Daten aus Seismometern in aller Welt werden in Computer eingespeist, die zu Erdbebenstationen gehören. Diese Station befindet sich auf den Philippinen.

SEISMOMETER

Ein Seismometer ist ein empfindliches Instrument, das die Schwingungen bei einem Beben misst. Sein Aufzeichnungsmodul kann sich frei mit der Erde bewegen, während der Rest des Geräts mit einem schweren Gewicht fest am Boden verankert ist und unbewegt bleibt. Anfang des 19. Jhs. kamen transportable Modelle auf, die man in seismisch aktive Regionen bringen konnte. Bis vor kurzem wurden die Schwingungen mit einem Stift aufgezeichnet, der eine Spur (ein sog. Seismogramm) auf einer rotierenden Trommel hinterließ. Moderne digitale Geräte erfassen die Erschütterungen elektronisch und speichern die Daten in einem kleinen Computer. Die Werte mehrerer Seismometer werden an zentrale Stationen übermittelt, die sie analysieren. Vor schweren Beben warnt man die Bevölkerung per Radio und Fernsehen. Auch GPS-Geräte werden zur Erfassung der Verschiebungen der Erdoberfläche bei einem Beben eingesetzt. Die solarbetriebenen Geräte senden ihre Daten selbsttätig an die Forschungsstationen.

Frühes Seismometer
Im Jahr 132 erfand der chinesische Astronom Zhang Heng dieses Gerät, um weit entfernte Beben zu verzeichnen.

- schweres Kupfergefäß
- Beben versetzt empfindliches Pendel im Inneren in Bewegung.
- Pendel löst Mechanismus aus, der einen Ball freisetzt.
- Ball fällt aus einem Drachenmaul in das Maul einer der acht Kupferkröten.
- Die am weitesten vom Epizentrum entfernte Kröte fängt den Ball und zeigt die Richtung an.

Moderneres Seismometer
Aus dem Jahr 1965 stammt dieses portable Willmore-Seismometer, das seismische Aktivität viel genauer erfasst und dokumentiert.

- Massive Drehtrommel wird von Gewichten stabilisiert.
- Trommel ist mit Papier umhüllt.
- Stift hält Bewegungen des Bodens fest.
- Solider Sockel gibt festen Halt.

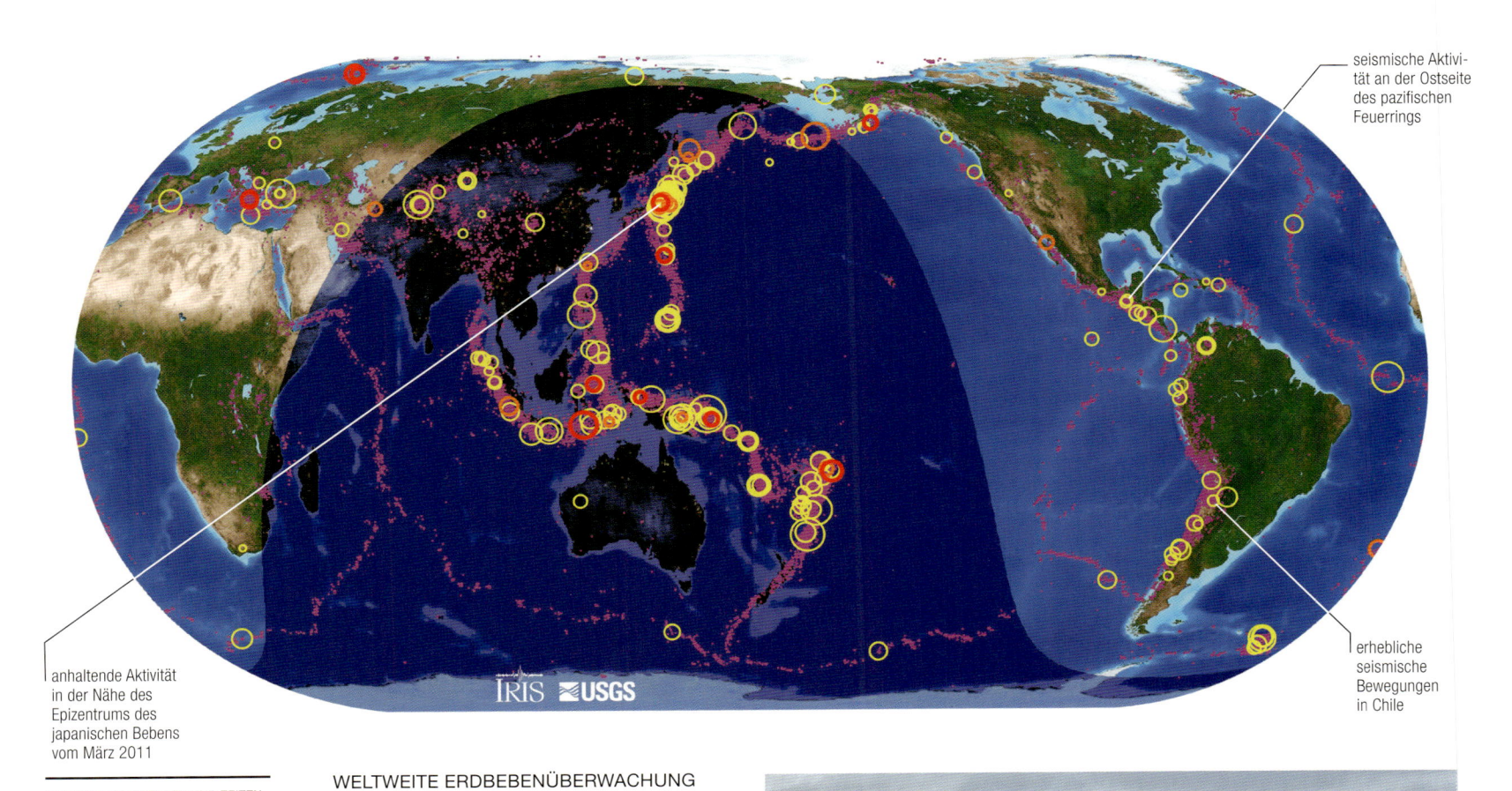

MESSUNG VON ERDBEBEN   213

seismische Aktivität an der Ostseite des pazifischen Feuerrings

anhaltende Aktivität in der Nähe des Epizentrums des japanischen Bebens vom März 2011

erhebliche seismische Bewegungen in Chile

LEGENDE: MAGNITUDEN UND ZEITEN
- heute
- gestern
- letzte 2 Wochen
- letzte 5 Jahre

WELTWEITE ERDBEBENÜBERWACHUNG
Die Weltkarte stellt die seismischen Aktivitäten am 14. April 2011 dar, die vom Global Seismographic Network erfasst wurden. Ort und Magnitude der Beben werden angezeigt.

WELTWEITE SEISMOGRAFISCHE NETZE

Das Global Seismographic Network ist ein weltumspannendes modernes, digitales Netz von Seismometern, die in Echtzeit freie Daten zur Verfügung stellen. Die Geräte erfassen alle möglichen seismischen Schwingungen, von den hochfrequenten, starken Bodenbewegungen in der Nähe der Epizentren bis zu den langen Wellen in größerer Entfernung. Das Netzwerk, das vom US Geological Survey (USGS) mitgetragen wird, ist die Hauptquelle für Daten über Erdbebenorte.

HERDMECHANISMEN

Sog. Herdflächenlösungen sind eine Methode zur Darstellung der Art der Störung, die ein Beben ausgelöst hat. Die Neigung der Verwerfungsfläche und der Typ der Bewegung – normale Abschiebung, Auf- bzw. Überschiebung oder Blattverschiebung (siehe S. 206–207) – können aus Diagrammen abgelesen werden, die man »Beach Balls« (Wasserbälle) nennt. Die farbigen Flächen zeigen an, wo die ersten P-Wellen (siehe S. 206–207) das Gestein komprimiert oder gedehnt haben; so entsteht ein markantes Ballmuster. Seismologen setzen diese Diagramme in Karten mit Verwerfungslinien ein, um die Bewegungsrichtung an den Störungen anzuzeigen.

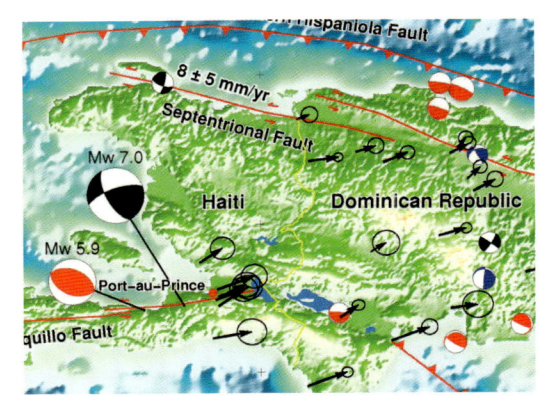

GPS-GERÄTE
Das Global Positioning System (GPS) wird für exakte Messpunkt-Positionsbestimmungen vor, während und nach einem Beben eingesetzt.

KARTE MIT HERDEN
Dieser Kartenausschnitt zeigt Verwerfungslinien mit Herdmechanismen und Moment-Magnitude-Messungen in Haiti zur Zeit des Bebens von 2010.

BEACH BALLS
Diese Diagramme beschreiben das Muster der seismischen Wellen bei den jeweiligen Störungen. Links sind jeweils die Bewegungen der Gesteinsblöcke gezeigt.

BLATTVERSCHIEBUNG

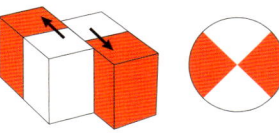

NORMALE ABSCHIEBUNG

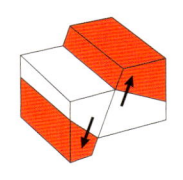

AUF-/ÜBERSCHIEBUNG

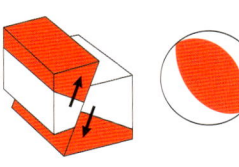

SCHRÄGE AUFSCHIEBUNG

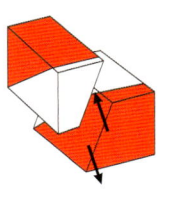

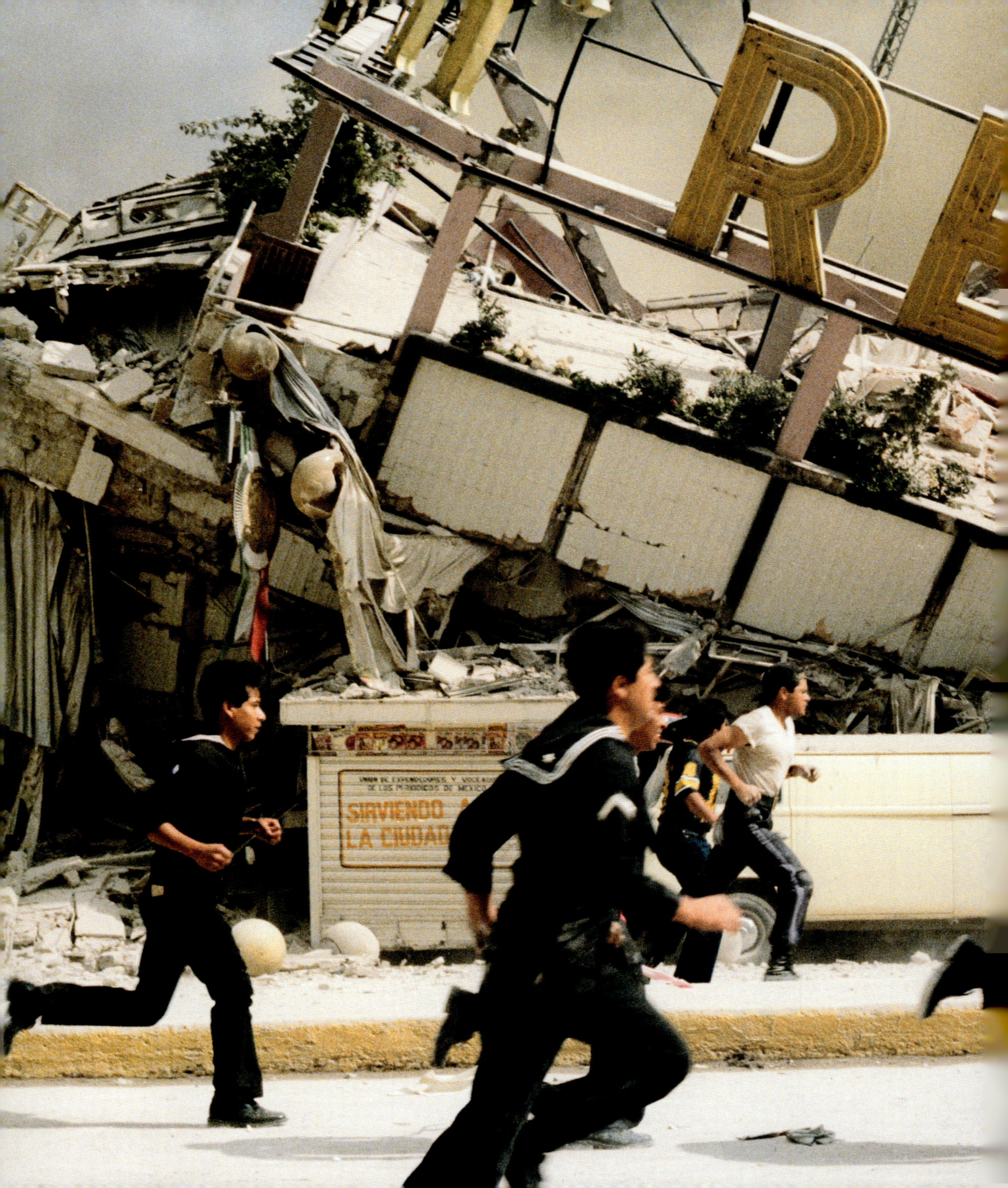
SIRVIENDO

ERDBEBEN IN MEXIKO-STADT
Das Beben, das 1985 Mexiko-Stadt erschütterte, hatte eine Stärke von 8,1 auf der Richter-Skala und forderte etwa 9500 Menschenleben. Das Epizentrum lag über 350 km entfernt vor der mexikanischen Pazifikküste in einer Subduktionszone. Da die Stadt auf einem alten Seebett errichtet wurde, war der Schaden groß: 400 Gebäude brachen zusammen.

ERDBEBEN DURCH SUBDUKTION

In Subduktionszonen – vor allem dort, wo sich der Meeresboden unter einen Kontinent schiebt – wird das Gestein in Schollen zerlegt und aufgeschoben. So sind z. B. die Bergketten am pazifischen Feuerring entstanden. Die stärksten Beben entstehen durch das plötzliche Aufreißen solcher großen Verwerfungen.

SUBDUKTIONSZONEN UND MEGATHRUSTS

Die Pazifische Platte sinkt an einer Reihe von Subduktionszonen, die den Konturen der Kontinente um den Pazifik folgen, ins Erdinnere ab. An einer riesigen, sanft geneigten Verwerfungsfläche – einer sog. Megathrust – reibt sich der Meeresboden an der darüberliegenden Platte. Wenn das Gestein zwischen den Erdbeben relativ kalt und fest ist, verkanten sich die beiden Platten, sodass das Gestein die Plattenbewegung absorbieren muss; es wird komprimiert und verformt. Schließlich werden die Spannungen zu groß, die Störung bricht plötzlich auf. Bei einem solchen starken Beben sinkt der Meeresboden ab oder das Festland hebt sich. Die stärksten derartigen Erdbeben – z. B. das Japan-Beben von 2011 (siehe S. 266–269) – können die Magnitude 9 erreichen, die Wasserverdrängung führt dann zu verheerenden Tsunamis.

PAZIFISCHER FEUERRING
Diese Karte zeigt den Meeresboden und die Kontinente an den Rändern des Pazifiks. Diese Ränder sind durch Tiefseegräben und Ketten aktiver Vulkane geprägt, die sich an einer Reihe von Subduktionszonen gebildet haben und als pazifischer Feuerring bezeichnet werden.

LEGENDE
- Erdbeben seit 1980, Magnitude mindestens 5
- Plattengrenzen

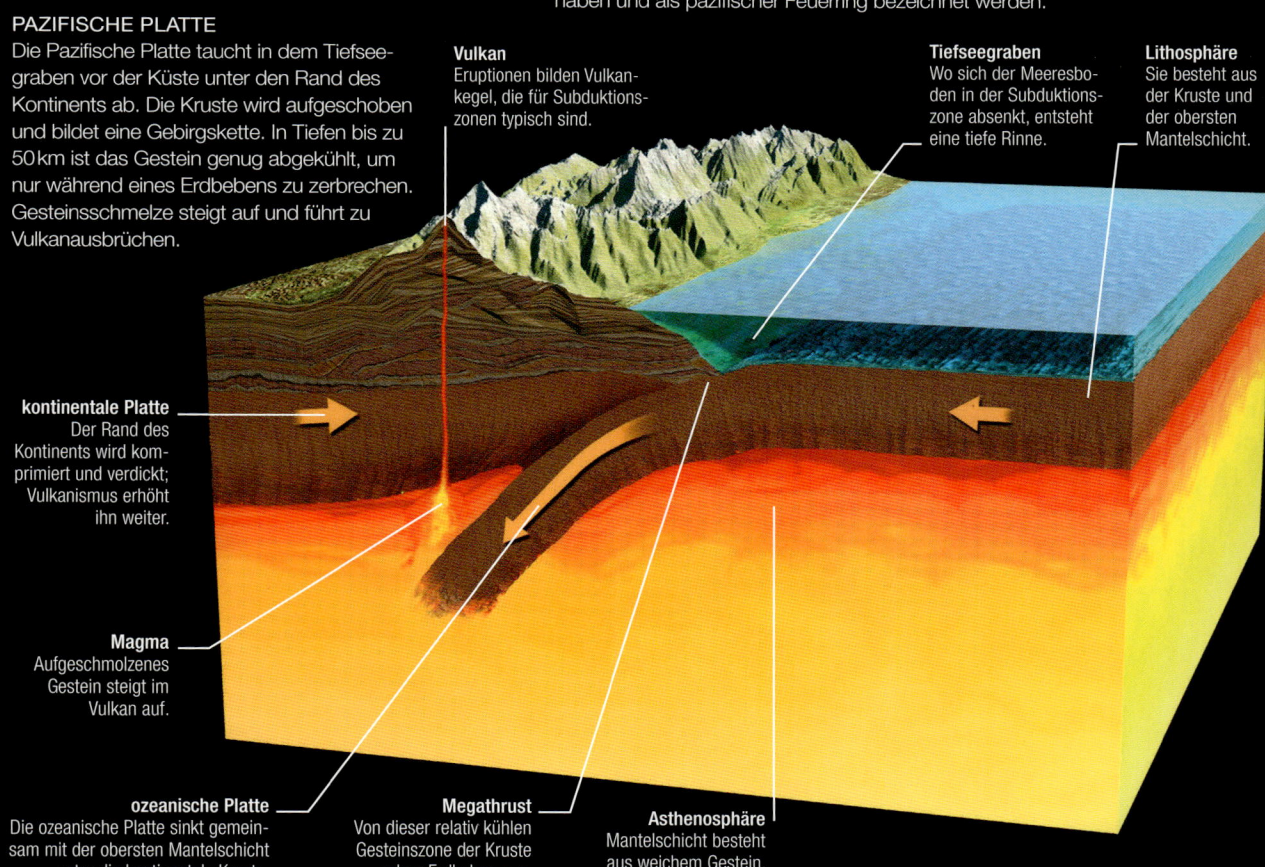

PAZIFISCHE PLATTE
Die Pazifische Platte taucht in dem Tiefseegraben vor der Küste unter den Rand des Kontinents ab. Die Kruste wird aufgeschoben und bildet eine Gebirgskette. In Tiefen bis zu 50 km ist das Gestein genug abgekühlt, um nur während eines Erdbebens zu zerbrechen. Gesteinsschmelze steigt auf und führt zu Vulkanausbrüchen.

Vulkan
Eruptionen bilden Vulkankegel, die für Subduktionszonen typisch sind.

Tiefseegraben
Wo sich der Meeresboden in der Subduktionszone absenkt, entsteht eine tiefe Rinne.

Lithosphäre
Sie besteht aus der Kruste und der obersten Mantelschicht.

kontinentale Platte
Der Rand des Kontinents wird komprimiert und verdickt; Vulkanismus erhöht ihn weiter.

Magma
Aufgeschmolzenes Gestein steigt im Vulkan auf.

ozeanische Platte
Die ozeanische Platte sinkt gemeinsam mit der obersten Mantelschicht unter die kontinentale Kruste.

Megathrust
Von dieser relativ kühlen Gesteinszone der Kruste gehen Erdbeben aus.

Asthenosphäre
Mantelschicht besteht aus weichem Gestein.

ERDBEBEN DURCH SUBDUKTION

DAS KARFREITAGSBEBEN
Am 27. März 1964 löste ein plötzlicher Ruck an einer Megathrust unter Südalaska das stärkste je in Nordamerika gemessene Erdbeben aus (Magnitude 9,2). Anchorage wurde schwer beschädigt; ein verheerender Tsunami folgte.

ÜBERSCHIEBUNGEN

Als Überschiebungen werden Verwerfungsflächen bezeichnet, die weniger als 45° Neigung haben und an denen sich das Gestein eines Blocks über den anderen Block schiebt. Solche Verwerfungen treten vor allem in geschichtetem Gestein auf und haben, wenn sie den Schichtgrenzen folgen, oft eine sehr geringe Neigung. Ein Megathrust ist einfach eine sehr große Überschiebung, die sich über Tausende von Kilometern erstrecken kann. Die größten Megathrusts findet man in Subduktionszonen. Große Überschiebungen bilden sich auch an den Rändern der größten Gebirge der Welt.

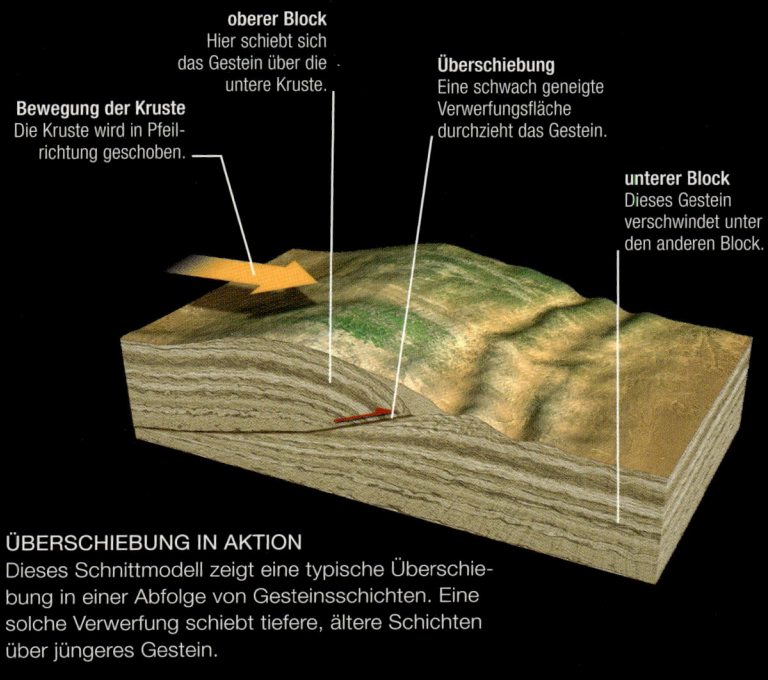

oberer Block
Hier schiebt sich das Gestein über die untere Kruste.

Überschiebung
Eine schwach geneigte Verwerfungsfläche durchzieht das Gestein.

Bewegung der Kruste
Die Kruste wird in Pfeilrichtung geschoben.

unterer Block
Dieses Gestein verschwindet unter den anderen Block.

ÜBERSCHIEBUNG IN AKTION
Dieses Schnittmodell zeigt eine typische Überschiebung in einer Abfolge von Gesteinsschichten. Eine solche Verwerfung schiebt tiefere, ältere Schichten über jüngeres Gestein.

WADATI-BENIOFF-ZONE

In einer Subduktionszone, in der die ozeanische Platte ins Erdinnere abtaucht, gibt es starke Erdbebenaktivität. Aber nicht nur an Megathrusts, in denen sich die ozeanische Platte an der darüberliegenden Platte reibt, kommt es zu Beben. Auch in der ozeanischen Platte selbst gibt es Erdbeben, und zwar in Tiefen von bis zu 700 km. Dieses Phänomen haben im 20. Jh. als Erste die Seismologen Kiyoo Wadati aus Japan und Hugo Benioff aus den USA beschrieben. Sie führten die vielen kleinen Beben im Pazifik auf Dehnungen oder Stauchungen einer subduzierten ozeanischen Platte tief im Erdinneren zurück.

Tiefe Erdbeben
Diese Grafik zeigt, wie tief die Hypozentren von Erdbeben in der Wadati-Benioff-Zone liegen können. Am Pazifikrand reicht die abtauchende ozeanische Gesteinsschicht bis zu 700 km hinab.

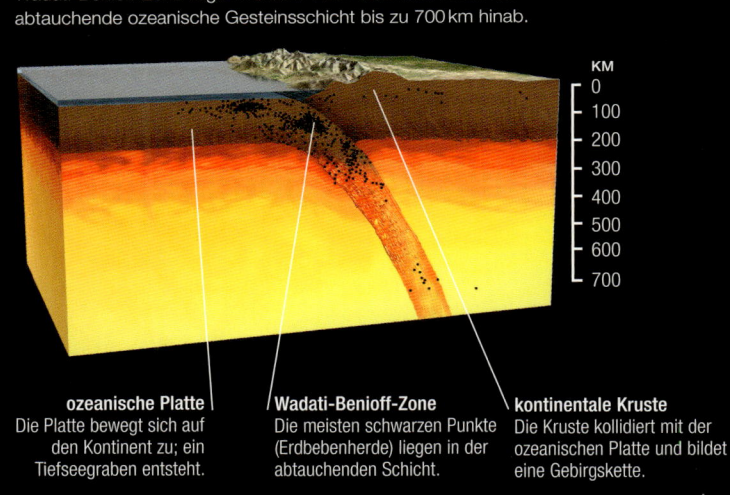

ozeanische Platte
Die Platte bewegt sich auf den Kontinent zu; ein Tiefseegraben entsteht.

Wadati-Benioff-Zone
Die meisten schwarzen Punkte (Erdbebenherde) liegen in der abtauchenden Schicht.

kontinentale Kruste
Die Kruste kollidiert mit der ozeanischen Platte und bildet eine Gebirgskette.

CONCEPCIÓN 2010

Als der englische Naturforscher Charles Darwin 1835 an der Expedition der *Beagle* teilnahm, wurde er Zeuge eines heftigen Erdbebens in der Nähe der chilenischen Stadt Concepción. Viele Jahre später, 1960, wurde die Stadt erneut von einem Beben heimgesucht. Es hatte die Magnitude 9,5: der größte jemals mit modernen Instrumenten gemessene Wert. Am Samstag, dem 27. Februar 2010, wiederholte sich die Geschichte: Ein Beben der Magnitude 8,8 erschütterte die Küstenregion von Mittelchile – erneut in der Nähe der Stadt Concepción. Es war in weiten Teilen Südamerikas zu spüren, einschließlich Brasilien, Bolivien und Argentinien, und löste einen pazifikweiten Tsunami aus. Mindestens 521 Menschen starben, 12 000 wurden verletzt, Hunderttausende verloren ihr Dach über dem Kopf. Der Tsunami beschädigte oder zerstörte viele Gebäude und Straßen an der Küste in der Nähe von Concepción und beschädigte sogar noch im weit entfernten San Diego, Kalifornien, Schiffe und ein Dock. In der Nähe von Arico wurde die Küste um mehr als 2 m angehoben. Das Erdbeben entstand, als sich die Südamerikanische Platte und die subduzierte Nazca-Platte um 5–15 m gegeneinander verschoben. Die Länge des Risses betrug etwa 500 km.

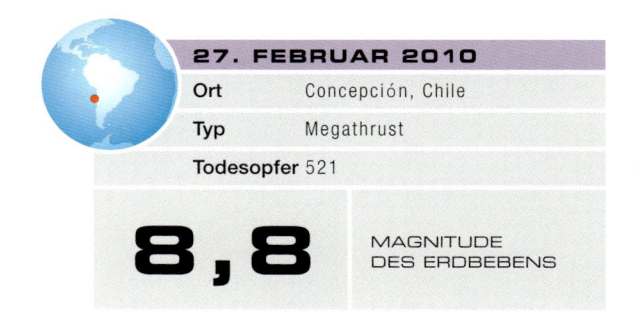

27. FEBRUAR 2010	
Ort	Concepción, Chile
Typ	Megathrust
Todesopfer	521
8,8	MAGNITUDE DES ERDBEBENS

MASSENSCHÄDEN
Die immensen Kräfte, die bei dem Beben freigesetzt wurden, haben diese Wohngebäude in Santiago de Chile regelrecht zusammengefaltet.

FACETTEN EINER KATASTROPHE

1 DER BODEN SCHWANKT
Die Erschütterungen während des Bebens waren so heftig, dass diese Autos auf einer Straße in Santiago de Chile umstürzten. In Concepción wurde eine Bodenbeschleunigung von bis zu 0,65 g gemessen.

2 DER TSUNAMI SCHLÄGT ZU
Nicht einmal 30 Minuten nach dem Hauptstoß wurde die Küste von einem Tsunami heimgesucht, der bis zu 100 km entfernt durch die abrupte Bewegung des Meeresbodens ausgelöst wurde. Das Bild zeigt, was der Tsunami in der chilenischen Küstenstadt Talcahuano anrichtete.

CONCEPCIÓN 2010 — 219

ERDBEBENKARTE
Die stärksten Erschütterungen trafen eine Küstenregion von etwa 500 km Länge. Unter diesem Teil Chiles liegt eine schwach geneigte Megathrust, an der sich der Meeresboden (die Nazca-Platte) unter einen Teil Südamerikas schiebt. Bei dem Beben setzte ein heftiger Ruck an der Verwerfungsfläche eine riesige Menge seismischer Energie frei.

Erschütterung	unmerklich	leicht	mäßig	ziemlich stark	stark	sehr stark	zerstörend	verwüstend	vernichtend
mögliche Schäden	keine	keine	keine	sehr leicht	leicht	moderat	mittelschwer	schwer	sehr schwer
Intensität	1	2–3	4	5	6	7	8	9	10+

RETTUNGSTECHNIKEN

In erdbebengefährdeten Gebieten werden Gebäude so errichtet, dass sie die Schwingungen nach Möglichkeit ausgleichen und stehen bleiben. Doch viele Bauten halten der Zerstörungskraft eines Erdbebens nicht stand. Dann hilft nur noch Rettungstechnik, um nach Verschütteten zu suchen. Gut trainierte Suchhunde können einen Menschen binnen Minuten lokalisieren, auch wenn er tief im Schutt liegt. Mit Wärmekameras und Mikrofonen wird die Ortung bestätigt und man versucht Kontakt aufzunehmen. Neuerdings gibt es auch Roboter mit Rädern, die Hindernisse überwinden können, Kameras, die Bilder an das Bergungsteam übermitteln, und Infrarotsensoren, die Überlebende lokalisieren.

ROBOTER ZUR SUCHE NACH ÜBERLEBENDEN
Dieser flexible Roboter wurde in Japan entwickelt, um in den Trümmern, die ein Beben oder ein Tsunami zurücklassen, Überlebende aufzuspüren. Er ist beweglich wie eine Schlange, kann über den Boden kriechen und schwimmen. Überlebende ortet er mit Hilfe seiner Sensoren.

3 SUCHE NACH ÜBERLEBENDEN
Rettungskräfte steigen in ein zusammengestürztes Gebäude in Santiago ein, um nach eingeschlossenen Überlebenden zu suchen. Schätzungsweise 500 000 Häuser in Chile wurden von dem Erdbeben und dem anschließenden Tsunami schwer beschädigt.

>> DREI MINUTEN SIND EINE EWIGKEIT. WIR FÜRCHTETEN DIE GANZE ZEIT, DASS ES NOCH STÄRKER WIRD, WIE IN EINEM KATASTROPHENFILM. <<

DOLORES CUEVAS, HAUSFRAU IN SANTIAGO

SICHUAN 2008

Das Beben der Magnitude 7,9, das im Mai 2008 den Osten der Provinz Sichuan (90 km von der Stadt Chengdu entfernt) erschütterte, war eines der verheerendsten Erdbeben der letzten 30 Jahre in China. Noch monatelang kam es zu Nachbeben. Mehr als 69 000 Menschen kamen ums Leben, Hunderttausende wurden verletzt oder verschwanden und Dutzende von Millionen wurden obdachlos. Über 5 Mio. Gebäude stürzten ein, Erdrutsche und Steinschläge blockierten Straßen und Bahngleise. Das tödliche Erdbeben war nicht nur in weiten Teilen Chinas zu spüren; auch in Bangladesch, Taiwan, Thailand und Vietnam schwankten die Gebäude. Zu dem Beben kam es, als sich das Gestein an einer über 200 km langen Überschiebung am Südostrand des Longmen-Gebirges um 2–9 m verschob. Diese Region liegt am Ostrand der gigantischen Kollisionszone zwischen Indien und Zentralasien. Die Konvergenz der beiden Platten hat hier auch den Himalaja und das Hochland von Tibet in die Höhe wachsen lassen. Die Longmen-Region wurde schon früher von ähnlichen Katastrophen heimgesucht. Im August 1933 starben bei einem Erdbeben der Magnitude 7,5 über 9300 Menschen.

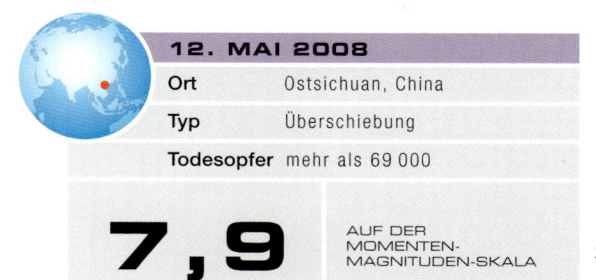

12. MAI 2008

Ort	Ostsichuan, China
Typ	Überschiebung
Todesopfer	mehr als 69 000

7,9 AUF DER MOMENTEN-MAGNITUDEN-SKALA

ZERSTÖRUNGSKRAFT
Das Erdbeben löschte in der Provinz Sichuan ganze Städte und Dörfer aus. Allein in der Stadt Beichuan wurden schätzungsweise 80 Prozent der Gebäude in Schutt und Asche gelegt.

ERDBEBENKARTE VON OST-SICHUAN

Diese farbcodierte Karte zeigt die Intensität des Bebens an, wobei Rot für sehr heftige und Grün für mittelstarke Erschütterungen steht. Am heftigsten schwankte die Erde in einer langen, schmalen Zone, die sich vom Epizentrum im Südwesten der Region entlang eines unterirdischen Bruches in der Longmenshan-Verwerfung etwa 200 km nach Nordosten erstreckt.

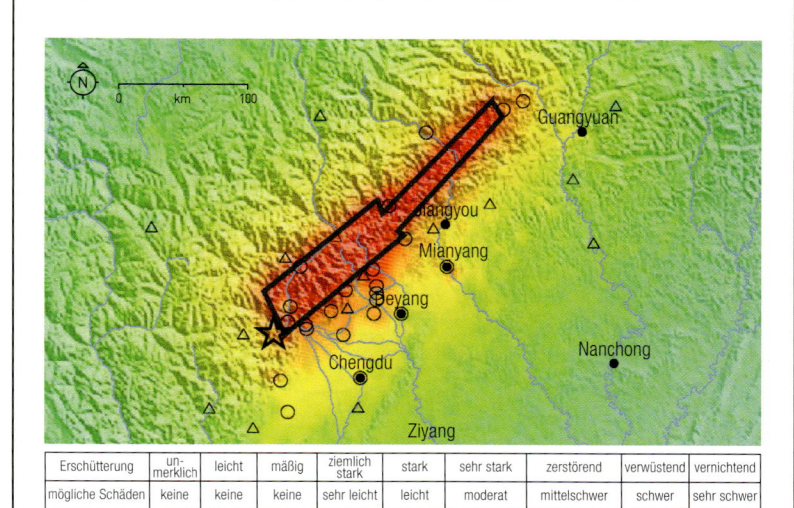

Erschütterung	un-merklich	leicht	mäßig	ziemlich stark	stark	sehr stark	zerstörend	verwüstend	vernichtend
mögliche Schäden	keine	keine	keine	sehr leicht	leicht	moderat	mittelschwer	schwer	sehr schwer
Intensität	1	2–3	4	5	6	7	8	9	10+

SICHUAN 2008　221

KATASTROPHENHILFE

1 WASSERMASSEN
Als Erdrutsche nach dem Beben Flüsse blockierten, entstanden »Erdbebenseen« (siehe S. 232–233). Nach einem Dammbruch tost das Wasser eines solchen temporären Sees durch das zerstörte Beichuan.

2 RETTUNGSBEMÜHUNGEN
Such- und Bergungstrupps halfen, Überlebende zu orten und zu befreien, die im Schutt eingestürzter Bauten in Beichuan eingeschlossen waren.

3 NOTUNTERKÜNFTE
Im schwer getroffenen Wenchuan, einer der Städte in der Nähe des Epizentrums, wurden eilig Fertighäuser aufgebaut, um Obdachlose aufzunehmen.

>> DIES IST DAS VERHEERENDSTE BEBEN SEIT DER GRÜNDUNG DER VOLKSREPUBLIK CHINA [1949] UND ES TRIFFT DAS GRÖSSTE GEBIET. <<

WEN JIABAO, MINISTERPRÄSIDENT CHINAS

EINE NEUE VERWERFUNGSLINIE
Dieses Luftbild zeigt eine Verwerfungslinie, die sich während des 2011er-Erdbebens in der Nähe von Christchurch in Neuseeland in einem Feld auftat. Über fast 30 km ist der Boden aufgerissen. Wo die Verwerfungslinie einen Wassergraben kreuzt, wird die rechtsseitige Blattverschiebung deutlich: Der Graben wurde einige Meter zur Seite geschoben.

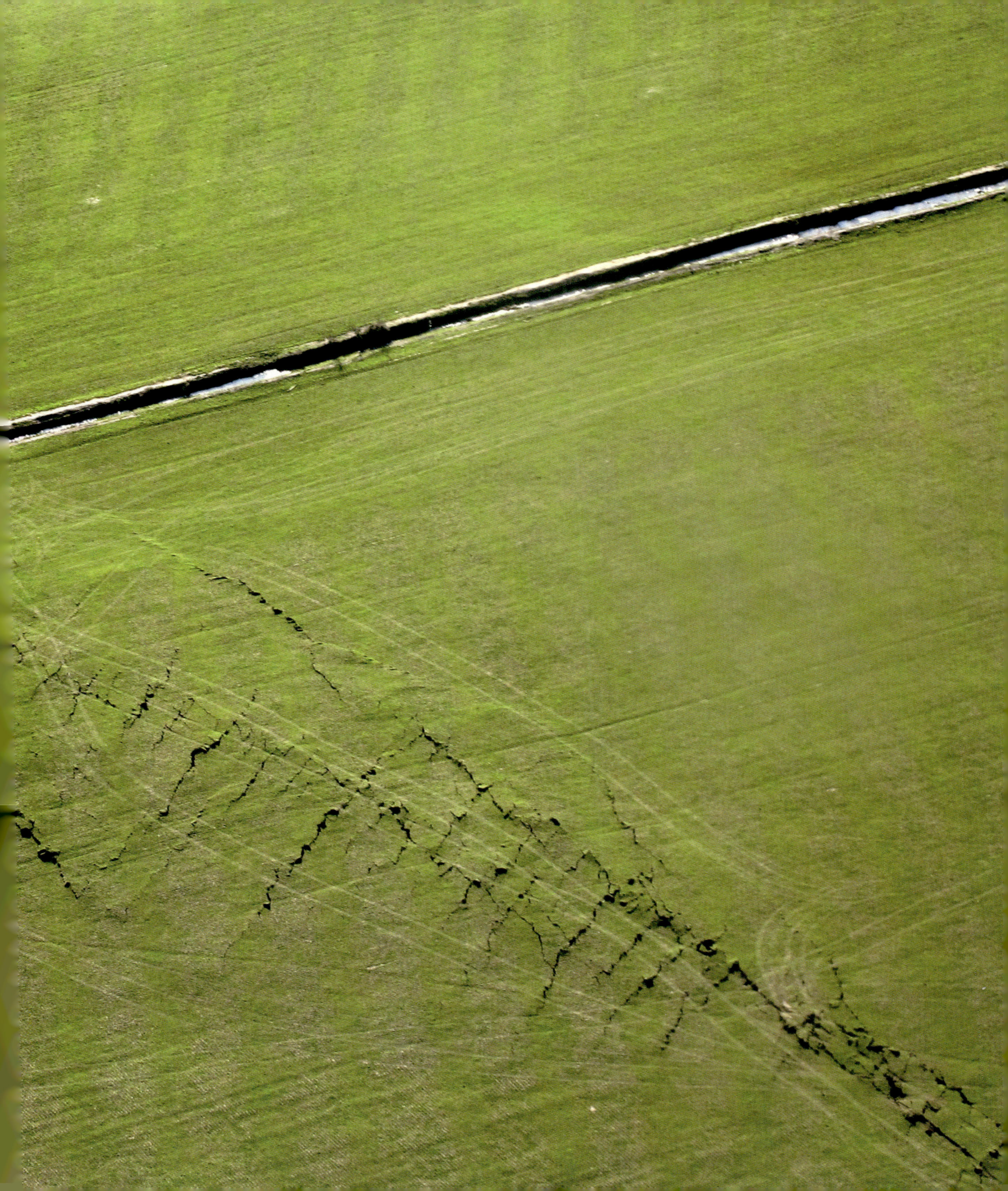

BLATTVERSCHIEBUNGEN

Wenn sich zwei Platten aneinander vorbeischieben, bilden sich in der Kruste Transformstörungen, die während eines Erdbebens plötzlich in Bewegung geraten können. Aus dem Weltraum sehen sie aus wie riesige Narben, die die Kontinente durchziehen.

GLEITEN UND SCHIEBEN

Eine Transformstörung ist ein Dutzende von Kilometern tiefer Bruch in der Kruste. Wenn eine Seite an der anderen vorbeischrammt – entweder in einer linksseitigen oder in einer rechtsseitigen Blattverschiebung –, bricht das Gestein immer wieder. Manchmal wird es gar zu einem lehmartigen Pulver zerrieben. Während eines Erdbebens kommt es gewöhnlich zu einer Reihe von Stößen. Die verkeilten Gesteinsblöcke reißen sich mehrfach los und schnellen aneinander vorbei. So brach die San Andreas Fault während des Bebens von 1906 auf und die Seiten schoben sich um etwa 5 m nach rechts. Langfristig gesehen bewegt sich diese Blattverschiebung in 1000 Jahren um etwa 25 m. Das Gestein absorbiert die Energie der Bewegung zwischen der Pazifischen und der Nordamerikanischen Platte und setzt sie an diesem Teil der Störung im Durchschnitt alle 200 Jahre in einem Beben frei.

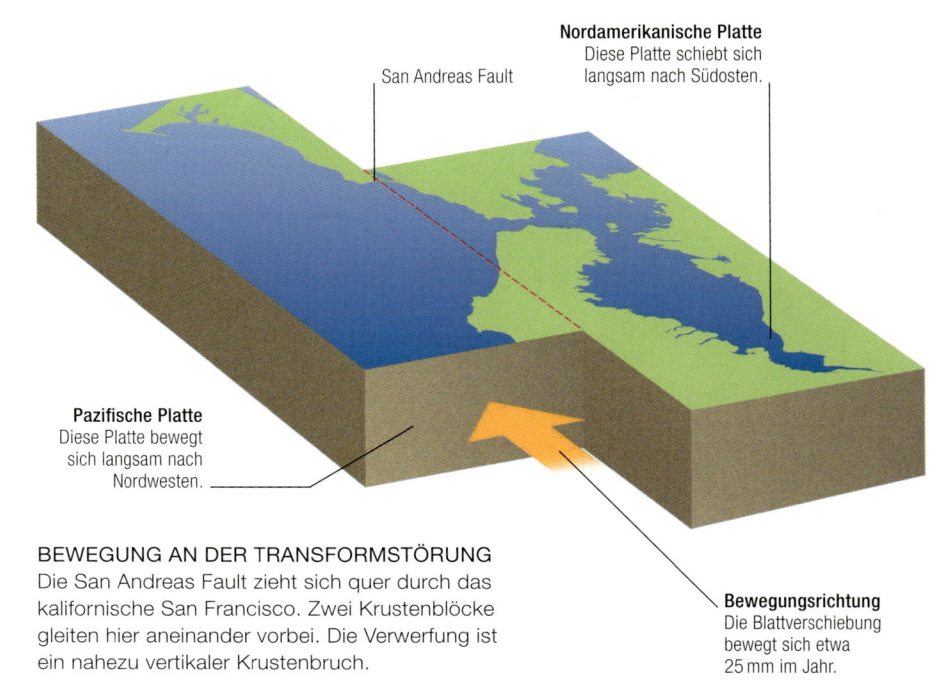

Nordamerikanische Platte
Diese Platte schiebt sich langsam nach Südosten.

San Andreas Fault

Pazifische Platte
Diese Platte bewegt sich langsam nach Nordwesten.

Bewegungsrichtung
Die Blattverschiebung bewegt sich etwa 25 mm im Jahr.

BEWEGUNG AN DER TRANSFORMSTÖRUNG
Die San Andreas Fault zieht sich quer durch das kalifornische San Francisco. Zwei Krustenblöcke gleiten hier aneinander vorbei. Die Verwerfung ist ein nahezu vertikaler Krustenbruch.

VERSCHOBENE BLÄTTER

Im Lauf von Jahrmillionen summieren sich die Blattverschiebungen während zahlreicher Erdbeben zu beträchtlichen Strecken. Die großen Transformstörungen erreichen schon einmal Hunderte von Kilometern, über die das Grundgestein immer wieder aufgeschnitten und gegeneinander versetzt wird. Lange hielten die Geologen so große Verschiebungen für unmöglich, weil unklar war, was an den Enden der Verwerfungslinien geschieht. Heute wissen wir dank der Theorie der Plattentektonik, dass die Störungen mit anderen Plattengrenzen in Verbindung stehen, an denen der Meeresboden entweder unter einen Kontinent subduziert oder an einem mittelozeanischen Rücken neu erschaffen wird: Die etwa 500 km weite Wanderung des Gesteins an der San Andreas Fault oder an der ähnlichen Alpine-Verwerfung in Neuseeland während der letzten 20 Mio. Jahre ist eine Folge der Zerstörung und Entstehung der Ozeane (siehe S. 28–31).

ERDBEBEN IN SAN FRANCISCO, KALIFORNIEN, 1906
Während des heftigen Erdbebens, das 1906 San Francisco erschütterte, haben sich diese mehrstöckigen Holzhäuser zwar stark geneigt, aber sie blieben weitgehend intakt.

KOBE, JAPAN (MAGNITUDE 6,8)
Im Januar 1995 kostete ein Beben in der Stadt Kobe Tausende das Leben und richtete großen Schaden an. In der Nähe Japans begegnen sich die Philippinische, die Pazifische, die Eurasische und die Ochotskische Platte.

İZMİT 1999

Am 17. August 1999 erschütterte um 3.00 Uhr morgens ein Erdbeben der Magnitude 7,4 den Nordwesten der Türkei; das Epizentrum lag etwa 11 km von der Stadt İzmit entfernt. Dieses verheerende Erdbeben war noch in 500 km Entfernung an der Südküste der Krim in der Ukraine zu spüren. Es wurde durch eine abrupte Bewegung an der Hauptverwerfungslinie der Region ausgelöst: An der Nordanatolischen Verwerfung kam es zu einer bis zu 5 m weiten rechtsseitigen Blattverschiebung in einem Abschnitt, der sich über 120 km erstreckt und nur 50 km an Instanbul vorbeiläuft – mit 13 Mio. Einwohnern die größte Stadt der Türkei. Der Hauptstoß dauerte 37 Sekunden und beschleunigte den Boden mit bis zu 0,4 g. Mit mehr als 17 000 Todesopfern und einem geschätzten Schaden in Höhe von 6,5 Mrd. US-Dollar war dieses Beben sowohl eine große humanitäre Katastrophe als auch ein schwerer wirtschaftlicher Schlag. Das Erdbeben von İzmit ist nur das jüngste in einer Reihe von Beben in den letzten 60 Jahren, die Istanbul immer näher kommen. Jedes dieser Beben wurde durch das plötzliche Aufreißen eines Abschnitts der Nordanatolischen Verwerfung ausgelöst. 1999 war ein Segment an der Reihe, das die Geophysiker bereits als stark bruchgefährdet identifiziert hatten.

EINE STADT IN TRÜMMERN

1 ZERSTÖRUNG UND GEWALTIGE SCHÄDEN
Viele Städte in der Region, darunter İzmit, Adapazari und Istanbul, wurden bei dem Beben schwer beschädigt. Zahlreiche Mietshäuser, Moscheen und Baudenkmäler wurden zerstört.

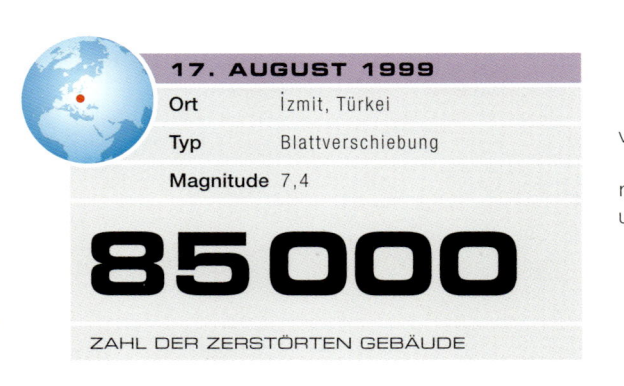

17. AUGUST 1999
Ort	İzmit, Türkei
Typ	Blattverschiebung
Magnitude	7,4

85 000
ZAHL DER ZERSTÖRTEN GEBÄUDE

EINE TRAGÖDIE
Menschen suchen im Betonschutt eines vollständig eingestürzten Appartementhauses nach ihrem Hab und Gut und nach Überlebenden.

> »ALS ES ZUSCHLUG, FÜHLTE ICH MICH HILFLOS – ALS WÜRDE ICH IN EINER BRATPFANNE HERUMGESCHLEUDERT.«
>
> **ERCÜMENT DOĞUKANOĞLU,** KAPITÄN

DIE NORDANATOLISCHE VERWERFUNG
Die Nordanatolische Verwerfung ist eine große Transformstörung, die sich über fast 1500 km durch den Norden und Westen der Türkei erstreckt. Sie markiert den Südrand der Eurasischen Platte, an der sich die Anatolische Mikroplatte etwa 25 mm pro Jahr entlangbewegt – eine rechtsseitige Blattverschiebung.

İZMİT 1999

2 BRENNENDE ERDÖLRAFFINERIE
In einer Raffinerie des Mineralölunternehmens Tüpraş führte der Einsturz eines Turms zu einem Großbrand, der erst nach Tagen unter Kontrolle war. In der Raffinerie lagerten über 700 000 Tonnen Öl.

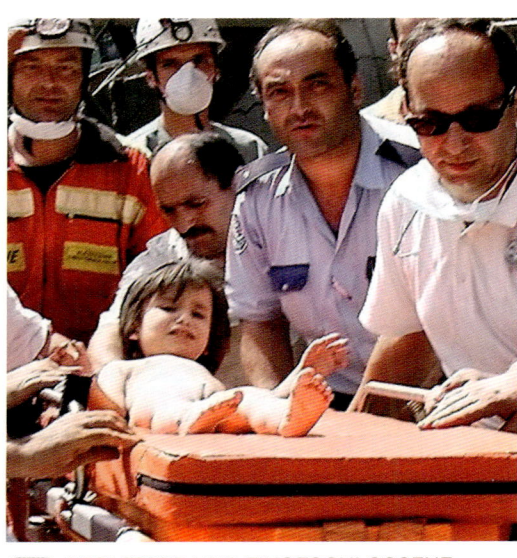

3 VERLETZTE UND EINGESCHLOSSENE
Fast 50 000 Menschen wurden während des Bebens verletzt. Viele wurden in ihren Häusern und Mietwohnungen verschüttet, da sich die Katastrophe in den frühen Morgenstunden ereignete.

4 OBDACHLOSIGKEIT UND WIEDERAUFBAU
Nur wenige Bauten in İzmit waren erdbebensicher konstruiert. Ganze Stadtviertel brachen zusammen. Etwa 500 000 Menschen verloren während der nur 37 Sekunden dauernden Erdstöße ihr Zuhause.

CHRISTCHURCH 2011

Am 22. Februar 2011 wurde die Großstadt Christchurch auf der Südinsel Neuseelands zur Mittagszeit von einem Beben der Stärke 6,3 auf der Richterskala getroffen, dessen Epizentrum in der Nähe des Hafenstädtchens Lyttleton lag. Mit beinahe 2 g wurde der Boden im zentralen Geschäftsviertel beschleunigt; mehr als ein Drittel der Gebäude wurde zerstört. In den östlichen Stadtvierteln beschädigte die ausgedehnte Bodenverflüssigung zahlreiche Wohnhäuser schwer. In den Port Hills südlich von Christchurch kam es zu Erdrutschen. Große Felsbrocken rollten durch Ortschaften und hinterließen Spuren der Verwüstung. Fast 200 Menschen starben, 1500 wurden verletzt. Die Katastrophe war Teil einer langen Serie von Nachbeben, die auf ein Beben am 4. September 2010 folgten, dessen Epizentrum etwa 20 km westlich von Christchurch in Darfield lag. Trotz der großen Magnitude von 7,1 gab es damals keine Toten; jedoch wurden historische Gebäude beschädigt und an der Verwerfung brach der Boden auf.

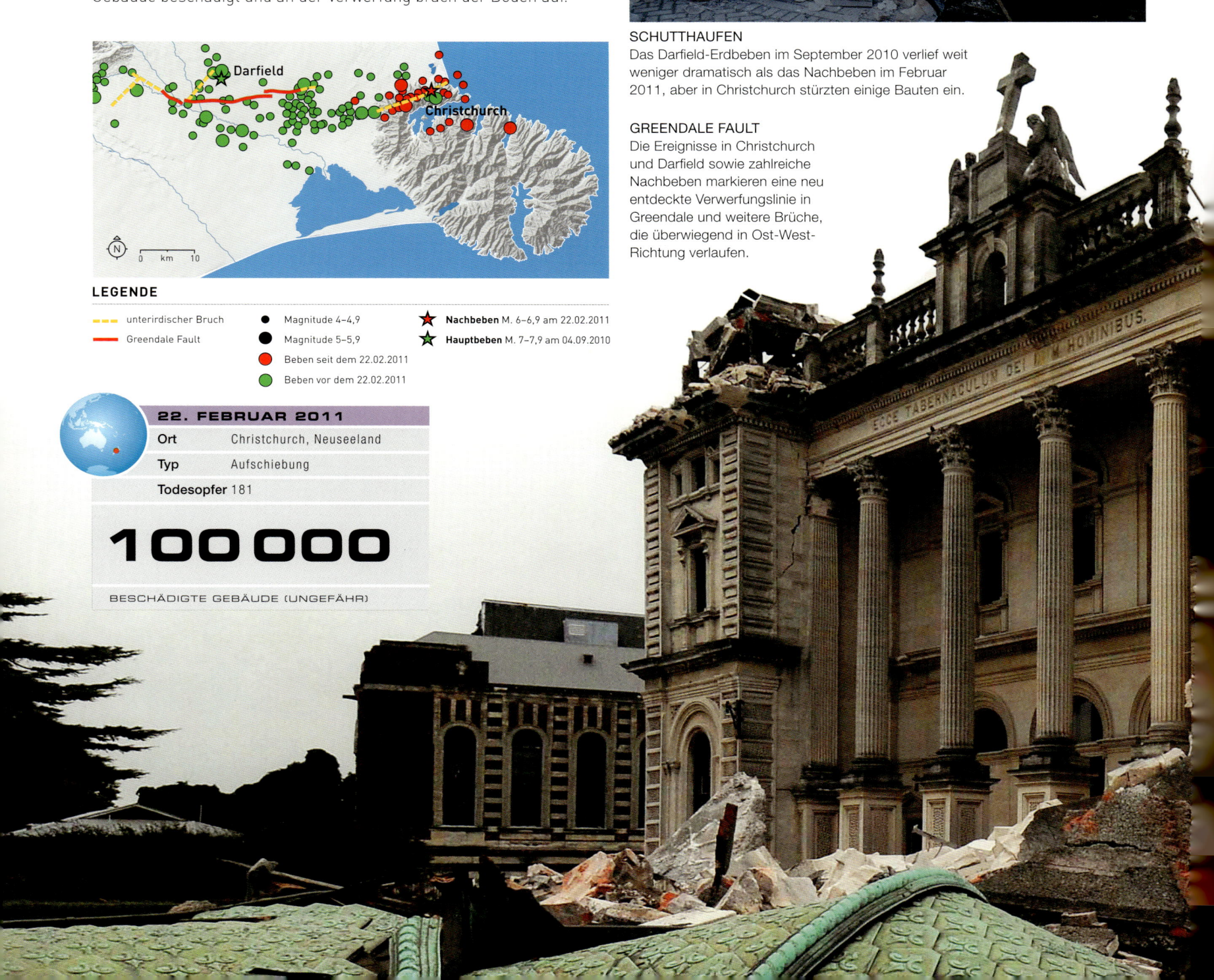

SCHUTTHAUFEN
Das Darfield-Erdbeben im September 2010 verlief weit weniger dramatisch als das Nachbeben im Februar 2011, aber in Christchurch stürzten einige Bauten ein.

GREENDALE FAULT
Die Ereignisse in Christchurch und Darfield sowie zahlreiche Nachbeben markieren eine neu entdeckte Verwerfungslinie in Greendale und weitere Brüche, die überwiegend in Ost-West-Richtung verlaufen.

LEGENDE
- --- unterirdischer Bruch
- — Greendale Fault
- • Magnitude 4–4,9
- ● Magnitude 5–5,9
- ● Beben seit dem 22.02.2011
- ● Beben vor dem 22.02.2011
- ★ Nachbeben M. 6–6,9 am 22.02.2011
- ★ Hauptbeben M. 7–7,9 am 04.09.2010

22. FEBRUAR 2011
Ort	Christchurch, Neuseeland
Typ	Aufschiebung
Todesopfer	181

100 000
BESCHÄDIGTE GEBÄUDE (UNGEFÄHR)

TÖDLICHES NACHBEBEN

Obwohl das Christchurch-Beben nicht besonders stark war und fast 30-mal weniger Energie freisetzte als das Magnitude-7,1-Beben in Darfield im September 2010, richtete es viel größere Verheerungen an. Die Seismologen machen dafür mehrere Faktoren verantwortlich. Erstens fanden die Krustenbewegungen am 22. Februar näher an Christchurch statt; das Hypozentrum lag nur etwa 5 km unterhalb der Oberfläche der südlichen Stadtviertel. Zweitens lenkte die Art des Bruches an der Verwerfungsfläche einen Großteil der Energie auf das zentrale Geschäftsviertel von Christchurch, das auf relativ schwach verdichteten Sedimenten erbaut wurde, die zu starken Erschütterungen und zu Bodenverflüssigung neigen. Drittens ereignete sich dieses Beben an einem Wochentag und zu einer Tageszeit, in der sich viele Leute im Zentrum von Christchurch aufhielten. Die meisten Menschen starben in nur zwei Gebäuden in der Innenstadt, die vollständig zusammenbrachen und viele unter sich begruben.

>> **DIE TELEFONE SIND TOT UND ES GIBT KEIN WASSER. DIE STRASSEN SIND VERSTOPFT, WEIL DIE STADT EVAKUIERT WIRD.** <<

CHRISTOPHER STENT, AUGENZEUGE

SUCHE NACH ÜBERLEBENDEN
Das Beben vom 22. Februar schlug während der Bürozeiten zu und begrub viele Menschen unter Schuttbergen. Die Rettungskräfte hatten große Mühe, in den Trümmern Überlebende aufzuspüren.

15 000

Die ungefähre Zahl der Erdbeben, die sich pro Jahr in Neuseeland ereignen. Die meisten sind sehr schwach; höchstens 10 haben eine Magnitude von über 5,0. Das Land liegt an der Grenze zwischen der Australischen und der Pazifischen Platte, die hier kollidieren, und ist daher stark erdbebengefährdet.

KATHEDRALE ZUM GESEGNETEN SAKRAMENT
Das Beben vom Februar 2011 hat mehrere bedeutende Kirchen in Christchurch beschädigt, darunter die Kathedrale zum gesegneten Sakrament. Zwei Kirchtürme an der Vorderseite stürzten ein und rissen den größten Teil der Fassade mit.

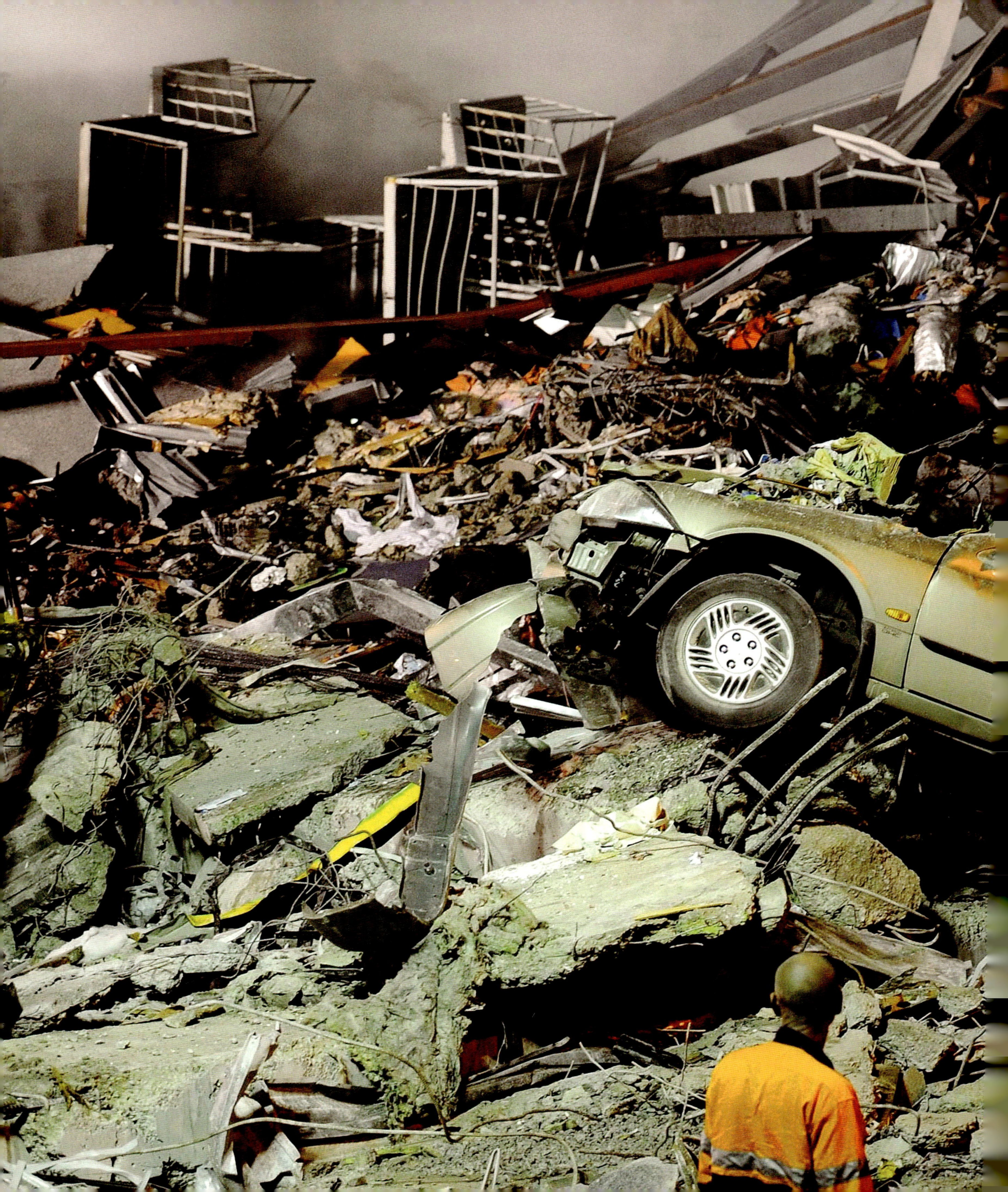

SUCHE IN DEN TRÜMMERN
Bei einem Beben im Februar 2011 stürzte das Gebäude von Canterbury Television (CTV) im Herzen von Christchurch, Neuseeland, vollständig ein. Hier suchen Rettungskräfte fieberhaft nach Überlebenden. Aus den Trümmern wurden schließlich 94 Leichen geborgen.

ERDBEBENSCHÄDEN

Erdbeben richten riesige Verheerungen an. Nicht nur Bauwerke nehmen Schaden, sondern auch der Boden selbst: Er kann sich verflüssigen oder Erbebenseen aufstauen. Das geschieht nicht nur während der Hauptstöße. Zahlreiche Nachbeben sind stark genug, um bereits angegriffene Strukturen endgültig zu zerstören. In einigen Fällen kündigen Vorbeben das bevorstehende Unheil an.

VORBEBEN UND NACHBEBEN

Erdbeben sind keine isolierten Ereignisse. Das Gestein bricht nicht an einer einzigen Stelle auf, sondern an zahlreichen Verwerfungsflächen, und jeder Bruch löst ein eigenes kleines Beben aus. Der Hauptstoß resultiert aus dem größten Bruch, aber es kann schon vorher Brüche geben, die sog. Vorbeben auslösen, welche manchmal eine beträchtliche Stärke erreichen. Oft folgen zahlreiche weitere Brüche und damit Nachbeben, die sich über Jahre hinziehen können. Lange hoffte man, durch die Erfassung von Vorbeben stärkere Hauptstöße vorhersagen zu können, aber in der Praxis werden Vorbeben meist erst nachträglich erkannt. Das Beben in Sumatra im Jahr 2002 gilt heute als Vorbeben der Katastrophe, die sich zwei Jahre später im Indischen Ozean ereignete und eine Magnitude von mehr als 9 hatte – 2002 ahnte das niemand. Dem Beben mit der Magnitude 7,3, das am

NACHBEBEN AUF SUMATRA
Ein gewaltiges Erdbeben verwüstete im März 2005 Teile der Insel Nias vor der Küste Sumatras. Es handelte sich um ein Nachbeben des riesigen Erdbebens, das die ganze Region im Dezember 2004 erschüttert hatte.

DIE TEUERSTEN BEBEN DER LETZTEN 100 JAHRE

NR.	JAHR	ORT/REGION/LAND	WIEDERAUFBAU-KOSTEN IN US-$
1.	2011	Tohoku, Japan	über 300 Mrd.
2.	1995	Kobe, Japan	131,5 Mrd.
3.	1994	Northridge, Kalifornien, USA	20–40 Mrd.
4.	2004	Niigata, Japan	28 Mrd.
5.	1988	Armenien	14,2–20,5 Mrd.
6.	1980	Irpinia, Italien	10–20 Mrd.
7.	1999	Taiwan	9,2–14 Mrd.
8.	1999	İzmit, Türkei	6,5–12 Mrd.
9.	1994	Kurilen, Russland	11,7 Mrd.
	1994	Hokkaido, Japan	11,7 Mrd.
11.	2010	Christchurch, Neuseeland	11 Mrd.
12.	2004	Indischer Ozean	7,5 Mrd.

4. September 2010 das neuseeländische Darfield in der Nähe von Christchurch erschütterte, folgten in den nächsten Monaten zahlreiche Nachbeben mit Magnituden von über 5 – und am 22. Februar 2011 schließlich ein Beben mit der Magnitude 6,3, das weite Teile des zentralen Geschäftsviertels von Christchurch verwüstete und 181 Menschenleben kostete. Die gesamte Serie wird heute als Folge der Verlängerung einer Verwerfungslinie angesehen, die sich nach Osten ausdehnte. Einerseits löst ein Beben Spannungen in einem Teil einer Verwerfung – andererseits kann es darauf hindeuten, dass andere Teile derselben Verwerfung ebenfalls unter großer Spannung stehen.

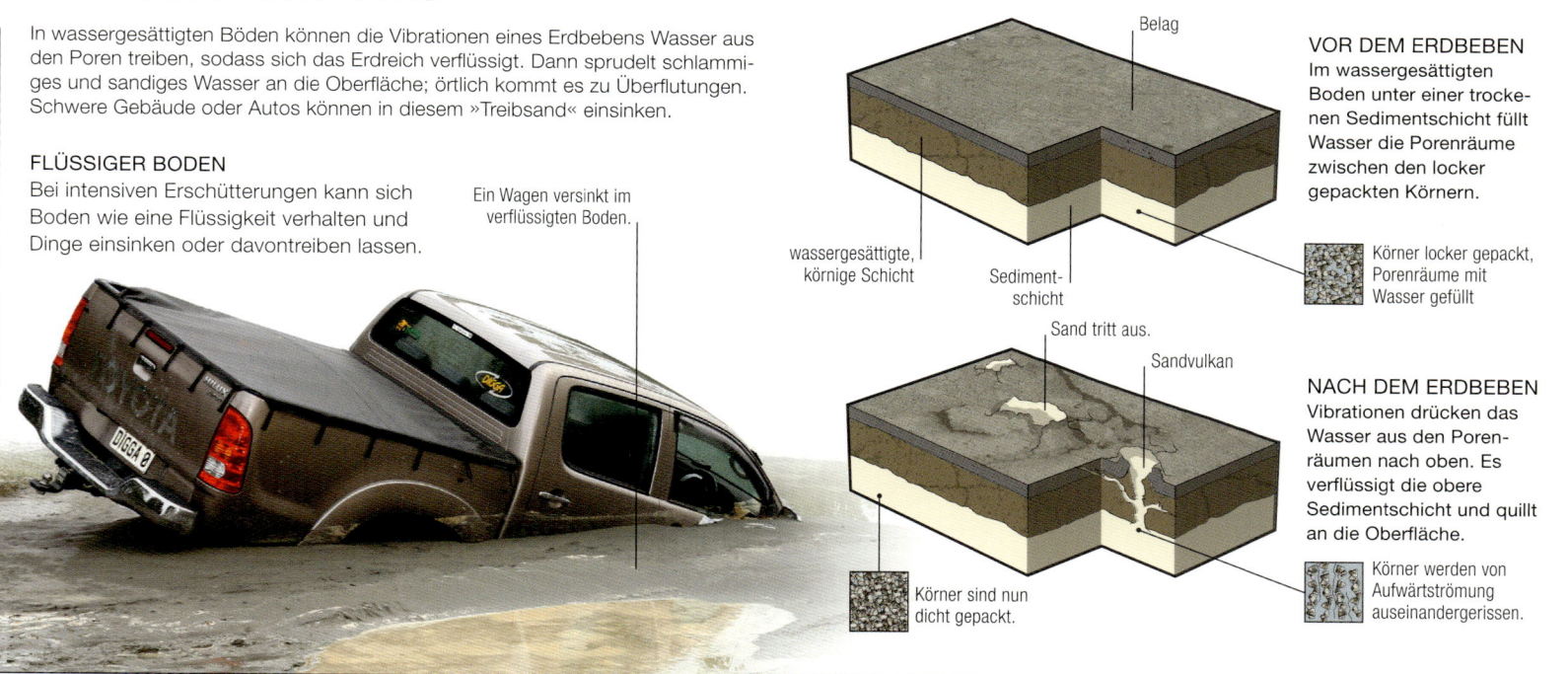

VERFLÜSSIGUNG DES BODENS

In wassergesättigten Böden können die Vibrationen eines Erdbebens Wasser aus den Poren treiben, sodass sich das Erdreich verflüssigt. Dann sprudelt schlammiges und sandiges Wasser an die Oberfläche; örtlich kommt es zu Überflutungen. Schwere Gebäude oder Autos können in diesem »Treibsand« einsinken.

FLÜSSIGER BODEN
Bei intensiven Erschütterungen kann sich Boden wie eine Flüssigkeit verhalten und Dinge einsinken oder davontreiben lassen.

Ein Wagen versinkt im verflüssigten Boden.

VOR DEM ERDBEBEN
Im wassergesättigten Boden unter einer trockenen Sedimentschicht füllt Wasser die Porenräume zwischen den locker gepackten Körnern.

Belag
wassergesättigte, körnige Schicht
Sedimentschicht

Körner locker gepackt, Porenräume mit Wasser gefüllt

NACH DEM ERDBEBEN
Vibrationen drücken das Wasser aus den Porenräumen nach oben. Es verflüssigt die obere Sedimentschicht und quillt an die Oberfläche.

Sand tritt aus.
Sandvulkan
Körner sind nun dicht gepackt.

Körner werden von Aufwärtsströmung auseinandergerissen.

BRANDKATASTROPHE
Schäden durch das Erdbeben und den Tsunami in Japan im März 2011 führten zu Explosionen und Feuer in einer Öl-Raffinerie in Chiba (Japan).

BRÄNDE

In erdbebengefährdeten Gebieten kommt es häufig zu Feuersbrünsten, z. B., wenn ein Erdbeben den Boden unter einer Stadt erschüttert und dabei Stromkabel, Gasleitungen und Öltanks beschädigt. Elektrische Funken oder Überhitzung führen oft zu Explosionen und Bränden, die eine Stadt verwüsten können. Ein großer Teil der Opfer des San-Francisco-Bebens von 1906 ging auf das Konto solcher unkontrollierbaren Brände. Eine neue Gefahr rückte durch das Erdbeben und den Tsunami in Japan im Jahr 2011 ins Bewusstsein: Schäden an elektrischen Anlagen führten im Kernkraftwerk von Fukushima zu Überhitzung und zu Bränden. Durch eine partielle Kernschmelze und Wasserstoffexplosionen wurde Strahlung freigesetzt.

ÜBERSCHWEMMUNGEN

Durch Erdbeben ausgelöste Erdrutsche können Flüssen den Weg versperren und großräumige Überschwemmungen verursachen: Gestein und Erde stürzen in die Flüsse; Wasser staut sich auf. Wenn diese instabilen Blockaden brechen, ergießen sich die Wassermassen ins Umland. 2008 löste das Beben im chinesischen Sichuan (siehe S. 220–221) Erdrutsche aus, die mehrere Flüsse verstopften. Die sich hinter den Dämmen stauenden riesigen Wassermassen bildeten eine Reihe von Erdbebenseen. Die Seen drohten Städte zu überfluten, die bereits durch das Beben hart getroffen waren, und mussten vorsichtig abgeleitet werden. Auch Staumauern, die durch ein Beben beschädigt werden, sind eine Gefahr. Bei starkem Regen nach einem Beben können auch verstopfte Abwasserkanäle zu Überschwemmungen führen.

BESCHÄDIGTE STADT
Dieses Bild zeigt die Stadt Beichuan in der Provinz Sichuan im Südwesten Chinas am 27. Mai 2008. Viele Gebäude wurden durch das Erdbeben zerstört, das hier am 12. Mai 2008 stattfand – oder durch vom Beben ausgelöste Erdrutsche in den umliegenden Bergen.

ERDBEBENSEEN
Dieses Bild vom 10. Juni 2008 zeigt dasselbe Gebiet nach einer Überschwemmung durch den Fluss, der sich an temporären Erdrutsch-Dämmen aufgestaut hat: Die schwer getroffene Stadt versinkt in einem riesigen Erdbebensee.

BAM 2003

Am 26. Dezember 2003 bebte um 5.30 Uhr am Morgen in der Stadt Bam an der alten Seidenstraße im südöstlichen Iran die Erde – mit einer Magnitude von 6,6. Die Bodenbeschleunigung war so groß, dass die historische Zitadelle Arg-e Bam – einer der größten Lehmbauten der Welt und UNESCO-Weltkulturerbe – zerstört wurde. Die große Zahl der Opfer – etwa 35 000 starben, ebenso viele wurden verletzt und ungefähr 100 000 verloren ihr Dach über dem Kopf – ist darauf zurückzuführen, dass die meisten Bewohner um diese Uhrzeit noch in ihren Betten lagen. Nicht nur Gebäude, sondern auch Straßen und die gesamte Infrastruktur wurden schwer beschädigt. Die stärksten Erschütterungen waren in Bam und im nahe gelegenen Städtchen Baravat zu spüren. Die Gegend um Bam ist erdbebengefährdet. Das Epizentrum lag nah an einer bekannten Verwerfungslinie, der Bam-Störung. Es gab auch kleinere örtliche Brüche im Boden. Spätere Untersuchungen zeigten jedoch, dass die Hauptbewegung an einer bis dahin unbekannten Störung in der Tiefe stattfand, an der es zu einer rechtsseitigen Blattverschiebung und einer Aufschiebung kam. Dabei entluden sich die Spannungen, die sich durch die Nordbewegung der Arabischen Platte aufgebaut hatten, die sich mit etwa 3 cm pro Jahr in die Eurasische Platte schiebt. Diese Kollision hat das Zagrosgebirge aufgetürmt und entlang der Transformstörungen im iranischen Südosten Krustenblöcke gegeneinander verschoben.

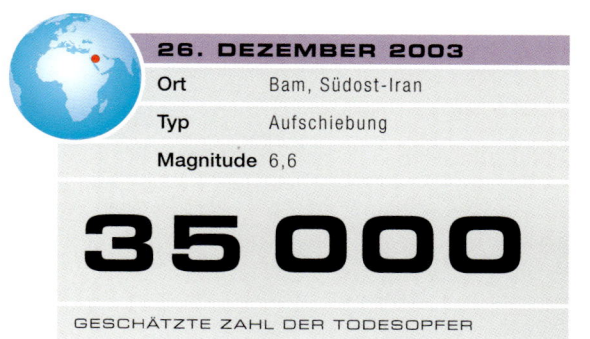

26. DEZEMBER 2003

Ort	Bam, Südost-Iran
Typ	Aufschiebung
Magnitude	6,6

35 000
GESCHÄTZTE ZAHL DER TODESOPFER

ZERSTÖRTE GEBÄUDE
Baumängel und schlechtes Material führten dazu, dass die meisten Häuser den starken Erschütterungen während des Bebens nicht standhielten; viele stürzten vollständig ein.

DIE HISTORISCHE STADT VOR DEM BEBEN
Die Zitadelle von Bam, eine antike Festungsanlage im Norden der modernen Stadt Bam, wurde vor 2000 Jahren aus Lehm erbaut. Bis zum Erdbeben im Jahr 2003 war sie gut erhalten.

DIE HISTORISCHE STADT NACH DEM BEBEN
Dieses Foto zeigt die zerstörte Zitadelle von Bam nach dem Erdbeben der Magnitude 6,6 im Dezember 2003. Die Vibrationen ließen die Lehmwände und -bögen einstürzen und zu Schutt zerbröseln.

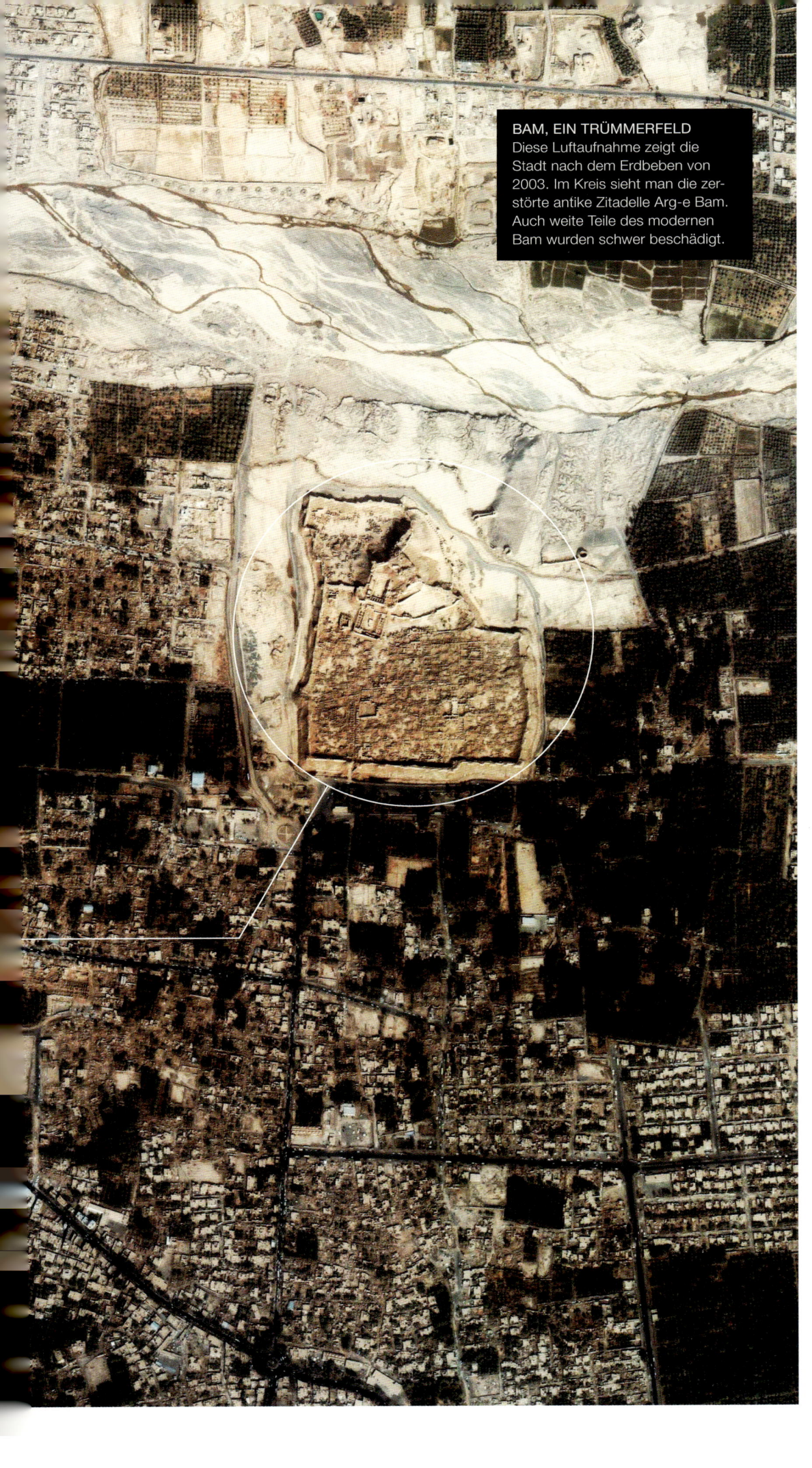

BAM, EIN TRÜMMERFELD
Diese Luftaufnahme zeigt die Stadt nach dem Erdbeben von 2003. Im Kreis sieht man die zerstörte antike Zitadelle Arg-e Bam. Auch weite Teile des modernen Bam wurden schwer beschädigt.

> »ICH HABE MEINE FRAU VERLOREN … ICH BIN SEHR TRAURIG, UND ICH FINDE, DIE BEVÖLKERUNG BRAUCHT INTERNATIONALE HILFE.«
>
> ASGHAR GHASEMI, TEHERAN

ERDBEBENZONE

Die Stadt Bam liegt in einer erdbebengefährdeten Region. Die großen Transformstörungen im Südosten Irans, darunter die Bam-Störung, haben schon zahlreiche Beben hervorgerufen, darunter vier mit Magnituden von mehr als 5,6 in der Gegend nordwestlich von Bam. Doch vor 2003 war die Stadt selbst nie ernstlich durch Erdbeben in Mitleidenschaft gezogen worden. Daher traf die enorme Zerstörung der Stadt und ihrer Umgebung die Bevölkerung unvorbereitet. Das Ausmaß der Katastrophe führte zu einer vorübergehenden Veränderung der internationalen Beziehungen mit dem Iran. Mindestens 44 Staaten beteiligten sich unter der Führung der USA an den Rettungs- und Hilfsmaßnahmen. Die Spendenaufrufe der UN und des Internationalen Roten Kreuzes erbrachten einen siebenstelligen Dollarbetrag. Die USA flogen unter anderem 1146 Zelte, 4448 Kochgelegenheiten, über 10 000 Decken und 68 Tonnen medizinischer Hilfsgüter ein.

NOTUNTERKUNFT
Vier Monate nach dem Erdbeben wurden diese Kinder vor dem Zelt fotografiert, in dem sie vorläufig einquartiert worden waren. Schätzungsweise drei Viertel aller Gebäude in der Region wurden zerstört, 100 000 Menschen hatten ihr Obdach verloren.

ERDRUTSCHE DURCH BEBEN

Selbst ein mäßig starkes Beben kann ausreichen, um das Erdreich zu destabilisieren und riesige Erdrutsche auszulösen, vor allem an steilen Hängen. Geologen interpretieren die Spuren, die längst vergangene Erdrutsche in erdbebengefährdeten Gebieten hinterlassen haben, schon lange als Hinweise auf frühere Erdbeben.

UNSICHERER BODEN

Die Erdoberfläche ist nicht plan; die Tektonik hat sie umgeformt und zu Bergen und Hügeln aufgefaltet, Flüsse und Gletscher haben Täler hineingeschnitten. Erdreich und Felsen an all diesen Hängen befinden sich in einem fragilen Gleichgewicht: Reibung und Kohäsion halten sie an ihrem Ort, während die Schwerkraft sie nach unten zieht. Da Erdbeben die Folge von Bewegungen an Verwerfungslinien sind, bebt die Erde in den gebirgigsten Regionen mit den steilsten Abhängen zugleich am häufigsten und am heftigsten. Die Bodenbeschleunigungen während eines Bebens können ausreichen, um das empfindliche Kräftegleichgewicht im Boden und Gestein zu zerstören. Nach einem Erdbeben ist die Landschaft oftmals von Erdrutschen zerfurcht, vor allem an den steilsten Hängen. Hier hat der Boden am heftigsten geschwankt. Die offensichtlichsten Folgen sind Steinschläge: Felsbrocken, die bereits durch die Erosion gelockert wurden und frei auf dem Grundgestein ruhten, stürzen hinab. Außerdem können Vibrationen Wasser aus feuchten Sedimenten herauspressen, was zu einer Bodenverflüssigung führt. Auf einer solchen quasi-flüssigen Schicht können große Schollen von Boden und Gestein abwärts gleiten. Und schließlich kann starker Regen nach einem Beben viel lockeren Boden mitreißen. Solche Muren können riesige Ausmaße annehmen.

STEINSCHLAGGEFAHR

Die oberen und unteren Enden von Steilhängen und Klippen sind während eines Erdbebens sehr unsichere Orte. Riesige Felsbrocken können sich lösen und so schnell hinabstürzen, dass sie alles unter sich begraben. Während des Erdbebens, das 2011 Christchurch in Neuseeland erschütterte, pflügte ein solcher Felsblock einen Pfad der Verwüstung durch die Gärten und Häuser eines Viertels am Fuß einiger Vulkanhügel. In zerklüftetem und erdbebengefährdetem Terrain ermitteln Geologen anhand alter Felsstürze frühere Erdbeben.

GEFAHR VON OBEN
Einwohner der japanischen Stadt Wajima passieren einen riesigen Felsbrocken, der 2007 bei einem Erdbeben von einem Abhang heruntergestürzt ist.

MASSIVE BLOCKADE
2010 verschüttete ein Erdrutsch im Norden von Taiwan ein 300 m langes Stück der Fernverkehrsstraße Nr. 3 mit Tausenden Tonnen Gestein.

BEICHUAN, CHINA
Nach einem Erdbeben im Mai 2008 im Kreis Beichuan in der chinesischen Provinz Sichuan schleppen Evakuierte ihr Hab und Gut an einem Erdrutsch vorbei.

SCHLAMMIGES GRAB
Dieses Satellitenbild zeigt eine Kleinstadt in der chinesischen Provinz Gansu, die nach einem Starkregen unter einer Schlammlawine begraben wurde. Viele Bewohner starben.

DIE SCHLAMMLAWINE VON GANSU

Im August 2010 ging im Kreis Zhouqu in der chinesischen Provinz Gansu eine Mure ab, nachdem starker Regen erodierte Steilhänge durchnässt hatte. Zwar wurde diese Schlammlawine nicht durch ein Beben ausgelöst, aber sie war typisch für ähnliche Ereignisse nach Beben: Starke Niederschläge kurz nach den Erschütterungen unterspülen den bereits geschwächten, destabilisierten Boden. Im Überflutungsjahr 2010 gingen im Gebirge sintflutartige Regenfälle nieder. Große Schlamm- und Schuttmassen glitten von den steilen Hängen hinab und begruben ein ganzes Dorf unter sich. Etwa 1500 Menschen starben.

MASSENBEWEGUNG

Erdrutsche sind natürliche geologische Vorgänge und spielen eine große Rolle bei der Formung des Reliefs. Geologen sprechen gern von einem »Hangversagen«. Ein Erdbeben kann der Auslöser sein, denn es destabilisiert den Boden auf Steilhängen. Alle Grundtypen des Hangversagens, anhand des abgehenden Materials unterteilt und hier in Diagrammen veranschaulicht, können während eines Bebens auftreten.

FELSSTURZ
Lose oder nur schwach verankerte Felsbrocken stürzen von Steilhängen hinab und bilden Geröllhalden.

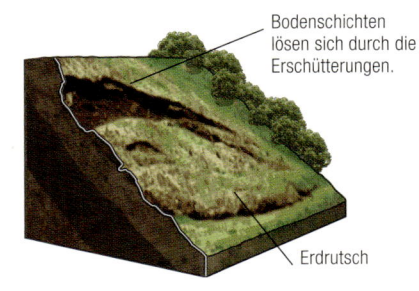

Gestein wird bei einem Erdbeben destabilisiert.

ERDRUTSCH
Wenn das Erdreich auf glattem Gestein ruht oder viel Wasser enthält, können Beben leicht Erdrutsche auslösen.

Bodenschichten lösen sich durch die Erschütterungen. Erdrutsch

SCHLAMMLAWINE
Auf steilen Hängen kann starker Regen, vor allem nach einem Erdbeben, zu Muren oder Schlammlawinen führen.

Boden oder instabiles Gestein. Schlamm

MIT ERDBEBEN LEBEN

Ein großer Teil der Weltbevölkerung lebt in Städten in erdbebengefährdeten Regionen. Ingenieure haben neue Bautechniken und Verstärkungen für bestehende Gebäude entwickelt, um die immensen Beschleunigungen bei einem Beben aufzufangen. Es gibt auch Frühwarnsysteme für ungewöhnliche seismische Aktivitäten in diesen Gefahrenzonen.

ERDBEBENRISIKO

Langfristig möchten Wissenschaftler Beben vorhersagen können. Beim derzeitigen Wissensstand wird es aber noch viele Jahre dauern, bis dieses Ziel erreicht ist – wenn es nicht ganz am Zufallselement des Phänomens scheitert. Seismologen haben vergeblich versucht, Beben aus dem Verhalten von Tieren, aus Erdgasaustritten oder aus Serien schwacher Vorbeben zu prognostizieren, die auf den Beginn größerer Bewegungen im Boden hinweisen könnten. Mehr verspricht man sich heute von der genauen Analyse vergangener Beben und Störungsbewegungen in einer Region, verbunden mit Messungen von Spannungen im Gestein. Daraus lassen sich Wahrscheinlichkeiten für große Beben in den nächsten Jahrzehnten oder Jahrhunderten ableiten. Bisher konzentriert man sich auf die größten bekannten Verwerfungslinien. Oft bebt die Erde aber an bislang unbekannten Verwerfungen, was Vorhersagen erschwert.

ERDBEBENRISIKO IN SAN FRANCISCO
Dieses Satellitenbild von Kalifornien zeigt Erdbeben-Störungen (rote Linien) und die San Andreas Fault (gelbe Linie). Die Farbverläufe sind Interferenzmuster eines sog. Synthetic Aperture Radar, die seismische Deformationen durch ein Erdbebenmodell in der San Andreas Fault anzeigen. Aus dem Modell lässt sich ableiten, dass es hier mit einer Wahrscheinlichkeit von 25 Prozent in den nächsten 20 Jahren ein Beben der Magnitude 7 oder mehr geben wird.

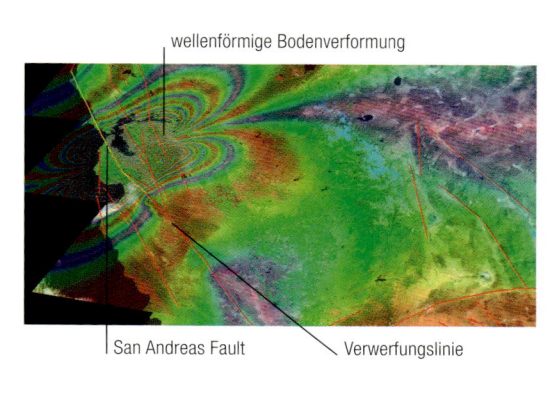

- wellenförmige Bodenverformung
- San Andreas Fault
- Verwerfungslinie

JAPANS ERDBEBEN-FRÜHWARNSYSTEM

Die japanische Wetterbehörde JMA hat in ganz Japan ein Netzwerk empfindlicher Instrumente aufgebaut, die die charakteristischen Bodenbewegungen in den ersten Sekunden eines großen Bebens registrieren sollen. Diese lösen dann das Erdbeben-Frühwarnsystem aus, das mit Zivilschutzorganisationen und Fernseh- und Radiostationen verbunden ist, die dann entsprechende koordinierte Maßnahmen bekanntgeben sollen.

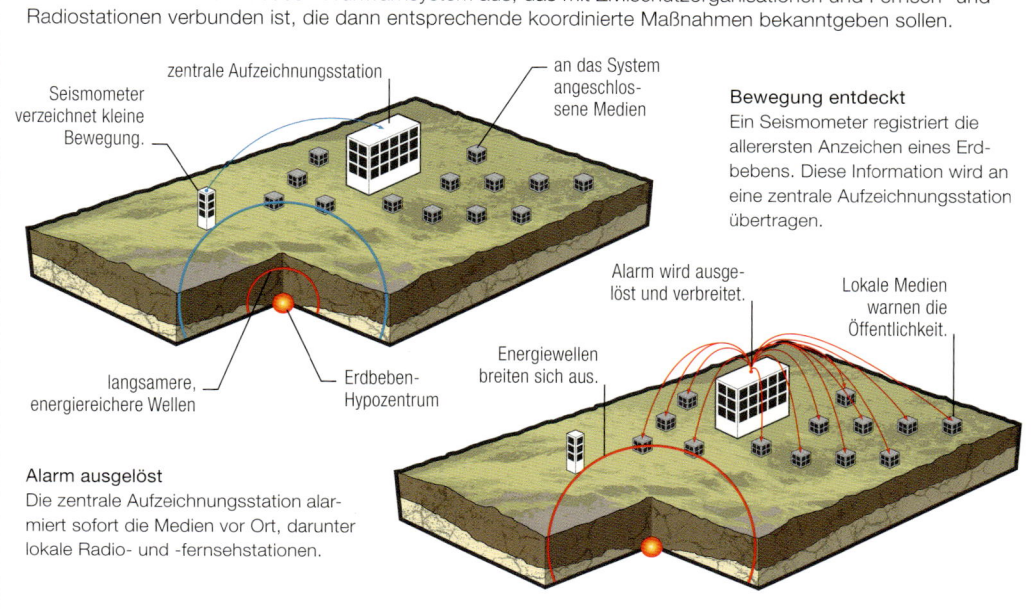

- Seismometer verzeichnet kleine Bewegung.
- zentrale Aufzeichnungsstation
- an das System angeschlossene Medien

Bewegung entdeckt
Ein Seismometer registriert die allerersten Anzeichen eines Erdbebens. Diese Information wird an eine zentrale Aufzeichnungsstation übertragen.

- langsamere, energiereichere Wellen
- Erdbeben-Hypozentrum
- Alarm wird ausgelöst und verbreitet.
- Energiewellen breiten sich aus.
- Lokale Medien warnen die Öffentlichkeit.

Alarm ausgelöst
Die zentrale Aufzeichnungsstation alarmiert sofort die Medien vor Ort, darunter lokale Radio- und -fernsehstationen.

TAIPEH 101
Mit 509 m ist es eines der höchsten Gebäude der Welt. Stürme oder Erdbeben werden durch Schwingungstilger ausgeglichen.

ERDBEBENSICHERE GEBÄUDE

Absolut erdbebensichere Gebäude gibt es nicht, aber schon einfache Verstärkungen können die Schäden durch mäßig starke Beben erheblich reduzieren. Ingenieure haben untersucht, wie sich die komplexen Bodenbewegungen bei einem starken Erdbeben auf Gebäude, Brücken und andere große Bauwerke auswirken, um das Einsturzrisiko zu verringern – oder zumindest einen kontrollierten Einsturz zu fördern und Verluste an Menschenleben durch den Einbau von Schutzräumen zu minimieren. Eine Lösung ist die Verstärkung der inneren Struktur und der Fundamente durch Stahl- oder Betonverstrebungen. Auch das Schwanken eines Gebäudes lässt sich reduzieren – entweder durch eine Isoliervorrichtung am Fundament aus einem weichen Metall wie Blei oder durch die Dämpfung der Schwingungen mit schweren Gegengewichten im Inneren. In den 1960er-Jahren erließen viele Länder Bauvorschriften, die festlegten, welche großen Bodenbewegungen ein Gebäude unbeschadet überstehen muss. Auf der Basis immer genauerer Analysen der letzten starken Erdbeben wurden diese Regeln mehrfach überarbeitet.

SCHWINGUNGSTILGER
Ein 666 Tonnen schweres und 4 Mio. US-$ teures Stahlpendel dient als Schwingungstilger. Es ist zwischen dem 92. und dem 88. Stockwerk aufgehängt.

WIE DER SCHWINGUNGSTILGER FUNKTIONIERT
Der Schwingungstilger wird in eine Schwingung versetzt, die das Schwanken des Gebäudes aufgrund von Sturm oder Erdstößen ausgleicht. Im Prinzip handelt es sich um einen riesigen Stoßdämpfer.

Gebäudebewegung durch Wind oder Erdbeben
- Tilger absorbiert den größten Teil der Bewegung.
- Gewicht bewegt sich ein bisschen mit.

Gegenbewegung des Tilgerpendels
- Beine lassen den Tilger zurückschwingen.
- Gewicht wird in Gegenrichtung zurückgezogen.

NACHRÜSTUNG

Zahlreiche Bauwerke in erdbebengefährdeten Gebieten wurden errichtet, als es noch keine oder nur unzureichende Sicherheitsvorschriften gab. Der Rückbau offensichtlicher Schwachstellen (Türme, Vorsprünge oder Brüstungen) macht ein Gebäude von außen sicherer. Neue Querverstrebungen oder tragende Wände, Dämpfer oder Isolierungen können einen Zusammenbruch verhindern. Die Erfahrungen, die man bei den letzten starken Erdbeben in Kalifornien, Neuseeland, Taiwan und Japan gesammelt hat, zeigen, dass solche Nachrüstungsmaßnahmen überwiegend erfolgreich sind.

ERDBEBENARMIERUNG
Dieses Gebäude im kalifornischen Berkeley, nahe der Hayward-Störung, wurde in einen Käfig aus Stahlträgern eingeschlossen, um einen Kollaps zu verhindern.

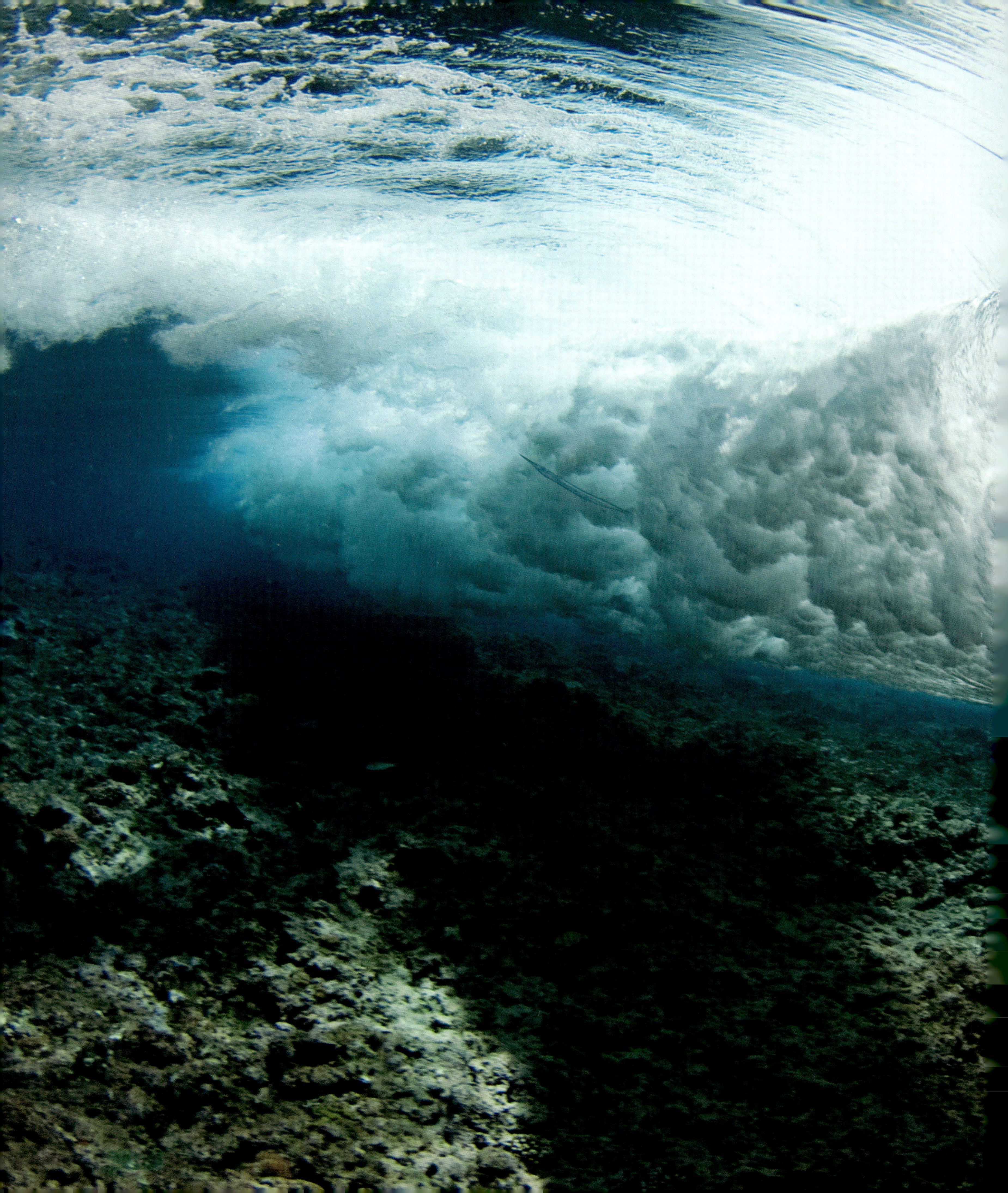

RUHELOSE MEERE

5

<< **Wellenkraft**
Über der Plattform eines Korallenriffs im Pazifischen Ozean bricht sich die Brandung.

WIE EIN MEER ENTSTEHT

Im Lauf der Erdgeschichte sind immer wieder neue Ozeane entstanden, wenn Landmassen an sog. Grabenbrüchen auseinanderbrachen. Andere Ozeane sind allmählich geschrumpft und verschwunden, wenn die Plattentektonik zwei Kontinente aufeinanderzutrieb.

GRABENBRÜCHE

Ein Grabenbruch ist eine Region, in der die kontinentale Erdkruste (die obersten Gesteinsschichten eines Kontinents) dünner wird, bis sich Teile absenken und ein Tal bilden. Dieser Vorgang wird durch Hitze angetrieben, die an einem Hotspot aus dem Erdinneren aufsteigt (siehe S. 32–33) und die Kruste dehnt. An einem Grabenbruch gibt es zumeist Vulkanismus, da Magma aufsteigt und eruptiv an die Oberfläche tritt. Wenn ein Bruch zu einer ausgeprägten Spreizung der Kruste führt, wird aus ihm eine Grenze divergierender Platten (siehe S. 28–29) und schließlich ein Ozean: Der Bruch, an dem neuer Meeresboden entsteht, verwandelt sich in einen mittelozeanischen Rücken.

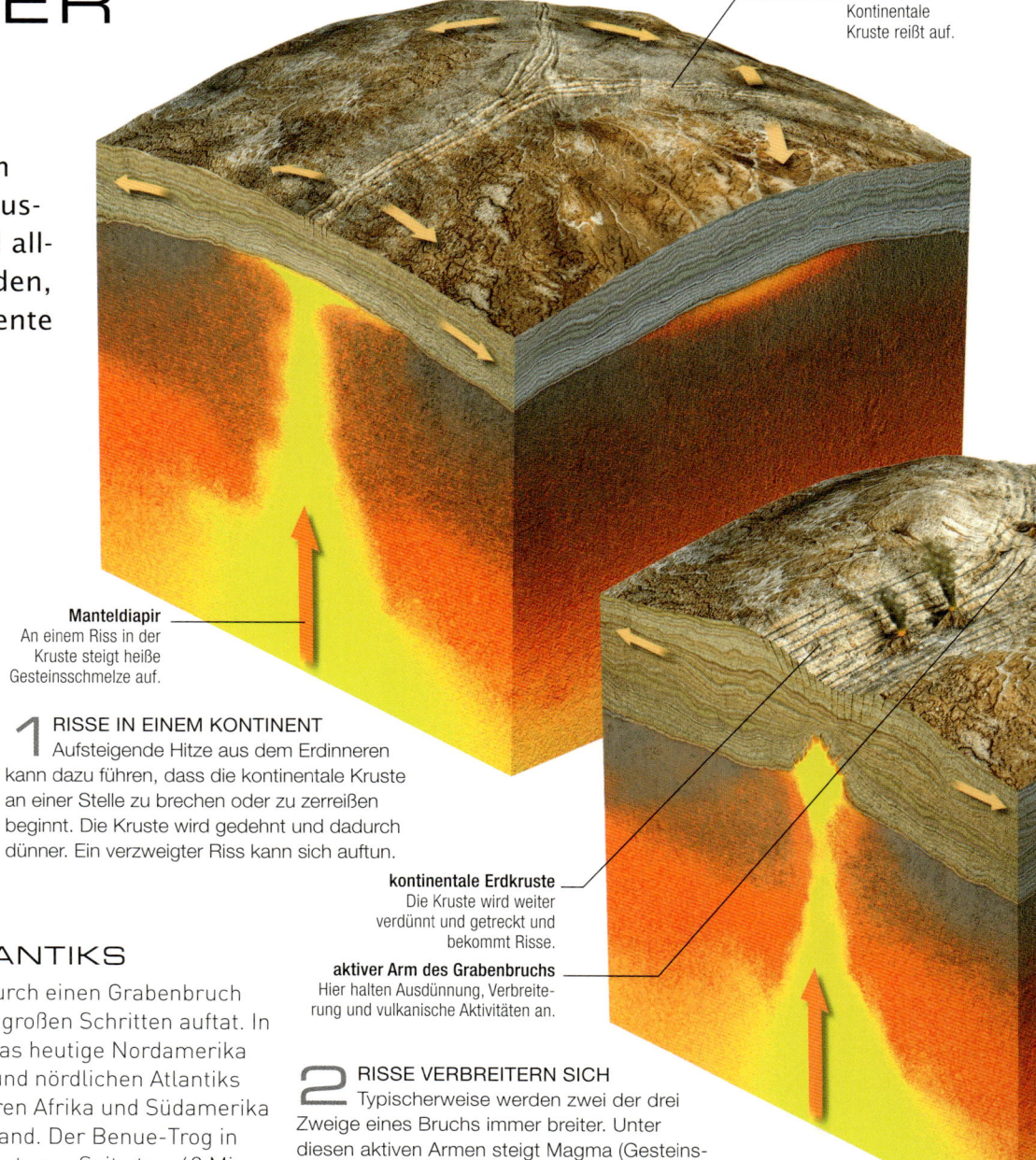

DIE AUSDEHNUNG DES ATLANTIKS

Ein recht junges Beispiel für ein neues Meer, das durch einen Grabenbruch entstand, ist der Atlantische Ozean, der sich in drei großen Schritten auftat. In der ersten Phase vor etwa 180 Mio. Jahren wurde das heutige Nordamerika von Afrika getrennt und der Großteil des mittleren und nördlichen Atlantiks öffnete sich. Dann begannen vor etwa 130 Mio. Jahren Afrika und Südamerika auseinanderzudriften, sodass der Südatlantik entstand. Der Benue-Trog in Nigeria ist vermutlich der »failed arm« des Bruchsystems. Seit etwa 60 Mio. Jahren weitet sich der Bruch zwischen Nordeuropa auf der einen und Grönland auf der anderen Seite zum Nordteil des Atlantiks aus.

Grabenbruch
Kontinentale Kruste reißt auf.

Manteldiapir
An einem Riss in der Kruste steigt heiße Gesteinsschmelze auf.

1 RISSE IN EINEM KONTINENT
Aufsteigende Hitze aus dem Erdinneren kann dazu führen, dass die kontinentale Kruste an einer Stelle zu brechen oder zu zerreißen beginnt. Die Kruste wird gedehnt und dadurch dünner. Ein verzweigter Riss kann sich auftun.

kontinentale Erdkruste
Die Kruste wird weiter verdünnt und gestreckt und bekommt Risse.

aktiver Arm des Grabenbruchs
Hier halten Ausdünnung, Verbreiterung und vulkanische Aktivitäten an.

2 RISSE VERBREITERN SICH
Typischerweise werden zwei der drei Zweige eines Bruchs immer breiter. Unter diesen aktiven Armen steigt Magma (Gesteinsschmelze) auf und bricht in Vulkanen und Spalten zutage. Der dritte Abzweig, ein sog. »failed arm«, entwickelt sich nicht weiter.

STAFFA
Diese kleine Insel vor der Westküste Schottlands besteht aus basaltischer Lava und ist ein Überrest des Grabenbruchs, der zur Öffnung des Nordatlantiks führte. Die Basaltsäulen rahmen eine Höhle ein: Fingal's Cave.

WIE EIN MEER ENTSTEHT

AFRIKA ZERBRICHT

Einiges deutet darauf hin, dass die Bildung eines neuen Meeres in Nordostafrika bereits weit vorangeschritten ist. An einer Dreierkreuzung mit Mittelpunkt im Afardreieck in Äthiopien hat sich ein aktiver Grabenbruch-Arm bereits zum Roten Meer ausgeweitet und ein zweiter Arm – der Ostafrikanische Graben, der sich von Äthiopien nach Süden erstreckt – zeigt in seinem nördlichsten Teilstück klare Anzeichen weiterer Verdünnung und Spreizung, darunter Vulkanismus, Erdbeben, neue Risse im Boden und die Verbreiterung und Verlängerung älterer Risse. Forscher prognostizieren, dass ein großer Teil des Horns von Afrika – mit Somalia, Ostäthiopien, einem Teil von Dschibuti und vielleicht Teile von Kenia – irgendwann zur Insel wird. Zwischen dieser und dem Rumpf Afrikas wird sich ein neuer Zweig des Indischen Ozeans auftun. Manche glauben, dass es dieses neue Meer schon in etwa einer Million Jahren geben wird.

»failed arm«
Aus ihm wird eine Senke.

3 BILDUNG VON NEUEM MEERESBODEN

Die aktiven Arme des Bruchs werden zum mittelozeanischen Rücken, an dem ständig neuer Meeresboden entsteht und zu den Seiten geschoben wird. So wird der Ozean zwischen den beiden Teilen der kontinentalen Erdkruste breiter.

mittelozeanischer Rücken
Hier entsteht neuer Meeresboden.

Kontinentalschelf
Er besteht aus dem Rand der gebrochenen Kruste.

ozeanische Kruste
Sie entsteht am mittelozeanischen Rücken.

DER SCHICHTVULKAN DABBAHU

Im Jahr 2005 tat sich in der äthiopischen Afarsenke, in der der afrikanische Kontinent aktiv auseinanderbricht, dieser 500 m lange Vulkanspalt auf. Dabei kam es zu einer Eruption von etwas heller Asche, Bimsstein und Gesteinsbrocken.

DIE SCHLIESSUNG DER TETHYS

Ozeane können sich aufgrund der Plattentektonik nicht nur auftun und verbreitern, sondern auch schrumpfen und schließlich verschwinden. Vor etwa 250–15 Mio. Jahren erstreckte sich in einem Gebiet, das ungefähr vom heutigen Nordostafrika bis nach Indonesien reichte, ein Ozean namens Tethys. Als Afrika und Indien nach Norden wanderten, wurde er immer kleiner. Sein Boden wurde größtenteils unter Europa und Asien gedrückt; Reste überdauern z. B. in Form des Schwarzen Meeres. Andere Teile wurden angehoben und sind heute Festland. Hier finden sich oft interessante marine Fossilien.

Fossilien im Tal der Wale
Dieses Fossil eines 15 m langen Wals, der einst im Urozean Tethys umherschwamm, ist nur eines von vielen, die in einem kleinen Gebiet im Westen Ägyptens gefunden wurden, die Wadi al-Hitan oder Tal der Wale genannt wird.

244 RUHELOSE MEERE

DER MEERESBODEN

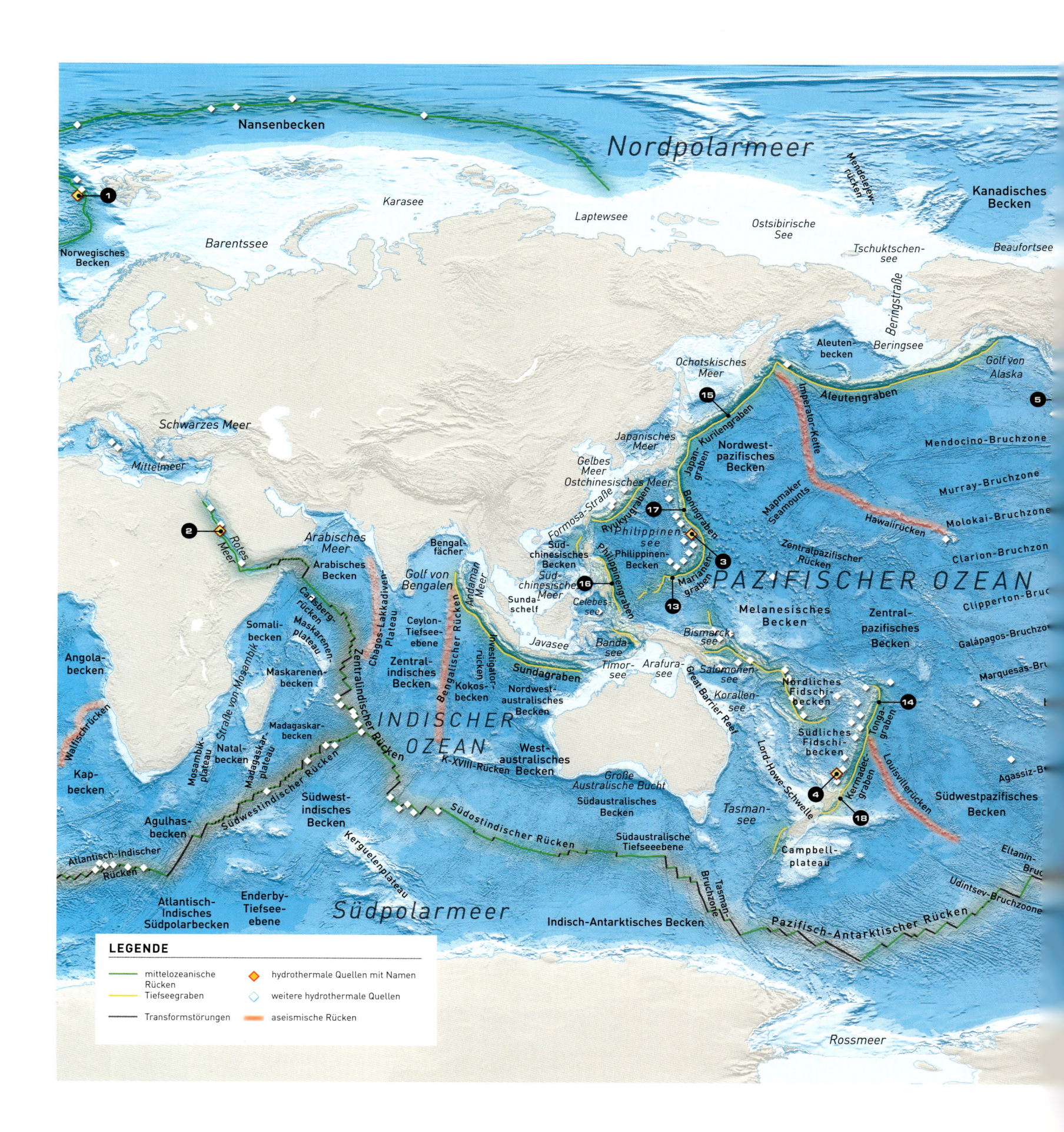

LEGENDE

- mittelozeanische Rücken
- Tiefseegraben
- Transformstörungen
- hydrothermale Quellen mit Namen
- weitere hydrothermale Quellen
- aseismische Rücken

DER MEERESBODEN

Der Meeresboden weist viele Merkmale auf, die mit Plattentektonik zu tun haben. Mittelozeanische Rücken sind Plattengrenzen, an denen neue Kruste entsteht. In Tiefseegräben tauchen Plattenränder unter benachbarte Platten ab. Aseismische untermeerische Rücken sind Bergketten (siehe S. 258–259), die durch Plattenbewegungen über Hotspots (siehe S. 32–33) entstehen.

12 HYDROTHERMALE QUELLEN MIT NAMEN

Aus hydrothermalen Quellen steigen Fahnen heißen Wassers aus Rissen im Meeresboden auf. Sie kommen in einigen vulkanisch aktiven Gebieten des Meeres vor, die fast alle in der Nähe von Plattengrenzen liegen. Hier sind einige benannte Schlote aufgeführt. Es gibt zahlreiche weitere, die keine Namen tragen.

❶ Loki's Castle
- Lage: Mittelatlantischer Rücken
- Tiefe: 2352 m
- Merkmale: Schwarze Raucher

❷ Discovery Deep
- Lage: Rotes Meer
- Tiefe: 2200 m
- Merkmale: warme Salzseen (brine pools)

❸ Champagne Vent
- Lage: Eifukuvulkan, nördlicher Marianenbogen, Westpazifik
- Tiefe: 1600 m
- Merkmale: Weiße Raucher

❹ Brothers
- Lage: Kermadecinseln, Südwestpazifik
- Tiefe: 1550 m
- Merkmale: Schwarze Raucher

❺ Magic Mountain
- Lage: Explorerrücken, Nordostpazifik
- Tiefe: 1850 m
- Merkmale: Schwarze Raucher

❻ Medusa
- Lage: ostpazifische Schwelle
- Tiefe: 2580 m
- Merkmale: Schwarze Raucher

❼ Animal Farm
- Lage: ostpazifische Schwelle
- Tiefe: 2660 m
- Merkmale: Muschelbänke

❽ Fred's Fortress
- Lage: ostpazifische Schwelle
- Tiefe: 2330 m
- Merkmale: Schwarze Raucher

❾ Piccard
- Lage: mittlerer Caymanrücken, Karibik
- Tiefe: 5000 m
- Merkmale: tiefster bekannter Schlot

❿ Lucky Strike
- Lage: Mittelatlantischer Rücken,
- Tiefe: 1726 m
- Merkmale: Schwarze Raucher

⓫ Lost City
- Lage: Mittelatlantischer Rücken
- Tiefe: 750 m
- Merkmale: Methan- und Wasserstoffschlote

⓬ Mephisto
- Lage: Mittelatlantik, in der Nähe der Insel Ascension
- Tiefe: 3047 m
- Merkmale: Schwarze Raucher

DIE TIEFSTEN TIEFSEEGRÄBEN

⓭ Marianengraben
- Lage: Westpazifik
- Tiefe: bis zu 11 034 m
- Länge: 2550 km

⓮ Tongagraben
- Lage: Südwestpazifik
- Tiefe: bis zu 10 882 m
- Länge: 1375 km

⓯ Kurilengraben
- Lage: Nordwestpazifik
- Tiefe: bis zu 10 542 m
- Länge: 2000 km

⓰ Philippinengraben
- Lage: Westpazifik
- Tiefe: bis zu 10 540 m
- Länge: 1320 km

⓱ Boningraben
- Lage: Westpazifik
- Tiefe: bis zu 10 374 m
- Länge: 800 km

⓲ Kermadecgraben
- Lage: Südwestpazifik
- Tiefe: bis zu 10 047 m
- Länge: 1200 km

TEKTONIK DES MEERESBODENS

Viele Erscheinungen auf den Meeresböden sind durch die allmähliche Wanderung riesiger Bruchstücke der festen Erdhülle – der tektonischen Platten – entstanden. Die beiden wichtigsten Strukturen sind mittelozeanische Rücken, an denen neuer Boden entsteht, und Tiefseegräben, an denen er zerstört wird.

MITTELOZEANISCHE RÜCKEN

Miteinander verbundene Grenzen divergierender tektonischer Platten werden in den Meeren als mittelozeanische Rücken bezeichnet (siehe S. 244–245). Diese Rücken erheben sich wie Gebirge mit schwach geneigten Flanken über das sonstige Niveau des Meeresbodens. Hier entsteht aus Magma, das aus dem Erdinneren aufsteigt, neue ozeanische Lithosphäre (ozeanische Kruste). Der neue Meeresboden schiebt sich vom Rücken fort: ein Prozess, der als Meeresbodenspreizung (Sea-Floor-Spreading) bezeichnet wird. Man kennt mittelozeanische Rücken mit schneller und mit langsamer Spreizung. An ihnen ereignen sich viele schwache und mittlere Erdbeben, hier bilden sich auch hydrothermale Schlote oder Raucher (siehe S. 250–251).

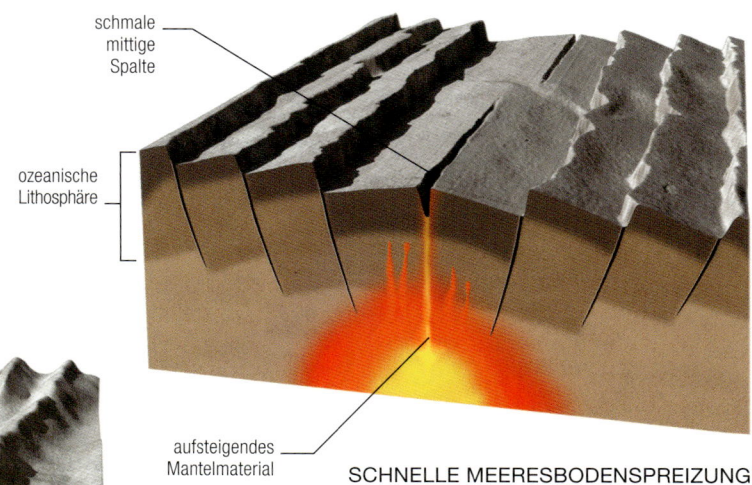

SCHNELLE MEERESBODENSPREIZUNG
Im Pazifik spreizen sich die Rücken meist schnell. Sie haben eine relativ glatte Oberfläche und eine schmale zentrale Spalte, der Boden strebt 6–16 cm pro Jahr auseinander.

- schmale mittige Spalte
- ozeanische Lithosphäre
- aufsteigendes Mantelmaterial
- Aus Basalt (erstarrter Lava) entsteht eine neue Kruste und obere Mantelschicht.

LANGSAME MEERESBODENSPREIZUNG
Mit Ausnahme des Pazifiks herrscht in den Meeren ein Rückentyp vor, der durch einen breiten zentralen Grabenbruch und zerfurchtes Terrain geprägt ist. Der Boden strebt meist 2–5 cm pro Jahr auseinander.

- 10–20 km breiter Grabenbruch

MEERESBODENSPREIZUNG

Diese grundlegende Folge der Plattenbewegung ist für alle Arten von tektonischer Aktivität immens wichtig, z. B. für die Gebirgsbildung und für Erdbeben. Der amerikanische Forscher Harry Hess stellte das Konzept in den 1960er-Jahren als Erster vor. Bestätigt wurde es durch die Messung der Magnetisierungsmuster in der ozeanischen Kruste. Sie war für die Entwicklung der Theorie der Plattentektonik entscheidend.

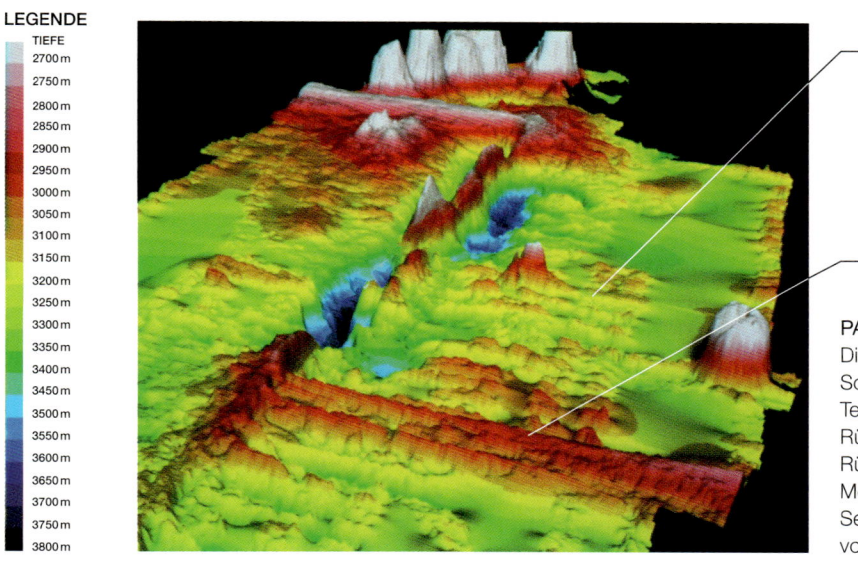

LEGENDE
TIEFE
2700 m
2750 m
2800 m
2850 m
2900 m
2950 m
3000 m
3050 m
3100 m
3150 m
3200 m
3250 m
3300 m
3350 m
3400 m
3450 m
3500 m
3550 m
3600 m
3650 m
3700 m
3750 m
3800 m

PAZIFIKBODEN
Diese 3-D-Falschfarben-Sonarkarte zeigt einen Teil des Ostpazifischen Rückens, eines langen Rückens im Pazifik. Der Meeresboden zu beiden Seiten strebt allmählich von ihm fort.

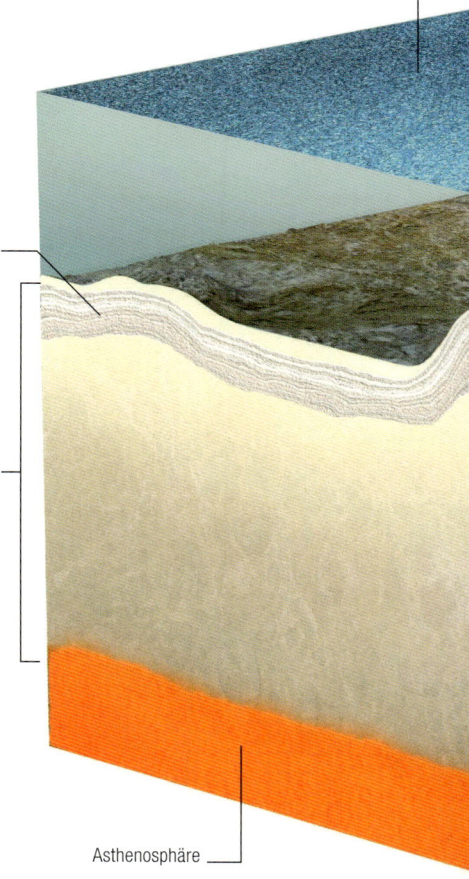

- Boden des Pazifischen Ozeans
- Ostpazifischer Rücken
- Meeresoberfläche
- ozeanische Kruste
- Lithosphäre, die die Marianenplatte bildet
- Asthenosphäre

TEKTONIK DES MEERESBODENS 247

TIEFSEEGRÄBEN

Tiefseegräben oder -rinnen sind asymmetrische, v-förmige Täler im Meeresboden. Sie entstehen, wenn der Rand einer Platte, die aus ozeanischer Lithosphäre besteht, sich unter eine Nachbarplatte schiebt oder subduziert wird, die ebenfalls eine ozeanische Lithosphäre (an einer konvergenten Ozean-Ozean-Grenze) oder eine kontinentale Lithosphäre (an einer Ozean-Kontinent-Grenze) sein kann. An diesen Stellen werden die Platten langsam abgebaut. Die Gräben sind zumeist 5–10 km tief. Die größte Tiefe wird an einer Stelle im Marianengraben erreicht, die zugleich der tiefste, bisher gemessene Punkt der gesamten Erdoberfläche ist: die Witjastiefe (11 034 m). Am Grund der Tiefseegräben ist es pechschwarz, die Wassertemperatur liegt knapp über dem Gefrierpunkt. Dennoch leben hier einige angepasste Tiere. Die Gräben werden auch oft von Beben erschüttert, wenn sich die Spannung, die sich durch die Reibung der Platten im Gestein aufbaut, abrupt entlädt.

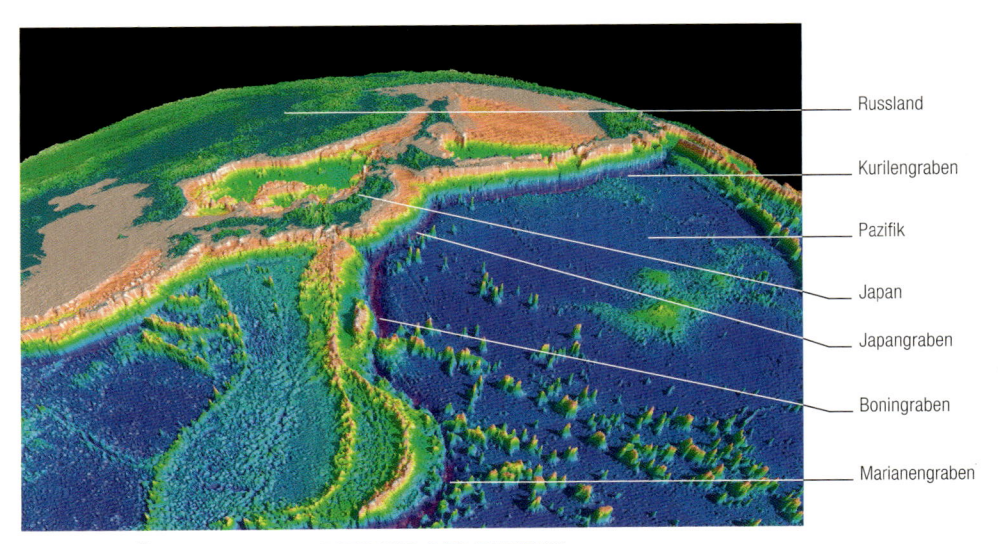

TIEFSEEGRÄBEN AM NORDWESTRAND DES PAZIFIKS
Am Boden des nordwestlichen Pazifiks reihen sich mehrere Tiefseegräben aneinander. An diesen Stellen wird der Rand der Pazifischen Platte unter eine Reihe benachbarter Platten geschoben.

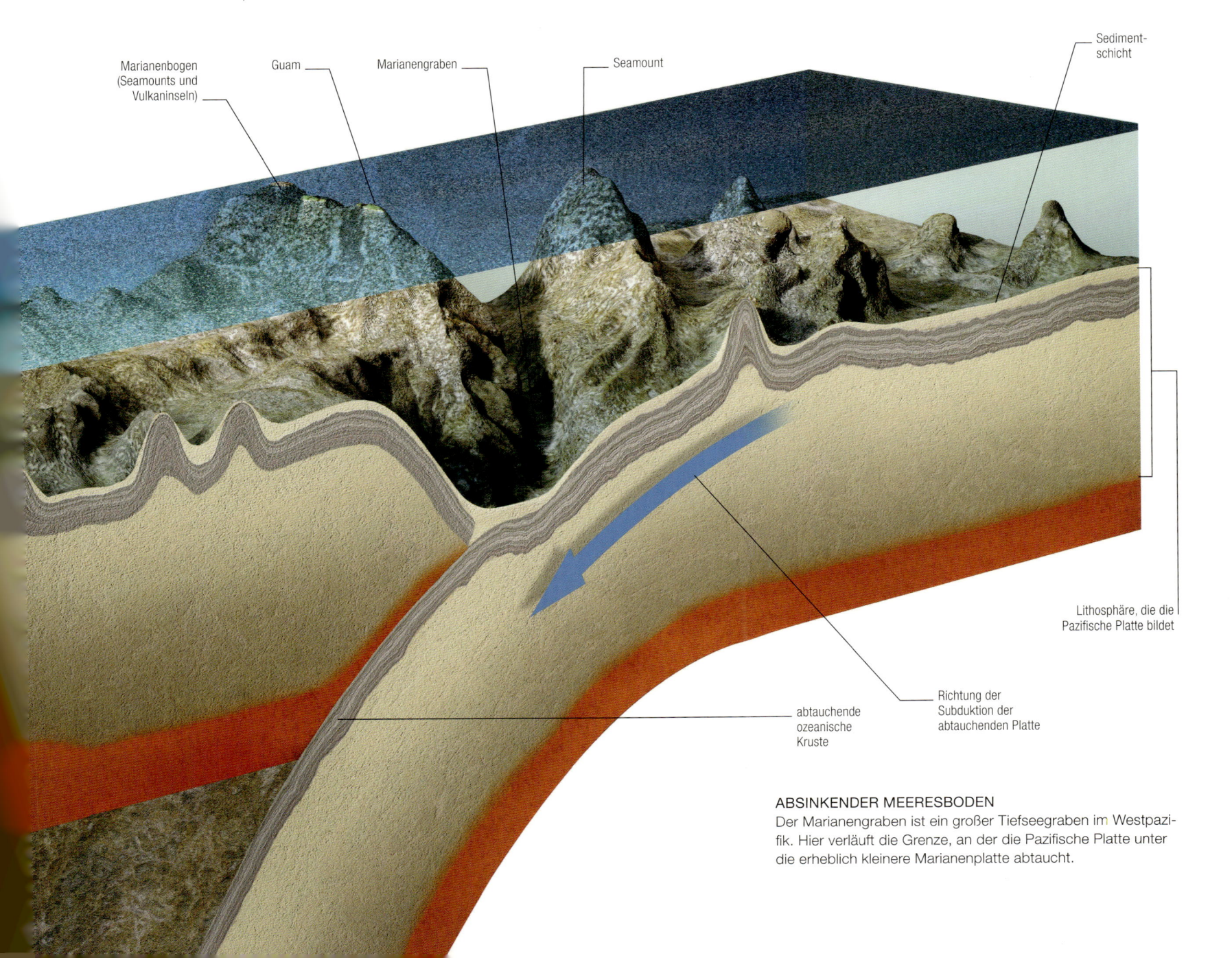

ABSINKENDER MEERESBODEN
Der Marianengraben ist ein großer Tiefseegraben im Westpazifik. Hier verläuft die Grenze, an der die Pazifische Platte unter die erheblich kleinere Marianenplatte abtaucht.

RISS ZWISCHEN ZWEI PLATTEN
Der Grat des Mittelatlantischen Rückens – eine Plattengrenze – verläuft durch Island und liegt dort an einer Stelle unter einem See. Er ist durch eine Spalte im Seeboden markiert, über der der Taucher schwebt. Links von ihr befindet sich die Nordamerikanische Platte, rechts die Eurasische Platte.

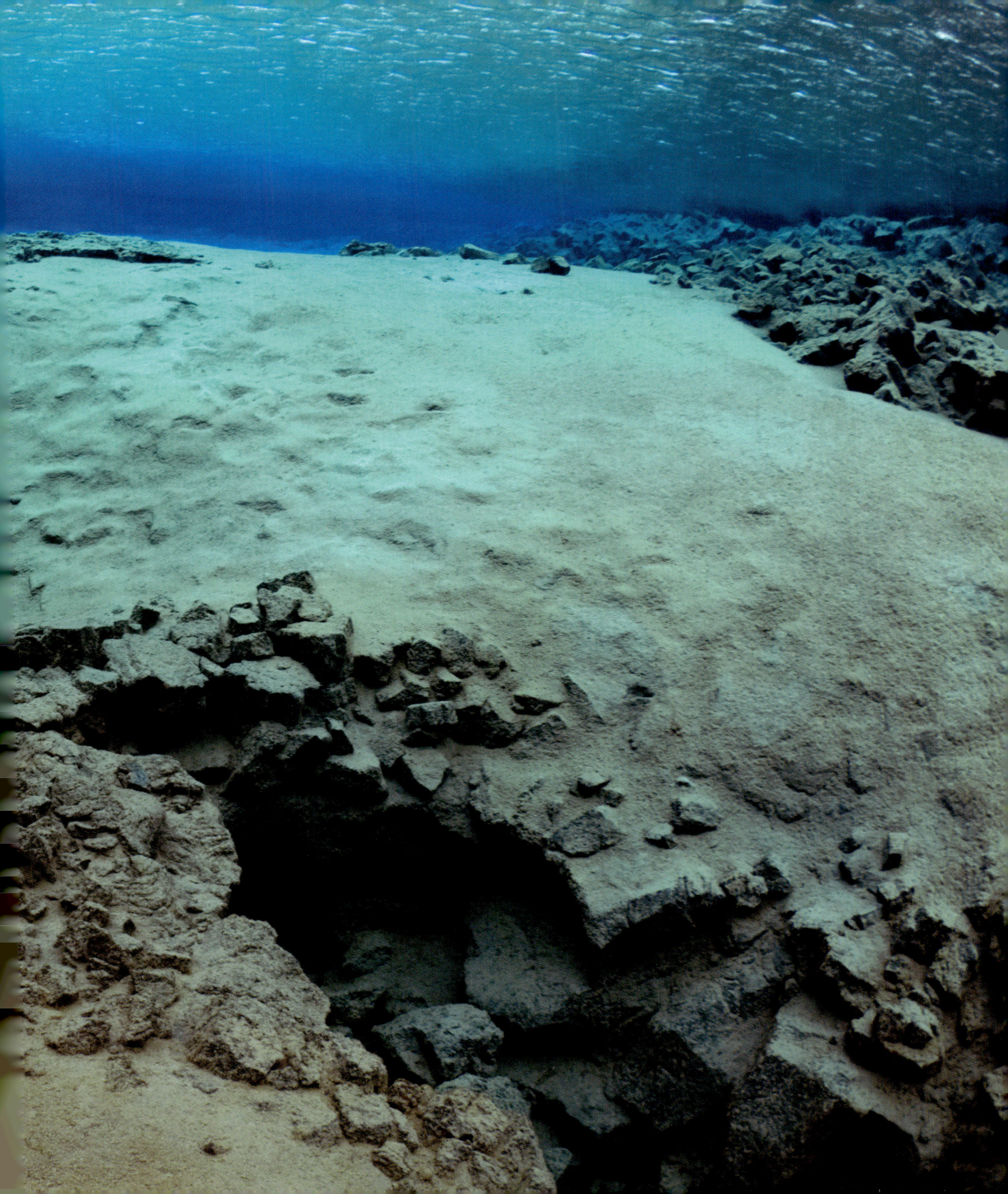

SUBMARINE VULKANE

Etwa 80 Prozent aller vulkanischen Aktivitäten spielen sich im Meer ab. In der Nähe von mittelozeanischen Rücken, über Hotspots und in Vulkaninselbögen entstehen ständig neue Vulkane. Wenige von ihnen erreichen irgendwann den Meeresspiegel. Dann kommt es zu hochdramatischen Eruptionen.

UNTERWASSERERUPTIONEN

Vulkane, die am Meeresboden ausbrechen, haben es nicht leicht, da ein immenser Wasserdruck auf ihnen lastet. Dennoch strömen an Tausenden von Stellen riesige Lavamengen ins Meer. Der größte Teil dieser untermeerischen Vulkanaktivität bleibt an der Wasseroberfläche unsichtbar, aber sie lässt sich durchaus nachweisen: Mit Tauchbooten haben Wissenschaftler ein paar Ausbrüche in der Tiefe verfolgt, z. B. am Vulkan NW Rota-1 im Westpazifik, dessen Hauptschlot 500 m unter dem Meeresspiegel liegt.

Wenn die Spitze eines submarinen Vulkans die Meeresoberfläche erreicht, kann es zu spektakulären Eruptionen kommen. In jedes Jahrhundert fallen etliche solcher Ereignisse. Ein Ausbruch nahe der Insel Iriomote im Jahr 1924 war einer der größten in Japan überhaupt; 1939 und 1974 brach der submarine Vulkan Kick'em Jenny vor Grenada in der Karibik aus; ein weiterer submariner Vulkan erschuf 1963 die Insel Surtsey (siehe S. 256–257).

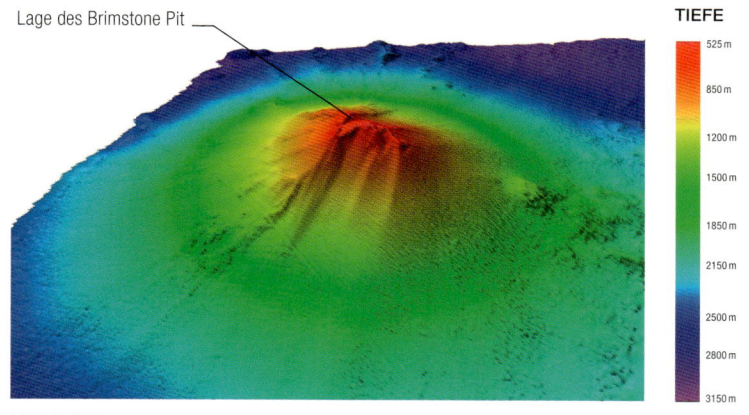

NW ROTA-1
Diese 3-D-Sonar-Karte zeigt den submarinen Vulkan NW Rota-1 im Marianenbogen im Westpazifik. Der Schlot, an dem er ausbricht, ist der Brimstone Pit.

VULKAN BEI HUNGA HA'APAI
Im März 2009 brach nahe der zu Tonga gehörenden Insel Hunga Ha'apai im Südwestpazifik ein Unterwasservulkan aus. Die Asche, die er ausstieß, stieg etwa 100 m über den Meeresspiegel auf.

FUKUTOKU-OKANOBA

Lage nahe der Insel Minami Iwojima, Gruppe der Vulkaninseln, Japan, im Westpazifik

Gipfeltiefe 0–14 m

Dieser Vulkan ist schon oft an oder nahe der Wasseroberfläche ausgebrochen, zuletzt 2010. Die Eruptionen verfärben das Meerwasser, erzeugen Dampf und Aschefahnen. Manchmal (hier 2005) entstehen auch Flöße aus heißem Bimsstein.

LOIHI

Lage südöstlich der Hauptinsel Hawaii, mittlerer Pazifik

Gipfeltiefe 969 m

Loihi liegt an der Flanke des Mauna Loa, eines riesigen Schildvulkans, der den Großteil der Hauptinsel von Hawaii einnimmt. Der ausführlich untersuchte submarine Vulkan wächst seit etwa 400 000 Jahren über dem Hotspot, der alle Inseln Hawaiis hat entstehen lassen.

MAHANGETANG

Lage nahe der Insel Siau, nördlich von Sulawesi, Indonesien

Gipfeltiefe 8 m

In einer vulkanisch sehr aktiven Region Indonesiens erhebt sich der Mahangetang etwa 400 m über dem Meeresboden. Seine Oberfläche ist von etlichen vulkanischen Schloten und Fumarolen durchlöchert, aus denen permanent Gas in Form zahlloser kleiner Bläschen aufsteigt.

WEST MATA

Lage Lau-Senke, nahe Tonga, Südwestpazifik

Gipfeltiefe 1174 m

Dieser Vulkan in der Nähe des Tongagrabens wurde im November 2008 während eines heftigen Ausbruchs entdeckt. Bei erneuter Erkundung im Jahr 2009 fand man Röhren aus Kissenlava mit glühenden Magmabändern (oben), die aus dem Schlot des Vulkans aufragten.

KURZLEBIGE INSELN

Wenn der Gipfel eines submarinen Vulkans die Wasseroberfläche erreicht, stößt er manchmal so viel Material aus, dass eine neue Insel entsteht. Meist wird sie nach kurzer Zeit von der Wellenerosion wieder abgetragen. Einige submarine Vulkane erschaffen immer wieder neue vergängliche Inseln.

ENTSTEHEN UND VERGEHEN

Die Geburt einer neuen Vulkaninsel geht stets mit gewaltigen Explosionen, Dampf- und Aschewolken einher und ist daher ein faszinierender Anblick. Das Produkt dieses Naturschauspiels ist aber nicht notwendig von Dauer. Die Chancen, dass es wenigstens ein paar Jahre durchhält, hängen von der Art des ausgeworfenen Materials ab – also davon, ob es vor allem Asche und Schlacke ist oder geschmolzene Lava. Auch die Dauer der Eruption und die Stärke der Wellen und Strömungen in der Gegend des Ausbruchs spielen eine Rolle. Damit eine langlebige Insel entsteht, ist eine ganze Reihe von Eruptionen vonnöten, die sich über viele Jahre erstrecken. Es hilft auch, wenn der Vulkan einen großen Teil des Magmas in Form von geschmolzener Lava auswirft, weil diese beim Erstarren lockeres Gestein, Asche und Schlacken zu einr zähen, widerstandsfähigen Substanz verbacken kann.

Häufiger halten die Eruptionen allerdings nur ein paar Wochen oder Monate an und die entstehende Insel besteht überwiegend aus Asche, Schlacken und Bimsbrocken. Im Allgemeinen werden solche Inseln innerhalb relativ kurzer Zeit von der Erosion abgetragen: binnen einiger Monate bis Jahrzehnte, gemessen auf der geologischen Zeitskala also während eines bloßen Lidschlags.

EXPLOSIVE GEBURT
Am 20. Januar 1986 durchbrach der Fukutoku-Okanoba, der zu den japanischen Vulkaninseln zählt, die Wasseroberfläche. Binnen Tagen entstand eine große Insel, dann endete die Eruption. Am 8. März war die Insel wieder verschwunden.

KURZLEBIGE INSELN 255

PERIODISCHE INSELN

Die Gipfel einiger submariner Vulkane tauchen über viele Jahrzehnte sporadisch auf und wieder ab; sie bilden eine Abfolge kurzlebiger Inseln. Diese wiederkehrenden Inseln erhalten oft immer wieder denselben Namen, obwohl ihre Manifestationen unterschiedlich aussehen können. Z. B. vermeldete 1865 das britische Schiff HMS *Falcon* eine neue Insel bei Tonga im Südwestpazifik, die Falcon Island genannt wurde. Wenig später war sie verschwunden, aber in den Jahren 1885, 1927 und 1933 wurde von anders aussehenden Inseln berichtet, die man ebenfalls Falcon Island taufte. In Tonga haben auch die Vulkane Home Reef und Metis Shoal in den letzten 200 Jahren jeweils eine Handvoll wiederkehrender Inseln erschaffen. Der Kavachi bei den Salomonen hält den Rekord: Seit 1950 hat er mindestens 11 solcher Inseln produziert.

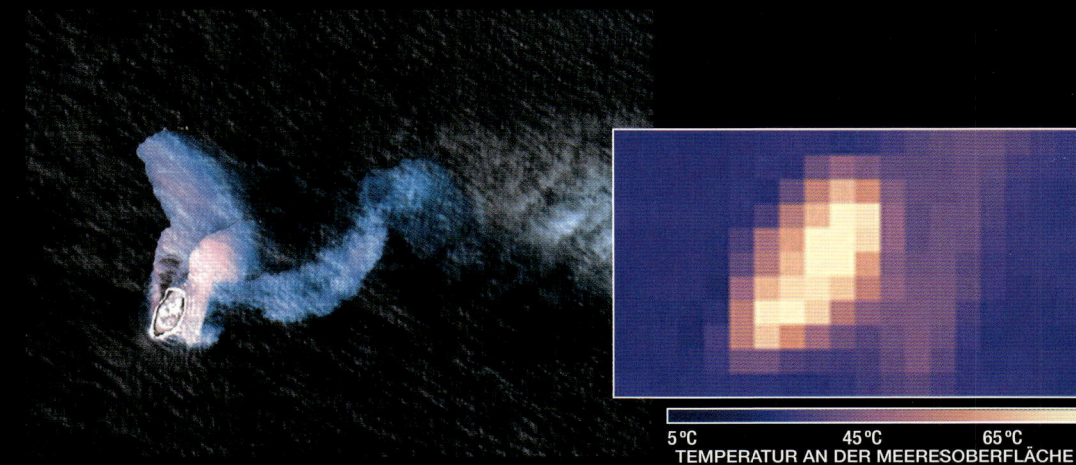

HOME REEF, TONGA
Dieses Satellitenbild zeigt eine kurzlebige Insel von etwa 800 m Länge, die der submarine Vulkan Home Reef im Oktober 2006 schuf. Im Februar 2007 war der größte Teil der Insel bereits wieder im Meer versunken.

TEMPERATUR-SCAN
Ein Wärmebild der Insel, die der Vulkan Home Reef schuf, wies in deren Zentrum eine Oberflächentemperatur von 65 °C aus – wohl wegen der noch frischen Schlacke und Lava.

METIS SHOAL, TONGA
Im Juni 1995 tauchte bei der Untiefe Metis Shoal in Tonga eine neue Insel auf. Als dieses Foto gemacht wurde, war sie etwa 43 m hoch, 280 m breit und 700–800 °C heiß. Dieser riesige Lavahügel, eine Staukuppe, war von einem Unterwasservulkan ausgespieen worden und wurde danach rasch wieder durch die Erosion abgetragen.

EINE KURZLEBIGE INSEL IM MITTELMEER

Auch das Mittelmeer hat einen submarinen Vulkan, der Empedokles genannt wird und ab und zu eine kurzlebige Insel südwestlich von Sizilien erschafft. Diese Insel wird meist Ferdinandea genannt, wurde aber auch Giulia und Graham Island getauft. Ihren letzten Auftritt hatte sie 1863. Davor war sie 1831 aufgetaucht und hatte einen Besitzstreit zwischen Frankreich, England und Neapel ausgelöst. Bevor dieser gelöst werden konnte, endeten die Eruptionen und der Zankapfel versank in den Fluten.

FERDINANDEA IM JAHR 1831
Diese Eruption führte rasch zur Ausbildung eines Inselchens mit einem zentralen Krater, der Asche und Lava ausspie. Der Ausbruch dauerte sechs Monate an.

KAVACHI, SALOMONEN
Nach einer Eruption des submarinen Vulkans Kavachi bildet sich ein wolkenartiges Gebilde. Jedes Mal, wenn der Kavachi den Kopf über das Wasser hält, taucht er an einer anderen Stelle auf. Das liegt daran, dass er einen breiten Gipfel mit mehreren Eruptionsschloten hat.

SURTSEY 1963

Im November 1963 weckte eine Reihe heftiger Explosionen an der Meeresoberfläche südlich von Island das Interesse zunächst der örtlichen Fischer, dann der Vulkanologen und schließlich der Weltpresse. Binnen Wochen brachten die Eruptionen die bekannteste neue Insel des 20. Jahrhunderts hervor – von der isländischen Regierung Surtsey getauft, nach dem nordischen Feuergott Surtur. Sie fuhr fort, Aschewolken und Lavafontänen auszuspucken, zu wachsen und sich zu verwandeln, bis sie im Sommer 1967 schließlich verstummte. Seither erodiert sie allmählich. Forscher schätzen sie als Freilandlabor für Biokolonisation: für die Besiedelung von Neuland durch Lebewesen.

NOVEMBER 1963

Lage	vor der Küste von Island
Vulkantyp	submariner Vulkan
Eruptionstyp	Surtseyanische Eruption
Explosivitätsindex	3

1 000 000 000
KUBIKMETER MATERIAL, DAS VON 1963-1967 AUSGESTOSSEN WURDE

DIE GEBURT EINER INSEL

Die Eruption, die zur Bildung von Surtsey führte, dürfte erst wenige Tage vor ihrem Auftauchen begonnen haben, und zwar an Vulkanschloten 130 m unter der Oberfläche. Diese Schlote gehören zu dem Vulkansystem der Vestmannæyjar-Inselgruppe, einem Ausläufer des Mittelatlantischen Rückens (siehe S. 246). Die Lava türmte sich unter Wasser rasch auf, bis die Eruptionen Dampf- und Aschewolken über dem Meer aufsteigen ließen: Heute spricht man von einem Surtseyanischen Eruptionstyp. Innerhalb eines Tages erhob sich die ganze Spitze des submarinen Vulkans über die Oberfläche.

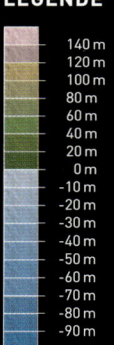

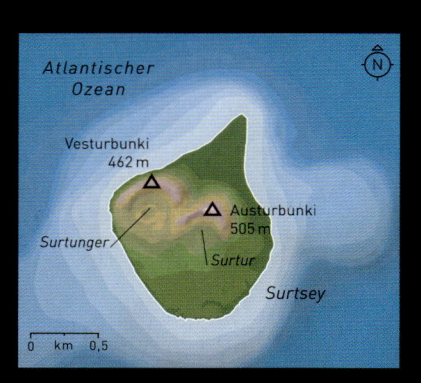

KARTE SURTSEYS
Auf dieser Karte markiert der halbrunde Krater in der Mitte, Surtur, den ursprünglichen Vulkanschlot. Beim zweiten Krater, Surtungur, öffnete sich etwa drei Monate nach Beginn der Eruptionen ein weiterer Schlot.

>> AUF SURTSEY WAR DIE ENTSTANDENE LANDSCHAFT SO VIELFÄLTIG ... ES WAR KAUM ZU GLAUBEN. <<

SIGURDUR THORARINSSON, ISLÄNDISCHER GEOLOGE

PHASEN DER ERUPTION

1 DIE ERSTEN EXPLOSIONEN
Fischer entdeckten am 14. November 1963 eine Asche- und Dampfsäule, die etwa 33 km vor Islands Südküste aus dem Meer aufstieg. Als sie darauf zuhielten, erlebten sie Explosionen, die eine riesige dunkle Aschewolke erzeugten.

2 FRÜHE PHASEN
Etwa zehn Tage lang führte der Kontakt zwischen heißem Magma und dem Meerwasser immer wieder zu spektakulären Eruptionen von dunkler Asche und hellem Dampf. Die Aschewolke stieg bis in 10 km Höhe auf.

3 EINE INSEL ENTSTEHT
Am 27. November 1963 hatten sich die Asche- und Schlackemassen zu einem Kegel von etwa 500 m Durchmesser angehäuft. Ein breiter Krater umschloss den Schlot, der weiterhin Asche und Dampf ausspie.

4 LAVASTRÖME
In den folgenden Jahren strömte Lava aus dem ursprünglichen Schlot von Surtsey sowie aus einem zweiten Schlot. Die erstarrte Lava bildet eine Schutzkappe, die weite Teile der Insel bedeckt.

DER TSUNAMI SCHLÄGT ZU

1 KÜSTE UNTER WASSER
Die Küste von Nordwestsumatra wurde als Erste getroffen – von bis zu 35 m hohen Wellen. Die Wellen zerstörten Gebäude, rissen die Pflanzendecke mit und drangen kilometerweit in das Inland vor.

2 RIESENWELLEN ÜBERROLLEN ALLES
Die Wellen, die etwa eine Stunde nach dem Beben die Küsten heimsuchten, waren 5–10 m hoch – wie hier bei Penang in Malaysia. Sie ließen sich durch kein Hindernis aufhalten.

3 ÜBERFLUTUNG DES INLANDS
In Südostindien drangen die Tsunamis in den ersten drei Stunden weit ins Inland vor, wie hier im Umland von Chennai. Sie rissen alles mit, was ihnen auf ihrem Weg begegnete.

4 TRÜMMERBERGE
Als sich das Wasser zurückzog, blieben an Tausenden von Kilometern Küste zerdrückte Boote, Gebäude, Mobiliar, Fahrzeuge, Leichen und Schlamm zurück, wie hier im Distrikt Galle in Sri Lanka.

ZAHLREICHE TODESOPFER

Weil es damals im Indischen Ozean kein Frühwarnsystem gab, wurden die meisten Bewohner der betroffenen Küstengebiete von den Wassermassen überrascht. Der Tsunami bestand aus einer Abfolge von Wellen, zwischen denen über 30 Minuten lagen. Die größten Wellen überrollten das Städtchen Lhoknga an der Küste Sumatras; ihre maximale Höhe wurde auf 35 m geschätzt. Der Tsunami forderte viele Menschenleben, vor allem in Indonesien (mehr als 167 000 Tote), gefolgt von Sri Lanka (über 40 000), Indien (über 12 000) und Thailand (über 6000 Tote). Tausende von küstennahen Gebäuden wurden zerstört, Strände weggespült. Auch die Umwelt nahm starken Schaden – vor allem die Korallenriffe.

> »ÜBERALL SCHRIEN MENSCHEN, KINDER KREISCHTEN ... ABER EIN PAAR MINUTEN SPÄTER HÖRTE MAN NIRGENDS MEHR EINEN KINDERLAUT ...«
>
> **PETRA NEMCOVA,** TSCHECHISCHES MODEL, DAS IM THAILÄNDISCHEN KHAO LAK WAR, ALS DER TSUNAMI ZUSCHLUG

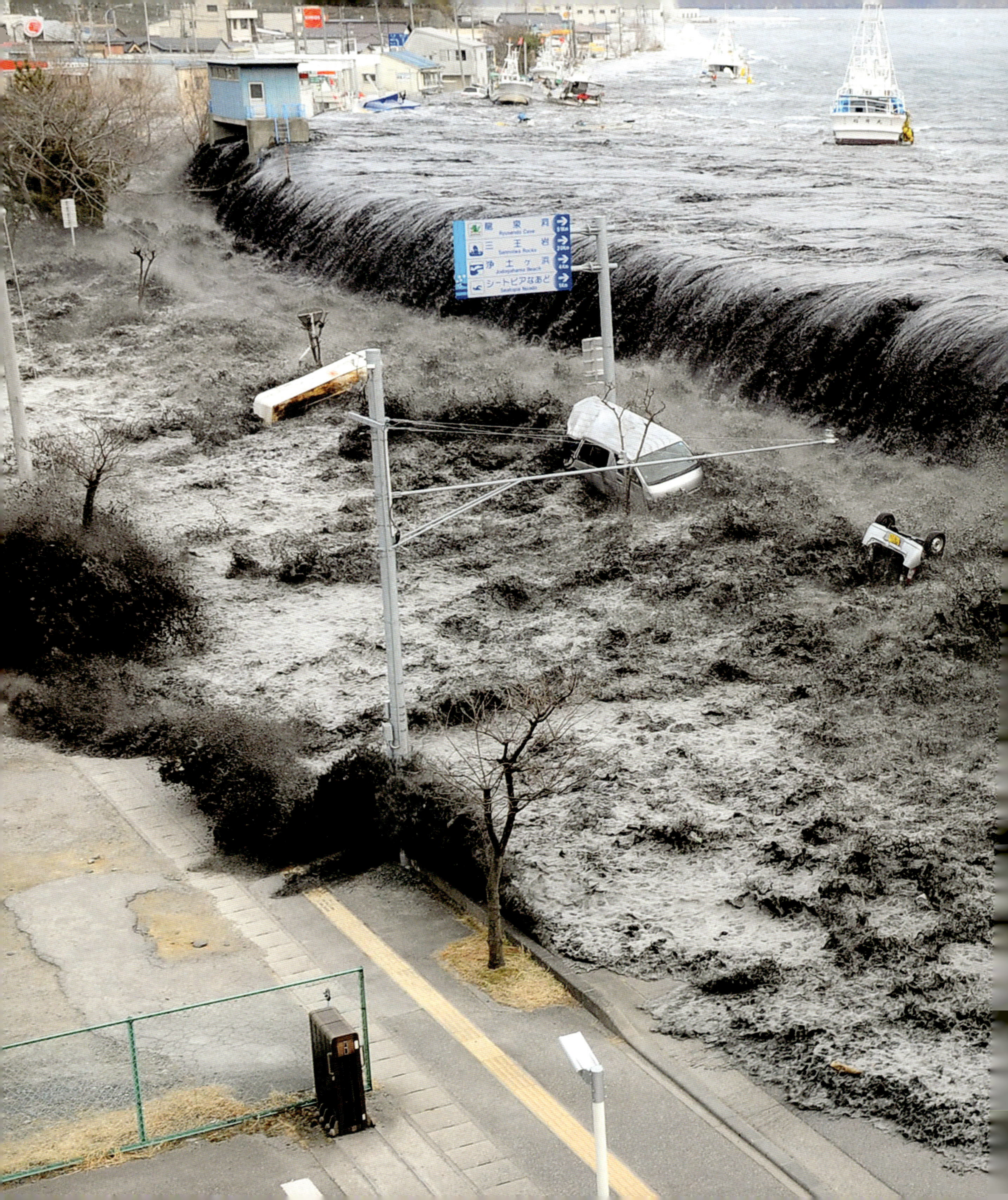
三 王 岩
浄 土 ケ 浜
シートピアなあど

TSUNAMI IN JAPAN
Am 11. März 2011 drängte ein Tsunami in den Hafen der Stadt Miyako im Nordosten Japans. Gigantische Wassermassen stürzten sich über die 3 m hohe Hafenmauer und ergossen sich in den Straßen. Einige der Schiffe im Hintergrund wurden kurz darauf ebenfalls mitgerissen.

> RUHELOSE MEERE

TSUNAMI IN JAPAN 2011

Am Freitag, dem 11. März 2011, musste die Welt hilflos mit ansehen, wie ein verheerender Tsunami über die Küstenregionen von Japans Hauptinsel Honshu hinwegfegte. Die gewaltigen Wassermassen rissen alles mit, was ihnen unterkam: Schiffe, Häuser, Autos und Menschen. Das Meer fegte durch Städte und über Felder, Straßen und Flughäfen, überschwemmte ein riesiges Gebiet und hinterließ entsetzliche Trümmerfelder. Viele Menschen starben oder sind seither verschollen; Hunderttausende wurden obdachlos; eine riesige Zahl an Gebäuden wurde zerstört, der wirtschaftliche Schaden beträgt Hunderte Milliarden Dollar. Außerdem wurde ein Kernkraftwerk so schwer beschädigt, dass in mehreren Blöcken eine Kernschmelze eintrat.

11. MÄRZ 2011

Lage	Nordostküste von Honshu, Japan
Typ	Riss einer Verwerfungslinie an konvergenter Plattengrenze
Tote und Vermisste	27 500

326 000 000 000

GESCHÄTZTE SCHADENSSUMME DER KATASTROPHE (IN US-DOLLAR)

DER TSUNAMI

Der Tsunami wurde durch das abrupte Aufreißen eines Stücks einer Verwerfungsfläche unter dem Meeresboden vor der Nordostküste Honshus verursacht. Dieser etwa 500 km lange Riss löste ein Beben der Magnitude 9,0 aus: das stärkste Beben, das Japan jemals traf. Der Meeresboden an der Front der japanischen Platte schnellte nach oben, als die Verwerfung riss, verdrängte das Meerwasser und löste so die Wellen aus. Binnen Minuten hatten sie die Küste erreicht. Sie spülten über Tsunami-Schutzmauern hinweg und drangen bis zu 10 km ins Inland vor. Vor der Ostküste Japans wurden einige Wellen schätzungsweise bis zu 38 m hoch, aber die meisten hatten eine Amplitude von 3–12 m. Innerhalb von etwa einer Stunde wurde eine Fläche von 470 km² überflutet. Neben zahlreichen Toten musste das Land auch gewaltige Schäden an Gebäuden und Verkehrsnetzen verkraften.

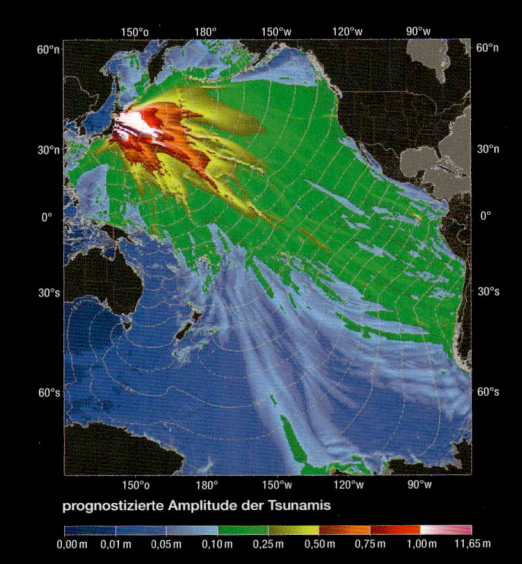

prognostizierte Amplitude der Tsunamis

0,00 m 0,01 m 0,05 m 0,10 m 0,25 m 0,50 m 0,75 m 1,00 m 11,65 m

WELLENHÖHENVORHERSAGE
Diese Karte, Minuten nach der Tsunamimeldung erstellt, zeigt die prognostizierte sinkende Höhe der Wellen bei ihrer Ausbreitung über den Pazifik an.

PROTOKOLL EINES DESASTERS

1 ERDBEBEN IN HONSHU
Das Beben beschädigte viele Straßen schwer, wie hier in Urayasu nahe Tokio. Die gewaltigen Stöße ließen auch einen Deich brechen und setzten zwei Raffinerien in Brand. Bald folgten zwei sehr starke Nachbeben (Magnituden 7,9 und 7,7).

2 DER TSUNAMI ÜBERROLLT DIE KÜSTE
Binnen Minuten erreichten gewaltige Wellen einen langen Abschnitt der Küste von Honshu. Die Wassermassen schoben sich durch Häfen und Städte, über Felder, Straßen und Bahngleise – und über Kanäle, hier in Iwanuma in der Präfektur Miyagi.

3 FEUER, TREIBGUT UND TRÜMMERBERGE
Häuser und ihre Einrichtungen wurden zermalmt oder mitgerissen, zu schwimmenden Trümmerflößen verkeilt und dann irgendwo wieder abgesetzt. Funken aus beschädigten Elektrogeräten oder Leitungen entzündeten ausgetretene Treibstoffe.

TSUNAMI IN JAPAN 2011

WARNSYSTEM

Japan ist gut auf Erdbeben vorbereitet und hat ein ausgefeiltes Tsunami-Warnsystem. Bereits drei Minuten nach dem Erdbeben wurde eine Warnung herausgegeben, die angab, welche Präfekturen voraussichtlich am härtesten getroffen würden. Zwar rettete sie einige Menschenleben, aber in diesem Fall waren die Wellen so hoch und so rasch an der Küste, dass man kaum etwas tun konnte.

WARNSCHILD

Schilder wie dieses weisen die Menschen an Japans gefährdeten Küsten an, im Fall eines starken Bebens oder eines Tsunamis sofort höheres Terrain aufzusuchen.

> **DIE WELLE TRAF MICH UND SCHOB MICH IN EINEN EINGANG. ICH KLAMMERTE MICH AN DIE TÜR, UM ZU ÜBERLEBEN.**
>
> **HIROMI ONODERA,** TSUNAMI-ÜBERLEBENDE

4 NOTUNTERKÜNFTE

Bald begannen die Hilfseinsätze: Evakuierte wurden in Notunterkünften wie dieser Sporthalle untergebracht. Aber die japanische Regierung musste gewaltige Herausforderungen bewältigen: 300 000 Menschen waren obdachlos, Treibstoff wurde knapp, im Katastrophengebiet fiel oft der Strom aus. Nahrung, Wasser und Medikamente gelangten nur mühsam an ihre Ziele.

5 BESCHÄDIGTES KERNKRAFTWERK

Im Kernkraftwerk Fukushima I zerstörte der Tsunami die Notstromgeneratoren, die das Kühlsystem versorgten. Das führte zu schweren Problemen wie dem Entweichen radioaktiven Materials, die auch Monate nach der Katastrophe noch nicht behoben waren.

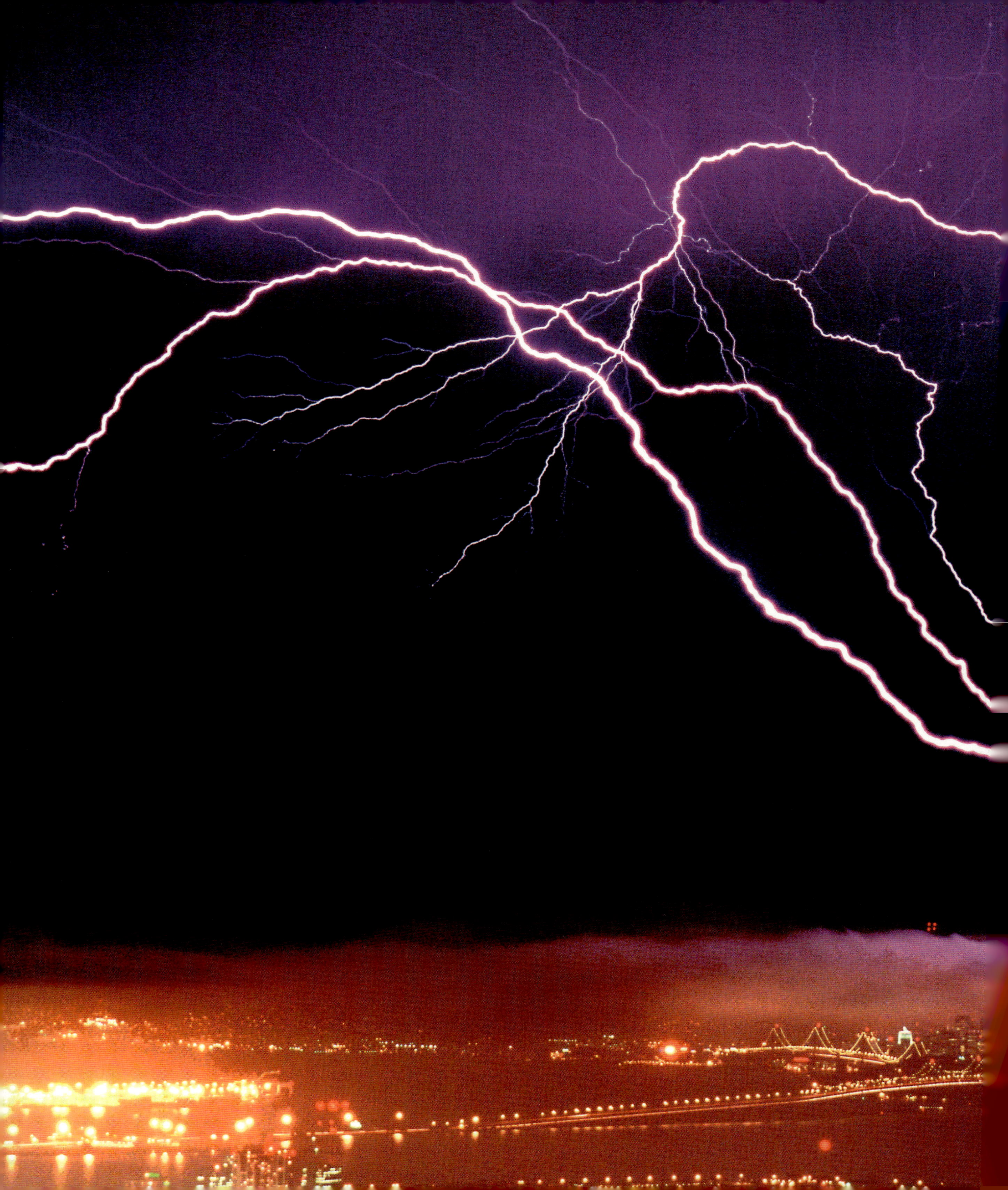

WETTEREXTREME

6

<< Blitze
Ein Blitz schlägt während eines Gewitters über der Stadt San Francisco (Kalifornien, USA) ein.

WAS IST WETTER?

Der Begriff »Wetter« bezieht sich auf die täglichen Veränderungen in der Atmosphäre. Angetrieben von der Sonne und beeinflusst von Luft- und Meeresströmungen äußert es sich als Sonnenschein, Regen, Schnee oder Sturm. Das Wetter hängt vom Ort und der Jahreszeit ab.

SCHICHTEN DER ATMOSPHÄRE

Die Atmosphäre wird in Schichten gegliedert, je nachdem, ob die Temperatur mit der Höhe steigt oder sinkt. In der untersten Schicht, der Troposphäre, wird die Luft mit der Höhe immer kühler; sie erstreckt sich von der Erdoberfläche bis zu einer kühlen Region, der Tropopause. Darüber folgt die Stratosphäre, in der die Temperatur zunächst gleich bleibt und dann bis zur Stratopause ansteigt. Die höheren Temperaturen entstehen, weil das Ozon in der Stratosphäre einen Teil der Sonnenstrahlung absorbiert und die Luft in großen Höhen erwärmt. Die Mesosphäre liegt noch höher; hier sinkt die Temperatur mit der Höhe wieder bis zur Mesopause – der kältesten Atmosphärenschicht. In der Thermosphäre darüber steigt die Temperatur wieder, besonders schnell über 88 km Höhe, da Sonnenstrahlung absorbiert wird, wenn sie Gase wie Sauerstoff ionisiert (wobei Polarlichter entstehen). Der äußerste Bereich der Thermosphäre geht in den Weltraum über.

DIE WETTERSCHICHT

Die Troposphäre ist die Schicht, in der sich das Wettergeschehen abspielt. Sie ist über kühlen Gebieten dünner als über warmen; daher treten die höchsten Wolken und der stärkste Regen in den Tropen auf. Die Luft zirkuliert auf und ab, wobei Wolken oder klarer Himmel entstehen. Steigende Luft kühlt ab, während sinkende wärmer wird, sodass diese Schicht in der Höhe kälter wird. In der Troposphäre befinden sich die Wettersysteme, die Stürme, Regen und Hagel erzeugen und fast die ganze Luftverschmutzung enthalten.

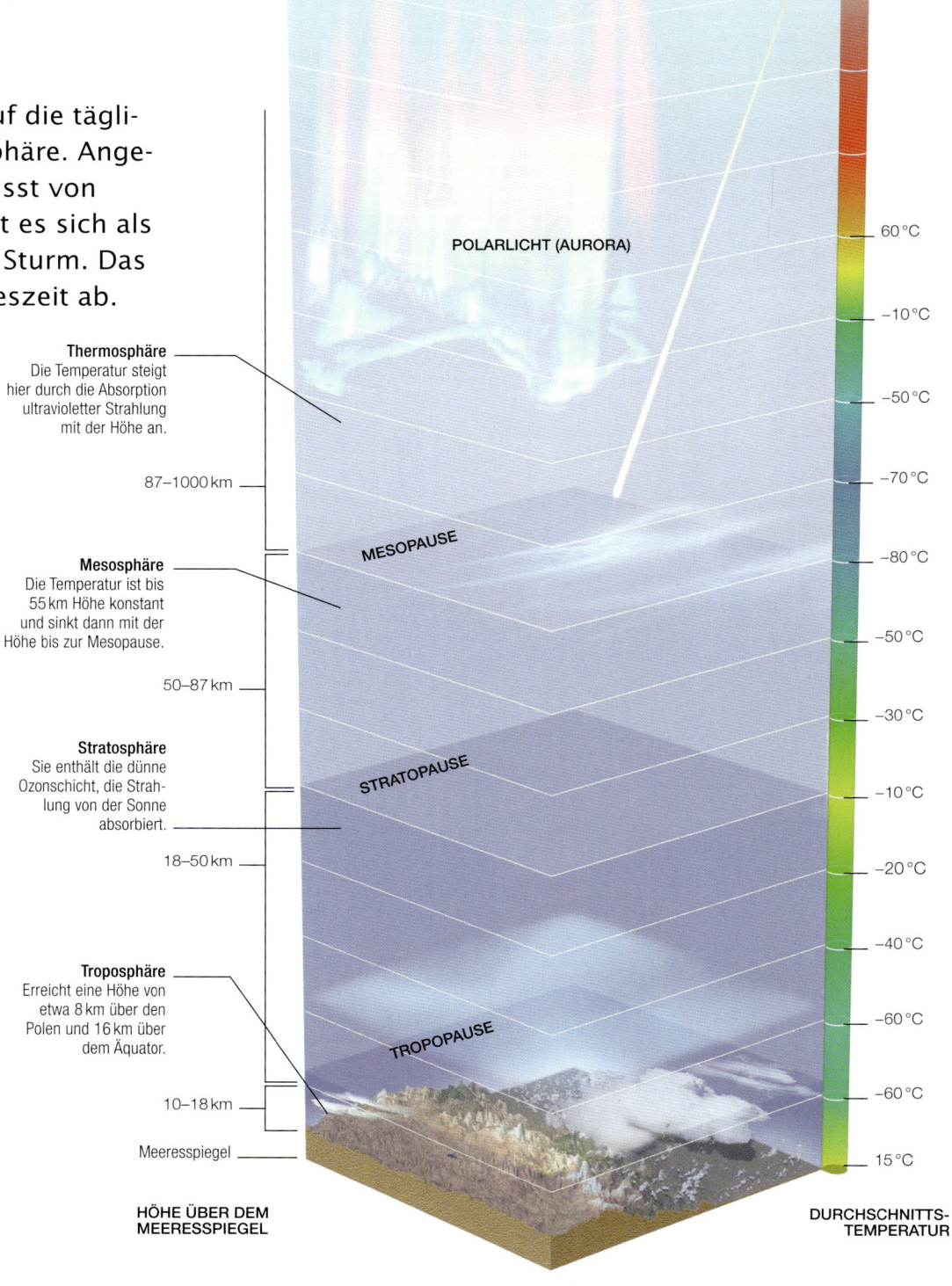

POLARLICHT (AURORA)

Thermosphäre
Die Temperatur steigt hier durch die Absorption ultravioletter Strahlung mit der Höhe an.

87–1000 km

MESOPAUSE

Mesosphäre
Die Temperatur ist bis 55 km Höhe konstant und sinkt dann mit der Höhe bis zur Mesopause.

50–87 km

Stratosphäre
Sie enthält die dünne Ozonschicht, die Strahlung von der Sonne absorbiert.

STRATOPAUSE

18–50 km

Troposphäre
Erreicht eine Höhe von etwa 8 km über den Polen und 16 km über dem Äquator.

TROPOPAUSE

10–18 km

Meeresspiegel

HÖHE ÜBER DEM MEERESSPIEGEL

DURCHSCHNITTS-TEMPERATUR

60 °C
−10 °C
−50 °C
−70 °C
−80 °C
−50 °C
−30 °C
−10 °C
−20 °C
−40 °C
−60 °C
−60 °C
15 °C

TEMPERATUR DER ATMOSPHÄRE
Mit zunehmender Höhe sinkt in der Troposphäre die Temperatur ab. In der darüber liegenden Stratosphäre steigt die Temperatur mit der Höhe, fällt dann in der Mesosphäre und steigt in der Thermosphäre wieder an.

KLIMAZONEN DER ERDE

Das Wetter ändert sich täglich, Klima bezeichnet hingegen das längerfristige Muster von Temperaturen und Niederschlägen in einer Region. Eine Methode nutzt die Verteilung der Vegetation, um Klimazonen zu kartieren. Klima und Vegetation wurden von dem deutsch-russischen Forscher Wladimir Köppen 1936 untersucht. Er beschrieb Klimazonen mithilfe von Temperatur- und Niederschlagsmittelwerten und fand jahreszeitlich Schwellenwerte, die biologisch relevant sind, etwa die Länge der Vegetationsperiode und die Verfügbarkeit von Wasser. Seine Zonierung reicht vom tropischen Regenwald über Wüsten bis zu den Polarzonen, wo es keine Pflanzenwelt gibt. Sie wurde weiter unterteilt, gemäßigte Zonen etwa nach ihrer Nähe zum Meer. Bergklimate bilden eine eigene Zone, da die Höhe das Klima beeinflusst.

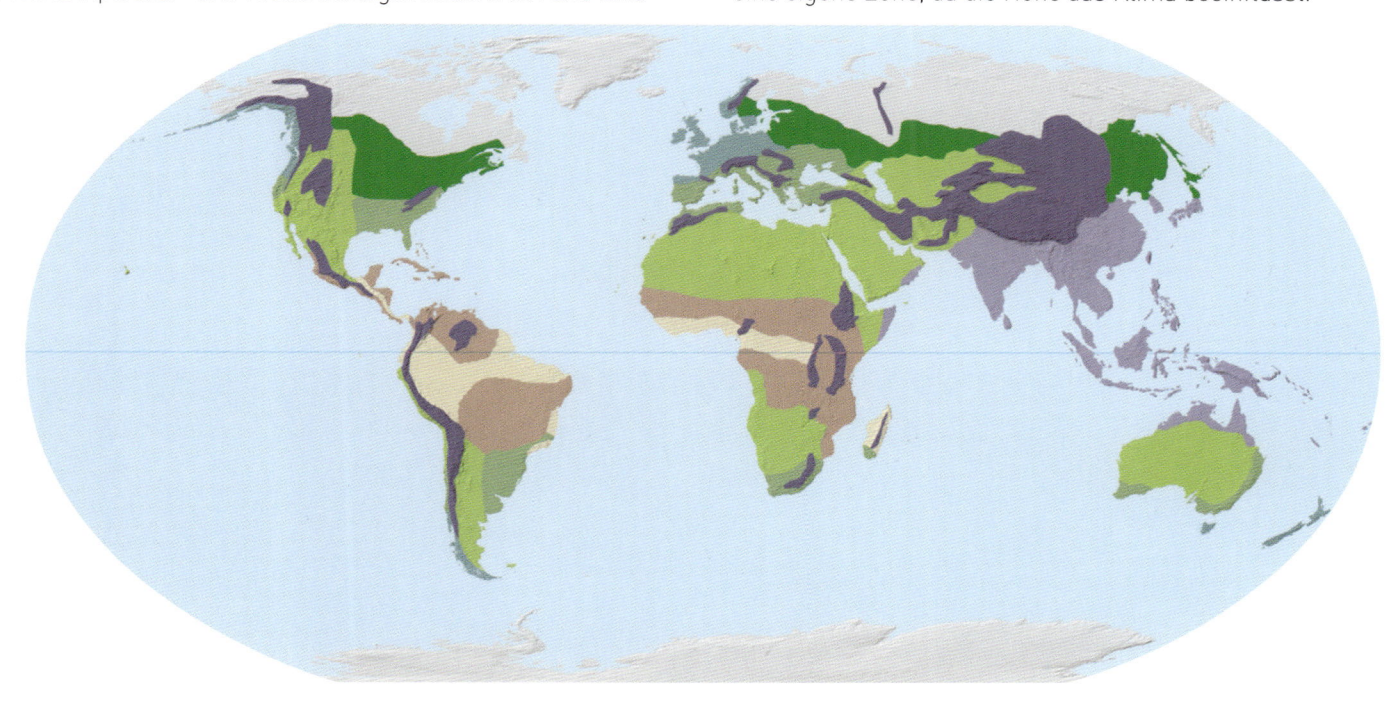

KLIMAKARTE
Diese Karte zeigt neun große Klimazonen, die durch Temperaturen und Niederschläge bzw. deren jahreszeitlichen Änderungen beschrieben sind.

LEGENDE
- heiße Klimate, immerfeucht
- heiße Klimate mit Monsunregen
- heiße Klimate, wechselfeucht
- heiße, trockene Klimate
- kühlgemäßigte maritime Klimate
- warmgemäßigte Klimate
- kühlgemäßigte kontinentale Klimate
- kalte Klimate
- Gebirgsklimate

HEISSE, FEUCHTE KLIMATE
Tropische Regenwälder liegen in äquatorialen Gebieten, wo die Gewitter der ITCZ (siehe S. 275) viel Regen bringen.

HEISSE, TROCKENE KLIMATE
Heiße Wüsten liegen dort, wo die Luft der Troposphäre überwiegend sinkt, was die Wolkenbildung verhindert.

WARMGEMÄSSIGTE KLIMATE
Gemäßigte Zonen haben meist ein mildes Klima mit feuchten Sommern und Wintern oder sind immerfeucht.

KALTE KLIMATE
Polargebiete sind trocken. Dazu gehören auch die Inlandeismassen von Antarktika und Grönland.

WECHSELHAFTES WETTER

Wetterumschwünge sind die Folge von Luftdrucksystemen (siehe S. 274–275), deren Hochs und Tiefs trockene, ruhige bzw. wolkige, feuchte und windige Tage bringen. Wenn diese Systeme wandern, ist das Wetter sehr wechselhaft. In Gebieten, in denen stabile Luftdrucksysteme vorherrschen, ändert sich das Wetter kaum. Die mittleren Breiten sind meist wegen durchziehender Tiefs und Hochs wechselhaft, während die heißen Wüsten der Erde oder die subtropischen Ozeane viel konstanteres Wetter haben, da sie beständigen Hochs unterliegen. Gelegentlich gibt es Wetterextreme wie Stürme in mittleren Breiten oder die tropischen Wirbelstürme der Meere der niedrigen Breiten.

GLEICHER ORT, ANDERES WETTER
Eine Region, die für Wetterumschwünge bekannt ist, sind die mittleren Breiten. Wandernde Hoch- und Tiefdruckgebiete können an einem Tag tiefe Wolken, am nächsten Sonnenschein bringen, wie hier in Paris.

LUFTDRUCKSYSTEME

Das tägliche Wetter ist eine Folge von Änderungen in Hoch- und Tiefdruckgebieten. Hochdruckgebiete bilden sich, wo große Luftmassen in der Atmosphäre absinken, Tiefdruckgebiete entstehen, wo die Luft aufsteigt. Luft, die vom Hoch zum Tief fließt, wird als Wind wahrgenommen. Hochs und Tiefs bilden große Wettersysteme, die um die Erde wandern.

GLOBALER LUFTDRUCK

Der Luftdruck, gemessen mit dem Barometer, ist eine sehr wichtige Messgröße für das Wetter. Wenn man ihn weltweit gleichzeitig aufzeichnet und in Karten einträgt, erkennt man, wo die Hochs und Tiefs liegen, die das Wetter verursachen. Der Luftdruck hängt von der Masse der Luftsäule über dem Barometer bis zum Rand der Atmosphäre ab – eine größere Masse führt zu höherem Druck. Wenn der mittlere Luftdruck auf Meereshöhe 980 hPa (Hektopascal) beträgt, dann liegen über jedem Quadratmeter des Meeresspiegels 10 Tonnen Luft, bei 1020 hPa sind es 10,4 Tonnen. Die Bewegung der Wettersysteme wird durch die Analyse einer Folge von »synoptischen« Luftdruckkarten verfolgt, die den mittleren Druck auf Meereshöhe zeigen. Diese Karten verraten viel über Wettersysteme und werden zur Wettervorhersage genutzt.

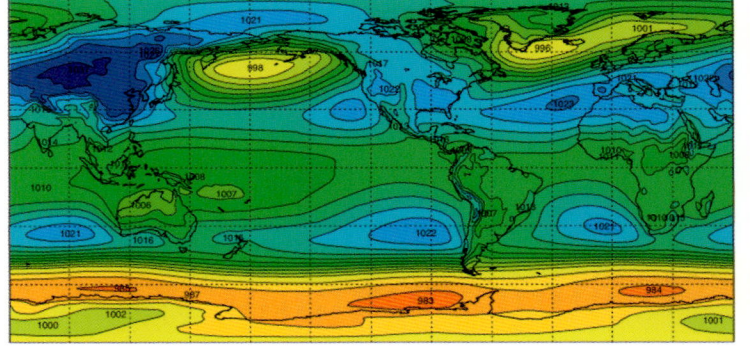

Dezember bis Februar

Juni bis August

GLOBALE LUFTDRUCKKARTEN

Die Stärke und Lage der Luftdrucksysteme hängt von den Jahreszeiten ab. Im Winter der Nordhalbkugel (Durchschnitt von Dezember bis Februar) kommt es zu feuchtem und windigem Wetter durch starke Tiefs (Zyklonen) – man sieht sie als gelbe Bereiche nahe Island und den Aleuten.

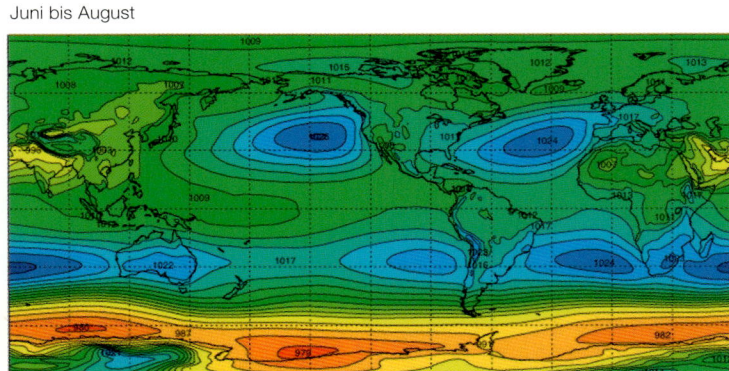

Über den südlichen Kontinenten dominieren Hochs (Antizyklonen). Dagegen hat der Sommer der Nordhemisphäre (Durchschnitt Juni bis August) viel schwächere Winde, während auf der Südhalbkugel stärkere Tiefs über dem südlichen Ozean liegen und Hochs auf den Kontinenten vorherrschen.

LUFTSTRÖMUNGEN

An der Oberfläche wehen die Winde spiralförmig aus Hochs heraus und in Tiefs hinein. Diese Luftströmungen, die Millionen von Tonnen Luft bewegen, verbinden Hochs und Tiefs miteinander. Die Luft, die in ein Tief strömt, muss dort meist aufsteigen, was zu ausgedehnten Wolken und Niederschlägen führt. Im Hoch dagegen wird die wegströmende Luft durch Luft ersetzt, die aus der Höhe absinkt. Daher ist im Hoch der Aufstieg, der für die Entstehung hoher (Regen-)Wolken nötig ist, unterdrückt. Hochs sind also meist von trockenem Wetter geprägt – wenn auch oft mit tiefen Schichtwolken. In der Höhe divergiert die Luft (d. h. sie strömt auseinander) über Tiefs und konvergiert (strömt zusammen) über Hochs, was den Kreislauf schließt.

Tiefdruckgebiet
Luft strömt ein und steigt erwärmt auf.

Hochdruckgebiet
Kalte Luft sinkt und strömt vom Hoch weg.

HOCHS UND TIEFS

Es gibt keine festen Werte, die bestimmen, ob ein Hoch oder Tief vorliegt, sondern sie sind relativ zur Umgebung definiert: Ein Hoch bzw. Tief ist das Zentrum mit dem höchsten bzw. tiefsten Luftdruck in einer gewissen Region. Daher kann ein Wert von 1010 hPa an einem Tag ein Hoch bedeuten, an einem anderen Tag ein Tief.

Zyklonale Winde
Luft strömt spiralförmig gegen Uhrzeigersinn.

Antizyklonale Winde
Luft strömt spiralförmig im Uhrzeigersinn weg.

TIEFDRUCKGEBIET

Tiefs (oder Zyklonen) sind meist wandernde Luftdrucksysteme mit dem tiefsten Druck im Zentrum. Sie sind gewöhnlich kompakter als Hochdruckgebiete und umfassen eine kleinere Luftmasse. Die in tieferen Schichten spiralförmig einströmende Luft steigt auf und bildet dabei oft dichte Wolken mit Niederschlägen. Der hohe Druckgradient um das Zentrum herum kann starke oder sogar zerstörerische Winde hervorrufen. Tropische Wirbelstürme und außertropische Sturmtiefs sind Beispiele dafür.

LUFTDRUCKSYSTEME 275

GLOBALE WETTERZELLEN

Betrachtet man die mittleren Winde der ganzen Troposphäre, so besteht die Zirkulation aus mehreren Konvektionszellen auf jeder Halbkugel. Am größten ist jeweils die Hadleyzelle. Ihre Oberflächenwinde, die Passatwinde, konvergieren (strömen zusammen) in der Innertropischen Konvergenzzone (ITCZ), die von heftigen Gewittern geprägt ist. Hier steigt die Luft in große Höhen auf, strömt dann polwärts und sinkt in den Subtropen wieder ab. Nahe der Oberfläche strömt die Luft dann entweder als Passatwinde zum Äquator oder als warme, feuchte Luft in mittlere Breiten, wo die Ferrelzelle dominiert. Hier steigt die Luft in Frontzonen auf und breitet sich in der Höhe in subtropische und polare Breiten aus. Die Polarzelle ist die kleinste. In ihr sinkt die Luft über dem Pol ab und strömt dann in mittlere Breiten.

ZIRKULATIONSZELLEN
Die in jeder Zelle zirkulierende Luft transportiert Wärme und Wasserdampf über große Entfernungen. Wo die Winde in der unteren Schicht in Tiefs zusammenströmen, bringt aufsteigende feuchte Luft Wolken und Niederschläge. Gebiete, wo die Luft von Hochs wegströmt, sind dagegen sehr trocken unter dem klaren Himmel der sinkenden Luft.

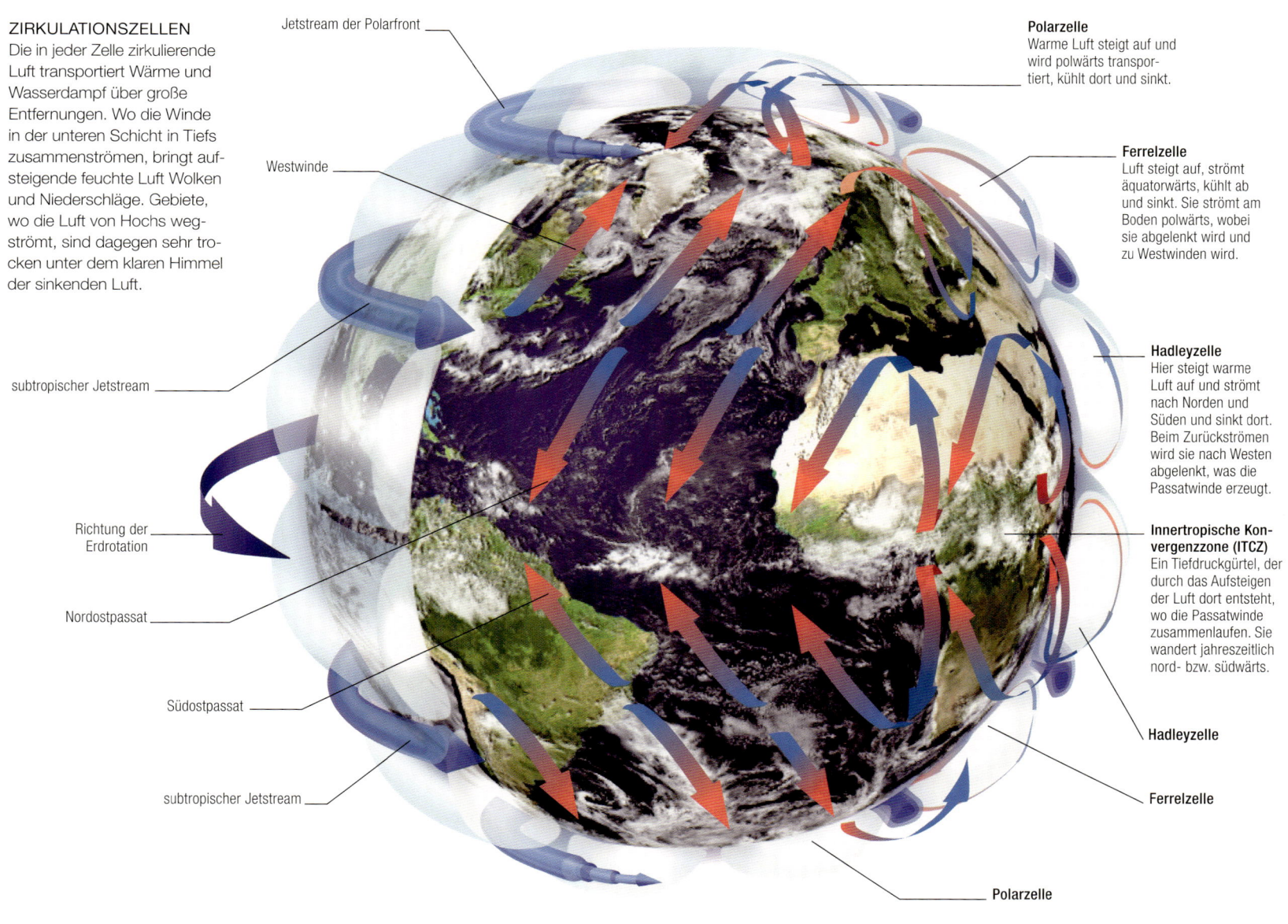

- Jetstream der Polarfront
- Westwinde
- subtropischer Jetstream
- Richtung der Erdrotation
- Nordostpassat
- Südostpassat
- subtropischer Jetstream

Polarzelle
Warme Luft steigt auf und wird polwärts transportiert, kühlt dort und sinkt.

Ferrelzelle
Luft steigt auf, strömt äquatorwärts, kühlt ab und sinkt. Sie strömt am Boden polwärts, wobei sie abgelenkt wird und zu Westwinden wird.

Hadleyzelle
Hier steigt warme Luft auf und strömt nach Norden und Süden und sinkt dort. Beim Zurückströmen wird sie nach Westen abgelenkt, was die Passatwinde erzeugt.

Innertropische Konvergenzzone (ITCZ)
Ein Tiefdruckgürtel, der durch das Aufsteigen der Luft dort entsteht, wo die Passatwinde zusammenlaufen. Sie wandert jahreszeitlich nord- bzw. südwärts.

- Hadleyzelle
- Ferrelzelle
- Polarzelle

LUFTMASSEN

Beständige Hochs über Kontinenten oder Ozeanen führen zu spiralförmigen Luftströmen, die entferntere Gegenden beeinflussen. Eine Luftmasse ist ein größerer Bereich der Atmosphäre, in dem Temperatur und Feuchtigkeit relativ ähnlich sind. In den USA ist im Sommer der Einfluss heißer, trockener kontinentaler Tropikluft aus dem Südwesten wesentlich für die Entstehung heftiger Stürme in den High Plains. Auch kalte, trockene kontinentale Subpolarluft aus Kanada, maritime Subpolarluft von den Meeren der mittleren Breiten und maritime Tropikluft aus niederen Breiten beeinflussen das Wetter der USA.

LUFTMASSEN
Die meisten Regionen der Erde werden von mehr als einer Luftmasse geprägt. So beeinflussen fünf Luftmassen die USA. Die Herkunft einer Luftmasse – aus tropischen oder polaren Gebieten, vom Meer oder vom Land – bestimmt ihre Eigenschaften.

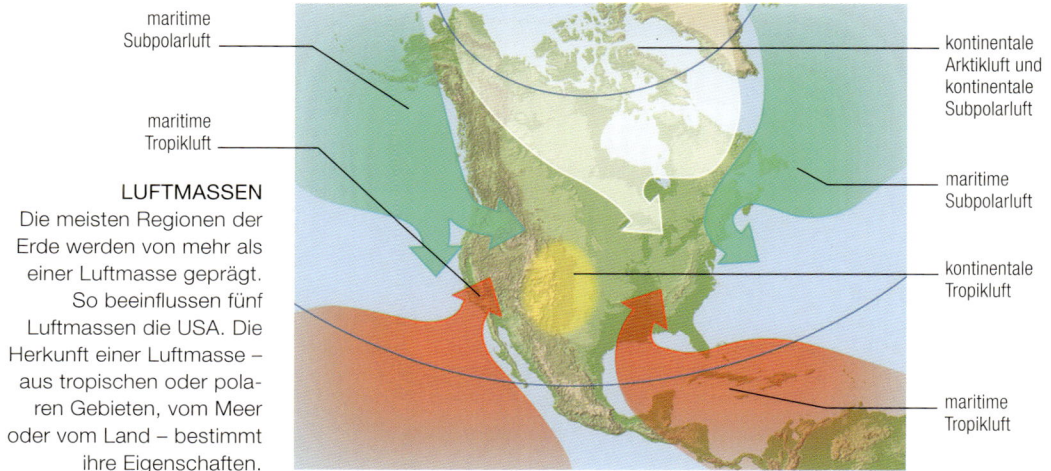

- maritime Subpolarluft
- maritime Tropikluft
- kontinentale Arktikluft und kontinentale Subpolarluft
- maritime Subpolarluft
- kontinentale Tropikluft
- maritime Tropikluft

WINDE DER WELT

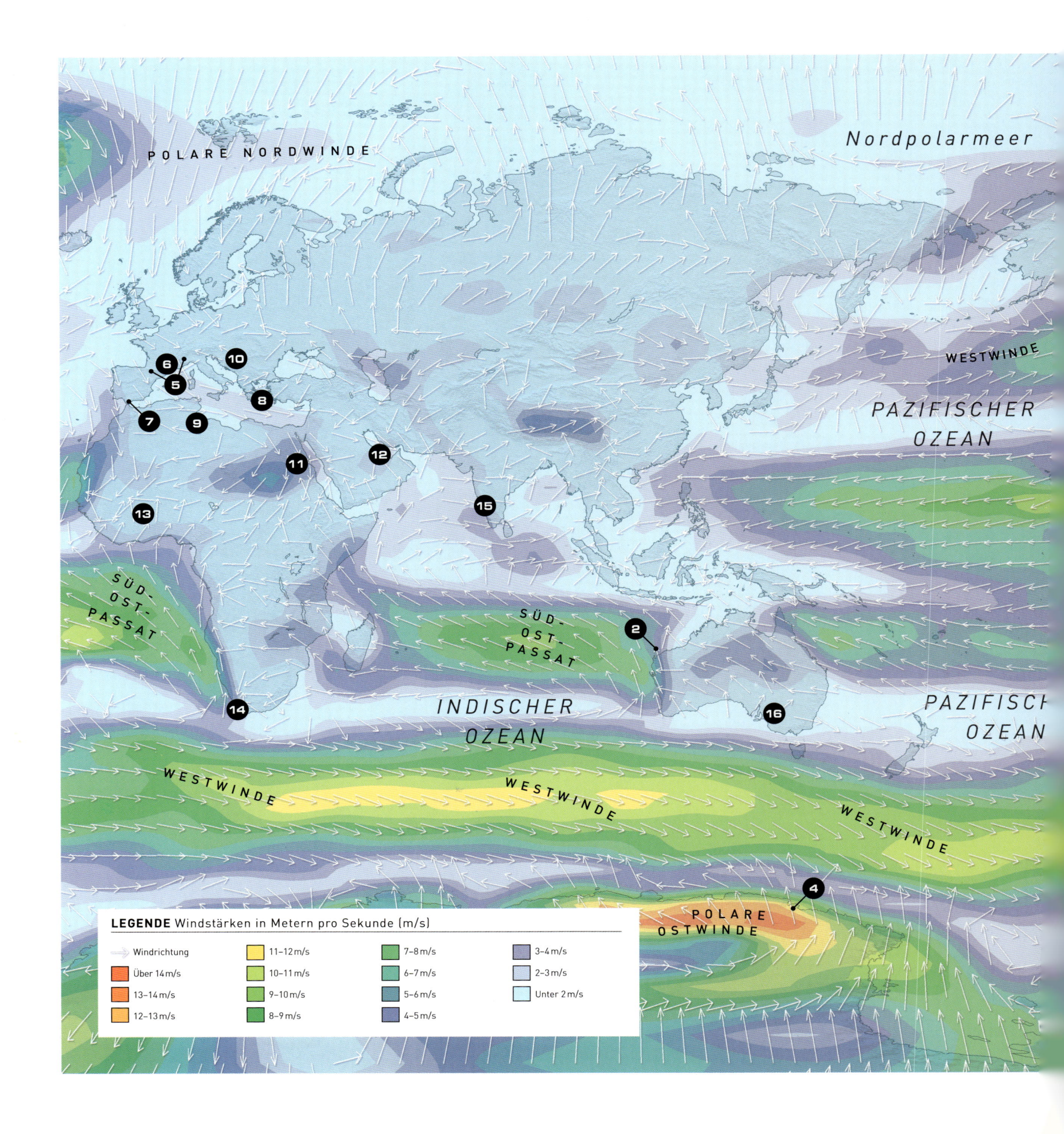

POLARE NORDWINDE
Nordpolarmeer
WESTWINDE
PAZIFISCHER OZEAN
SÜD-OST-PASSAT
SÜD-OST-PASSAT
INDISCHER OZEAN
PAZIFISCHER OZEAN
WESTWINDE
WESTWINDE
WESTWINDE
POLARE OSTWINDE

LEGENDE Windstärken in Metern pro Sekunde (m/s)

- → Windrichtung
- Über 14 m/s
- 13–14 m/s
- 12–13 m/s
- 11–12 m/s
- 10–11 m/s
- 9–10 m/s
- 8–9 m/s
- 7–8 m/s
- 6–7 m/s
- 5–6 m/s
- 4–5 m/s
- 3–4 m/s
- 2–3 m/s
- Unter 2 m/s

WINDE DER WELT 277

Winde transportieren Luft um die Erde, generell von Hochdruckgebieten zu Tiefdruckgebieten. Die windigsten Regionen liegen auf der Route der außertropischen Tiefs (siehe S. 302–303) auf den Meeren der mittleren Breiten und in der Passatwindzone. Starke Druckunterschiede führen in einzelnen Wettersystemen zu starkem Wind. Regionale Winde treten oft jahreszeitlich auf.

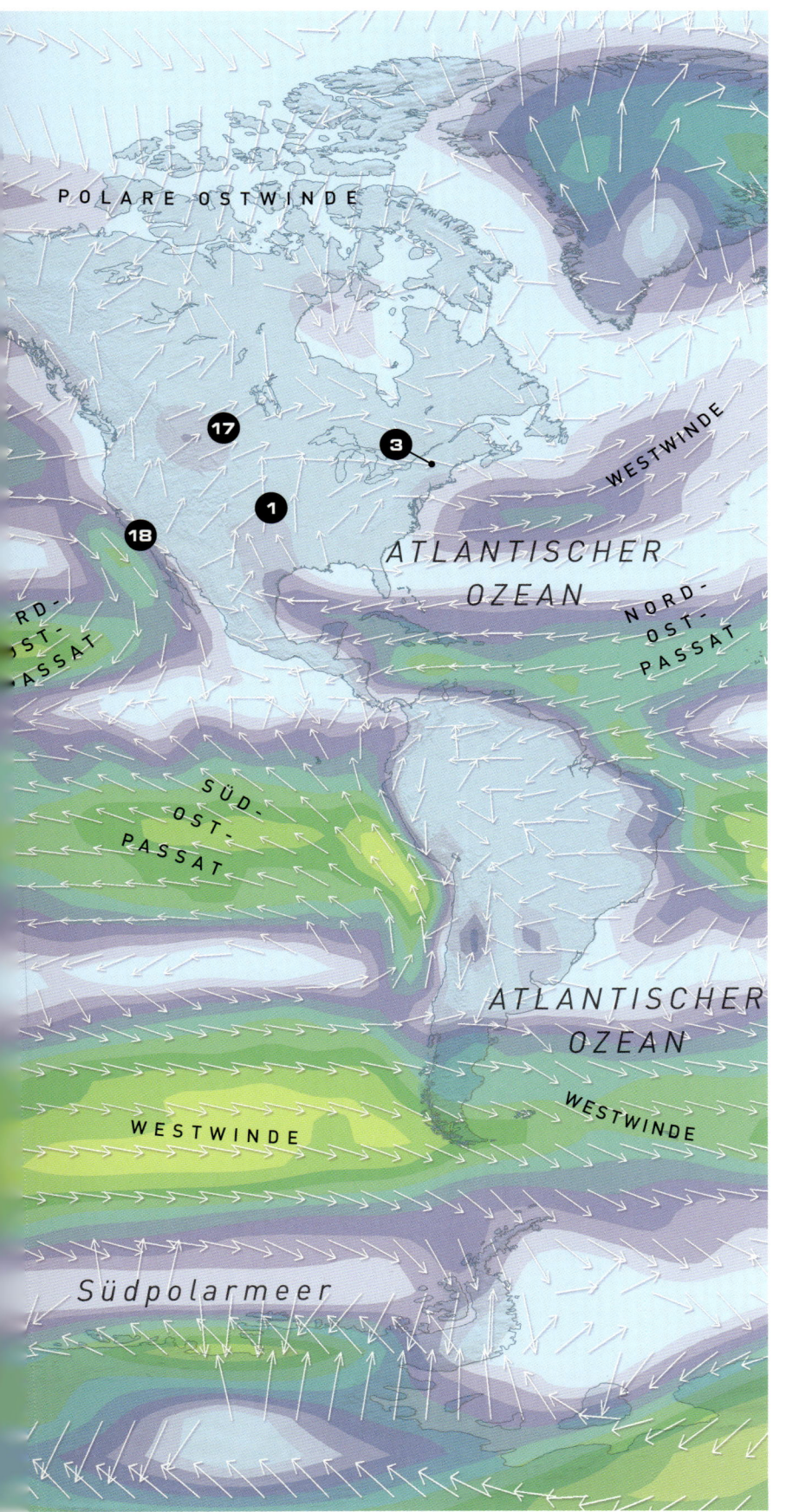

DIE HÖCHSTEN GEMESSENEN WINDSTÄRKEN

Die höchsten Windgeschwindigkeiten werden im Trichter von Tornados gemessen. Ansonsten sind Winde um bestimmte Berge und an der Küste Antarktikas besonders stark. Die höchsten Werte treten meist in kurzen Windstößen oder Böen auf.

❶ Tornadotrichter
- Land: USA
- Stärke: 480 km/h
- Zeit: häufig

❷ Barrow Island
- Land: Australien
- Stärke: 408 km/h
- Zeit: 10. April 1996

❸ Mount Washington
- Land: New Hampshire (USA)
- Stärke: 371 km/h
- Zeit: 12. April 1934

❹ Commonwealth Bay
- Land: Antarktika
- Stärke: 322 km/h
- Zeit: häufig

SAISONALE REGIONALE WINDE

Regionale Winde treten in einigen Regionen zu bestimmten Jahreszeiten auf. Bekannte Winde entstehen durch viele Faktoren. Topografische Merkmale wie Täler können wie ein Trichter wirken, Erwärmungsmuster beeinflussen ihren Weg.

❺ Tramontane
- Gebiet: Pyrenäen/Alpen zum Mittelmeer
- Typ: kalt und trocken
- Zeit: Winter

❻ Mistral
- Gebiet: Südfrankreich
- Typ: kalter trockener Nordwind
- Zeit: meist Winter und Frühling

❼ Levante
- Gebiet: Straße von Gibraltar
- Typ: starke Ostwinde
- Zeit: vor allem Winter

❽ Meltemi
- Gebiet: Ägäisches Meer
- Typ: starker trockener Nordwind
- Zeit: Mai–September

❾ Schirokko
- Gebiet: Nordafrika und Mittelmeer
- Typ: heißer trockener staubiger Südwind
- Zeit: meist Frühling und Herbst

❿ Bora
- Gebiet: Südosteuropa bis Italien
- Typ: kalter Nordwestwind
- Zeit: meist Winter

⓫ Chamsin
- Gebiet: Nordafrika und Arabien
- Typ: heißer trockener staubiger Südwind
- Zeit: Februar–Juni

⓬ Schamal
- Gebiet: Persischer Golf
- Typ: trockener Nordwestwind
- Zeit: meist Frühling und Herbst

⓭ Harmattan
- Gebiet: Westafrika
- Typ: trockener staubiger Nordwind
- Zeit: November–März

⓮ Kapdoktor
- Gebiet: südafrikanische Küste
- Typ: trockener Südostwind
- Zeit: Frühling bis Spätsommer

⓯ Elephanta
- Gebiet: Malabarküste (Indien)
- Typ: starker Süd- oder Südostwind
- Zeit: September bis Oktober

⓰ Brickfielder
- Gebiet: Südaustralien
- Typ: heißer trockener Nordwind
- Zeit: Sommer

⓱ Chinook
- Gebiet: Nordamerika, von Rocky Mountains
- Typ: warmer trockener Westwind
- Zeit: meist Winter

⓲ Santa Ana
- Gebiet: Kalifornien (USA) und vor der Küste
- Typ: trockener Wind
- Zeit: Spätherbst und Winter

FRONTEN UND JETSTREAMS

Fronten sind Gebiete mit starken Temperaturunterschieden zwischen zwei Luftmassen. Jetstreams sind schlauchartige, schnelle Luftströmungen in der oberen Troposphäre. Beide hängen eng mit Tiefs der mittleren Breiten zusammen, die schnelle Temperaturwechsel, Wolken, Regen und Wind bringen.

WETTERFRONTEN

Fronten sind Wetterstrukturen, die vor allem in mittleren Breiten im Rahmen wandernder Tiefs auftreten. Sie bewegen sich ständig, je nachdem, wo Luftmassen verschiedener Temperatur und Feuchtigkeit aneinanderstoßen. Viele dicht besiedelte Regionen sind von Regen bringenden Fronten abhängig. Allerdings kann der Aufstieg feuchter Luft in Fronten auch ausgedehnte Bewölkung und Niederschläge mit teils verheerenden Überschwemmungen bringen. In Warmfronten steigt die Luft meist flacher an als in Kaltfronten, sodass der Niederschlag länger anhält. Bei der Entwicklung eines Tiefs kann sich eine Kaltfront, die meist schneller vorrückt und dabei die Warmluft anhebt, mit einer langsameren Kaltfront zu einer länger werdenden Okklusion verbinden, die ein schmales Regenband erzeugt.

JETSTREAMS

Jetstreams oder Strahlströme sind bandartige, schnelle Luftströme der oberen Troposphäre. Die hohe Geschwindigkeit entsteht durch den Temperaturunterschied zwischen tropischen und polaren Luftmassen über die gesamte Höhe der Troposphäre. Je größer der Temperaturunterschied, desto höher ist die Windgeschwindigkeit im Strahlstrom. Der schwedische Wissenschaftler Carl Rossby entwickelte ein Modell zur Beschreibung der Bewegung von Jetstreams: die Rossby-Wellen. Jetstreams haben einen Kern, in dem die Luft am schnellsten strömt, im Winter bis 300 km/h oder noch mehr. Der Polarfront-Jetstream in den mittleren Breiten steht mit den Tiefs der Polarfrontzone in Zusammenhang.

ROTIERENDE FRONTENSYSTEME
Das Satellitenbild zeigt ein vorrückendes Frontensystem. Das breite Wolkenband im unteren Bildbereich ist die Warmfront. Hinter ihr liegt der Warmsektor (wolkenfreier Keil), gefolgt von der Kaltfront. Nahe des Zentrums verbinden sich Warm- und Kaltfront zu einer Okklusion.

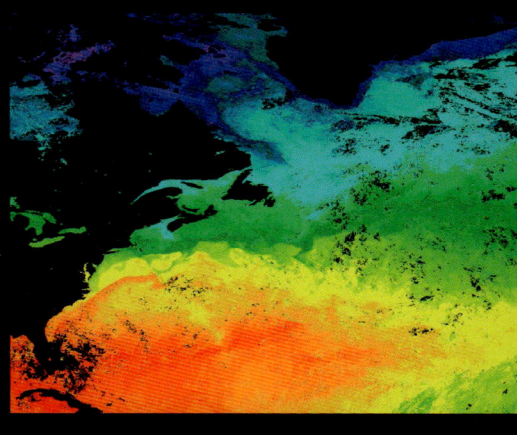

DER GOLFSTROM
Auch im Meer gibt es Fronten. Der Golfstrom ist ein Meeresstrom, der warmes Wasser polwärts transportiert. Warmes Wasser (orange und gelb) fließt vom Golf von Mexiko die Küste der USA entlang und durchquert dann den Atlantik in Richtung Nordeuropa.

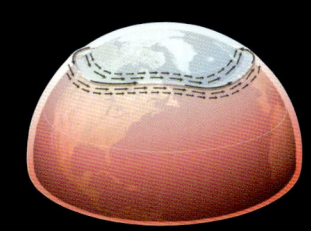

ZONALE ROSSBY-WELLEN
Rossby-Wellen treten in der mittleren und oberen Troposphäre auf und beeinflussen das Oberflächenwetter. Ost-West-Strömungen nennt man »zonal«.

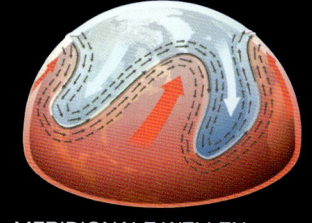

MERIDIONALE WELLEN
Manchmal bildet der Luftstrom starke Wellen, er wird »meridional« (nord-südlich). Dabei strömt kühle Luft in niedrigere Breiten und warme Luft polwärts.

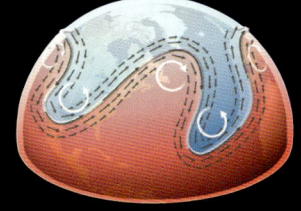

ABSCHNÜRUNG
Wenn Rossby-Wellen sich weit ausdehnen, können sie rotierende »Abschnürungen« aus Kaltluft bilden, die Schauer in den Subtropen bringen.

SUBTROPEN-JETSTREAM
Der Subtropen-Jetstream ist eine ganzjährige Erscheinung der oberen Troposphäre in niedrigeren Breiten als der Polarfront-Jetstream. Hier erscheint er als dünner Streifen hoher Wolken über dem Roten Meer.

FRONTEN UND JETSTREAMS

WETTERFRONTEN

Norwegische Meteorologen entwickelten in den ersten Jahrzehnten des 20. Jhs. das Konzept von »Fronten« auf einem »Schlachtfeld« zwischen Luftmassen verschiedener Herkunft. Mit einigen Modifikationen hat sich das Konzept durchaus bewährt. Fronten sind wichtige Strukturen für die Erforschung und Vorhersage des Wetters, da sie die Lage großräumiger, oft dichter Bewölkung mit Niederschlägen wiedergeben. So können eine charakteristische Folge von Wolken sowie andere Merkmale wie die Änderung der Windrichtung den Durchzug einer Warmfront ankündigen. Winterstürme sind meist mit einer Warmfront verbunden; sie kann starke Schneefälle bringen. Heftige Winde können zu Schneestürmen führen. Kaltfronten dagegen bringen kalte Luftmassen und sind durch einen schnellen Temperaturabfall gekennzeichnet. Manchmal dringen sie bis in niedrige Breiten vor und treten auch in den Tropen auf, wo sie im Winter Regen in ansonsten trockene Regionen bringen. In diesen Gebieten können sie auch Staubstürme auslösen.

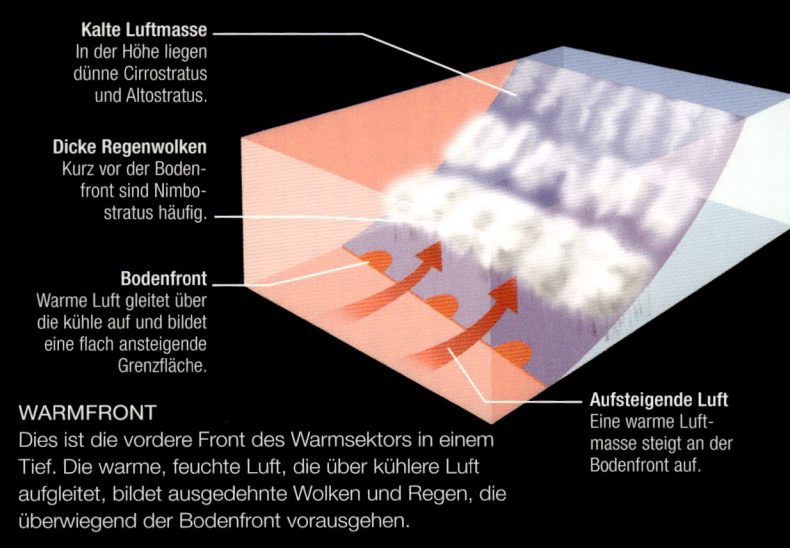

Kalte Luftmasse
In der Höhe liegen dünne Cirrostratus und Altostratus.

Dicke Regenwolken
Kurz vor der Bodenfront sind Nimbostratus häufig.

Bodenfront
Warme Luft gleitet über die kühle auf und bildet eine flach ansteigende Grenzfläche.

Aufsteigende Luft
Eine warme Luftmasse steigt an der Bodenfront auf.

WARMFRONT
Dies ist die vordere Front des Warmsektors in einem Tief. Die warme, feuchte Luft, die über kühlere Luft aufgleitet, bildet ausgedehnte Wolken und Regen, die überwiegend der Bodenfront vorausgehen.

HERANNAHENDE WARMFRONT
Ein klassisches frühes Anzeichen einer Warmfront ist das langsame Vordringen von Cirruswolken – »Federwolken« aus Eiskristallen. Tiefe Cumuluswolken treten manchmal vor der Warmfront auf.

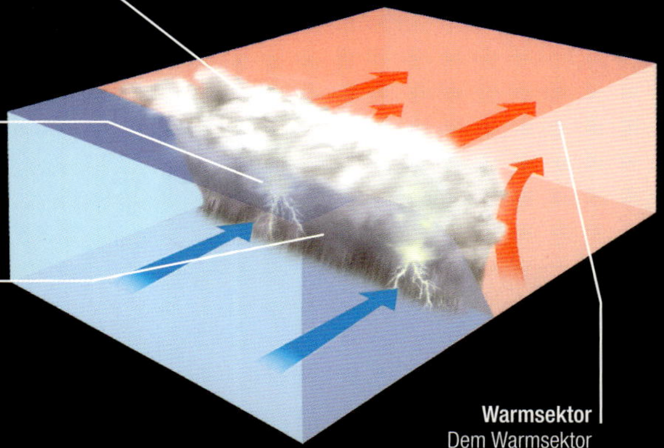

Frontalbewölkung
Vordringende Kaltluft hebt die Luft des Warmsektors an.

Schwerer Regen
Regenband vor der Front, gefolgt von klarem Himmel

Anhebung der Luft
Grenzfläche, wo sich die kalte Luft unter die warme schiebt

Warmsektor
Dem Warmsektor hinter der Warmfront folgt viel kühlere und trockenere Luft.

KALTFRONT
Dies ist die vordere Grenze des Kaltsektors in einem Tiefdrucksystem. Die vordringende kalte Luft hebt die wärmere Luft vor sich an, wobei Wolken und Regen entstehen.

KALTFRONTEN UND REGENSCHAUER
Hinter Kaltfronten kann die kühle Luft vom Boden erwärmt werden und Cumuluswolken (»Haufenwolken«) bilden, die teils Schauer bringen. Dies kommt über den Meeren im Winter und an Land im Frühjahr vor.

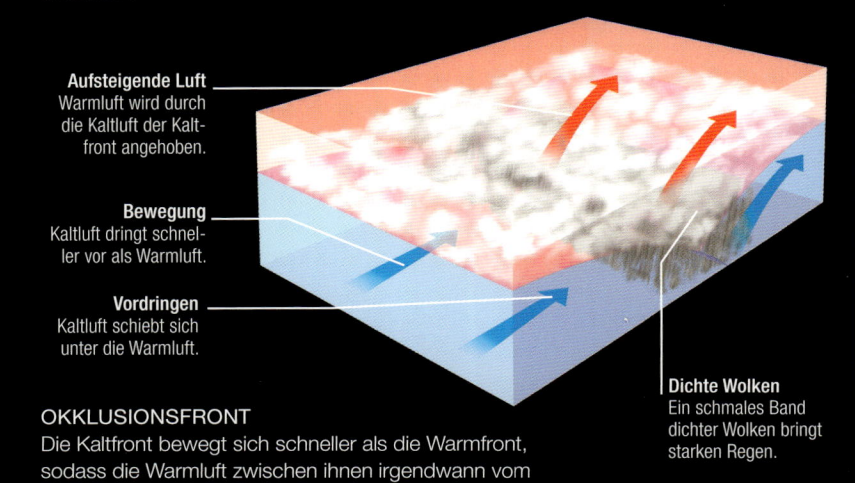

Aufsteigende Luft
Warmluft wird durch die Kaltluft der Kaltfront angehoben.

Bewegung
Kaltluft dringt schneller vor als Warmluft.

Vordringen
Kaltluft schiebt sich unter die Warmluft.

Dichte Wolken
Ein schmales Band dichter Wolken bringt starken Regen.

OKKLUSIONSFRONT
Die Kaltfront bewegt sich schneller als die Warmfront, sodass die Warmluft zwischen ihnen irgendwann vom Boden abgehoben wird. Diese sog. Okklusion bringt gewöhnlich ein schmales Regenband.

REGEN UND SCHNEE IN EINER OKKLUSIONSFRONT
Okklusionen haben ein relativ schmales Band von tiefen Wolken, aus denen Niederschläge wie Regen oder Schnee fallen können. Der Durchzug einer Okklusion führt nicht zu merklichen Temperaturänderungen.

NIEDERSCHLÄGE

Wasser oder Eis, die aus der Atmosphäre fallen – Regen, Schnee und Hagel –, bezeichnet man allgemein als Niederschläge. In einigen Regionen fallen moderate Mengen, Dürregebiete könnten oft mehr Niederschläge gebrauchen, während ein Übermaß zu zerstörerischen Fluten führt.

REGENREKORDE
Höchste durchschnittliche Jahresgesamtmenge: 11 680 mm auf dem Waialeale (Hawaii)
Höchste Regenmenge in einem Jahr: 26 461 mm in Cherrapunji (Indien), vom 1. August 1860 bis 31. Juli 1861
Höchste Regenmenge in einem Kalendermonat: 9300 mm in Cherrapunji (Indien) im Juli 1861
Höchste Regenmenge in 24 Stunden: 1825 mm auf der Hochebene Foc-Foc, Réunion (Indischer Ozean)
Höchste Regenmenge in 12 Stunden: 1350 mm im Forêt de Bélouve, Réunion (Indischer Ozean)

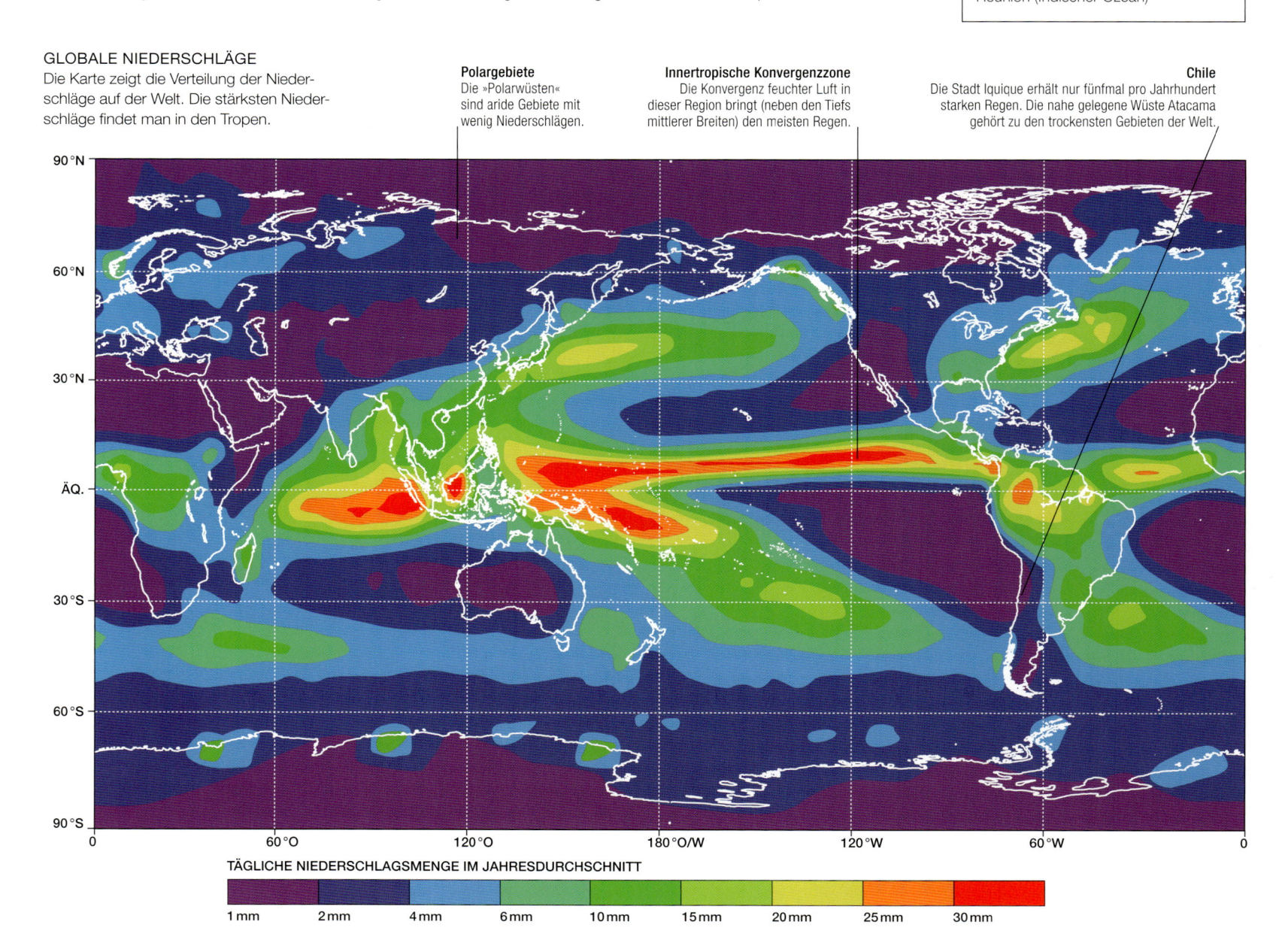

REGEN UND SCHNEE

Regen und Schnee sind die häufigsten Arten von Niederschlägen. Beide Formen können anhaltend und über große Gebiete fallen, etwa wenn sie im Rahmen von Tiefdrucksystemen entstehen, oder als heftige und örtlich begrenzte Schauer, etwa bei Gewittern. Zwar erhalten die meisten Regionen der Erde eine Niederschlagsmenge, die keine Gefahr darstellt, doch einige Extremwetterlagen mit Regen oder Schnee können ernsthafte Folgen haben. Ausgedehnte Überschwemmungen können die Folge von Tiefs der Polarfrontzone in den mittleren Breiten sein. Der heftigste Regen fällt jedoch aus den hoch aufgetürmten tropischen Cumulonimbuswolken. In den mittleren Breiten fällt der stärkste Regen aus Tiefs mit einem starken, anhaltenden Einströmen sehr feuchter maritimer Tropikluft. Starke Schneefälle treten dagegen am ehesten in Tiefs der mittleren Breiten auf, die relativ milde Luft mit hoher Feuchtigkeit bringen. Sehr kalte Luft enthält zu wenig Wasserdampf, um große Mengen von Schnee zu produzieren.

GLOBALE NIEDERSCHLÄGE
Die Karte zeigt die Verteilung der Niederschläge auf der Welt. Die stärksten Niederschläge findet man in den Tropen.

Polargebiete
Die »Polarwüsten« sind aride Gebiete mit wenig Niederschlägen.

Innertropische Konvergenzzone
Die Konvergenz feuchter Luft in dieser Region bringt (neben den Tiefs mittlerer Breiten) den meisten Regen.

Chile
Die Stadt Iquique erhält nur fünfmal pro Jahrhundert starken Regen. Die nahe gelegene Wüste Atacama gehört zu den trockensten Gebieten der Welt.

TÄGLICHE NIEDERSCHLAGSMENGE IM JAHRESDURCHSCHNITT

1 mm – 2 mm – 4 mm – 6 mm – 10 mm – 15 mm – 20 mm – 25 mm – 30 mm

NIEDERSCHLÄGE 281

DER WASSERKREISLAUF

Der Wasserkreislauf ist ein globales Phänomen. Niederschläge sind nur ein Teil des Kreislaufs, ihre Menge und Art hängen davon ab, was an verschiedenen anderen Stellen im Kreislauf passiert. Beispielsweise hängt die Verdunstung von der Meerestemperatur und dem Wassergehalt von Boden und Vegetation ab; wärmeres Wasser bzw. feuchter Boden können daher stärker zu Niederschlägen beitragen. Ebenso können stärkere Winde dazu führen, dass mehr Wasser verdunstet, bevor es zu Wolken kondensiert, was ebenfalls zu mehr Niederschlägen führen kann. Einige Wolken bringen Niederschläge über Land, andere über Ozeanen. Wenn Regen auf dem Land fällt, verdunstet ein Teil wieder, doch ein anderer Teil sickert in den Boden und erhöht dessen Feuchtigkeit. Schließlich wird das Wasser in Flüsse abgeleitet. Niederschläge in Form von Schnee können den Winter über oder noch länger bestehen und dann als Schneeschmelze im Frühjahr den Transport der Flüsse als Teil des Wasserkreislaufs erhöhen.

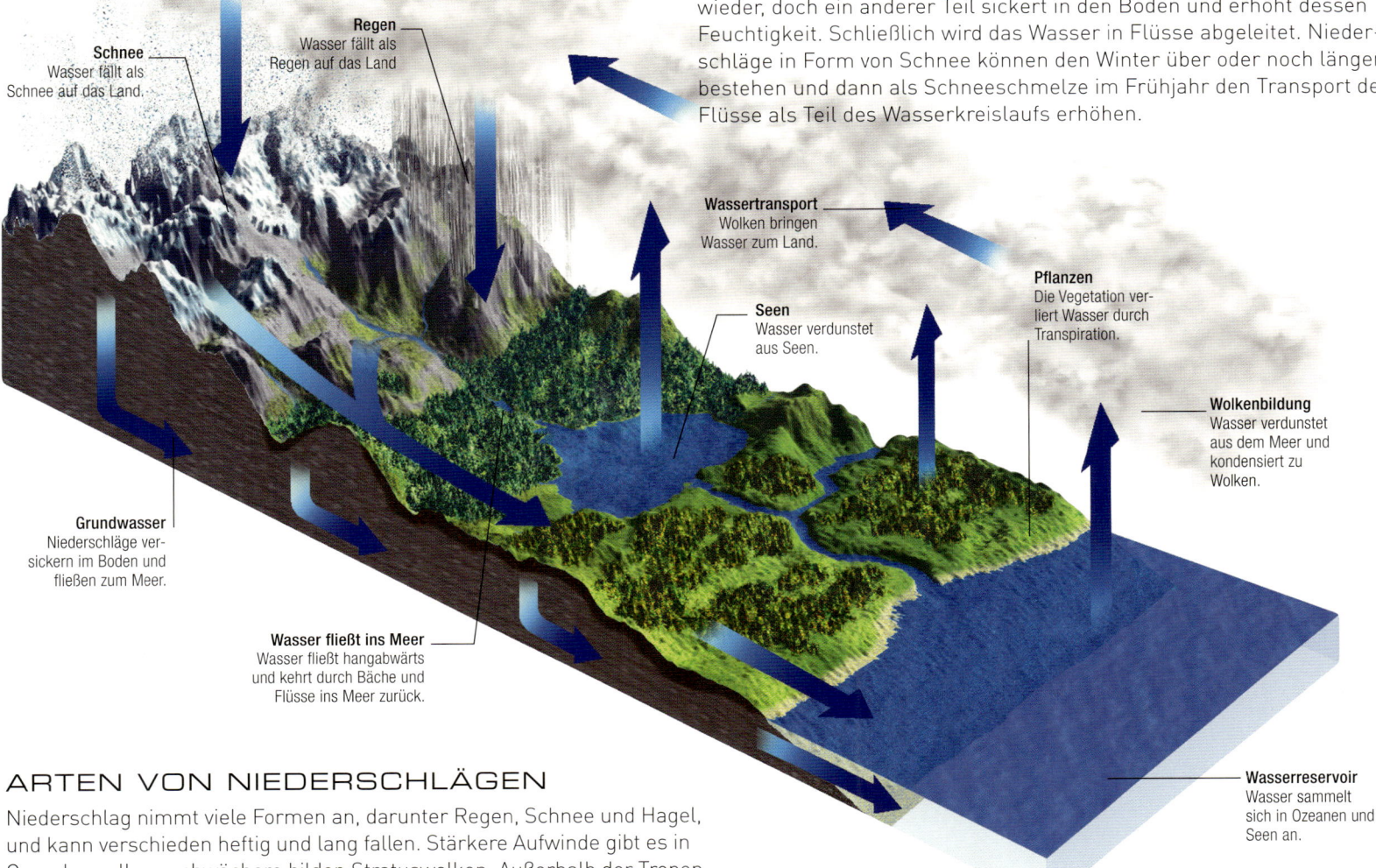

Schnee
Wasser fällt als Schnee auf das Land.

Regen
Wasser fällt als Regen auf das Land

Wassertransport
Wolken bringen Wasser zum Land.

Seen
Wasser verdunstet aus Seen.

Pflanzen
Die Vegetation verliert Wasser durch Transpiration.

Wolkenbildung
Wasser verdunstet aus dem Meer und kondensiert zu Wolken.

Grundwasser
Niederschläge versickern im Boden und fließen zum Meer.

Wasser fließt ins Meer
Wasser fließt hangabwärts und kehrt durch Bäche und Flüsse ins Meer zurück.

Wasserreservoir
Wasser sammelt sich in Ozeanen und Seen an.

ARTEN VON NIEDERSCHLÄGEN

Niederschlag nimmt viele Formen an, darunter Regen, Schnee und Hagel, und kann verschieden heftig und lang fallen. Stärkere Aufwinde gibt es in Cumuluswolken, schwächere bilden Stratuswolken. Außerhalb der Tropen entsteht Regen in den Wolken meist als Schnee und schmilzt beim Fallen.

SPRÜHREGEN
Niesel oder Sprühregen besteht aus kleinen Tröpfchen bis 0,5mm. Er fällt aus dünnen Schichtwolken. Er ist selten gefährlich, außer wenn er den Boden als unterkühlte Tropfen erreicht, die beim Kontakt mit Oberflächen sofort gefrieren und zu Glätte führen.

REGEN
Regentropfen sind gewöhnlich zwischen 0,5 und 6mm groß. Die größten Regentropfen fallen aus hohen Cumulonimbuswolken oder sehr dicken Schichtwolken. Den intensivsten Regen liefern tropische Gewitter.

EISREGEN
Diese gefährliche Form des Niederschlags besteht aus unterkühlten Wassertropfen. Sie gefrieren sofort, wenn sie auf Oberflächen wie etwa Straßen oder Fußwege fallen. Dies führt zu gefährlicher Glätte und Unfallgefahr für Fahrzeuge und Fußgänger.

SCHNEE
Schnee entsteht, wenn winzige Eiskristalle in den Wolken zu Schneeflocken wachsen. Dichter Schnee und Schneetreiben sind sehr gefährlich und können den Verkehr erheblich stören. Tiefs der Frontenzone sind die häufigste Quelle für ausgedehnte Schneefälle.

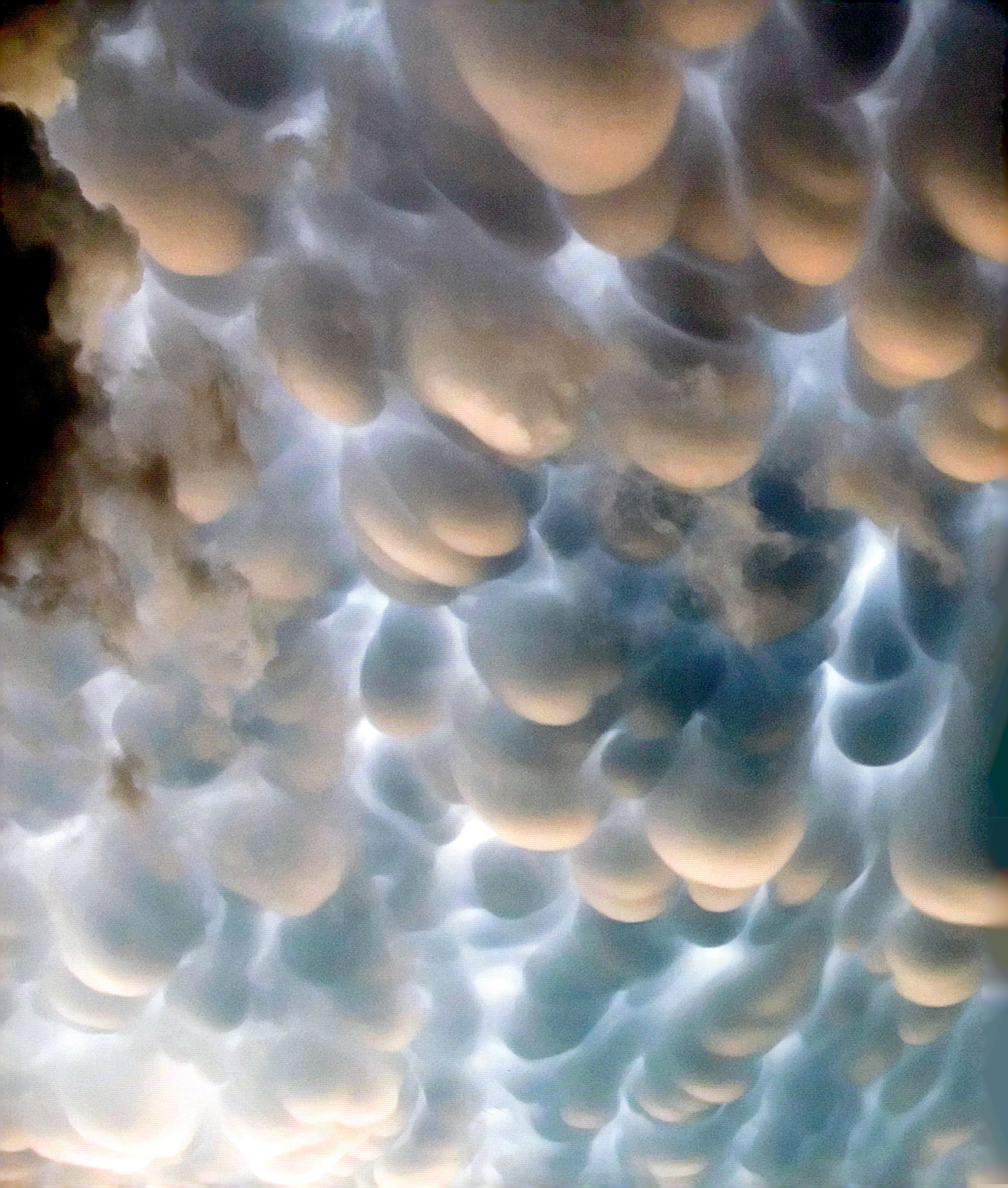

MAMMATUSWOLKEN
Diese beutelartig hängenden Formen entstehen meist auf der Ambossunterseite von Cumulonimbuswolken und kündigen oft Gewitter an. In ihnen sinkt gesättigte Luft, die kühler als die Umgebung ist. In diesem Bild betont das Licht der niedrig stehenden Sonne ihre ungewöhnliche Form.

EL NIÑO UND LA NIÑA

Wetter- und Warmwasseranomalien wie El Niño und La Niña können zu extremen Wetterereignissen führen. Dazu gehören ungewöhnliche Meerestemperaturen sowie Veränderungen von Ozeanströmungen und Luftdrucksystemen. Sie sind Teil eines komplexen globalen Systems, das man El Niño/Southern Oscillation (ENSO) nennt.

EL NIÑO

Das spanische Wort »El Niño« kommt aus Peru, wo am Jahresende das sonst kühle Küstenwasser einige Wochen lang durch wärmeres ersetzt wird. Da dies um Weihnachten geschieht, spricht man örtlich von El Niño – »der Junge« bzw. »Christkind«. Doch in unregelmäßigen Abständen von 2–7 Jahren erwärmt sich der äquatoriale Pazifik viel großräumiger. Mit El Niño bezeichnet man heute dieses ausgedehnte Ereignis.

Es verändert die jahreszeitlichen Wettermuster großräumig auch außerhalb der Tropen. Die Phänomene reichen von extremen Dürren bis zu Stürmen und Überschwemmungen. Die Anomalie El Niño ist an eine Luftdruckschaukel, die Southern Oscillation (»Südliche Oszillation«), gekoppelt, die den Druckunterschied zwischen einem Hoch im Südostpazifik und einem Tief in Indonesien betrifft. Dieser Druckunterschied bestimmt die Stärke der aus Osten wehenden äquatornahen Passatwinde. Bei kleinem Druckunterschied sind sie schwach oder werden sogar zu Westwinden. Dann kann warmes Wasser über den Pazifik nach Osten vordringen.

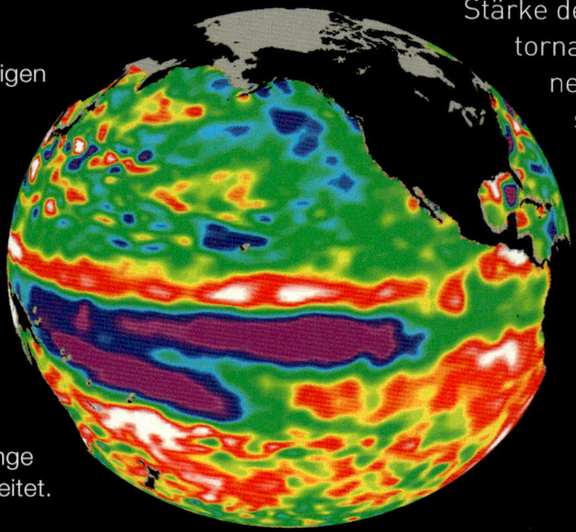

MEERESSPIEGEL
Diese Satellitendaten zeigen die Höhe der Meeresspiegel im Juli 1998 zu Beginn einer La Niña. Die Höhe gibt Hinweise auf die Temperatur, da sich das Wasser beim Erwärmen ausdehnt. In dem violetten Band am Äquator liegt der Wasserspiegel 10–15 cm tiefer als normal, da sich eine Zunge kühleren Wassers ausbreitet.

REKORDWELLEN IN HAWAII
Stürme im Pazifischen Ozean sind häufiger und stärker, wenn ein El-Niño-Ereignis stattfindet. Riesige Wellen bis 10 m Höhe wurden dann auf der hawaiianischen Insel Oahu beobachtet.

WALDBRÄNDE
Regionen wie Borneo oder das Amazonasbecken sind bei El Niños stärker brandgefährdet, da die großräumige Luftzirkulation zu absinkender und damit trockener Luft führt. Das Bild zeigt Feuer im Regenwald Amazoniens während des El Niño von 1997/1998.

NORMALES MUSTER
In normalen Jahren wehen die Passatwinde von einem Hoch über dem Südostpazifik zu einem Tief über Indonesien. Die Südostwinde treiben einen äquatorialen Meeresstrom, der warmes Wasser und damit häufige Regenfälle nach Indonesien bringt, während es im Osten über dem äquatorialen Südamerika trocken ist.

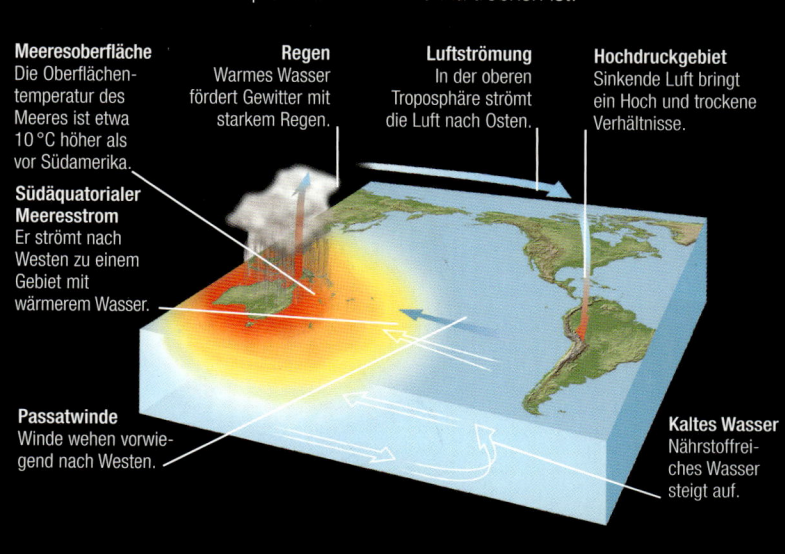

Meeresoberfläche
Die Oberflächentemperatur des Meeres ist etwa 10 °C höher als vor Südamerika.

Südäquatorialer Meeresstrom
Er strömt nach Westen zu einem Gebiet mit wärmerem Wasser.

Passatwinde
Winde wehen vorwiegend nach Westen.

Regen
Warmes Wasser fördert Gewitter mit starkem Regen.

Luftströmung
In der oberen Troposphäre strömt die Luft nach Osten.

Hochdruckgebiet
Sinkende Luft bringt ein Hoch und trockene Verhältnisse.

Kaltes Wasser
Nährstoffreiches Wasser steigt auf.

EL-NIÑO-MUSTER
El-Niño-Ereignisse beginnen mit einer Abschwächung des normalen Druckunterschieds zwischen dem Hoch im Südostpazifik und dem Tief über Indonesien und damit auch der Passatwinde. Daher dringt das warme Wasser langsam am Äquator bis Amerika vor. Dort bringt das ungewöhnlich warme Wasser Regen und Gefahr von Überschwemmungen.

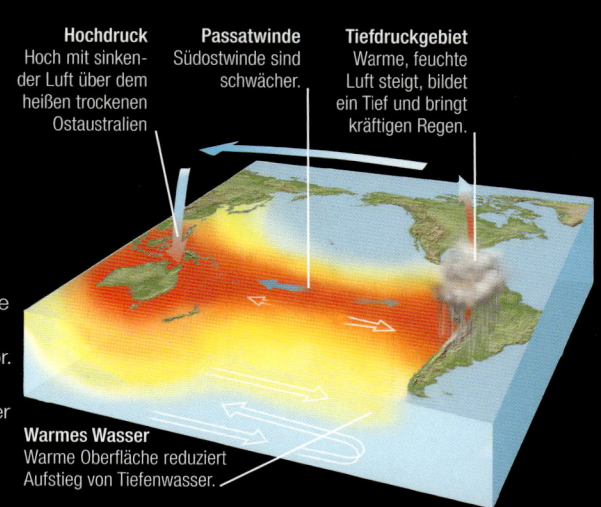

Hochdruck
Hoch mit sinkender Luft über dem heißen trockenen Ostaustralien

Passatwinde
Südostwinde sind schwächer.

Tiefdruckgebiet
Warme, feuchte Luft steigt, bildet ein Tief und bringt kräftigen Regen.

Warmes Wasser
Warme Oberfläche reduziert Aufstieg von Tiefenwasser.

EL NIÑO UND LA NIÑA 285

NORDATLANTISCHE OSZILLATION

Die Nordatlantische Oszillation (NAO) ist eine großräumige Luftdruckschaukel, die das Winterwetter auf der Nordhalbkugel bestimmt. Die beiden beteiligten Luftdruckzentren sind das Islandtief und das Azorenhoch, zwischen denen gewöhnlich südwestliche Winde vorherrschen, die milde Luft nach Europa bringen. Ein größerer Druckunterschied führt zu stärkeren Winden, ein geringer Unterschied zu schwächeren Winden. Da der Druckunterschied von Jahr zu Jahr und über noch längere Zeiträume variiert, fällt auch die Strenge des Winters in Europa jedes Jahr anders aus. Meteorologen definieren den sog. NAO-Index, das Monatsmittel der Luftdruckdifferenz zwischen den Azoren und Island, um die Stärke und Reichweite von Wettersystemen im Winter in Europa zu untersuchen.

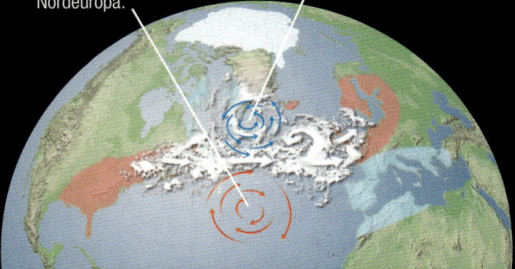

Intensives Hoch
Hoch und Tief fördern einen starken Einstrom von feuchter, milder Luft über Nordeuropa.

Intensiveres Tief
Tiefs ziehen vor allem über Nordeuropa; der Mittelmeerraum bleibt trocken.

POSITIVER NAO-INDEX
Ein großer Luftdruckunterschied (»positiver NAO-Index«) bringt generell milde und feuchte bzw. schneereiche Winter über Nordeuropa, aber eher trockene Verhältnisse und Wassermangel im Mittelmeerraum. Der Südosten der USA erfährt gleichzeitig meist mildere und feuchte Winter.

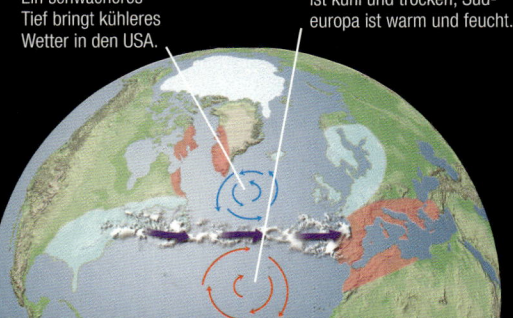

LA NIÑA

La Niña (spanisch »das Mädchen«) tritt ähnlich oft wie El Niño auf, doch mit umgekehrten Wirkungen. Wie El Niño bringt La Niña extreme Wetterphänomene. So dürfte eine La-Niña-Situation die Entwicklung des Zyklons Yasi gefördert haben, der 2011 Queensland (Australien) erreichte. Man weiß, dass La Niña an Änderungen des winterlichen Jetstreams über dem Pazifik und Nordamerika gekoppelt ist. Es kommt typischerweise zu ungewöhnlich feuchten Wintern im Nordwesten Nordamerikas und wärmeren, trockenen Verhältnissen im Süden der USA.

KÜSTENEROSION
Der südliche Arm des Jetstreams bringt in La-Niña-Phasen Tiefdruckgebiete in Richtung Nordwesten der USA, sodass die Pazifikküste von Stürmen gepeitscht wird. Dies kann zu starker Küstenerosion führen, wie hier am Olympic Mountains National Park im US-Bundesstaat Washington.

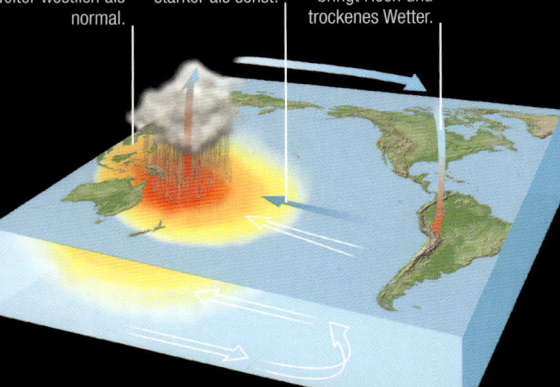

Tiefdruckgebiet
Das System von Tiefs liegt weiter westlich als normal.

Passatwinde
Winde aus dem Südwesten sind stärker als sonst.

Hochdruckgebiet
Absinkende Luft bringt Hoch und trockenes Wetter.

Schwaches Tief
Ein schwächeres Tief bringt kühleres Wetter in den USA.

Schwaches Hoch
Der Winter in Nordeuropa ist kühl und trocken, Südeuropa ist warm und feucht.

LA-NIÑA-MUSTER
La Niña, das Gegenstück zu El Niño, tritt auf, wenn die Passatwinde ungewöhnlich stark sind. Dies fördert den Aufstieg von kühlem Tiefenwasser vor der Äquatorialküste Südamerikas, das dann westwärts über den Ozean transportiert wird. Das Warmwassergebiet mit regnerischem Wetter ist dann auf den Westpazifik beschränkt.

NEGATIVER NAO-INDEX
Eine kleine Druckdifferenz führt zu einem ganz anderen Muster des Winterwetters in Europa. In dieser Situation herrschen vor allem kühle, trockene Verhältnisse über Nordeuropa, während das Wetter im Mittelmeerraum unbeständiger ist. Auch der Osten der USA erlebt dann meist kühlere Winter.

WETTEREXTREME

QUEENSLAND-HOCHWASSER 2010/2011

Der Dezember 2010 war im australischen Queensland der Monat mit den höchsten je gemessenen Niederschlägen. Der Regen, den der Zyklon Tasha brachte, und das La-Niña-Wetter (siehe S. 284–285) ließen den Brisbane River und andere Flüsse anschwellen. In Rockhampton, 483 km nördlich von Brisbane, fielen über 400 mm Regen: weit mehr als der Dezembermittelwert von 108,5 mm. Als die Flüsse über die Ufer traten, wurden große Teile des Bundesstaats überschwemmt. Tausende Menschen wurden aus Orten und Städten evakuiert, viele Straßen waren unpassierbar, Häuser versanken in den schlammigen Fluten. Das Hochwasser hielt nach dem Jahreswechsel an; am 13. Januar standen in der Stadt Brisbane 20 000 Häuser unter Wasser. Gewaltige Regengüsse führten zu Sturzfluten, in denen Menschen starben. Die Schäden an den Gebäuden und Verkehrswegen werden auf 10 Mrd. australische Dollar geschätzt. Damit nicht genug: Anfang Februar zog der Zyklon Yasi eine Schneise der Verwüstung durch die Küste von Nord-Queensland. Der bis über 200 km/h schnelle Sturm riss in der Stadt Townsville Dächer von den Häusern.

1 STURZFLUTEN
Am 10. Januar 2011 überspülten die Fluten eine Straße in Toowoomba, Queensland. Das Ereignis forderte in der Gemeinde Todesopfer.

12/2010 BIS 01/2011

Ort	Queensland, Australien
Typ	schwere Überschwemmung
Todesopfer	35

350 000
MENSCHEN, DIE IHR HAUS VERLASSEN MUSSTEN

DIE ÜBERSCHWEMMUNG
Rockhampton wurde schwer getroffen. Ende Dezember setzte heftiger Regen ein, der sich zu einer Katastrophe auswuchs. Dieses Bild vom 12. Januar zeigt die immer noch überflutete Stadt.

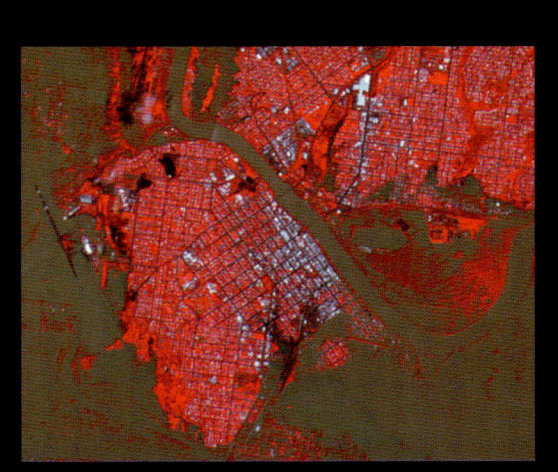

WASSERMASSEN
Dieses Falschfarben-Satellitenbild zeigt die großflächigen Überschwemmungen in Rockhampton. Die nicht überfluteten Flächen sind rot, die überfluteten braun.

QUEENSLAND-HOCHWASSER 2010/2011

2 SUCHE NACH VERMISSTEN
Ein Armeehubschrauber landet am 15. Januar neben den Überresten eines Hauses in Grantham, Lockyer Valley, das die Fluten zerstört haben. Das Militär spielte bei den Rettungsarbeiten eine entscheidende Rolle.

3 GROSSE SCHÄDEN
Weitere Sturzfluten am 11. Januar beschädigten in Toowoomba viel Eigentum. Die schätzungsweise 7 m hohen Fluten schoben zahlreiche Fahrzeuge wie Spielzeugautos übereinander.

4 NACHBARSCHAFTSHILFE
Freiwillige Helfer befreien Häuser in Fairfield, einem Vorort von Brisbane, am 16. Januar von Trümmermassen. Über 35 Vororte von Brisbane waren schwer getroffen worden.

>> HIER IN QUEENSLAND SIND WIR IN EINER SEHR ERNSTEN UND VERZWEIFELTEN LAGE. <<

ANNA BLIGH, PREMIERMINISTERIN VON QUEENSLAND

MONSUN

Monsun kommt von dem arabischen Wort »mawsim« (geeignete Jahreszeit). Der regelmäßige Richtungswechsel der vorherrschenden Winde führt zu trockenen und feuchten Jahreszeiten. Besonders spürbar sind die Wechsel in Südasien und Ostafrika.

WIE ENTSTEHT DER MONSUN?

Jahreszeitliche Veränderungen der Erwärmung führen dazu, dass über Kontinenten im Winter eher ein Hoch und im Sommer eher ein Tief herrscht. Über Südasien beispielsweise wird das Wetter in der Trockenzeit (Dezember bis Februar) vom Einfluss der Luft aus dem Hochland von Tibet (einem stabilen kontinentalen Kältehoch) bestimmt. Die Luft strömt vom Himalaja herab und führt zu trockenen nördlichen oder nordöstlichen Winden in Indien und benachbarten Ländern. In der sommerlichen Regenzeit (Juni bis September) entwickelt sich ein Tief über der indisch-pakistanischen Grenze, das warme, feuchte Luft vom tropischen Indischen Ozean im Süden anzieht.

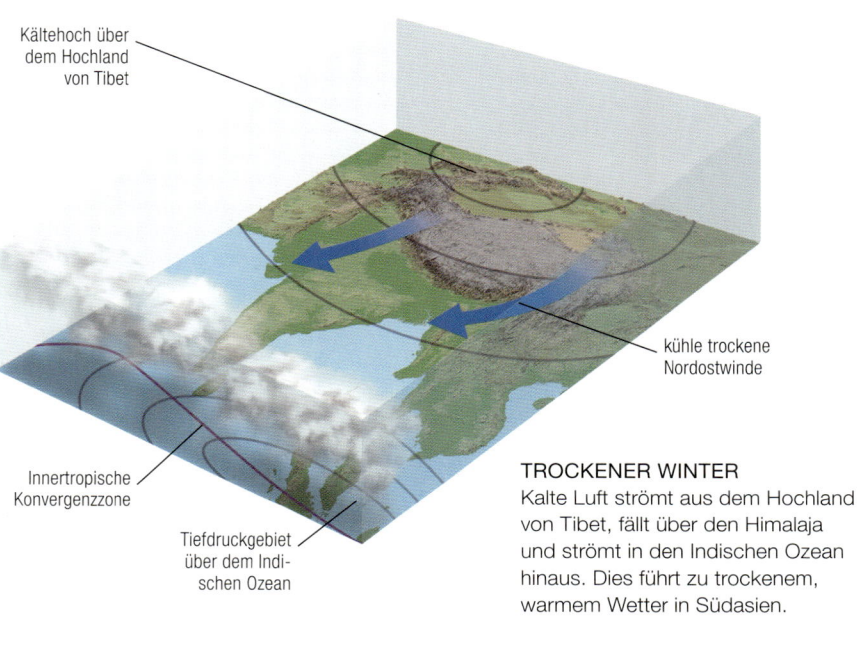

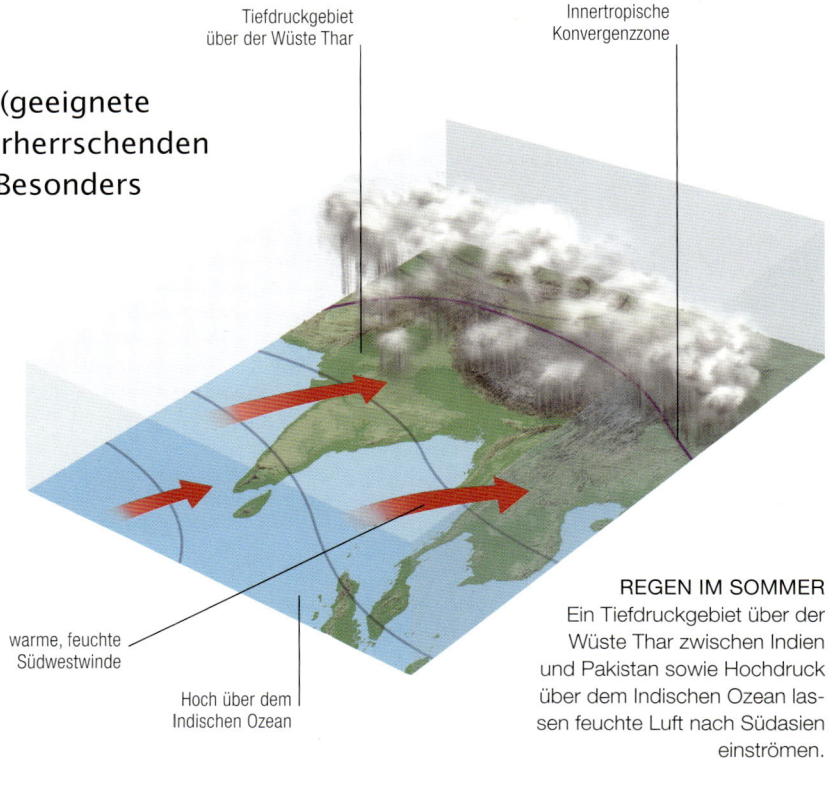

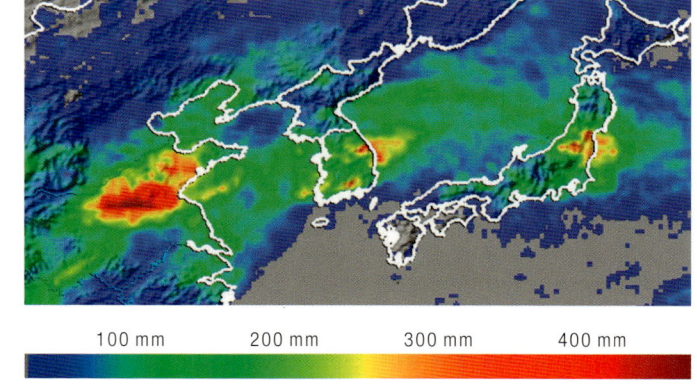

REGEN IM SOMMER
Ein Tiefdruckgebiet über der Wüste Thar zwischen Indien und Pakistan sowie Hochdruck über dem Indischen Ozean lassen feuchte Luft nach Südasien einströmen.

TROCKENER WINTER
Kalte Luft strömt aus dem Hochland von Tibet, fällt über den Himalaja und strömt in den Indischen Ozean hinaus. Dies führt zu trockenem, warmem Wetter in Südasien.

HEFTIGE NIEDERSCHLÄGE
Die Regenmenge lässt sich aus Satellitendaten abschätzen. Schwere Monsunregen fallen hier über einem Gebiet in Ostasien, das sich von China durch Korea bis Japan erstreckt.

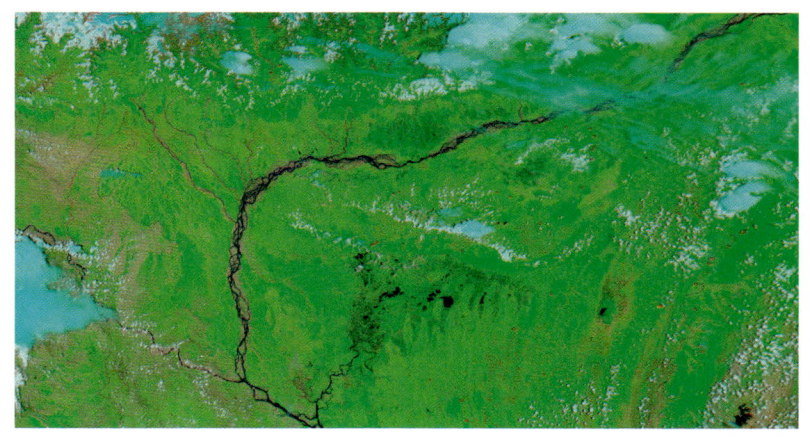

BRAHMAPUTRA VOR DEM MONSUN
Der Fluss Brahmaputra schwillt normalerweise in der feuchten Sommermonsunzeit an. Im August 2007 gab es einige Überflutungen, aber nicht zu vergleichen mit dem, was später folgte.

BRAHMAPUTRA NACH DEM MONSUN
Massive Regenfälle im September 2007 führten zu ausgedehnten Überschwemmungen in Bhutan, Bangladesch und Nordostindien. Es war die dritte und schwerste Flut der Saison.

FOLGEN DES MONSUNS

Monsunregen führen in Südasien oft zu Problemen. Heftiger, anhaltender Regen kann zu Überschwemmungen mit Todesopfern und der Ausbreitung von Krankheiten führen. Dann sind Rettungs- und Hilfsaktionen nötig. Wenn weniger Regen als gewöhnlich fällt, kann die Ernte ausfallen, und vor allem auf dem Land muss der Staat Beihilfen geben. Die Monsunregen sind in Indien von wirtschaftlicher Bedeutung, da etwa 20 Prozent des Volkseinkommens aus der Landwirtschaft stammen. Hohe Niederschläge steigern die Erträge von Reis, Baumwolle und Weizen. Sie füllen auch Wasserspeicher und heben das Grundwasser, was die Bewässerung und Stromerzeugung aus Wasserkraft fördert.

FOLGEN FÜR DIE LANDWIRTSCHAFT
Der Monsun ist für die Bauern (hier in Birma beim Setzen von Reispflanzen) von essenzieller Bedeutung. Hohe Temperaturen und viel Regen bringen gute Ernten.

MONSUNFLUTEN
Heftige Niederschläge können zu chaotischen Verhältnissen führen. Im Sommermonsun 2010 kam es zu enormen Überschwemmungen in Jammu (Indien). Überflutetes Ackerland kann zu Ernteausfällen führen.

PAKISTAN 2010

Auf den Monsun im Juni 2010 folgten im pakistanischen Industal ungewöhnlich schwere Regenfälle. Die Überschwemmungen wurden teils durch das übliche Monsuntief verursacht, das aus dem Golf von Bengalen in die Region einzog, und teils durch ein außergewöhnliches Jetstreammuster in der oberen Troposphäre. Meistens strömt der Jetstream im Sommer aus Westen in den nördlichen Himalaja, doch in diesem Jahr mäanderte er deutlich und drang weiter nach Norden vor, quer durch Westrussland, was dort eine anormale Hitze und Trockenheit, verbunden mit Waldbränden, – ein sog. Blockadehoch – etablierte. Danach bildete sich weiter südlich ein Trog oder Tiefdruckgebiet, das zu massiven Niederschlägen führte: Im oberen Industal fiel im Juni, Juli und August ungewöhnlich viel Regen – bis zu 274 mm in 24 Stunden etwa in Peshawar. Die steilen Hochlandregionen in den Quellgebieten des Indus wurden von verheerenden Sturzfluten und Schlammlawinen heimgesucht. Die Fluten drangen als Wellenfront talabwärts nach Süden vor. Erst im September ließ der Regen nach.

Für lange Zeit blieben riesige Flächen überschwemmt; wichtige Ernten (z. B. Reis und Baumwolle) wurden vernichtet. Mehr als 6 Mio. Menschen mussten ihre Häuser verlassen.

26. JULI 2010

Ort	Pakistan
Obdachlose	6 Millionen
Todesopfer	zwischen 1500 und 1700

50 000 000

GESCHÄTZTE SCHADENSSUMME IN US-$

TOSENDE FLÜSSE UND SCHLAMMLAWINEN
Das Swat-Tal in Pakistan wurde durch die Sturzfluten und verheerende Schlammlawinen schwer getroffen. Neben zahlreichen Straßen wurden ganze 34 der 42 Brücken der Region zerstört. Der Mangel an sauberem Trinkwasser führte zu einem Cholera-Ausbruch.

PAKISTAN 2010   291

FOLGEN DER ÜBERSCHWEMMUNG

Die Überschwemmung, die ein Fünftel des Indusbeckens unter Wasser setzte, war die schlimmste seit mindestens 80 Jahren. Massive Schäden an Wohnhäusern und öffentlichen Bauten (über 500 000 Häuser und viele Brücken wurden zerstört) erzwangen ein gigantisches Wiederaufbauprogramm und die Unterbringung von 6 Mio. Menschen. Etwa 10 000 Hochspannungsleitungen und Trafos wurden zerstört. Weil mindestens 3,2 Mio. Hektar des besten Ackerlandes von Pakistan überflutet wurden, verlor das Land große Teile seiner Reis-, Baumwoll-, Zuckerrohr- und Tabakernte. Am 18. August erklärte die Regierung, dass 15,4 Mio. Menschen unmittelbar von der Katastrophe betroffen seien. Die Fluten überforderten auch Abwasserkanäle und Kläranlagen, der Mangel an sauberem Trinkwasser führte zu Krankheiten.

ÜBERSCHWEMMTE GEBIETE
Am 9. August 2010 machte Landsat 5 dieses Satellitenbild. Es zeigt das Indus-Hochwasser nahe Kashmor. Einige Tage später erreichte eine zweite Hochwasserwelle die Region.

MASSIVE ÜBERFLUTUNG
Am 12. August 2010 stehen große Flächen in derselben Region unter Wasser. Durch den Durchbruch in der Bildmitte ergossen sich bis zu 25 000 Kubikmeter Flusswasser pro Sekunde.

GROSSFLÄCHIGE ÜBERSCHWEMMUNG
Das Hochwasser war in der Region das größte und stärkste seit Menschengedenken. Millionen mussten fliehen und verloren alles, was sie nicht tragen konnten. Allmählich drangen die Fluten südwärts ins Industal vor.

>> ICH BIN IN EINEM DORF, DAS GANZ WEGGESCHWEMMT WURDE. ICH ÜBERLEBTE ... AUF EINEM BAHNDAMM ... <<

ALEEM MAQBOOL, BBC NEWS, NORDWEST-PAKISTAN

TROPISCHE WIRBELSTÜRME

Tropische Wirbelstürme, die man je nach Region Hurrikane, Taifune oder Zyklone nennt, entstehen in bestimmten Meeresgebieten der niedrigen Breiten. Wenn sie Land erreichen, können sie durch Sturmböen und Fluten erheblichen Schäden verursachen.

ENTSTEHUNG

Ein tropischer Wirbelsturm entsteht nur dort, wo die oberste Meeresschicht wärmer als 26 °C ist. Zudem müssen hohe Gewitterwolken vorhanden sein und hohe Luftfeuchtigkeit, damit die Wolkenbildung nicht durch den Einstrom trockener Luft gestört wird. Meist ist das erste Zeichen eines Wirbelsturms ein Wolkenhaufen, der wächst, wenn Windrichtung und -stärke in allen Höhen ähnlich sind, sonst würde das System auseinandergerissen werden. Wenn der Haufen gewachsen ist, strömt Luft spiralförmig ins Zentrum, wo starke Aufwinde in hohen Gewitterwolken entstehen. Die Spiralbewegung – auf der Nordhalbkugel gegen den Uhrzeigersinn, im Süden im Uhrzeigersinn – ist Folge des Corioliseffekts: Durch die Erdrotation erscheinen Bewegungen auf der Erdoberfläche kreisförmig abgelenkt statt geradlinig. An der Oberseite des Wirbelsturms strömt die Luft vom Zentrum (dem Auge) weg. Nimmt dieser Strom zu, kann der Luftdruck weiter sinken und der Sturm stärker werden.

Atlantische Hurrikane entstehen oft vor der Küste Westafrikas, oft nahe der Kapverden. Einige, die später die Karibik oder die USA erreichen, beginnen als Störungen über Westafrika. Tropische Wirbelstürme entstehen niemals näher als 5° nördlich und südlich des Äquators, weil am Äquator der Corioliseffekt zu schwach ist.

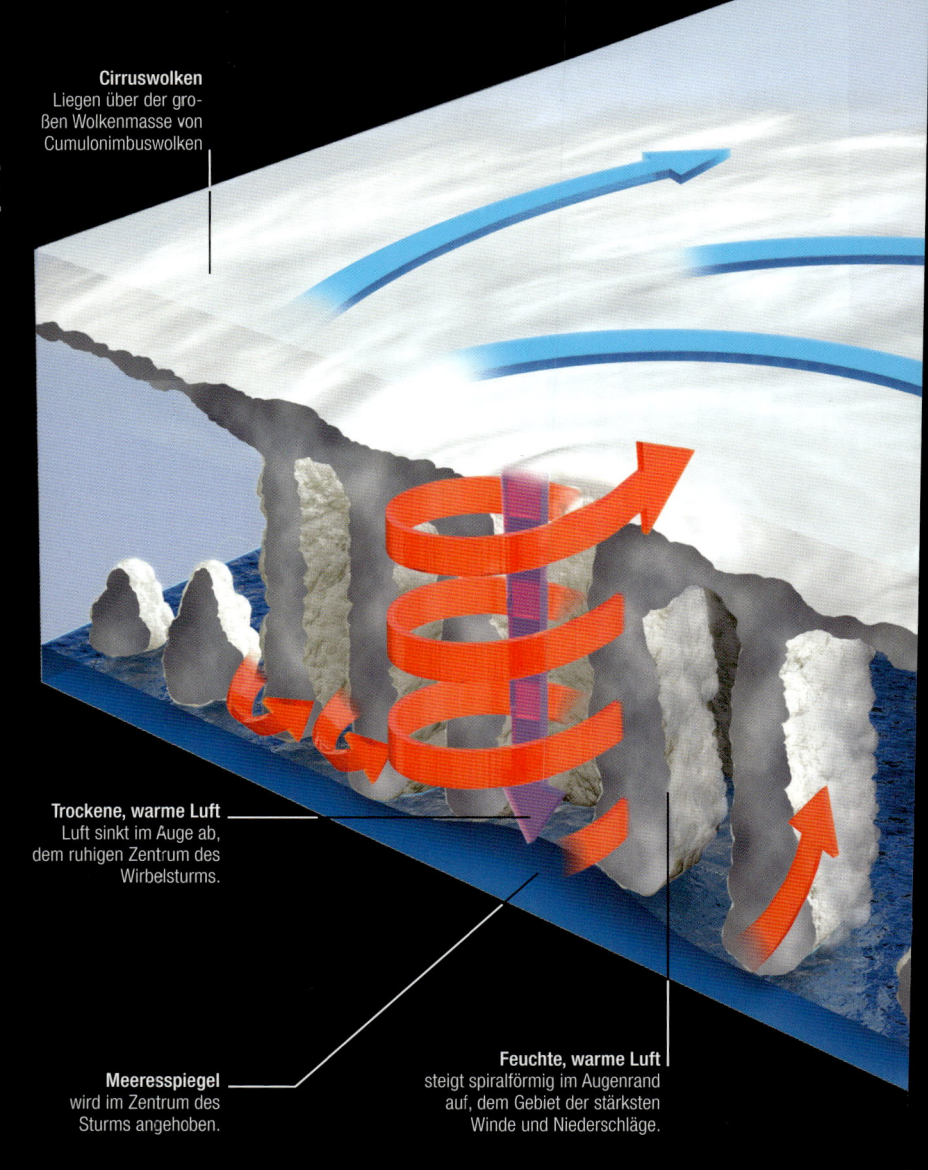

Cirruswolken Liegen über der großen Wolkenmasse von Cumulonimbuswolken

Trockene, warme Luft Luft sinkt im Auge ab, dem ruhigen Zentrum des Wirbelsturms.

Meeresspiegel wird im Zentrum des Sturms angehoben.

Feuchte, warme Luft steigt spiralförmig im Augenrand auf, dem Gebiet der stärksten Winde und Niederschläge.

ENTWICKLUNG EINES WIRBELSTURMS

1 BEGINN EINES WIRBELSTURMS
Die frühen Phasen eines Wirbelsturms beruhen auf der Verschmelzung einer verstreuten Gruppe von Gewittersystemen zu einer zusammenhängenden Wolkenmasse, die um ein Tief zu rotieren beginnt.

2 ROTIERENDE MASSE
Wenn sich das System verstärkt, wird die Rotation offensichtlich und einströmende Bänder von Cumuluswolken klar erkennbar. Die Strömung ist nun deutlicher mit einem Rotationszentrum verbunden.

3 AUSGEREIFTES STADIUM
Ein voll entwickelter tropischer Wirbelsturm hat ein fast rundes Wolkenmuster mit spiraligen Regenbändern und einem auffälligen Auge. Cirruswolken, die um das Auge auswärts treiben, geben eine glatte Textur.

TROPISCHE WIRBELSTÜRME 293

Höhenwinde strömen spiralförmig aus dem Zentrum heraus.

Spiralarme erstrecken sich Hunderte oder Tausende Kilometer vom Zentrum weg.

Regenbänder Aufsteigende Luft bildet dichte Wolken mit heftigen Regenfällen.

AUFBAU
Ein starker tropischer Wirbelsturm hat im Zentrum ein Gebiet sinkender Luft. Dieses wolkenfreie Auge ist rund bei einem Durchmesser zwischen 3 km und 370 km.

AUFTRETEN TROPISCHER WIRBELSTÜRME

Der westliche tropische Pazifik ist der wärmste tropische Ozean und hat die größte Zahl tropischer Wirbelstürme – in dieser Region Taifune genannt. Die meisten tropischen Wirbelstürme treten auf der Nordhalbkugel auf, 70 Prozent davon von Juni bis November. Auf der Südhalbkugel ist die Wirbelsturmsaison von Januar bis März. Wirbelstürme fehlen im Südostpazifik und im Südatlantik, wo kühlere Wassermassen vorherrschen.

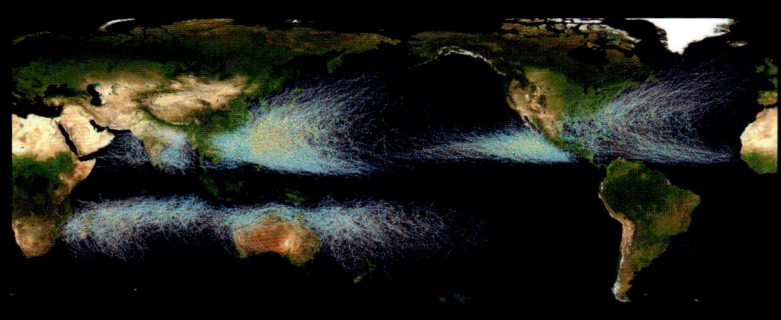

WIRBELSTÜRME DER ERDE
Das Bild zeigt die Wege tropischer Wirbelstürme von 1985–2005. Sie richten auch in mittleren Breiten Schäden an.

Saffir-Simpson-Skala
- Tropisches Tief
- Tropensturm
- Kategorie 1
- Kategorie 2
- Kategorie 3
- Kategorie 4
- Kategorie 5

STÄRKE VON HURRIKANEN

Die nach dem Meteorologen Bob Saffir und dem Ingenieur Herbert Simpson benannte Saffir-Simpson-Skala ist eine einfache und praktische Art, Hurrikane nach dem Ausmaß des Schadens zu klassifizieren. Der typische Schaden wurde mit der maximalen Windgeschwindigkeit pro Stunde in Beziehung gesetzt und danach fünf Kategorien gebildet. Mit jeder Kategorie steigt der Schaden etwa um das Vierfache. Zudem zeigt die Skala, wie stark der Meeresspiegel angehoben wird. Die Skala ist in den von Hurrikanen betroffenen Gebieten der USA gut bekannt. Ein Hurrikan wird beim Landfall nach etwa 1 km um eine Kategorie schwächer.

KATEGORIE 1
Windstärke 119–153 km/h
Anstieg Wasserspiegel 1,5 m
Beispiel Hurrikan Stan (2005)

Bäume, Büsche und nicht gesicherte Mobilheime werden beschädigt. Auch Landungsstege können durch Überschwemmungen Schaden nehmen.

KATEGORIE 2
Windstärke 154–177 km/h
Anstieg Wasserspiegel 2–2,5 m
Beispiel Hurrikan Nora (2003)

Hurrikane dieser Kategorie führen zu erheblichen Schäden an Mobilheimen und Landungsstegen. Bäume werden umgeworfen und Dächer beschädigt.

KATEGORIE 3
Windstärke 178–209 km/h
Anstieg Wasserspiegel 2,5–4 m
Beispiel Hurrikan Helene (2006)

Kleine Häuser werden erheblich beschädigt, Mobilheime zerstört. Überschwemmungen betreffen große Gebiete und große Bäume werden entwurzelt.

KATEGORIE 4
Windstärke 210–249 km/h
Anstieg Wasserspiegel 4–5,5 m
Beispiel Hurrikan Dennis (2005)

Diese Hurrikane führen zu ausgedehnten Schäden an Gebäuden, vor allem Fenstern, Türen und Dächern. Die Sturmflut reicht bis 10 km ins Landesinnere.

KATEGORIE 5
Windstärke über 249 km/h
Anstieg Wasserspiegel über 5,5 m
Beispiel Taifun Jangmi (2008)

Gebäude werden schwer beschädigt. Erdgeschosse werden überflutet, wenn die Hebung des Wasserspiegels bis 500 m vor der Küste etwa 4,5 m beträgt.

HURRIKANFORSCHUNG

Geosynchrone Wettersatelliten sind unverzichtbar für Meteorologen, die den Weg und die Entwicklung tropischer Wirbelstürme (im Atlantik meist Hurrikane genannt) verfolgen müssen. Die Satelliten liefern alle halbe Stunde hoch aufgelöste Bilder der Hurrikane im tropischen Nordatlantik. Die Wolkenmuster in den Bildern geben Aufschluss über die Windstärken und die Intensität eines Wirbelsturms. Dies ist eine indirekte Methode, doch man kann die Intensität auch direkt mit spezialisierten Flugzeugen messen, wie etwa der Reihe C130-Hercules der US-Luftwaffe. Diese Maschinen fliegen routinemäßig direkt durch das Auge der gefährlichen Stürme und messen dabei Temperatur, Luftdruck und andere Größen, aus denen die Windstärke am Boden errechnet werden kann.

Die Vorhersage von Wirbelstürmen gehört in einigen Ländern zum festen Bestandteil der globalen numerischen Modellierung von Wettervorhersagen. Diese Wettermodelle sagen die Richtung und Stärke von Hurrikanen voraus, den Druck im Zentrum und sogar die zu erwartenden Regenmengen sowie die Höhe und das Gebiet der Sturmflut.

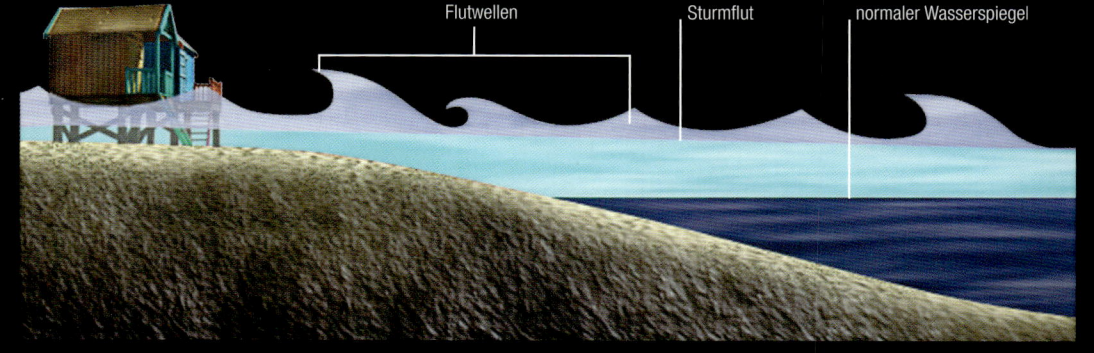

STURMFLUT

Während ein tropischer Wirbelsturm über das Meer zieht, hebt der extrem niedrige Luftdruck im Auge den Wasserspiegel domförmig an und es entsteht ein flacher, ausgedehnter »Wasserberg«, der mit dem Hurrikan wandert. In flachen Küstengewässern staut sich das anlaufende Wasser zusätzlich auf – in Extremfällen bis zu Höhen von 6–7 m über den normalen Gezeitenhochstand. Auf der Nordhalbkugel, wo Wirbelstürme gegen den Uhrzeigersinn rotieren, wehen die Winde rechts des Auges in die Richtung, in die sich der Sturm bewegt, sodass im vorderen rechten Viertel eines wandernden Hurrikans die Flut am höchsten ist; auf der Südhalbkugel ist es das vordere linke Viertel.

Sturmfluten können lange Küstenabschnitte erodieren, Überschwemmungen verursachen und Boote ins Landesinnere verfrachten. Die starken Strömungen können zudem Korallenriffe schädigen.

STURMFLUT
Besonders hoch steigt der Wasserspiegel in einer Sturmflut, wenn sie mit einem sehr hohen Gezeitenstand zusammenfällt – einer Springflut, die auftritt, wenn Mond, Sonne und Erde in einer Linie stehen.

HURRIKAN ISABEL
Das auffällige Auge des Hurrikans Isabel im Jahr 2003 ist hier deutlich sichtbar, ebenso wie die aufwallenden Wolkenoberseiten riesiger Gewitter in einem der spiraligen Regenbänder (links vom Auge).

TROPISCHE WIRBELSTÜRME

HURRIKANE VERFOLGEN

Die Möglichkeit direkter Beobachtung von Hurrikanen, die die Karibik und die USA treffen, ist von hohem Wert. Die 53. Wetteraufklärungsstaffel der US-Luftwaffe hat eine Basis in Biloxi (US-Staat Mississippi), von der speziell ausgestattete Flugzeuge vom Typ C130-Hercules direkt durch alle drohenden Hurrikane fliegen. Von ihnen werden z. B. Fallsonden eingesetzt, also Geräte, die durch den Hurrikan fallen und dabei Messungen von Temperatur, Druck, Luftfeuchtigkeit und Wind zurück funken. Diese Daten helfen bei der Sturmvorhersage.

Hurrikanjäger
Dieser Fallsonden-Operator sitzt in einer C130-Hercules, die zum »Hurrikanjäger«-Team der US-Luftwaffe gehört. Er startet Fallsonden, die die Vorhersage von Hurrikan Floyd verbessern.

Sturmjäger
Die Wetter- und Ozeanografiebehörde der USA (National Oceanic and Atmospheric Administration, NOAA) beobachtet Hurrikane mit speziell ausgerüsteten Flugzeugen wie der Lockheed WP-3D Orion.

STURMSCHÄDEN

Hurrikane verursachen Schäden auf mehrere Arten. Der dynamische Druck starker Winde kann zu massiven Zerstörungen führen, sintflutartige Regenfälle können Sturzfluten und Schlammlawinen nach sich ziehen. In flachen Küstenländern kommt es zudem zu Schäden durch hohe, windgetriebene Wellen sowie Sturmfluten, die ins Land eindringen. Das Ausmaß der Zerstörungen liegt der Saffir-Simpson-Skala (siehe S. 293) zugrunde, nach der »signifikante« Hurrikane die Kategorien 3–5 haben. Früher waren Schiffe auf See besonders gefährdet, heutige Vorhersagen und Sturmwarnungen haben Verluste selten gemacht. Doch feste Installationen wie Öl- oder Gasplattformen können durch Wirbelstürme erheblichen Schaden nehmen.

Kategorie-5-Hurrikane wie Katrina (siehe S. 298–299), der 2005 in der nordatlantischen Hurrikansaison durch den Golf von Mexiko zog, verursachen erhebliche Schäden an Gebäuden, wobei kleinere Häuser völlig weggeblasen werden können. Die Gefahr durch Überschwemmungen hängt davon ab, wie schnell der Hurrikan wandert – langsamere Hurrikane führen zu mehr Überflutungen.

NACH DEM STURM
Mobilheime sind nicht stabil genug, um Wirbelstürmen zu widerstehen. Wenn sie nicht mit einem Fundament verankert sind, können sie sogar von relativ schwachen Hurrikanen der Kategorie 1 zerstört werden.

ÜBERFLUTET
Die Sturmflut des Hurrikans Ivan im Jahr 2004 überflutete Teile der Küstenstadt Pensacola in Florida. Die ausgedehnten niedrig gelegenen Küstengebiete der südlichen und südöstlichen USA sind ständig von Fluten bedroht.

NARGIS RÜCKT NÄHER
Wenige Tage, bevor der Zyklon das Festland erreichte, wiesen das ausgeprägte Auge und die Wolkenspirale auf seine Wucht hin. Solche Satellitenbilder werden oft herangezogen, um die Stärke eines Sturms vorherzusagen.

ZYKLON NARGIS 2008

Nargis gilt als die schlimmste Naturkatastrophe in der Geschichte Birmas und war der tödlichste bekannte Zyklon, der je im Nordteil des Indischen Ozeans wütete. Er erreichte am 5. Mai 2008 das Festland und setzte mit einer Kombination aus einer 3,6 m hohen Flutwelle und anhaltendem sintflutartigem Regen die Irrawaddy-Deltaregion unter Wasser. Mit Windgeschwindigkeiten von etwa 210 km/h fällt Nargis in Kategorie 3–4 auf der Saffir-Simpson-Skala (siehe S. 293). Die Form des Golfs von Bengalen und das flache Wasser an seinem Nordrand können Sturmfluten verstärken. Das weite, dicht bevölkerte Flachland der Region wurde massiv überschwemmt. Zwar werden Zyklone meist rechtzeitig auf Satellitenbildern entdeckt, aber es kann sehr schwer sein, die Bevölkerung zu warnen. Die schleppende Evakuierung der Region verschärfte 2008 die Lage.

MAI 2008

Ort	Birma
Typ	Zyklon (tropischer Wirbelsturm)
Schaden	10 Mrd. US-$

138 000
ZAHL DER TODESOPFER

NARGIS SCHLÄGT ZU

1 ÜBER BIRMA
Dieses Satellitenbild zeigt das Hochwasser an Birmas Küsten. Schon über dem Golf von Bengalen wurde Nargis als starker Wirbelsturm eingestuft. Hier ist das Wasser blauschwarz, die Pflanzendecke hellgrün, nackter Boden beige, die Bewölkung weiß bis hellblau.

2 SINTFLUTARTIGE NIEDERSCHLÄGE
Heftiger, anhaltender Regen führte an vielen Orten zu Überschwemmungen und Schlammlawinen. Hier warten Betroffene im Ort Dedaye auf Hilfe. Salzwasser ist in ihre Regenwasserteiche eingedrungen und hat sie so ihrer Trinkwasservorräte beraubt.

3 VERWÜSTETES LAND
Viele Dörfer wurden überflutet, in einigen Gemeinden wurden fast alle Häuser zerstört. Etwa 2,4 Mio. Menschen mussten hungern oder verloren ihr Dach über dem Kopf. Helfer brauchten wegen überschwemmter und zerstörter Straßen Tage, um die Betroffenen zu erreichen.

> » UNSERE GRÖSSTE SORGE IST, DASS DIE FOLGEN TÖDLICHER WERDEN ALS DER STURM SELBST. «
>
> **CARYL STERN**, PRÄSIDENTIN/VORSTANDSVORSITZENDE DES US-FONDS FÜR UNICEF, 2008

DER WEG DES ZYKLONS
Dank zahlreicher Satellitenbilder lässt sich der Pfad von Nargis gut nachvollziehen. Auf dem Weg nach Birma steigerte der Wirbelsturm seine Intensität auf der Saffir-Simpson-Hurrikan-Skala.

Legende
- tropisches Tief
- tropischer Sturm
- Kategorie 1
- Kategorie 2
- Kategorie 3
- Kategorie 4

DIE FOLGEN
Nargis kostete viele Menschenleben – nicht nur durch Ertrinken, sondern auch durch die Krankheiten, die oft auf Überschwemmungen folgen. Wegen der schlechten hygienischen Verhältnisse und der vielen Leichen breiteten sich Cholera und Ruhr aus. Auch Malaria und Denguefieber kursierten. In Bogalay im Süden wurden 365 von 369 Häusern zerstört; der Ausfall einer der beiden Raffinerien des Landes führte zu kritischen Treibstoffengpässen. In- und ausländische Helfer versorgten die Opfer mit Reis, Elektrolytpulver und Zeltplanen.

Notunterkünfte
Familien, die vor dem Zyklon geflohen sind, schützen sich in provisorischen Hütten an einer Straße im Shwepoukkan-Viertel von Rangun vor dem Regen.

HURRIKAN KATRINA 2005

Die äußerst lebhafte Hurrikansaison 2005 brachte über dem Nordatlantik 26 benannte Stürme hervor, von denen fünf in die Kategorie 5 fielen – darunter auch der Hurrikan Katrina. Er war der kostspieligste Wirbelsturm aller Zeiten und einer der fünf US-Hurrikane mit den meisten Todesopfern. Seine größte Intensität erreichte er, nachdem er eine große Fläche ungewöhnlich warmen Wassers im Golf von Mexiko überquert hatte. Am Mittag des 28. August – knapp einen Tag, bevor er das Festland erreichte – war er 150 Knoten (280 km/h) schnell. Er peitschte auf die Küste ein und New Orleans wurde von hohen Wellen und Regenmassen überspült. Tausende mussten tagelang auf Hausdächern auf ihre Bergung warten. Katrina verursachte Schäden von schätzungsweise 90 Mrd. US-$ und schwächte New Orleans nachhaltig: Viele Häuser wurden immer noch nicht instandgesetzt, etliche Einwohner sind nie mehr in ihre Stadt zurückgekehrt.

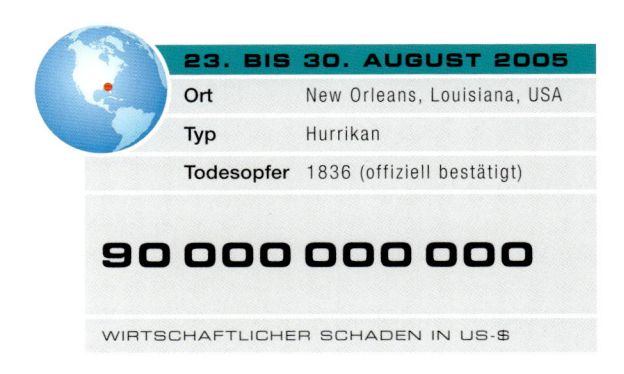

23. BIS 30. AUGUST 2005

Ort	New Orleans, Louisiana, USA
Typ	Hurrikan
Todesopfer	1836 (offiziell bestätigt)

90 000 000 000

WIRTSCHAFTLICHER SCHADEN IN US-$

> **WIR ERHALTEN BERICHTE UND ANRUFE, DIE MIR DAS HERZ BRECHEN – VON LEUTEN, DIE SAGEN: DAS WASSER STEHT MIR BIS ZUM HALS, ICH GLAUBE, ICH SCHAFFE ES NICHT … UND DAS GESCHIEHT GENAU JETZT, WÄHREND WIR REDEN.**
>
> **CLARENCE RAY NAGIN (JR.),** BÜRGERMEISTER VON NEW ORLEANS, SEPTEMBER 2005

KATRINA SCHLÄGT ZU

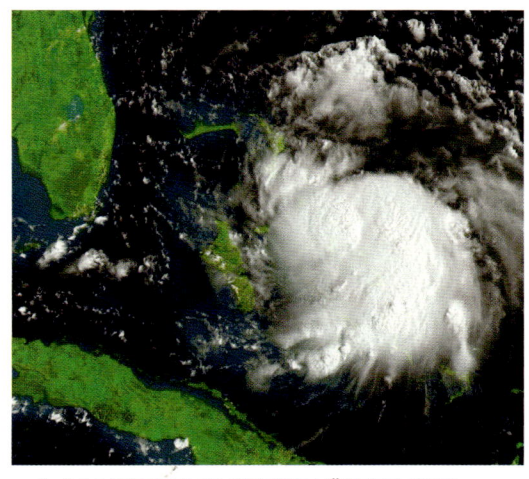

1 DAS TIEFDRUCKGEBIET NÄHERT SICH
Während es die Bahamas überstreicht, steigert sich ein tropisches Tief zu einem tropischen Sturm. Sobald das geschieht, erhält ein Wirbelsturm seinen Namen. Der Hurrikan wurde am 24. August 2005 Katrina getauft.

2 FLORIDA WIRD GETROFFEN
Katrina erhielt den Status eines Kategorie-1-Hurrikans mit Windstärken von 70 Knoten (130 km/h), während er über den Süden Floridas fegte. Er zog über das Marschland der Everglades und brachte örtlich bis zu 35 cm Niederschlag.

HURRIKAN KATRINA 2005

GEWALTIGE FLUTEN

Die kräftige Sturmflut, die Katrina mitbrachte, wurde durch extrem hohe, vom Wind aufgetürmte Wellen verstärkt. Das Mississippidelta wurde so heftig getroffen, dass ganze Küstenorte zerstört wurden. Als die Wassermassen ins Inland vordrangen und es zugleich sintflutartig regnete, schwollen die Flüsse stark an und die Deiche brachen. Eine Evakuierung wurde angeordnet, tausende Einwohner von New Orleans mussten sich in das Louisiana-Superdome-Stadion retten. Die großflächige und hohe Überschwemmung forderte allein in Louisiana, das am stärksten getroffen wurde, etwa 1300 Menschenleben.

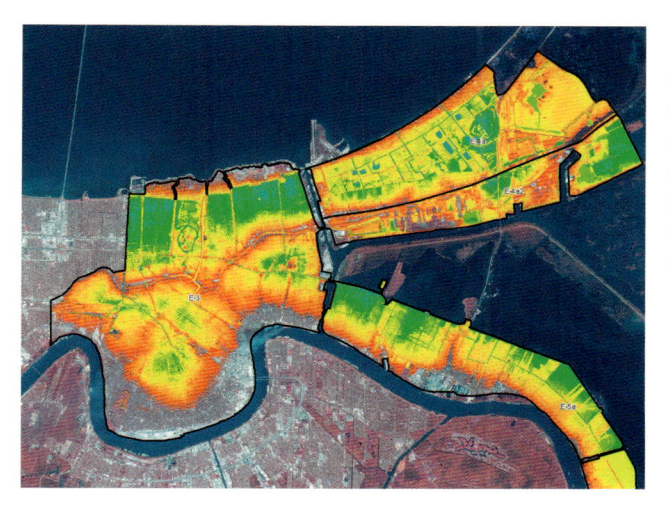

Wasserhöhe der Überschwemmung
- 0–0,3 m
- 0,3–0,6 m
- 0,6–0,9 m
- 0,9–1,2 m
- 1,2–1,5 m
- 1,5–1,8 m
- 1,8–2,1 m
- 2,1–2,4 m
- 2,4–2,7 m
- 2,7–3 m
- 3–4,5 m
- 4,5–6 m
- > 6 m

AUSMASS DER ÜBERFLUTUNG
Dieses Falschfarben-Satellitenbild der Stadt New Orleans zeigt die betroffenen Flächen und die Wasserhöhen. Sechs Wochen später hatten sich die Wassermassen aus der Stadt zurückgezogen.

3 DIE DEICHE BRECHEN
Die Wassermassen, die bei der Sturmflut von der Küste Louisianas ins Landesinnere vordrangen, überwanden an 53 Stellen die Deiche am Mississippi. Ein 30 km breiter Küstenabschnitt versank unter einer Flut, deren Wellen bis zu 8,5 m höher waren als normal.

4 NEW ORLEANS UNTER WASSER
Etwa 80 Prozent der Stadt wurden überflutet, das Wasser stand bis zu 7 m hoch. Erst 43 Tage später erklärte das Ingenieurskorps der Armee, dass das Wasser, das den Einwohnern so zu schaffen machte, vollständig abgeflossen sei.

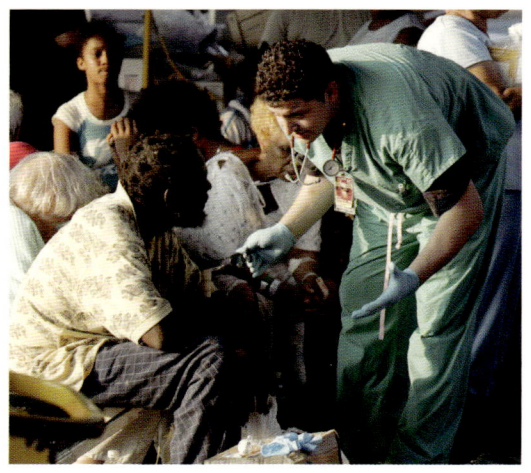

5 HILFE
Hunderttausende Einwohner von New Orleans verloren ihr Zuhause. Nationale und internationale Hilfs- und Regierungsorganisationen unterstützten die Bürger der Stadt zügig. Doch viele kehrten nie nach Hause zurück und die Arbeitslosigkeit stieg dramatisch an.

FEUER UND WASSER
Die Sturmflut des Hurrikans Katrina und sintflutartige Regenfälle setzten große Teile von New Orleans unter Wasser: Sowohl aus dem Golf von Mexiko als auch aus den Flüssen drängten die Fluten in die Stadt. Geplatzte Gasleitungen und starke Winde förderten die Ausbreitung verheerender Brände.

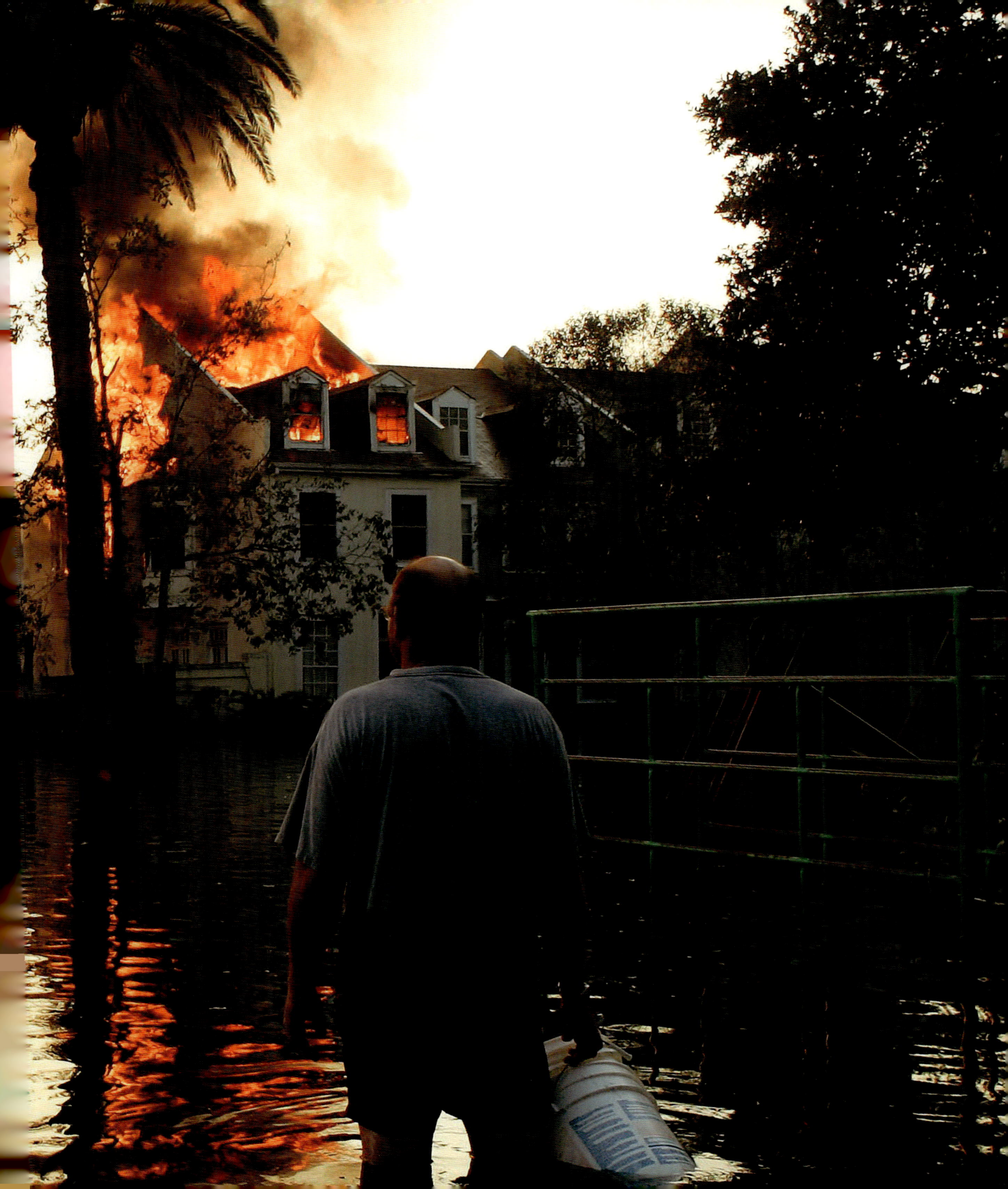

AUSSERTROPISCHE TIEFS

Außertropische Zyklonen (Tiefs) sind eine häufige Erscheinung in mittleren und höheren Breiten. Sie treten ganzjährig auf, sind im Winter aber meist ausgeprägter. Manchmal bringen sie Stürme oder Hochwasser mit sich, aber auch notwendigen Regen, und sie sind die Hauptquelle für Windenergie.

ENTSTEHUNG UND ENTWICKLUNG

Außertropische Zyklonen oder Tiefdruckgebiete spielen eine wichtige Rolle beim Transport von Wärme und Feuchtigkeit von den Subtropen in höhere Breiten. Sie entstehen dort, wo kühle, trockene Luft auf warme, feuchte Luft trifft. Dies geschieht vor allem an der Polarfront, die derartige Luftmassen voneinander trennt. Die Bildung der Tiefs wird zudem von Störungen des Jetstreams (siehe S. 278–279) in der oberen Troposphäre ausgelöst. Diese Verhältnisse treten oft über dem westlichen Nordatlantik vor der Ostküste der USA sowie in mittleren Breiten über dem Nordpazifik vor der Küste Asiens auf. Nach ihrer Entstehung wandern die Zyklonen gewöhnlich ostwärts nach Europa bzw. Westkanada und Alaska, wo sie Wolken mit Niederschlägen sowie starke Winde und raue See bringen. Die Tiefs bestehen meist drei bis fünf Tage, wobei sie langsam okkludieren (d. h. die kalten und warmen Luftmassen vermischen sich), während sie über die Ozeane und Kontinente wandern. Am Ende ihres Bestehens bilden Wolken und Niederschläge ein dünnes Band entlang einer Okklusionsfront. Gelegentlich können außertropische Tiefs Gefahren wie raues Wetter auf See und großräumige Zerstörungen an Land bringen.

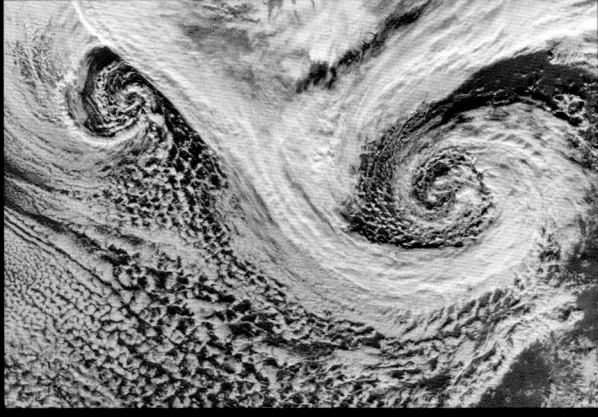

AUSSERTROPISCHE ZYKLONEN ÜBER ISLAND
Dieses Satellitenbild zeigt zwei Zyklonen über Südisland im November 2006. Die Wolkenwirbel markieren die beiden Tiefdruckzentren, zwischen denen frontale Wolkenbänder liegen.

STURMFLUT AN DER NORDSEE
Riesige Wellen trafen Sutton-on-Sea (Großbritannien) bei einer Sturmflut in der Nordsee am 31. Januar 1953. Die Niederlande und Belgien wurden weiträumig überflutet, über 2300 Menschen kamen an Land und auf See um.

AUSSERTROPISCHE TIEFS

RAPIDE ZYKLOGENESE

Außertropische Zyklonen können sich manchmal sehr heftig äußern. Der Luftdruck im Zentrum des Sturms nimmt rapide ab und damit werden auch die Winde, die um das Tief zirkulieren, immer stärker. Als rapide Zyklogenese (manchmal auch »Bombogenese« oder »Zyklonenbombe«) bezeichnen Meteorologen eine Störung, deren zentraler Luftdruck innerhalb von 24 Stunden um mindestens 24 hPa fällt. Diese Intensivierung kann sehr gefährlich für die Gebiete in der Zugbahn eines solchen Tiefs werden. Zur rapiden Zyklogenese kommt es auf der Nordhalbkugel ein paarmal jedes Jahr über Ozeanen der mittleren Breiten. Meist ziehen sie in nordöstliche Richtung auf Europa bzw. Nordamerika zu. Intensive außertropische Zyklonen in der südlichen Hemisphäre ziehen meist von Osten nach Westen in den Roaring Forties (»Brüllende Vierziger«) um 40° südlicher Breite im Südlichen Ozean. Die rapide Zyklogenese ist heute in Computermodellen gut darzustellen, sodass die Vorhersagen viel genauer als früher sind.

GROSSER STURM 1987

Im Oktober 1987 erreichte eine Frontenzyklone den Süden Großbritanniens und Nordfrankreich. Dieser »Große Sturm« gilt als das schlimmste Sturmereignis in der Region seit über 200 Jahren. Glücklicherweise zog er nachts über Land, was die Zahl der Opfer verringerte. Doch die Schäden an Bäumen und Gebäuden waren enorm. Der Sturm zerstörte etwa 15 Mio. Bäume und tötete 17 Menschen. Er erreichte teils die Stärke von Hurrikanen, obwohl er kein tropisches Wettersystem war.

An der Küste
Extrem starke Winde und hohe See im Ärmelkanal ließen diese Fähre stranden. Die stärksten Windböen traten an den Küsten im Ärmelkanal auf.

Zerstörte Wälder
Das Sturmtief zerstörte Wälder ebenso wie Ziergärten, vor allem über Südengland. Es dauerte mehrere Wochen, bis in den betroffenen Dörfern und Städten die Trümmer beseitigt waren und der normale Verkehr wiederhergestellt war.

SPITZENBÖEN

Schwere Sturmtiefs mit rapider Zyklogenese verursachen große Schäden. Doch Meteorologen wissen heute, dass sich die stärksten Böen und größten Zerstörungen auf ein kleines Gebiet beschränken. Diese Tiefs haben charakteristische Merkmale, darunter einen relativ kleinen »Sting Jet« (etwa: »Strahl aus dem Stachel«). Er beginnt in etwa 5 km Höhe in einer dicken Wolkenschicht, die um das Tiefdruckzentrum liegt. Der »Stachel« ist etwa 1000 m tief und senkt sich innerhalb weniger Stunden bis zum Boden, wo er Böen bis 160 km/h in einem etwa 50 km großen Gebiet bringt. Verdunstender Regen und Schnee kühlen die sinkende Luft und verstärken dadurch die Sinkbewegung. Der Sting Jet liegt im »Schwanz« des Tiefs und erreicht den Boden südwestlich des Druckzentrums.

FAMILIE VON ZYKLONEN
Außertropische Zyklonen bilden manchmal zusammenhängende Reihen und dominieren das Wetter eines ganzen Ozeanbeckens. Hier bestimmen Tiefdrucksysteme das Gebiet von Ostrussland über den Nordpazifik bis in den Westen der USA.

DER »PERFEKTE STURM« 1991

Eine Kombination ungewöhnlicher Wetterverhältnisse führte im Oktober 1991 zur Bildung eines außertropischen Wirbelsturms, der erhebliche Schäden im Osten der USA verursachte. Er führte zu ausgedehnten Sturmfluten und Küstenerosion an großen Abschnitten der Ostküste und forderte mehrere Todesopfer an Land und auf See. Der Nationale Wetterdienst der USA prägte den Begriff »Perfekter Sturm« für das Ereignis.

Der Sturm entstand, als sich ein Tiefdruckgebiet an einer Kaltfront vor der Atlantikküste Nordamerikas entwickelte. Um die Mittagszeit am 28. Oktober lag es einige Hundert Kilometer vor Nova Scotia (Kanada) und war ein klassisches Beispiel für das, was man in der Region einen »Nor'easter« nennt – ein Sturmtief mit Nordostwinden entlang der Küste Nordamerikas. Während es im Nordosten der USA und den Küstenprovinzen Kanadas tobte, versorgte der Hurrikan Grace nicht weit südlich davon den wachsenden Sturm mit feuchter Luft. Am frühen Morgen des 30. Oktober hatte der Perfekte Sturm 595 km südlich von Halifax mit bis zu 12 m hohen Wellen seinen Höhepunkt erreicht.

Der Sturm zog über die warmen Gewässer des Golfstroms und wurde am 31. Oktober mittags zum subtropischen Tief. Die Winde um das Tiefdruckzentrum wurden zunehmend stärker und der Sturm entwickelte sich zu einem Hurrikan, dem letzten der Saison 1991.

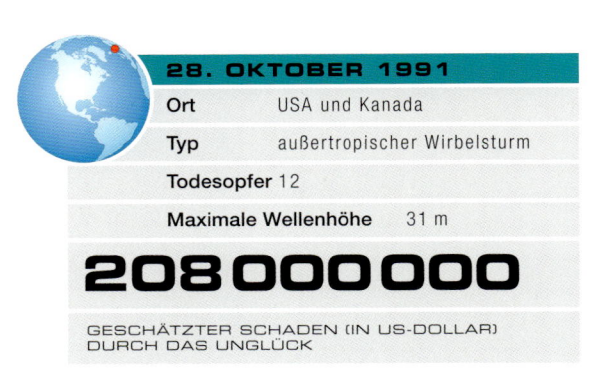

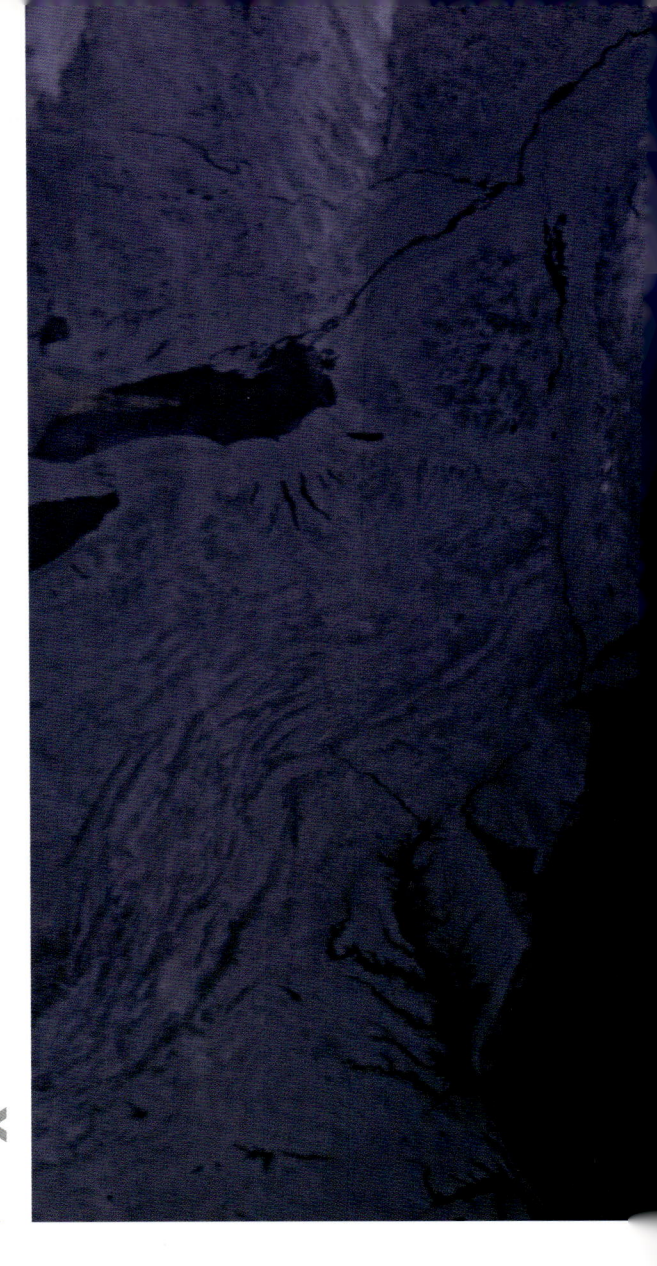

28. OKTOBER 1991

Ort	USA und Kanada
Typ	außertropischer Wirbelsturm
Todesopfer	12
Maximale Wellenhöhe	31 m

208 000 000
GESCHÄTZTER SCHADEN (IN US-DOLLAR) DURCH DAS UNGLÜCK

> »... EIN BEEINDRUCKENDES BEISPIEL DAFÜR, WIE DIE NATUR ALLES NUTZT, WAS IHR ZUR VERFÜGUNG STEHT.«
>
> DAVID VALLEE, FORSCHER DES NATIONALEN WETTERDIENSTES, DER DEN STURM VERFOLGTE, 2000

ENTWICKLUNG DES STURMS

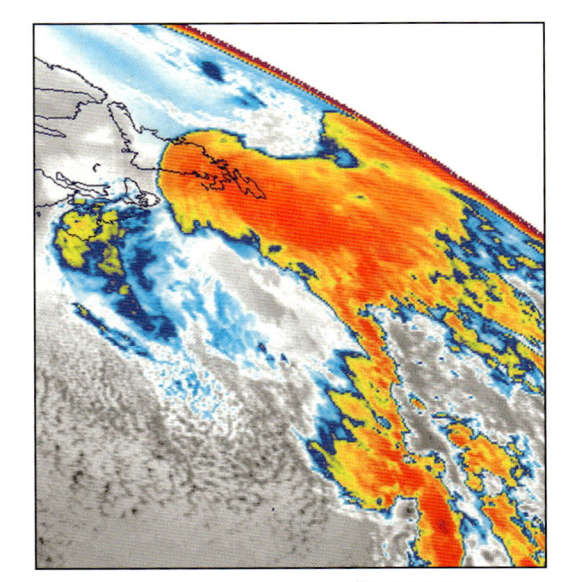

1 TIEFDRUCKGEBIET VERSTÄRKT SICH
Am 29. Oktober lag ein außertropisches Tief vor der Küste Neuenglands und Nova Scotias, als klassischer »Nor'easter«. Es wurde durch Wechselwirkung mit dem Hurrikan Grace im Süden, der dem außertropischen Tief feuchte, tropische Luft zuführte, stärker.

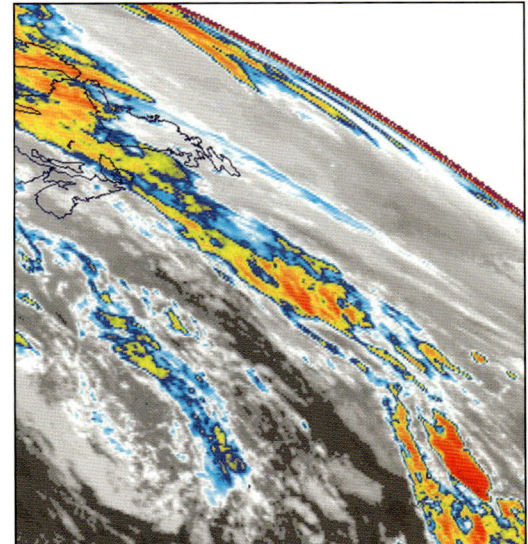

2 ABSCHWÄCHUNG
Der Sturm ließ bis zum 31. Oktober etwas nach, führte aber auf See und an der US-Küste zu erheblichen Schäden. Hohe Brandung, Dünung und Hochwasser überschwemmten viele Gebiete. Einige Landkreise Massachusetts riefen den Notstand aus.

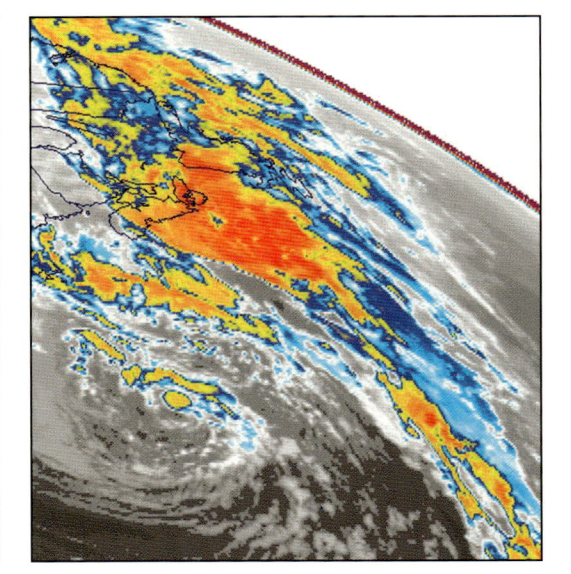

3 LANDFALL
Bis zum 1. November war ein tropischer Wirbelsturm mit den typischen Spiralarmen entstanden, der sich zu einem Hurrikan der Kategorie 1 verstärkte. Der Sturm ließ schließlich wieder etwas nach, fiel aber am 2. November nahe Halifax an Land ein.

HÖHEPUNKT
Das außertropische Tief erreichte seinen Höhepunkt am 30. Oktober 1991. Der Luftdruck im Zentrum fiel auf 972 hPa, der Wind wurde zum Orkan mit Geschwindigkeiten bis 111 km/h.

IN LITERATUR UND FILM

Der Film *Der Sturm* (2000) von Regisseur Wolfgang Petersen basiert auf dem Roman von Sebastian Junger über die tragische Geschichte der Besatzung des Fischtrawlers *Andrea Gail*, die in den Sturm geriet. Die furchtbaren Verhältnisse machten ein Entkommen unmöglich. Seltsamerweise aktivierte die Besatzung den Notfall-Positionssender nicht, der bei ihrer Rettung geholfen hätte. Das Gerät wurde in abgeschaltetem Zustand am 5. November auf Sable Island, etwa 300 km südöstlich der Hauptinsel von Nova Scotia, angetrieben.

Im Meer verloren
Diese Filmszene zeigt das zum Schwertfischfang ausgelaufene Boot *Andrea Gail* im Sturm. Es dürfte irgendwann nach Mitternacht am 28. Oktober gesunken sein.

WEG DES STURMS
Auf ihrem ungewöhnlichen, gewundenen Weg veränderte sich die Zyklone im Laufe einiger Tage (siehe Saffir-Simpson-Skala, S. 293). Kursänderungen führte sie über wärmere Gewässer, wo sie sich verstärkte.

Legende
- Tropisches Tief
- Tropischer Sturm
- Kategorie 1

SCHNEE UND SCHNEETREIBEN

Heftige Schneefälle können Chaos verursachen, vor allem in dicht besiedelten Gegenden. Schnee entsteht durch das Gefrieren von Wasserdampf in Wolken zu Eis. Wind löst Schneestürme und Schneetreiben aus.

ENTSTEHUNG

Die ergiebigsten Schneefälle entstehen in frontalen Tiefs (siehe S. 278–279). Kleinere polare Tiefs, die sich gelegentlich über den Ozeanen der höheren Breiten formen, können ebenfalls Schnee bringen, meist aber nur kleinräumig. Die heftigsten Schneefälle treten in Fronten auf, in denen die Luft unter dem Gefrierpunkt liegt, jedoch nicht extrem kalt und damit zu trocken ist. Dann entstehen in der Front dicke, ausgedehnte Wolken mit anhaltenden Schneefällen. Schneestürme sind Stürme mit heftigem Schneefall. Wenn ein Sturm den bereits gefallenen Schnee aufwirbelt, spricht man je nach Intensität von Schneefegen oder Schneetreiben.

SCHNEE UND SCHNEETREIBEN 307

SCHNEEHAUFEN
Bei längerem kaltem Wetter mit wiederholten Schneestürmen kann sich der Schnee meterhoch auftürmen. Hier wird ein Auto in Denver (Colorado) ausgegraben.

AUSWIRKUNGEN

Großräumige Schneefälle werden in »leicht« (bis 5 mm pro Stunde), »mäßig« (5 mm bis 4 cm) oder »schwer« (über 4 cm pro Stunde) eingeteilt. Schwere Schneefälle, Schneestürme oder Schneetreiben können den Verkehr erheblich behindern, da Straßen, Bahnlinien und Flughäfen unbenutzbar werden. Das Gewicht des Schnees kann Stromleitungen beschädigen und zu längeren Stromausfällen führen. In Gegenden wie den südlichen USA können starke Schneefälle Dächer einstürzen lassen, da solche Ereignisse dort ungewöhnlich sind und die Gebäude auf die Schneelast nicht ausgelegt sind. Einzelne Schneefälle kann man mit Schneepflügen in den Griff bekommen, doch bei wiederholten oder lange anhaltenden Schneefällen kann sich eine dicke Schneedecke sofort wieder auf die bereits geräumten Flächen legen. Schneetreiben reduziert die Sichtweite erheblich. Wenn der Himmel grau und die Landschaft schneebedeckt ist, spricht man vom »Whiteout« – man verliert die Orientierung, weil keine Kontraste und Konturen mehr erkennbar sind. Schwere Unfälle können die Folge sein. Heftige Schneefälle in Gebirgsregionen bringen Lawinengefahren (siehe S. 308–309) und wenn die Erwärmung im Frühjahr schnell eintritt, kann die Schneeschmelze zu Überschwemmungen führen.

UMGANG MIT SCHNEE
Menschen in schneereichen Gebieten sind meist gut vorbereitet: Schneepflüge räumen die Straßen, die Fahrzeuge sind mit Winterreifen ausgestattet. Dieser Schneepflug räumt eine Straße in Oklahoma City im Januar 2010, als das Gebiet von einem ungewöhnlich heftigen Schneesturm betroffen war.

STURM DES JAHRHUNDERTS, 1993

Dieser große Sturm betraf 26 Bundesstaaten der USA und einen großen Teil Ostkanadas. Heftige Schneestürme (»Blizzards«) in der ganzen Region beschädigten Stromleitungen, über 10 Mio. Menschen waren von Stromausfällen betroffen. Der Norden Floridas erlebte schwere Schneefälle bis zu 10 cm. In einigen Gebieten in den Appalachen fiel bis zu 1 m Schnee, das Schneetreiben türmte ihn stellenweise bis 11 m auf. In einigen der südlichen Regionen, die auf derartige Schneefälle nicht vorbereitet waren, kam das öffentliche Leben drei Tage lang fast völlig zum Erliegen. Schneegewitter traten von Texas bis Pennsylvania auf. Dabei kam es zu schätzungsweise 60 000 Blitzschlägen während des dreitägigen Sturms.

Ausdehnung des Sturms
Dieses rotierende Band von Frontbewölkung zog über große Teile der östlichen USA. Schätzungsweise 40 Prozent der Bevölkerung des Landes waren von diesem Sturm betroffen.

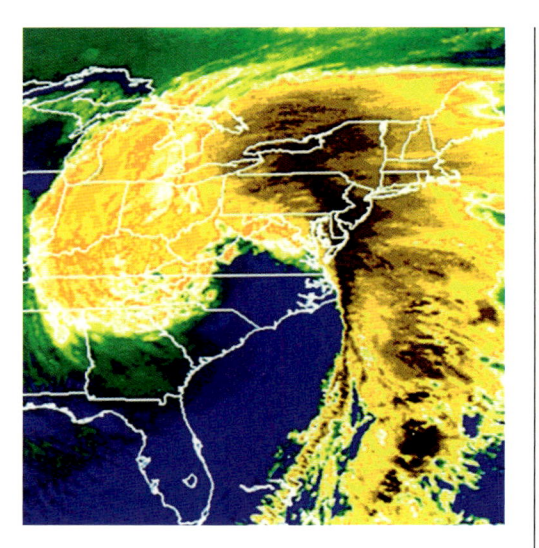

SCHNEETREIBEN
Eine Person kämpft sich durch ein dichtes Schneetreiben in der schottischen Borders Region. Die auf wenige Meter reduzierte Sichtweite (»Whiteout«) bringt offensichtliche Gefahren für Wanderer.

LAWINENKATASTROPHE VON GALTÜR 1999

Am Morgen des 23. Februar 1999 traf eine tödliche Lawine die österreichische Gemeinde Galtür in Tirol. Sie kostete 31 Menschen das Leben und gilt als das schwerste Lawinenunglück in den Alpen seit 40 Jahren.

Die Katastrophe war eine Folge der außergewöhnlichen örtlichen Witterungsbedingungen in diesem Winter. Im Januar ließ das milde Wetter die oberste Schicht des Schnees tagsüber schmelzen und nachts wieder zu einer Kruste gefrieren. Die Schneefelder hatten daher eine glatte, rutschige Oberfläche. Der Februar war kalt und die vom Atlantik nach Europa vordringenden stürmischen Tiefdruckgebiete brachten Rekordschneefälle von bis zu 4 m mit. Die Kälte führte zu einem pulverigen Schnee von geringer Dichte, der sich auf den älteren Schneeschichten ablagerte. So baute sich eine immens dicke, instabile Schneedecke auf, die sich abrupt löste und auf Galtür abging. Sogar Teile der Gemeinde, die als völlig lawinensicher galten, wurden verschüttet. Die aufgrund früherer Lawinen festgelegten Gefahrenzonen – Rot für hohes, Gelb für mäßiges und Grün für kein bekanntes Risiko – mussten neu definiert werden. Der Ort ist jetzt mit einem großen »Schneedamm« und Stahlzäunen geschützt, die an Stellen errichtet wurden, an denen sich instabile Schneedecken bilden können.

23. FEBRUAR 1999

Ort	Galtür, Österreich
Typ	Staublawine
Geschwindigkeit des Abgangs	306 km/h

170 000
GESCHÄTZTES GEWICHT DES SCHNEES, DER SICH VOM BERG GELÖST HAT (IN TONNEN)

>> ... DER SCHNEE HATTE SICH WIE BETON VERFESTIGT ... DIE ÜBERLEBENSCHANCEN WAREN SEHR GERING ... <<

JASON TAIT, EIN TOURIST, DER DAS EREIGNIS VON SEINEM HOTELFENSTER AUS GEFILMT HAT, 1999

WIE LAWINEN ENTSTEHEN

Bei einer Lawine stürzen große Schneemassen rasch einen Berghang hinab. Während des Winters lagern sich immer neue Schneeschichten ab. Wenn diese Schichten instabil sind, kann weiterer Schneefall, Regen oder ein Wärmeeinbruch eine Schneedecke ablösen und so eine Lawine auslösen. Heftiger Regen kann zu Nassschneelawinen führen, die langsam und schwer sind und starke Zerstörungen anrichten. Trockenschneelawinen enthalten kalten Pulverschnee, sind schneller und erzeugen Staublawinen. In diesen Schnee-Luft-Gemischen können Menschen ersticken, wie es 1999 in Galtür geschehen ist.

Gewaltiger Sturz ins Tal
Eine Lawine geht durch den Savoia-Pass am Nordwesthang des K2 im Karakorum (Pakistan) ab. Wegen des hohen Tempos und der großen Masse einer Lawine sind die Überlebenschancen gering.

VALZUR-LAWINE
Am Tag nach der Katastrophe in Galtür traf eine etwas schwächere Lawine die Nachbargemeinde Valzur. Auch hier wurden Häuser verschüttet, sieben Menschen starben.

OHNE VORWARNUNG

Die Bewohner von Galtür wurden um 8.01 Uhr am Morgen von der Lawine überrascht. Mit einer schätzungsweise 100 m hohen Front raste sie etwa 306 km/h schnell den Berghang herab. So brauchte der Schnee nur 50 Sekunden, um den Ort zu erreichen und unter sich zu begraben. Es gab keine Möglichkeit, die Bewohner zu warnen und in Sicherheit zu bringen. Die Wucht der gewaltigen Schneemassen verschonte selbst die grüne Zone nicht, jenen Teil der Gemeinde, der als nahezu sicheres Rückzugsgebiet bei Lawinenalarm galt. Sieben Neubauten wurden in dieser Zone vollständig zerstört, viele weitere schwer beschädigt. Insgesamt wurden 57 Menschen unter dem Schnee begraben, 31 starben. Viele von ihnen erstickten in dem feinen Pulverschnee. Die Lawine riss unterwegs immer mehr Schnee mit; man schätzt, dass bis zu 170 000 Tonnen durch die Gemeinde rauschten.

RETTUNGSBEMÜHUNGEN
Rettungskräfte suchen in der zum Teil verschütteten Ortschaft Galtür nach Überlebenden. Von den Verschütteten leben nach 45 Minuten im Schnee erfahrungsgemäß nur noch 20–30 Prozent.

EISDECKEN
Im schweizerischen Versoix lagerten sich 2005 infolge starker Winde, die über den kalten Genfer See fegten, überall dicke Eisschichten am Seeufer ab. Bei frostigen Temperaturen entstanden bizarre Eisskulpturen.

EISSTÜRME

Eisstürme können vor allem in den mittleren Breiten großflächig ein Chaos verursachen. Wenn bei Minusgraden Regen fällt, bildet sich über allem, worauf er fällt, ein Überzug aus Eis. Das dicke Eis kann Stromleitungen zerstören und Straßen unpassierbar machen.

ENTSTEHUNG

Eisstürme gehen normalerweise mit großflächigem Niederschlag aus Tiefdruckgebieten einher. Der gefrierende Regen setzt in großer Höhe (meist über 2 km) zunächst als Schnee ein. Die Flocken passieren eine etwa 1 km mächtige Luftschicht, die mehr als 0 °C warm ist, und schmelzen. Unter dieser Warmluftschicht befindet sich eine dünne Oberflächenschicht, in der Temperaturen unter dem Gefrierpunkt herrschen, sodass die Tröpfchen wieder unterkühlt werden und sofort gefrieren, sobald sie irgendetwas berühren. Ist der Niederschlag stark und anhaltend, so bilden sich dicke Eisschichten, die alles überziehen. Dieser Vorgang führt zu gefährlichen Verhältnissen, die etliche Tage andauern können – bis das Wetter mildere Luft heranführt.

KATASTROPHALE EISSTÜRME

BEZEICHNUNG UND JAHR	ZEITRAUM	REGION	KOSTEN IN US-$
Großer Eissturm von 1998	4.–10. Januar	Atlantische Provinzen Kanadas, Quebec, Osten von Ontario, New York und Neuengland, USA	5–7 Mrd.
Nordamerikanischer Eissturm im Januar 2007	11.–24. Januar	Kanada, östliche und mittlere USA	380 Mio.
Eissturm vom Dezember 2008	11.–12. Dezember	Neuengland und Bundesstaat New York, USA	2,5–4 Mrd.
Eissturm in den Central Plains und im Mittleren Westen, 2009	25.–30. Januar	Oklahoma, Arkansas, Missouri, Illinois, Indiana und Kentucky, USA	125 Mio.

AUSWIRKUNGEN

Glatteisablagerungen auf Gehwegen und Straßen werden manchmal »schwarzes Eis« genannt, weil sie nahezu unsichtbar sind. Sie sind extrem reibungsarm und bringen Fußgänger und Fahrzeuge ins Rutschen. Sehr dicke Eisschichten können auch Pflanzen schwer beschädigen: Das Gewicht des Eises lässt Äste brechen und schneidet Ackerpflanzen vom lebensnotwendigen Kohlendioxid und Wasser ab. Einige Eisstürme, die in den letzten Jahrzehnten über Nordamerika fegten, haben zu großflächigen Stromausfällen geführt, weil Masten und Leitungen unter dem Eisgewicht zusammenbrachen. Millionen saßen tagelang im Kalten und Dunkeln. Das etwa 5 cm dicke Eis verursachte Milliardenschäden. Auch für Flugzeuge ist Eisregen gefährlich; Flügel und Rumpf müssen regelmäßig enteist werden. Eisablagerungen verändern die Flügelform und damit die Aerodynamik des Flugzeugs.

FROSTIGE WINDE
Eiskalte Nordostwinde wehten im Januar 2005 über den Genfer See. Die frostigen Windstöße formten auf Bäumen und Gebäuden skurrile Überzüge aus Eis.

GEWITTER

Gewitter bringen eine ganze Reihe von intensiven und gefährlichen Wettererscheinungen mit sich. Dazu gehören Hagel, sintflutartige Regenfälle, Blitze, stark böige Winde und Tornados.

ENTWICKLUNG EINES GEWITTERS

Gewitter beginnen als kleine Cumuluswolken (Haufenwolken), die in weniger als einer Stunde zu riesigen Ausmaßen anwachsen können. Meteorologen müssen daher ständig die Daten von Regenradars und anderen Messinstrumenten verfolgen, um Gewitter rechtzeitig zu erkennen. Gewitter entstehen meistens durch die intensive Erwärmung der Erdoberfläche; sie treten also häufig in Gegenden mit warmem, feuchtem Wetter auf. Auf dem Festland gibt es daher mehr Gewitter als über den Ozeanen, tropische Gebiete sind stärker betroffen als die höheren Breiten. Wenn die am Boden erwärmte Luft aufsteigt, kühlt sie ab, und der Wasserdampf kondensiert zu winzigen Wassertröpfchen und bildet Cumuluswolken. Wenn die Tröpfchen schwer genug werden, beginnen sie zu fallen, wobei sie einen kühlen Abwind erzeugen, der sich durch die ganze Wolke zieht; die Tropfen fallen schließlich als Regen zu Boden. Wenn die Cumuluswolke in die Höhe wächst und zur Cumulonimbuswolke wird, können sich die unterkühlten Wassertröpfchen, Eiskristalle und Hagelkörner durch die Reibung aufladen. Ist die elektrische Ladung groß genug, kommt es zu Entladungsfunken, den Blitzen. Dabei wird die umgebende Luft plötzlich stark erhitzt und dehnt sich explosiv aus, was als Donner hörbar ist.

STADIEN EINES GEWITTERS

Ein Gewitter beginnt mit einer wachsenden Cumuluswolke. Eine solche »Einzelzelle« besteht insgesamt etwa eine Stunde lang. Sie bringt Niederschläge in Form kleiner Hagelkörner, einen Abwind mit einer Böenfront und eventuell Blitze hervor.

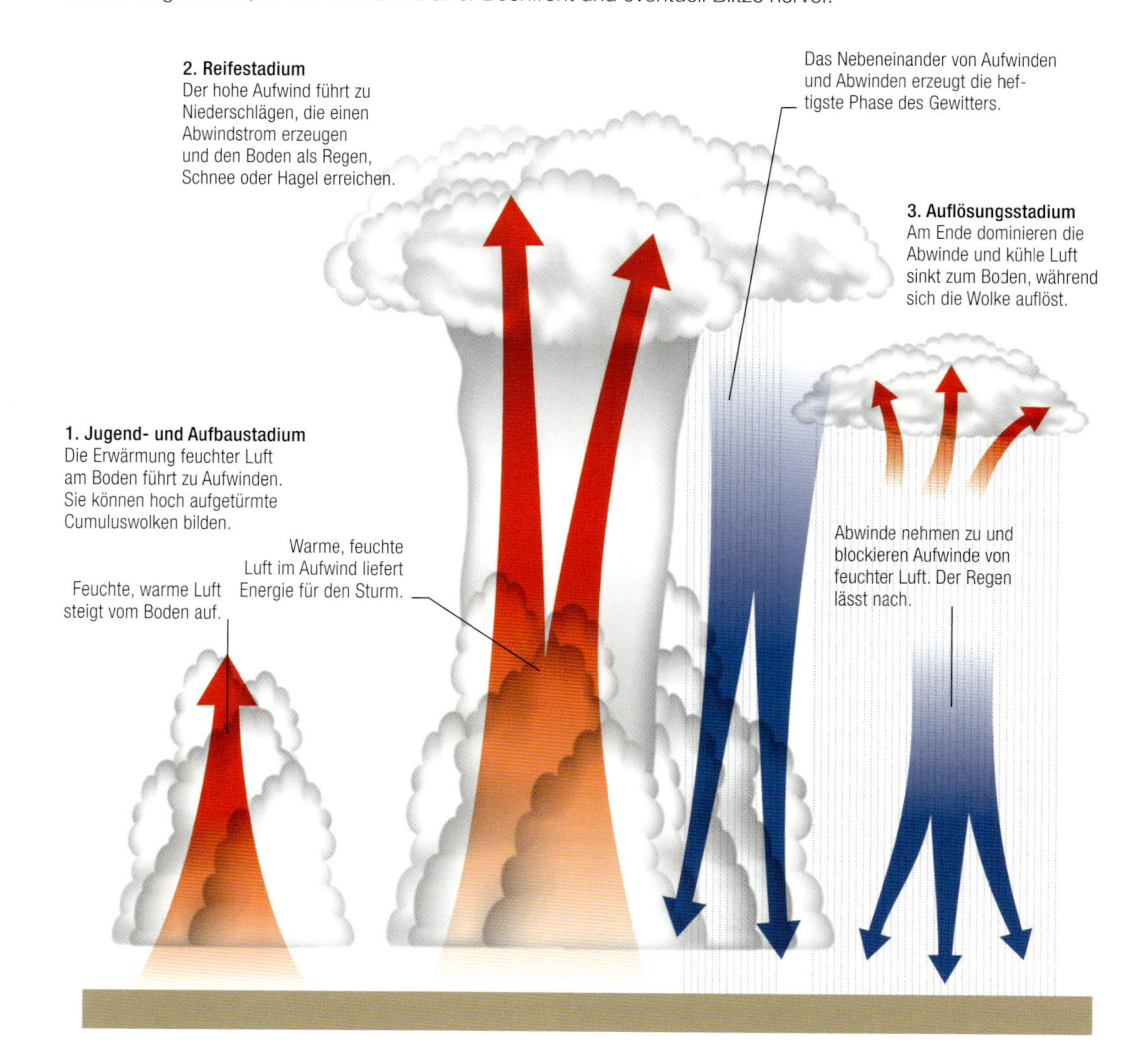

1. Jugend- und Aufbaustadium
Die Erwärmung feuchter Luft am Boden führt zu Aufwinden. Sie können hoch aufgetürmte Cumuluswolken bilden.

Feuchte, warme Luft steigt vom Boden auf.

Warme, feuchte Luft im Aufwind liefert Energie für den Sturm.

2. Reifestadium
Der hohe Aufwind führt zu Niederschlägen, die einen Abwindstrom erzeugen und den Boden als Regen, Schnee oder Hagel erreichen.

Das Nebeneinander von Aufwinden und Abwinden erzeugt die heftigste Phase des Gewitters.

3. Auflösungsstadium
Am Ende dominieren die Abwinde und kühle Luft sinkt zum Boden, während sich die Wolke auflöst.

Abwinde nehmen zu und blockieren Aufwinde von feuchter Luft. Der Regen lässt nach.

AUFLADUNG

Kleine, positiv geladene Eiskristalle steigen zur Wolkenoberseite auf.

Positive Ladung wird vom Hagel auf Tropfen übertragen.

Größerer, negativ geladener Hagel fällt zur Wolkenbasis.

Wenn Eisteilchen und unterkühlte Wassertropfen in einer Wolke kollidieren, tauschen sie statische elektrische Ladungen aus und werden dadurch geladen. Dabei übertragen die kleinen, etwas wärmeren Hagelkörner positive Ladung auf die unterkühlten Wassertropfen und Eiskristalle in der Wolke, durch die sie hindurchfallen. Der schwerere Hagel fällt und transportiert negative Ladungen zur Wolkenbasis, während die leichteren Tröpfchen und Eiskristalle aufsteigen und den oberen Teil der Wolke positiv aufladen.

REGENWAND

Die bedrohlich tiefe Wolke und eine ferne Regenwand hängen über Miami. Florida hat von allen US-Staaten die meisten Gewitter, da es dort ausreichend Feuchtigkeit gibt und der Boden von der Sonne stark erwärmt wird.

WOLKENARTEN

Gewitter entstehen in Cumulonimbuswolken, die über die gesamte Höhe der Troposphäre wachsen, bis sie die Tropopause erreichen. Dort werden ihre heftigen Aufwinde zu horizontalen Strömungen. Die sich seitlich ausbreitenden Eiskristalle in der Höhe geben der Wolke die typische Ambossform. Der Kopf des Aufwindes in der wachsenden Wolke ist durch blumenkohlartige Wolkenformen (»Cumulus congestus«) erkennbar, während an der Wolkenbasis die heftigen Niederschläge zu kühlen Abwinden führen. Die Niederschläge können schon aus der Cumulus-congestus-Wolke fallen, bevor sie an der Tropopause abflacht. Cumulonimbuswolken sind meist zufällig in einem Gebiet verteilt, können sich aber auch in linienartigen Strukturen anordnen, was zu einer langen Reihe von Gewittern führt.

HEFTIGE ÜBERSCHWEMMUNGEN
Ein Verkehrspolizist regelt während eines Gewitterschauers in Chongqing (China) an einem Julitag den Verkehr. Gewitter können in Städten zu erheblichen Überschwemmungen und Verkehrsstörungen führen. Die starken Aufwinde in der Wolke führen zu heftigem Regen.

EINZELZELLE
Diese relativ kurzlebige einzelne Schauerwolke wächst in die Höhe, weil sie dann auftritt, wenn Windrichtung und Windstärke sich nur wenig mit der Höhe ändern. Man erkennt eine Regenwand, die den Ort des Abwindes anzeigt.

MULTIZELLE
Ein Multizellen-Cluster ist eine Gruppe verbundener Cumuluswolken in verschiedenen Entwicklungsstadien. Der Abwind einer reifen Wolke kann einen Teil der feuchten Bodenluft anheben und damit die Bildung einer benachbarten jungen Wolke fördern.

MULTIZELLENLINIE
Multizellen bilden sich oft in Linien, sodass sich die Abwinde miteinander verbinden. Die Böenfront, die an der Vorderseite einer solchen Gewitterlinie auftritt, kann sehr starke Windböen bringen. Man erkennt sie an der Reihe drohender Gewitterwolken.

SUPERZELLE
In besonders langlebigen Gewittern befindet sich eine rotierende Luftsäule, eine Mesozyklone. Sie besteht länger, weil der rotierende Aufwind nicht so stark vom Abwind gestört wird. Superzellen können sich zu Tornados entwickeln.

HAGELSTÜRME

Hagel ist ein Niederschlag aus runden oder unregelmäßig geformten Eiskörnern. Sie entstehen in Cumulonimbuswolken als kleine Eiskörner oder gefrorene Tröpfchen, die im Aufwind in der Wolke mitgerissen werden. Beim Aufsteigen wachsen sie, da Wasser an ihrer Oberfläche anfriert. Ihre Endgröße hängt von der Stärke des Aufwinds und der vorhandenen Feuchtigkeit ab. Irgendwann werden die Körner zu schwer, um vom Aufwind getragen zu werden, und sie beginnen zu fallen. Sie erreichen entweder als Hagel den Boden, wobei sie eventuell in der wärmeren Luft unter der Wolke etwas anschmelzen, oder sie geraten wieder in einen Aufwind und erhalten eine weitere Eisschicht. Die stärksten Hagelfälle entstehen in sehr hohen Gewitterwolken mit einem sehr starken, seitlich geneigten Aufwind, in dem sie sich im oberen Bereich der Wolke eine Weile horizontal bewegen und dabei in der kalten Luft wachsen können. Paradoxerweise entstehen die größten Hagelkörner in der warmen Jahreszeit. Denn zu dieser Zeit ist die Erwärmung des Bodens am größten, sodass die Gewitterwolken höher werden und mehr Wasser verdunstet, das die Eisschalen der Hagelkörner bildet.

INNERER AUFBAU
Dieser Dünnschnitt eines riesigen Hagelkorns zeigt im polarisierten Licht die Kristallstruktur im Inneren. Die Ringe zeigen, wie oft das Korn in der Wolke auf und ab gewandert ist.

Schichten aus klarem und trübem Eis
Kristallstruktur

HAGELGEWITTER
Rettungsmannschaften mussten Autofahrer befreien, als ein enormer Hagelsturm 2007 über Bogotá (Kolumbien) fiel.

HAGELSCHÄDEN
Große Hagelkörner können Schäden an Ackerpflanzen, Gebäuden und Autos verursachen. Zerborstene Windschutzscheiben sind eine Gefahr für Fahrer, die in einen Hagel geraten.

VERTEILUNG VON BLITZEN AUF DER WELT

Die weltweite Verteilung der Häufigkeit von Blitzen im Jahr zeigt, wo Gewitter auftreten. Im Wesentlichen sind Gewitter in den feuchten Tropen am häufigsten, vor allem über den stark erwärmten Kontinenten. In Afrika sind sie stark von den Jahreszeiten abhängig, da die gewitterreiche Innertropische Konvergenzzone (ITCZ) im Jahreslauf nach Norden und Süden wandert. Es gibt einige weitere aktive Gegenden, etwa Teile der USA und Nordargentiniens, wo Gewitter gefährlich sein können. Das Risiko ist in höheren Breiten geringer, wobei Gewitter öfter im Sommer als im Winter auftreten. Über den meisten Ozeanen sowie in der Arktis und Antarktis treten Blitze seltener auf.

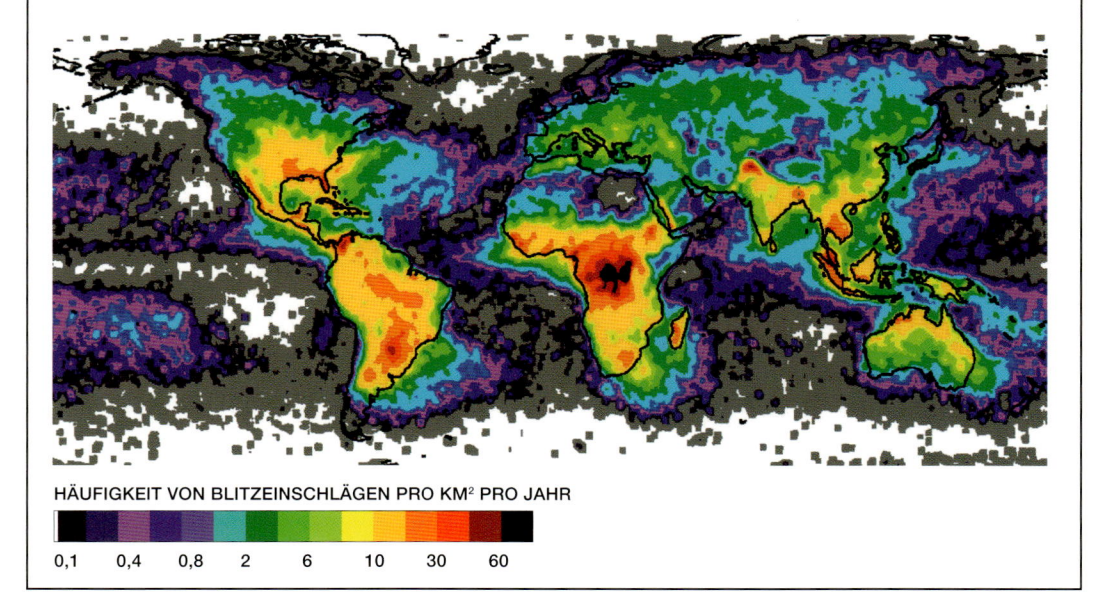

HÄUFIGKEIT VON BLITZEINSCHLÄGEN PRO KM² PRO JAHR
0,1   0,4   0,8   2   6   10   30   60

BLITZE

Blitze sind elektrische Entladungen entweder zwischen einer Wolke und dem Erdboden, zwischen zwei Wolken, innerhalb einer Wolke oder zwischen einer Wolke und der Umgebungsluft. Der Blitz erhitzt die Luft rapide auf etwa 30 000 °C. Dabei dehnt sie sich explosionsartig aus, was das Donnergeräusch erzeugt. Das Licht erreicht unsere Augen sofort, während sich der Schall mit etwa 330 m/s ausbreitet. Daher kann man die Entfernung eines Gewitters abschätzen, indem man die Sekunden zwischen Blitz und Donner zählt. Ein Zeitunterschied von drei Sekunden zeigt eine Entfernung von einem Kilometer. Ein Blitz hat eine Stromstärke von bis zu 100 000 Ampere, der Menschen und Tiere töten kann. Blitzschläge lösen z. T. Feuer aus; in den USA dürften so etwa 10 000 Brände jährlich entstehen. Verantwortlich sind meist »trockene« Blitze aus Cumulonimbuswolken, aus denen kein Regen fällt. Blitze erzeugen auch Radiowellen, die »Spherics«. Man kann sie mit einem globalen Netzwerk von Messstationen aufzeichnen und so die Häufigkeit und Verteilung von Blitzen messen.

BÄNDERBLITZ
Bei dieser Form treten nach dem Leitblitz (von der Wolke zum Boden) mehrere Hauptblitze (vom Boden zur Wolke) in schneller Abfolge auf, wobei der Blitzkanal vom Wind verschoben wird, sodass sie als Band erscheinen.

BLITZSCHADEN
Hohe Gebäude ohne Blitzableiter können erheblich beschädigt werden. In diesem Bild ist das Mauerwerk durch den Strom des Einschlags regelrecht explodiert. Ein Blitzableiter bildet den höchsten Punkt am Gebäude und leitet den Strom sicher zur Erde ab.

BLITZFORSCHUNG
Wissenschaftler starten einen Wetterballon, um zu erforschen, wie der Aufbau einer Front, die Niederschläge und die Aufwinde Blitze beeinflussen. Die Geräte am Ballon messen Druck, Temperatur, Luftfeuchtigkeit, Windstärke und elektrische Feldstärke.

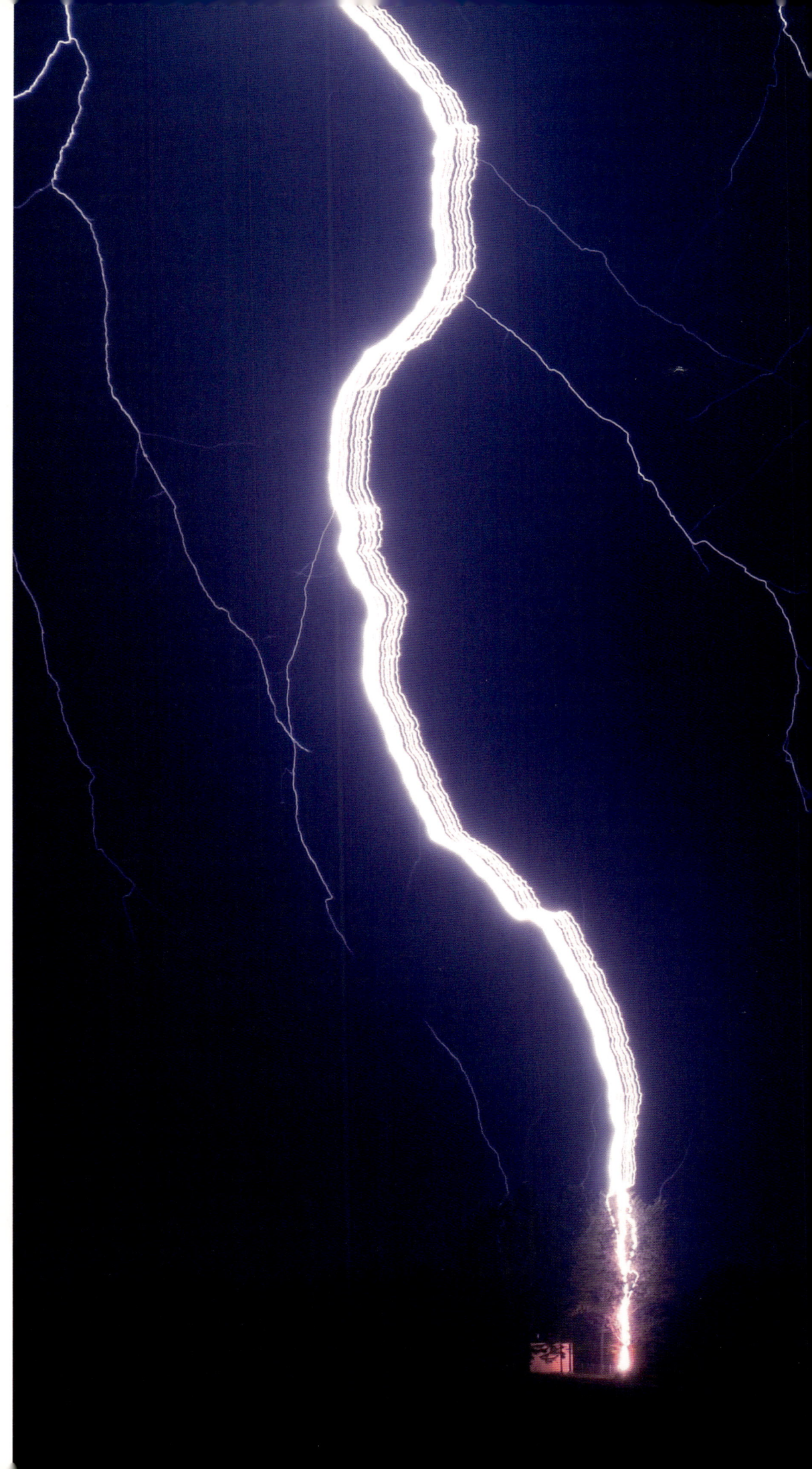

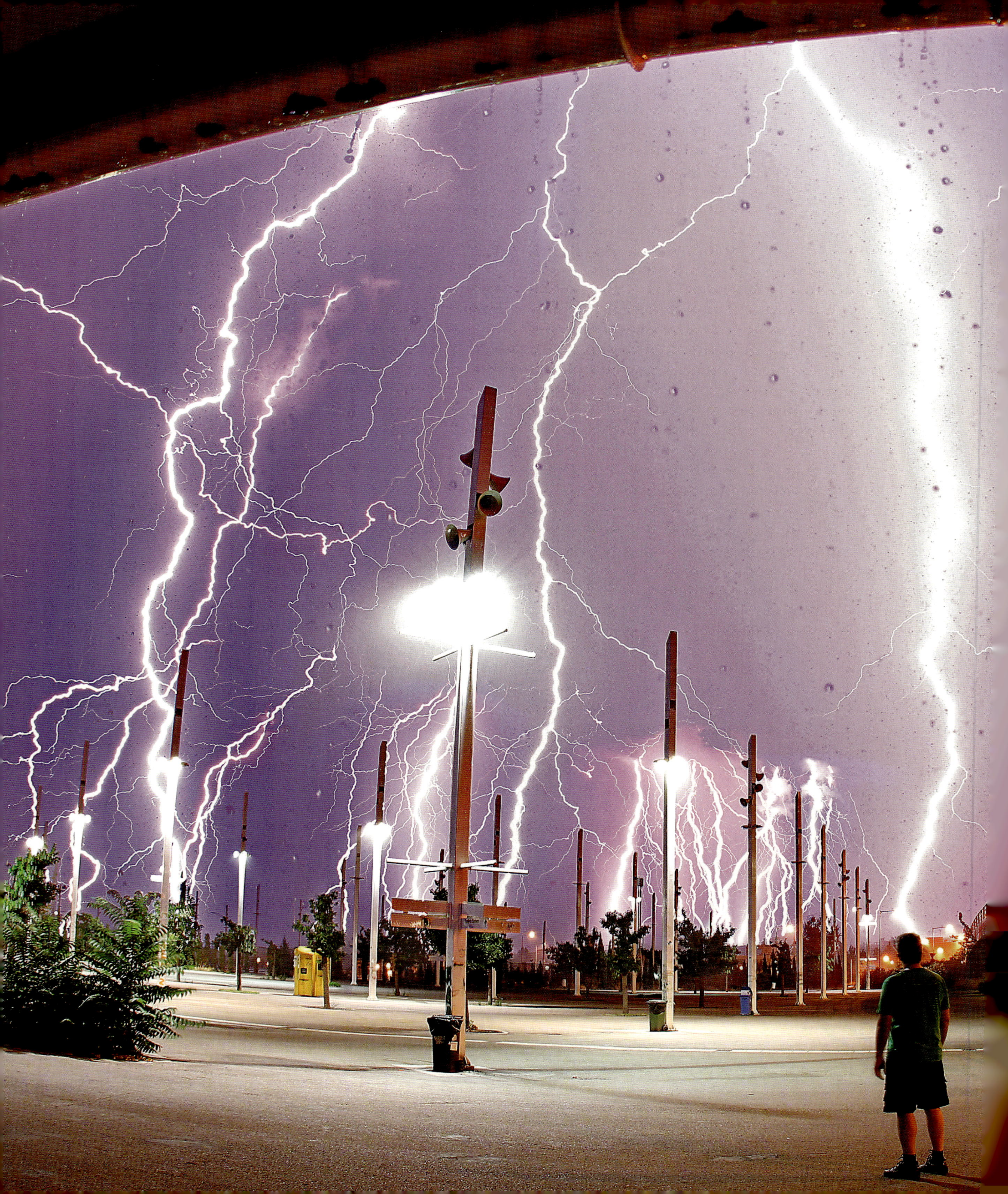

GEWITTER 317

WETTERLEUCHTEN
Wenn ein Blitz innerhalb einer Wolke auftritt und selbst nicht sichtbar ist, wird ein Teil der Wolke von innen beleuchtet, man spricht dann von Wetterleuchten.

WOLKENBLITZ
Diese recht häufige Entladung zwischen Wolken ähnelt den Ästen eines Baums. Die Wolken werden dabei nicht beeinflusst und die Ladung wird in der Luft abgeleitet.

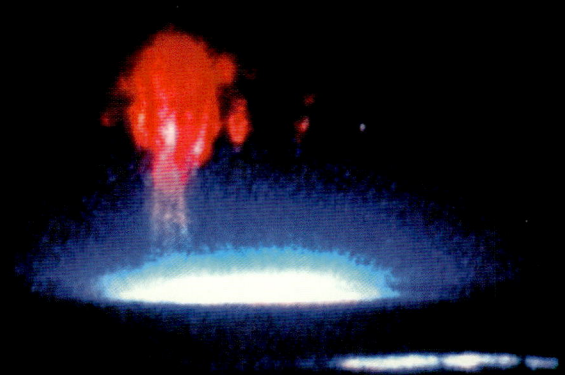

ERDBLITZ
Ein »Leitblitz« von einer Wolke zum Boden erzeugt einen Blitzkanal, durch den ein Elektronenstrom als Hauptblitz vom Boden zur Wolke fließt.

ROTER KOBOLD ODER RED SPRITE
Diese riesigen schwachen Leuchterscheinungen treten gleichzeitig mit Blitzen auf. Sie reichen von der Wolkenoberseite bis zur Ionosphäre und dauern Millisekunden.

TORNADOS

Tornados sind rotierende Luftwirbel, die aus einer Gewitterwolke bis zum Boden reichen. Mit Windstärken bis 480 km/h gehören sie zu den heftigsten Wettererscheinungen und können erhebliche Zerstörung verursachen. Sie sind meist 50 bis 100 m im Durchmesser groß und bestehen nur kurze Zeit, wobei sie Strecken von 2 bis 4 km zurücklegen.

ENTSTEHUNG

Tornados entstehen an der Basis einer Cumulonimbuswolke, die das Superzellenstadium erreicht hat (siehe S. 312–313). Niedriger Druck an der Basis lässt warme, feuchte Luft vom Boden aufsteigen, die sich an der kühlen Wolkenluft reibt. Dabei entsteht eine Mesozyklone – ein breiter Luftwirbel –, der sich nach unten ausdehnt und eine Trichterwolke (Vortex) formt. Luft wird in das Zentrum des Trichters gesogen und kühlt ab, wobei die Feuchtigkeit zur trichterförmigen Wolke kondensiert. Sie wird zum Tornado, wenn sie den Boden erreicht.

1 WACHSTUM NACH UNTEN
Eine Trichterwolke beginnt, aus der Unterseite einer rotierenden Cumulonimbuswolke herauszuragen – ein erstes Zeichen für einen möglichen Tornado.

2 BASIS VERENGT SICH
Die rotierende Luft wird schneller, da warme Luft eingesogen wird. Die Rotation beeinflusst auch den Boden und wirbelt Erdbrocken auf.

3 ERREICHEN DES BODENS
Die Trichterwolke erreicht den Boden und wird damit zum Tornado. Der Trichter kann von aufgewirbelten Staubwolken verdeckt werden.

4 STAUB UND SCHUTT
Die hohen Windstärken wirbeln Staub und Schutt in die Luft. Irgendwann verliert der Tornado an Energie und zieht sich in die Wolke zurück.

WIRBEL VON SCHUTT
Ein Tornado pflügt durch das Küstendorf Lennox Head in Neusüdwales (Australien). Schäden entstehen nicht nur durch die hohen Windstärken im Trichter, sondern auch durch den herumfliegenden aufgewirbelten Schutt.

AUFTRETEN VON TORNADOS

Tornados werden meist mit den Great Plains in Nordamerika in Verbindung gebracht, vor allem einem Gebiet, das man »Tornado Alley« nennt. Wetterverhältnisse, die Gewitter antreiben, können aber auch in Teilen Europas, Südamerikas, Süd- und Ostasiens, Südafrikas und Australiens zu Tornados führen.

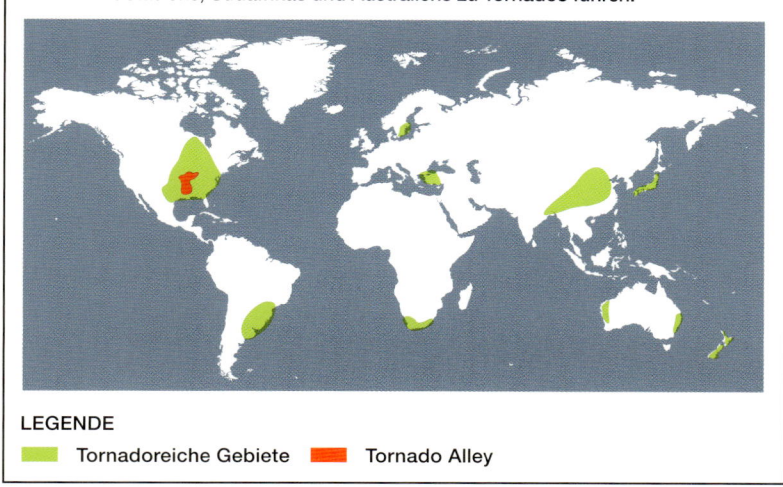

LEGENDE
- Tornadoreiche Gebiete
- Tornado Alley

SPUR DER ZERSTÖRUNG

Tornados haben meist Durchmesser um die 100 m, sodass der Bereich der Zerstörung sehr begrenzt ist – doch dort kann der Schaden enorm sein. Die wirbelnden Winde heben Objekte, selbst Autos und Dächer, und tragen sie über weite Strecken. Dabei kann ein Bereich völliger Zerstörung direkt neben nicht betroffenen Gebieten liegen.

TORNADOSCHÄDEN
Im April 2011 kam es zu einer Welle zerstörerischer Tornados über Teilen im Südosten der USA, wobei über 340 Menschen ums Leben kamen. Das Luftbild dokumentiert den Schaden, den ein Tornado in der Stadt Tuscaloosa (Alabama) verursacht hat.

ARTEN VON WIRBELN

Tornados oder »Großtromben« sind schnell rotierende Luftwirbel. Sie treten in Verbindung mit Cumulonimbuswolken, die den Boden erreichen, auf. Da sie kondensierte Wassertropfen enthalten, sind sie als Trichterwolke erkennbar; einige nennt man »trocken«, wenn sie durch festes Material wie aufgewirbelten Staub und Erdbrocken sichtbar werden. Tromben über Wasser heißen Wasserhosen. Sie sind eher schwache Wirbel in einer Säule von Wolkentröpfchen, die über der Wasseroberfläche deutlicher wird und große Mengen an Wasser versprühen kann. Sie treten oft über tropischen und subtropischen Meeren auf, wo ausreichend warme, feuchte Luft vorhanden ist.

Ein ähnliches Phänomen sind Staubteufel oder »Kleintromben«, die oft über stark erwärmten, trockenen kontinentalen Gebieten entstehen. Sie sind kurzlebige, senkrechte Wirbel, die kaum Schaden anrichten, viel kleiner als Tornados und nicht mit Wolken verbunden sind.

STAUBTEUFEL
Ein Staubteufel zieht über eine Farm im Westen von Kansas (USA). Diese Wirbel bestehen aus Staub, der von rotierender Luft mitgerissen wird.

WASSERHOSE
Dies ist eine sommerliche Wasserhose vor der Küste der Florida Keys (USA). Sie treten über Wasser auf, können aber manchmal auch Land erreichen.

FUJITA-SKALA

Die von Tetsuyo Theodore Fujita, einem Sturmforscher der Universität von Chicago, 1971 aufgestellte Fujita-Skala klassifiziert Tornados nach der Art des Schadens, den sie verursachen. Seit 2007 wird in den USA die Enhanced-Fujita-Skala verwendet.

SKALA	WINDSTÄRKE	SCHADEN
F0	64–116 km/h	Kleine Zweige brechen ab; Fenster und Terrassentüren brechen
F1	117–180 km/h	Bäume entwurzeln, Schornsteine fallen; Mobilheime werden umgeworfen
F2	181–253 km/h	Bäume brechen am Stamm ab, ganze Häuser vom Fundament gehoben
F3	254–332 km/h	Bäume verlieren Rinde, blanke Stämme bleiben; tragende Wände kollabieren
F4	333–418 km/h	Gut gebaute Häuser eingeebnet; Autos werden weggeblasen
F5	über 419 km/h	Gut gebaute Häuser eingeebnet und vom Wind fortgetragen

WETTEREXTREME

OKLAHOMA 1999

Der US-Bundesstaat Oklahoma liegt in der katastrophenanfälligen Tornado Alley, einem Gebiet zwischen den Rocky Mountains und den Appalachen, in dem jedes Jahr etliche Hundert Tornados auftreten. Am 3. Mai 1999 erlebte Oklahoma das schlimmste Tornado-Ereignis seiner Geschichte. Der Tag begann warm und sonnig, aber am Nachmittag bildeten sich Superzellengewitter. An diesem Tag wurden im ganzen Bundesstaat über 70 Tornados mit Windgeschwindigkeiten bis über 300 km/h gemeldet. Der tödlichste von ihnen traf Bridge Creek, südwestlich der Hauptstadt Oklahoma City gelegen. Ein mobiles Radargerät maß in dem riesigen Wolkentrichter eine Luftströmungsgeschwindigkeit von 486 km/h: Weltrekord. Allein dieser Tornado, der auf der Fujita-Skala (siehe S. 319) als F5 eingestuft wurde, hat Schäden in Höhe von 1,1 Mrd. US-Dollar hinterlassen.

Die Tornados richteten im ganzen Staat große Verheerungen an, rissen zahllose Trümmer mit und machten Tausende Häuser dem Erdboden gleich. Mancherorts waren die Hagelkörner größer als Golfbälle und viele Menschen hatten mehr als einen Tag lang keinen Strom. Die Katastrophe kostete 48 Menschen das Leben, über 600 Personen wurden verletzt.

10 SCHLIMMSTEN OKLAHOMA-TORNADOS

	ORT	JAHR	STUFE	TOTE
1.	Woodwards	1947	F5	116
2.	Snyder	1905	F5	97
3.	Peggs	1920	F4	71
4.	Antlers	1945	F5	69
5.	Pryor	1942	F4	52
6.	Bridge Creek	1999	F5	36
7.	Oklahoma City	1942	F4	35
8.	Cleveland County	1893	F4	33
9.	Bethany	1930	F4	23
10.	McAlester	1882	F3	21

Zwei Tornados in Kansas, Oklahoma, am 27. Januar 2009

3. MAI 1999
Ort	Oklahoma, USA
Typ	Tornado
Todesopfer	48

8000 ZAHL DER HÄUSER, DIE VON DEM F5-TORNADO BESCHÄDIGT WURDEN

VORBEREITUNG AUF TORNADOS

Dass nicht noch mehr Menschen starben, ist frühzeitigen Warnungen zu verdanken. Die Radarüberwachung und Meldungen offizieller Sturmbeobachter machten Stärke und Weg der Tornadotrichter nachvollziehbar. Fernseh- und Radiosendungen wurden regelmäßig für Updates und ortsspezifische Warnungen unterbrochen. Die Bewohner Oklahomas werden regelmäßig instruiert, was bei einem Tornado zu tun ist. Große Einkaufszentren und öffentliche Bauten sowie viele Wohnhäuser haben tornadosichere Räume.

EINE SCHNEISE DER VERNICHTUNG

1 TORNADOWARNUNGEN
Der Wetterdienst von Oklahoma informierte die Bevölkerung regelmäßig über Funk und Fernsehen, sodass die Menschen sichere Orte aufsuchen konnten.

2 DER TORNADO WIRD STÄRKER
Der tödliche Tornado wurde intensiver, als er sich Oklahoma City von Südwesten näherte. In Bridge Creek erreichte er die Stufe F5, bei der Überquerung des Canadian River wurde er schwächer, nur um in Moore wieder F5 zu erreichen.

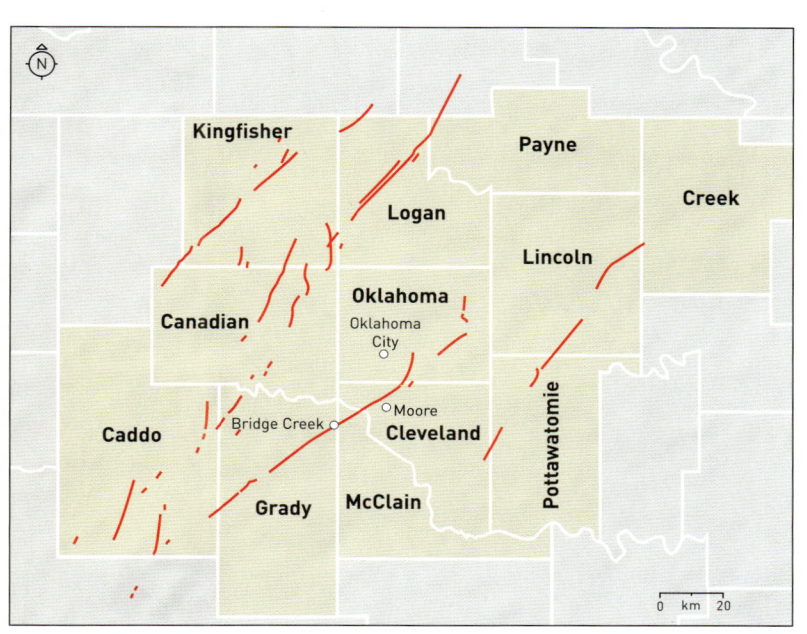

OKLAHOMA 1999   **321**

KARTE DER OKLAHOMA-TORNADOS
Das Tornado-Ereignis folgte dem üblichen Schema: Wolkentrichter zogen von Südwest nach Nordost. Tornados kommen relativ langsam voran; es sind die um sie kreisenden Winde, die den Schaden anrichten.

Legende
— Wege der Tornados
▨ betroffene Landkreise

> » WENN SIE SICH IN DIESEM GEBIET BEFINDEN, SUCHEN SIE SOFORT SCHUTZ ... DIE HAGELKÖRNER DES STURMS KÖNNEN BASEBALLGROSS WERDEN. «
>
> **NATIONALER WETTERDIENST** IN DER STADT NORMAN IN OKLAHOMA

3 DER WEG DES TORNADOS
Das nackte rote Erdreich dokumentiert den Pfad des Tornados durch diesen Vorort von Oklahoma City. Innerhalb des Streifens ist alles zerstört, während wenige hundert Meter links und rechts davon kaum Schäden entstanden.

4 NACH DEM STURM
Tausende von Gebäuden wurden zerstört, 116 000 Häuser waren vom Strom abgeschnitten, mehr als 40 Menschen starben im Sturm. Das Ereignis führte zur Gründung des National Weather Center an der University of Oklahoma.

TORNADO AUS DER NÄHE
Der schlimmste Tornadoschwarm in der Geschichte South Dakotas wütete am 24. Juni 2003 in diesem US-Bundesstaat. Zu seinen 67 Tornados zählte auch dieser, der die Gemeinde Manchester zerstörte. Er hielt sich 20 Minuten und riss vermutlich mit bis zu 418 km/h Erdreich und Trümmer mit sich.

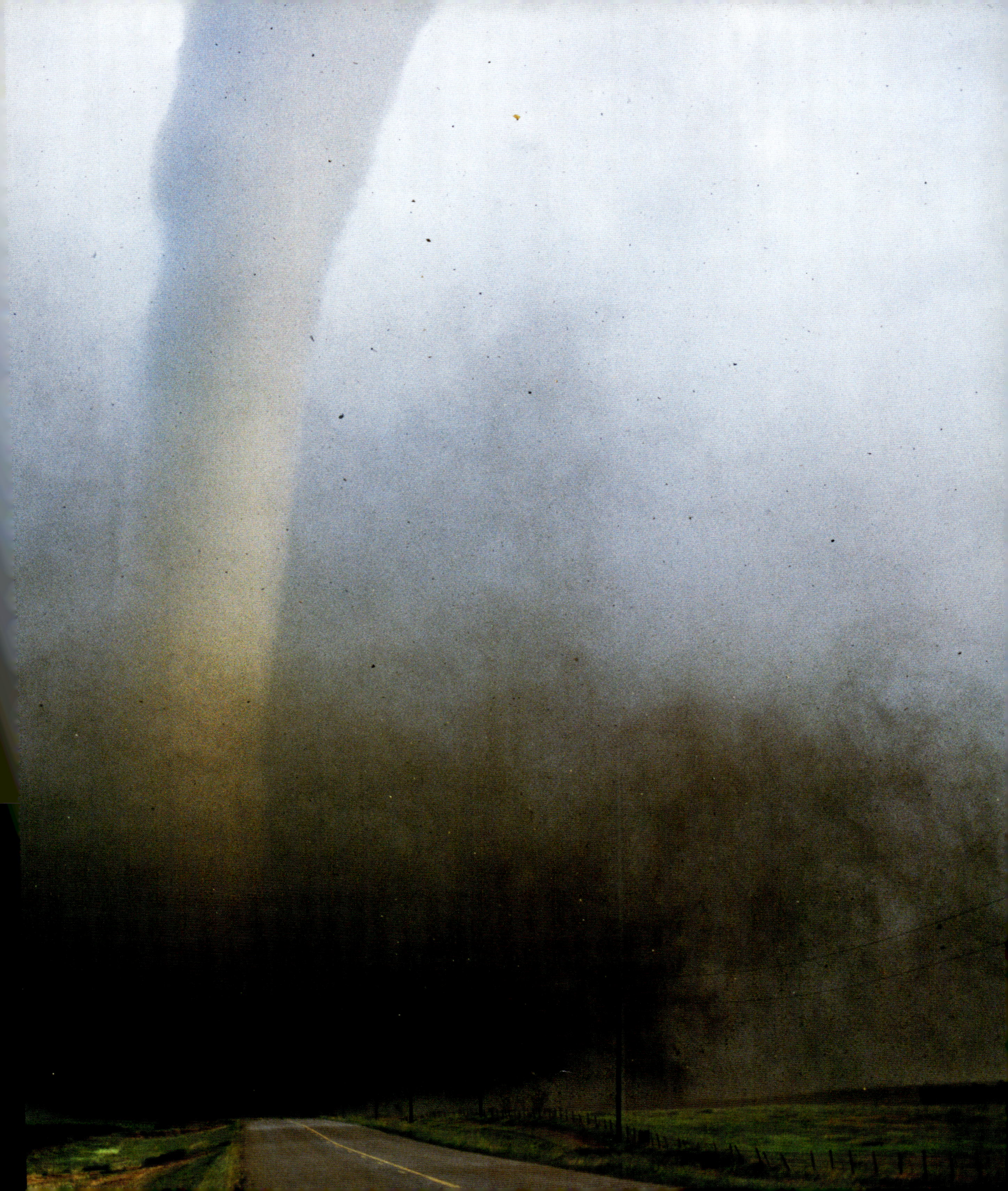

SANDSTÜRME UND STAUBSTÜRME

Wüsten und Trockengebiete liefern das Material für Sand- und Staubstürme. Wenn der Wind lockere Sandkörner mitreißt, entsteht ein Sandsturm. Mitgeführter feiner Schluff kann größere Distanzen zurücklegen; so können Staubstürme aufkommen.

ENTSTEHUNG UND VERTEILUNG

Sand- und Staubstürme bilden sich in vegetationsarmen Wüsten, in trockenen Halbwüsten oder Steppen. Durch die Verwitterung und gelegentliche Überflutung – vor allem in den Halbwüsten – lagern sich in ausgetrockneten Fluss- und Seebetten große Mengen feiner Partikel ab. Wenn starker Wind dieses Material aufwirbelt, kann ein Sandsturm entstehen. Die meisten Sandstürme sind wegen der relativ großen Sandkörner örtlich eng begrenzt. Staubstürme führen dagegen feinen Schluff mit, der länger in der Luft bleibt. Der Staub kann bis zu 6 km oder noch höher aufsteigen und bei günstigen Witterungsbedingungen sehr weite Strecken zurücklegen: Nicht selten überquert Staub, der aus der westlichen Sahara stammt, den gesamten Atlantik und lagert sich in der Karibik wieder ab. Material aus China weht quer über den Pazifik. Es gibt auch Berichte über »Blutregen« – Regen, der mit Staub vermischt ist (in Großbritannien) – und über »Blutschnee« – eine Kombination aus Schnee und Staub (in den Alpen). In beiden Fällen stammen die Sedimente aus der Sahara. Trockene Kaltfronten und Abwinde aus Gewittern unterstützen den Staubtransport.

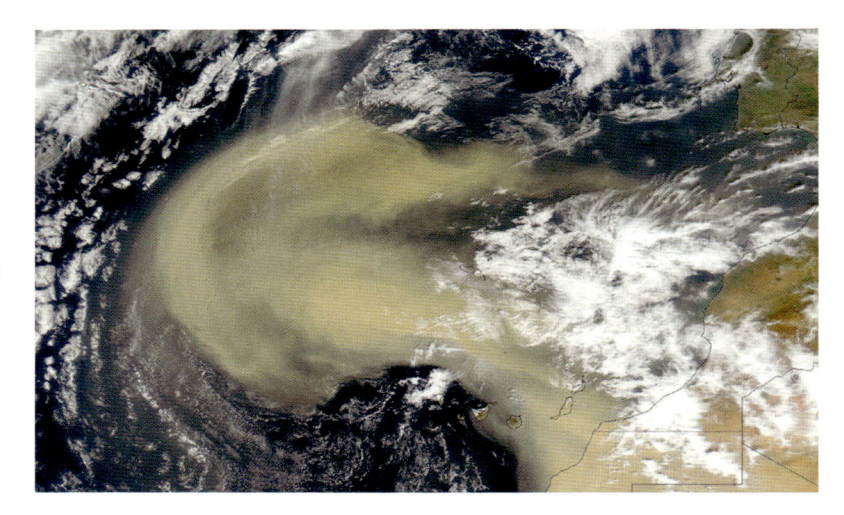

STAUB AUF WANDERSCHAFT
Dieser riesige Staubsturm entstand im Jahr 2000 über Nordwestafrika. Er dehnte sich bis zu 1600 km über den östlichen Atlantik aus.

SANDSTURM AM WÜSTENRAND
Am 14. Mai 2010 fegte dieser gigantische Sandsturm über die chinesische Stadt Golmud am Rand des Qaidambeckens hinweg. Die Sicht betrug nur noch 180 m.

AUSWIRKUNGEN

Ein Sand- oder Staubsturm ist im Straßenverkehr besonders gefährlich, weil er abrupt für schlechte Sichtverhältnisse sorgen kann, die einige Stunden bis Tage anhalten. Die hohe Dichte an kleinen Staubteilchen verursacht zudem ein ernstes Gesundheitsrisiko. Partikel, die kleiner als 0,01 mm sind, gelangen bis in die feinsten Verästelungen der Lunge. Lungenemphyseme und Bronchitis werden durch hohe Staubkonzentrationen ebenso gefördert wie Bindehautentzündungen. In Trockenregionen ist auch die Bodenerosion ein Problem: Mit der obersten Bodenschicht werden die Nährstoffe weggeweht. Wo sich der Staub ablagert, kann er Nutzpflanzen und Wasservorräte kontaminieren. Zusammen mit starkem Wind entfaltet er zudem eine Schmirgelwirkung, die Ackerpflanzen und Nutztiere stark schädigen kann.

ROTER STAUBSTURM

Im September 2009 breitete sich in Australien eine Staubfahne von über 1000 km Länge aus, die über Wüstengebiete und trockenes Ackerland bis nach Sydney und an die Ostküste reichte. Der Himmel färbte sich orangerot.

»DUST BOWL« IN AMERIKA

Mitte der 1930er-Jahre häuften sich in den Great Plains – dem nordamerikanischen Prärieland, das sich vom Norden von Texas bis nach Südnebraska erstreckt – schwere Staubstürme, die große landwirtschaftliche Schäden anrichteten. Auf dem Höhepunkt der Dürre erreichte die »Dust Bowl« (Staubschüssel) eine Ausdehnung von über 400 000 km². 250 000 Menschen kehrten der Region den Rücken. Es war eine Katastrophe von Menschenhand: In den Great Plains waren riesige Präriegrasflächen in Ackerland verwandelt worden, um Weizen anzubauen. Die Aussicht auf das schnelle Geld förderte eine Form der Landwirtschaft, die für Trockengebiete ungeeignet ist. Das Agricultural College von Oklahoma stellte 1931 bei einer Erkundung auf etwa 52 600 km² von insgesamt 64 750 km² Ackerland starke Erosion fest. Dann folgten Dürrejahre. Am 14. April 1935 – dem sog. »schwarzen Sonntag« – erreichte das Drama seinen Höhepunkt, als starke Winde schätzungsweise 300 000 Tonnen Ackerkrume aufwirbelten. Zeitgenössischen Berichten zufolge waren in einigen Gebieten die Tage während der Staubstürme fast so dunkel wie die Nächte.

STAUBSTURM IN CHINA 2010

Im März 2010 folgten auf eine anhaltende Dürre in weiten Teilen Chinas intensive Sand- und Staubstürme. Die Stürme hatten ihren Ausgangspunkt in der Gobi, der größten Wüste Ostasiens, und zogen dann durch Nordchina in Richtung der Hauptstadt Peking. Am 20. März bedeckte der orange Staub 810 000 km² des Landes; etliche Millionen von Menschen waren betroffen. Dann drang die riesige Wolke weiter nach Korea und Japan vor, um schließlich vom Jetstream über den Pazifik in den Westen der USA transportiert zu werden.

Die Zeit davor war von ausbleibenden Niederschlägen und überdurchschnittlichen Temperaturen geprägt gewesen. In Südwestchina herrschte Berichten zufolge die schlimmste Trockenheit seit einem Jahrhundert. Doch in Peking ist man an Staubstürme gewöhnt: Einer hatte im April 2006 schätzungsweise 300 000 Tonnen Schluff in der Stadt abgelagert. Der chinesischen Akademie der Wissenschaften zufolge haben sich aber solche Ereignisse in den letzten 50 Jahren versechsfacht – wohl wegen der zunehmenden Desertifikation durch falsche Anbaumethoden und großflächige Entwaldung.

GROSSE DÜRRE
Der aufgerissene Ackerboden, auf dem der Büffelkarren steht, illustriert die Trockenheit, die 2010 in der Provinz Yunnan herrschte: Bei der Jahrhundertdürre waren die Niederschlagsmengen in China um 60 Prozent geringer.

> »DIE SICHT LAG BEI ETWA 10 METERN ... WIR GINGEN MÖGLICHST SELTEN HINAUS – UND NUR MIT ATEMMASKEN.«

WANG HAIZHOU, BAUER IN DER STADT KORLA IN NORD-XINJIANG

STAUBSTURM IN CHINA 2010

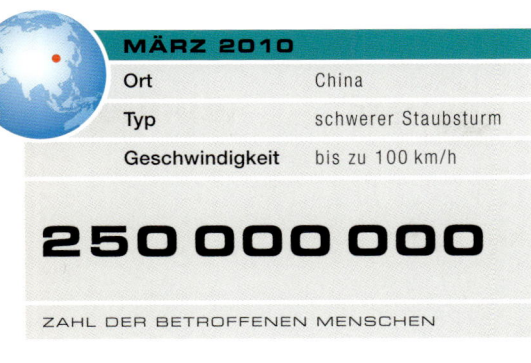

MÄRZ 2010

Ort	China
Typ	schwerer Staubsturm
Geschwindigkeit	bis zu 100 km/h

250 000 000
ZAHL DER BETROFFENEN MENSCHEN

AUSWIRKUNGEN

Während des Sandsturms im März wurde die Luftqualität in vielen Gegenden Chinas als »gefährlich« bezeichnet: eine ganz selten verwendete Einstufung. Man riet den Menschen zu Hause zu bleiben – vor allem bei Herz- oder Atembeschwerden oder einem schwachen Immunsystem. Viele Flüge mussten gestrichen werden, als der Sturm den Flughafen von Peking erreichte. In Hongkong wurden Rekordluftbelastungen gemeldet, die bis zu 15-mal über der von der WHO empfohlenen Obergrenze lagen. Auch die Behörden in Taiwan berichteten von einer noch nie dagewesenen Luftverschmutzung. Das koreanische Wetteramt gab eine landesweite Warnung aus, als die Staubkonzentration mit über 800 mg/m³ zu einer ernsten Gesundheitsgefahr wurde. Auf dem Höhepunkt des Sturms war hier die Luft mit bis zu 2847 mg/m³ belastet.

VOM STAUB VERSCHLUCKT
Das obere Bild zeigt Peking bei gutem Wetter am 17. März. Nur fünf Tage später, am 22. März, ist die Silhouette in einer Wolke aus gelblichem Staub verschwunden.

SCHUTZAUSRÜSTUNG
Als der Sandsturm das Zentrum von Peking erreichte, wurde Touristen und Einheimischen geraten, durch einen Mundschutz zu atmen.

STAUBSTURM IN GOLMUD
Golmud, eine chinesische Stadt am Rand des Qaidambeckens, wird im Frühjahr oft von Stürmen heimgesucht, die die Gobi überquert haben. Der Staub dringt aber auch weit in andere Teile Chinas vor.

WETTEREXTREME

FLÄCHENBRÄNDE

Der Einschlag eines Blitzes in brennbares Material wie einen Baum oder Grasland kann nach einer Phase heißen und trockenen Wetters einen Flächenbrand auslösen. Starker Wind kann die Flammen rasch über ein großes Gebiet treiben und zu gewaltigen Schäden führen.

URSACHEN FÜR WALD- UND STEPPENBRÄNDE

Mehrere Faktoren müssen zusammenkommen, damit ein Flächenfeuer entsteht und sich ausbreitet. Eine wesentliche Zutat ist eine niederschlagsarme Wetterperiode, in der Gestrüpp, Bäume und Bodenbewuchs sehr trocken werden. Die Regionen, in denen die Sommer heiß und trocken sind, sind am stärksten gefährdet. Der Niederschlagsmangel geht oft mit anhaltenden hohen Temperaturen und einer niedrigen Luftfeuchtigkeit einher. Auch starke Winde fördern die Austrocknung der Vegetation und tragen zur gefährlich rasanten Ausbreitung eines einmal entstandenen Feuers bei. Feuer können im Grasland bis zu 22 km/h schnell vorankommen.

Wenn sich das El-Niño-Drucksystem etabliert (siehe S. 284–285), steigt in den Gebieten, in denen die Witterung dann trockener wird, die Brandgefahr – z. B. in der Osthälfte Australiens. Außer idealen Ausbreitungsbedingungen ist stets auch ein konkreter Auslöser nötig. Oft ist dies ein Blitzeinschlag. Das zugehörige Gewitter mag zwar Regen bringen, aber oft reicht die Menge nicht aus, um Brandherde zu löschen. Außerdem können unvorsichtige Menschen oder Brandstifter Feuer entzünden. Letzteres scheint 2009 bei den Bränden in Griechenland der Fall gewesen zu sein, bei denen 14 Ortschaften am Stadtrand von Athen von den Flammen eingeschlossen wurden.

INFERNO
Nördlich von Los Angeles versucht die Feuerwehr 2010, ein Feuer von Stromleitungen fernzuhalten.

BLITZEINSCHLAG
Blitze sind die häufigsten Flächenbrandauslöser. Der Gewitterregen reicht selten aus, um ein einmal entfachtes Feuer zu löschen.

MENSCHLICHER LEICHTSINN
Diese Luftaufnahme zeigt Rauch und verbrannte Erde im Umland von Marseille, nachdem 2009 eine Artillerieübung einen Brand ausgelöst hatte.

WINDRICHTUNG
Im Jahr 2007 breiteten sich verheerende Waldbrände im Süden Kaliforniens über 2000 km² aus. Der Wind trug die Glut vom ursprünglichen Brandherd zu weit entfernten Bäumen, die sich daran entzündeten. Neun Menschen starben, mindestens 1500 Häuser wurden zerstört.

FLÄCHENBRÄNDE

NACHWIRKUNGEN

Flächenbrände zerstören Häuser und andere Bauwerke; die betroffenen Gemeinden brauchen oft Jahre, um sich zu erholen. Intensive Hitze zerstört den Großteil der Vegetation und verändert den Boden. Durch die Bodenversiegelung steigt das Risiko von Sturzfluten und Erdrutschen. In Hawaii hat die schwere Bodenerosion in der Folge von Waldbränden den Eintrag von Erdreich in die umliegenden Meere erhöht, was in einigen Gebieten den Seetang absterben ließ und die Fischbestände dezimierte. Wälder erholen sich, aber je nach Baumart dauert das sehr lang. Am schnellsten regeneriert sich Grasland. Flächenbrände transportieren auch riesige Mengen Kohlendioxid in die Atmosphäre.

NEUES LEBEN
In Nadelwäldern öffnet starke Hitze die Kiefernzapfen, die ihre Samen auf dem Boden verteilen, sodass neue Bäume wachsen.

VERTEILUNG DER FLÄCHENBRÄNDE

Am höchsten ist das Risiko in den Erdregionen, in denen das Klima und die Art der Vegetation den Ausbruch und die Ausbreitung von Flächenbränden begünstigen. Die Polargebiete und heiße Wüsten bleiben mangels Pflanzendecke verschont. Auch die äquatorialen Regenwälder sind wegen der zumeist hohen Niederschläge kaum gefährdet.

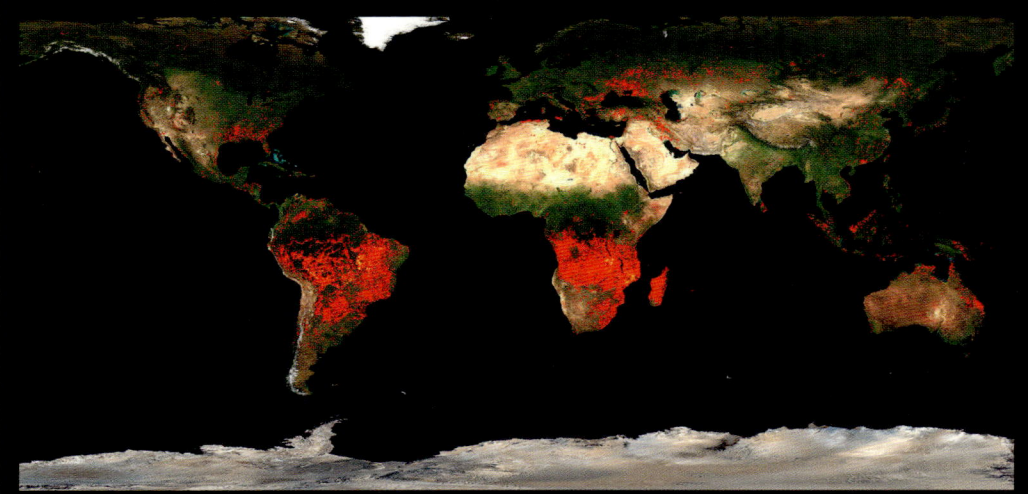

Flächenbrände (orange und rot markiert) sind in jenen Regionen am häufigsten, in denen es lange Trockenzeiten gibt, in denen gelegentlich Gewitter auftreten. Weitere Hochrisikogebiete weisen auf mutwillig gelegte Brände hin, z. B. bei der Brandrodung in den tropischen Regenwäldern Südamerikas. In extrem trockenen Sommern können auch in Südeuropa Flächenbrände auftreten.

GEGENFEUER
Dieser Feuerwehrmann in Pennsylvania, USA, versucht ein Buschfeuer einzudämmen, indem er Pflanzen vor der Feuerfront kontrolliert abbrennt.

BUSCHFEUER IN VICTORIA 2009

Am 7. Februar 2009 kündigten die australischen Wettervorhersagen den »schlimmsten Tag« in der Geschichte des Bundesstaates Victoria an und sie behielten recht: Eine Kombination aus langer Trockenzeit, Rekordtemperaturen und kräftigen Winden führte zur Katastrophe. Die Vegetation war trocken wie Zunder – ideale Bedingungen für verheerende Flächenbrände. Die Tageshöchsttemperatur lag bei 46,4 °C, die Windgeschwindigkeit bei bis zu 90 km/h. Während der Wind pausenlos über die verdorrte Landschaft wehte, entstanden neun kleine Brandherde, die meisten von ihnen gegen Mittag. Ein rascher Windrichtungswechsel am Nachmittag führte dazu, dass Ortschaften im Nordosten auf einmal in Gefahr gerieten; einige Menschen wurden in ihren Häusern von den Flammen eingeschlossen. Die Rettungsdienste waren vom Ausmaß der Katastrophe überfordert und die Mobilfunknetzwerke brachen wegen Überlastung zusammen. Das Feuer breitete sich so schnell aus, dass Dutzende Menschen ihre Häuser zu spät verließen und auf der Flucht vor den Flammen starben. Die Hitze, die die Feuersbrunst abstrahlte, reichte aus, um jeden zu töten, der weniger als 300 m von ihr entfernt war. Insgesamt starben 173 Menschen, etwa 500 wurden verletzt.

7. FEBRUAR 2009

Ort	Victoria, Australien
Typ	Flächenbrände
Todesopfer	173

11 800
STÜCK VIEH, DAS DURCH DIE FEUER STARB

DER RAUCH BREITET SICH AUS
Die Rauchwolken der hartnäckigen Feuer nordöstlich von Melbourne erreichten eine große Ausdehnung; sie wehten bis auf das Meer hinaus.

GEFÜHL DER HILFLOSIGKEIT
Im Bunyip State Forest bei dem Ort Tonimouk brennen Bäume wie Fackeln. Die Feuerwehr stand dem Inferno fast machtlos gegenüber.

KAMPF GEGEN DIE FLAMMEN

1 UNTERSTÜTZUNG AUS DER LUFT
Zwei Tage nach dem Ausbruch wirft ein Helikopter seine Wasserladung ab, um der Feuerwehr am Boden zu helfen, das Feuer im Bunyip State Park, etwa 100 km östlich von Melbourne, einzudämmen. Ausbreitung und Intensität der Feuer wurden ebenfalls aus der Luft beobachtet und kartiert.

AUSWIRKUNGEN

Die Buschfeuer in Victoria erreichten 2009 ein für Australien ungekanntes Ausmaß. Unmittelbar danach kümmerten sich Tausende von freiwilligen Helfern und Regierungskräfte um die Überlebenden und um die Familien der Opfer und es wurden Notunterkünfte errichtet. Aber zwei Jahre danach gab es nur für 40 Prozent der abgebrannten Häuser eine Wiederaufbaugenehmigung: Die Verwaltung des Bundesstaates war angehalten, Bautätigkeiten in feuergefährdeten Gebieten zu untersagen. Man zog einige wichtige Lehren aus der Katastrophe. So wurden die Empfehlungen für Bewohner betroffener Gebiete geändert: Bei künftigen Bränden wird ihnen dringend geraten, ihre Häuser sofort im Stich zu lassen, wenn eine Brandwarnung ausgegeben wird, denn 2009 starben 113 Personen bei erfolglosen Versuchen, ihr Hab und Gut vor den Flammen zu schützen. In einigen Gemeinden hatten die Stellen, die für die Bekanntmachung von Warnmeldungen zuständig waren, die Bewohner nicht rechtzeitig erreicht, sodass viele Betroffene von den Feuern überrascht wurden.

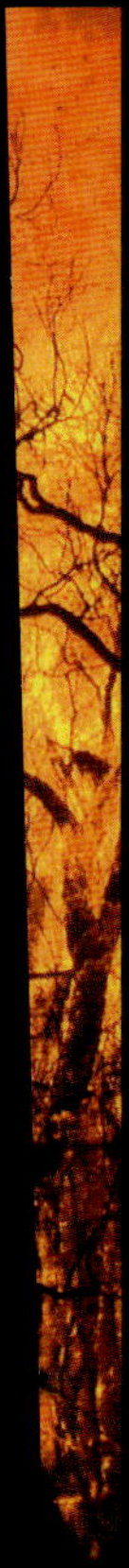

LANDSCHÄDEN

Biologen schätzen, dass Millionen von Wildtieren verletzt oder getötet wurden. Viele Kängurus mussten versorgt werden, nachdem sie in ihre noch nicht ausgekühlten Lebensräume zurückgekehrt waren und sich die Pfoten verbrannt hatten. Etwa 620 Mio. m² Weideland und über 32 000 t Heu und Silage gingen verloren, die Versicherungsforderungen beliefen sich auf 1,2 Mrd. australische Dollar. Man fürchtete auch, dass ein Teil der Trinkwasserreservoirs für Melbourne durch Asche verunreinigt sein könnte.

2 VERKOHLTE LANDSCHAFT
Noch ein halbes Jahr nach dem Flächenbrand im Februar war die Landschaft außerhalb der Gemeinde Kingslake völlig verkohlt. Steile Hänge und starker Wind hatten hier das Vordringen der Flammen beschleunigt; 38 Menschen starben.

>> ES GIBT KEINEN FEUERWEHRMANN IN VICTORIA, DEN DIESER SAMSTAG KALT GELASSEN HÄTTE. <<

KEITH BARBOUR, FEUERWEHRMANN

3 WIEDERAUFBAU
Zwischen den Ruinen wird ein neues Haus errichtet. Etwa 100 australische Ortschaften waren von dem Buschfeuer betroffen. Für viele Menschen geht der Wiederaufbau – auch wegen der hohen Kosten – nur schleppend voran; es kann viele Jahre dauern, bis alle Schäden behoben sind. Wer sich entschieden hat, in der Gegend zu bleiben und sein Haus wieder aufzubauen, muss zudem immer damit rechnen, dass es erneut brennen könnte.

KLIMAWANDEL

Die Atmosphäre bewirkt angenehme Temperaturen auf der Erde. Allerdings zeigen Wetterdaten, dass die Lufttemperaturen im Lauf des letzten Jahrhunderts angestiegen sind. Auch wenn noch Fragen offen sind, sind sich die Forscher sicher, dass menschliche Aktivitäten die Zusammensetzung der Atmosphäre ändern.

GLOBALE ERWÄRMUNG

Im Lauf der Erdgeschichte gab es heiße und kalte Klimaphasen. Diese Schwankungen kamen durch natürliche Ereignisse zustande, die die Zusammensetzung und die Erwärmungsgeschwindigkeit der Atmosphäre beeinflussten. Natürliche Fluktuationen können auch zur aktuellen Erwärmung beitragen, aber vermutlich steigt der Gehalt an Kohlendioxid (CO_2) vor allem durch die Verbrennung fossiler Brennstoffe so stark an. Zwar nimmt dieses Gas nur etwa 0,038 Volumenprozent der Atmosphäre ein, aber es hält Wärmestrahlung sehr effizient zurück. Auch Wasserdampf und Methan verringern die Rückstrahlung der auf die Erde treffenden Sonnenenergie ins All. Die Fähigkeit, Wärme zurückzuhalten, hat zu der Bezeichnung »Treibhausgase« geführt. Vorhersagen über die weitere Entwicklung sind schwierig. Man weiß nicht alles über die Wechselwirkungen zwischen natürlichen Vorgängen, durch die CO_2 abgebaut oder gebunden wird. Sicher ist, dass der Klimawandel das Wetter in der ganzen Welt beeinflusst: In einigen Gegenden wird es kälter und feuchter, in anderen heißer und trockener.

- Eisschmelze beeinflusst Meeresströmungen.
- Aerosole aus Vulkanen reflektieren Sonnenenergie zurück ins All.
- Helle Flächen wie Eis werfen Sonnenenergie ins All zurück.
- Wolken lassen Wasserdampf abregnen.
- Sonne heizt Landmassen und Meere auf.
- Pflanzen und Boden binden CO_2 aus der Atmosphäre.
- Gletscherschmelze hebt den Meeresspiegel und verändert Meeresströmungen.
- Abholzung und Biomasseverbrennung setzen CO_2 in die Atmosphäre frei.
- Durch Verdunstung über Land und Meer bilden sich Wolken.
- Wärme und CO_2 werden von Meeren absorbiert, gespeichert und abgegeben.

KLIMA IM GLEICHGEWICHT

Die von der Sonne angetriebenen Wechselwirkungen zwischen Festland, Meer und Luft sind so fein austariert, dass sich ein menschlicher Störeffekt merklich auf das weltweite Klima auswirken kann.

KLIMAWANDEL   333

AUSWIRKUNGEN

Der Klimawandel könnte dramatische Folgen haben, darunter eine Häufung von Extremwetterereignissen wie starken Stürmen, Überschwemmungen und Dürren. Pegelstände und Satellitenmessungen registrieren steigende Meeresspiegel in der ganzen Welt. Das Wasser erwärmt sich und dehnt sich dabei aus, wodurch es viele Küstenstädte und Koralleninseln gefährdet. Auch das Abschmelzen der Eisdecken an den Polen und der Gletscher trägt zum Anstieg bei. Durch die Erwärmung könnte das im Meeresboden eingeschlossene Methan freigesetzt werden, was zu einem weiteren abrupten Klimawandel führen würde. Auch in den Permafrostböden der Tundra ist viel Methan gebunden, das bei deren Auftauen freigesetzt wird.

AUF DEM RÜCKZUG
Die beiden Fotos des Pedersengletschers in Alaska zeigen, wie stark er sich zwischen 1917 (links) und 2005 (rechtes Bild) zurückgezogen hat. Die Gletscherschmelze kann dazu führen, dass die Meeresspiegel schneller steigen als in den letzten 350 Jahren.

WAS DEN KLIMAWANDEL ANTREIBT

Das Klima ändert sich durch eine Mischung aus natürlichen und menschengemachten Faktoren. Die jahreszeitliche Schwankung der Sonneneinstrahlung aufgrund der Neigung der Erdachse beeinflusst Luft- und Meeresströmungen, die das örtliche und globale Klima prägen. Vulkane stoßen große Mengen an Treibhausgasen und Sulfataerosolen in die Atmosphäre. Aerosole können die Sonneneinstrahlung blockieren und so zur Abkühlung führen; außerdem sind sie Kondensationskeime für Wolken und Regen. Wasserdampf ist ein natürliches Treibhausgas. Bei Erwärmung steigt die Verdampfung und damit auch die Wolkenbildung, die die Rückstrahlung der Sonnenenergie ins All fördert. Die Verbrennung von Kohle, Öl und Erdgas ist zwar für einen großen Teil, aber nicht für die gesamte CO_2-Zunahme verantwortlich. Pflanzen binden bei ihrer Fotosynthese CO_2; die Abholzung der Wälder und die Urbarmachung großer Landflächen haben diese natürliche CO_2-Senke erheblich geschwächt. Auch bei der Verbrennung von Biomasse wird CO_2 freigesetzt. Abgase von Autos und Flugzeugen enthalten ein weiteres Treibhausgas, Stickoxid, das zudem bei der Abwasseraufbereitung und der Düngung der Felder entsteht. Andererseits wird eine geringere Luftverschmutzung die kühlende Wirkung der Aerosole verringern und die Atmosphäre weiter aufheizen.

TREIBHAUSGASE

Für den Beitrag menschlicher Aktivität zur Erhöhung der Treibhausgaskonzentrationen in der Atmosphäre gibt es gute Belege. Nach einem Bericht für den Zwischenstaatlichen Ausschuss für Klimaänderungen (IPCC) aus dem Jahr 2007 waren 2004 Emissionen aus der Treibstoffverbrennung für über 56 Prozent des anthropogenen CO_2-Ausstoßes in die Atmosphäre verantwortlich. Methan, Stickoxide und Fluorchlorkohlenwasserstoffe trugen fast ein Viertel bei.

ANTEILE ANTHROPOGENER GASEMISSIONEN

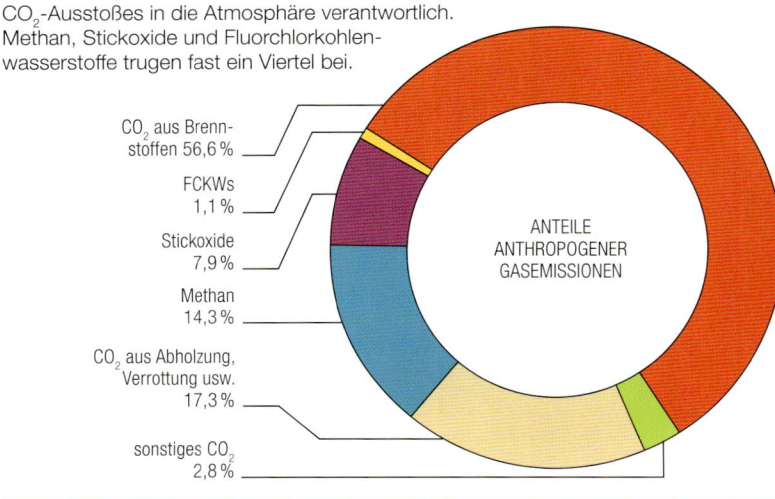

- CO_2 aus Brennstoffen 56,6 %
- FCKWs 1,1 %
- Stickoxide 7,9 %
- Methan 14,3 %
- CO_2 aus Abholzung, Verrottung usw. 17,3 %
- sonstiges CO_2 2,8 %

METHANEMISSIONEN
Intensive Landwirtschaft, vor allem Reisanbau und Rinderzucht, sind für den steigenden Methangehalt der Atmosphäre verantwortlich. Eine Kuh stößt bis zu 200 Liter Methan pro Tag aus. Forscher suchen nach einer Kost, die diese Emissionen verringert.

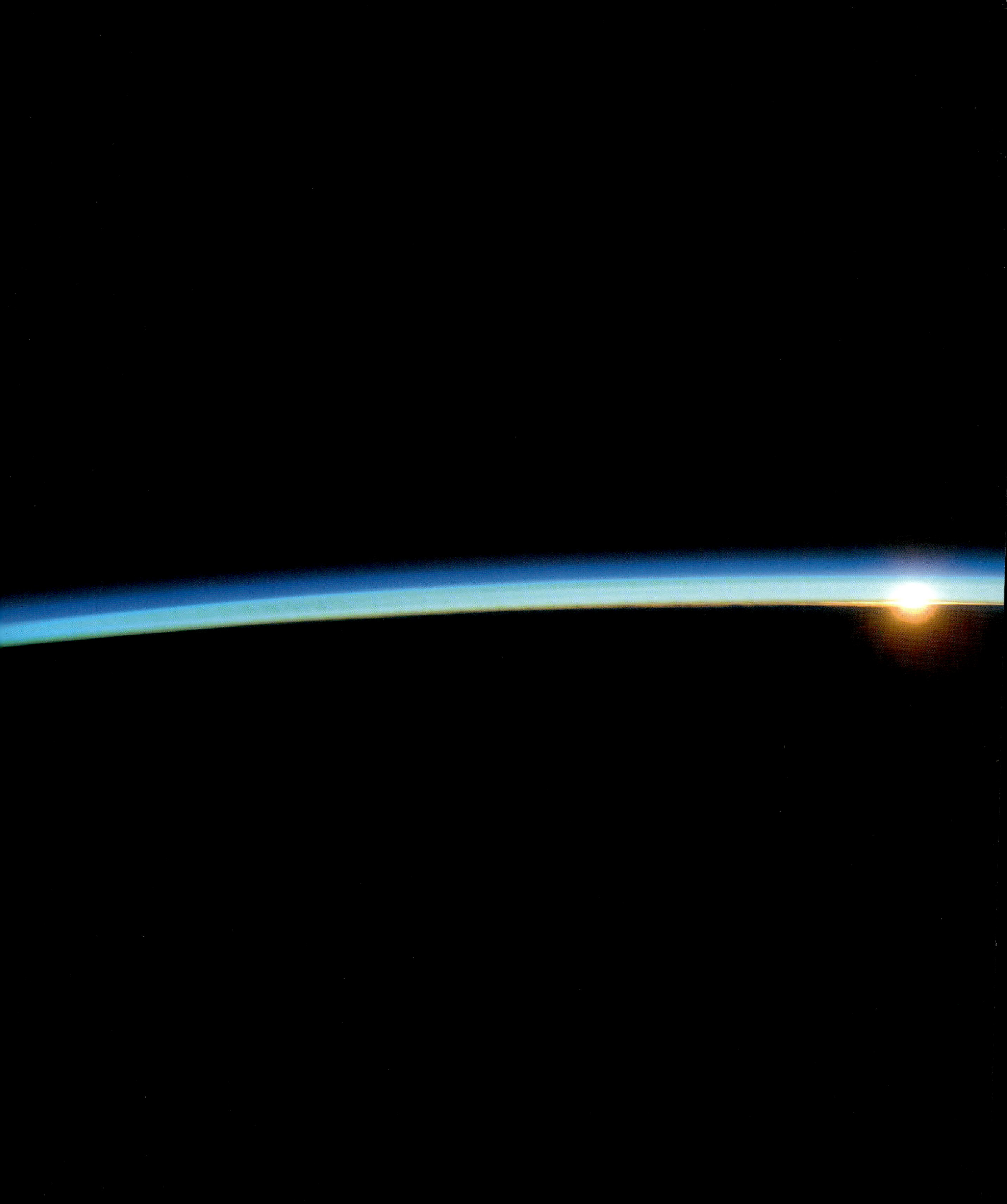

07

ANHANG

<< Erdatmosphäre
Die dünne Schicht der Erdatmosphäre und die untergehende Sonne wurden von der Internationalen Raumstation aufgenommen.

DIE ERDE

STATISTISCHE GRÖSSEN

Die Erde ist der dritte, von der Sonne entfernte Planet und der einzige bekannte mit aktiver Plattentektonik, flüssigem Wasser an der Oberfläche und vielfältigen Lebewesen in der Luft, auf dem Land und im Wasser. Der Planet entstand vor 4,6 Mrd. Jahren mit der Sonne und dem übrigen Sonnensystem aus einer Gas- und Staubwolke. Die Erde umkreist die Sonne in einem Abstand von 149,6 Mio. km.

4,6 MRD. JAHRE
Alter der Erde

40030 KM
Der durchschnittliche Umfang der Erde

12756 KM
Der Durchmesser der Erde am Äquator

21 KM
Um diesen Betrag wölbt sich die Erde am Äquator im Vergleich zum Radius an den Polen. Dies kommt daher, dass der Planet durch die Erdrotation etwas abgeplattet wird.

17 KM
Die Mächtigkeit der Troposphäre – der untersten Schicht der Erdatmosphäre, in der die Wettererscheinungen ablaufen

23,5°
Der Winkel, um den die Rotationsachse der Erde gegenüber der Erdbahn geneigt ist. Diese Neigung verursacht die Jahreszeiten.

107218 KM/H
Die Geschwindigkeit, mit der die Erde die Sonne umkreist

900 MIO. JAHRE
Alter, in dem die ersten mehrzelligen Tiere auf der Erde auftreten

15°C
Die durchschnittliche Oberflächentemperatur

1600 KM/H
Die Geschwindigkeit eines Punktes am Äquator durch die Rotation der Erde in 24 Stunden

2-20 CM
Durchschnittliche Strecke, die sich die tektonischen Platten der Erde im Jahr bewegen

8,3 MINUTEN
Die Zeit, die das Licht von der Sonne zur Erde braucht

GEOLOGISCHE ZEITSKALA

Die Erdgeschichte umfasst Milliarden von Jahren. Die Erforschung der Gesteine und Fossilien in der Erdkruste hat es uns ermöglicht, diese Zeit zu unterteilen: Ären werden in Systeme (Perioden) unterteilt, die wiederum in Epochen gegliedert werden. Diese Gliederung wird ständig verfeinert.

ÄRA	SYSTEME	EPOCHE	BEGINN (VOR MRD. JAHREN)
Känozoikum	Neogen	Holozän	0,01
		Pleistozän	1,8
		Pliozän	5,3
		Miozän	23
	Paläogen	Oligozän	34
		Eozän	55
		Paläozän	65
Mesozoikum	Kreide		145
	Jura		202
	Trias		251
Paläozoikum	Perm		299
	Karbon (in den USA oft unterteilt in Mississippium und Pennsylvanium)		359
	Devon		416
	Silur		444
	Ordovizium		488
	Kambrium		542

KONTINENTE

Die Landmasse der Erde wird gewöhnlich in sieben Kontinente unterteilt. Asien ist bei weitem der größte und umfasst fast ein Drittel der gesamten Landfläche der Erde.

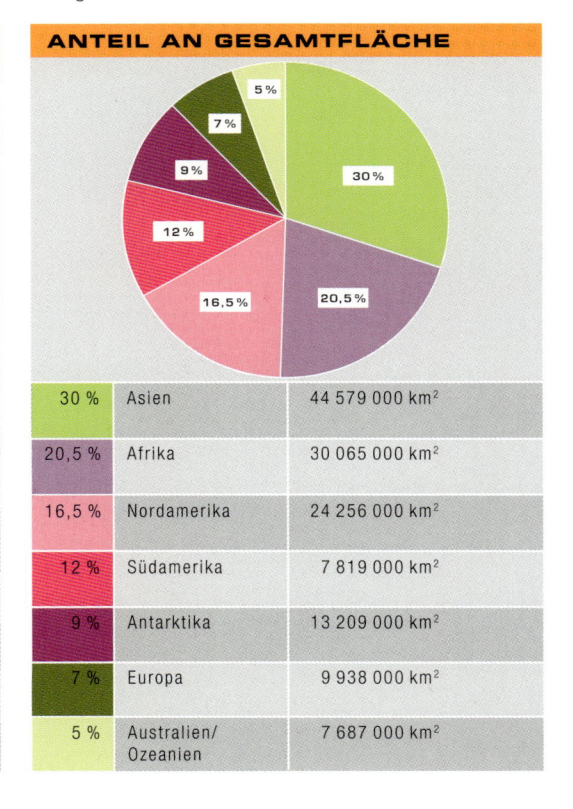

ANTEIL AN GESAMTFLÄCHE

30 %	Asien	44 579 000 km²
20,5 %	Afrika	30 065 000 km²
16,5 %	Nordamerika	24 256 000 km²
12 %	Südamerika	7 819 000 km²
9 %	Antarktika	13 209 000 km²
7 %	Europa	9 938 000 km²
5 %	Australien/Ozeanien	7 687 000 km²

DIE ERDE 337

TEKTONISCHE PLATTEN

Die Erdkruste ist in acht oder neun größere Platten sowie ein Dutzend kleinere zerbrochen (siehe S. 26–27). Mit der Zeit haben sie sich voneinander entfernt (sie sind divergiert) oder aufeinander zubewegt (konvergiert), sie haben Kontinente verschoben, Ozeane geöffnet und geschlossen sowie Gebirge aufgefaltet. An Transformstörungen gleiten Platten aneinander vorbei. Manchmal entstehen dabei Erdbeben.

Name der Platte:	1. Nordamerikanische Platte	4. Südamerikanische Platte	7. Eurasische Platte
	2. Pazifische Platte	5. Afrikanische Platte	8. Antarktische Platte
	3. Nazca-Platte	6. Arabische Platte	9. Indisch-Australische Platte
Legende zu den Plattengrenzen:	konvergent ⎯⎯	Transform ⎯⎯	
	divergent ⎯⎯	unsicher ⎯ ⎯	

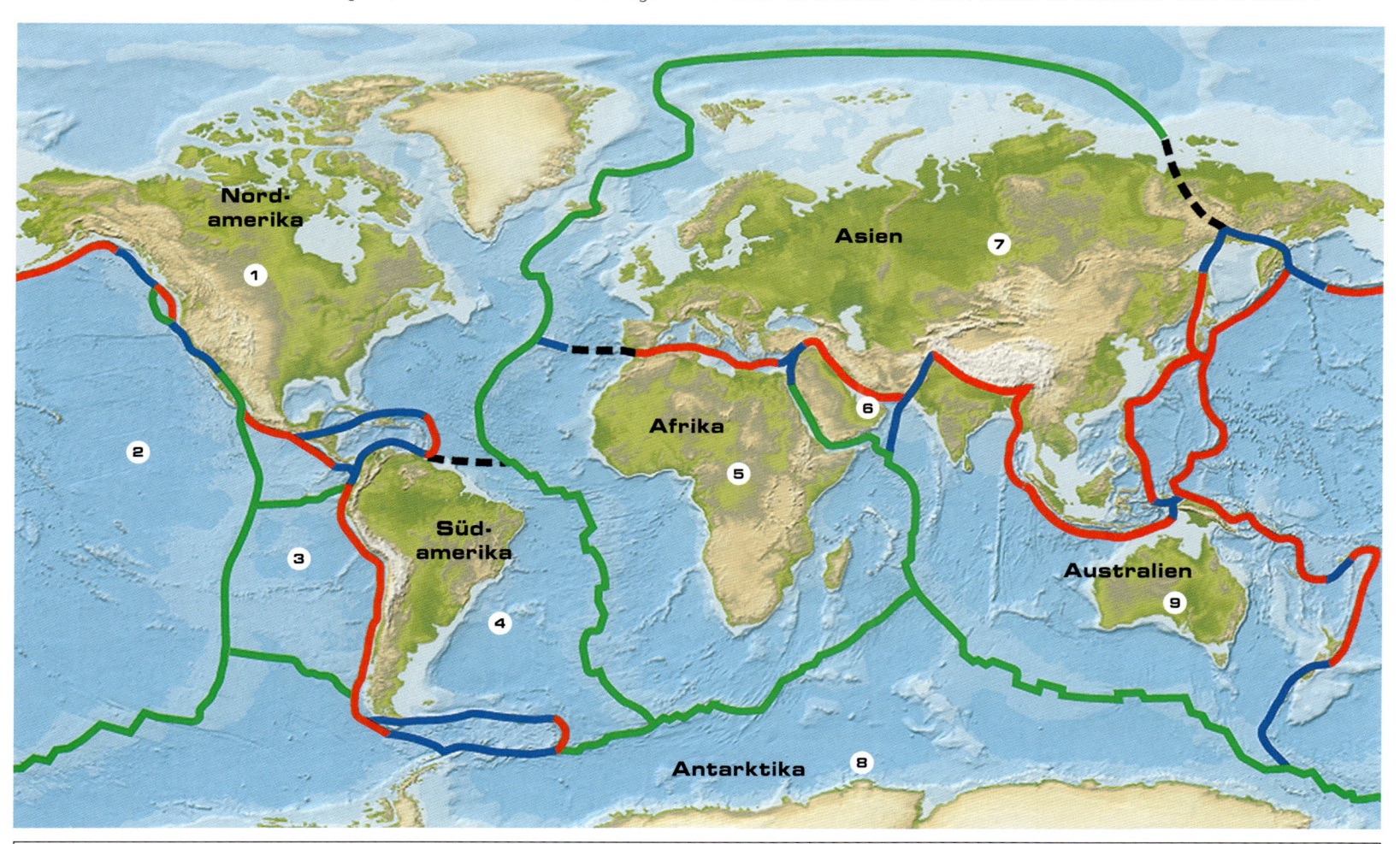

AUFBAU DER ERDE	NAME	MITTLERE TIEFE	DICHTE	TEMPERATUR
	Kruste	6–70 km	3 g/cm^3	Unter 1000 °C
	Mantel	2990 km	3,5–5,5 g/cm^3	1000–3500 °C
	Äußerer Kern	5150 km	10 g/cm^3	3500–4000 °C
	Innerer Kern	6360 km	12 g/cm^3	4000–4700 °C

BERGE

DIE GRÖSSTEN GEBIRGE

Die größten Bergketten der Welt – darunter die Anden, der Himalaja, die Alpen und die Rocky Mountains – sind vergleichsweise jung: Sie sind erst in den letzten paar hundert Millionen Jahren entstanden und liegen an den Grenzen von tektonischen Platten, die in der Erdgeschichte kollidiert sind (siehe S. 44–45). Gebirgsketten bilden sich, wenn die ungeheuren Drücke, die sich durch die Konvergenz zweier Platten aufbauen, das Gestein deformieren und weit aus dem umliegenden Land herausheben. Diese Hebung setzt sich noch heute fort.

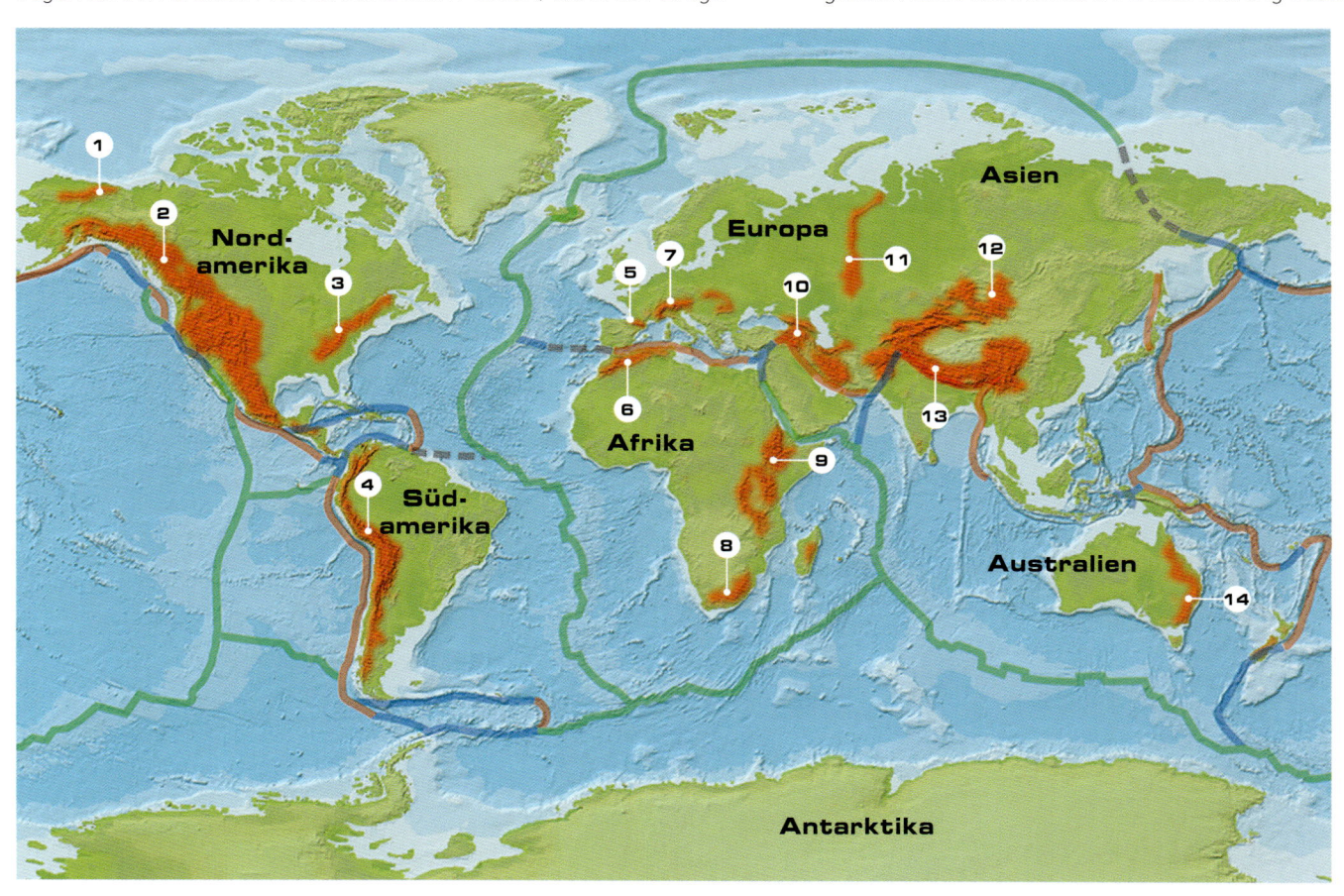

Gebirgsketten:

1. Alaskakette
2. Rocky Mountains
3. Appalachen
4. Anden
5. Pyrenäen
6. Atlas
7. Alpen
8. Drakensberge
9. Hochland von Äthiopien
10. Kaukasus
11. Ural
12. Tian Shan
13. Himalaja
14. Great Dividing Range

DIE HÖCHSTEN BERGGIPFEL DER WELT

14 Gipfel erheben sich mehr als 8000 m über den Meeresspiegel, alle liegen sie in Asien. Die große Mehrheit gehört zum Himalaja, dem höchsten und einem der jüngsten Gebirge der Erde, das oft als »Dach der Welt« bezeichnet wird. Der Himalaja trennt den indischen Subkontinent vom Hochland von Tibet.

BERG	GEBIRGE	LAND	HÖHE
Mount Everest	Himalaja	Nepal/Tibet	8850 m
K2	Karakorum	Pakistan/China	8611 m
Kangchendzönga	Himalaja	Nepal/Indien	8586 m
Lhotse	Himalaja	Nepal/Indien	8516 m
Makalu	Himalaja	Nepal/Indien	8463 m
Cho Oyu	Himalaja	Nepal/Indien	8201 m
Dhaulagiri	Himalaja	Nepal	8167 m
Manaslu	Himalaja	Nepal	8163 m
Nanga Parbat	Himalaja	Pakistan	8125 m
Annapurna	Himalaja	Nepal	8091 m
Gasherbrum I	Karakorum	Pakistan/China	8068 m
Broad Peak	Karakorum	Pakistan/China	8047 m
Gasherbrum II	Karakorum	Pakistan/China	8035 m
Shishapangma	Himalaja	Tibet	8013 m

HÖCHSTE BERGE DER KONTINENTE

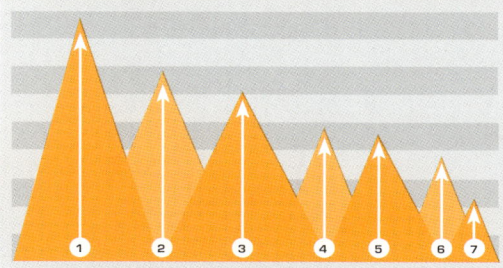

Berg	Höhe	Kontinent
1. Mount Everest	8850 m	Asien
2. Aconcagua	6962 m	Südamerika
3. Mount McKinley	6194 m	Nordamerika
4. Kilimandscharo	5892 m	Afrika
5. Vinson-Massiv	4892 m	Antarktika
6. Mont Blanc	4810 m	Europa
7. Kosciuszko	2228 m	Australien

MEERE

MEERESSTRÖMUNGEN

Das Wasser in den Weltmeeren ist ständig in Bewegung; es zirkuliert in langlebigen Strömungen – sowohl an der Oberfläche als auch, wenngleich langsamer, in der Tiefe. Die Oberflächenströmungen werden auch vom Wind angetrieben, aber ihr Verlauf wird durch Faktoren wie die Rotation der Erde um ihre Achse beeinflusst, was zu zirkulären Wasserbewegungen führt. Diese Wirbel drehen sich auf der Nordhalbkugel *im* und auf der Südhalbkugel *gegen* den Uhrzeigersinn. Teilabschnitte nennt man Küstenströmungen. An den Osträndern der Ozeane sind sie überwiegend kalt und sie bewegen sich zum Äquator hin; an den Westrändern sind die Küstenströmungen meist warm und sie führen vom Äquator fort. Das derzeitige globale Zirkulationsmuster wird auch von der Form der Meeresbecken und der begrenzenden Küsten geprägt. In der Erdvergangenheit waren die Ozeane und Kontinente und damit auch die Strömungen ganz anders angeordnet.

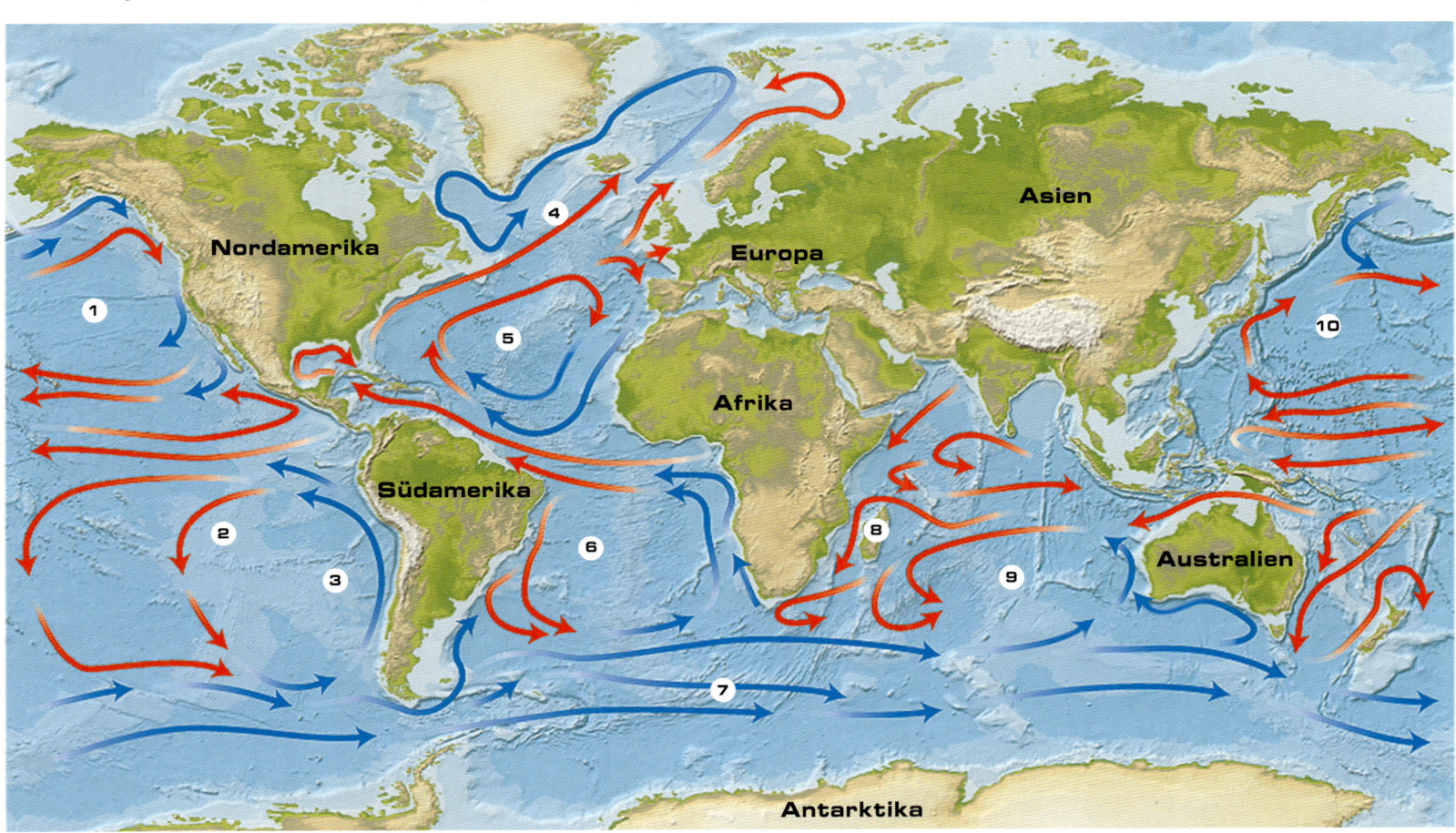

Strömungen:

1. Nordpazifischer Wirbel
2. Südpazifischer Wirbel
3. Humboldtstrom
4. Golfstrom
5. Nordatlantischer Wirbel
6. Südatlantischer Wirbel
7. Antarktischer Zirkumpolarstrom
8. Aghulasstrom
9. Südindischer Wirbel
10. Nordpazifischer Wirbel

→ warme Meeresströmung
→ kalte Meeresströmung

GROSSE TSUNAMIS

Tsunamis werden oft von Seebeben ausgelöst und sind verdrängte Wassermassen, die sich zu riesigen Wellen auftürmen und in den Küstenregionen gewaltige Verheerungen anrichten können. Diese Liste enthält einige der größten Tsunamis der letzten Jahrzehnte. Die Zahl der Todesopfer eines Tsunamis ist oft schwer zu ermitteln, da viele der Menschen auch durch das Erdbeben gestorben sein können, das den Tsunami ausgelöst hat.

JAHR	ORT	TODESOPFER
1933	Sanrikuküste, Japan	über 3000
1944	Tonankai, Japan	über 1200
1946	Nankaido, Japan	über 1400
1958	Lituya Bay, Alaska	–
1960	Chile	6000
1963	Vajont-Stausee, Italien	2000
1976	Golf von Moro, Philippinen	93 500 Obdachlose
1998	Papua-Neuguinea	2200
2004	Indischer Ozean	230 000
2006	südlich von Java	800
2011	Tohoku, Japan	über 16 000

VULKANE

STATISTISCHE GRÖSSEN

Eruptionen von flüssigem Gestein aus dem Erdinneren zeigen eindrucksvoll die aufgestaute Wärmeenergie in unserem Planeten. Die Erde ist von Vulkanen und ihren Auswurfprodukten übersät, sowohl von längst erloschenen als auch von noch aktiven – Souvenirs der langen Geschichte des Vulkanismus. Die meisten Vulkane liegen an Plattengrenzen, die größten liegen über Hotspots (siehe S. 32–33).

74000 JAHRE
So lange liegt der größte Vulkanausbruch der Menschheitsgeschichte zurück, der Ausbruch des Supervulkans Toba, der die Erde wohl in einen 10 Jahre langen Vulkanwinter stürzte.

22 MIO. TONNEN
Die Menge an Schwefeldioxid, die der Pinatubo auf den Philippinen 1991 ausstieß. Sie umkreiste die gesamte Erde und senkte die globale Temperatur um etwa 0,5 °C.

1250 °C
Die Temperatur pyroklastischer Ströme, die bei einem Ausbruch die Hänge des Vulkans herabstürzen können. Sie bilden ein Gemisch aus Gas mit Asche und Gesteinsbrocken.

1550
Die ungefähre Anzahl heute noch tätiger Vulkane auf der gesamten Erde

90 PROZENT
Anteil aller Vulkane der Erde, die im Pazifischen Feuerring liegen

20
Anzahl der Vulkane auf der Erde, die gerade irgendwo tätig sind

260000
Die geschätzte Zahl von Menschen, die in den letzten 300 Jahren durch Vulkanausbrüche oder deren Folgen ums Leben gekommen sind

1815
Das Jahr des Ausbruchs des Vulkans Tambora (Indonesien), der bis zu 92000 Menschen tötete – eine Rekordzahl

4170 M
Höhe (über dem Meeresspiegel) des höchsten Vulkans der Erde, des Mauna Loa auf Hawaii. Die Inseln Hawaiis entstanden über einem Hotspot.

300 MIO.
Anzahl der Menschen, die wohl innerhalb der Gefahrenzone eines tätigen Vulkans leben

60 KM
Die maximale Höhe, die die Aschesäule nach einer plinianischen Eruption erreichen kann

10000 JAHRE
Ein Vulkan gilt als tätig, wenn er in den letzten 10000 Jahren ausgebrochen ist.

DEKADENVULKANE

Die Internationale Vereinigung für Vulkanologie und Chemie des Erdinneren (IAVCEI) hat 16 Vulkane ausgewiesen, die besonders sorgfältig untersucht werden sollten, weil sie sehr aktiv sind oder in dicht besiedelten Gebieten liegen. Diese Gruppe nennt man »Dekadenvulkane«. Man hofft, dass das Studium der Dekadenvulkane Aufschlüsse gibt, wie und wann Ausbrüche stattfinden.

Namen der Vulkane:
1. Mount Rainier
2. Mauna Loa
3. Colima
4. Santa María/Santiaguito
5. Galeras
6. Vesuv
7. Ätna
8. Thira
9. Teide
10. Nyiragongo
11. Awatschinski-Korjakski
12. Unzen
13. Sakurajima
14. Taal
15. Ulawun
16. Merapi

VULKANEXPLOSIVITÄTSINDEX

Die Stärke eines Vulkanausbruchs wird mit dem Vulkanexplosivitätsindex (VEI) angegeben. Ausschlaggebend für die Zuordnung des VEI ist die Höhe der Eruptionssäule und die Menge des ausgeworfenen Materials. Bestimmte Eruptionstypen haben oft recht ähnliche VEI-Werte (siehe Spalte »Klassifikation«). In der bisherigen Menschheitsgeschichte fand noch kein Ausbruch mit einem VEI von 8 statt, in prähistorischer Zeit gab es aber wohl mehrere. Der größte historische Ausbruch war der des Tambora (Indonesien) 1815 mit einem VEI von 7.

VEI	BESCHREIBUNG	ERUPTIONSSÄULE	VOLUMEN	KLASSIFIKATION	HÄUFIGKEIT	BEISPIEL
0	Effusiv	bis zu 100 m	bis zu 10 000 m^3	hawaiianisch	täglich	Kilauea
1	Leicht	100–1000 m	über 10 000 m^3	hawaiianisch/strombolianisch	täglich	Stromboli
2	Explosiv	1–5 km	über 1 Mio. m^3	strombolianisch/vulkanianisch	wöchentlich	Galeras, 1992
3	Schwer	3–15 km	über 10 Mio. m^3	vulkanianisch	jährlich	Ruiz, 1985
4	Kataklysmisch	10–25 km	über 0,1 km^3	vulkanianisch/plinianisch	alle 10 Jahre	Galunggung, 1982
5	Paroxysmal	über 25 km	über 1 km^3	plinianisch	alle paar 100 Jahre	St. Helens, 1981
6	Kolossal	über 25 km	über 10 km^3	plinianisch/ultraplinianisch	alle paar 100 Jahre	Krakatau, 1883
7	Super-kolossal	über 25 km	über 100 km^3	ultraplinianisch	alle paar 1000 Jahre	Tambora, 1815
8	Mega-kolossal	über 25 km	über 1000 km^3	ultraplinianisch	seltener als alle 10 000 Jahre	Yellowstone, vor 2 Mio. Jahren

VERHEERENDSTE VULKANAUSBRÜCHE

Vulkanausbrüche in dicht besiedelten Gegenden können viele Menschenleben kosten, durch schnell fließende Lava, pyroklastische Ströme, Ascheregen oder Folgeereignisse wie Schlammströme.

VULKAN	JAHR	OPFER
Tambora (Indonesien)	1815	92 000
Krakatau (Indonesien)	1883	36 000
Mont Pelée (Martinique)	1902	28 000
Ruiz (Kolumbien)	1985	23 000
Unzen (Japan)	1792	14 300
Laki (Island)	1783	9350
Kelud (Indonesien)	1919	5110
Santa María (Guatemala)	1902	5000
Galunggung (Indonesien)	1882	4000
Vesuv (Italien)	1631	4000
Lamington (Papua Neuguinea)	1951	3000
Papandayan (Indonesien)	1772	3000
Vesuv (Italien)	79	2100
El Chichón (Mexiko)	1982	1900
Soufriere Hills (St. Vincent)	1902	1700
Oshima (Japan)	1741	1500
Asama (Japan)	1783	1500
Taal (Philippinen)	1911	1335
Agung (Indonesien)	1963	1500
Mayon (Philippinen)	1814	1200
Cotopaxi (Ecuador)	1877	1000
Pinatubo (Philippinen)	1991	800
Komatagtake (Japan)	1640	700
Ruiz (Kolumbien)	1845	700

GRÖSSTE AUSBRÜCHE SEIT 1000

Dies sind die nach dem geschätzten Volumen des Auswurfmaterials größten Ausbrüche, die in den letzten 1000 Jahren stattfanden. Gegenüber den Supervulkaneruptionen der Vorgeschichte wären sie winzig.

VULKAN	JAHR	VOLUMEN
Tambora (Indonesien)	1815	150 km^3
Kolumbos (Griechenland)	1650	60 km^3
Kuwae (Vanuatu)	1452–1453	33 km^3
Long Island (Papua Neuguinea)	1660	30 km^3
Huaynaputina (Peru)	1600	30 km^3
Krakatau (Indonesien)	1883	21 km^3
Quilotoa (Ecuador)	1280	21 km^3
Santa María (Guatemala)	1902	20 km^3
Grímsvötn und Laki (Island)	1783–1784	14 km^3
Novarupta (Alaska)	1912	14 km^3
Billy Mitchell (Papua Neuguinea)	1580	14 km^3
Pinatubo (Philippinen)	1991	11 km^3

ERDBEBEN

ERDBEBENZONEN

Die Bewegung der Erdkruste und der tektonischen Platten erzeugt an den Verwerfungsflächen Spannungen und Risse im Gestein. Die im spröden Krustengestein aufgebaute Spannung kann sich abrupt entladen; bei solchen Erdbeben werden schlagartig riesige Energiemengen freigesetzt (siehe S. 206–207). Die Druckwellen pflanzen sich durch das Gestein fort – bei starken Beben bis zur gegenüberliegenden Seite der Erdkugel. Die Haupterdbebenzonen liegen an den Grenzen, an denen sich die tektonischen Platten gegeneinander verschieben.

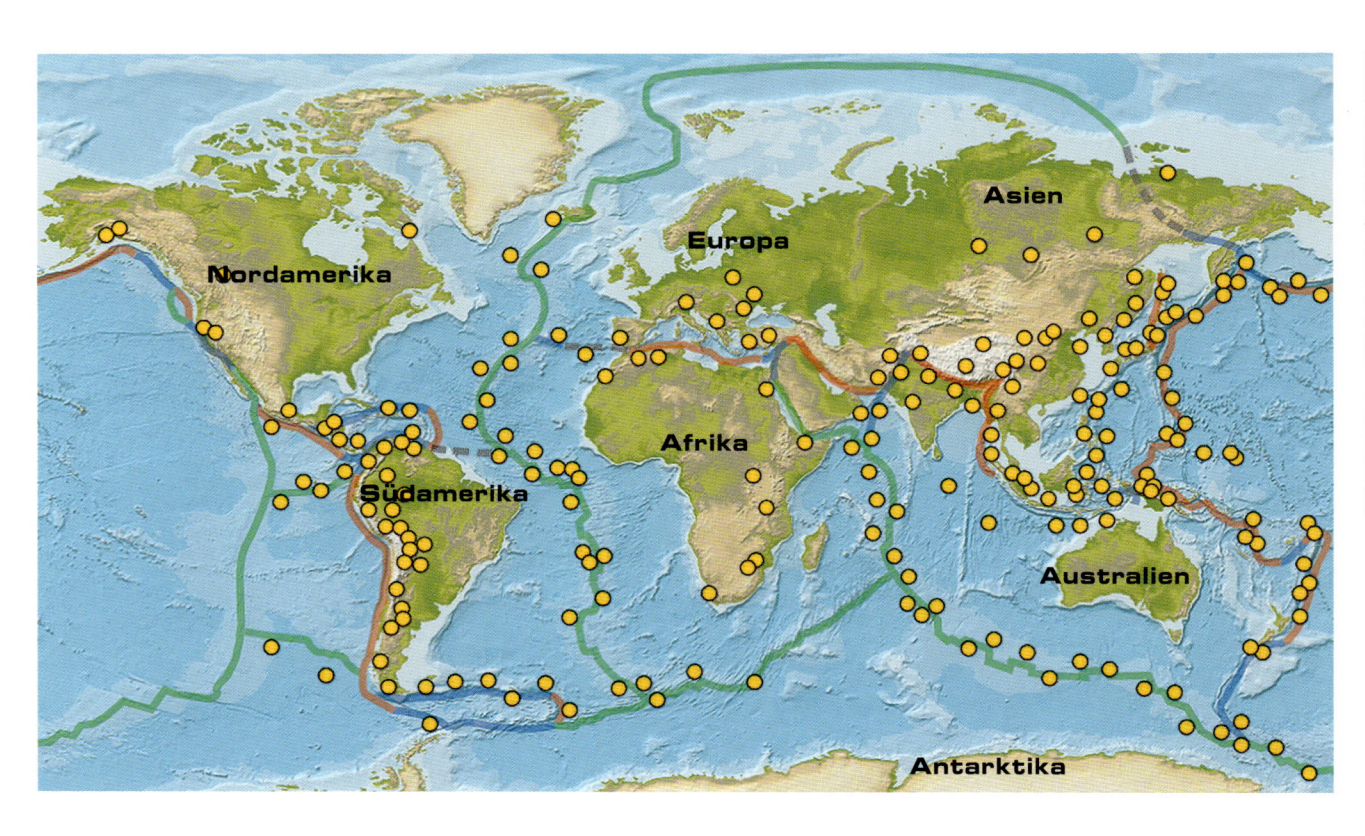

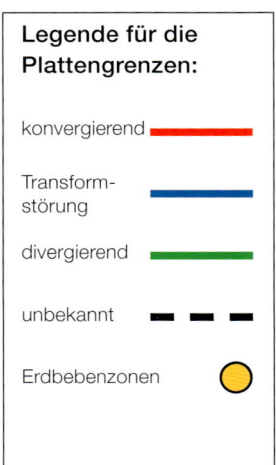

Legende für die Plattengrenzen:

- konvergierend ―――
- Transformstörung ―――
- divergierend ―――
- unbekannt – – –
- Erdbebenzonen ●

ERDBEBENSKALEN

Die Stärke eines Erdbebens kann durch seine Magnitude und durch seine Intensität definiert werden (siehe S. 212–213). Früher verwendete man vor allem zwei Skalen: die Mercalli-Skala, auf der die Auswirkungen eines Bebens an der Oberfläche in 12 Stufen eingeteilt werden, und die Richter-Skala, auf der die Menge der freigesetzten Energie eingetragen ist. Doch in der wissenschaftlichen Literatur sind sie überwiegend durch die Momenten-Magnituden-Skala abgelöst worden. Fast jeden Tag ereignen sich in aller Welt Hunderte kleiner Erdbeben. Sehr starke Ereignisse, die große Schäden verursachen, sind zum Glück selten.

MOMENTEN-MAGNITUDE	MITTLERE ZAHL PRO JAHR	BEISPIEL	DATUM
9	0,1	9,5 Südchile	22. Mai 1960
		9,1 Sundagraben, Sumatra	26. Dezember 2004
		9,0 vor Honshu (Tohoku), Japan	11. März 2011
8	1	8,8 vor Bío Bío, Chile	27. Februar 2010
		8,5 Lissabon, Portugal	1. November 1755
		8,1 Samoa	29. September 2009
7	18	7,9 Chengdu, Sichuan, China	12. Mai 2008
		7,8 San Francisco, Kalifornien, USA	18. April 1906
		7,5 Muzaffarabad, Kaschmir	8. Oktober 2005
		7,0 Port au Prince, Haiti	12. Januar 2010
6	134	6,9 Loma Prieta, Kalifornien, USA	18. Oktober 1989
		6,3 L'Aquila, Italien	6. April 2009
		6,1 Christchurch, Neuseeland	21. Februar 2011
5	1300	5,5 Newcastle, Australien	27. Dezember 1989
		5,4 Illinois, USA	18. April 2008
		5,3 San Giuliano di Puglia, Italien	31. Oktober 2002
4	13 200	4,5 Seattle-Tacoma, Washington, USA	30. Januar 2009
		4,2 Kent, England	28. April 2007
		4,1 Melton Mowbray, England	28. Oktober 2001
3	130 000	3,9 Virginia, USA	5. Mai 2003
		3,6 Dumfries, Schottland	26. Dezember 2006
		3,0 Bargoed, Wales	10. Oktober 2001

MERCALLI-SKALA		
I	unmerklich	Keine Erdbewegung spürbar; nur von Seismografen entdeckt
II	sehr leicht	Bewegung von ruhenden Menschen oder in obersten Stockwerken gespürt
III	leicht	In Bauten v. a. in oberen Etagen spürbar; hängende Gegenstände schwingen
IV	mäßig	In Bauten von den meisten, draußen von wenigen gespürt; hängende Gegenstände schwingen; Geschirr, Türen und Fenster klappern; Gefühl, als führe ein großer LKW gegen die Wände; geparkte Autos schwanken
V	ziemlich stark	Von fast allen gespürt; Schlafende erwachen; Türen schwingen; kleine Objekte wandern; Geschirr und Gläser zerbrechen; Getränke schwappen über
VI	stark	Von allen gespürt; Gehen mühsam; Möbel wandern; Gegenstände fallen aus Regalen, Bilder von Wänden; Putz bekommt Risse; kleinere Gebäudeschäden
VII	sehr stark	Stehen mühsam; Fahrer spüren Autos schwanken; Möbel können auseinanderbrechen; Schindeln und Schornsteinkappen können herabstürzen; je nach Bauweise treten einige Gebäudeschäden auf
VIII	zerstörend	Autofahrer verlieren Kontrolle; schwere Schäden an schlecht konstruierten Gebäuden, Türmen und Schornsteinen; Äste fallen von Bäumen; nasser oder geneigter Grund kann aufbrechen; Wasserstand in Brunnen kann sich ändern
IX	verwüstend	Erhebliche Schäden an allen Gebäudetypen; Häuser können sich von ihren Fundamenten lösen; Boden kann aufreißen; schwere Schäden an Staudämmen
X	vernichtend	Die meisten Gebäude werden zerstört; Brücken und Dämme werden schwer beschädigt; große Bodenrisse; starke Erdrutsche; Bahnschienen verbogen
XI	Katastrophe	Wenige Gebäude bleiben stehen; Pipelines und Bahnschienen zerstört
XII	große Katastrophe	Völlige Zerstörung; Erdreich und Gestein verschieben sich

RICHTER-SKALA	
< 3,5	messbar, aber i. A. nicht spürbar
3,5–5,4	von vielen gespürt, aber wenige oder gar keine Schäden
5,5–6,0	leichte Schäden an solide konstruierten Bauwerken; schwerere Schäden an schlecht gebauten Häusern
6,1–6,9	schwere und weiträumige Schäden in bis zu 100 km Entfernung möglich
7,0–7,9	starke Auswirkungen, schwere Schäden in einem großen Gebiet
> 8,0	verheerende Schäden noch in mehreren 100 km Abstand vom Epizentrum

INTENSITÄT (RICHTER)	ERDBEBEN PRO JAHR (GESCHÄTZT)
2,5 oder weniger	900 000
2,5 bis 5,4	30 000
5,5 bis 6,0	500
6,1 bis 6,9	100
7,0 bis 7,9	20
8,0	eines alle 5 bis 10 Jahre

STÄRKSTE ERDBEBEN SEIT 1900

Erdbeben mit sehr großer Magnitude ereignen sich ungefähr alle 5–10 Jahre. Seit 1900 gab es fünf Erdbewegungen mit Magnituden von 9 oder mehr sowie etliche mit Magnituden zwischen 8 und 9.

ORT	DATUM	MAGNITUDE
Chile (Südamerika)	22. Mai 1960	9,5
Prince William Sound (Alaska)	28. März 1964	9,2
Westküste von Nordsumatra (Indonesien)	26. Dezember 2004	9,1
Vor der Ostküste von Honshu (Japan)	11. März 2011	9,0
Kamtschatka (Russland)	4. November 1952	9,0
Vor der Küste von Concepción (Chile)	27. Februar 2010	8,8
Vor der Küste von Ecuador	31. Januar 1906	8,8
Ratinseln (Alaska)	4. Februar 1965	8,7
Nordsumatra (Indonesien)	28. März 2005	8,6
Assam (Tibet)	15. August 1950	8,6
Andreanofinseln (Alaska)	9. März 1957	8,6
Südsumatra (Indonesien)	12. September 2007	8,5
Bandasee (Indonesien)	1. Februar 1938	8,5
Kamtschatka (Russland)	3. Februar 1923	8,5
Grenze zwischen Chile und Argentinien (Südamerika)	11. November 1922	8,5
Kurilen (Russland)	13. Oktober 1963	8,5

VERHEERENDSTE ERDBEBEN

Unabhängig von ihrer Magnitude fordern Erdbeben in der Nähe von Großstädten mehr Todesopfer, da dort mehr Menschen leben und hohe Gebäude einstürzen können.

JAHR	ORT	TOTE	MAGNITUDE
2010	Haiti	316 000	7,0
1976	Tangshan, China	242 769	7,5
2004	Sumatra	227 898	9,1
1920	(Gansu) Haiyuan, Ningxia, China	235 500	7,8
1923	Kanto, Japan	142 800	7,9
1948	Aschchabat, Turkmenistan	110 000	7,3
2008	östliches Sichuan, China	69 000	7,9
2005	Kaschmir	86 000	7,6
1908	Messina, Italien	72 000	7,2
1970	Chimbote, Peru	70 000	7,9
1990	westlicher Iran	40 000 bis 50 000	7,4
1783	Kalabrien, Italien	50 000	–
1755	Lissabon, Portugal	70 000	8,7
1727	Täbris, Iran	77 000	–
1693	Sizilien, Italien	60 000	7,5
1667	Schemacha, Kaukasus	80 000	–

WETTER

KLIMAZONEN

Die Großräume der Erde werden in Klimazonen unterteilt, die auf Durchschnittstemperaturen, Niederschlägen und Vegetationstypen basieren. Tropische Regionen sind ganzjährig heiß und oft feucht, während Polargebiete und Hochgebirge von extremer Kälte geprägt sind. Zwischen Tropen und Polen liegen die gemäßigten Klimate. Als Wüsten werden Gebiete klassifiziert, die im Jahr unter 25 cm Niederschlag haben. Das Klima wird von der geografischen Breite beeinflusst, doch auch von Faktoren wie der Höhe und der Nähe zu Meeren.

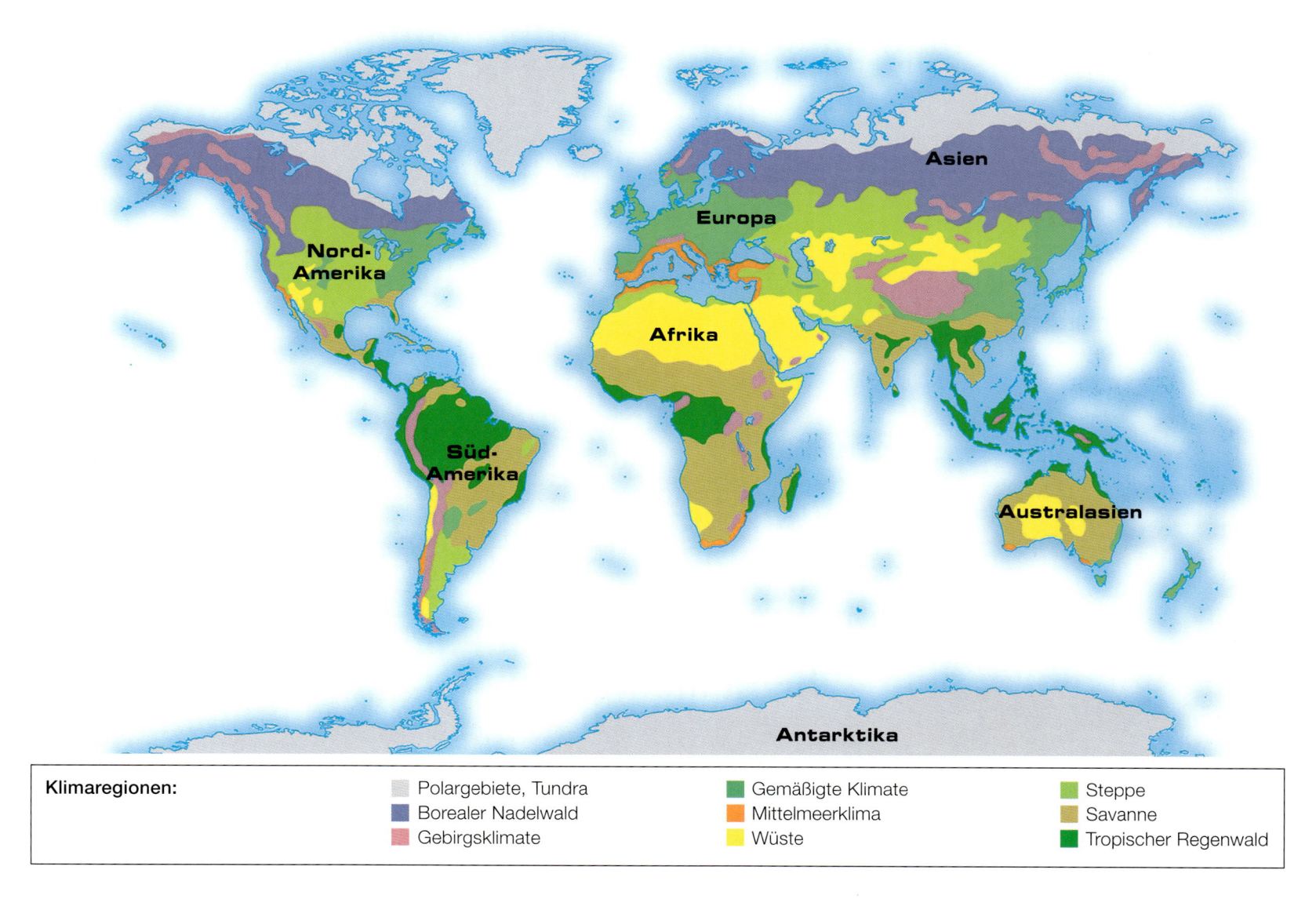

Klimaregionen:
- Polargebiete, Tundra
- Borealer Nadelwald
- Gebirgsklimate
- Gemäßigte Klimate
- Mittelmeerklima
- Wüste
- Steppe
- Savanne
- Tropischer Regenwald

WETTERSYMBOLE

Diese Symbole stellen eine kleine Auswahl aus dem Gesamtkatalog eines international anerkannten Systems dar, um das Wetter systematisch aufzuzeichnen. Sie wurden von der Weltorganisation für Meteorologie (WMO) entwickelt und repräsentieren verschiedene Arten und Intensitäten von Niederschlag sowie andere Phänomene. Sie werden auf Wetterkarten verwendet, um eine übersichtliche Darstellung der Wetterbedingungen zu einem bestimmten Zeitpunkt zu geben.

WETTERKARTENSYMBOLE

Regen, leicht, unterbrochen	•	gefrierender Regen, leicht	∾
Regen, leicht, ununterbrochen	••	gefrier. Sprühregen, leicht	∼
Regen, mäßig, unterbrochen	⋮	Gewitter	⎡⟨
Regen, mäßig, ununterbrochen	⋰	Tornado	⚥
Regen, stark, ununterbrochen	⋱	Nebel/Eisnebel	≡
Regenschauer, leicht	▽	trockener Dunst	∞
Regenschauer, mäßig	▼	stationäre Front	⌢⌣
Regenschauer, stark	▼	Kaltfront	▼▼▼
Schnee, leicht, unterbrochen	✶	Okklusionsfront	▲▲▲
Sprühregen, leicht, unterbr.	’	Warmfront	⌒⌒

WETTERREKORDE

58 °C
Die höchste je gemessene Temperatur, in El Azizia (Libyen) am 13. September 1922

−89 °C
Die niedrigste je gemessene Temperatur, an der Wostok-Station (Antarktika) am 21. Juli 1983

2646 CM
Der höchste jährliche Niederschlag, gemessen in Cherrapunji (Indien).

7 MM
Der niedrigste durchschnittliche Jahresniederschlag, gemessen in Arica (Chile)

31 M
Der größte in einem Jahr gemessene Schneefallmenge, am Mount Rainier (US-Staat Washington) zwischen 19. Feb. 1971 und 18. Feb. 1972

BIS 350 TAGE
Die höchste Zahl von Regentagen in einem Jahr, gemessen am Waialeale auf Kauai (Hawaii). Der jährliche Gesamtniederschlag beträgt 12 000 cm.

450 KM/H
Die größte Windstärke in einem Tornado, gemessen in Wichita Falls (Texas) am 2. April 1958

371 KM/H
Die stärkste Windböe (ohne Tornados), gemessen am Mount Washington am 10. April 1934

182
Anzahl der Tage im Jahr ohne Sonnenschein am Südpol

DIE BEAUFORT-SKALA

Die Beaufort-Skala wurde ursprünglich entwickelt, damit Seeleute die Windstärke abschätzen konnten. Sie beobachteten die Wellen, das Verhalten der Segel und die Schiffsbewegung. Später wurde die Skala für die Verwendung an Land modifiziert und die Beschreibungen an Objekte wie Bäume, Gebäude oder Autos angepasst.

BEAUFORT-GRAD	WINDSTÄRKE	BESCHREIBUNG
0	0–unter 1 km/h	Windstille – Rauch steigt senkrecht auf; kein Wind spürbar
1	1–5 km/h	leiser Zug – Rauch treibt leicht ab; kaum spürbar
2	6–11 km/h	leichte Brise – Wind im Gesicht spürbar, Blätter bewegen sich
3	12–19 km/h	schwache Brise, schwacher Wind – bewegt dünne Zweige
4	20–28 km/h	mäßige Brise / mäßiger Wind – Wind hebt loses Papier
5	29–38 km/h	frische Brise / frischer Wind – kleine Bäume schwanken
6	39–49 km/h	starker Wind – Regenschirme sind schwer zu halten
7	50–61 km/h	steifer Wind – ganze Bäume schwanken
8	62–74 km/h	stürmischer Wind – Zweige brechen ab, Gehen ist schwierig
9	75–88 km/h	Sturm – Dachziegel werden abgehoben
10	89–102 km/h	schwerer Sturm – Stämme brechen, Bäume werden entwurzelt
11	103–117 km/h	orkanartiger Sturm – verbreitete Sturmschäden, Autos kippen um
12	über 118 km/h	Orkan – schwere Verwüstungen

GESTRICHENE NAMEN VON HURRIKANEN

Hurrikannamen folgen einer Liste, die jedes Jahr verwendet wird. Nach einem besonders schweren Sturm wird dessen Name gestrichen, um Verwechslungen zu vermeiden.

JAHR	NAMEN
1990	Diana, Klaus
1991	Bob
1992	Andrew
1995	Luis, Marilyn, Opal, Roxanne
1996	Cesar, Fran, Hortense
1998	Georges, Mitch
1999	Floyd, Lenny
2000	Keith
2001	Allison, Iris, Michelle
2002	Isidore, Lili
2003	Fabian, Isabel, Juan
2004	Charley, Frances, Ivan, Jeanne
2005	Dennis, Katrina, Rita, Stan, Wilma
2007	Dean, Felix, Noel
2008	Gustav, Ike, Paloma
2010	Igor, Tomas

GLOSSAR

A

Abschuppung siehe *Desquamation*.

abyssal bezogen auf Meerestiefen, die tiefer als 2000 m sind. Die Abyssalebene ist der Meeresbodenbereich um 4000–6000 m Tiefe, die den Boden der meisten Meeresbecken bildet. Die Abyssalzone ist das Wasser und der Meeresboden ab 2000 m Tiefe.

Anemometer (Windmesser) Gerät zur Messung der Windstärke.

anstehendes Gestein Ein Gestein im festen Gesteinsverbund.

Antikline siehe *Sattel*.

Antizyklone Ein Wettersystem, bei dem die Winde spiralförmig um ein Hochdruckgebiet wehen.

Äon Größte Zeitspanne zur Gliederung des Erdalters. Die Erdgeschichte wird in vier Äonen geteilt, die wiederum in Ären und Systeme unterteilt werden.

Archipel Mehrere Inseln, die als Gruppe oder Inselkette angeordnet sind.

Asthenosphäre Die Schicht des Erdmantels unter der steifen *Lithosphäre*. Sie ist fest, aber plastisch, sodass sie langsam fließen kann. Sie spielt eine wichtige Rolle bei der Bewegung der *tektonischen Platten*.

Atmosphäre Die Gasschicht, die einen Planeten umgibt.

Aufschluss Der Bereich, an dem ein Gestein an die Oberfläche tritt.

Ausbruch siehe *Eruption*.

Ausfällung Die Abscheidung von festem Material aus einer flüssigen Lösung.

Aureole siehe *Kontakthof*.

B

Barometer Luftdruckmesser.

Basalt Das häufigste Vulkangestein der Erde, entsteht meist aus *Lava*. Er kommt auf Kontinenten vor und bildet auch die oberste Schicht der *ozeanischen Kruste*. Basalt ist glasartig bis feinkörnig.

Batholith Ein sehr großer *Intrusivkörper* über 100 km Ausdehnung, der tief im Untergrund entsteht. Die großen Batholithe sieht man nur, wenn sie durch *Erosion* an der Oberfläche *aufgeschlossen* sind.

Beaufort-Skala Eine Methode zur Schätzung der Windstärke durch Beobachtung von Erscheinungen auf der Meeresoberfläche oder der Bewegung von Bäumen.

Bergkessel siehe *Kar*.

Bergschrund Eine tiefe Spalte an der Oberseite eines *Gletschers* zwischen dem am Fels festgefrorenen Eis und dem davon wegfließenden Eis.

Bims Ein helles, blasenreiches vulkanisches Gestein niedriger Dichte. Es entsteht aus *Magma*, das von *Vulkanen* ausgeworfen wird, wobei die gelösten Gase sich ausdehnen und Blasen erzeugen.

Biom Eine großräumige biologische Gemeinschaft, definiert vor allem durch die Vegetation. Die Ausdehnung eines Bioms wird durch das Klima bestimmt.

Blitz Die sichtbare elektrische Entladung in Gewittern. Blitze zwischen Wolken sind Wolkenblitze, zwischen Erde und Boden Erdblitze. Das Wetterleuchten ist der Widerschein von selbst nicht sichtbaren Blitzen.

Blizzard Ein heftiger Schnee- und Eissturm, der in Nordamerika auftritt.

Blockhalde Eine Anhäufung von Steinblöcken, meist in Gebirgsregionen.

Böenfront Ein Gebiet starker Windböen vor einer Linie von Gewitterwolken.

boreal bezogen auf die kaltgemäßigte Klimazone der Nordhalbkugel, zwischen Arktis und warmgemäßigter Zone.

Brise Ein Wind mittlerer Stärke.

Bruch siehe *Verwerfung*.

C

Caldera Eine große kesselförmige vulkanische Senke, gewöhnlich über 1 km im Durchmesser, entstanden durch den Einsturz der Decke einer *Magmakammer*, nachdem sie durch einen Ausbruch entleert wurde.

Cañon Ein tief von einem Fluss eingeschnittenes Tal mit getreppten Hängen, breiter als eine Schlucht; oder eine tiefe, unregelmäßige Passage in einem Höhlensystem.

Corioliseffekt Eine Scheinkraft, die zur Ablenkung von Luft- und Meeresströmen durch die Erdrotation führt.

D

Desertifikation Die Umwandlung einer fruchtbaren Region zu einer Wüste.

Desquamation (Abschuppung) Ein *Verwitterungs*vorgang, bei dem sich die äußeren Schichten eines Gesteins schuppenartig ablösen.

divergieren auseinanderströmen; sich auseinanderbewegen.

Drift Großräumige, langsame Bewegung, etwa von Meerwasser oder *tektonischen Platten*.

Drumlin Ein stromlinienförmiger Hügel, der von Gletschern vor dem Rückzug aus *Sedimenten* geformt wird.

Dyke (Quergang) Ein plattenförmiger *Intrusivkörper*, der in einem Winkel quer zur Schichtung des *Nebengesteins* liegt. Gruppen von Dykes heißen Dykeschwärme.

E

Eisberg Eine schwimmende Eismasse, die durch Abbrechen (»Kalben«) von einem *Gletscher* entstand.

El Niño Klimaphänomen, bei dem die normalerweise starken Ströme des äquatorialen Pazifiks schwächer werden, sodass das im Westpazifik aufgestaute warme Wasser nach Osten vordringt und den Ostpazifik erwärmt. El Niño ist Teil der Klimaschaukel ENSO (El Niño/Southern Oscillation), die Wettermuster auf der ganzen Welt beeinflusst.

Epirogenese Die Hebung und Senkung von Teilen der Erdkruste ohne wesentliche horizontale *tektonische* Bewegungen (wie bei der *Orogenese*).

Erdkern Der innerste Teil der Erde. Er besteht aus einem flüssigen Äußeren Kern (überwiegend Eisen, wohl mit etwas Schwefel) und einem festen Inneren Kern aus Nickeleisen.

Erdkruste Die äußere Gesteinsschicht der Erde. Kontinente und Kontinentalränder bestehen aus der dickeren, aber weniger dichten *kontinentalen Kruste*, während die dünnere, dichtere *ozeanische Kruste* den Boden der Tiefseebecken bildet.

Erdmantel Die Gesteinsschicht zwischen der *Erdkruste* und dem *Erdkern*. Sie enthält 84 % des Volumens der Erde.

Erdwärme siehe *geothermische Energie*.

Erosion Vorgänge, durch die Gesteine oder Boden gelockert, zerkleinert und wegtransportiert werden. Erosion geschieht vor allem durch Wind, Wasser und *Gletscher* bzw. durch das in ihnen mitgeführte Material.

erratischer Block (Findling) Größerer, oft einzeln liegender Stein, der durch *Gletscher* transportiert wurde.

Eruption (Ausbruch) Der Ausstoß von *Lava*, *Pyroklasten*, Gasen und anderem Material aus einem Vulkan. Hawaiische Eruptionen produzieren dünnflüssige Lava und sind kaum explosiv. Strombolianische Eruptionen stoßen regelmäßig Gas und Gestein ohne große Explosionen aus. Eruptionen vom Surtsey-Typ finden in flachem Wasser statt, das dabei explosiv verdampft. Vulkanianische Ausbrüche ergeben eine Reihe von Explosionen mit beträchtlicher Aschesäule. Plinianische Eruptionen sind massive Explosionen mit hoch aufgetürmten Aschewolken, die einen Großteil des Vulkankegels wegsprengen können. Spalteneruptionen finden an langgestreckten Spalten statt.

Esker siehe *Os*.

F

Falte Eine geologische Struktur, in der ursprünglich flach gelagerte Gesteinsschichten gefaltet scheinen. Tatsächlich fließen plastische Gesteine unter seitlichem Druck ähnlich wie ein warmer Karamellriegel. Der obere, aufgewölbte Teil der wellenartigen Falte heißt *Sattel (Antikline)*, der untere Teil *Mulde (Synkline)*, dazwischen liegen die Schenkel. Einige Falten sind symmetrisch, andere asymmetrisch. Bei einer stehenden Falte steht die Achsenfläche (d. h. die Fläche durch die Sattelachse im rechten Winkel zur Oberfläche) vertikal, bei einer liegenden Falte ist sie horizontal. Bei einer überkippten Falte ist der Sattel so weit zur Seite geneigt, dass er nach unten zeigt.

Findling siehe *erratischer Block*.

flüchtig bezogen auf Stoffe wie Wasser oder Kohlendioxid, die im *Magma* gelöst sind und als Gase entweichen.

Flutbasalt Eine ausgedehnte *Basalt*fläche, die entsteht, wenn große *Lava*mengen in geologisch kurzer Zeit ausströmen und große Gebiete bedecken. Da Basalt erosionsbeständig ist, bilden sie oft große Ebenen.

Front In der Meteorologie die vorrückende Grenze einer *Luftmasse*.

Frost Eisablagerungen auf kalten Oberflächen (unter 0 °C) durch Anfrieren des Wasserdampfes aus der Luft.

Fujita-Skala Eine Skala zur Klassifizierung von *Tornados* anhand der entstandenen Schäden.

Fumarole Eine kleine Bodenöffnung in Vulkangebieten, aus der heiße vulkanische Gase und Dämpfe entweichen.

G

Gabbro Ein dunkler, grobkörniger *Magmatit*, der durch langsames Abkühlen von basaltischem *Magma* im Untergrund entsteht.

Gang Die Ausfüllung einer Gesteinsspalte durch anderes Material wie Minerale oder *Lava* (siehe auch *Dyke* und *Sill*).

Gebirgsbildung siehe *Orogenese*.

gemäßigt bezogen auf die Gebiete bzw. Klimazonen zwischen den Tropen und Polargebieten.

Geröll Gesteinsfragmente am Fuß eines Hanges, die durch physikalische oder chemische *Verwitterung* entstehen.

geothermische Energie (Erdwärme) Die Nutzung der Wärme aus dem Erdinneren zur Energiegewinnung.

Geysir Eine Thermalquelle, bei der ein Strahl kochenden Wassers periodisch aus dem Boden schießt aufgrund der Erhitzung des Grundwassers in heißem Gestein.

GLOSSAR

Gezeiten (Tiden) Die Änderung des Wasserspiegels im Meer (meist zweimal pro Tag) durch die Gravitation von Mond und Sonne. Flut ist die Zeit des auflaufenden (steigenden) Wassers, Ebbe ist die Zeit des ablaufenden Wassers. Der Unterschied zwischen Hoch- und Niedrigwasser heißt Tidenhub; er ändert sich im Laufe des Monats. Springtiden (bei denen Sonne und Mond zusammenwirken) haben den höchsten Tidenhub, Nipptiden (bei denen Sonne und Mond gegeneinanderwirken) den niedrigsten Tidenhub.

Gletscher Eine beständige Eismasse, die plastisch verformbar ist und langsam fließen kann. Die größten nennt man Inlandeis (heute nur in Antarktika und Grönland). Eisschilde und Eiskappen sind kleiner. Ein Talgletscher füllt ein Bergtal aus, wobei er durch sein Fließen das Gestein erodiert. Auslassgletscher sind Gletscher am Rande von Eisschilden. Piedmontgletscher (Vorlandgletscher) breiten sich in der Ebene vor dem Gebirge fächerförmig aus. Ein Kargletscher fließt nicht, sondern liegt in einem *Kar*, das er ausgeräumt hat.

Glutwolke siehe *Nuée ardente*.

Grabenbruch (Riftzone) Ein großer Krustenblock zwischen zwei Abschiebungen (siehe *Verwerfung*), der zwischen zwei benachbarten Blöcken abgesunken ist.

Guyot Ein untermeerischer Berg mit einer abgeflachten Spitze.

H

Hängetal Ein Tal, das hoch am Hang in ein größeres Tal mündet, das ein *Gletscher* eingetieft hat.

Hochdruckkeil Ein langgestreckter Ausläufer eines Hochdruckgebiets.

Hotspot Ein langlebiger Bereich vulkanischer Aktivität mit einem Ursprung wohl tief im *Erdmantel*. Auf *tektonischen Platten*, die über einen Hotspot driften, entsteht eine Inselkette, deren Inseln umso älter sind, je weiter sie vom Hotspot entfernt sind.

Hurrikan siehe *tropischer Wirbelsturm*.

hydrothermales System Jedes natürliche System, in dem Wasser im Untergrund zirkuliert und von heißem Gestein erhitzt wird. Ein hydrothermaler *Gang* ist ein Mineralgang, d. h. eine Spalte, die mit Mineralen gefüllt ist, die aus heißem Wasser *ausgefällt* wurden. Eine hydrothermale Quelle ist die Austrittsöffnung eines hydrothermalen Systems, insbesondere am Meeresboden. Wenn das Wasser des Schlots dunkle Minerale enthält, die im Meerwasser ausfallen, nennt man den Schlot Schwarzer Raucher.

I

Innertropische Konvergenzzone (ITCZ) Gebiet nahe des Äquators, in dem die Passatwinde beider Erdhalbkugeln zusammenströmen (*konvergieren*).

Inselbogen, vulkanischer Gekrümmte Kette von Vulkaninseln, die bei der Ozean-Ozean-*Subduktion* entstehen.

Instabilität Eine atmosphärische Situation, in der eine kleine Störung, etwa Zufuhr von Wärme, zu einer Umwälzung der Luftschichtung führt.

Intrusivkörper siehe *Magmatit*.

Isostasie Das Prinzip, dass die *Erdkruste* mit den Massen des *Erdmantels* im Gleichgewicht ist. Kontinente ragen über den Meeresboden und reichen tiefer in den Mantel, weil *kontinentale Kruste* weniger dicht ist als ozeanische.

J

Jetstream (Strahlstrom) Einer der starken Winde, die hoch in der *Troposphäre* über weite Strecken wehen.

K

Kaltfront Die vorrückende Grenzschicht einer kalten, trockenen *Luftmasse*.

Kar (Bergkessel) Eine steilwandige Eintiefung an einem Berghang, die von *Gletschern* erzeugt wird. Viele Gletscher beginnen in Karen und fließen von dort in die Täler.

katabatischer Wind Fallwind von Hängen, wenn die Luft (z. B. nachts) durch Abstrahlung abkühlt.

Klaste Ein Gesteinsfragment, das durch mechanische Zerkleinerung von Gestein entstanden ist. Klastische Gesteine (Trümmergestein) sind *Sedimente* aus verfestigten Klasten.

Klima Die vorherrschenden Wetterverhältnisse über lange Zeiträume.

Kluft Ein Riss im Gestein. Im Gegensatz zu Spalten und *Verwerfungen* bewegen sich dabei die beiden Gesteinspakete nicht gegeneinander. Klüfte entstehen z. B. beim Abkühlen und Schrumpfen des Gesteins.

Kondensation Der Übergang einer gasförmigen Substanz zur flüssigen Phase, z. B. die Bildung von flüssigem Wasser aus Wasserdampf.

Kontakthof (Aureole) Der Bereich um eine *Magma*intrusion, in dem das Umgebungsgestein durch die Hitze verändert wird (Kontakt*metamorphose*).

kontinentale Kruste Der *Krusten*typ, der die Kontinente bildet, ist leichter und dicker als *ozeanische Kruste*.

Kontinentalfuß Der leicht ansteigende Bereich um die Tiefseeebene, die in den *Kontinentalhang* übergeht.

Kontinentalhang Der Bereich, in dem der Ozeanboden vom *Schelf* zum *Kontinentalfuß* hin abfällt.

Kontinentalschelf (Kontinentalsockel) Der sanft abfallende Bereich der *kontinentalen Kruste*, der unter dem Meeresspiegel liegt.

Konvektion Die Bewegung von fließfähigen Substanzen (Gase, Flüssigkeiten, plastische Gesteinsmassen) durch Temperaturunterschiede, die zu Dichteunterschieden in verschiedenen Bereichen der Substanz führen.

konvergieren zusammenströmen; sich aufeinanderzubewegen.

Korrasion Das Abschleifen einer Oberfläche durch bewegtes Material (z. B. Gestein an der *Gletscher*basis).

Krater Eine kesselförmige Senke, aus der ein *Vulkan* Material wie Gase, *Pyroklasten* und *Lava* ausstößt. Die Kraterwälle entstehen durch die Anhäufung von Auswurfmaterial.

Kraton Ein stabiler Bereich der *kontinentalen Kruste* der Erde aus sehr altem Gestein, die seit dem Präkambrium im Wesentlichen von Gebirgsbildungsprozessen unbeeinflusst ist.

L

La Niña Eine Klimaerscheinung, bei der das Wasser im Ostpazifik ungewöhnlich kalt ist; Gegensatz zu *El Niño*.

Lahar Ein Schlammstrom aus Wasser, vulkanischer Asche und Schutt.

Lava *Magma*, das an der Erdoberfläche austritt. Basaltische Aa-Lava (45–52 Gewichtsprozent Kieselsäure) bildet nach dem Erstarren raues, rissiges Gestein. Pahoehoe-Lava (mit ähnlicher basaltischer Zusammensetzung) erstarrt zu Gestein mit glatter oder strangartiger Textur (»Stricklava«). Unter Wasser bildet basaltische Lava durch die schnelle Abkühlung kissenförmige Blöcke (Kissenlava). Kieselsäurereichere andesitische und dacitische Laven (über 57 Gewichtsprozent Kieselsäure) formen gewöhnlich Blocklava, Felder von quaderförmigen, bis mehrere Meter großen Blöcken.

Lithosphäre Die *Erdkruste* zusammen mit der steifen äußersten Schicht des *Erdmantel*s. Die *tektonischen Platten* sind Fragmente der Lithosphäre.

Luftmasse Ein Bereich der Atmosphäre mit ähnlicher Temperatur und Feuchtigkeit, die sich über Tausende von Kilometern erstrecken kann.

M

Maar Breite Eintiefung, die durch eine vulkanische Gasexplosion entstanden ist. Dabei traten *Magma* und heiße Gase mit Grundwasser in Kontakt.

Magma Gesteinsschmelze, die aus dem Inneren der Erde aufsteigt.

Magmakammer Ein Bereich knapp unter der Erdoberfläche, in sich *Magma* gesammelt hat.

Magmatit (magmatisches Gestein) Gestein, das durch das Erstarren von *Magma* entsteht. Vulkanite sind Magmatite, die durch Vulkanismus an die Oberfläche kamen und dort erstarrten; sie haben meist kleine, kaum sichtbare Kristalle. Plutonite sind unterirdisch erstarrt, meist so langsam, dass größere Kristalle wachsen konnten. Magmamassen, die in *Nebengestein* eingedrungen und erstarrt sind, heißen *Instrusivkörper*.

Manteldiapir (Plume) Ein pilzförmiger Aufstieg von heißem Gestein durch den *Erdmantel* zur Basis der *Lithosphäre*. Gilt als Erklärung für einen *Hotspot* an der Erdoberfläche.

Massenbewegung Die Bewegung von Gestein, Boden oder Schlamm hangabwärts infolge der Schwerkraft.

Matrix Die feinkörnige Gesteinsmasse, die größere Kristalle oder Einschlüsse in einem Gestein umgibt. Dies betrifft vor allem einige *Magmatite* und heterogene *Sedimente*.

Mesosphäre Die Atmosphärenschicht in etwa 50–80 km Höhe zwischen der *Stratosphäre* und der *Thermosphäre*.

Metamorphit (metamorphes Gestein) Ein Gestein, bei dem unter der Oberfläche durch Hitze oder Druck das Gefüge oder die Mineralzusammensetzung verändert wurde (*Metamorphose*). So ist Marmor ein metamorphisierter Kalkstein.

Metamorphose Die Umwandlung von Gestein durch Hitze, Druck oder chemische Reaktionen im Erdinneren.

Mikroklima Das kleinräumige Klima eines bestimmten Ortes, etwa eines engen Tals oder eines Berghanges.

mittelozeanischer (Spreizungs)Rücken Die untermeerischen Gebirgszüge, die durch alle großen Ozeanbecken laufen. Es sind Regionen, in denen zwei *tektonische Platten* auseinanderdriften und Material aus dem unteren Mantel aufsteigt und neue ozeanische *Lithosphäre* bildet. Die Spreizungsrate verschiedener Rücken ist sehr unterschiedlich.

Monsun Ein Windmuster, vor allem in Südasien, bei dem der Wind für etwa die Hälfte des Jahres aus einer Richtung weht und in der anderen Jahreshälfte aus umgekehrter Richtung. Zu bestimmten Jahreszeiten mit heftigen Regenfällen verbunden.

Mulde (Synkline) Der untere Teil einer geologischen *Falte*.

N

Nebengestein Bestehendes Gestein, in den ein *Intrusivkörper* eindringt.

Niederschlag In der Meteorologie Wasser oder Eis, das aus der Atmosphäre zur Erde fällt, wie Regen, Schnee, Hagel oder Tau. In der Chemie Feststoffe, die aus einer flüssigen Lösung *ausgefällt* wurden.

Nuée ardente (Glutwolke) Ein zerstörerischer *pyroklastischer* Strom, typisch für peleanische Ausbrüche.

O

Okklusion (Okklusionsfront) Eine meteorologische Situation, bei der eine vorrückende *Kaltfront* die davor liegende Warmfront einholt, sodass der Warmluftkeil zwischen ihnen vom Boden abgehoben wird.

Orographie Die Wissenschaft von großräumigen Gebirgsstrukturen.

Orogenese (Gebirgsbildung) Die Entstehung von Gebirgen durch seitlichen Druck bei der Konvergenz *tektonischer Platten*. Ein Orogen ist eine abgrenzbare Gebirgseinheit.

Os (Esker) Eine wallartige Aufschüttung von Sand und Kies. Sie entstand wohl in Schmelzwasserkanälen unter *Gletschern*.

Ozeanbodenspreizung (Sea-Floor-Spreading) Die Bildung neuer ozeanischer *Lithosphäre* durch den Aufstieg von *Magma* an *mittelozeanischen Rücken*, wobei der Ozeanboden auseinanderdriftet.

ozeanische Kruste Die Art von *Erdkruste*, die den Boden der Ozeanbecken bildet. Sie besteht vor allem aus *Basalt* und *Gabbro* und ist dünner und dichter als *kontinentale Kruste*.

P

phreatische Eruption Ein vulkanischer Vorgang, bei dem das Grundwasser in Kontakt mit *Magma* oder heißem Gestein explosiv verdampft.

Platte siehe *tektonische Platte*

Plattengrenze Eine Grenze zwischen zwei *tektonischen Platten*. Sie werden in Divergenzen (d. h. die Platten driften auseinander), Konvergenzen (sie driften aufeinander zu) und Transformstörungen (sie gleiten seitlich aneinander vorbei) eingeteilt.

Plume siehe *Manteldiapir*.

pyroklastisch bezogen auf Erscheinungen, die Fragmente vulkanischen Auswurfmaterials enthalten. Pyroklastische Ströme sind schnell laufende bodennahe Wolken aus heißen Gasen, Asche und Gestein.

Q

Quarzit Ein hartes *metamorphes* Gestein, das aus Sandstein entsteht. Bei seiner Bildung kristallisieren die Quarzkristalle um und bilden eine festere, zusammenhängende Masse.

Quergang siehe *Dyke*.

R

Richter-Skala Eine Skala, mit der man die Amplitude von Erdbebenwellen an dessen Entstehungsort angibt.

Riftzone siehe *Grabenbruch*.

S

Sattel (Antikline) Der obere Teil einer geologischen *Falte*.

Schelf siehe *Kontinentalschelf*.

Schieferung Die Anordnung der Minerale (oft Glimmer) in dünnen Lagen bei vielen *metamorphen* Gesteinen. Sie entsteht bei der *Metamorphose* von (meist) tonreichen *Sedimenten*. Tonschiefer sind schwach metamorphisiert, kristalline Schiefer (z. B. Glimmerschiefer) stark metamorphisiert. Sie lassen sich oft entlang der Schieferung in Platten spalten.

Schlacke Ein raues, rissiges, poröses vulkanisches Auswurfprodukt.

Schwarzer Raucher Ein *hydrothermaler* Schlot im Meeresboden, aus dem heißes Wasser entweicht, das durch Mineralien schwarz gefärbt ist.

Schneefegen Aufwirbeln von Schnee, das die Sichtweite kaum einschränkt.

Schneetreiben Aufwirbeln von Schnee durch starken Wind, wobei die Sichtweite in Augenhöhe sehr gering ist.

Sea-Floor-Spreading siehe *Ozeanbodenspreizung*.

Seamount Ein untermeerischer Berg, gewöhnlich vulkanischen Ursprungs.

Sediment Abgelagertes Material. Klastische Sedimente sind Ablagerungen von Gesteinsbruchstücken (Klasten), die von Wasser, Wind oder Gletschern transportiert wurden. Biogene Sedimente entstehen durch biologische Aktivität, chemische Sedimente durch chemische *Ausfällung*. Der Vorgang der Ablagerung heißt Sedimentation, das entstehende Gestein Sedimentit oder Sedimentgestein.

seismische Welle Eine Schwingungswelle durch Erdbeben. P-Wellen wandern sowohl durch feste als auch flüssige Bereiche des Erdinneren, S-Wellen nur durch feste.

Silikat Jedes Mineral, das aus Gruppen von Silizium- und Sauerstoffatomen aufgebaut ist, mit verschiedenen Kombinationen von weiteren Elementen. Silikate stellen den größten Anteil an *Erdkruste* und *Erdmantel*.

Sill (Lagergang) Ein *Intrusivkörper*, der parallel zur Schichtung des *Nebengesteins* liegt.

Solfatare Eine Austrittsstelle in Vulkangebieten, aus der schwefelgasreicher Wasserdampf steigt.

Staubteufel Ein kleiner Wirbelwind, entstanden durch *Konvektion* über heißen Flächen, der Staub und Sand aufwirbelt.

Stock Ein kleinerer, unregelmäßig geformter *Intrusivkörper*.

Strahlstrom siehe *Jetstream*.

Stratosphäre Eine Schicht der *Atmosphäre* von der Obergrenze der Troposphäre (8–16 km Höhe) bis in Höhen von etwa 50 km.

Strom (Strömung) In der Ozeanografie eine großräumige Wasserbewegung. Einige werden von Winden angetrieben, andere (»thermohaline Strömungen«) entstehen durch Unterschiede in Temperatur und Salzgehalt und damit Dichteunterschieden zwischen Wassermassen.

Sturm Wind mit Stärken über 9 auf der Beaufort-Skala (d. h. über 75 km/h)

Sturzflut Eine plötzlich auftretende Überschwemmung nach heftigen Regenfällen.

Subduktion Das Absinken einer *tektonischen Platte* unter eine andere in einer *Konvergenzzone*. Subduktion kann an Ozean-Ozean- und Ozean-Kontinent-Plattengrenzen auftreten.

Synkline siehe *Mulde*.

T

Taifun siehe *tropischer Wirbelsturm*.

Tektonik Die Wissenschaft der Strukturen und Bewegungen der *Erdkruste*.

tektonische Platte Eine der großen Gebiete, in die die *Lithosphäre* zerfällt. Ihre relative Bewegung an den *Plattengrenzen* führt zu Erdbeben, Vulkanismus, Kontinentalbewegungen und Gebirgsbildung.

Terrasse Ein flacher Bereich in einem Flusstal, höher als die Niederung. Sie stellen frühere Schwemmebenen dar, in die sich der Fluss später eingeschnitten hat.

Thermosphäre Die Schicht der Erdatmosphäre über der *Mesosphäre*. Sie liegt in Höhen von 80–640 km.

Thermalquelle Das Austreten von heißem Wasser und Dampf aus dem Boden durch die Erhitzung von Grundwasser in heißem Gestein.

Tiefseegraben Ein tief eingeschnittenes, langgezogenes Tal im Meeresboden, das durch die *Subduktion* einer *tektonischen Platte* unter eine andere entsteht. Tiefseegräben sind die tiefsten Stellen der Meere.

Tiden siehe *Gezeiten*.

Tornado Eine schlauchförmige, schnell rotierende Luftsäule, die oft große Zerstörungen verursacht.

Treibhauseffekt Die Erwärmung der unteren *Atmosphäre*, da die Luft sichtbare Sonnenstrahlung bis zum Boden durchlässt, aber einen Teil der Rückstrahlung des erwärmten Erdbodens absorbiert. Treibhausgase sind Gase, die zu dieser Absorption beitragen, sowohl natürlich vorkommende als auch von Menschen emittierte, vor allem Wasserdampf, Kohlendioxid und Methan.

tropischer Wirbelsturm Ein großräumiges Tiefdrucksystem in den Tropen mit starken rotierenden Winden und heftigem Regen. Es erhält seine Energie vom warmen Ozeanwasser, das verdunstet und beim Kondensieren latente Wärme freisetzt. Wirbelstürme um Mittelamerika heißen Hurrikane, im Westpazifik Taifune und im Indischen Ozean Zyklone.

Troposphäre Die unterste, dichteste Atmosphärenschicht, in der die meisten Wettererscheinungen ablaufen. Die Höhe ihrer Obergrenze (Tropopause) variiert mit dem Breitengrad.

Trog In der Meteorologie eine langgestreckte Zone niedrigen Luftdrucks.

Tsunami Eine schnell laufende, oft zerstörerische Meereswelle, verursacht meist durch Seebeben. Wenn sie flache Küstengewässer erreicht, nimmt ihre Höhe rapide zu.

Tuff Ein Gestein aus feinkörnigem *pyroklastischem* Material, das bei explosiven Vulkanausbrüchen entsteht.

V

Verwerfung (Bruch) Ein Bruch, in dem Gesteinsbereiche gegeneinander versetzt sind. Wenn die Verwerfungsfläche geneigt ist und das obere Gesteinspaket gegenüber dem unteren abgeglitten ist, liegt eine Abschiebung vor. Bei einer Aufschiebung ist das obere Paket an der Verwerfung nach oben geglitten. An Blattverschiebungen sind die beiden Pakete seitlich zueinander versetzt. Transformstörungen sind großräumige Blattverschiebungen in der Plattentektonik.

Verwitterung Die Veränderung der freiliegenden Oberfläche von Gesteinen, die meist zur Schwächung und Zerkleinerung des Gesteins führt.

Viskosität Die Zähflüssigkeit einer fließfähigen Substanz.

Vulkan Eine Öffnung in der *Erdkruste*, durch die *Magma* austreten kann, bzw. der Berg, der sich um eine solche Öffnung gebildet hat. Ein Schildvulkan hat flache Hänge und entsteht aus dünnflüssiger *Lava*. Ein Schichtvulkan hat steilere Hänge und besteht aus abwechselnden Schichten von Lava und Asche. Eine Quellkuppe ist rundlich und steil und besteht aus sehr viskoser Lava. Ein Schlackenkegel besteht aus *Schlacke* aus der Explosionswolke einer *Eruption*.

W

Welle Eine periodische Bewegung, die z. B. Energie in Wasser transportiert. Der obere Punkt der Wellenform heißt Kamm oder Berg, der untere Tal. Wenn Wellen am Strand brechen, wird die Bewegung komplexer und turbulent.

Wolkentrichter (Wolkenschlauch) Röhre aus rotierender Luft, die sich aus der Basis einer Wolke erstreckt. Sie wird zum *Tornado*, wenn sie den Boden erreicht.

Z

Zyklon siehe *tropischer Wirbelsturm*.

Zyklone Ein außertropisches Tiefdrucksystem, bei dem die Winde um das Zentrum herumwehen.

REGISTER

Fett = ausführliche Darstellung
Kursiv = mit Bild

A
AA-Lava 97, *97*, 122
Ablagerungen 40
Abschiebung, normale 48, 66, 70, 81, 206, *206*, 213
Abwasser 209, 291, 333
Aconcagua 44-45, 60, 338
Adapazari 226
Afardreieck 70, 175, 243
Afarsenke 53, *53*, 131, 175, 196, 243
Afrika 20, 22-23, 24-25, 28, 37, 132, 243, 259, 277, 288, 292, 314, 336, 338, 339, 340, 342, 344
Afrikanische Platte 27, 28, 50, 53, 67, 70-71, 74, 113, 156, 174-175, 211, 243, 336
Afrikanische Riftvulkane 174-175
Ägäische Platte 27
Ägäische Region 48, 50, 67, 127, 211, 277
Aiguille du Midi *74-75*
Aira-Caldera 129
Airy, George 47
Alaska 31, 63, 94, 130, 158, 179, 204, 210, 333, 338, 343
Alaskakette *45*, 63, 338, 341
Alayta 175, *175*
Aleuten 31, 126
Aleutenbogen 31, 111
Aleutengraben 244-245
Alpen 21, 30, *44-45*, 48, **74-75**, 277, 308, 338
Alpine-Verwerfung, 29, 58, 211, 224
Alter der Erde 40-41, 169
Alter von Gebirgen 52
Alter von Gesteinen 10, 16, 25, 52-53, 178
Altiplano 61
Altiplano-Platte 27
Altun-Shan-Verwerfung 211
Amazonas 61, 284
Anak Krakatau 121, *150-151*, 151
Anatolische Platte 27
Anchorage *217*
Anden *8-9*, 31, 44, 47, 48, 51, **60-61**, 94, 120, 188, 338

Anden-Vulkangürtel 106
Andesit 91
andesitische Lava *91*, 91
Andrea Gail (Schiff) 305
Aniakchak (Caldera) *126*, 126
Antarktika 23, 24, 45, 80-81, 167, 273, 277, 336, 338, 345
Antarktis 80-81, **172–173**
Antarktische Halbinsel 37, 173
Antarktische Platte 27, 31, 108, 172, 337
Antarktischer Eisschild 166, 173
Antarktischer Zirkumpolarstrom 339
Antikline (Antiklinale) 49
Antimon 186
Antrim Plateau 142
Äon 41
Appalachen *30*, *44*, *338*
Apulische Platte 74
Äquator 13, 272, 275, 284, 292, 336, 339
Äquatorwulst 13
Ära (Erdzeitalter) 336
Arabien 25
Arabische Halbinsel 116
Arabische Platte 27, 28, 50, 53, 71, 211, 234, 337
Arabisches Becken 244
Arabisches Meer 244
Arc Dome 66
Archaikum *41*, 41
Arches-Nationalpark *42-43*
Arenal 121
Argentinien 108
Arico 218
Arktis 314
Ärmelkanal 303
Armenien (Erdbeben) 232
Armero 106-107
Arnold, Matthew 123
Arrigetch Peaks 179
Arsen 186
Asahidake 189
Asche 84, 88, 90-91, 95, 100-101, 102, 106, 116, 120, 124, 127, 128, 130, 134, 143, 150, 153, 158, 161, 163, 164, 167, 169, 171, 175, 182, 196, 198, 243, 253, 254, 256-257, 341

Ascheablagerung, Ascheschicht 120, 134, 158, 173, 178, 183, 256-257
Aschenkegel 95, 116
Ascheregen 90, 155, 156, 164, 182, 341
Aschesäule 88, 90-91, 102, 149, 154-155, 156, 253, 341
Aschestrom 102, 124, 153
Aschewolke 84, 88, 90-91, 95, 100-101, 102, 108, 114, 120, 122, 124, 128, 134, 137, 143, 149, 150, 153, 154-155, 156-157, 161, 164, 167, 169, 175, 180, 254, 256-257
aseismische Rücken 244-245
aseismische untermeerische Rücken 245
Aserbaidschan 196, *197*
Asteroid 10, *11*
Asthenosphäre 15, 17, 30, 52, 216, 247
Atacama *60*, 61, *280*
Athen 328
Äthiopien 71, 115, 243, 259
Atlantischer Ozean 20, 24, 25, 53, 242, 244-245, 292, 293, *324*, 324
Atlas 44, *338*
Atmosphäre 10, 49, 101, 121, 125, 127, 155, 169, 272-273, 274-275, 280-281, 329, 332-333, *335*, 336
Atmosphäre, Aufbau **272**
Atmosphärenschicht 272
Ätna 94, **122-123**, 181, 340
Atoll 112, **258**, 258-259
Aufschiebung 48, 68, 202, 206, *206*, 228, 234
Aufschiebung, schräge 206, *206*
Augustine, St. *31*, 118
Aurora 272
Australien 22-23, 24-25, 37, 52, *64-65*, 263, 277, 285, **286-287**, 318, *325*, 328-329, **330-331**, 336, 338
Australische Platte 27, 29, 37, 58, 110, 128, 229, 264, 337
Australisches Becken 244-245
Australopithecus afarensis 171

Auswurfprodukte, vulkanische 100-101
Avalonia *23*, 23, 77

B
Bahamas *298*
Baikalsee *71*, 71
Balmoral-Riff-Platte 27
Baltica 22-23, 77
Bam, Erdbeben 234-235
Bam-Störung 234-235
Banda-Platte 27
Baravat 234
Barrier 174
Barriereriff 258, 259
Basalt 12, *17*, 69, 97, 113, 114, 122, 142, 144, 179, 242, 246
Basaltkegel 66
Basaltsäulen 24, *38-39*, 142, 242
Basin and Range **66-67**
Batholith 179, *179*
Beach Balls 213
Beagle-Krater *112*
Beardmore-Gletscher 80
Beaufortsee 245
Beaufort-Skala 345, *345*
Beichuan *220-221*, *233*, 237
Bengalen, Golf von 290, *297*
Benioff, Hugo 217
Benue-Trog 242
Bergsturz 236-237
Besymjanny 153
Bims, Bimsstein 94, 100, 120, 155, 243, 253, 254
Bindehautentzündung 325
Biokolonisation 256
Biotop 251
Bird's-Head-Platte 27
Birma 296-297
Birma-Platte 27
Bismarckarchipel 111
Bismarcksee 244
Blanca Peak 68
Blattverschiebung 29, 57, 62, 71, 202, 206, *206*, 208, 211, 213, *222-223*, 224, 226, 234
Blaue Lagune *186*
Blauschiefer 75, *75*

Blitz *101*, 168, *270-271*, **314**, 314, *315-317*, 328
Blizzard **306-307**
Blockadehoch 290
Blocklava 97
Blount, Sir Thomas Pope 89
Blutregen 324
Blutschnee 324
Bodenerosion 325, 329
Bodenfront 278-279
Bodenfruchtbarkeit 124, 184, *184-185*
Bodenverflüssigung 232
Böenfront 312
Bogotá *314*
Boiling Lake *186*
Bolivien 108
Bomben, vulkanische 88, 90, 91, 100, 101, 116, 121, 122, 145, 149, 150, 166, 172
Bombogenese 303
Bonete, Cerro 60
Brahmaputra 288
Brandberg *72-73*
Brekzie 178
Bright Angel Point 79
Brimstone Pit *252*
Brisbane 286
British Columbia 109
Bronchitis 325
Brotkrustenbomben 150, *151*
Bruchzone 52, 70-71, 244-245
Bryce Canyon 40, *41*
Bunyip State Park 331
Burnet, Thomas 13
Buschfeuer 328-329, **330-331**

C

Caldera 94, *94*, *111*, 111, 115, **126-127**, *126-127*, 140-141, 155, 156, 167, 169, 173
Caldera Chaitén 136
Calderakomplex 140, *141*
Canyon Diablo 41, *41*
Cascade Range 109, *109*
Cascade Range (Ort) 160
Casita 106
Castle Geysir *192*
Castle Mountain 68, *68*
Cavendish, Henry 13
Caymangraben 251
Caymanrücken 245
Cerro Colorado 134
Cerro Negro 116
Chaîne des Puys 130, 139, *139*
Chaitén *136-137*, 154
Champagne Pool *186*
Chapuy, Jean-Baptiste *123*
Charleston Peak 66

Cherrapunji 280
Chilcotin Plateau 142
Chilcotin-Basalte 142
Chile 108, 280, 343
Chile (Erdbeben) **218-219**
Chimborazo 13, 23
China 204, 220-221, 233, 324, 326-327, 343
Chlorit 75, *75*
Cholera 209, 290
Christchurch (Erdbeben) **228-229**, *230-231*, 232, 236
Chromit 76
Cimmeria 23
Cirruswolken 279, 292
Clencoul Thrust 77, *77*
Colima 137, *137*, 181, 340
Colorado (Fluss) *78-79*
Coloradoplateau 66
Columbia 22
Columbia-River-Basaltgruppe 142
Concepción (Erdbeben) **218-219**
Conway-Riff-Platte 27
Cook, James 149
Cook, Mount 45, *58*, 59
Cordillera Real 61, *61*
Corioliseffekt 292
Corryvreckan-Strudel 261, *261*
Cotopaxi *120-121*, 341
Crater Lake 126, *126*, 127
Crater-Lake-Caldera 126, *126*, 127
Cul Mor Mountain *77*
Cumulonimbuswolken 280, 281, *282-284*, 292, 313, 319
Cumuluswolken 279, 281, *281*, 292, 313

D

Dabbahu (Vulkan) *243*
Dallol (Vulkanregion) 131, *131*, 175, 186, 189, *188-189*
Dampf 103
Dampfexplosion 88, 130, 160
Dampfwolke 136, 145, 158, 159, 173, 186, 198
Dampier, Mount 59
Danakilsenke *siehe* Afarsenke
danxia *54-55*
Daphne Mayor 134, *134*
Darfield (Erdbeben) 228
Darwin, Charles 112, 218, 258
Daubrée, Gabriel 14
Dazit 97
dazitische Lava 97
Death Valley 67, *67*
Deception Island *172-173*

Decke (Gebirge) 74, *74*
Deildartunguhver 186
Dekadenvulkane 181, 340
Dekhantrappe 113, 142
Denali National Park 32,
Denali-Verwerfung 32, 211
Desertifikation 326
destruktive Grenzen 21
Detonation 160
Deutschland 130, 131
Devon 40, 41, *41*, 336
Devon (England) 40
Diamanten 76
Dichte (Erde) 12, 13, 47
Dieng (Vulkan) 165
Differenziation 9
Diorit, 16, *16*
divergente Grenzen 21, *26-27*, 28, 84, 116, 142, 337
Divergenzzonen 21, *26-27*, 28, 53, 211
Dolerit 178
Dom 74
Drakensberge 44, 338
Drei Zinnen 48, *48*
Dry Valleys 80, 81, *81*
Dubby 175
Durchmesser (Erde) 13
Dürre 280, 284, 325, 326, 329, 333
Dust Bowl 325
Dyke 85, 178, 179

E

Ebbe und Flut 261
Ecuador 108, 343
Edelsteine 76
Edgecombe (Erdbeben) *207*
Edwardsee 70
effusive Eruption 88
Eifel 33, 130, 131, 139
Eifel-Hotspot 130
Einsturzcaldera 126
Einsturzkrater *siehe* Caldera
Eis 171, *172*
Eisberg 46
Eisen 9, 12, 14, 15
Eisen-Nickel-Legierung 12, 15
Eiskappe, Eisschild 23, 69, 166, *166*, 173, 333
Eissturm **310-311**
Eiszeitalter 76
El Capitan *179*
El Niño **284-285**, 328
El Niño/Southern Oscillation 284
El Salvador 108
El Tatio *61*

elastischer Rückschlag 206, 207, *207*
Elbert, Mount 68
elektrische Entladung *168*, 314
elektrische Feldstärke 315
elektrische Ladung 312
elektrische Ströme 14
elektromagnetische Ströme 34
Emphysem 325
Energieverbrauch 34
Enriquillo-Plaintain-Garden-Verwerfung 208
ENSO 284
Entgasung 133, *133*
Entwaldung 326, 333
Epizentrum 202, 206, 209, 210, 212
Epoche 336
Erdbeben 123, 124, **202-203**, 210, 216-217, 232-233
Erdbeben (Messung) **212-213**
Erdbeben (Ursachen) 202, **206-207**
Erdbeben, tiefe 217
Erdbebenkarte 342
Erdbebenrisiko 238-239
Erdbebenschäden 232-233
Erdbebenseen 221, 233, *233*
erdbebensicher 239, *239*
Erdbebenskala 203, **212-213**
Erdbebenvorhersage 238
Erdbebenzonen **204-205**, 342
Erdblitz 317, *317*
Erde 6, 336-337
Erde (Alter) 40-41
Erde (Aufbau) **12-13**, 337
Erde (Form) 13
Erde (Gestalt) 13
Erde (Ursprung) 8-9, 34, *41*
Erdgas 238, 333
Erdgeschichte 40-41
Erdkern 9, 12-13, **14-15**, 32, 34, 206, 337
Erdkruste 10, 12-13, 15, 16-17, 19, 21, 29, 30, 32, 34, 45, 47, 48, 51, 53, 57, 58, 60, 62, 66, 70, 74, 76, 84, 94, 128, 133, 138, 142, 144, 186, 196, 202, 203, 206, 211, 216, 224, 242, 245, 246, 258, 264, 337, 342
Erdmagnetfeld 14, *14*, 37, 180
Erdmantel 6, **14-15**, *15*, 20, 34, 37, 46, 58, 61
Erdrutsch 136, 160, *203*, 221, 228, 233, **236-237**, 262
Erdwärme **34-35**
Erdzeitalter **40-41**
Erebus, Mount 172, 173
erloschene Vulkane 33, 89, *118-119*, 130, 136, 138, 140, *183*, 258, 340

Erosion 13, 46, 49, 52, 53, 58, *64-65*, 74, 76, *76-77*, 134, 178
Erstickung 132, 165, 177
Erta Ale *115*, 175, *175*
Eruptionen *82-83*, 84, **88-89**, 164, 203, 204, 341
Eruptionsstärke (Messung) 89
Eruptionstypen **90-91**
Euramerika 23, 30
Eurasische Platte 20, 27, 28, 30, 37, 50, 56, 74, 110, 156, 211, 225, 226, 234, 245, 264, 337
Europa 24, 285, 329
Evakuierung 124, 125, 180, 198, 209, 218, *227*, 229, 268, 269, 286, 290, 299, 331
Evaporation 281
Everest, Mount 13, 45, 57, 338
explodierende Seen 130, **132-133**
Explosionscaldera 127
Explosionskrater 139
explosive Eruption 84, 88, 89, 120, 121, 122, 124, 150, 172, 254
Eyjafjallajökull 89, 100-101, 154, 167, **168-169**, **170-171**, 183

F

Fac Fac 280
Falcon 255
Falcon Island 255
Falten **48-49**, 68, 75
Falten- und Überschiebungsgürtel 69
Faltengebirge 30
Faltung 25, 49
Faure Peak 80
Federwolken 279
Feldspat 46
Felsbrocken 236, *236*
Felssturz 237
Ferdinandea 255, *255*
Fernandina (Vulkan) 33, *33*, 114, *114*
Ferrelzelle 275, *275*
Feuerberge 95, *95*
Feuerkugeln 124
Feuerring (pazifischer) 61, 87, 205, 213, 216, 340
Feuersbrunst 203
Fimmvörduháls 143, *143*
Flächenbrand **328-329**, **330-331**
Flinders Ranges *64-65*
Florida 298
Flugverkehr, Störungen 101, 125, 169, 171
Fluorchlorkohlenwasserstoff 333

Flüsse 58, *69*, 76, 81, 161, 261, 281
Flutbasalt 24, 32, **142**, *142*
Flutwelle 297
Fly Geyser *194-195*
Förderkanal 84, *85*
Fort Rock 134
Fossilien 40, 71, 243, 336
Fotosynthese 10, 333
Frankreich 328
Französische Revolution 143
Frazier Mountain 62
Fronten (Wetterfronten) 274, 278-279, 307, 309, 315
Fujita-Skala **319**, 320
Fukushima 233, 269
Fukutoku-Okanoba (Vulkan) 253, *253*
Fumarole 61, 155, 172, 188-189, 190, 197, 253
Futuna-Platte 27

G

Gabbro 17, *17*, 76, 179
Galápagosinseln *33*, 87, 112, *112*, 114, 134, 250
Galeras (Vulkan) 151, 181, 340
Galtür (Lawine) **308-309**
Gansu (Provinz) *54-55*, 204, 237, *237*
Garbaldi, Mount 109
Gebäudeschäden 106, 107, 151, 154, 161, 177, 202, *202*, 208, *215*, 219, 224, *226-227*, 231, *234-235*, 268, 291, *315*, 320, *321*
Gebirge 13, **44-45**, 50, 51, 52, 53, *54-55*, *56*, 58, 60, *64-65*, *76-77*
Gebirge, Lebenszyklus **52-53**
Gebirgsbildung 20, 21, 30, **48-49**, 56, 60, 76, 210, 220, 234, 246
Gebirgsfaltung 49
Gebirgsketten 21, 28, 30, 44-45, 47, 48, 50, 52, 56, 61, 74, 80, 109, 206, 210, 216, 338
Gebirgsstock 179
Gebirgswurzeln **46-47**
gefrierender Regen 311
Gegenfeuer 329
Genfer See 311
Geologie 38
geologische Karte 46
geologische Zeitskala **40-41**, 336
geothermische Energie 32, **34-35**, 182, 186, 196
geothermisches Kraftwerk 35

Gesteine 12, 15, *16*, *17*, 25, 37, 46, 47, 97
Gesteine, Alter 16, 40, 41
Gesteinsgänge **178**
Gesteinsschicht 79
Gesundheitsrisiko 103, 325, 327
Gewitter 275, 280, **312-317**, *313*, 314, 318, 320
Gewitterwolken 292, 313, *317*
Geyserit 192
Geysire *34-35*, *186*, **192-193**, *194-195*
Gezeiten 2, 261
Giant's Causeway 25, *38-39*
Gips 19
Glaukophan 75
Glaukophanschiefer *siehe* Blauschiefer
Glen Canyon 197
Gletscher 49, 56, 91, 121, 166-167, 333, *333*
Gletscherlauf 167
Gletscherspalte 167, 169, 171
Global Seismographic Network 213
globale Wetterzellen 275
Glutwolke 90, 102, 153
Gobi 326
Gold 61, 76
Golfstrom 278, 304
Golmud *324*, 327
Goma 177
Gondwana 23, 24, 56, 81
GPS (Global Positioning System) 36, 51, 210, 212, 213
GPS-Satellit 51
Graben 66
Grabenbildung 28, 48, *48*, 142
Grabenbruch 20, 21, *21*, 24, 28, 48, 53, 66, 70-71, 81, 173, 174-175, 222, 242, 246
Gran Cratere 189, *189*
Granaten 75, *75*
Grand Canyon 40, 41, *40-41*, *78-79*
Grand Prismatic Spring *187*
Grande Ronde River *69*
Granit 12, 16, *16*, 46, 56, 61, 62, *72-73*, 179
Granitintrusion 56, 73
Granodiorit 16, 62
Grasland 329
Gravimeter 47
Gravitation 9, 13, 261
Great Barrier Reef 244
Great Dividing Range 44, 338
Great Fountain 192
Great Plains 69, 319, 325
Greendale Fault 228
Griechenland 67, 211, 328
Griggs, Robert 158

Grímsvötn 167, 341
Grönland 10, 24, 25
Großbritannien (Großer Sturm) 303
Großer Sturm 303
Grundwasser 89, 95, 130, 132, 134, 138, 164, 186, 188, 281, 289
Grundwasserspiegel 130
Guagua Pichincha 90
Guatemala 108
Guyot 259, *259*

H

Hadaikum 41
Hadleyzelle 275
Hadrianswall 178
Hagel 272, 280, 312, 314, *314*, 320
Haiti (Erdbeben) 204, **208-209**, 343
Halbedelstein 76
Halbwüste 324
Halley, Edmond 13
Hampton, Mount 173, *173*
Hangabrutschung 290, 329
Hanning Bay Fault 210
Harrat Khaybar 139, *139*
Harrat Lunayyir *116*
Harvard, Mount 68
Haufenwolken 279
Hauptverwerfung 56, 62, 74, 226
Hawaii 33, 87, *112*, 113, 114, *144*, *253*, 280, 284, 329
Hawaii, Hauptinsel *99*, 112, *144*, 183, 253
hawaiianische Eruption 91, 97, 114, 122, **144-145**
Hawaii-Imperator-Kette 33
Hayward-Verwerfung *51*, 210, 239
Hekla 154
Helium 10
Hellenischer Bogen 212
Herculaneum 156
Herdmechanismen 213, *213*
Hess, Harry 246
Hibok Hibok 153
High Plains 275, 325
Hilfsprogramm 235
Himalaja 8, 25, 30, 44, 52, **56-57**, *206*, 206, 220, 338
historisch tätige Vulkane 89
Hochdruckgebiet 274-275
Hochland von Äthiopien 44, 338
Hochland von Tibet 57, *57*, 220, 288, 338
Hochwasser 286-287, 290-291, 297, 302, 304

REGISTER

Höhle der Kristalle *18-19*
Hokkaido *110*, 232
Holozän 336
Holozän (Vulkanismus) 89
Home Reef 255, *255*
Hominiden 71
Hongkong 327
Honshu 268
Hopi Buttes 139, *139*
Horn von Afrika 243
Horne, John 77
Horseshoe Bend *40*
Horst 66, 206
Hotspot **32-33**, 34, 35, 36, 37, 84, 87, 94, 112, 113, 114, 120, 129, 130, 134, 138, 142, 144, 172, 242, 245, 252, 258, 340
Hudson Bay 10, 69
Hudson Mountains 173
Hunga Ha'apai 253, *253*
Hunger 143, 155
Hurrikan 274, **292-295**, *294*, **298-299**, *300-301*, 345
Hurrikan (Stärke) 293
hydrothermale Schlote 21, 244-245
Hydrothermalquellen 21, 244-245, 245, 246, **250-251**
Hypozentrum 202

I

Iapetus (Ozean) 22, 77
Iberia 25
Ijen-Vulkankomplex 164
Illimani 61
Impact 10, 11
Imperatorkette 244
Imperator-Seamounts 33
Indien 24, 25, 56, *56*, 113, 264, 265, *265*, 280, 289
Indisch-Antarktisches Becken 244
Indisch-Australische Platte 264, 337
Indische Platte 27, 30, 56, 113
Indischer Ozean 113, 204, 232, 243, 297
Indischer Ozean (Tsunami) **264-265**
Indonesien 110, 155, 265, 284
Indus 290, 291
innertropische Konvergenzzone 275, *275*, 280
Interferometrie 36, 51
International Association of Volcanology 181
Intrusion 56, *72-73*, 84, 85, 178, 179
Intrusivkörper **178-179**

Inukjuak 10
Iqique *280*
Iran (Erdbeben) **234-235**, 343
Irazù *151*
Iriomote 252
Island 20, 33, *34-35*, 87, 91, 101, 131, 155, 167, 168-169, 170-171, 183, 192, 193, 248-249, 256-257, 274, 302
Islandtief 285
Island-Typ 142
Isostasie 47
Isotopen 34
Istanbul 226
ITCZ 275, *275*, 280
İzmit (Erdbeben) **226-227**, 232
Izu 111

J

Jamantau 76
Jangtse-Platte 27
Japan 111, 211, 225, 238, 326, 343
Japan (Erdbeben) 216, 232, 233, 262, *266-267*, **268-269**, 343
Japanese Meteorological Agency 238
Java 110, *141*, 183, *184-185*
Jefferson, Mount 66, 109
Jetstream 275, **278-279**, 285, 326
Jökulhlaups 167
Juan-de-Fuca-Platte 27, 109
Juan-Fernández-Platte 27
Jura (Gebirge) 40
Jura (Geologie) 24, *24*, 40, 41, *41*

K

K2 57, *308*, 338
Kalahari 70
Kalifornien 29, 36, 48, 62, 63, 179, 210, 224, 232, 239, 271, 277, *328*, 342
Kalifornien, Interferogramm 51, *51*
Kalifornische Bergketten 62-63
Kalkstein *68*, 74
Kaltfront 278-279, *279*, 304, 324, 344
Kambrische Kontinente 22, *22*
Kambrium 41, *41*, 77
Kamerun 130, 132
Kamtschatka *31*, 108, 140, 204, 434
Kanada 10, 24, 68, 116, 304-305, 307, 311
Kanadisches Becken 245

Kangchenjunga 56, 57, 338
Känozoikum 56
Kaplan, Mount 80
Kapvaal-Kraton 11
Karakorum 57, 308, 338
Karbon 23, 41, *41*
Karfreitagsbeben 217
Karibik 244, 253, 292, 295
Karibische Platte 27, 108, 110, 208
karibischer Inselbogen 111
Karibisches Meer 208, 244, 251
Karolinen-Platte 27
Karpaten 44
Karpinsky 76
Karte, Blitz 314
Karte, Gebirge **44-45**, 338
Karte, Hotspots 33
Karte, Luftdrucksysteme 274
Karte, Meeresboden **244-245**
Karte, Meeresströmungen 339
Karte, Niederschläge 280
Karte, Plattentektonik **26-27**, 37
Karte, Tornados 319, 321
Karte, Winde **276-277**
Karymysk 108
Kashiwazaki *211*
Katastrophe 106, 129, 132, 136, 153, 177, 198-199, 202, 218-219, 220, 226, 228, 232, 235, 263, 264, 268, 286, 291, 297, 308, 320, 325, 330
Katastrophenhilfe 221
Katla 169
Katmai, Mount 158, 159
Katmai-Caldera 158
Kaukasus *30*, *44*, 338
Kavachi 255, *255*
Kaventsmann *siehe* Monsterwelle
Kegel, Vulkan 84, *85*, 94
Kegelgeysir 192, *192*, *194-195*
Kelimutu 140
Kelud 87, 106, *136*
Kenorland 22
Kermadec-Platte 27
Kernkraftwerk 233, *233*, 268, *269*
Khao Lak 264
Kick'em Jenny 252
Kikai-Caldera 129
Kilauea 89, *92-93*, *98-99*, 112, 114, 115, 116, 117, 127, *127*, 144, *145*, *146-147*
Kilimandscharo 45, 174, 338
King, Geoffrey 210
Kircher, Athanasius 13, *13*, 123
Kirkpatrick, Mount 80
Kissenlava 10, *97*, 166, *253*
Kivusee 70, 133, *177*

Kleine Antillen 110-111
Klima 67, 128, 129, 155, 332-333
Klimakarte 273, 344
Klimaregionen 344
Klimawandel, globaler 142, **332-333**
Klimazonen 273, *273*
Kljutschewskaja 45, 108
Klüfte 179
Kobe (Erdbeben) *200-201*, 211, 225, 232
Kohle 76, 80
Kohlendioxid 10, 100, 132-133, 165, 177, 182, 188, 250, 329, 332-333
Kohlenmonoxid 100, 189
Kokos-Platte 27, 108
Kometen 10
Kompression 63, 68, 207
Königin-Alexandra-Gebirge 80
Königin-Elisabeth-Gebirge 80
Königin-Maud-Gebirge 81
Kontinentaldrift 20, *20*
kontinentale Kruste 10, 12, *12*, 14, *15*, **16-17**, 28, 29, 30, 31, 52, 70, 109, 216, 242
kontinentale Lithosphäre 16, 17
kontinentale Vulkanbögen 31, **108-109**
Kontinentalschelf 16
Kontinente 10, 20, 21, 22, 23, 24, 25, 29, 37, 46, 52, 56, 77, 206, 211, 216, 242, 275, 288, 302, 314, 337, 338
Kontinent-Kontinent-Kollision 30
Konvektion, Wärmekonvektion 10, 16, 20, 22, 30, 34, 102, 155
Konvektionszelle 275
konvergente Grenzen 21, 26-27, 84, 120, 128, 144, 173, 247, 263, 264, 268
konvergente Platten 30-31, 337
Köppen, Wladimir 273
Korallenriff *241-242*, 258-259, 265, 294, 333
Korallensee 244
Korea 326, 327
Krafla 91, 131
Krakatau 87, 89, 100, 110, 121, 164, 341
Krater 84-85, 91, 94-95, *98-99*, 106, 112, 114, 116, 120, 122, 127, 130, 132, 134, 136, 139, 140, 148, 150, 156, 160, 164, 169, 172, 174, 175, 177, 182, 192, 197, 255, 256-257
Kraterrand 94, 177

Kratersee *31*, 111, 128, 136, 140, *164*, 164, 165
Kraton 10, 22
Kreide 24, 41, *41*, 67, 69, 74, 336
Kreislauf der Gesteine **53**
kriechende Verwerfung 210
Kristalle 14, *18-19*, 46, *75*, 97, *189*
Krustentypen **16**
Kupfer 61
Kuqa-Tal *49*
Kure Atoll 112
Kurilen *31*, *110*, 111, 140, *154*, 232, 343
kurzlebige Inseln **254-255**, **256-257**
Küste 20, 50, 53, *53*, 58, 68, 99, 112, 199, 218-219, 242, 258-259, 261, 262-263, 264-265, 268-269, 286, 294-295, 296-297, 298-299, 302-303, 304-305, 333
Küstenerosion 285, *285*
Küstenketten 66
Küstenströmungen 339

L

La Niña 26, **285**
La Planta Peak 68
La Sal Mountains *42-43*
Lac d'En Haut *130*
Lacroix, Alfred 153
Lagergang *siehe* Sill
Lahar *siehe* Schlammstrom
Lakispalte 143, *143*
Lakkolith 85, **179**
Lamington, Mount 153
Lamprophyr 178
Landmassen **10-11**, **22-25**
Landwirtschaft 118, 124, 143, 182-183, 289, 325, 333
Lanzarote *95*, *138-139*, 139
Lapilli 88, 100, *101*, 118, 120, 122, 149
Laurentia 22, 23, 77
Lava 10, *38-39*, *84*, 85, **96-97**, *98-99*, 122, 142, **145**, 148, 149, 166, 183, 253, 254, *256*, 257
Lavabomben 88, 90, 91, 100, 101, 116, 121, 122, 145, 149, 150, 166, 172
Lavadom 102, 124, 136, 159
Lavahöhle 115, 144, *145*
Lavanadel 136, *137*, 137
Lavapfropfen 88, 136, 139, 150, 159, 178
Lavasee 91, *114-115*, 127, 140, 172, 175
Lavastrom *176*, 177, *181*

Lavatypen 97
Lawine **308-309**
Lawinenunglück **308-309**
Lawsonit 75
Lendenfeld 59
Lewis 46
Lhoknga 265
Lhotse *57*, 338
Lidargerät 169
LifeStraw 209
Lister, Mount 80
Lithosphäre 15, *15*, 16, *16*, 17, *17*, 20, 21, 28, 29, 31, 32
Loihi 112, *253*
Long Valley 129
Longmen-Gebirge 220
Lopolith 179
Louisville (Rücken) 33, 244-245
Lousiana 299
Lucy 71
Luftdruck 273, 274-275, 277, 284, 292, 294, 303, 305
Luftdruckschaukel 284
Luftdrucksysteme 273, **274-275**
Luftmassen 275
Luftströmungen 274
Lusi 198-199
Lyell, Charles 61
Lyttleton 228

M

Maar 95, 130-131, *130*, 134, 138
Madagaskar *118-119*
Magma 21, 24, 32, 61, 84, 85, 88, 94, 109, *146-147*
Magmakammer 31, 32, 84, 88, 94, 109, 114, 126, **128**, 130, 140, 158, 164, 174, 186
magmatische Gesteine 16, 24
Magmatit 16, 24, 178
Magnesium 12, 15
magnetische Pole 14
Magnetit 76
Magnetosphäre 14
Magnitude 203
Mahangetang *253*
Makalu *56-57*, 338
Mammatuswolken *282-283*
Manaraga 71
Manchester 322
Manteldiapir 15, 28, 32, 53, 71, 112, 142, 144, 242
Mantelkonvektion 22
Maoke-Platte 27
Marakei-Atoll 259
Marianen, Inselbogen 111, 247, 252
Marianengraben 111, 245, 247
Marianen-Platte 27, 247

Marie-Byrd-Land 173
Marsabit 139
Marseille *328*
Martinique **153**
Masaya-Caldera 140
Massenbewegung **50-51**, 236-237
Massensterben 142
Massive, Mount 68
Matterhorn 74, 75
Mauna Loa 89, 112, 115, 144, 145, 181, 253, 340
Mauritius 113, *113*
Mayon 87, *153*, *182-183*, 341
McKinley, Mount 45, 63, 338
Meeresboden 21, 29, 33, 37, 52, 97, 110, 243, **244-245**, *244-245*
Meeresbodenspreizung 246
Meeresspiegel 284, 333
Meeresströmungen 254, 261, 272, 333, **339**
Meerwasser 61, 90, 95, 164, 250, 253, 256, 261, 262, 264, 268
Megacity 82
Megathrust 216, *216*, **217**, 218, 219
Megathrust, Erdbeben 218-219
Melbourne **330**, 331
Menschwerdung 71
Merapi **124-125**, 183, 191, 340
Mercalli-Skala 203, 343
Meru 174
Mesopause 273
Mesosphäre 273
Mesozoikum 63, 74, 80, 336
Mesozyklone 312
metamorphe Gesteine 17, 56, 58, 75, 77, 80
Metamorphose 10, 53
Meteoriten 41, *41*, 262
Meteoritenkrater 10, 11, *11*
Methan 133, 197, 332, 333, *333*
Metis Shoal 255, *255*
Mexiko (Erdbeben) *214-215*
Mexiko, Golf von 298, 300
Mikroben 10, 187, 251
Minerale 12, 17, 25, 37, 46, 75, 94, 186, 250
minoische Zivilisation 127
Minto, Mount 80
Mittelatlantischer Rücken 28, 33, 245, 256
Mittelmeer 255
mittelozeanische Rücken 15, 21, 23, *29*, 37, 53, 113, 114, 224, 242, 244-245, 246, 250, 252
Mittelpunkt der Erde 12
Miyako *266-267*

Moho-Diskontinuität 15, 17, 46, 58
Mohorovičić, Andrija 17
Moine Thrust 77
Momenten-Magnituden-Skala 203, 212, 342
Mond 9
monogenetischer Vulkan 116, 139
Monoun-See 133
Monsterwelle 261
Monsun 273, **288-289**, 290
Mont Blanc 45, 74, 338
Monte Rosa 74
Monte Somma 156
Montserrat 91, 103, *103*, 106, *106*, 153, *153*, 180
Morne Brabant 180
Mount St. Helens 89, 94, 103, 106, 109, 128, 137, *137*, 154, **160-161**, *162-163*, 164, 341
München (Schiff) 261

N

Nachbeben 208, 220, 228, 229, 232, 268
Namib 72-73
Nargis (2008) **296-297**
Narodnaja 76, 77, *77*
Natrokarbonatlava 174
Nazca-Platte 27, 31, 37, 108, 112, 219, 244, 337
Nebenkrater 114, 122, 143
Nebularhypothese 8
Neigungsmesser 180
Neogen 41
Neue-Hebriden-Platte 27
Neuseeland 29, *50*, 52, 58-59, 121, 128, 156, 158, 192, 196, 211, 220, 222, 236
Neuseeland (Erdbeben) 228-229, 230-231
Neuseeländische Alpen 52, **58-59**
Nevada 66
Nevado del Ruiz 87, 107
New Orleans 298, 299, *300-301*
Ngorongoro-Krater 127
nicht aktive Vulkane 89, 154, 166
Nickel 9, 12, 15
Nickeloxid 12
Niederschläge 106, 237, 273, 274, 278, **280-281**, 286, 289, 290, 292, 297, 302, 312, 314, 344
Niuafo'ou-Platte 27
Nordamerika 24, *45*, *53*, 66-67, 68-69, 109, 311

Nordamerikanische Platte 20, 27, 29, 31, 62, 68, 109, 111, 208, 211, 224, *248*, 337
Nordanatolische Verwerfung 29, 211, 226, *226*
Nordanden-Platte 27
Nordatlantik 24, 26, 28, 142, 242, 299, 302
Nordatlantische Oszillation 285, *285*
Nordatlantischer Wirbel
Nord-Bismarck-Platte 27
Nordirland *38-39*, 142
Nordpolarmeer 76, 245
Nordsee 302
North West Highlands 77
Northridge (Erbeben) 51, 62, 232
Novarupta 154, **158-159**, 341
nuées ardentes *siehe* Glutwolke
Nunatak 173
Nyamuragira 115, 175
Nyiragongo 175, *175*, **176-177**, 181, 182
Nyos-See **132-133**

O

Oberflächenwasser 88, 138, 164, 186
Ochotskische Platte 27, 108
Ojos de Salado 60
Okinawa-Platte 27
Okklusionsfront 278-279, 302
Oklahoma (Tornado) **320-321**
Ol Doinyo Lengai 174, *174*
Olduvai-Schlucht 71
Olivin 46
Olymp 67, *67*
Onekotan 111
Ordovizium 23, 41
Ostafrika 70, 87
Ostafrikanischer Graben **70-71**
Ostafrikanisches Grabensystem 21, 28, 70-71, 114, 133, 174, 175
Osterinsel-Platte 27
Österreich 308-309
Österreichische Alpen 74-75
Ostgondwana 24
Ostpazifischer Rücken 246, *246*
Ozeane 13, 21, 22, 52, 53, 70, 224, **242-243**, 244-245, 333, **339**
Ozeane, Entstehung 10, 24, 28, 52, 242-243
ozeanische Kruste 10, 12, 14, **16-17**, 28, 31, 52, 53, 243, 246, 259
ozeanische Platten 217, *217*

Ozean-Kontinent-Konvergenz 31, 247
Ozean-Ozean-Konvergenz 31, 247

P

Pahoehoe-Lava *92-93*, 97, *97*, *99*, 122, *145*, *183*
Pakistan (Erdbeben) 204, 343
Pakistan (Flut) **290-291**
Paläogen 25, 41
paläogene Landmassen 25
Paläotethys 23
Paläozoikum 56, 66, 69, 80, 336
Palisades Sill *24*
Palmdale (Aufschluss) 48
Panama 25, 108
Panama-Platte 27
Panamint Range *66-67*
Pangäa 23, 25, 76
Pannotia 22, 23
Panthalassa 22, 23
Paraná-Flutbasalt 24, *24*
parasitäre Krater 85, 94, *114*, 115, 17, 122, 144
Parícutin 116
Passat, Passatwinde 275, 277, 284
Pazifisch-Antarktisches Becken 245
Pazifische Platte 27, 29, 37, 58, 62, 108, 111, 216, 229
pazifischer Inselbogen 111
Pazifischer Ozean 60, 108, 111, 246, 247, 293, 324
Peach, Ben 77
Peking 326, *327*
peleanische Eruption 90, *90*, 121, **152-153**
Pelée, Mont 87, 137, **153**, *153*, 341
Peles Haare 101, *101*, 147
Penang 265
Penninischer Ozean 74
Pennsylvania 329
Perfekter Sturm **304-305**
Peridotit 15, *15*, 16, *16*, 97
Perioden, geologische 40, 41
Perm 40, 41
Permafrost 130, 333
Peru 108, 284
Peshawar 290
Pflanzen 51, *281*, 325
Pflanzen (Erstbesiedlung) 183, 257
Phanerozoikum 41
Philippinen 87, 90, *104-105*, 111, 137, 140, 183, 212

Philippinengraben 244
Philippinensee 244
Philippinische Platte 27, 225
Photonen 34
phreatische Eruption 90, *90*, 155, **164-165**
phreatomagmatische Eruption 88, 90, 102, 164
Pinacate-Vulkanfeld *138*, 139
Pinatubo *90*, *104-105*, 137, 154, 341
Pine Valley Mountains 179
Pinos, Mount 62
Pissis (Berg) 60
Piton da la Fournaise *82-83*, 94, *99*, 115
Planeten 8, 9
Planetesimale 8, 9
Platin 76
Plattenbewegung 21, **36-37**, *50*, **210-211**
Plattengrenzen 20, 27, **28-29**, *28-29*, **30-31**, 32, 34, 37, 84, 87, 108, 110, 116, 120, 128, 130, 138, 142, 144, 173, 202, 205, 216, 224, 245, 249, 264, 265, 267, 337, 340, 342
Plattenkollision 56, *56*, 57, 76, 77
Plattentektonik 10, 16, **20-21**, 34, 58, 211, 224, 242, 245, 246, 258, 336
plinianische Eruption 89, 90, 121, 126, 127, **154-155**
Plinius der Ältere 71, 154, 156
Plinius der Jüngere 154, 156
Plume *siehe* Mantel
Pluton 179
plutonische Gesteine (Plutonite) 16, 97
Poás (Vulkan) *165*
Polarfront 278-279, 280, 302
Polarzelle 275
Pole 13, *13*, *273*, 280
polygenetische Vulkane 116
Pompeji 156
Port Hills 228
Port-au-Prince *208-209*
Porthcawl *260*
Präkambrium 40, 41, 66
Proterozoikum 40, *41*, 77
Proto-Erde 8, 9
Proto-Karibik 24
Protoplaneten 8, 9
Pulvermaar *131*
Pulverschnee 309
Puy de Dôme *137*
P-Wellen 14, 17, 206, 213
Pyrenäen *25*, *44*, *338*
pyroklastische Kegel *siehe* Schlackenkegel

pyroklastische Ströme 84, 90, **102-103**, *104-105*, 106, 121, 124, 137, 147, 149, 151, 153, 155, 157, 158, 161, 181, 182, 341
Pyroxen 46

Q

Qiantang (Fluss) 261, *261*
Quartär 41
Quarz 46
Quarzit 76, 77
Queensland 285, **286-287**
Quellkuppe 128
Quilotoa-Caldera 94
Quito *165*

R

Rabaul 111
Radar 51, 173
radioaktiver Zerfall 34, 41
Radioaktivität 34, 269
radiometrische Datierung 41
Raffinerie 227
Rainier, Mount 107, *107*, 109, 181, 340
Rangiroa-Atoll 258, *258*
Rathlin 142
Rauchring 123, *123*
Red Sprite 317
Redoubt, Mount *94*
Regen 106, 236, 237, 278, 279, 280, 286, 288, 289, 295, 297, 324
Regenschatten *60*
Regenwald 273, 284, 344
Regenwasser 70, 297
Reid, Harry Fielding 207
Réunion *82-83*, 94, *99*, 113, *115*, 280
Rhyolith 66, 97
rhyolithische Lava 97, 137, 154
Richter, Charles 212
Richter-Skala 89, 203, 212, 343
Riff 112
Riffkalkstein 259
Rift Valley *siehe* Bruchzone
Rifting *siehe* Grabenbildung
Riftvulkane **174-175**
Riftzone *siehe* Grabenbruch
Ring of Fire *siehe* Feuerring
Ringgänge 178, 179
Rivera-Platte 27
Roboter, Suchroboter 219
Rockhampton 286, *286*
Rocky Mountains 45, **68-69**, *338*
Rodinia 22

Ross, James 172
Rossby-Wellen 278, *278*
Rossinsel 172
Rossmeer 81, 244
Ross-Schelfeis 81
Rotation (Erdrotation) 13, 14, 274, 292, 318, 336, 339
Roter Kobold 317
Rotes Meer 28, 244
Rotorua *196*
Royal-Society-Gebirge 80
Ruanda *183*
Ruapehu 121
Ruhr 209
Rumänien 196, *197*
Russland 76-77, 192
Ryukyu-Inseln 111

S

Saffir-Simpson-Skala 293
Sahara 324
Saint-Pierre 153, *153*
Salomonen 111, 255, 263
Salomonensee-Platte 27
Salzsee 68, 95
San Andreas Fault 29, 36, 48, 62, 211, 224, 238
San Antonio, Mount 62
San Bernardino Mountains 62, *63*
San Diego 218
San Francisco *238*
San Francisco (Erdbeben) 206, 207, 224, 233
San Gabriel Mountains 62
San Gorgonio Mountain 62
San Miguel 108
Sandstein 46, *49*, *54-55*, 62, 77, 79, 80
Sandsturm 181, **324-325**, 340
Santiago (Chile) 219
Santorin *siehe* Thira
Sarytschew 154, *154*
Satelliten 51, 180
Satellitenüberwachung 180, *180*, 211, *263*
Sauerstoff 10, 61
Saumriff 259
saurer Regen 165
Säuresee 188, *188*
Schattenzone 14
Scherzone, nicht seismische 210
Schichtgestein 79
Schichtvulkan 85, *85*, 91, **94**, *94*, 107, 108, 111, **120-121**, 122, 124, 126, 137, 138, 140, 149, 150, 153, 154, 156, 158, 160, 165, 169, 172, 174, 177, 189, 243

Schichtwolken 274, 281
Schiefer 40, 41, 62, 76, 78, 178
Schildvulkan 82-83, **94**, *94*, 97, 112, **114-115**, 117, 120, 126, 144, 173, 174, 253
Schlacke 84, 88, 90, 95, 115, 120, 254, 256
Schlackenkegel 95, *95*, **116-117**, *117*, 119, 127, *127*, 138, 140, 149, *184-185*
Schlammlawine 237
Schlammstrom (Lahar) **106-107**, 121, 124, *125*, 161, *161*, 180, 182, 236, 237, *237*
Schlammtöpfe *190-191*
Schlammvulkan 84, **196-197**, **198-199**
Schlotfüllung 88, *139*, 150
Schlotfüllung, erodierte 178, *178*
Schmelzwasser 106, 107, 161, 166, 167, *167*
Schmelzwassersee 91, 167
Schnee 49, 56, 59, 121, 279, 280, 281, 306-307, 308-309, 311, 324, 345
Schneefegen 306
Schneegewitter 307
Schneelawine **308-309**
Schneesturm **306-307**
Schneetreiben 281, **306-307**
Schottland 46, 76, *242*, *307*
Schwarze Raucher (Black Smoker) 250, 251
schwarzer Sonntag 325
schwarzes Eis 311
Schwarzes Meer 243
Schwefel 182, *182*, *188-189*, 189
Schwefeldioxid 100, 174, 189
Schwefelsäure 165, 189
Schwefelwasserstoff 165, 188, 189
Schweißschlackenkegel 115, *115*
Schwerkraft 8, 9, 47, 96, 180, 236
Schwingungstilger 239
Scotia-Platte 27
Scott, Robert 80, 81
Sea-Floor-Spreading *siehe* Meeresbodenspreizung
Seal Nunataks 173
Seamount 33, 112, 244, 247, **258**, 259
Sedimentgesteine 40, 41, 51, 62, 68, 77, *79*, 81
Seebeben 29, 246, 247, 262
Seen 61, 70, 71, 94, 95, 106, 127, 128, *130-131*, 134, 140, 158, 177, 186, 311
seismische Wellen 14, 15, 17, 58, 203, **206**, 210, 212

seismisches Tomogramm 14, *14*
Seismograf *siehe* Seismometer
Seismogramm 212
Seismometer 107, 180, 206, **212**, 213, 238, 343
Selenit 19
Seuchen 209, 289, 291, 297
Seward, Halbinsel 130
Shikotsu-Caldera 165
Ship Rock 178, *178*
Sibiria 23, 30
Sibirien 37, 71, 76
Sibirische Trappe 142
Sichuan (Erdbeben) 204, **220-221**, 233, 343
Sickerwasser 250
Sierra Negra 115
Sierra Nevada (Spanien) 49, *49*
Sierra-Nevada-Batholith 179
Silber 61
Silberhorn 59
Silikat 12, 97
Silikatgestein 12, 15
Sill 25, 85, 178
Silur 41
Skandinavien 24
Smaragd 76
Sol de Mañana *188*
solare Energie 51
Solfatare **189**
Somma-Vulkan **140**, 156
Sonne 8, 10, 332
Sonnennebel 8
Sonnensystem 8, 41
Sonnenwind 10, 14
Sonora *134*
Soufrière 87
Soufrière Hills 90, 103, *103*, 106, *106*, 153, *153*, 180, *180*
South Dakota *322-323*
Southern Oscillation 284
Spalte 21, 25, 28, 31, 84, 91, 114, 116, 123, 142-143, 144, 175, 177, 179, 198, 242, 246, 248, 258
Spalteneruption 91, *91*, **142-143**
Spaltenöffnung 188
Spannungsmuster (Erdbeben) 207
Spezialthermometer 180, *180*
Spherics 314
Spreizungszonen 20, 23
Springflut 261, 294
Sprühregen 281, *281*, 344
Sprungwelle 261
Sri Lanka 264, 265, *265*
Stabiae 156
Staffa *242*
Staublawine 308
Staubsturm 277, 279, **324-325**, **326-327**

Staubteufel 319
Staukuppe **136-137**, 138, 140, 151, 152, 158, 255
Stickoxide 333
Stickstoff 10, 100, 189
Sting Jet 303
Stoßkuppe 124, 136, *137*, 137
Strahlungswärme 34
Stratopause 272
Stratosphäre 155, 272, *272*
Stratovulkan *siehe* Schichtvulkan
Stratuswolken 281
Stricklava 97, 99
Strokkur *34-35*, *193*
Stromboli 89, *91*, *148*, 149, *149*
strombolianische Eruption 89, 91, 116, 121, 122, **148-149**, 172
Strudel, Wasserstrudel 261, *261*
Stürme 106, 261, 275, 279, 303, 307, 310-311, 314
Sturmflut 294, *294*, 302, *302*
Sturzflut 286, *286*, 289, 291
Subduktion, Erdbeben **216-217**
Subduktion, Subduktionszone 21, 23, 31, 53, 60, 62, 67, 68, 75, 108, 110, 211, 247, 264
subglaziale Eruption 91, **166-167**
subglaziale Vulkane 91, **166-167**
submarine Vulkane 84, 90, 97, **252-253**
Südamerika 24, 108, 329
Südamerikanische Platte 27, 60, 108, 110, 218
Süd-Bismarck-Platte 27
Süd-Sandwich-Platte 27
Süd-Shetland-Platte 27
Suguta-Tal 28
Sulfate 333
Sumatra 110, 204
Sumatra (Erdbeben) 232, *232*, 343
Sumatra (Tsunami) 264, 265, *265*
Sundabogen 110
Sundagraben 244, 264, 342
Sunda-Platte 27, 128
Superkontinent 22, 37
Supervulkane 126, **128-129**
Superzelle (Gewitter) 313, 318, 320
Surges 102, 153, 157
Surtsey 252, **256-257**
Surtsey-Typ 90, 256
Süßwassersee 127
Svartifoss *142*
Svartsengi-Kraftwerk *35*
Swat-Tal 290
S-Wellen 14, 206

Sydney 325
Synklinale 49
Synkline 69
Systeme, geologische 40, 41

T
Taal *140*, 181, 340, 341
Taal-Caldera 140
Tafelvulkan 167
Taifun 292
Taiwan 232, 237, *237*
Takahe 173
Tal der Wale 243
Talbildung 48, 49, 66
Talcahuaro 218
Täler 21, 28, 52, *70-71*, 242, 243
Tambora (Ausbruch) 155, *155*, 341
Tambora 87, 89, 110, 154
Tanganjikasee 70
Tansania 71
Tapponier, Paul 211
Tarumae *165*
Tasha (2010) 286
Tasman, Mount 59
Tasmansee 58, 244
Tauposee 128, 129
Teide 140, *140*
tektonische Platten 9, 10, 15, 17, **20-21**, 22, **26-27**, 28-29, 35, 36, 52, 56, 60, 245, **246-247**
Telposiz 76
Temperatur (Erde) *12-13*, 14
Temperatur (Luft) 272, *272*, 326, 330, **332-333**
Teneriffa 140, *140*
Tengger-Komplex 141
Tephra 100, 120
Terrane 68
Tertiär 67, 74, 81
Tethys 23, 25, 56, 75, 243
Teton Range 69
Thailand 264, 265, *264-265*
Theia 9
Thermalquellen 32, *32-33*, 61, *61*, 186-187
Thingvellir *28*
Thira 127, *127*, 181, 340
Thorium 34
Tian Shan 44, 57
Tibet 52, 161
Tidenhub **260-261**
Tiefdruckgebiet 273, **274-275**, 277, 285, 288, 290, 298, 303, 304, 308, 311
Tiefdrucksystem 279, 280, 303

Tiefenwasser 133, 177, 285
Tiefseegraben 13, 20, 31, 109, 110, 216, **244-245**, *244-245*, 247
Tiere 103, 132, 238, 247, 251, 336
Timanfaya *138*, 139
Timor-Platte 27
Titicacasee *60*, 61
Tobasee 128, *128*, 129
Tonga *253*, 255
Tonga-Platte 27
Toowoomba *286*, 287
Tornado **318-319**, **320-321**, 322-323
Tornado Alley 319, 320
Toroweap Point 79
Torridon-Sandstein 77
Totes Meer (Verwerfung) 71, *71*
Townsville 286
Transformstörung 21, 27, **29**, 50, 59, 62, 68, 71, 224, 227, 234, 244, 337, 342
Transverse Ranges **62-63**
Travertin 186, *194-195*
Treibhausgase 333
Tres Cruzes Sur 60
Trias 23, 41
Trinkwasser 208, 209, 291, 297, 331
Tristan da Cunha 89
Trockental *81*
Tropopause 272
Troposphäre 272, 275, 278, 284, 290, 300, 313, 336
Tsunami 202, 209, 218, *218*, **262-263**, **264-265**, **268-269**
Tsunami (Erdrutsch) 136, 262
Tsunami (Vulkan) 121, 127, 182, 262
Tsunamifrühwarnsystem 263
Tuamotuinseln 112
Tuffring 95, 134, 135, 138
Türkei 29, *50*, 210, 211
Türkei (Erdbeben) 226-227
Tuya *siehe* Tafelvulkan

U
Überflutung, Überschwemmung 199, 233, 265, 278, 280, 284, 286, *286*, 288, 289, 290, 292, 293, 294, 297, 299, 300, 307, 313, 333
Überschiebung 48, 69, *69*, 74, 77, 206, 213, **217**, *217*, 220-221

Überwachung mit GPS 51
ultraplinianische Eruption 90, 154, 155
ultravulkanianische Eruption 90, 164
Unterwassereruptionen 252, 253
Unzen 87, 136, *137*, 152, 153, 181, 340
Ural *23*, 30, *45*, *76*, **76-77**
Uran 34
Urayasu City *268*
US Geological Survey 161, 213
USA 40, 62-63, 78-79, 160-161, 275, *275*, 298-299, 304-305, 314, 319, 320-321, 325, *328-329*

V
Vaalbara 22
Valles-Caldera 129
Valley of Ten Thousand Smokers 158, *158*
Van-Allen-Gürtel 14
Vanuatu 111
Vatnajökull *166*
VEI 89
Venezuela 196
Vereinte Nationen 235
Verflüssigung 228, 229, 232, 236
Vergletscherung 56, 76, *179*
Verwerfung 29, 48, 49, 50, 52, 56, 58, 60, 62, 66, 69, 70, 74, 77, 81, 174, **206-207**, 208, **210-211**, 212, 224, 226, 228, 232, 262, 268
Verwerfungsflächen 48, 50, 56, 66, 69, 70, 77, 81, 202, 207, 216, 219, 228, 232, 268, 342
Verwerfungslinien 50, 52, 58, 62, 66, 70, 74, 202, 208, 211, 212, *222-223*, 224, 228, 232, 234, 238, 264, 268
Verwitterung 49, 178, 185, 254, 324
Vestmannæjar-Inselgruppe 256
Vesuv 87, 103, 140, 154, **156-157**, 181, 340, 341
Victoria (Waldbrände) **330-331**
Virunga-Vulkane 175, *175*
Viti (Maar) *131*
Vorbeben 232
Vulcano 150, *189*
Vulkanbögen, kontinentale **108-109**
Vulkane **84-85**
Vulkanen, Leben mit **182-183**
Vulkanexplosivitätsindex (VEI) 89

Vulkanfeld 134, **138-139**
vulkanianische Eruptionen 90, 116, 121, 149, **150-151**
Vulkaninseln 31, 33, 76, 140, 151, 183, 189, 247, 252, 254, 255, 259
vulkanische Gase 88, 89, 100, 130, 132, 142, 143, 149, 165, 177, 180, *180*, 188, 189, 190, 197
vulkanische Gesteine 62, 97
vulkanische Inselkette **110-111**
vulkanischer Inselbogen 31, **110-111**, 173, 252
Vulkankarte 181
Vulkankegel 66, 94, 106, 121, 126, 127, *127*, 139, 140, 143, 183, *183*, 258
Vulkankomplexe **140-141**, *140-141*
Vulkanologie **180-181**
Vulkanröhre 84, 85
Vulkanschlot 84, *85*, 115, 116, 131, 136, 158-159
Vulkantypen **94-95**, 97, 122, 124, 127, 138, 156, 160, 169, 177, 256
Vulkanüberwachung **180-181**

W
Wadati, Kiyoo 217
Wadati-Benioff-Zone 217, *217*
Waialeale 280
Waldbrand 284, *284*, 328, 330
Wälder 273, 302, 329, 333
Wärmeenergie 8, 9, 10, 15, 20, 30, 34, 35, 182, 192
Wärmeleitung 34
Warmfront 278-279
Warnsysteme, Brände 331
Warnsysteme, Erdbeben 238
Warnsysteme, Lahare 106, 107
Warnsysteme, Tsunamis 263, 269
Wasser 115, 138, 331
Wasserausstoß 35
Wasserdampf 6, 35, 123, 164, 173, 275, 280, 306, 312, 333
Wasserfall 142
Wasserhose 319
Wasserkreislauf, 128, **251**
Wasserreinigung 209
Wasserspeicher 289
Wasserspiegel 284, 293, 294
Wasserstoff 10
Wasserverdrängung 216
Wegener, Alfred 20
Weißer Raucher 250
Weisshorn 74

Wellen 240-241, 254, 260, **261**, 262, 284-285
Wellen, Gezeiten 261
Wellen, Tsunami 262
Weltbevölkerung 129, 182, 238
Wen Jiabao 221
Wenchuan *221*
West Mata 254
Westeifel (Vulkanfeld) 139
Wetter **272-273**, 274, **344-345**
Wetterballon *315*
Wetterleuchten 317, *317*
Wettersatelliten 294, 295
Wettervorhersage 274
Wetterzellen 275
Whakarewarewa *190-191*
Wheeler Peak 66
Whin Sill 178, *178*
White Mountain Peak 66
White, Gilbert 143
Whiteout 307
WHO (World Health Organization) 327
Wiederaufbau 331, *331*
Wiederbesiedlung 183
Wilson, John Tuzo 33
Wilson-Zyklus 53
Winde 261, 274, 277, 276-277, 318-319, 324, 325, 328, 330, 345
Wirbel 319, 339
Witjastiefe 247
Witterung 49, 254, 324, 328
Wolken 273, 274-275, 278-279, *279*, 292, 294, 296, 303, 306, 313, 317, 319, 333
Wolkenarten **313**, *313*
Wolkenbildung 281, 293, 333
Wolkenblitz 317, *317*
Wolkentrichter 319, 321
Woodlark-Platte 27
Wüste *60*, 61, 63, 66, *134*, 273, 280, 288, 324, 326, 329, 344

X
Xenolith 15

Y
Yasi (2011) 285, 286
Yasur *149*
Yellowstone 33, 128-129, 192, 341
Yellowstone National Park 186, 192, 197
Yellowstone-Caldera 129
Yellowstone-Hotspot 32

Z
Zagrosgebirge 44-45, 234
Zeitskala 40-41
Zentralamerikanischer Bogen 108
Zentralasien 56-57
Zentralkrater 94
Zinn 61
Zion Canyon 40, 41
Zirkon 10
Zirkulation der Atmosphäre 274-275
Zuni-Salzsee 95, *95*
zusammengesetzte Vulkane 140
Zyklogenese 303
Zyklon 285, 286, 296-297
Zyklone 274, 302, 303, 313
Zyklonenbombe 303

DANK

Dorling Kindersley dankt den folgenden Personen für ihre Unterstützung bei der Vorbereitung dieses Buchs: Alka Ranjan, Dharini, Priyaneet Singh und Rupa Rao für redaktionelle Hilfe; Govind Mittal und Shriya Parameswaran für Designassistenz; Chris Bernstein für die Erstellung des Registers; Caitlin Doyle für das Lektorat.

Bildnachweis
Dorling Kindersley dankt den Folgenden für die freundliche Genehmigung zum Abdrucken ihrer Fotografien:

Legende: o-oberhalb; u-unterhalb; g-ganz; O-oben; U-unten; M-Mitte; L-links; R-rechts.

1 Corbis: Douglas Peebles (M). 2-3 Science Photo Library: Bernhard Edmaier. 4-5 Reuters: Kyodo (O). 6-7 NASA: JSC. 8-9 Science Photo Library: Mark Garlick. 9 NASA: (UM). 10 Alamy Images: David Hutt (ML). 10-11 Science Photo Library: Planetobserver. 13 akg-images: IAM (UR). Alamy Images: Interfoto (uMR). 14 Geoffrey F. Davies, Australian National University: (OR). 16 GeoScience Features Picture Library: D Bayliss (UM); Dr.B.Booth (UL). 17 GeoScience Features Picture Library: Dr.B.Booth (oMR). 18-19 National Geographic Stock: Carsten Peter / Speleoresearch & Films. 20-21 SuperStock: Robert Harding Picture Library. 21 Corbis: Frans Lanting (M). Getty Images: James P. Blair / National Geographic (UM). Photolibrary: Yann Arthus Bertrand (MR). Science Photo Library: Fred Mcconnaughey (UR). 24 Corbis: Song Weiwei / Xinhua Press (UR). James Kirkikis Photography: (MR). 25 Corbis: Frank Krahmer (MR). Photolibrary: (oML). Science Photo Library: British Antarctic Survey (OR). 28 NASA: Visible Earth (MR). Photolibrary: John Warburton-Lee Photography (ML). Science Photo Library: Daniel Sambraus (UL). 29 NASA: Courtesy of Earth Sciences and Image Analysis Laboratory, NASA Johnson Space Center (O). 30 Corbis: NASA (UML). NASA: (OR); Visible Earth (UL). Photolibrary: (UMR); Robert Harding Travel (UR). 31 Corbis: Michael S. Yamashita (ML). Getty Images: Philippe Bourseiller (OM). naturepl.com: Doug Allan (oMR). Photolibrary: Peter Arnold Images (MR). 32-33 Corbis: Fred Hirschmann / Science Faction. 33 NASA: Visible Earth (uMR). 34-35 Getty Images: Steve Allen (O). 35 4Corners Images: Guido Cozzi (UR). 36 Photolibrary: (UR, L). 37 UNAVCO: (O). 38-39 Corbis: Victor Fraile. 40 Corbis: David Muench (OR). 40-41 Getty Images: Jorg Greuel (U). 41 Corbis: Carolina Biological / Visuals Unlimited (UM); moodboard (uMR). 42-43 Corbis: DLILLC. 46-47 Alamy Images: Robert Harding Picture Library Ltd . 46 © NERC. All rights reserved. IPR/136-15CT: (UL). 47 Martin Redfern: (uM). 48 Corbis: Roger Ressmeyer (ML). Getty Images: De Agostini (UR). 49 Corbis: George Steinmetz (UR). NASA: (OR). 50 Corbis: Visuals Unlimited (U). UNAVCO: Dr. Reilinger (oMR). 51 Corbis: Roger Ressmeyer (MR). ESA: (UL). Science Photo Library: Friedrich Saurer (OL). 52-53 Photolibrary: (O). 52 NASA: Space Imaging / Earth Observatory (ML). Science Photo Library: Zephyr (UL). 53 Corbis: Hanan Isachar (MR). Photolibrary: Robert Harding Travel (UR). 54-55 Corbis: Han Chuanhao / XinHua / Xinhua Press. 56-57 ESA. 56 Photolibrary: (UL). 58 Corbis: Paul Souders (oMR). 59 NASA: Visible Earth. 60-61 Corbis: Stefen Chow (M). 61 Alamy Images: James Brunker (OR). Corbis: Geoff Renner / Robert Harding World Imagery (UM). Science Photo Library: Worldsat International (UR). 62-63 Photolibrary: Thomas Hallstein (M). 63 NASA: (oMR). Science Photo Library: Ron Sanford (uMR). 64-65 Science Photo Library: Bernhard Edmaier. 66 NASA: (UL). 66-67 Getty Images: Tim Fitzharris (U). 67 Corbis: Micha Pawlitzki (oM). NASA: (oMR). 68 NASA: JPL (M). Photolibrary: Radius Images (UM). 68-69 Photolibrary: Rafael Macia (O). 69 Corbis: Kevin Schafer (MR). 70 Science Photo Library: European Space Agency (UR). 70-71 Getty Images: Philippe Bourseiller (O). 71 FLPA: David Hosking (UR). NASA: Earth Observatory (UM). 72-73 NASA: USGS. 74-75 Photolibrary: (U). 74 Getty Images: Stocktrek Images (UM). 75 GeoScience Features Picture Library: Dr.B.Booth (OM, oML). Photolibrary: Michael Andrews (oMR). Science Photo Library: Michael Szoenyi (OR). 76 NASA: (UL). 76-77 Corbis: Serguei Fomine / Global Look. 77 Alamy Images: David Gowans (M). Jim Taylor: (uMR). Vladimir Kholostykh: (UR). 78-79 NASA: GeoEye / Space Imaging. 79 Corbis: Momatiuk - Eastcott (OR, UR); William James Warren / Science Faction (MR). 80 Science Photo Library: US GEOLOGICAL SURVEY (UL). 80-81 Getty Images: Gordon Wiltsie (M). 81 Corbis: Galen Rowell (MR, OR, OM, oMR). 82-83 Hervé Douris. 88-89 Getty Images: Toshi Sasaki (O). 90 Corbis: Pablo Corral Vega (ML). Getty Images: Barcroft Media (UM); Arlan Naeg / AFP (OR). 91 Alamy Images: Greg Vaughn (UL). Corbis: Arctic-Images (OL). Martin Rietze: (OR). 92-93 Corbis: Roger Ressmeyer. 94 Alamy Images: CuboImages srl (oMR). Corbis: Alaska Volcano Observatory - dig / Science Faction (uML); John and Lisa Merrill (UR). 95 Corbis: Ed Darack / Science Faction (uML); Jim Wark / Visuals Unlimited, Inc. (OR); Tony Roberts (MR). 96 Corbis: G. Brad Lewis / Science Faction. 97 Alamy Images: Tom Pfeiffer (UR). Corbis: (OR); G. Brad Lewis / Science Faction (gUL, UL). Getty Images: G. R. »Dick« Roberts / NSIL (UM). Science Photo Library: Herve Conge, Ism (MR); Pasieka (ML). 98-99 Corbis: Frans Lanting. 99 Science Photo Library: Dr. Richard Roscoe, Visuals Unlimited (UL); Bernhard Edmaier (MR); G. Brad Lewis (OR). 100-101 Martin Rietze. 101 Corbis: (UR); Atli Mar Hafsteinsson / Nordicphotos (MR). Martin Rietze: (OR, M, OM). U.S. Geological Survey: Tim Orr (UM). 102-103 Getty Images: Barcroft Media (M). 103 Getty Images: AFP (OR). 104-105 Corbis: Alberto Garcia. 106-107 Corbis: Jacques Langevin / Sygma. 106 Corbis: Ocean / STR / epa (UL). 108-109 Photolibrary: (U). 108 Corbis: Pablo Corral Vega (MR). NASA: Visible Earth (ML). 110-111 NASA: Visible Earth. 110 Getty Images: NASA-JSC / Science Faction (M). 111 Getty Images: Astromujoff (OM). Photolibrary: (UR). 112 Corbis: Frans Lanting (MR). 113 Alamy Images: Hemis (UL). 114 Masterfile: (UM). Science Photo Library: NASA (uML). 114-115 Martin Rietze: (M). 115 Hervé Douris: (MR). 116 Corbis: Gary Fiegehen / All Canada Photos (uML); G. Brad Lewis / Science Faction (uM). U.S. Geological Survey: John Pallister (UM). 116-117 SuperStock: Robert Harding Picture Library. 118-119 Corbis: Yann Arthus-Bertrand. 120-121 Photolibrary: Adalberto Rios (U). 121 NHPA / Photoshot: Ross Nolly (UR); Kevin Schafer (MR). 122 Science Photo Library: Bernhard Edmaier (UL). 122-123 Getty Images: Tom Pfeiffer / VolcanoDiscovery (O). 123 Corbis: Olivier Coret / In Visu (UM). Getty Images: Giuseppe Finocchiaro (UR). Science Photo Library: Dr Juerg Alean (UL); Miriam And Ira D. Wallach Division Of Art, Prints And Photographs / New York Public Library (MR); Royal Astronomical Society (M). 124-125 Corbis: Adi Weda / epa. 124 Corbis: Adi Weda / epa (UM). Getty Images: AFP (UR, UL). 125 Corbis: Adi Weda / epa (UR, UL). Getty Images: AFP (tr, bc). 126 Alaska Volcano Observatory / USGS: Game McGimsey (O). 127 NASA: Earth Observatory (UR). Science Photo Library: USGS (oML). SuperStock: Radius (UL). 128-129 Science Photo Library: NASA (O). 129 Corbis: (MR); Roger Ressmeyer (UR). Photolibrary: Paul Nevin (oMR). 130-131 Alamy Images: blickwinkel (O). 130 Alamy Images: Emmanuel Lattes (UR). 131 Corbis: Atlantide Phototravel (UR); Ashley Cooper (UL). 132 Getty Images: Eric Bouvet / Gamma-Rapho (U). 133 Corbis: Louise Gubb (oML, UM). NASA: Visible Earth (UR). 134 Alamy Images: Greg Vaughn (uMR). Getty Images: Pete Oxford (uML). naturepl.com: Jack Dykinga (UL). 135 Photolibrary: Robert Harding Travel. 136-137 Martin Rietze: (M). 136 Tom Pfeiffer / VolcanoDiscovery: (UR). 137 Getty Images: Raphael Van Butsele (UL). Ulrich Kueppers: (UR). Hugh Tuffen: (oMR). U.S. Geological Survey: Jim Vallance (OM). 138-139 Science Photo Library: Bernhard Edmaier (U). 138 NASA: Visible Earth (OR). 139 Corbis: Jim Wark / Visuals Unlimited, Inc. (UM). NASA: JSC (oM). SuperStock: Photononstop (MR). 140 NASA: (UL). Photolibrary: Robert Harding Travel (UR).

141 **Masterfile:** Frank Krahmer. 142 **Corbis:** Arctic-Images (UR). **Photolibrary:** (UL); Robert Harding Travel (uML). 143 **Corbis:** David Jon Ogmundsson / Nordicphotos (L). 144 **ESA:** Envisat (UL). 144-145 **Photolibrary:** Pacific Stock (O). 145 **Corbis:** Roger Ressmeyer (UM). **Getty Images:** Adastra (UR); Greg Vaughn (UL). **Photolibrary:** Pacific Stock (gUL). 146-147 **Corbis:** G. Brad Lewis / Science Faction. 148 **Photolibrary.** 149 **Dorling Kindersley:** Colin Keates / Courtesy of the Natural History Museum, London (UL). **Getty Images:** Richard Roscoe / Visuals Unlimited, Inc. (UM); Stocktrek Images (uMR). 150-151 **Photolibrary.** 151 **NASA:** JPL (UR). **Rex Features:** (M). **U.S. Geological Survey:** David Wieprecht (uMR). 152-153 **Corbis:** Michael S. Yamashita (U). 153 **Alamy Images:** (ML). **Corbis:** (UM). **Mary Evans Picture Library:** Rue des Archives / Tallandier (MR). **Photolibrary:** (oML, oM). 154-155 **NASA:** Earth Observatory (U). 155 **NASA:** Earth Observatory (UR). 156-157 **NASA:** GSFC / MITI / ERSDAC / JAROS, and U.S. / Japan ASTER Science Team. 156 **Dorling Kindersley:** James Stevenson / Courtesy of the Museo Archeologico Nazionale di Napoli (U, uMR); James Stevenson (M). 157 **Corbis:** Stapleton Collection (OR). **Getty Images:** Hulton Collection (MR); (UR). 158-159 **Photolibrary:** (U). 158 **Corbis:** Frank I. Jones / National Geographic Society (OR). **Science Photo Library:** Library Of Congress (OM). 159 **Alamy Images:** Loetscher Chlaus (MR). **Corbis:** Frank I. Jones / National Geographic Society (OM). **Photolibrary:** Robert Harding Travel (OR). 160 **Science Photo Library:** US Geological Survey (uML, UL). 160-161 **Science Photo Library:** David Weintraub (M). 161 **Corbis:** Gary Braasch (OR); Douglas Kirkland (UL). 162-163 **Corbis:** Gary Braasch. 164 **Corbis:** Mitchell Kanashkevich (UR). 164-165 **Corbis:** Pablo Corral Vega (O). 165 **Getty Images:** Design Pics / Corey Hochachka (uM); Keisuke Iwamoto (UR). 166 **Corbis:** Arctic-Images (MR). **NASA:** Earth Observatory (uM). **SuperStock:** Nordic Photos (L). 167 **Bryan & Cherry Alexander / ArcticPhoto:** (MR). **Corbis:** HO / Reuters (U). 168 **Corbis:** Arctic-Images.

169 Copyright 2011, EUMETSAT / the Met Office: (U). **Getty Images:** Arctic-Images (oMR); Mehdi Fedouach / AFP (ML). 170-171 **Corbis:** Paul Souders. 172-173 **SuperStock:** Wolfgang Kaehler (U). 172 **Corbis:** George Steinmetz (OR). **Photolibrary:** (oM). 173 www.photo.antarctica.ac.uk: (oML). 174 **Corbis:** Nigel Pavitt / JAI (MR). **Masterfile:** Westend61 (UL). 175 Satellite image courtesy of GeoEye. Copyright 2008. All rights reserved.: (OR). **NASA:** The ASTER Volcano Archive (UR). **Photolibrary:** (UL). 176-177 Olivier Grunewald. 177 **Getty Images:** Marco Longari / AFP (UM). Olivier Grunewald: (M). **Press Association Images:** Karel Prinsloo / AP (MR). 178 **Photolibrary:** (ML). **Science Photo Library:** Simon Fraser (UR). 179 **Getty Images:** Michele Falzone (OR). **SuperStock:** Science Faction (UR). 180 **Getty Images:** Patrice Coppee (OR); Image Makers (M); SSPL (UR). Olivier Grunewald: (uML). 181 **Science Photo Library:** Jeremy Bishop (O). 182 **Corbis:** Justin Guariglia (UM). **Getty Images:** Pedro Ugarte / AFP (OR). 182-183 **Photolibrary:** (oML). 183 **Corbis:** Arctic-Images (UL); George Steinmetz (OR). **Getty Images:** Frank Krahmer (UR). 184-185 **Panos Pictures:** Georg Gerster. 186 **Corbis:** Bo Zaunders (MR). **Photolibrary:** Tips Italia (UR); Xavier Font (UL). **Science Photo Library:** Bernhard Edmaier (UM). 187 **Alamy Images:** LOOK Die Bildagentur der Fotografen GmbH. 188-189 **Corbis:** Christophe Boisvieux (U). **Science Photo Library:** George Steinmetz (O). 189 **Getty Images:** Kelly Cheng Travel Photography (OR). **Photolibrary:** (UM). 190-191 **Getty Images:** Heath Korvola. 192-193 **Corbis:** Arctic-Images. 192 **Photolibrary:** Robert Harding Travel (M). 194-195 **Photolibrary.** 196-197 **Photolibrary:** (OM). 196 **Photolibrary:** (U). 197 **Alamy Images:** Michele Falzone (UR); Peter Arnold, Inc. (OM). **Photolibrary:** Robert Harding Travel (oM). **Rex Features:** KeystoneUSA-ZUMA (uML). 198 **Getty Images:** Dimas Ardian (UR). 198-199 **Getty Images:** Eka Dharma / AFP (O). 199 **Corbis:** Sigit Pamungkas / Reuters (UL). **Getty Images:** Dimas Ardian (oMR);

Ulet Ifansasti (OM). **NASA:** Earth Observatory (UR). 200-201 **Getty Images:** Dario Mitidieri / Contributor. 202 **Corbis:** Anthony Asael / Art in All of Us (UL); STR / epa (UM). 203 **Corbis:** Imaginechina (UL); Arif Sumbar / epa (UR). **Reuters:** KYODO Kyodo (uMR). 206 **NASA:** MODIS (ML). 207 Courtesy of KiwiRail (New Zealand Railways Corporation): (L). 208-209 **Corbis:** Katie Orlinsky (M). 208 **Corbis:** Yuan Man / Xinhua Press (M). **Getty Images:** Logan Abassi / AFP (UL). 210 **Corbis:** Roger Ressmeyer (uML). **U.S. Geological Survey:** (oM). 210-211 **Alamy Images:** Roy Garner. 211 **Reuters:** Fatih Saribas (UR). 212 **Getty Images:** Dimas Ardian (MR). **Science Photo Library:** James King-Holmes (UR). 213 **Corbis:** Arctic-Images (MR). **IRIS - Incorporated Research Institutions for Seismology / www.iris.edu:** (O). 214-215 **Corbis:** Sergio Dorantes / Sygma. 216-217 **Corbis:** Bettmann (M). 216 **Science Photo Library:** US Geological Survey (oM). 218 **Getty Images:** Martin Bernetti / AFP (UR). **Photolibrary:** EPA / Claudio Reyes (UL). 218-219 **Photolibrary:** EPA / Ian Salas (O). 219 **Photolibrary:** EPA / Leo La Valle (UL). **Tokyo Institute of Technology:** (uMR). **U.S. Geological Survey:** (OR). 220-227 **Getty Images:** Peter Parks / AFP (M). 220 **U.S. Geological Survey:** (UL). 221 **Corbis:** David Gray / Reuters (OR); Chen Xie / Xinhua Press (MR); Li Ziheng / Xinhua Press (uMR). 222-223 **GNS Science:** Richard Jongens. 224 **Corbis:** Bettmann (UL). 224-225 **Corbis:** Masaharu Hatano / Reuters. 226 **Corbis:** Kai Pfaffenbach / Reuters (OR). 226-227 **Corbis:** Yannis Kontos / Sygma (U). 227 **Corbis:** Louisa Gouliamaki / epa (OL). **Getty Images:** Pierre Verdy / AFP (OR, OM). 228-229 **Corbis:** David Wethey / epa (U). 228 **Getty Images:** Kurt Langer (OR). 229 **Getty Images:** Marty Melville / AFP (OR). 230-231 **Press Association Images:** Shuzo Shikano / Kyodo News / AP. 232 **Corbis:** Dianne Manson / epa (UL). **Reuters:** Crack Palinggi (ML). 233 **Getty Images:** AFP (UR). **Reuters:** Kyodo (O). 234 **Corbis:** Raheb Homavandi / Reuters (M). **Getty Images:** AFP (UL). 234-235 **NASA:** Courtesy of Space Imaging (M). 235 **Getty Images:**

Behrouz Mehri / AFP (UR). 236-237 **Corbis:** HO / Reuters (O). 236 **Corbis:** Issei Kato / Reuters (UR). 237 **Getty Images:** China Photos (OR). **NASA:** Earth Observatory / DigitalGlobe (ML). 238-239 **Corbis:** Imagemore Co., Ltd. (M). 239 **Alamy Images:** Peter Tsai Photography (M); Stock Connection Blue (UR). 240-241 **Bluegreen Pictures:** David Fleetham. 242 **Corbis:** Kevin Schafer (U). 243 **Alamy Images:** Mike P Shepherd (UR). **Dr. Asfawossen Asrat / Addis Ababa University:** (OR). 246 **Science Photo Library:** Dr Ken Macdonald (U). 247 **Science Photo Library:** US Geological Survey (OR). 248-249 **naturepl.com:** Wild Wonders of Europe / Lundgre. 250 **Press Association Images:** NOAA Ocean Exploration Program (oMR). 251 **National Oceanography Centre, Southampton:** (UR). **Courtesy of the Natural Environment Research Council:** (UM). **NOAA:** PMEL Vents Program (UL). **Science Photo Library:** B. Murton / Southampton Oceanography Centre (O). 252-253 **Corbis:** HO / Reuters (O). 252 **National Oceanography Centre, Southampton:** (UR). 253 **National Oceanography Centre, Southampton:** OAR / National Undersea Research Program (NURP); Univ. of Hawaii (UL). **NOAA:** NSF (UR). **Photolibrary:** (UM). **Reuters:** STR New (gUL). 254 **Getty Images:** Gamma-Rapho (U). 255 **Getty Images:** Royal New Zealand Navy / AFP (ML); STR / AFP (UR). **NASA:** Earth Observatory (OR); GSFC / METI / ERSDAC / JAROS, and U.S. / Japan ASTER Science Team (OM). **Science Photo Library:** Pasquale Sorrentino (UL). 256 **Alamy Images:** FLPA (UR). **Corbis:** (uM); Sygma (oM). **Getty Images:** Popperfoto (OR). 257 **Corbis:** Arctic-Images (UR). **Science Photo Library:** Omikron (O). 258 **Corbis:** Norbert Wu / Science Faction (OR). **SeaPics.com:** Jez Tryner (UL). 259 **Corbis:** George Steinmetz (O). **Science Photo Library:** Bernhard Edmaier (UR). 260 **Getty Images:** Matt Cardy. 261 **Corbis:** Huang Zongzhi / XinHua / Xinhua Press (ML). **Rex Features:** Bruce Adams (oM). **Victoria Hillman:** (U). 262 **Getty Images:** Nicholas Kamm / AFP (UL). 264-265 **Getty Images:** AFP (O).

264 NASA: Space Imaging (UR, bc). **265 Corbis:** Reuters (oMR); Xinhua Photo / Enwaer (OR). **Getty Images:** AFP (UR, uMR). **266-267 Reuters:** Ho New. **268 Getty Images:** Toshifumi Kitamura / AFP (UL). **Press Association Images:** NOAA Pacific Tsunami Warning Center / ABACA USA / Empics Entertainment (M). **Reuters:** KYODO Kyodo (UM). **268-269 Reuters:** KYODO Kyodo (M). **269 Kevin Jaako:** (O). **Reuters:** Yuriko Nakao (MR); Ho New (UR). **270-271 Corbis:** Douglas Keister. **272 Getty Images:** Barcroft Media (U). **273 Bryan & Cherry Alexander / ArcticPhoto:** B&C Alexander (MR). **Corbis:** Mike Grandmaison (ML); Gerd Ludwig (gML); Keenpress / National Geographic Society (UM). **Getty Images:** Sylvester Adams (ML); Paul Mansfield Photography (UR). **274 Courtesy of ECMWF:** (ML, MR). **NASA:** Earth Observatory (uMR). **278 Corbis:** (U). **NASA:** Earth Observatory (oM); Ronald Vogel, SAIC for NASA / GSFC (oMR). **279 Masterfile:** J. A. Kraulis (MR). **281 Corbis:** Larry W. Smith / epa (UM). **Getty Images:** Anthony Bradshaw (gUL). **Rex Features:** Canadian Press (UR); Darren Greenwood / Design Pics Inc. (UL). **282-283 Alamy Images:** Gene Rhoden. **284 Getty Images:** Time & Life Pictures (uM). **NASA:** TOPEX / Poseidon, NASA JPL (ML). **284-885 Masterfile:** Bill Brooks (O). **285 Photolibrary:** Alan Majchrowicz (uM). **286-287 Corbis:** Stringer / epa (U). **286 NASA:** GSFC / METI / ERSDAC / JAROS, and U.S. / Japan ASTER Science Team (UL). **Reuters:** Stringer Australia (OR). **287 Corbis:** Keira Lappin / epa (OR). **Getty Images:** Mark Ralston / AFP (MR); Jonathan Wood (OL). **288 NASA:** Earth Observatory (MR, U). **289 Getty Images:** Khin Maung Win / AFP (OR). **Press Association Images:** Channi Anand / AP (U). **290-291 Corbis:** Matiullah Achakzai / epa (M). **290 Corbis:** Rashid Iqbal / epa (UL). **291 NASA:** Earth Observatory (R). **292 NASA:** Earth Observatory (U). **293 NASA:** Earth Observatory (R). **Wikipedia:** (UL). **294 NASA:** (U). **295 Corbis:** Mick Roessler (uMR). **NOAA:** (oML). **Photolibrary:** Peter Arnold Images (UM). **Science Photo Library:** Chris Sattlberger (OM). **296 Getty Images:** Stocktrek Images. **297 Corbis:** STR / Reuters (M); Stringer / Thailand / Reuters (MR). **Getty Images:** Khin Maung Win / AFP (UR). **NASA:** Earth Observatory (ML). **Wikipedia:** (UL).

298-299 Corbis: Mike Theiss / Ultimate Chase (M). **298 NOAA:** (UL). **299 Corbis:** John O'Boyle / Star Ledger (UR); Rick Wilking / Reuters (UM). **Getty Images:** Jerry Grayson / Helifilms Australia PTY Ltd (MR). **NOAA:** (OM). **300-301 Getty Images:** Michael Appleton / NY Daily News Archive. **302-303 Getty Images:** Hulton Archive (U). **302 NASA:** Earth Observatory (oMR). **303 Courtesy of The Weather Channel:** (UR). **Press Association Images:** Mike Howarth, National Trust (oMR). **Rex Features:** (OM). **304 NOAA:** (U). **304-305 NOAA:** (O). **305 Alamy Images:** AF archive (UL). **306-307 Corbis:** Colin McPherson (U). **306 Science Photo Library:** University Corporation For Atmospheric Research (OL). **307 Corbis:** Larry W. Smith / epa (MR). **NOAA:** (UR). **308 Corbis:** Galen Rowell (UR). **308-309 Corbis:** Jacques Langevin / Sygma (O). **309 Corbis:** epa (UR). **310-311 Photolibrary. 311 Rex Features:** Action Press (UM). **312 Corbis:** Seth Resnick / Science Faction (UR). **313 Corbis:** Mike Hollingshead / Science Faction (UR); Gordon Wiltsie / National Geographic Society (gUL); Imaginechina (O); Tom Jenz / Graphistock (UL). **Science Photo Library:** Jim Reed Photography (UM). **314 Getty Images:** Mauricio Duenas / AFP (O). **Science Photo Library:** NASA (UL); Roger Hill (M); National Center For Atmospheric Research (ML). **315 Przemyslaw Wielicki, http://1x.com/artist/wielicki:** (R). **Science Photo Library:** James H. Robinson (ML); Peter Menzel (UL). **316-317 Chris Kotsiopoulos. 317 Science Photo Library:** Daniel L. Osborne, University Of Alaska / Detlev Van Ravenswaay (UR); Thomas Wiewandt / Visuals Unlimited, Inc. (MR); Pekka Parviainen (OR). **318 Getty Images:** Ross Tuckerman / AFP (U). **Gene E. Moore:** (oM). **319 Corbis:** Christine Prichard / epa (UL); Jim Reed (M). **National Geographic Stock:** Mike Theiss (MR). **320 Corbis:** Visuals Unlimited (M). **Press Association Images:** J. Pat Carter / AP (UL); Paul Hellstern / AP (UM). **320-321 Reuters:** Sue Ogrocki (M). **321 Corbis:** Jim Reed (UR). **322-323 Gene Rhoden / weatherpix.com. 324 NASA:** Observatory / Image courtesy Norman Kuring, SeaWiFS Project (oMR). **324-325 Press Association Images:** ChinaFotoPress / Photocome (U). **325 Reuters:** Tim Wimborne (ML).

Rex Features: Photo by Courtesy Everett Collection (OR). **326 Corbis:** Zhang Jian Tao / Redlink (ML). **Rex Features:** Sipa Press (R). **327 Getty Images:** Goh Chai Hin / AFP (OR). **Press Association Images:** AP / Imagine China (UR). **328 Corbis:** Andrew Gombert / epa (UR). **Getty Images:** AFP (UL). **Science Photo Library:** David R. Frazier Photolibrary, Inc. (ML). **328-329 Corbis:** Gene Blevins / LA DailyNews (O). **329 Corbis:** Pittsburgh Post-Gazette / Zumapress.com (UR). **NASA:** GSFCV / Jacques Descloitres, MODIS (UL). **Science Photo Library:** Andrea Balogh (MR). **330 Corbis:** Andrew Brownbill / epa (U). **NASA:** MODIS (oMR). **331 Getty Images:** AFP (OL); Lucas Dawson (UL). **Newspix Archive/Nationwide News:** Mark Smith (ML). **332-333 Glacier Photograph Collection / National Snow and Ice Data Center:** Bruce F. Molnia, 2005 (R); Louis H. Pedersen, 1917 (L). **333 Corbis:** Steve Woit / AgStock Images (UR). **334-335 Corbis:** NASA / Bryan Allen *Vor- und Nachsatz:* **Corbis:** NASA

Cover:
Vorn: Corbis: G. Brad Lewis / Science Faction
Hinten: Corbis: Yann Arthus-Bertrand (M), Gene Blevins / LA DailyNews (ML), The Brett Weston Archive, Sergio Dorantes / Sygma (MLO), Allen Fredrickson / Reuters (MRO), Brad Lewis / Science Faction (MR), NASA (MO), **Reuters:** Ho New (MOGL)

Alle anderen Abbildungen
© Dorling Kindersley
Weitere Informationen:
www.dkimages.com

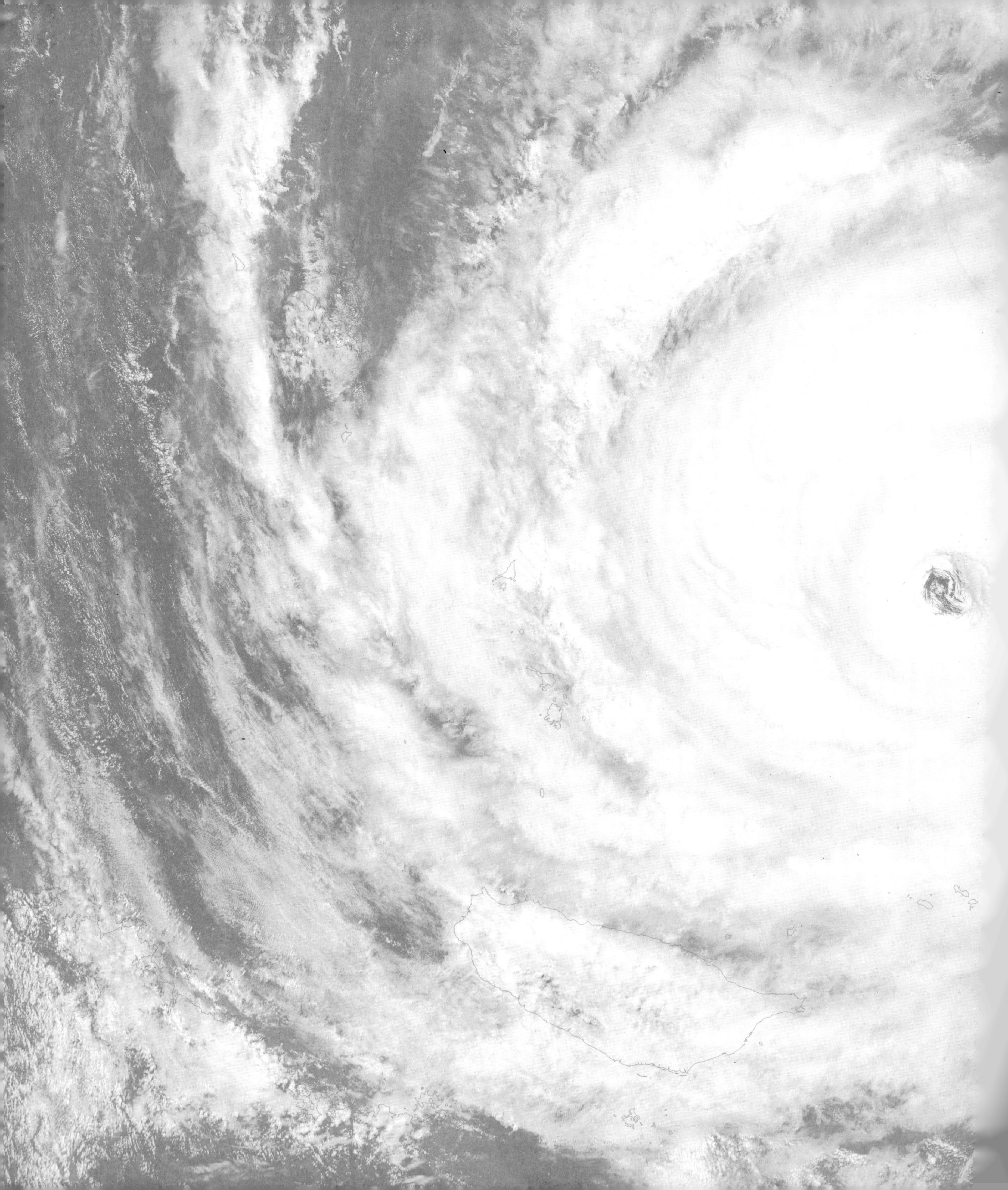